凤凰文库
PHOENIX LIBRARY

凤凰出版传媒集团
PHOENIX PUBLISHING & MEDIA GROUP

凤凰文库·历史研究系列

主　　编　　钱乘旦
项目总监　　刘　卫
项目执行　　王保顶

凤凰文库·历史研究系列

美国帝国思想的对外政策含义

对国家身份、意识形态和
国际秩序观的历史解读

胡欣 著

江苏人民出版社

图书在版编目(CIP)数据

美国帝国思想的对外政策含义:对国家身份、意识形态和国际秩序观的历史解读/胡欣著.—南京:江苏人民出版社,2017.5
(凤凰文库.历史研究系列)
ISBN 978-7-214-20620-6

Ⅰ.①美… Ⅱ.①胡… Ⅲ.①美国对外政策-研究 Ⅳ.①D871.20

中国版本图书馆 CIP 数据核字(2017)第 104706 号

书　　　名	美国帝国思想的对外政策含义:对国家身份、意识形态和国际秩序观的历史解读
著　　　者	胡　欣
责 任 编 辑	史雪莲
装 帧 设 计	姜　嵩
出 版 发 行	江苏人民出版社
出版社地址	南京市湖南路 1 号 A 楼,邮编:210009
出版社网址	http://www.jspph.com
照　　　排	江苏凤凰制版有限公司
印　　　刷	江苏凤凰扬州鑫华印刷有限公司
开　　　本	652 毫米×960 毫米　1/16
印　　　张	35.25　插页 4
字　　　数	445 千字
版　　　次	2017 年 7 月第 1 版　2017 年 7 月第 1 次印刷
标 准 书 号	ISBN 978-7-214-20620-6
定　　　价	78.00 元

(江苏人民出版社图书凡印装错误可向承印厂调换)

目 录

绪 论 1
  一 选题的由来、目的和意义 1
  二 本选题研究现状 6
  三 研究方法、观点创新及限制 17
  四 基本思路与框架 21

第一章 帝国、帝国主义和美国的帝国思想 25
  一 帝国的历史与理论 25
  二 帝国主义与外交政策 39
  三 美国帝国思想体系：国家身份、意识形态及国际秩序 46

第二章 美国建国初期的帝国思想及其对外政策 66
  一 建国初期美国国家身份及其对外政策 67
  二 托马斯·杰斐逊的"自由帝国"与对外政策 89
  三 扩张主义、孤立主义、现实主义与美洲利维坦 105

第三章 "杰克逊时代"的帝国思想与对外扩张 123
  一 "杰克逊时代"帝国扩张的动力 124
  二 帝国思想意识形态体系："天定命运""美国例外论"和种族主义 135
  三 19世纪中期的帝国思想与对外政策 148
  四 帝国思想的争论及其影响 167

第四章 加入帝国争霸:19世纪后期的帝国思想与对外政策 178
- 一 美国帝国思想的转型:商业扩张与海洋帝国 179
- 二 社会思潮对帝国思想的重塑 186
- 三 帝国思想视角下的海外扩张 205
- 四 帝国思想与反帝国主义 225

第五章 从西半球霸权走向全球帝国 249
- 一 新帝国的曙光:西奥多·罗斯福的帝国蓝图 250
- 二 世界大战中的自由国际主义与帝国思想 266
- 三 两次世界大战与美国国家身份的演变 286
- 四 美国帝国思想与国际秩序的重建 304

第六章 冷战时期的帝国思想和战略维度 328
- 一 冷战时期国家身份对帝国思想的影响 329
- 二 冷战共识中的意识形态与帝国思想 350
- 三 美国帝国的黩武主义与对外政策 370
- 四 大战略与帝国思想的争议 396

第七章 后冷战时期帝国思想的勃兴 416
- 一 冷战结束后帝国思想的骚动 417
- 二 "9·11"事件与"新帝国论"的兴起 438
- 三 "新帝国论"的衰退及其历史局限 451

第八章 奥巴马时期的对外政策与帝国的困境 472
- 一 "奥巴马主义"中的国家身份和意识形态 473
- 二 全球"利维坦":美国帝国战略的秩序诉求 484
- 三 维持帝国的支柱:捍卫全球军事优势 504
- 四 帝国的迷思:困境与展望 521

结　语 526

参考文献 531

后　记 550

绪 论

一 选题的由来、目的和意义

"9·11"恐怖袭击事件对国际政治产生了重要影响。面对恐怖主义威胁,美国对外政策发生了自冷战以来的一次深刻变革。以新保守主义者为代表的新帝国主义分子对小布什政府的对外政策产生了重大影响,并在对伊拉克战争中达到顶点。然而,在复仇情绪刺激下的民族主义和爱国主义气氛平静下来之后,人们开始质疑新帝国的合法性和长久性。于是,一场围绕"帝国"的争论成为人们关注的焦点。随着小布什政府对外政策的四处碰壁,新保守主义分子也黯然退场,这场帝国的争论似乎也偃旗息鼓。但是,争论的根源,并不仅仅是因为恐怖主义的猖獗。放到历史的时间轴上来看,这是自美国建国以来持续至今的一个话题,那就是美国是否应该追求"帝国"这一目标,并以帝国国家身份和战略来维护国家利益。

研究美国历史和美国外交的人不难发现,在美国对外政策的理论和实践中,一直存在一个悖论:一方面,美国自我标榜为民主世界的领袖,是反对帝国和专制的中流砥柱,对美国而言,"帝国"一词早已成为一个禁忌(taboo);但另一方面,美国又被尖锐地批评为帝国,就连国内人士也经常指责政府推行的政策具有帝国主义色彩。

"帝国"禁忌的出现,源于美国独立战争的革命理念和政治文化传统。从华盛顿、杰斐逊等开国元勋到当今形形色色的政治家,美国政治精英对美国的政治根基怀有崇高的敬意,无不赞成美国的政体决定了其必然是一个共和国,并相信在此制度基础上建立起来的国家过去不是、现在不是、将来也不会成为一个"帝国"。

显然,如果从美国以外的国家角度来审视美国对外政策的话,这种观点无疑将招致怀疑和批评。因而不少人将其称为美国资本主义和帝国主义虚伪的自我标榜。但是,这样的定性过于简单化、表面化和意识形态化。从美国建国之历史初衷来看,美国反帝国传统的形成有着根深蒂固的原因,集中反映在内外两个方面,即在国内政治中奉行民主制度,在国际政治中反对侵略战争,维护人性权利、民族独立和国家主权。

首先,早期北美殖民地居民大部分是出于逃避欧洲大陆宗教斗争、政治迫害等原因而远渡重洋。在北美殖民地,绝大部分都是按照新的社会契约关系组成的社会共同体。它们主要以新教思想为信仰,追求自由、平等和民主,这也成为新大陆之所以存在及繁荣的最大动力源。独立战争的爆发,在很大程度上讲,也是新生社会共同体与旧式帝国统治模式的冲突。交织着政治利益和商业利益争斗的美英矛盾,在北美殖民地由这样一种"权利话语"呈现出来,即将英国的征税和政治不平等同人类的自由和权利联系起来,将英国的政策描述为侵害北美居民权利的帝国暴政。波士顿市民大会 1770 年一份文件告诫人们:"帝国专制政府已经制定并部分地实施了一项蓄谋已久和险恶可怕的计划,以根除一切公民自由。"[①]因此,我们可将独立战争的核心意识形态归纳为摆脱不平等控制,争取自由权利,建立独立政体。

---

① 李剑鸣:《美国的奠基时代(1585—1775)》,北京:人民出版社 2008 年版,第 557 页。

其次,是因为对帝国战争的憎恶和唾弃。欧洲帝国时代的繁荣是建立在普通大众皑皑白骨、家破人亡的惨痛遭遇之上的。一方面,君主们为开疆拓土和显示皇权,变本加厉地榨取劳苦大众的财富,并将之用于无休止的战争和奢靡生活;另一方面,教廷的贪婪和愚蒙,对大国间的战争起到推波助澜作用,并极大地限制了人们对进步和启蒙的追求。这种专制君主制度和教廷的结合,形成了最具代表性的欧洲封建君主制帝国。这一制度被北美移民看作战争的根源,是剥削、压迫和杀戮的工具,也是大多数移民背井离乡、寻求新秩序的直接原因。为此,新大陆极力避免重蹈覆辙,试图建立不同于欧洲帝国的新型国家。

因此,对美国而言,这个"山巅之城"建立的逻辑前提之一就是反帝国,而美国的存在更是对帝国价值反叛的显著证据。克莱德·普雷斯托维茨(Clyde Prestowitz)一针见血地指出:"我们美国人从小就受到反帝国主义、反军国主义的传统教育。我们知道自己的祖先之所以来到这片土地,就是为了逃离欧洲君主制与帝国的压迫、腐败和强权政治","对于美国人来说,帝国这个字眼意味着征服和违背自己的意志屈从于外邦,它所代表的是旧世界的邪恶本质,与美国以之为建国基础的理想是背道而驰的,正是我们美国人希望通过自己身体力行将之消灭的东西。"①但是,无论美国人自身如何强调对帝国的敌视甚至是天然敌对,早期的很多思想和政策已经为日后帝国思想对外交的渗透做好了铺垫。可以说,帝国的思想,从殖民地时期开始,就已经深深地烙印在美利坚民族的精神世界之上。

在美国革命爆发之前,北美就已经成为欧洲帝国的角力场。英国、法国、西班牙都有着建立自己"美洲帝国"的宏大计划。欧洲的争霸战争对北美殖民地的扩大和发展、对殖民地人民的世界观和对外关系思想都

---

① [美]克莱德·普雷斯托维兹著,王振西主译:《流氓国家——谁在与世界作对?》,北京:新华出版社2004年版,第21页。

产生了直接的影响,殖民地并不完全是被动卷入其中的,一些殖民地居民渴望通过战争寻求更多的土地和贸易机会,因而积极投身于争霸斗争。此外,美国人身上体现出的清教徒道德绝对主义、上帝选民思想、"弥赛亚"情结以及种族主义等,都使得美国无法抑制扩张、支配和改造世界的冲动。革命的思想先驱托马斯·潘恩(Thomas Paine)在《常识》一书中号召殖民地人民创造新的国度乃至新的世界秩序:"在我们手中掌握着让世界重新开始的能力。"① 美国著名作家赫尔曼·梅尔维尔(Herman Melville,19 世纪美国最重要的小说家之一,代表作《白鲸》)对美国民族特性中的这一烙印做过精辟描述:"我们美国人是上帝的特殊选民——我们这个时代的以色列;我们驾驶着世界自由的方舟……上帝已注定人类的期望和伟大的事物来自我们种族:我们感到我们灵魂中的伟大东西,其余国家必须很快步我们的后尘。"②

尽管美国竭力避免自己踏上旧大陆的覆辙,但却有意识或无意识地继承、模仿旧大陆的行为模式和思想。有人评说,自杰斐逊从拿破仑手中购下路易斯安那开始,美国就已经踏上了帝国道路(杰斐逊对祖国的终极理想就是在北美建议一个农业帝国)。甚至移民者们在革命爆发之前对待美洲土著的方式,就已经是将母国的帝国做派原封不动地搬到新大陆上来了。对美国有着深刻认识的法国思想家托克维尔(Alexis de Tocqueville)曾预言,随着国家权势的增长,一旦美国摆脱孤立主义,它的权力和官僚机制就将沿着欧洲的老路前进。历史学家西德尼·伦斯(Sidney Lens)说得更为直接:"自从她赢得独立以来,美国就使用各种可能的手段——政治的、经济的和军事的——来主宰其他民族。"③

帝国通常具有三大特征:一是对支配权的渴求;二是建立在等级制

---

① [美]埃里克·方纳著,王希译:《美国自由的故事》,北京:商务印书馆2002年版,第41页。
② Robert Jewett, John Shelton Lawrence, *Captain America and the Crusade against Evil: The Delima of Zealous Nationalism*, Cambridge: Wm. B. Berdmans Publishing Co., 2003, p. 1.
③ Sidney Lens, *The Forging of the American Empire*, London: Haymarket Books and Pluto Press, 2003, p. 145.

度(既包含国内等级差别,也包括国际等级差别)之上的优越感和使命感;三是建立在核心-边缘区域结构之上的秩序。这些其实早已存在于美国的建国思想之中。只是独立之初的美国实在无力在世界奢求更多,这一切也随着美国的逐步发展壮大发生改变。

因此,帝国和反对帝国这两股思想潮流(或者可以说趋向帝国和反对帝国这种双重性)对美国而言是与生俱来的,而这种特性伴随着美国从北美殖民地成长为全球性超级大国。在美国走向世界霸权的历程之中,国力的增长,促使以扩张为核心的帝国思想不断显露。它从初期的扩张冲动,发展为显著的意识形态,并形成一整套理念和实践体系。但是,正如前面所说,"帝国"在美国并不是一个一直具有高度认同感的概念,它对美国外交传统和政治理念的冲击及挑战,不断引发人们对它的反思和批判。就对外政策而言,帝国思想所引发的美国内部争论已经延续了200多年。这种争论在不同的历史时期,具有不同的表现形式和关注重点,而每次争论的结果都对美国的对外政策产生了重要的影响。

2005年,笔者完成了"以'9·11'后美国兴起的'新帝国论'"为选题的硕士学位论文。在研究过程之中,由于自身能力和论文篇幅所限,文章所论述的仅仅包括发生在21世纪初的这场争论。但笔者在当时已经开始思考如何从历史和思想的角度,对美国的帝国思想进行更为深入和系统的研究,特别是通过研究不同阶段美国国内围绕帝国主张的争论,从另一个视角来揭示美国对外政策演进的一种内在机理和逻辑。2008年开始攻读博士学位之后,即以美国外交为主要研究方向。近几年,虽然有了一些与此选题有关的成果,但大多是政策研究,缺乏思想深度,因此,关于完整地梳理美国对外政策中的帝国思想这一念头更加强烈。于是,在导师的悉心指导和热情鼓励下,确定了以此为博士学位论文的选题。

研究帝国思想对美国对外政策的含义,对于分析美国对外政策具有重要的理论和现实意义。从理论上讲,它将有助于认清美国的帝国思想的概念、内涵以及产生的影响,为丰富和完善美国外交思想史研究做出一定贡献;从现实意义上讲,作为世界霸权,美国的对外政策对国际政治产生着不可忽视的影响。当前美国外交,虽然具有新时代的特征,但是,历史和传统印记并不会因此而消退,相反,每一次革新,都可以说是历史和传统在新环境下的另一种形式的迸发。特别是中国在崛起过程中,不可避免地将与美国产生复杂而深刻的互动。因此,厘清美国帝国思想的来源、演变过程及其通过对外政策所产生的国际影响,不仅有助于把握美国对外政策的发展方向,而且能够为中国对外政策的决策提供一定的参考。这也是作者以此为选题后,所努力的方向。

二 本选题研究现状

自美国成为国际政治重要力量以来,对美国外交的研究成了国际关系学界一个显著的,甚至是占主要地位的领域。这既反映了美国在世界政治中具有的重要地位,也折射出国际关系研究中的"美国中心化"特征。且不论国外美国研究的繁荣,即便在中国,关于美国外交的研究成果也可谓汗牛充栋,谓之中国国际关系学界最热点领域也不为过。下文将对本选题在国内外的研究现状做简要介绍。

自美国建立以来,"帝国"一词就阴魂不散地困扰这个"山巅之城"。可以这样说,"帝国"一词是最早用来描述美国的用语之一,同时,它也是含义最为含糊、争议最大的词语。随着美国的不断扩张,对美国的研究也日趋全面和深入。在这些研究中,将"美国"与"帝国"联系起来的作品,占据了较为显著的地位。然而,让人困惑的是,在这些成果中,"帝国"一词虽然随处可见,但是,其概念却不一而同,有些时候,"帝国"是一种用于帮助人们加深对特定政策理解的分析工具;有些时候,"帝国"是作为一个比喻词来描述美国的霸权地位或国际优势;还有些时候,"帝国"仅仅就是一个会引发争论的煽动性标签。

绪 论

美国对于本国崛起历程与帝国间关系的研究给予了很大关注。早期美国的帝国思想主要以大陆扩张为主,其倡导者主要是部分与其有着直接利益关系的政治家、农场主和商人。这一时期缺乏系统和清晰的帝国思想研究,更多的是扩张主义者在媒体和大众中进行的鼓吹及煽动。19世纪末期,美国开始积极参与帝国主义争霸斗争,在半个多世纪的时间里,美国成为超级大国,帝国思想的理论体系日臻完善,也呈现新的特点,对帝国思想及其政策的研究也日益丰富。

从国外(主要是美国)对美国帝国及外交的研究来看,主要以四个阶段为主要对象:北美大陆扩张时期、19世纪末海外扩张时期、冷战时期以及"9·11"事件后小布什政府时期。

北美大陆扩张从美国建国一直持续到19世纪中后期,尤以19世纪40年代最为显著。这一时期美国帝国思想对对外政策的影响十分显著,推动着美国在北美大陆实行扩张主义,这也是帝国思想开始社会化的时期。安迪·杜伦(Andy Doolen)的《临时帝国:定位早期美国帝国主义》从奴隶制角度讲述了殖民地晚期和建国初期内外世界的联系,认为"欧洲帝国间全球冲突在美国国家形成过程中扮演了一个被严重低估的角色"[①]。詹姆斯·莫顿·卡拉汉(James Morton Callahan)的《美国扩张政策导读》介绍了美国的扩张政策。蒙哥马利·斯库勒(Montgomery Schuyler)的《西进:帝国的历程》讲述了西进运动与美国帝国的扩张。

这一时期帝国思想最重要的发展,就是"天定命运"和"美国例外论"的出现,它如同历史上其他帝国的主张一样,为美国的扩张赋予了合法性和神圣性。托马斯·R. 希塔拉(Thomas R. Hietala)的《天定设计:美国例外论和帝国》分析了"天定命运"和"美国例外论"的思想起源,指出这些思想对美国的扩张产生了重要的推动作用。此外,安德斯·史蒂芬

---

① Andy Doolen, *Fugitive Empire: Locating Early American Imperialism*, Minneapolis: The University of Minnesota, 2005, p. XI.

森(Anders Stephanson)的《天定命运:美国扩张主义和正义帝国》虽在史学界具有争议性,但恰如其分地反映了美国人在扩张中不断进行的"道德训诫"。还有不少人对该时期的帝国政策的关键人物进行了研究,例如弗里德里克·摩尔·宾德(Frederick Moore Binder)所著的《詹姆斯·布坎南和美国帝国》论述了布坎南在美国帝国扩张中发挥的影响,反映了时代性在这一代人身上烙下的深刻印记。

19世纪末的海外扩张,是美国帝国的新阶段。美西战争极大地刺激了美国的帝国与反帝国争论,形成了全国性的大讨论。围绕这一时期的美国帝国思想研究更为详细。比如,菲利普·方纳(Philip S. Foner)的《西班牙—古巴—美国战争与美国帝国主义的诞生》剖析了美西战争对美国帝国主义的刺激作用;布赖恩·P. 达米亚尼(Brian P. Damiani)的《帝国鼓吹者:威廉·麦金利、参议院和美国的扩张,1898—1899》叙述了以麦金利为代表的帝国思想支持者是如何推动美国在19世纪末进行扩张的。帝国主义的兴起,还在美国国内引发了对国家身份和对外政策的思考。弗吉尼亚·M. 布维尔(Virginia M. Bouvier)的《谁之美国? 1898年战争与定义国家的战斗》和保罗·T. 麦卡特尼(Paul T. McCartney)的《权力和进步:美国国家身份,1898年战争以及美国帝国主义的兴起》都从国家身份角度来反省美西战争,认为这场战争对于定义美国国家身份有重要影响。

战争引发的反帝国主义思潮也席卷而来。托马斯·G. 帕特尔森(Thomas G. Paterson)编著的《美国帝国主义和反帝国主义》集中讨论了19世纪末围绕古巴和菲律宾问题,帝国主义者与反帝国主义者的争论。此外,菲利普·方纳的《反帝国主义导读:美国反帝国主义的文献历史》详细讲述了这一时期两股对立思潮的相互斗争。从这些书中,可以清楚地看到当时两派争论的前因后果。

在第二次世界大战后,美国逐步成为全球超级大国,帝国思想也成为建立全球秩序的助推剂。美国通过价值观输出、民主制度推广、经济援助以及军事部署,建立了在资本主义体系内具有合法性的"美国治下的和平",对全球政治有着举足轻重的影响。"帝国"一词逐渐被更中性的"霸权"取代,还出现了"民主帝国""自由帝国"等称谓。这是一个新型的世界性霸权,也是一个具有古典帝国特征但同时又蕴含新特点的新帝国。除了实力,它还发起了空前的意识形态斗争,美国的价值观逐渐近乎于一种西方世界内的普世标准。不过,对美国地位的赞同与反对如影随行。如雷蒙·阿隆(Raymond Aron)的《帝制共和国:美国和世界(1945—1973 年)》、V. G. 基尔南(V. G. Kiernan)的《美国:新帝国主义——从白人定居点到世界霸权》、乔治·利斯卡(George Liska)的《帝国的美国:首要地位的国际政治》等都注意到了美国战后地位与帝国之间的联系,认为无论美国如何用意识形态为自己装饰,很多人仍然将其视为一个帝国。

到了 20 世纪六七十年代,帝国思想及其政策遭遇挫败,美国国内社会思想发生变化,尤其以越南战争为导火索,围绕对外政策的讨论成为热点,美国推行"尼克松主义",进行战略收缩。这些变化也为人们对美国政策的反省创造了环境。最具代表的是美国的新左派。新左派史学家对美国帝国的历史进行了批判。他们通过分析美国 19 世纪末在加勒比地区和太平洋地区的扩张,揭示美国外交中的帝国实质。新左派史学家们强调"门户开放"的实质是美国以海外市场和原料产地为目的的扩张(因而也得名"门户开放"学派)。他们"希望在对美国对外政策及行为进行猛烈批判的基础上,以自己的声音唤醒那些被政府和企业家们所煽动的爱国主义冲昏了头脑的美国人重新审视过去的失败和教训,以免重蹈覆辙,进而把美国建设成为一个自由而自给自足的社会"。"门户开放"学派的代表人物威廉·艾普尔曼·威廉斯(William Appleman Williams)著有《美国外交的悲剧》《当代美国帝国的根源》等。他指出:"门户开放式扩张的理论、其必要性及正当性,在美国领导者身上已经内化(为信仰),为他们所深信不疑"①,因而在美国,帝国成了美国人的一种"生活方式"。② 约瑟夫·M. 西拉库萨(Joseph M. Siracusa)的《新左派外交历史和历史学家》,回顾了新左派外交历史和历史学家对美国历史及对外政策的认识。此外,还有不少其他对美国外交政策的反思之作,如小约翰·M. 斯沃姆莱(John M. Swomley Jr.)的《美国帝国:20世纪征服的政治伦理》分析了在美国对外征服中,帝国思想是如何成为一个政治伦理为其对外政策服务的。到了20世纪80年代里根时期,新保守主义兴起,推动美国战略复苏,美国又重拾咄咄逼人的帝国式对外政策。

冷战结束后,在失去苏联这个敌人(或者说合法性借口、敌对他者)后,帝国思想缺乏动力,略显沉寂。"9·11"袭击发生之后,帝国研究再度兴起。一些西方学者试图从全球治理角度来看待帝国问题。英国的罗伯特·库珀(Robert Cooper)在《我们为什么仍然需要帝国主义?》一文提出了"新帝国"的思想。这一思想的初衷是以扩大的欧盟为主体的。他所提出的帝国,是一个建立在全球化时代的超国家的行为主体,是以西方价值观和欧洲经验为基础的庞大巨人。迈克尔·哈特(Michael Hardt)和安东尼·奈格里(Antonio Negri)的《帝国》在世界范围引起了极大关注。该书是左翼阵营对全球化和西方强势主导地位的后现代思考。作者提出,全球化进程造就了一种新的主权形式即"帝国",而冷战后国际政治正朝着形成这样一种帝国秩序在发展。

在美国,复仇情绪、爱国主义、民族主义等思想在恐怖主义威胁下迅速膨胀,特别是新保守主义分子骤然得势,"新帝国"成了蛊惑人心的词,并由此在美国引发新一轮围绕"帝国"的争论。这场争论的焦点不仅仅限于美国是否要执行强硬的对外政策,以超越传统主权原则的方式来打

---

① William Appleman Williams, *The Tragedy of American Diplomacy*, New York: Norton Company, 1972, p. 206.
② William Appleman Williams, *Empire as a Way of Life: An Essay on the Causes and Character of American Present Predicament Along with a Few Thought about an Alternative*, New York: Oxford University Press, 1980, p. 1.

击恐怖主义,谋求对世界的主宰,而且它也融入了与库珀"新帝国主义"相似的成分,即如何在全球化时代寻求一种能反映美国优势的治理模式。美国的"新帝国论"将美国作为新的全球秩序的中心和主导力量,强调要毫不保留地使用美国的权力优势来建立新秩序。在各国学者围绕美国帝国的这场激烈讨论中,涌现了很多研究成果,如安德鲁·J. 巴切维奇(Andrew J. Bacevich)的《帝国的紧张:美国帝国的前景和问题》,收录了包括新保守主义者和美国高层对美国对外政策,特别是帝国问题的论述,较为全面地反映了"9·11"袭击后美国国内"新帝国论"的内容。奈尔·弗格森(Niall Ferguson)的《巨人:美国大帝国的代价》更被称为近十年来帝国研究的佳作。阿米·巴塞洛缪(Amy Bartholomew)的《帝国法律:美国的帝国计划及"重塑世界"之战》揭示了美国用以重塑世界秩序的"帝国规划"。苏特·加利(Sut Jhally)和杰瑞米·厄普(Jeremy Earp)所编的《劫持灾难:9·11,恐惧和推销美国帝国》反省了恐怖袭击后美国帝国政策是如何生成的,认为是特定环境下的恐惧支撑着帝国的思想。威廉·布鲁姆(William Blum)的《谁是无赖国家》对美国全球干涉主义的种种恶行进行了大胆而又明确的批判,向人们展示了美国的政策如何在自由、民主和人权的幌子下所导致的野蛮行径。还有些著作重新解读了美国的帝国历史。威廉·V. 斯潘诺斯(William V. Spanos)的《美国阴影:解析帝国》讲述了美国帝国的理论与文化,以及对世界秩序的追求。孔华润(Warren I. Cohen)的《美国的衰落帝国:冷战后的美国对外关系》认为,美国的衰落不可避免。威廉·布鲁姆主编的《美国帝国论文集》着重讨论了冷战后美国对外政策在国内外引起的思考。大卫·C. 亨德里克森(David C. Hendrickson)所著的《联盟、国家或帝国:美国国际关系的争论 1789—1941》讨论了美国帝国主义、国际主义、民族主义,并分析了美国对外政策决策中围绕重大问题的决策过程,展示了美国内部对国家定位和政策走向的长期争论。

从目前美国帝国研究的内容来看,大致可以分为两部分:其一是从当前美国对外政策角度对帝国的热议。这种研究主要是从美国的超级大国地位、国家安全和国际责任角度来讨论"帝国"。其二则是历史视野之下的帝国研究,其目的在于解析美国的帝国历史,阐述帝国思想和政策对于美国及世界的意义。而如果依照研究者对帝国思想的立场,又可分为立场迥异的三派。

第一派可以称为"帝国热衷派"(imperial enthusiasts)。他们的研究建立在美国是一个帝国这一前提之上,并坚信这将给美国和世界带来积极的影响。这些学者支持美国外交政策中的帝国导向,呼吁政府采取一种持续、坚定,富有侵略性的构建帝国的政策。其中,新保守主义者——如罗伯特·卡根(Robert Kagan)、麦克斯·布特(Max Boot)——尤为强调要以帝国式大战略来作为回击威胁、确保美国安全的手段,并为帝国进行辩解。① 自由帝国主义者如迈克尔·伊格纳惕夫(Michael Ignatieff)、奈尔·弗格森则秉承了自由主义(自由国际主义)传统,从价值观念角度出发,更多地强调美国帝国在道德和人道主义层面的合理性。②

第二派对美国帝国的研究,被称为帝国批评者(imperial critics)。他们虽然也承认美国作为帝国这一事实,但与第一派不一样,他们相信这一状态将造成有害的全球后果。之所以有这一结论,原因有很多,例如,自由主义学派的帝国批评者如约瑟夫·奈(Joseph Nye)和蒂莫西·加顿·阿什(Timothy Garton Ash)认为,美国帝国的存在将造成负面的、灾难性影响,因为军事实力在国际政治中不再起主导作用,而且帝国式大战略将会损害

---

① Robert Kagan, "The Benevolent Empire", *Foreign Policy*, Summer, 1998; Max Boot, "The Case for American Empire", *Weekly Standard*, 15 Oct, 2001; Sebastian Mallaby, "The Reluctant Imperialist: Terrorism, Failed States, and the Case for American Empire", *Foreign Affairs*, No. 2, 2002.
② Michale Ignatieff, *Empire Lite: Nation building in Bosnia, Kosovo, and Afghanistan*, London: Vintage, 2003; David Rieff, "A New Age of Liberal Imperialism?", *World Policy Journal*, No. 16, 1999; James Kurth, "The Adolescent Empire: America and Imperial Idea", *The National Interest*, Summer, 1997; Jodediah Purdy, "Liberal Empire: Assessing the Arguments", *Ethics & International Affairs*, Fall, 2003.

自由主义全球秩序①;相反,现实主义学派的帝国批评者,如伊万·伊兰德(Ivan Eland)、杰克·斯奈德(Jack Snyder)则认为,帝国战略的危险在于其将会把美国拖入代价不菲的海外义务,而历史证明,这将会加速美国权力的衰落②;马克思主义学派的帝国批评者如大卫·哈维(David Harvey)和阿历克斯·柯利尼可斯(Alex Callinicos)将美国帝国看作是道德上不可信、经济上奉行剥削的权力主宰形式。他们指责美国利用物质力量在全球范围内进行掠夺,并将政治和经济制度强加于人。③

第三派被称为帝国怀疑论者(imperial sceptics)。虽然他们承认美国的绝对优势有帝国的趋势,但他们否认美国是帝国,认为美国的对外政策和战略本质上是反帝国的,美国面临的国内外环境防止了美国堕落为一个帝国。例如,安娜·西蒙斯(Anna Simons)相信,现在的国际规则反对征服,因而美国不会成为经典帝国主义国家。还有人提出,美国国内政治制度和文化使得美国无法建立起帝国。此外,像约翰·伊肯伯里(John Ikenberry)这样的学者还指出,美国是通过多边联盟和国际机制来维持霸权,这也使得美国难以成为以往那样的帝国国家。④

---

① Joseph S. Nye, "The dependet colossus", March/April, *Foreign Policy*, 2002; G. John. Ikenberry, "Liberalism and Empire: Logic of order in the American Unipolar Age", *Review of International Studies*, October, 2004.

② Ivan Eland, "The Empire Strikes Out: the 'New Imperialism' and Its Fatal Flaws", *Policy Analysis*, No. 459, 2002; Jack Snyder, "Imperial Temptations", *The National Interest*, Spring, 2003.

③ David Harvey, *The New Imperialism*, Oxford: Oxford University Press, 2003; Alex Callinicos, "The Grand Strategy of the American Empire", *International Socialism Journal*, Winter, 2002; Alex Callinicos, *New Mandarins of American Power: the Bush Adminstration's Plan for the World*, New York: Polity Press, 2004; Ellen Meiksins Wood, *The Empire of Capital*, London: Verso, 2003.

④ G. John Ikenberry, "American Power and the Empire of Capitalist Democracy", *Review of International Studies*, Vol. 27, 2001; G. John Ikenberry, "Illusions of Empire: Defining the New American Order", *Foreign Affairs*, March/April, 2004; Paul K. MacDonald, "Those who forget historiography are doomed to republish it: empire, imperialism and contemporary debate about American power", *Review of International Studies*, Vol. 35, 2009.

中国学术界对于美国外交的研究,随着中国开放程度的日益扩大,经历了一个从整体研究到专题研究、从意识形态偏差到兼容并蓄、从总体概述到多视角阐述的演变阶段。其中,对美国对外政策的整体研究占有很大比重,如资中筠的《战后美国外交史》、李庆余的《美国外交史:从独立战争到2004年》等。与此同时,分析美国对外政策的视角也在逐步扩宽,如周琪的《意识形态与美国外交》、王晓德的《美国文化与外交》、李庆四的《美国国会与美国外交》等。但是,鲜有著作能将帝国思想(或帝国主义)与美国外交的结合作为主题。除美西战争时期能与"帝国""帝国主义"准确联系外,国内研究者大多数时候都是将"帝国"当作"霸权""超级大国"的另一种称谓。此外,"帝国主义"一词也常被限定于经典马列主义概念和特定时代,因而在对当代国际政治的研究中,这样的词语使用起来更为谨慎。2010年,作者在国家图书馆的书目检索中发现,将"美国"和"帝国"作为正题名共同检索,得出的中文结果只有21项(包括部分译著),其中绝大部分还是20世纪50年代的成果,如帕尔罗·佩罗的《美国帝国主义》(1955年);列昂节夫的《论美国帝国主义》(1951年);王自申的《从帝国主义本质上认识美国帝国主义》(1951年)。从期刊数据库查询来看,学术论文中更多地也是对于美国历史、对外政策的研究。

近十多年来,随着西方学术界"帝国研究"(Empire Studies)自成一派,特别是美国"9·11"袭击后的对外政策与"帝国研究"之间产生了极大的共鸣,国内学者开始更多地关注这一领域。2003年2月20日,中国社科院及北京其他科研机构的学者曾在北京召开座谈会,对美国的"帝国化"倾向作了进一步研讨。与会专家学者认为,"新帝国主义"已经从美国的精英思潮演变成国家行为的指南,将在今后相当长的时期内主导其国内外政策,因此,"帝国化"倾向是当前世界各主要国家研究美国、分析美国的一把钥匙。即便如此,能以"帝国"为题来研究美国外交的著作仍然很少,也仅限于张海涛的《何处是美利坚帝国的边界:1946年以来美国对华战略策略史》、刘阿明的《布什主义与新帝国论》以及张西明的《新美利坚帝国》等。其中张西明教授的著作揭示了美国"9·11"事件之后的"帝国化"趋势,及其掀起的"新帝国主义"浪潮如何影响着世界格局,是"9·11"后我国学者研究美国帝国问题比较有代表性的成果。

此外,2001年以后有关美国和帝国的学术文章也陡增,其中不乏具有深度的成果,如任晓的《"美利坚帝国"论与美国的大战略》,从大战略角度分析了美国的帝国式对外政策①;刘金质的《试评小布什的帝国外交》指出,新保守主义同小布什政权的结合,特别是"9·11"事件改变了美国的传统外交。伊拉克战争是布什政府无视国际法和国际关系的基本准则,绕过联合国安理会"自我授权",带领"自愿者同盟"进行的一场侵略战争。同时也是美国凭借帝国的实力、推行帝国外交的产物,是帝国扩张和模式的具体运作②;余乃忠和董立清的《新帝国主义思维方式的嬗变》认为,冷战结束后,冷战思维已不适应美国主导下的多极化趋势。面对扩张道路上的威胁,新帝国主义摈弃传统思维模式,开始新的思维建构③。也有学者注意到了反帝国主义运动,如吴伟赋的《当代美国的反帝国主义思潮》一文指出,美国反帝国主义思潮的基本内容包括:针对否认美帝国存在的观点,从历史和现实的角度揭露美帝国主义存在的事实;剖析美帝国主义形成的真正动因及运行机制;揭露在新的历史条件下美国帝国主义扩张的主要特点等④;饶淑莹的《现代西方学界的帝国理论研究》,对现代西方学界已有的帝国理论研究进行了系统的梳理和分析,为国内学界进一步展开对帝国和帝国的理论研究提供了一定的理论基础⑤。一些刊物还登载了部分国外学者帝国思想研究成果的译文,如辛本健翻译的迪米特里·K. 赛姆斯(Dimitri K. Simes)的《美国的帝国困境》等。

---

① 任晓:《"美利坚帝国"论与美国的大战略》,载《现代国际关系》2003年第12期。
② 刘金质:《试评小布什的帝国外交》,载《国际政治研究》2004年第4期,第83—92页。
③ 余乃忠、董立清:《新帝国主义思维方式的嬗变》,载《理论月刊》2008年第2期,第137—139页。
④ 吴伟赋:《当代美国的反帝国主义思潮》,载《国外社会科学》2005年第4期,第34页。
⑤ 饶淑莹:《现代西方学界的帝国理论研究》,载《未来与发展》2007年第1期,第18—22页。

此外,国内一些博士、硕士研究生以此为主题撰写了学位论文①。

不过,就像前面提到的那样,目前国内对于美国帝国的研究,大部分都将注意力放在了21世纪的"新帝国论"上,真正能将美国帝国思想和对外政策历史结合起来的研究少之又少,少量涉及的也基本是散见于著作中的某些章节。相关的学术文章虽然有一定数量,但也缺乏对二者关联性的系统分析,这些文章中还包括了不少"9·11"恐怖袭击之后翻译过来的国外研究成果。它们的论述仍然集中于三个最基本的问题:美国是不是一个帝国?美国帝国的合法性是否存在?美国帝国式的对外政策对世界的影响是什么?换而言之,这些研究侧重于美国作为一个帝国是否成立,以及其对外政策的性质和当代意义,尤其是大部分著作关注的是美国作为世界霸权,如何以帝国的姿态进行全球统治。相反,这些作品在从思想史角度来对帝国思想于美国对外政策的含义方面的着墨甚少,缺乏全面的、系统的和深入的梳理。可以这样说,从美国帝国思想角度来研究美国对外关系史,尚有待开拓。

笔者认为,研究美国帝国思想是美国如何看待自己的国家身份和价值体系、如何看待自己与世界的关系以及按什么方式处理这种关系的问题。对这一思想的梳理应从三个方面入手:首先,帝国的观念在美国是如何起源的。其次,帝国思想既然与美国信奉的政治传统相悖,那么它的存在不可避免地会引发争论,而这种争论在不同阶段是如何出现的、争论的核心问题是什么、最终对对外政策的影响又如何呢?最后,帝国的思想从最早的建立北美大陆强国,到19世纪末的帝国主义海外扩张,再到全球霸权时期的反共主义,直至今天的"新帝国"理论,它是如何演进变革的,又是如何与美国的对外政策和大战略相生相伴的呢?

---

① 万方学位论文数据库包括"新帝国""美国+帝国"的主要包括:刘阿明:《布什主义——关于美国新帝国战略的一种研究》(2005年复旦大学博士学位论文);李海兵:《美国新帝国主义论析》(2005年华东师范大学硕士学位论文);武海荣:《新帝国主义论与伊拉克战争》(2005年陕西师范大学硕士学位论文);刘从容:《评析美国帝国大战略》(2008年辽宁大学硕士学位论文)等。

三 研究方法、观点创新及限制

研究方法是研究者为了实现研究目标而使用的手段。本书致力于研究美国帝国思想的发展及其与对外政策的互动,从时间跨度上而言,涵盖美国建国前期至今 200 多年的时间;从空间来讲,从北美大西洋殖民地开始,横跨北美大陆,直至全球性霸权体系;分析的对象包括政治家、思想家、历史学家、军人、学者、民众等,着重研究他们的思想在各个历史时期的表现和碰撞,尤其是围绕对外政策的不断争论;涉及的学科包括政治学、历史学、社会学、军事学、心理学等领域。为了能在如此庞大的时空和历史线索中梳理出主题,必须运用科学的研究方法。因此,本书试图结合理论分析、文本分析、案例研究、历史研究等方法对选题进行综合性的研究。

(1) 理论分析法。理论是"人们由实践概括出来的关于自然界和社会的知识的有系统的结论"[①]。美国对外政策的理论研究可谓充实而深入,从字面来看,充满了种种"主义",现实主义、理想主义、自由主义、帝国主义、建构主义……不过任何一种"主义"都不能凭借一己之力来主导美国的对外政策。本书选择从"帝国"角度来分析美国对外政策,是有着充分的理论依据的。从古至今,"帝国"这一政治形态及思想一直与人类社会形影相伴。近代以来,帝国主义理论的成熟为对外政策分析提供了很好的理论基础。如今,在古典帝国主义理论之上,又出现了新的帝国理论。即便学者们对美国是否成其为一个帝国有争议,但他们几乎都赞同,帝国的思想及其影响始终贯穿于美国的外交政策历史之中。

(2) 文本分析法。任何一种思想都有起源,并经历了一个发展变化的过程。美国对外政策中的帝国思想也是如此。概括而言,美国帝国的

[①] 中国社会科学语言研究所词典编辑室:《现代汉语词典》,北京:商务印书馆 2005 年版,第 835—836 页。

思想发源于建国之初,在19世纪40年代开始成形,并在对外政策中产生了显著影响,自19世纪后期开始,帝国思想逐渐理论化和系统化,同时也依附于20世纪最为强势的自由主义思想,并在特殊的时期不断显现,直至冷战后再度强势复兴。这一过程中,有着极为丰富的文献资料能够说明它是如何引起争论并影响对外政策的。

(3) 案例研究法。案例研究与纯理论性研究不同,根据罗伯特·K.殷(Robert K. Yin)对此的经典定义,案例研究是一种经验主义的探究(Empirical Inquiry),它研究现实生活背景中的暂时现象。作为一种社会科学研究方法,案例研究包括了诠释性案例研究、质疑与验证性案例研究、肯定性案例研究、偏离型案例研究、引发假设的案例研究。前三种案例研究将成为本书所采用的主要手段,以详细解释帝国思想如何表现、引发何种争议,进而又导致何种结果。案例研究能对本书总体性研究进行重要补充,对主题的研究起到了丰富和作证的作用。

(4) 历史研究法。"历史"泛指一切事物的发展过程,包括自然史和社会史。本书的研究,涉及大量的历史人物和事件,而要从中追溯事物发展的轨迹,探究某些规律性的东西,就属于历史研究的范围,也就不可避免地要运用历史研究法。因此,本书在建构自身理论框架的同时,以历史唯物主义为基础的历史研究法,力求客观、翔实地研究帝国思想与对外政策的互动及演进过程。在分析和解释历史的同时,也有助于认清当代问题或对未来进行一定预测。

正如前面所说,美国研究在国内可以说是成果最为丰富、研究人员队伍最庞大的研究领域了。因此,任何一个美国研究的选题,要想做到具有鲜明学术价值的创新性,都是不容易的。本书的创新性主要体现在以下四个方面。

第一,以帝国思想为切入点来从整体上揭示和阐述美国对外政策,为认识和分析美国外交提供了新的视角,有助于完善对美国外交思想史的研究。国内对于美国外交思想史的研究主要包括整体性研究和局部性研究。前者最具代表性的是王玮和戴超武合著的《美国外交思想史》,它从思想的角度分析和探讨了美国外交的起源、形成、发展演变这一历史过程,并对美国建国以来到2005年的外交做出了定位,是为数不多从思想观念历史的角度来梳理美国外交史的佳作。第二种包括了对特定时期、特定思想或标志性人物的研究。例如杨卫东所著的《扩张与孤立——约翰·昆西·亚当斯外交思想研究》、王立新的《意识形态与美国外交政策研究》、王联合的《美国新保守主义:思想沿革与外交影响》、石斌的《杜勒斯与美国对苏战略》等。不过,尚没有一部著作将帝国思想作为单独的主题来分析外交。即便如《美国外交思想史》这样堪称全面的学术专著,在对美国外交思想200余年的论述中,也没有单独论及帝国思想。相对而言,学术论文中对美国帝国思想、帝国主义政策,特别是"新帝国论"的研究更为丰富。然而这些论文也存在不够完善之处,主要表现在缺乏对该思想的系统性研究,重现实政策、轻观念变化,特别是大量集中于对"9·11"袭击后美国外交的研究。因而,作者认为,从美国帝国思想的起源入手,通过展示其在对外政策中的影响及引发的争论,是对美国外交思想史的一个有益补充,能够帮助人们从观念层面来进一步认识美国对外政策。

第二,在研究帝国思想对美国外交的影响过程中,本书将侧重于从思想演变和观念冲突角度来梳理帝国思想的演变过程及其对美国对外政策的影响。为此,作者建立了一个以国家身份、意识形态和国际秩序为核心的、三位一体的美国帝国思想的理论框架,试图以此来对帝国思想的内涵进行分析,揭示每一阶段该思想的发展及与其他思想的相互融合及冲突。美国历史上出现的帝国思想,是以扩展美国在地区和世界政治舞台上的权力为主要表现的,这种权力的增长刺激着对国家身份不断的重新认知,以及对外政策的不断调整。与此同时,美国国家身份与价值观念紧密相关,同时也影响着美国与世界其他国家间关系的定位。通过分析可以发现,美国的帝国思想一直在根据国内社会发展和国际形势变化而寻求生存空间,进而在这一过程中逐步形成了帝国意识形态,以从理论和思想上为帝国式的对外政策提供合法性基础。美国帝国思想的最终目标就是要建立符合自身价值观、最大限度反映新的国家身份的国际秩序。三者的合一,是研究美国帝国思想的重要钥匙。

第三,本书将美国帝国思想与对外政策之间的关系、美国权势增长历程同国内社会变革和思想发展相结合,以展示帝国思想是如何在时代变迁引发的争议中发展和变化的。其中,作者尝试将围绕帝国思想所产生的对外政策争论作为一条主线,分析在不同历史阶段中,帝国思想对美国对外政策的推动作用和重要影响。

第四,本书认为,帝国思想是一种一直伴随着美利坚民族成长的意识形态和价值观念体系。虽然美国有着根深蒂固的反帝传统,但是,在现实利益驱使之下,美国的帝国思想始终对其对外政策模式产生着潜移默化的影响。这种思想在美国对外政策历史中,有着鲜明的连续性。在特殊利益集团和政治精英团体的推动下,帝国思想逐步实现其社会化,并与其他一些美国传统一起成为影响对外政策的思想力量。同时,美国帝国思想在争论声中,也在发生变革,以适应美国对外战略的需要,这种自我革新的能力,也使得美国的帝国思想能够一直延续下来。通过对帝国思想的历史考察,本书识别出美国帝国思想与对外政策之间关系的一种常规模式:即国内特殊集团利益诉求与来自外部的挑战,往往能促使帝国思想融入到对外政策决策过程之中,并导致对外战争或武装冲突。不过,即便能在短期占据主导地位,帝国思想都不可避免地会引发国内的质疑与反对。一旦特殊的环境消退,帝国思潮显而易见的争议性将让政策决策者们避之不及,帝国思想转而寻求尽可能在另一种占主导地位的思想中植入影响,并不断根据内外形势的发展进行自我调节,以寻求重新崭露头角的机会。

必须承认,本书试图完成的任务,面临着不小的阻碍。主要的限制除作者自身学术能力局限之外,还包括:第一,思想史研究时间跨度大,如何能在研究中始终把握主线,是该选题的一大挑战;第二,帝国思想因其争议性,很长时间内在对外政策中都是隐性存在或改头换面,如何识别并令人信服地接受作者的观点,是无法回避的一大难点;第三,通过帝国思想在对外政策中引发的争论来回顾美国外交政策历史,这个选题的切入视角虽具有比较强的新意,但也导致与其紧密贴近的学术研究成果不易找到,作者可资借鉴的成果因而较少,这使得写作的难度加大,成功完成的风险也增大;第四,由于本书很大程度上将通过文献解读来还原历史,由于作者非历史专业出身,难免会出现一定程度以偏概全的情况。

四　基本思路与框架

如前所述,本书的要点在于研究美国帝国思想的演变发展,特别是它在对外政策领域引发的一次又一次争论,并从这种争论中把握美国帝国思想的实质和发展脉络,以此视角来为美国外交思想史研究进行补充。从这一目的出发,本书的章节安排如下。

"绪论"是本书的纲领,主要从总体上对本书进行介绍,说明本书的选题意义、国内外研究现状、研究方法、创新性以及大致框架。

第一章"帝国、帝国主义和美国的帝国思想",从理论上回顾帝国研究的历史和现状,对帝国的概念、帝国思想主要表现内容以及帝国主义的发展过程进行必要的分析,并探寻美国帝国思想的源头和内涵。这一分析的主要目的在于从理论上将这三者的异同进行对比研究,并将其运用到美国对外政策之上,从中提炼出本书提及的美国对外政策中的帝国思想究竟是什么。美国的帝国思想是一个国家身份、意识形态和国际秩序三位一体的体系。它的核心内涵就是要以一切方式最大限度地将美国的优势发挥出来,建立一个它自认为具有合法性的新秩序。它诞生于美国独立之前,伴随着美国成长为世界霸主。在初期,它表现为缺乏充足理论支撑的扩张冲动,之后为了更好实现国家利益,这一思想依附于

19世纪后期流行的帝国主义,引发了对外扩张的大爆发。随后,它又融入自由国际主义世界观之中,历经两次世界大战和冷战,起起落落。冷战结束之后,帝国思想成为世界治理的一部分(或是一个分支),呈现新的生命力。"9·11"袭击后的帝国思想主要为"新帝国论",但这一理论对传统帝国模式和政策手段的过度推崇,决定了其不可能占据主导地位。现在,帝国思想仍在寻求新的升华。

第二章"美国建国初期的帝国思想及其对外政策"。美国建国之后,孤立主义很快成为对外政策的基调。但是,孤立并不是自我隔离,美国对外关系中的帝国思想对其政策产生了影响。杰斐逊开启的"弗吉尼亚王朝"是美国早期外交的重要时期,杰斐逊传统的核心是一个自我约束的北美农业帝国。因此,这一传统继承了殖民地时期对领土的渴求,将领土看作维护国家团结和稳定的重要资源,并直接或间接地导致了这一时期的重大外交事件。但是总体上而言,杰斐逊传统强调稳定,对外扩张比较有节制。

第三章"'杰克逊时代'的帝国思想与对外扩张"。进入历史学家所言的"杰克逊时代"后,国家安全、社会发展和商业利益成为美国对外扩张的重要动力。特别是19世纪40年代的泰勒-波尔克时期,是美国历史上第一次帝国大扩张。对印第安人的驱赶、美墨战争、俄勒冈争端……帝国的印记表现得如此清晰。更重要的是,这一时期流行的"天定命运""美国例外论"成为价值观体系的重要内容,并为美国的帝国政策提供了合法性解释。围绕这一时期的政策,美国国内的争论一直没有停止,特别是自第二次政党制度形成后,热衷扩张的民主党人与反对派辉格党展开了激烈的交锋,不仅两大党派为帝国政策争论不休,国内的南北利益集团也从各自利益角度出发开始交锋。这一时期帝国思想导致的后果是显著的:一方面,美国领土急剧增长;另一方面,南北矛盾激化,为内战埋下恶果。

第四章"帝国争霸:19世纪后期的帝国思想与对外政策"。内战重建完成后,美国很快成为世界经济强国。在世界范围的帝国主义思想和国内经济利益驱使下,美国依照新的实力对比,对国家身份进行新的认识。帝国思想的狂飙猛进,推动美国在加勒比、太平洋、远东、非洲等地区寻求利益,并在1898年第一场帝国主义战争——美西战争中达到顶峰。但是,随之而来的是一次规模巨大的反帝国主义浪潮。美国国内对政府的帝国主义对外政策产生了质疑,并不断予此以批判。而美国对古巴、菲律宾等问题的政策,也受到这种争论的影响。发生在19世纪末20世纪初的这场帝国思想的争论,对于理解这一时期的美国外交有着相当关键的作用。

第五章"从西半球霸权走向全球帝国"。两次世界大战是旧式殖民帝国彻底破产的阶段。美国从孤立走向战争,对国际政治格局产生了根本性影响。这一阶段,帝国的思想逐渐变化,从寻求成为世界强国,变为主宰世界的野心。尽管此时自由国际主义成为美国对外政策的主导理念,但在实际政策中,帝国思想始终对帝国目标孜孜以求。美国的权势在二战后达到一个新的高峰,通过一系列战略部署,美国以主宰者的身份恢复了西方世界的秩序,从西半球霸权成为全球性帝国。

第六章"冷战时期的帝国思想与战略维度"。为了推行反共主义,遏制苏联,美国在冷战期间强化了全球军事同盟体系的建设,并挑起了规模不等的战争和武装冲突(朝鲜战争、入侵古巴、越南战争等)。此时帝国思想主要表现为美国执行以武力为基础的对外政策,以及在不平等基础之上对其他国家的控制。同时,美国以一切手段在政治、经济、军事、文化等领域展开了对社会主义阵营的攻击。但是,美国的对外政策没能摆脱国内的批评。特别是在20世纪六七十年代,国内围绕越战对"帝国"进行了广泛的争论和反省,帝国思想由此受到严重冲击。这一争论一直延续到里根时期,新保守主义势力初次粉墨登台,美国恢复了强硬政策,加强了对外军事干涉。

第七章"后冷战时期帝国思想的勃兴"。冷战结束后,美国成为唯一的超级大国。围绕冷战后建立什么样的世界新秩序,奉行什么样的大战略,美国国内展开了热烈讨论。克林顿时期奉行自由国际主义政策,以"新干涉主义"为指导,加强了对重点地区的干涉。帝国思想虽然还不能登堂入室,但也能在其中找到共存空间,最具代表性的就是1999年的科索沃战争。"9·11"袭击发生之后,如何应对恐怖主义威胁成为美国对外政策的重中之重。新保守主义者乘势而起,大力灌输"新帝国"思想,呼吁发挥美国的超级大国实力,消除异己,在小布什政府发动的两场战争中,都能看到帝国思想的身影。与此同时,帝国思想也开始发生新变化。西方世界出现以全球治理为目标的新帝国思想,有别于新保守主义以美国为核心、以单边主义为手段的帝国思想,它更为关注如何为无政府状态的世界政治寻求新的秩序。结合这两种帝国思想,美国再次出现了一场大讨论,其中新保守主义的帝国主张遭到强烈批评,在伊拉克战争之后便开始销声匿迹。而另一种新帝国的思想,则仍处于探索和讨论之中,它对于当前和今后的美国对外政策的影响,也是不可忽视的。

第八章"奥巴马时期的对外政策与帝国的困境"。主要回顾了奥巴马执政八年以来美国对外政策的调整,结合帝国思想的当代表现,深刻揭示帝国思想如何继续影响美国的全球战略,特别是在复杂多变的新国际环境下,帝国思想如何应对各类威胁和挑战。

"结语"部分结合前文的论述指出,帝国思想在美国对外政策中的影响是一直存在的,它所引起的争论,对于美国对外政策的形成和演变起着重要的作用。帝国思想是美国历史的一部分,也是美国思想传统的另一种形式的折射。在未来的美国外交政策中,帝国思想不可避免地将以不同的形式反复出现。最后,结论部分还对本研究的不足和未来可以继续深入研究的内容进行了客观的、必要的讨论。

第一章　帝国、帝国主义和美国的帝国思想

(帝国是)一种直接或间接的关系,其中一个国家通过武力、政治合作、经济、社会或文化依赖等途径得以控制其他政治实体的政治主权。而帝国主义就是建立或维持帝国的政策或过程。①

——[美]迈克尔·多伊尔(Michael Doyle)

帝国思想是美国历史和文化不可分割的组成部分,也是对其外交政策产生了重要影响的观念体系。本章将分析帝国和帝国主义的历史含义,比较相关概念,并由此探索美国的帝国思想产生的根源和内容,尤其是借助国家身份、意识形态和国际秩序这三个关键性要素,论述美国帝国思想的体系特征与演变发展。

一　帝国的历史与理论

"帝国",可以说是人类文明史中一个经久不衰的话题,一个延绵不绝的现象,一个为几乎每代人所熟知的词语。从古至今,从东方到西方,不同的帝国兴衰起伏。帝国所遗留的政治和文化传统,至今影响着整个

---

① Michael W. Doyle, *Empire*, New York: Cornell University Press, 1986, pp. 44 – 45.

世界。毫不夸张地说,帝国是人类文明历史中长期存在的,一种极其重要的政治形态。很大程度上来讲,也正因为如此,"帝国"一词的使用范畴也十分广泛。这种宽泛定义使得"帝国"这一用语成为一个几乎随处可见,且被人们随意使用的标签或符号。但是,从严谨的学术角度来看,这种现象反而使得"帝国"一词难以得到最为准确的定义,"'帝国'本身已经变成一种象征,而不只是用来描述一种特殊的社会"①。正因为如此,有必要对"帝国"的历史和理论进行梳理。

1. 帝国的历史与当代含义

"帝国"这个词具有悠久的历史,而关于它定义的发展和争议一直没有停止过。因此,对于它的理解已经很难被固定在一个特定的层面之上了。从最普通的意义上来讲,"帝国"常被人们用来称谓具有一定区域影响的强国,尤其是那些采取进攻性对外政策的强国。而从学术研究范畴来讲,"帝国"一词却有着更为严谨的定义和使用规则。"帝国"(empire)一词最早源自于拉丁文"imperium",意指一个控制军队的将军、一个用法律武装起来的行政官——政治和军事力量的结合——所行驶的权力。事实上,直到19纪中叶,"帝国"这一术语才在很大程度上是被作为国家或主权一类词汇的同义词来使用的。19世纪后期进入帝国主义时代之后,"帝国"以及随之出现的"帝国主义"才逐渐开始展现我们现在所熟知的意义。

根据《韦伯词典》的解释,"帝国"是指"在单一最高权力之下拥有广泛领土或一批领土或人民的政治单元,特别是那些以皇帝为国家元首的国家"。这种定义强调了衡量"帝国"的几个传统标准,即领土控制、人口控制以及君主制。但是,可以看到,这种定义在很大程度上是对某些特

---

① [英]安东尼·派格登著,徐鹏博译:《西方帝国简史:迁徙、探索与征服的三部曲》,天津:天津人民出版社2007年版,第12页。

定国家的另一种称谓,它侧重于自身特征(例如君主制、广袤土地与人口等),但忽视了"帝国"与外部世界的关系,以及"帝国"以何种方式来处理这种关系,因此这种对于"帝国"的定义,容易造成概念的混淆。

通常而言,"帝国"被看作是这样一种状况,"单独的一个国家,通过包括彻底的武力、恐吓、依赖、引诱甚至鼓励这样的手段,直接或间接地、部分或全部地塑造其他国家的行为"①。而与"帝国"这一词语相关的还有"帝国的"、"帝国式的"(imperial),它有着两层意思。一方面,它被用于描述一个大国声称拥有某种管理世界的责任这样的政策;此外,它还描述了帝国采用专制方式使用权力。从狭义上来讲,"帝国"指的是一个国家对其他政治实体的主权政治控制。迈克尔·多伊尔(Michael Doyle)认为"帝国"是"由某些政治团体对另一些政治团体实施的有效统治的政治控制关系"②,或者说是"一个帝国式社会对一个从属的社会实行的有效控制,不管是正式还是非正式的"③。多伊尔的这一解释也成为对"帝国"的一个经典,甚至可以说最为人们所广泛引用的定义。从广义上来讲,"帝国"则并不仅仅是一种控制和支配,还代表一种非均衡的权力和影响。历史学家查尔斯·迈尔(Charles Maier)对"帝国"的定义就更强调这一特征,认为"帝国"是"权力资源和影响的不平等"④。一些学者持相似观点,并不将传统的殖民地看作是"帝国"的必要条件。"帝国"同领土吞并间的联系也不再那么重要,取而代之的是"非正式帝国"这一术语。甚至有人提出帝国并不一定要拥有殖民地,要的仅仅是全球秩序。狭义的定义,其优点在于准确性,但是,它也同时具有明显的历史局

---

① John Lewis Gaddis, *We Now Know Rethinking Cold War History*, New York: Oxford University Press, 1997, p. 27.
② Michael W. Doyle, *Empire*, New York: Cornell University Press, 1986, p. 19.
③ Michael W. Doyle, *Empire*, p. 30.
④ Charles S. Maier, "An American Empire? The Problems of Frontiers and Peace in the Twenty-First Century World Politics", *Harvard Magazine*, Vol. 105, No. 2, November-December, 2002, p. 1.

限性和相对狭小的概念演进空间,因为它将某一时期内的特点(如对政治实体主权的控制)作为定义"帝国"的重要依据,这样的定义缺乏灵活性,尤其是难以随着历史的发展,适应帝国形态的新变化。广义的定义虽然更加灵活宽泛,但又过于松散,扩大了研究对象的范围,甚至使人们忽视了"帝国"应具有的不同一般的特征,即极为显著的权力地位。

戴维·莱克(David Lake)对"帝国"做过另一个解释,他指出,"在帝国里面,一个成员将剩余控制(residual control)的实质性权利直接割让给另一方,通过这种方式,两个政治实体在一种一方控制另一方的政治关系中合并在一起"①。这种定义更符合"帝国"在国际关系中的地位,指出了"帝国"内涵中的国家与国家间的政治控制。此外,还有很多学者尝试从不同的角度来解释"帝国"。例如,在美国学者迈克尔·曼(Michael Mann)看来,"帝国并不是领土性的,亦不是单一的。它是一个国王或皇帝通过当地人、边地贵族乃至'外国'统治者和精英进行统治的一种联盟统治体系"②。他认为"帝国"的定义应当反映出一个核心权力对边缘行驶权力这一特征,因此,"帝国是以强制来获取和维持的中央集中化、等级化的统治体系,通过这种强制,一个核心领土主宰着边缘地带,这种强制还作为它们间主要互动行为的媒介,并分配来自边缘地带以及边缘地带之间的资源"③。此外,还有学者认为"帝国"指的是"由安全和经济等级制度的极端形式形成的两个政治实体间的特殊的权力关系"④。这种定义强调"帝国"的等级关系特征,即核心国家从经济、政治、资源等方面对边缘国家进行掠夺。还有学者从帝国与受其控制和影响的成员之间

---

① David Lake, "The Rise, Fall, and Future of the Russian Empire, in The End of Empire?", Karen Sawisha and Bruce Parrott, eds., *The Transformation of the USSR in Comparative Perspective*, New York: Sharpe, 1997, p. 37.
② [美]迈克尔·曼著,刘北成、李少军译:《社会权力的来源》,上海:上海世纪出版集团 2007 年版,第 217 页。
③ Michael Mann, "American Empire", CRSA/RCSA, vol. 45, no. 1, 2008, p. 8.
④ Richard Saull, "Empire, Imperialism, and Contemporary American Global Power", *International Studies Perspectives*, No. 9, 2008, p. 311.

的关系出发来进行定义,如历史学家亚历山大·莫蒂尔(Alexander Motyl)强调,帝国就如同一个轮子,边缘同核心相联系,并通过核心与其他边缘联系,但它们相互之间并没有直接发生联系。正因为如此,核心能够控制所有主要资源的流动。这也就是所谓的"条条道路通罗马","所有黄金流向卡迪斯","所有的5年计划制定于莫斯科"。

在思考马克思主义学派兴起带来的新冲击时,人们对于"帝国"的定义也超越了对国内政治制度界定和国家身份定位的限制,更多地从主导国与被主导国间反映"帝国式"控制关系的领域来解释"帝国"。"帝国"含义的多层性同时也反映了一个问题,那就是作为"帝国"内涵的外在表现,不可避免地要体现出多元性。大到一个国家的政治体制、实力地位、政策取向,小到国民个体的思想、信仰甚至言论,都可能成为"帝国"的载体。这造成了认识"帝国"的复杂性;此外,"帝国"具有很强的历史性特点,历史的前进同时也推动着帝国的演进,而旧的定义和理解在时代发展的过程中不可避免地会遭遇尴尬;最后,帝国之外的世界对于"帝国"的感知和认识,也有着自己独特的视角。上述诸种原因都造成了在理解"帝国"过程中难以达成一致的共识。

20世纪以来,兴起于近现代的几大帝国逐一退出历史舞台,传统意义上的帝国在国际关系逐步制度化、民主化与相互依赖的进程中,从顶峰跌落。19世纪帝国时代中兴起的典型帝国,或是土崩瓦解,或是堕落凡尘。新兴的全球性霸权,成为大英帝国体系之后更为强盛的国际体系的主导者。尽管美国从不承认自己是帝国,而是用霸权来进行自我定义,同时,美国的政治文化传统、新的权力属性和国际关系结构等,都使得美国避免了照搬旧帝国的模式来维持体系的稳定。但是在其外交政策中,不难发现与传统帝国如出一辙的行径。可以说,帝国的模式在变化,但帝国思想的本质仍在。这就好比,古波斯帝国是以残酷统治、压迫其他民族而建立的帝国,之后的罗马帝国,则通过推行罗马法,将被征服或兼并的土地和人民融入其帝国体系之中。这与波斯帝国相比,无疑是一种进步或创新。可这种制度创新并没有改变帝国的本质,因而后人才仍将"帝国"这一标签用于罗马身上。

二战后霸权理论的发展一定程度上削弱了人们对美国身上帝国思想和帝国特征的批判,而20世纪后期迅猛发展的全球化势头,推动了对新形式帝国的研究。特别是自冷战结束到"9·11"恐怖袭击之后,"帝国"一度成为热议的话题。这场讨论集中在两个方面:其一是传统帝国研究的延续,中心内容是将美国与经典帝国各项特征进行的对比研究,在寻找其共性和差异的基础上,对"帝国"概念进行当代解读。例如,有学者指出,"帝国"是"一个对物质实力资源有着明显主宰的国家,它可以选择在一个被认为是无政府的环境中,通过单方面追求自己的国家利益来为自己创造安全。这种行为通过强制——如果必要的话——和使用军事实力而得以维持"①。这种概括性的话语,避免了以前一些生硬的定义,从而具有更大的弹性。其二则是将新的帝国作为人类文明和国际政治的新历史阶段。这也为帝国的定义赋予了新的内容。美国学者迈克尔·哈特(Michael Hardt)和意大利学者安东尼奥·奈格里(Antonio Negri)所著的《帝国》一书将冷战后的帝国研究推向新阶段,其观点启人深思。他们所定义的帝国,具有全球化时代的典型特征,甚至表现出了超前的特征。在他们看来,随着主权国家传统绝对权力的弱化,对于超越地域的经济、文化等流动,主权国家能够施加的绝对影响在逐步减少。国家的政治控制、国家功能以及管理机制也因此发生了变化。"我们基本的假设是主权已经拥有新的形式,它由一系列国家的和超国家的机体构成,这些机体在统治的单一逻辑下整合。新的全球主权形式就是我们所称的帝国。"②这种帝国与现代帝国主义不一样,前者出现在后者衰落

---

① Sandra Destradi, "Empire, Hegemony, and leadership: Developing a Research Framework for the Study of Regional Powers", *German Institute of Global and Area Studies Working Paper*, June, 2008, p.8.
② [美]迈克尔·哈特、[意]安东尼奥·奈格里著,杨建国、范一亭译:《帝国——全球化的政治秩序》,南京:江苏人民出版社2003年版,第1—2页。

之时,相比而言,"帝国不建立权力的中心,不依赖固定的疆界和界限。它是一个无中心、无疆界的统治机器。在其开放的、扩展的边界当中,这一统治机器不断加强对整个全球领域的统合。帝国通过指挥的调解网络管理着混乱的身份、富有弹性的等级制和多元的交流。帝国主义的世界地图明显的民族国家色彩,已经被合并、混合在帝国全球的彩虹中"①。

作者认为,对于"帝国"的认识,不能仅仅局限于国家制度本身。认识"帝国",必须首先认识到"帝国"是一个涵盖多个方面的体系,对外政策领域的"帝国"研究,更多地来自于它自身与外部世界的相互关系与互动认知。正如有人所言:"对世界上多数民族而言,不管是征服者或被征服者,帝国已经是一种生活方式。"②因此,本书将"帝国"看作一个具有核心权力中心(现阶段指的仍然是主权国家)的存在形态,它在一定意识形态和政策目标指导下,以建立体现征服、控制和从属特征的体系为目标。帝国的思想则代表着核心主体所遵循的一种权力观念和行为方式。具体而言,"帝国"指的是一个拥有显著实力的国家,它奉行一套用以解释自身身份和对外政策立场的意识形态,对外推行以强制为特征的进攻性政策,以此寻求在国际范围内(区域的或是世界的)对其他政治实体进行直接或间接的不平等控制,最终建立和维持一种能使自身利益最大化的体系。

依照这种定义,"帝国"可以被理解为一种政治空间的扩张形态,它的特点是政治和经济关系的等级化以及核心地区对边缘地区的控制和剥削。"帝国"的特点包括:建立在不均衡基础之上的权力优势,对外关系中的等级差异,对其他国家主权的侵犯,政治、经济以及军事上的扩张主义,这些内容构成了帝国的一个重要目标,那就是以帝国权力优势为保障的国际秩序。"帝国"包括了四个至关重要的要素。第一,"帝国"拥

---

① [美]迈克尔·哈特、[意]安东尼奥·奈格里:《帝国》,第2页。
② [英]安东尼·派格登:《西方帝国简史》,第13页。

有一个政治实体为权力核心,迄今为止,"帝国"基本都是以主权国家形态为主要形式。第二,"帝国"代表了一种以控制和影响为核心的权力结构。这种权力结构意味着在一定体系内,"帝国"是不均衡的权力结构所造成的结果,即存在一个相对其他国家更强大的国家。它能对其他国家进行控制和影响。第三,"帝国"也是一种观念的集合,即如何看待自我、他者以及相互间关系,某种程度上类似于德语中的 Weltanschauung(世界观),反映了帝国如何看待自己在国际上的身份和地位,以何种立场和政策对待其他的国家和民族。它与人的理想和信念之间有着重要的联系,这不仅是一种认识,更重要的是,它还代表了坚定的信念及付诸实践的行动。第四,"帝国"意味着一种秩序,一种按照帝国要素和利益构建的秩序。这种秩序的建立是为了更好地维护"帝国"的利益,同时巩固和强化"帝国"的地位。

2. 帝国与霸权的比较分析

在对"帝国"的研究过程中,另一个术语被经常用来与其作为比较研究,尤其是在探讨美国是否应当作为"帝国"的时候,它已经成为一个无法回避的内容。这个术语就是"霸权"。

与"帝国"一词容易导致争论不同的是,"霸权"在定义上通常并不会出现分歧较大的争议,它所易激起人们讨论得更多的是在其权力模式、历史跨度、地理空间等方面。人们普遍都认为,那些在关键性领域拥有几乎压倒性优势实力和广泛国际影响的国家,都能以"霸权"一言以概之。《简明当代牛津辞典》是这样解释的:"领导或者优势地位,特别指一个国家在一个联盟中所行使的领导或者是统治。"霸权(hegemony)源于古希腊语 Hegemonia。瑞安·约翰逊(S. Ryan Johansson)认为,"霸权"最开始被用来描述雅典和其他加入其联盟共同抵御波斯帝国的希腊城邦国家之间的关系。它意味着"雅典组织并领导着它们的共同努力,但并不对它们实施永久政治权力"①。因此,"霸权"含有领导和支配之意。19世纪之后,伴随着欧洲强国的争霸战争,"霸权"一词被用来描述野心勃勃的强国或者一种压倒性的优势力量。例如,1860年的伦敦《泰晤士报》的文章这样描述当时的普鲁士:"毫无疑问,正是可怕的野心驱使着普鲁士去声明它的领导权……或德意志联邦的'霸权'。"20世纪20年代的美国外交学者称美国在加勒比地区行驶着"霸权"。大英帝国行使"世界霸权"直至一战。到了1937年,犹太历史学家汉斯·科恩(Hans Kohn)评价日本增长的力量"看来威胁着白人种族的经济和政治霸权"②。

由此可见,"霸权"意味着国际关系权力分配的一种状态抑或有关国家的一种政策。人们常说的霸权国家就是霸权这一状态中最强大的国家(实际使用中,大多数人将霸权和霸权国家同一而论)。著名学者伊曼纽尔·沃勒斯坦(Immanuel Wallerstein)认为霸权就是:"一国能在很大程度上将自己的规则以及自己的愿望施加于政治、经济、军事、外交甚至是文化领域当中"③,或者说"一个国家能将自己的规则施加在国际体系之上,从而在一定时期内创造出一个新的政治秩序"④。罗伯特·吉尔平(Robert Gilpin)认为霸权是"一个国家对体系中其他国家的领导"⑤。霸权国家不仅拥有世界上最富效率的经济,以从自由贸易中获得最大的收益,同时,它还可以凭借武力或政治权力迫使或诱导其他国家加入其体

---

① Niall Ferguson, "Hegemony or Empire?", *Foreign Affairs*, Vol. 82, No. 5, September/October, 2003, p. 156.
② Charles Philippe David & David Grondin, eds., *Hegemony or Empire? The Redefinition of US power under George W. Bush*, Burlington: Ashgate Publishing Company, 2006, p. 26.
③ Immanuel Wallerstein, *The Politics of the World Economy: the States, the Movement and the Civilizations*, Cambridge: Cambridge University Press, 1984, p. 38.
④ Niall Ferguson, "Hegemony or Empire?", *Foreign Affairs*, September/October, Vol. 82, No. 5, 2003, p. 156.
⑤ [美]罗伯特·吉尔平著,宋新宁、杜建平译:《世界政治中的战争与变革》,上海:上海人民出版社2007年版,第122页。

系,按照它所确立的规则行事。新自由主义学派的顶梁人物罗伯特·基欧汉(Robert O. Keohane)与约瑟夫·奈(Joseph S. Nye, Jr.)指出,世界政治经济中的霸权,是指"一个国家必须能够自由使用关键的原料,控制主要的资本来源,维持庞大的进口市场,以及在高附加值商品的生产上拥有比较优势。一国如若具备所有的这些因素,它一定是比其他国家更为强大的"①。

霸权理论在西方国际政治学当中占有相当重要的地位。它体现了国家权力的分配结构以及由其导致的国际体系。二战后,随着美国霸权地位的出现,西方对霸权的研究进入新的阶段。学者们趋向于将霸权看作善意的领导,一个为国际社会提供了大量公共产品的强国,这种转向的结果,就是"霸权稳定论"的甚嚣尘上,特别是新自由主义将霸权看作是体系稳定运行的重要条件。霸权理论认为,当一个霸权出现之后,在一定时期内,这个具有超强实力的国家在体系中占有了显著的优势地位并拥有其他成员无法回避的影响,从而在体系的塑造和运行过程中具有主导作用。霸权理论不否认霸权作为体系成员的身份,但同时又承认其具有超越一般成员的力量与影响。霸权理论将霸权国视为体系稳定的根本要素,因而推导出"霸权稳定论"。查尔斯·金德尔伯格(Charles Kindleberger)是"霸权稳定论"的首创者。他在《大萧条中的世界(1929—1939年)》一书中提出了有关霸权稳定的观点。金德尔伯格认为,正是因为当时的国际社会中,没有一个大国有能力和意愿来承担制止危机的责任,才导致了世界性的灾难。特别由于英国被战争削弱,无力维持有效的霸权,而美国则困扰于保护主义与孤立主义,不愿接管这一角色;所以,世界必须有一个"稳定者"。这一基本思想很快引起共鸣,诸多学者如阿瑟·斯坦(Arthur Stein)、苏珊·斯特兰奇(Susan

---

① [美]罗伯特·基欧汉著,苏长和、信强、何曜译:《霸权之后——世界政治经济中的合作与纷争》,上海:上海人民出版社2001年版,第39页。

Strange)、亨利·诺(Henry Nau)、罗伯特·吉尔平、罗伯特·基欧汉、约瑟夫·奈等对其完善做出了重要贡献。

"霸权稳定论"认为,"国际关系具有激励竞争的性质,现代民族国家是一部战争机器,国家安全和政治利益是第一位的。如果没有霸权国提供有利的政治和经济环境就难有一个安定的国际秩序,所以霸权的存在就意味着稳定的国际政治与经济秩序的存在。无霸权的存在,国际社会处于无规则的混乱状态,在这种状态中,大规模战争很容易爆发,国际体系将会解体,造成全球政治混乱,经济倒退"[①]。换言之,"霸权稳定论"的基本逻辑是,霸权与国际体系的稳定之间存在因果关系,这种因果关系的存在得益于霸权国通过对其他行为体的控制与影响,尤其提供了国际体系的秩序、合作、安全这类公共物品,从而在很大程度上消除了无政府状态的无序与混乱,实现了国际体系的稳定与公共收益的延续。历史上"大英帝国治下的和平"常常被拿来作为霸权稳定的典范,而二战结束之后出现的"美国治下的和平"更是被看作霸权稳定的当代存在,"人们认为在这两个时代中,拥有绝对优势的经济和军事资源强国,可以根据自己的利益和对世界的看法,执行一项国际秩序计划"[②]。如吉尔平所指出的那样,英国治下的和平和美国治下的和平确保了一种相对和平和安全的国际体系。

"霸权稳定论"是美国对外政策的重要理论指导。作为世界霸权,美国建立了一个霸权体系,对整个世界产生着重要影响。西方学者认为,"霸权稳定论"为无政府状态为本质的国际政治提供了一个相对有序得多的选择。作为体系中最为强大的国家,霸权国通过一定程度自我牺牲所提供的稳定与秩序,是国际政治体系中所有行为体的公共产品。霸权国的存在,得以确保国际秩序的稳定。因此,霸权理论为美国对外政策提供了合法性的解释,使得美国能够自诩为"善意的霸权"。

---

① George Modelski, *Long Cycles in World Politics*, Seattle: University of Washington Press, 1987, p. 37.
② [美]罗伯特·基欧汉:《霸权之后》,第36页。

霸权理论对当代霸权国的正面解释,对批评美国帝国的思想提出了无法回避的挑战。那么,霸权与帝国的异同之处是什么?

霸权与帝国既有关联,也存在区别。二者的相同点,主要表现在优势的国家权力、不可忽视的国际影响以及对国际体系具有其他国家无法比拟的控制能力上。在国际关系领域,"霸权"的概念最常用来指示竞争的大国之间存在的等级秩序,"霸权"指的是这样一种情形,即"一个国家强大到足以维持那些统治国家间关系的基本规则,并且愿意这样去做"[1]。这是一种间接控制的关系。帝国则是一种反映了鲜明等级特征的国际秩序,一个国家有效地获取权力,并统治着从属的那些社会,这是一种直接控制关系。帝国的主宰意味着一个国家的政府能够决定由谁来统治另一个社会的政治生活,帝国之外的一些其他民族或者国家被置于不平等的统治之下。霸权强调对秩序的维护,寻求稳定的体系。帝国则更多地强调自身利益的独立性和排他性,因此更容易为了自己的利益诉求,选择以强力方式来改变国际规则,即便对象是以前由自己一手建立起来的制度。

近现代国际关系中影响最大的"霸权",指的是两个以自由市场扩张为标志的典型时期。其一是19世纪的"英国治下的和平",其二则是自20世纪中叶开始持续至今的"美国治下的和平"。这两个国家利用自己的力量和行动,促成了自由国际市场和国际秩序的稳定。从人类历史上来看,几乎所有的霸权都是某种形式的帝国,雅典、罗马、大英帝国以及美国。但是,帝国却不一定就是霸权。帝国的标志在于其对外政策中以控制与征服为目标,对自身领土之外的领土、国家、民族实施着直接控制或影响。而霸权的标志则是其在某些领域具有领先优势,并从而促成其在国际体系中获得无可争议的显著地位(很多人更趋向于认为霸权是同一时期内,体系中实力和地位明显高于其他国家的行为体)。对外扩张

---

[1] Charles Philippe David & David Grondin, eds., *Hegemony or Empire?: The Redefinition of US power under George W. Bush*, p. 26.

与征服是帝国的必然选择,但这一政策并不必然造就霸权,冲突的结果可能是帝国的瓦解或萎靡不振。例如,第二次世界大战中的意大利,在法西斯意识形态驱动下,试图建立非洲殖民帝国。但是,它羸弱的实力及愚蠢的战略谋划,使得其在其他大国面前显得不堪一击,显然算不上是一个霸权。大英帝国则是无可争议的帝国与霸权的完美结合体。因此,一个时期内国际体系中最强大的帝国,有可能成为"霸权"。

"霸权"强调主导或领导权,而"帝国"强调的是至高无上的统治、绝对的权力以及难以挑战的主宰。"霸权"所体现的主导或领导权并不仅仅依靠军事和经济实力,更多地靠的是积极的共识与合作。"共同规则、制度以及价值观构成了霸权的核心,并得到了行驶霸权的国家或集团所拥有的至高无上的经济、文化以及军事地位的支撑。"①传统意义上的"帝国"代表的是政治形体,大量人口以及领土整合在一起,处于单一统治者或统治机构的行政管理之下,帝国体现了鲜明的等级差异和控制与被控制,因而,"帝国是一个国家对其他国家施加的一种统治,既要管制它们的对外行为,同时也要确保从属国家对内行为最低程度的可接受形式。单单是强国能做到前者,却无法实现后者"②。沃勒斯坦认为,"霸权"的意味多于"领导权",但是又没有到"彻底的帝国"那样的程度。还有学者指出,"霸权"是一种更为松散的统治形式,与"帝国"相比,更少权威,更多依赖相互间的协调。③ 对美国而言,"霸权"这一词语被用来避免"帝国"的标签。美国一向从历史、政治理论、对外战略等多个层面否定自己是一个"帝国",而是自称"善意霸权"。

帝国的形式本身的进化演变,也导致"帝国"与"霸权"概念不易区分。古代帝国以对外战争、领土占领、掠夺资源为特征。到了近现代,为

---

① John Agnew, "American Hegemony into American Empire? Lessons from the Invasion of Iraq", *Antipode*, Vol. 35, 2003, p. 874.
② John Agnew, "American Hegemony into American Empire? Lessons from the Invasion of Iraq", p. 875.
③ 罗辉编译:《美国是帝国吗?》,载《社会观察》2004年第4期,第39页。

寻求更为有效、更能维持大战略平衡的统治方式,帝国统治模式开始逐渐注重直接控制和间接控制的结合。例如,大英帝国在亚洲和非洲的很多殖民地,更多地是依靠当地政府机构,而不是英国总督。此外,国际体系内部成员联系的加密,使得不平等权力结构也赋予强国更多干预与影响弱国的方式和手段,而非仅仅依靠单纯的武力征服。因此一些人坚持的以殖民地、军事占领等作为衡量帝国标志的传统观点,遭到重大挑战。此时,帝国理论中出现了"正式帝国"与"非正式帝国"的区别。例如,英国虽然没有直接控制阿根廷,但是通过伦敦的商业银行,能够对阿根廷产生巨大的影响,从而削弱后者的独立和自主性。美国虽然没有占领德国,但是在德国的驻军却是德国安全的关键支柱,从而迫使其在外交、安全等领域不得不俯首称臣。

那么,以本书研究对象美国而言,是"帝国"抑或"霸权"更适合描述其身份和地位呢?这是一个争论半个多世纪的老话题了。在大多数美国人看来,美国是共和制国家,拥有反帝制传统,美国在海外也很少主动寻求殖民地,而且正是因为美国的介入,20世纪上半叶的两次世界战争才得以终结,因而美国是帝国天然的敌人。战后国际秩序的建立,正式确立了美国的霸权地位,因此美国是霸权国家而非帝国。即便在越来越多的对美国帝国式对外政策的指责面前,美国人也更愿意用"共和制帝国""不情愿的帝国""共识帝国"等含糊的字眼来掩饰现实与理想间的激烈矛盾。但是,围绕美国是不是帝国的争论,其关键不在于美国是否具有帝国应有的必要形式(更不用说任何必要形式都是在不断变化和发展的),如有人所指出的那样:"华尔街的辩护人总是说,美国不是一个帝国主义国家,因为它不像英国那样是一个庞大的殖民帝国。这是一种企图以形式来混淆本质的诡计。帝国主义的本质就是对其附属国实行军事的、政治的和经济的统治。"[1]这种本质才是判断的最科学标准。

---

[1] [美]V. 佩洛著,易争等译:《美国帝国主义》,北京:世界知识出版社1955年版,第27页。

二 帝国主义与外交政策

帝国主义,是一个比帝国更为复杂的概念。通常而言,它是同一个国家的对外政策形态紧密相连的。帝国主义也是一个引发了极大争议的术语,它甚至成为人类文明史上一个特定时期的标签。帝国和帝国主义之间存在着无法割裂的联系。通过研究帝国主义的定义、发展和表现,将揭示帝国如何在国际环境中认识自己和处理外部关系。

1. "帝国主义"定义的起源与发展

"帝国主义"(imperialism)一词是随着近代人类历史发展而出现的。"帝国主义"一词在近现代引起的争议,远远大于"帝国"这一概念。它从诞生之初相对中性的对国家经济、政治、对外政策等的解释,逐渐成为强大帝国的自豪和炫耀,在20世纪两次世界大战之后,它又一度沦落为每个国家刻意回避的身份"标签"和国家间相互攻击的工具。

帝国主义是一个历史性的概念,在不同的阶段,它通过吸收、融合新的内容,从而产生渐进的变化,并在相关领域产生了重要影响。从词源上,"帝国主义"显然源自拉丁文 imperium。"帝国主义"出现于19世纪,从19世纪30年代开始,帝国主义一词逐渐被越来越多的人使用起来,主要被用来称呼当时欧洲的强国。到了19世纪中后期,"帝国主义"这个词语已经成为流行语,尤其被用在拥有庞大殖民帝国的英国身上。不过,自从其成为一种术语之后,人们发现它的解释力远远不仅限于19世纪这个帝国纵横的时代。从古代帝国直至今日,这个词都能找到属于它的典范,例如人们在回望修昔底德笔下的伯罗奔尼撒战争时,发现帝国主义的特征在雅典的身上曾经表现得如此清晰。美国学者腾尼·弗兰克(Tenney Frank)的《罗马帝国主义》一书也将罗马帝国如何推行帝国主义政策描述得淋漓尽致。

理论源自于实践,"帝国主义"之所以在19世纪后期才真正作为一种历史学和社会学领域的理论出现,与这一阶段西方文明的发展特征密不可分。此时,资本主义开始进入帝国主义阶段,在世界范围内导致一系列重大历史事件,这些强国典型的对外行为模式引起了人们对其国内政治经济发展与对外政策之间关系的关注。

英国最负盛名的帝国主义理论家 J. A. 霍布森(J. A. Hobson)是公认的"帝国主义"理论奠基人。他那本经典的《帝国主义论》写作于布尔战争之前。刺激他进行撰写此书的直接动力,正是来自于他所目睹的欧洲列强为争夺原料和市场,在19世纪后期对世界尤其是非洲疯狂的争夺和瓜分。因此,霍布森在《帝国主义论》中用"帝国主义"来表示英国及列强的扩张和殖民政策。他指出,欧洲列强尤其是英国,通过直接兼并或政治上的控制,瓜分了亚洲、非洲和世界的许多地区。"帝国主义"就意味着对其他国家和民族进行政治上的控制。霍布森将帝国的对外政策理论化,他认为,"帝国主义"包含三层涵义。首先,它意味着欧洲列强对非欧洲世界所进行的扩张;其次,帝国主义的扩张主要发生在19世纪的最后30年间;最后,帝国主义是金融资本推动的结果。[1] 他的思想被认为是之后的帝国主义理论的主要源头,以至于后人感叹"认为是霍布森创立了现代帝国主义理论,这种说法无论如何也不算过分"[2]。

马克思主义学派对于帝国主义理论的阐述最著名的莫过于列宁(Vladimir Ilyich Lenin)。列宁的"帝国主义"观借用了霍布森的思想,并融入了对垄断资本主义的分析。列宁给"帝国主义"做了一个被广泛引用的定义:"帝国主义是发展到垄断组织和金融资本的统治已经确立,资本输出具有特别重大的意义,国际化托拉斯开始分割世界,最大的资本

---

[1] Neil. J. Smelser, Paul. B. Baltes, *International Encyclopedia of the Social & Behavioral Sciences*, Oxford: Elsevier Science, 2001, p.7227.
[2] [美]詹姆斯·多尔蒂·小罗伯特·普法尔兹格拉夫著,阎学通、陈寒溪等译:《争论中的国际关系理论》(第五版),北京:世界知识出版社2003年版,第465页。

主义国家已把世界全部领土分割完毕这一阶段的资本主义。"①列宁的帝国主义理论具有典型的全球观和阶级色彩,提出了无产阶级当时对战争与和平问题的看法。他认为资本主义发展到现今阶段,已经成为全球性的庞大势力,资本主义国家控制着庞大的海外殖民地,这也促成了资本主义国家占主导的全球国际政治体系。在列宁看来,帝国主义是国际战争的主要根源,而帝国主义阶段是资本主义的最高也是最后一个阶段。

此外,著名经济学家熊彼得(Joseph Schumpeter)为帝国主义研究做出了重要的贡献。尤其是他对于帝国主义成因的解释,大大区别于霍布森和列宁的经济视角。熊彼得反对将帝国主义单纯看作经济问题的延伸,他趋向于视"帝国主义"为人类历史的常态,甚至是社会文化中的一种"返祖现象"。熊彼得的观点与马克思主义理论对立,他不赞成经济决定论,并认为将帝国主义与资本主义必然联系,并视其为一个必然阶段,是不合理的。他认为,帝国主义导致战争,而资本主义则实现和平与秩序。熊彼得认为帝国主义毋宁说是"国家无限制地进行暴力扩张的一种无目的的趋向"②。正因为如此,熊彼得认为,"帝国主义通常与战争相联系,是在国内政治压力下实行的一种相对侵略、扩张和征伐的军事政策"。根据熊彼得的研究,帝国主义具有三个普遍特征:"(1)存在着持续的战争与侵略的趋势,而这种侵略是一种无理的扩张,没有实用目的;(2)战争的冲动不是人类的本能,是从人类为了避免灭亡而成为战士的经验中演化而来的;(3)统治阶级的利益支持战争,在战争中获益最多的人常常是这个统治阶级的领导者。"③另一位著名的帝国主义理论贡献者考茨基(Karl Kautsky)则为帝国主义下了这样一个定义:"帝国主义是高度发展的工业资本主义的产物。帝国主义就是每个工业资本主义民族

---

① [苏]列宁:《帝国主义是资本主义的最高阶段》,选自《列宁选集》(第二卷),北京:人民出版社 1972年版,第730页。
② [美]詹姆斯·多尔蒂、小罗伯特·普法尔兹格拉夫:《争论中的国际关系理论》(第五版),第473页。
③ 蔡中兴:《当代帝国主义理论》,上海:上海三联书店1992年版,第38—40页。

力图征服和吞并愈来愈多的农业区域,而不管那里居住的是什么民族。"①

历史证明了列宁所总结的帝国主义是世界大战的根源这一结论的正确性。两次世界大战,都是帝国主义国家为争夺权力和资源而引发的。战争逐一摧毁了曾经辉煌的一个个帝国,也敲响了殖民帝国主义的丧钟。集权政治下对其他民族领土、主权、生命的残暴践踏,成为人类爱好和平阵营的公敌。19世纪中期开始掀起的以工业为基础的领土殖民主义、殖民帝国主义模式,再也难以恢复昔日荣光。但是,这仅仅意味着这一形式的帝国主义在国际法和国际伦理道德体系中丧失其生存的合法性,而帝国思想的存在,必然促使新的帝国主义形式,在国际力量格局对比所造就的新的国际环境中,开始滋生蔓延。

第二次世界大战之后,美苏冷战粉墨登场,意识形态斗争的激烈程度比起战争机器的较量,毫不逊色。美国推动的反殖民运动,将大战中幸存下来的大英帝国等老牌殖民帝国逼下了历史舞台,同时也掩饰了自己推行的帝国式政策。在民主、自由旗号下,美国的全球帝国构想开始逐步实施。"帝国主义"成为一个被东西方阵营以及中间地带国家所广泛使用的词语。几乎每一方都将对手的对外政策斥责为"帝国主义":美国指责苏联粗暴干涉和控制东欧国家,苏联批评美国的全球野心,而第三世界的发展中国家则在谋求民族解放和国家独立的道路上,顽强地抵抗来自东西方帝国主义的侵略和掠夺。复杂的国际局势也让"帝国主义"泛滥化、阶级化。很多人就此反而忽视了"帝国"和"帝国主义"的历史含义,沉迷于意识形态化的高度抽象和政治宣传脸谱化的常态。在一段时期内,"帝国主义"的使用逐渐远离了严肃的学术探究,很大程度上被看作国际体系内部结构性动力运作必不可少的伴生物。一些学者——尤其是左派人士——延续了对资本主义体系进行的剖析,出现了

---

① [德]卡尔·考茨基:《帝国主义》,北京:生活·读书·新知三联书店1964年版,第2页。

一些对帝国主义研究延续起到推动作用的成果，例如"世界体系理论""依附理论"等。还有一些学者试图对帝国和帝国主义进行区别研究，例如萨米尔·阿明(Samir Amin)、汉娜·阿伦特(Hannah Arendt)等人从不同的角度对此做过极富价值的论证。不过，一个值得注意的趋向是，以后殖民主义研究为代表的很多人，提出帝国主义并不是必然与19世纪的资本主义相联系的，也就是说，帝国主义是一个贯穿几乎整个人类文明史的现象，而并不限于19世纪后期兴起的帝国主义，也不局限于民族国家时代。

冷战结束之后，国际政治进入新的阶段。全球化的发展与信息时代的来临，加速了世界各国之间的相互依赖程度。在西方强国与发展中国家的全方位交流中，新帝国主义成为一股新的潮流。这种新的帝国主义思想，利用西方世界在政治、经济、文化、传媒等领域的权力优势和话语霸权，借助民主、人权、绿色经济等手段，对其他国家的内政与发展进行了大肆干扰。新帝国主义的最突出表现是1999年的科索沃战争。这是以美国为首的北约，绕开联合国，以保护人权、反对种族清洗为名，对另一个主权国家赤裸裸的军事干涉和武力打击。而2003年的伊拉克战争，也是美国帝国思想与帝国主义政策的典型表现。主权原则在推翻专制、政权颠覆、组织大规模杀伤性武器扩散等"借口"之下遭到无情践踏。冷战结束以来的20多年，见证了美国等西方强国对一些得到国际社会长期承认的国际法规的蔑视。新的帝国思想和帝国主义，反映了领先于世界大部分国家的西方霸权，自视为超越传统威斯特伐利亚体系规则，将自身利益诉求与预期秩序模式强加于其他国家。帝国主义的形式虽然在不断新生、成长或消亡，但是它已经成为人类文明的共同印记，是一套文化、意识形态以及政策，产生着巨大的影响。

2. 帝国主义的国际政治观及外交政策

通过对帝国主义理论100多年发展的简单回顾，可以看出，"帝国主义"一词,本身代表着一个涵盖了政治、经济、文化、军事等领域的复杂体系。它在国际政治和外交政策领域的典型特征,表现为战争、征服以及控制。一种通俗的解释就是,"帝国主义"意味着完全按照自己的意愿生活,全然不顾其他民族的感情,为所欲为,一意孤行,或者说,一国特别是在政治经济领域将其霸权和影响施加于他国的努力。[1]

霍布森认为帝国主义意味着政治上的控制。在外交政策领域来讲,就是通过不断扩张,建立对其他国家或民族政治上的控制。他的帝国主义概念,正是表述了英国及欧洲列强在世界范围内的扩张。马克思主义学派的帝国主义观点一针见血地指明,帝国主义是资本主义为寻求海外原料及商品市场,通过武力和建立不平等、不公正的制度,为资本寻求有利可图的投资场所,为商品寻得新的市场。从对外政策角度来看,"帝国主义"就是反映了帝国行为模式或帝国思想的国际政治观及政策。帝国主义的国际政治观,将世界看作权力的竞技场,代表先进生产力和先进制度的文明,理所应当地要去统治落后文明,为其带去科技、文化与秩序,这就是英国作家吉普林(Joseph Rudyard Kipling)所说的"白人的负担";而帝国主义国家之间,则通过武力争夺或战争,瓜分殖民地。1800年,西方诸强占据了地球表面的35%,1878年,这一数字几乎翻倍,达到67%,到了第一次世界大战爆发之时,已经达到85%。

国际政治理论的现实主义大师汉斯·摩根索(Hans J. Morgenthau)在《国家间政治》中对帝国主义做了精彩而极具启发性的分析。他认为,帝国主义出自于三种情形:(1)战争的胜利。两国交战之际,"那个预期会取得胜利的国家会奉行一项寻求永久改变它与战败国之间权力关系的政策……胜利者起初所进行的目的在于维护战前现状的防御性战争,便随着胜利的迫近转变成了一场帝国主义战争,也就是

---

[1] *Cambridge International Dictionary of English*, London: Cambridge University Press, 1995, p. 708.

为永久改变现状所进行的战争"。如罗马通过对迦太基的战争所造就的"迦太基和平"。(2)战争的失败。这种帝国主义是对他国成功的帝国主义的一种反应,"胜利者预计到自己将获胜时所采取的帝国主义政策,很可能唤起战败一方的帝国主义政策",典型例子是二战中的德意志帝国主义。(3)虚弱。国际政治中总是存在弱国或者出现权力真空地区,"它们对强国具有吸引力而且是强国易于进入的……权力真空的存在诱发帝国主义"。例如美国从13块殖民地转变为大陆强国后在北美进行的扩张,又如二战结束后美苏在中东、东欧的渗透扩张。① 摩根索随后进一步阐述了帝国主义所导向的三种目标:"帝国主义的目标可以是支配政治上组织起来的全球,即世界帝国;它也可以是基本上在大陆范围内的帝国或霸权;它还可以是严格区域化的权力优势。换言之,帝国主义政策除了由可能的牺牲者的抵抗力所造成的限制,可能就没有限制;或者,它也可能受制于地理因素,诸如大陆的地理疆界;或者,它还可能受制于帝国主义国家本身的区域性目标。"②帝国主义的三种典型手段则分别为军事帝国主义、经济帝国主义和文化帝国主义。摩根索所处的时代正是传统帝国瓦解、新老霸权交替、帝国主义政策转型的时期,此番分析具有强烈的承上启下的功能。

按照著名文学理论家与批评家萨义德(Edward Waefie Said)的理解,"帝国主义"指的是统治遥远土地的宗主中心的实践、理论和态度。③本书认为,外交政策领域的帝国主义,主要表现为通过强力或不平等手段获取他国或民族的领土、资源,或通过建立凌驾于其主权之上的政治或经济霸权,有目的地削弱其他行为体的独立性和自主性的一种政策主张或实践。本书所研究的一个重要内容——帝国思想,在对外政策领域

---

① [美]汉斯·摩根索著,徐昕等译:《国家间政治:权力斗争与和平》,北京:北京大学出版社2006年版,第91—93页。
② [美]汉斯·摩根索:《国家间政治:权力斗争与和平》,第93页。
③ [美]萨义德著,李琨译:《文化与帝国主义》,北京:生活·读书·新知三联书店2004年版,第9页。

所产生的影响,主要就表现为帝国主义政策。帝国主义的外交政策含义,显然就是指一个国家寻求对其他国家、民族或地区的控制和支配,这种控制和支配并不是被控制和被支配对象心甘情愿的。

本书着重分析的是"帝国主义"对于国际政治问题尤其是外交政策所持有的观念和行动取向,这对于研究美国帝国思想的内容具有重要价值。"帝国主义"通常是被作为一种特定国家外向型政策来重点研究的,从它的本质上来讲,这一观念既具有鲜明的时代特征,同时也具有久远的历史渊源。在这里,大卫·阿伯尔尼斯(David Abernethy)的定义更能有所借鉴,如他所强调的那样,"帝国主义"是"构建一个帝国的进程"。①而如何构建帝国,以何政策来构建这个帝国,又以何方法来维系帝国,这些都是帝国思想在现实世界中的投射,并在反馈与互动中,实现演进与发展。作者认为,帝国思想与帝国主义是共生关系,二者相互依存,相互支撑。帝国思想——本书限定的研究范畴是国际政治领域,尤其是外交政策——体现的是一个国家如何审视自身在历史进程和国际体系中的身份和意义,并在一整套自我演进的价值观念体系影响之下,制定和实施具有鲜明帝国色彩的对外政策,以实现对其他国家和民族、资源、领土、国际体系等重要资源的最大程度控制和支配。

三 美国帝国思想体系:国家身份、意识形态及国际秩序

美国从13块北美殖民地,成长为具有全球影响的史无前例的超级大国,在这一历程中,帝国或帝国主义的影子一直尾随其后。这也是美国外交思想史和政策史中争论至今的话题。的确,美国对外政策的历史,就是一部扩张的历史,它所采取的政策和造成的结果,在很多时候都与帝国或帝国主义具有相同点。本书认为,造成这种现象的原因,在于

---

① David. B. Abernethy, *Dynamic of Global Dominance: European Overseas Empires, 1415—1980*, New Haven: Yale University Press, 2002, p. 21.

美国的帝国思想传统在对外政策中所发挥的影响。美国的帝国思想,是其与生俱来,同时又不断演进发展的一种思想体系。

1. 美国的"帝国"之争与帝国思想

美国常常将自己与大英帝国区分开来。但事实上,从二者的对外政策来看,帝国主义可以说是两国拥有的共性。在 20 世纪后期,一些人信奉这样的一个"神话",即帝国主义是对英国和美国霸权进行比较的根本元素。英国被看作一个不断对外征服、建立殖民地、赤裸裸剥削和掠夺的旧式帝国,而美国则被奉为劳伦斯·萨莫斯(Lawrence Summers)所说的"历史上第一个大陆型、外向型、非帝国主义国家"。这也是关于美国当代权力及地位争议的一个重要内容。伯纳德·波特(Bernard Porter)在比较研究了美、英霸权和外交政策之后认为:"在整个 19 世纪以及进入 20 世纪后一段时间,英国和美国追求近乎一致的帝国道路;或者说,至少在一些方面能被视为'帝国式的'。"[1]

帝国思想是美国的伴生物,甚至可以说它产生于美国诞生之前。帝国思想始终试图在对外政策中寻求支配地位,借助美国的国家力量去塑造理想中的国际秩序。帝国思想通过将不平等的制度施加于其他国家,亦将美国的国际地位和国家利益绝对化,同时蔑视对美国权力有所制约的国际法规。正是这种思想的存在,才使得美国无论是在成为霸权之前,或者在成长为霸权之后,总是不断地在对外政策中表现出追求帝国的目标、实施帝国政策手段以及维护帝国的成果。这就引出了一个老生常谈的问题:美国是不是一个帝国?不仅很多美国人对此持否定态度,不少欧洲学者也表示赞同,如阿伦特就曾说过:"促成美国成为世界强国的因素不论是什么,总不会是美国可以规划出一套引导世界的外交政

---

[1] Bernard Porter, *Empire and Superempire: Britain, America and the World*, New Haven and London: Yale University Press, 2006, p.61.

策,也不会是美国企图统治整个世界……这个国家的政府形式比其他任何国家更不适合帝国主义的权力政治。"①对于美国的帝国主义有着不同的解读,这种多样性部分来自于对术语的不同定义及其在政治斗争以及国际意识形态竞争中的通常使用方法。这种解读通常包括三类:一些观察家将帝国主义等同于'扩张';另一些人则将帝国主义仅仅定义为殖民地或领土的吞并;还有一些学者更多地将这个术语定义为对其他人民或地区的决定性影响或控制。②

上述讨论,基本都是因美国国内政治制度特性、美国对外政策的行为方式和目标所引发的。这个问题的答案,其实并不具有很强的现实意义。原因在于:首先,帝国的模式和评价标准在变化,使用什么样的标准,决定了衡量的结果;其次,美国的自我认知与他者评估之间容易出现偏差;最后,在西方文明占有话语权的情况之下,真相的解释权未必就能代表真相本身。更重要的是,如前所述,霸权国家往往都会选择帝国式的对外政策。从美国的历史来看,帝国思想影响之下所导致的对外帝国主义政策,始终是美国外交思想和政策历史的一部分,温斯洛(E. M. Winslow)坦承:"新大陆的历史有着特别丰富的帝国主义经历,在这段历史中美国扮演了中心角色。"③理查德·范·阿尔斯泰因(R. W. Van Alstyne)认为美国的帝国血统由来已久,美国的经验一开始就建立在"最高统治的观念上——一种最高的权力,它意味着可以扩大人口和领土、增强力量与权力的统治、国家或宗主权"④。

在这一争论中应当看到的是,帝国思想及其导致的外交政策中的帝

---

① [德]汉娜·阿伦特著,蔡英文译:《帝国主义》,台北:联经出版事业公司1982年版,第XVIII页。
② Thomas G. Paterson, ed., *American Imperialism and Anti-Imperialism*, New York: Thomas Y. Crowell Company, 1973, p. 1.
③ E. M. Winslow, *The Pattern of Imperialism—A Study in the Theories of Power*, New York: Columbia University Press, 1948, p. 38.
④ R. W. Van Alstyne, *The Rising American Empire*, New York: Blackwell & Mott Ltd, Oxford University Press, 1960, p. 1.

国主义趋向,与美国自身的民主制度并不矛盾。无论是新生的北美共和国、西半球的霸权乃至全球霸权,无论这种帝国思想及其所滋生的帝国主义政策占据的是主导地位还是从属地位,它的存在是客观的、不容否认的。萨义德把握住帝国思想中的文化内涵,认为"维系帝国的存在取决于'建立帝国'这样一个概念"①。这就是一个文化,一种思想。本书所致力于解决的,就是要通过分析帝国思想在美国的历史与现状,解释其在不同的时期对美国对外政策所产生的影响,以及这种帝国式政策与世界其他部分产生的互动关系。

  作者在本书中研究的"帝国思想"在概念上和"帝国""帝国主义"有密切的联系。帝国思想具有帝国和帝国主义身上的典型特点,例如权力优势、等级化体制、不同类型的对外扩张等,但是,帝国思想突出在"思想"二字上,它是指一个国家身上所存在的一种具有意识形态特征的观念和思潮。本书对帝国思想的研究,聚焦于两个方面:其一是帝国思想的由来与发展,主要论及的是美国对外政策思想史中的帝国式思维传统;其二则是其在对外政策领域的影响。帝国思想源于民族特性、历史传统、政治文化等因素,它所追求的目标可以分为三类:第一类帝国思想主张建立帝国,在国际社会中实行等级化森严的统治,它的核心观念就是"帝国";第二类帝国思想并不将帝国作为现实的政策目标,但是它崇尚"帝国式的"对外政策或战略,试图利用自身的力量优势,趋向于采用单边主义政策和武力政策,从而实现国家的绝对安全、国家利益的最大化以及理想中的国际秩序;第三类帝国思想最为松散,它既沉醉于国际体系中的霸权地位,同时又存有破坏现有国际秩序、破除国际制度约束的趋向。但二者间的相互制约,也使得这一类思想在政策取向上有所摇摆,也不甚果决。在美国对外政策历史之中,帝国思想的三种表现类型都有所体现。整体上来看,第一类所主张的公开的、赤裸裸的帝国,由于

---

① [美]萨义德:《文化与帝国主义》,第12页。

受到历史文化传统和现实条件的制约,主导对外政策的时候相对较少。而第二类则因为目标上更具隐蔽性,政策手段上更具灵活性,同时也切合了美国对于自身和外部世界间关系的思考,因而成为绝大部分时期帝国思想的主要存在形态,它通过在不同阶段融入到不同的对外政策思想和政策中,从而获得了最为旺盛的生命力。第三类帝国思想较为空泛,缺乏执行政策的力度,目标和手段似是而非,因此在对外政策领域不易显示出较为重要的影响。

值得指出的是,帝国思想在美国历史发展过程中起到的作用,是一个长期的、持续的过程。在帝国的强大过程中,"军事力量和具有高超统治技巧、精力旺盛以及残酷无情的领导阶层是帝国成功的关键因素。但是,即使拥有这些条件,也不能保证长期的成功。一个更为广泛和基础更为深厚的统治精英阶层的形成,能够更好地克服杰出领导人发生变更所带来的影响,这是个关键因素"①。美国帝国思想的直接表现形式虽然容易引发内部的争论和质疑,但是,随着军事力量的增强、国际地位的提升和势力范围的扩大,在动机、政策、手段、目标以及结果等方面,总能找到些让统治精英阶层认同的内容。可以说,美国历代统治精英的对外政策,自觉或不自觉地为帝国这一庞然大物添砖加瓦。为了认识帝国思想是如何伴随美国历史演变,以及如何在对外政策过程寻求产生影响,本书致力于从三个与帝国思想紧密联系的要素来对其进行认识和分析,那就是美国的国家身份、意识形态以及国际秩序。

2. 美国国家身份与帝国思想

国际关系理论中的现实主义、新现实主义、新自由主义等学派在自身的理论体系中,都致力于解释一个国家如何在国际舞台上寻求增强自

---

① [英]巴里·布赞、理查德·利特尔著,刘德斌等译:《世界历史中的国际体系:国际关系研究的再构建》,北京:高等教育出版社 2004 年版,第 160 页。

身实力。但是，不同的国家为何会追求不同的目标，以及他们在安全利益上为何各自持有不同的看法，这往往是各种理论都无法完全所解释的。围绕这一问题，又有人开始转而寻求一种社会文化上的解释，这也出现了国际关系理论的社会转向，其突出表现就是建构主义学派的日渐成形。正是从社会文化角度出发，学者们开始对"身份"进行定义。这种以文化和身份来研究国际政治的尝试，在20世纪90年代受到了越来越多的关注。

身份是什么？从何而来？彼得·伯杰(Peter Berger)关于事实的社会建构模型认为，个人和他们生存的社会领域(包括家庭、国家或者宗教等)相互之间产生互动，这是一种持续的、相互作用的动态。人们所处的环境因素的确会对人们的行为产生影响，但是，那些个体在实践自身自由意志的时候，作为一种回应，也在塑造他们的环境。因此，从建构主义的角度来看，个人和社会在相互影响，互相塑造。社会对个人的一种塑造就是身份概念的产生。

"身份"(identity)这个词来自于拉丁语，原意即为"相同性"。"身份"的意思是，一个行为者定义自身(个体、国家身份等)的特征，它既构成了同时也规定了适合于行为者的行为和信念。研究国家身份与对外政策关系的学者认为，对"身份"的理解，应建立在三个前提之上：第一，身份并不是最基本的、自然存在的，而是在通过描述和概念表述身份的过程中以社会化方式构建出来的；第二，由于"自我"是通过与不同的"重要他者"间的关系来定义的，从这个意义上讲，身份是相关的；第三，身份有一种叙述的、无层次的结构，其中记忆和历史是基本的要素。[①]

如我们所知，身份是一种自我认知的观念，观念或价值观不仅能够

[①] Eiki Berg, Piret Ehin, eds., *Identity and Foreign Policy: Baltic-Russian Relations and European Integration*, Estonia: University of Tartu, 2009, p.9.

形成行动的非物质动机,而且它们还能限定甚至重新构建这些目标。①观念能够促成个人或群体形成对自身身份的看法,从而决定身份的认知。从文化视野来分类,"身份"的涵盖范围很广,比如,国家身份、宗教身份、种族身份、政治身份等,在不同的时期和不同的环境之下,各种身份对环境产生的反映也不一样。身份并不仅仅是一个行为者行为的合成物,而是为这些行为提供持续性和目的性的来源和方法。②

国家是否具有身份?这个问题远非如一些人所想的将国家拟人化那么简单。将抽象的政治实体国家看作具有理性思维能力的"人",这样的观点自古皆有。不过,考虑到构成国家的成员的复杂性,国家内部社会群体的五花八门,思想文化的此起彼伏,要定义一个国家的国家身份,则是一个看上去玄之又玄,但又极具吸引力的命题。

本尼迪克·安德森(Benedict Anderson)在其名著《想象的共同体:民族主义的起源与散布》中指出,一个国家是通过一群人如何将自身想象为一个共同体而得以建构的。③ 以文化视角来分析一个国家的政策,关注的正是安德森这个定义中最活跃的一个环节——一个"想象的"共同体。一个国家内的民众如何设想自身国家(也就是如何建构这种想象),极大地影响着这个国家如何看待自己在国际上的地位和前景,以及应该遵循何种行为模式。这一过程中,"国家身份"占据着极为关键的地位。他的观点可以说是解释了国家为何能产生身份。除此之外,建构主义代表人物伊曼纽尔·阿德勒(Emanuel Adler)和迈克尔·巴尼特(Michael Barnett)在《安全共同体》一书中还阐述了身份在安全领域扮演

---

① Paul T. McCartney, *Power and Progress: American National Identity, the War of 1898, and the Rise of American imperialism*, Baton Rouge: Louisiana State University Press, 2006, p. 21.
② Paul T. McCartney, *Power and Progress: American National Identity, the War of 1898, and the Rise of American imperialism*, p. 21.
③ Benedict Anderson, *Imagined Communities: Reflections on the Origin and Spread of Nationalism*, New York: Verso, 1983, p. 32.

的角色,肯·布斯(Ken Booth)则强调,身份与安全是不可分割的。

国家身份概念在建构主义理论体系中找到了最合适的解释。建构主义大师亚历山大·温特(Alexander Wendt)认为,"身份是有意图行为体的属性,它可以产生动机和行为特征。这意味着身份从根本上说是一种主体或单位层次的特征,根植于行为体的自我领悟"①。温特进一步指出,由于有两种观念可以进入身份,即一种是行为体自我持有的观念,另一种是其他行为体持有的观念,因而"身份是由内在和外在结构建构而成的"②。在温特看来,身份这个概念必须依赖于文化,因为无论是个人,还是国家,都是具有多种身份的,"每一种身份都是一种脚本或图式,在不同程度上由文化形式构成,涉及在某种情境中我们是谁和我们应该做什么等问题……大部分身份的激活是具有选择性的,是根据我们当时所处的环境决定的"③。

国家身份是一种集体身份,它源于个体观念,是具有共同性的个体观念集合而成的整体观念。苏珊·杰福兹(Susan Jeffords)认为,国家身份指的是一个国家的人民用以将自己看待成一个国家的叙述和符号,以及他们用以表示希望其他国家人民如何看待他们。④ 也有人认为,国家身份是指"一个民族在任何时间和地点由自身文化的表现形式所展示的形象"⑤。因此,国家身份是一套相对稳定的对自我概念的表达和期望,使一个团体相信它所隶属的国家享有某种典型特征,这也使得它能区别于其他国家。

国家身份这一概念,在一些历史学家眼里,被看作是集体身份中最

---

① [美]亚历山大·温特著,秦亚青译:《国际政治的社会理论》,上海:上海人民出版社2001年版,第281页。
② [美]亚历山大·温特:《国际政治的社会理论》,第282页。
③ [美]亚历山大·温特:《国际政治的社会理论》,第288—289页。
④ Susan Jeffords, "Commentary: Culture and National Identity in U.S Foreign Policy", *Diplomatic History*, January, 1994, p. 93.
⑤ Mary Ann Heiss, "The Evolution of the Imperial Idea and U.S National Identity", *Diplomatic History*, Vol. 26, No. 4, Fall, 2002, p. 513.

根本的和最具包含性的。学者们认为,国家身份不是一个一元构造,它的意思在各个历史阶段有所不同。因为国家身份受到其中的人民的共同记忆的影响,有胜利、失败、创伤等经历,这些经历对民众产生影响,从而形成集体记忆。这种群体性的经历又能从观念层面来促使民众对国家身份进行反思。

需要指出的是,身份的定义,离不开规范(norm),因为规范告诉我们应该如何行动,它们以两种方式塑造了我们的行为:"根本性"和"规定性"。所谓的根本性规范(constitutive norm)指的是就一种特定的身份或文化而言,哪种行为是合适的、能够帮助定义的。规定性规范(prescriptive norm)则指的是在特定的情况之下,我们应该如何去行动。

本书认为,国家身份既是一种文化的建构,也是一种观念性的概念。它的主要功能有三种:第一,身份塑造。国家身份对一个国家的特征和属性进行了文化定义。第二,自我认同。国家身份的形成,既来自于国家内的民众观念的动力,同时它也因提供了一个具有高度共识的对象,而增强了民众对国家和自身关系的认同感。第三,利益认知。身份影响着利益的认知,这是因为,利益是以身份为先决条件的,如温特所言,"因为行为体在知道自己是谁之前是不可能知道自己需要什么的"[①]。

分析了国家身份的起源和功能之后,下面来看美国的国家身份及其与帝国思想的关系。从国家身份角度来重新审视美国对外政策,是借助国家关系研究中的文化转型,来展现美国外交政策思想历史,尤其是帝国思想的演变及其影响。这种分析具有历史和现实的意义,因为"那些集中于对美国外交政策中文化的地位的分析,能继续对世界中的美国提供可选择的解释,使人们能够更好地理解外交政策在国内社会关系中的结构性权力,并在持续的国家身份的建构过程中,揭示外交关系的根本

---

① [美]亚历山大·温特:《国际政治的社会理论》,第290页。

权力"①。

美国的国家身份是一个演进的过程,但其中最核心的本质在200多年历史中保存了下来,这也是美国认识自身和世界认识美国的重要中介。这个本质就是美国是世界上最进步的国家,是一个肩负重要历史使命的国家。在美国人看来,美国的国家身份是一个独一无二的构造,它包含了一系列要素。洛伦·巴里茨(Loren Baritz)在《逆火》一书中指出,有三个关键性的特征说明了美国是怎样看待自己及其余国家的:"山巅之城"的概念、理想主义和传教士精神以及战无不胜的美国技术。这也是对美国身份一针见血的描述。

对美国国家身份影响最大的因素主要有四个:政治观念、宗教传统、使命观以及种族属性。美国的政治信仰是共和主义,以及由此而来的自由民主制度。宗教上,美国是清教主义国家,尤其是自由清教主义占据了主导地位。美国的国家身份带有强烈的宗教色彩,自视为"上帝的选民"建立的国家,是"山巅之城"。与宗教身份相联系的,是美国的使命观意识,也就是美国认为自己肩负"天定命运",注定要将自由制度扩张到整个世界。而从种族属性上来看,美国是白人(盎格鲁-撒克逊人)主导的国家,而其他民族尤其是非白人,要么被看作低人一等,要么就是等待白人的拯救和教化。

这些定义国家身份的规范的表现形式是一个历史的、动态的过程。首先,它们的核心概念虽然是比较稳定持久的,但在每个发展阶段,它们的侧重点和解释力也会有所变化。例如,从对对外政策影响角度来看,美国的种族主义在大陆扩张时期针对的是印第安人和拉美人,而到了19世纪末期,这种思想则转移到亚洲人(菲律宾人、中国人等)身上。此外,在国家身份的整体体系中,这些规范的地位并不完全等同,而且在不同

---

① David Zietsma, "Sin Has No History: Religion, National Identity, and U. S Intervention, *1937—1941*", *Diplomatic History*, Vol. 31, No. 3, June, 2007, p.532.

的时期,一个或多个规范占据主导地位,共同影响美国的对外政策。这种动态特征,也使得国家身份与国家特征区分开来,因为后者基本是静态的、维持不变的,而国家身份随着时间在发生变化,并能反映出"创造和想象"①。

美国国家身份与帝国思想之间的关系十分微妙,时而显性,时而隐性,既看似相互对立,同时又有着千丝万缕的关系。帝国思想的核心是寻求统治权、建立并维持等级体系以及对利益的最大限度垄断。这种价值观念在美国历史的每一个阶段都能找到支持者。"按照美国人的历史观念,美国不是一个典型的帝国主义国家,而是全世界的错误的纠正者。它不分地点、不惜代价地追杀暴君,保卫自由。"②但是,美国国家身份构建过程中对自我价值的顶礼膜拜,对改造世界使命的热衷,以及根深蒂固的种族思想,恰恰迎合了帝国思想的需求,而且国家身份的存在为美国对外战略的制定和实施提供了国内基础,并极大地影响着美国的世界观和历史观。国家身份的不断演变,非但没有削弱帝国思想的根基,反而激发美国帝国思想自身的持续革新,并保持旺盛的生命力。它促使美国寻求对世界主宰权的渴求,并不断催生出现实的战略与政策。国家身份在推进对外政策的同时,借助集体身份形成过程中出现的一致性和认同感,为推行帝国式对外政策提供了不同程度的支撑,且以此为合法性之有效解释,结合不同时代的利益诉求,对其他一些国家和民族的主权和安全不断进行践踏,以期建立起美国自我中心的国际秩序。诚如沃尔特·L. 希克森(Walter L. Hixson)在《美国外交的迷思:国家身份和美国对外政策》一书中指出的,国家身份既是文化上构建的,同时也是霸权性的,"国家身份驱使着美国对外政策并增强了国内等级制度。外交政策源于文化霸权,即声称'美国'是一个勇敢的、高等种族的、上天护佑的

---

① Mary Ann Heiss, "The Evolution of the Imperial Idea and U. S National Identity", p. 513.
② [美]萨义德:《文化与帝国主义》,第 3 页。

'自由灯塔',一个拥有在世界行使权力这一特殊权利的国家"①。可以说,美国的帝国思想,在国家身份的定位中,寻求到了强大的观念支撑和合法性来源。

3. 美国帝国思想的意识形态特征

帝国代表了武力、强制和征服,但是,对于大部分帝国来讲,武力并不是其唯一依赖的武器。征服者总是试图从精神领域来维持与被征服者的从属关系,这时意识形态就成为十分关键的要素。例如罗马帝国,它的意识形态就是罗马所代表的"文明价值",奥斯曼帝国的意识形态则是伊斯兰文化。可以说,虽然帝国主义是通过获取领土、资源、劳动力和利润这样的过程来体现的,但它同时也是由一种意识形态来支撑的,这种意识形态认为,某些人和某些领土需要被更先进的文明主宰、帮助和施加以文明。

"意识形态"一词的出现要追溯到轰轰烈烈的法国大革命。当时,法国人德斯蒂·德·特拉西(Destutt de Tracy)提出了这一概念。时至今日,200余年过去了,关于意识形态的定义,仍然存有争议。曾有研究者统计,政治学家们对意识形态给出了约27个定义,而且数量仍在继续增加,"意识形态"因此被英国学者迈克尔·弗里登(Michael Freeden)称之为"最复杂、最可争辩的政治概念之一"②。

人们容易理解的是,意识形态代表了一种思想的体系(system of ideas),是一整套的关于政治、社会、宗教等的信仰。如戴维·英格索尔(David E. Ingersol)和理查德·马修斯(Richard K. Matthews)就认为,"意识形态是指关于人类的本性、历史、社会、经济、政府及其相互关系的

---

① Walter L. Hixson, *The Myth of American Diplomacy: National Identity and U. S Foreign Policy*, New Haven & London: Yale University Press, 2008, p. 1.
② Michael Freeden, *Ideologies and Political Theory*, Oxford: Clarendon Press, 1996, p. 12.

一整套系统的思想"①。根据《布莱克维尔政治学百科全书》中的定义，"意识形态是有符号意义的信仰观点的表达形式，它以表现、解释评价现实世界的方法来形成、动员、指导、组织和证明一定行为模式和方式，并否定其他的一些行为模式方式"②。法国的政治学家莫里斯·迪韦尔热（Maurice Duverger）认为意识形态是"解释一个社会的系统方法，它或者为这个社会辩护，或者批判这个社会，成为维持、改造或摧毁这个社会而采取行动的依据"③。意识形态是一种基于一套系统化的价值观念而形成的如何看待世界的思想体系和行为指导。约翰·普拉门纳兹（John Plamenatz）将意识形态分为两个层次，一种是"全面意识形态"（Total Ideology），是一套明确、完整的世界观和思想体系。另一种则是"局部意识形态"（Partial Ideology），指的是人们所持有的比较隐含的价值观，或者说一般意义上的信念体系，相比于前者，后者没有那么严格。④

本书认为，意识形态主要呈现以下一些主要特征。

第一，既然作为一种观念，意识形态的主观性特征就无法避免。不同的人，对世界的认识因其各异的思想背景、历史文化传统、认识方式，而产生了不同的结果。意识形态的第二个特征可以称之为带有强烈理性主义色彩的排他性。不管是什么样的民族或国家，他们持有的意识形态，都具有这样的共性：那就是坚持自身对于真善美丑、光明黑暗、正义邪恶的评判标准，从道义和情感上来认识世界，并因此影响自身的价值和情感趋向以及行为方式。也就是说，"每一种意识形态都相信或宣称，只有它知道什么对人类是最好的，他设计的制度是人类最好的制度，并

---

① David E. Ingersoll and Richard K. Matthews, *The Philosophical Roots of Modern Ideology: Liberalism, Communism, Fascism*, New Jersey: Prentice Hall, 1991, p. 4.
② [英]戴维·米勒、韦农·波格丹诺主编，邓正来等译：《布莱克维尔政治学百科全书》，北京：中国政法大学出版社1992年版，第345页。
③ [法]莫里斯·迪韦尔热著，杨祖功译：《政治社会学》，北京：华夏出版社1987年版，第9页。
④ John Plamenatz, *Ideology*, London: Macmillan, 1970, p. 15.

以此来论证和鼓励信仰者的行为"①。汉娜·阿伦特在其名著《帝国主义》一书中对意识形态的定义就强调了这一点。她说:"'何谓意识形态'? 即是一种奠基于'一家之言'(a single opinion)之上的体系,它有足够的魅力吸引与说服大多数人;同时也有足够的广阔度容纳当代一般生活的各种体验与处境,并引导众人。'意识形态'的特质在于:它声称自身掌握着'开启历史之门的钥匙',能解答所有的宇宙谜题,或者认定自己是一项知识,能透视隐匿着的、统驭自然与人类的宇宙法则。"②意识形态的第三个特点是其行动指向性。意识形态具有鲜明的行动取向,"它常常包括对改善社会的信仰。意识形态包括一个良好社会的图景以及实现的手段"③。换句话说,意识形态为人们勾勒了一个更好的蓝图,并且努力让人相信,这种更崇高的价值和更美好的目标是值得人们去牺牲和奋斗的。因此,它很容易与社会运动(尤其是政治运动)结合在一起。

存在于国家和社会中的意识形态,并不是单一的,因为即便在同一时期、同一个社会范围内,也会存在不同的意识形态。从相互关系上来讲,它们彼此交织融会,相互影响,既有矛盾冲突的内容,也存在互为借鉴支撑的要素。而要认识和定位某一时代的意识形态,需要依据占据主导地位的意识形态,即"在当时社会条件下居于统治地位并广为接受而实现了合法化"的那种意识形态。④ 需要指出的是,即便无法占据主导地位,居于次要地位的意识形态也并不是销声匿迹。观念指导人的行为,只要人们坚持某种意识形态,就必然会想方设法去宣扬和扩大自身信念的影响,它可以通过与主导地位的意识形态进行斗争以争取主导权,也可以采取"追随战略"成为主导意识形态体系中能发挥影响的一部分,甚

---

① 王立新:《意识形态与美国外交政策:以 20 世纪美国对华政策为个案的研究》,北京:北京大学出版社 2007 年版,第 4 页。
② [德]汉娜·阿伦特:《帝国主义》,第 52 页。
③ Charles L. Cochran and Eloise F. Malone, *Public Policy: Perspectives and Choices*, The McGraw-Hill Company, Inc., 1999, pp. 90 - 91.
④ 任晓、赵可金、成帅华:《意识形态与外交政策》,载《世界经济与政治》,2003 年第 2 期,第 7 页。

至完全依附于主导地位的意识形态,以为自己赢得继续存在和发展的环境。因此,在特定的情况下,某种看上去不具有主导地位的意识形态也能在社会和国家间关系中造成不可忽视的影响。

美国学者迈克尔·亨特(Michael Hunter)在《意识形态与美国外交政策》一书中指出,"意识形态很重要,因为它们构成一个框架,政策制定者在这个框架内处理特定的问题,公众也在这个框架里去理解这些问题"①。帝国思想在美国,也是一种长期存在的意识形态。这种意识形态来自于美国的历史传统和文化观念。不过,就像很多美国人条件反射般地否认自身是帝国一样,除了几个显著的帝国思想泛滥的时期,这种帝国思想在大多数时候,容易被看作是极少数人的狂想和偏执。然而,帝国思想是一个从殖民时代开始就根植于美国精神中的重要元素,它在不同的时期中,与美国社会的其他思潮交织互动,在精英和民众对美国和世界的认识过程中产生着重要的影响。这种观念的根深蒂固,以及其对美国人的世界观和对外政策决策的影响,都可以通过它的意识形态特征来进行分析。

作为一种意识形态,美国帝国思想主要包括以下三个方面的内容:首先它信奉权力和种族的等级化差异。帝国思想追求权力的最大化,寻求建立对其他国家和民族的支配,同时将本民族(既可以是以白人种族为基础的民族观念,也可以是以美利坚民族这一大熔炉为根本的民族观念)看作是最先进和文明的代表。其次,帝国思想认为,美国有权利也有资格超越于外部世界的制约,凌驾于任何体系制约之上。最后,帝国思想坚信,为实现前面这两点所采取的政策,都是具有合法性的。从特点上来看,美国帝国思想则具有四个特点:第一是群体性,它始终是特定群体所接受的观念,代表这个群体的利益并指导其行动;第二是系统性,即

---

① [美]迈克尔·亨特著,诸律元译:《意识形态与美国外交政策》,北京:世界知识出版社 1999 年版,第 18 页。

它不是支离破碎的想法和观念,而是自成体系;第三是历史性,即是在一定的社会条件下形成和演变的;第四是扩张性,即具有鲜明的对外扩张权势的趋向。

4. 美国帝国思想中的国际秩序

帝国思想在美国外交政策领域的反映,还表现为其始终意图构建自认为理想的国际秩序。在当前的帝国争论之中,"美国帝国"这一说法成了美国主导的国际秩序的同义词。这一秩序的支持者认为,它是以权力为基础的,依靠强硬手段来维持,但同时也是一种善意的单边主义。而其反对者则认为,这是一个充满贪婪、傲慢的体系,建立在军事主义和全球主宰基础之上。这种争论也反映出美国帝国思想与国际秩序间的关系。

一些学者认为,严格意义上的国际秩序,起源于近代世界。因为,自"地理大发现"之后,人们的视野才真正超越了地平线,全球范围内不同的文明和国家才得以认识到这个世界的真实面貌。"国际的"这个词,更多地代表的是在广袤地理范围内,不同行为体之间互动所造就的一种态势,而非仅仅限于"偏安一隅"的区域地域。不过,这一事实并不能否定在一定历史时期内,一定范围内各个文明和国家间的交往所形成的"国际秩序"的存在。因为,后人或许将这些文明和国家所处的地域称之为世界的一个角落,但是,对当时存在的人而言,这个地域就是国际化的代表,这些文明和国家间发生的种种关联就是国际事务,而其中所出现的力量布局、规则等,就构成了"国际秩序"。所以,从更宏大的视角来看,国际秩序早就存在于人类文明历史之中。

"秩序"从语言学范畴来讲,传递的是一种积极含义,即"所有事物都处于正确或合适位置的一种状态"[1]。它的对立面,是"混乱""无序""没

---

[1] Judy Pearsall, ed., *The New Oxford Dictionary of English*, New York: Oxford University Press, 1998, p. 1305.

有条理"。从社会学意义上讲,"秩序"即"规定共同体成员公共行为的法律和规则能得到遵守,权威能得到服从的这样一种状态"①。

"国际秩序"指的是由国家与国家间关系所形成的某种有序的状态,它是在一定时空范围中,通过国际力量格局对比引发的互动,而出现的具有一定国际规则和行为特征的国际态势。在此要指出的是,理解国际秩序,必须在一个基本前提之下来进行,那就是国际政治的无政府状态这一本质属性。与自然学中的"秩序"以及社会学中的国内"秩序"相比,"国际秩序"的有序,实在是十分有限和相对的,它仍然无法做到一个绝对权威治理下的井然有序,更多地是由力量格局所决定的一种态势。

国际秩序可以是地区性的,也可以是世界性的(对于世界性的国际秩序,一些学者更趋向于使用"世界秩序"这一称谓)。笔者之所以坚持使用国际秩序这一定义来研究美国的帝国思想,是因为地区性和世界性的国际秩序虽然在地理范围上有显著区别,但是,"国际秩序"关于国家与国家间关系本质的定义并没有发生根本性的变化,而且使用这一术语来描述地区性和世界性的秩序,保留了历史的延续性和整体性,同时更具有现实意义。这与巴里·布赞(Barry Buzan)在解释为何不使用更具包容性的"世界体系"一词,宁愿固守"国际体系"这一术语时的理由具有相似性。布赞认为:"'国际的'之主要对等物是'世界的'和'全球的',后两者都注重所论关系的地理规模,而不注重牵扯到的关系的本质。虽然国际体系当前在范围上已呈全球性,但这只是一个相对近期的发展。"②尤其是在针对美国帝国思想如何从大西洋沿岸发端,成长为具有全球野心的思想体系而言时,"国际秩序"这一概念,具有十分重要的参考价值。

帝国,无论其是独霸一方,又或震铄环宇,都难以超越于国际秩序之

---

① Judy Pearsall, ed., *The New Oxford Dictionary of English*, p. 1305.
② [英]巴里·布赞、理查德·利特尔:《世界历史中的国际体系:国际关系研究的再构建》,第28页。

外,它们之间的区别只在于帝国对国际秩序支配程度的强弱。亚当·沃森(Adam Watson)认为人类近5000年的世界历史,大部分时期并非处于无政府状态,而是呈光谱形式排列,无政府状态和帝国则是光谱的两个极端,在二者之间的是霸权、宗主权和自治领。这一理论的潜台词是将帝国作为无政府状态的对立面,也就是国际政治中最大程度的一种"有序"。从帝国的统治形式来看,其典型的核心与边缘结构,以支配和控制为特征的从属关系,俨然就是一个完整的体系,体系之内即存有秩序。帝国所营造出来的这个体系中所呈现的权力结构,无论其合理抑或不合理,紧凑还是松散,稳定还是动荡,都必然反映了帝国对于权力所及范围之内秩序的构想。

罗伯特·吉尔平认为,随着一国力量的增长,它开始寻求扩大领土的控制权,扩充政治影响,以及扩展对国际经济的控制,以谋求对国际体系的变革。[①] 美国即是这般。从英属北美殖民地发展为势力覆盖全球的超级大国,经历了独立、发展、成长为地区大国、西半球霸权、世界强国的阶段。在每一个发展的阶段,一方面,美国自身始终是国际秩序的一部分,因而其对外政策就必然会受到国际秩序及其中的行为体的影响,这点在美国尚未成为世界强国之前显得尤为突出。美国不得不应对所处国际体系对其构成的压力,并在此环境之中确立自己的对外政策。另一方面,作为一个独立国际行为体,美国根据自身国家利益的需求,自然也一直在积极寻求在国际秩序中最大限度地实现国家战略目标。因为对于任何一个国家来说,按照自身观念、意识形态标准和利益诉求塑造出来的国际秩序,理所当然被看作是确保国家利益的最有效、最理想的方式。而要达成这一目的,美国则必须在与外部世界的互动中,扩展美国的权力和制度。

美国的帝国思想与国际秩序的关系,突出表现在各个历史时期,帝

---

① [美]罗伯特·吉尔平:《世界政治中的战争与变革》,第113页。

国思想对国际秩序的认知以及帝国思想试图对国际秩序的塑造之上。对美国的帝国思想支持者而言,"帝国"就是一种符合美国权力观、价值观和利益观的国际秩序。帝国之所以成其为一种国际秩序,源于其自身具有的特性。帝国具有其他国家难以比拟的力量,同时,帝国通过对其他行为体的政治控制,得以构造出一种以帝国为中心的体系,这种体系渗透着帝国的政治、军事、文化、经济等力量的影响,并形成了体系内的行为规范,进一步巩固了体系内成员之间的关系,从而成为一种国际性的秩序。

帝国思想的世界观中,"帝国"是一种最能够保持稳定秩序与和平的秩序。具体到美国身上,则强烈地表现为以美国盎格鲁-撒克逊文明为中心,以普及美国制度和价值观为途径,在美国普世主义文明基础之上建立起来的国际秩序(世界秩序)。这种观念,从美国建国以来,经历了四个主要的阶段。首先,建国之初的美国深受欧洲尤其是英国的帝国传统的影响,认为帝国意味着庞大的领土、强盛的实力、巩固的国家安全以及国家尊严,同时还意味着在一定地域内的绝对统治权和实施不平等权力的合法性来源。美国如成为一个帝国,可以消除英法西等殖民强国在美洲建立殖民帝国的野心,并通过排斥他们的势力,为美国成为地区国际秩序的主宰者奠定基础。这一思想主要表现在建国初期及19世纪中期两个时期。其次是19世纪后期——帝国主义时期——的帝国思想。"帝国主义时期来临之前,并没有'世界政治'这回事"。[①] 这一时期是美国帝国思想全球化的起点。西方资本主义强国在世界范围内瓜分殖民地,给国际政治带来巨大冲击和变化。美国不甘落后于人,寻求在列强的争夺之中获取自己的份额。此时的美国,如能按照一个帝国的思想来行事,自然能增强与列强竞争的实力,因此美国也必须建立更广阔范围内的中心和边缘地带不平等关系。再次,美国经过两次世界大战,一跃

---

① [德]汉娜·阿伦特:《帝国主义》,第65页。

成为超级大国。在这一胜利的刺激之下,帝国思想迅速膨胀,表现出对全球秩序的渴望。同时,在面对这种全球秩序最大的竞争对手苏联时,美国在世界不同地区推行帝国主义政策。最后,在后冷战时期,作为对国际政治力量结构变化和全球化时代的美国帝国思想反弹。新的帝国思想更为强调帝国的秩序意义,其再度兴起,是对全球政治时代国际规范的一种反弹。支持者认为,强国为中心的帝国体系,意味着秩序,自古以来,无一例外,帝国之内是秩序与和平,帝国之外则是混乱与战争。英国的罗伯特·库珀的"新帝国论"就是代表,它认为帝国就是秩序,国际无政府状态的终结者只能是帝国。"新帝国论"同以往的帝国理论相比,虽然仍然反映了帝国及其对外政策的侵略性,但同时它还融合了全球化时代的新特征,尤其是借助了新的权力因素的兴起以及人们对全球性重大问题的关注,从而勾勒出一幅以权力和利益为核心的秩序蓝图。这一思想在美国部分知识分子和政军精英那里引起了共鸣。在美国对外政策领域中,"新帝国论"是美国传统的帝国思想的一次复兴,也是民主自由旗帜掩盖之下的美国帝国思想存在与发展的铁证,更是美国帝国思想在全球化时代尝试的开端,对今后美国外交乃至全球政治都将产生不可轻视的影响。

第二章　美国建国初期的帝国思想及其对外政策

> 看呀！一个帝国崛起了。①
>
> ——弗朗西斯·霍普金森（Francis Hopkinson）

1776年7月4日，在费城举行的第二次大陆会议批准了由托马斯·杰斐逊（Thomas Jefferson）执笔起草的《独立宣言》，正式宣告了美利坚合众国的诞生。在群情激昂的革命者心目中，这个新国度，是一个共和国，一个自由之邦，是上帝的选民所创立的新的帝国。从美国的独立及其初期的对外政策中，人们可以从中发现三个特点：第一，美国是通过对英国的反帝国斗争赢得的独立；第二，美国建国后明确建立了共和制民主；第三，美国从自身国家实力和利益出发，确立了对外政策中的孤立主义基调。那么，这三个特征是否从此就抑制了从殖民时代就孕育生长的帝国思想呢？其实不然。上述三个特征并非是与帝国思想水火不容的。更准确地说，帝国思想在建国初期就开始借助共和国这个新载体，寻求到更为广泛的发展空间，并成为之后一直影响着美国对外政策的一股重要思想潮流。正如布拉福德·珀金斯（Bradford Perkins）在《剑桥美国对

---

① ［美］彼得·S.奥鲁夫著，余华川译：《杰斐逊的帝国：美国国家的语言》，上海：华东师范大学出版社2010年版，第66页。

外关系史》中所指出那样:"如果认识不到殖民时代和建国初期所勃然兴起的那种意识形态的深入而又持久的影响力,就不可能理解美国的外交政策。"①在这其中,尤其是美国国家身份的初步形成,让美国的帝国思想从宗教、政治以及文化层面寻到了合而为一的依托,这种思想既推动美国对外政策的发展,同时又因国力所限而不得不采取务实的政策立场,并形成了这一时期美国对国际秩序的构想和实践。

一 建国初期美国国家身份及其对外政策

美国通过一场独立战争,实现了国家独立,也完成了建立由北美殖民地人民所主宰的新共和国这一目标。在这场持续八年并诞生了之后对人类历史产生重要影响国家的革命战争中,为追求宝贵的自主权利和弥足珍贵的独立扩张机遇,北美殖民地人民与自己的宗主国、当时叱咤风云的大英帝国进行了卓绝艰苦的斗争。正如诸多著作所言,这场独立战争的爆发,极大地激发了一直流淌在北美殖民地人民身上的一些特殊传统,并成为未来凝聚为一个民族、一个国家创造了必不可少的条件。更为关键的是,尽管殖民地之间、革命领袖之间以及民众之间对革命的最终目标并非完全一致,但是,正是在这种对传统的继承和对未来的争论之中,美国的国家身份首次找到了可以依托的政体和国体,长期笼罩在自身身份上的焦虑和困惑,从列克星敦枪声响起之后,开始逐渐消散,北美大陆所蕴含的宗教传统、独立战争带来的政治含义及文化观念,为美国国家身份的初步形成奠定了重要的基础。

1. 美国国家身份的宗教含义

任何一个对美国历史有着认识的人,都无法忽略这样一个事实,那

---

① [美]孔华润主编,布拉福德·珀金斯著,王琛等译:《剑桥美国对外关系史》(上),北京:新华出版社2004年版,第11页。

就是美国是一个具有强烈宗教色彩的国家。这一点，可以从美国的建国过程中窥之一二。在很多殖民地人民看来，美国这个国家的出现，正是上帝在新大陆为人类文明的未来所赐予的新圣地，肩负了对人类的救赎。美国对自身国家身份的认识，因此无时无刻不体现着鲜明的宗教意义，其中尤以清教的影响最为显著。

自17世纪初以来，大量从欧洲漂洋过海抵达北美大陆的移民，将清教传统带到北美。这些清教徒自视为新世界的开创者，北美大陆艰难的生存环境被作为上帝旨意对信教者的考验，这里也因而成为尝试建立新秩序的试验地。特别是在英属北美殖民地领域内，清教的影响是十分巨大的，这种影响不仅体现在个人道德观、价值观、权利观之上，更体现在社会契约、使命感知和对天命的抗争之上。历史学家们对此有着一致的看法，那就是清教对美国的形成、自我认识以及社会生活等具有极其重要的影响，正如佩里·米勒(Perry Miller)所说那样："如果我们不理解清教，可以说就不能理解美国。"①

清教是什么？它对美国的国家身份又有着什么样的影响呢？简单来说，清教是新教中的一支——加尔文派，大致在伊丽莎白一世时期兴起，是当时欧洲宗教改革中涌现的一股新生力量。清教徒们坚信，《圣经》才是唯一的最高权威，并旗帜鲜明地反对封建君主制和教会制度，尤其反对教会或宗教权威人士自诩为传统权威的解释者和护卫者。清教徒们极力主张废除中世纪以来教会出于贪婪而实行的种种勒索、欺诈活动，要求废除繁琐仪式，建立更为纯洁的教会，这也是清教名称的起源，而清教的教义对于当时正追求自由权利和商业利益的资产阶级具有强烈的吸引力。但是，由于清教长期反对英国王室的宗教专制，特别是拒绝屈从于英国的国教，因此清教徒在英国长期遭到迫害和欺压，大批清

---

① Perry Miller, ed., *The American Puritans: Their Prose and Poetry*, New York: Columbia University Press, 1956, p. 9.

教徒先后背井离乡,被迫逃亡北美避难,也将清教思想带到北美并落地生根。值得注意的是,在加尔文教义中,一个十分重要的内容就是"预定论"。这一思想的本质,可以概括为"成事在神,谋事在人"。它认为自创世纪以来,世界上所有人就被分为了"选民"和"弃民"。所谓的"上帝的选民"这一概念,最早来自于希伯来圣经,也就是基督教后来所称的《旧约全书》。在《旧约全书》中,这一概念也被称为"垂青之人"(Treasured People),指的是希伯来人(即古以色列人 Israelites),在《申命记》(Book of Deuteronomy)中,耶和华声称以色列民族是世界上他最为珍贵的人。《出埃及记》(Book of Exodus)讲述的就是"上帝的选民"(Chosen People)希伯来人如何来到上帝赐予的"希望之乡"(Promised Land)的历程。在希伯来人中间有着世界的救世主(弥赛亚,Messiah)。因此,犹太人自视为"上帝的选民",注定将获得上帝的垂青,并获得拯救。这一宗教信念后来也被基督教继承。到了清教这里,清教徒对此做了进一步解释,提出"上帝的选民"就存在于世俗人间,承担着按照上帝的信条改变和拯救世界的义务。由于人们并不知道是否得到上帝的恩宠,因而清教要求信徒们必须通过自己在尘世的不断努力来证明自己选民的身份,并完成上帝赋予的改变人类世界的使命。

上述这种宗教身份的认知,在美国国家身份形成过程中被完整地继承了下来。我们现在常说的美国特有的"使命观""弥赛亚情结"或"救世主神话"正是起源于美国人这些清教徒祖先,那群自认为是"上帝选民"的流亡之人。自17世纪初开始,为了寻求宗教自由,被迫害的新教徒们冒着命丧大海的危险,历尽艰难险阻来到北美大陆,心中怀有的就是想在空旷淳朴的新大陆建立一个真正的理想之邦、自由之国。1607年,第一批清教徒来到弗吉尼亚,建立了北美第一个定居点詹姆斯顿。1620年,又一批清教徒乘坐在后世大名鼎鼎的"五月花"号抵达北美东海岸的马萨诸塞湾,他们在普利茅斯上岸,建立了新英格兰地区第一块殖民地。在登陆前——即11月21日——由船上的清教领袖在船舱内主持制定一个要求大家必须共同遵守的《五月花号公约》,由 41 名自由的成年男子在上面签字。这份公约也被看作是北美大陆新政治形态的范本。公约主要内容包括组织公民团体、拟定公正的法律、法令、规章和条例等。《五月花公约》奠定了之后新英格兰诸州自治政府赖以建立和运行的政治基础。这帮改变了或者说创造了历史的新教徒,因而也被后人称为北美的清教之父(注：Pilgrim Father,也译为"巡礼始祖")。也正是出于这样的原因,新英格兰地区被清教徒们顶礼膜拜为《圣经》在新大陆的重要象征之一,视其为"新的以色列",即一块由上帝允诺给予选民的土地。在这些清教徒看来,他们忍辱负重来到北美不再是单纯的避难,更是在神的旨意的指引下,要在应许之地上创造新的纪元,这一使命,正如《圣经·新约》中的《马太福音》第五章所写到的那样：

> 你们是世上的光。城造在山上,是不能隐藏的。人点灯,不放在斗底下,是放在灯台上,就照亮一家的人。你们的光也当这样照在人前,叫他们看见你们的好行为,便将荣耀归给你们在天上的父。①

正是在这样的精神境界影响下,来到北美殖民地的很多开拓者们,对自己踏上这片土地的原因和使命,都自觉或不自觉地赋予了强烈的宗教情感,即将他们在此的因果缘由及所作所为自然而然地视为一种宗教责任。面对苍凉荒芜、危机四伏的广阔大陆,他们认为正是上帝"希望之乡"之所在,因此立志要建立一个按照清教宗教理想所建立起来的圣地,以普照四海,福泽万邦。在此思想的鼓舞之下,这些清教徒们在艰苦、危险的环境之下,历经磨难,逐步建立起一个个定居点,而他们也将遭遇的种种艰辛都看作上帝对选民的考验和磨练,不仅逆来而顺受之,而且上下而求索之。马萨诸塞的总督、清教领袖约翰·温斯罗普(John Winthrop)将他们的任务称为要建造"山巅之城"：

---

① 《圣经·新约·马太福音》,南京：中国基督教协会 2000 年版,第 7 页。

>我们将如山颠之城,为万世瞩目。因此,如果我们在实现这一事业的过程中欺骗我主,使主收回以前赐予我们的庇护,我们将成为世人的笑柄,天下丑闻。①

不可忽视的是,虽然清教徒在北美大陆移民中只占据了一部分,但是由于他们大多受过良好教育,并且怀有热忱强烈的宗教信仰,因此很容易表现出很强的凝聚力和感染力,也由此逐渐成为北美移民中的核心集团,在当时的北美殖民地人民中有着极为独特的地位,并对之后独立战争和美国建国产生了重要的影响,甚至如温斯罗普这样的宗教领袖也被后人尊称为"被遗忘的美国国父"。清教所宣扬和信奉的宗教含义一直受到很多北美地区政治家的拥护,例如,约翰·亚当斯(John Adams)在 1765 年曾宣称,人们总是把具有尊严和奇迹的北美殖民地看作是在天意下开始的一项宏伟的计划与设计,以启示无知者,并解放整个地球上人类尚还在被奴役的地区,因而"我们将成为整个世界的山巅之城,全世界人民的眼睛都将看着我们"②。

正是这种宗教启示和"上帝选民"身份,总能帮助美国人在危机来临之际,很好地保持着乐观和信仰。对美国建国历史有着权威研究的著名历史学家丹尼尔·布尔斯廷(Daniel J. Boorstin)对此作了极为精辟的评论:"三百多年来,没有任何人像温斯洛普那样把美国的使命感表达得如此确切,正是温思洛普等新英格兰领袖对新英格兰人独特身份的阐释'敲定了美国历史的基调'。"③新英格兰地区移民通过宗教精神对自身身份的解释,之后也成为美国国家身份的重要内涵,即美国人之所以成其为美国人,因为他们是"上帝的选民",幸运地享有上帝的特别眷顾和委

---

① [美]丹尼尔·J. 布尔斯廷著,时殷弘等译:《美国人:殖民地的经历》,上海:上海译文出版社 1989 年版,第 5 页。
② David Hawke, ed., *U. S Colonial History*: *Reading and Documents*, Indianapolis: The Bobbs-Merrill Company, 1996, p. 96 - 97.
③ [美]丹尼尔·J. 布尔斯廷著,中国对外翻译出版公司译:《美国人:开拓历程》,北京:三联书店 1993 年版,第 3 页。

托,并担负着一种特殊的使命,要在北美甚至世界范围内建立一个理想国度、模范国家。"国父"华盛顿在1789年的第一任就职演讲中宣称:"美国民众尤应向冥冥之中掌管人间一切的神力感恩和致敬。美国民众在取得独立国家地位的过程中,每前进一步,似乎都有天佑的迹象。"①

与"上帝选民"相呼应的,就是美国作为人类文明新的楷模所肩负的改变世界的神圣使命和道德义务,也就是人们常说的"使命观"。美国人相信,上帝之所以要眷顾厚待这片土地上的人,是因为他们必须承担起无比神圣的使命,要为人类建立一个受到万人敬仰和效法的完美国度。18世纪著名的宗教领袖、北美"大觉醒运动"的领导者之一乔纳森·爱德华兹(Jonathan Edwards)的观点就很具有代表性。他认为上帝为了创造一个新的世界,将北美作为目标,让"上帝的选民"成为完成基督教历史上一个重大事件的创造者。因此,在当时的很多人看来,发现和开拓北美是一件具有高度宗教神性的伟大事业,即"上帝将要开始对地球上可居住的地区进行变形更新,即一种以激进的新的宇宙秩序为标志的更新……因此,北美的未来不仅是其自身的未来,也是人类的未来,世界的未来,甚至是宇宙的未来"②。美国的建立,也为新教为实现"使命观"提供了可供依赖的有形政治机体。美国人自豪地相信他们自身制度的优越性和纯洁性,并且占领了其他国家和民族无法比拟的道德高度,因此自己享有一种别人没有的特殊的使命,那就是要以新大陆上的共和国和人民为榜样,帮助在世界其他地区实现自由。清教徒们歌颂的反抗暴政、追求自由解放的精神,不正是《圣经》中描述的上帝的选民希伯来人在摩西的率领下脱离埃及的奴役在当时的真实体现吗?这也是美国独立战争中广泛传播在13块殖民地上的重要思想。需要看到的是,北美

---

① [美]乔治·华盛顿著,聂崇信、吕德本、熊希龄译:《华盛顿选集》,北京:商务印书馆1983年版,第41页。
② 王晓德:《梦想与现实——威尔逊"理想主义"外交研究》,北京:中国社会科学出版社1995年版,第9页。

殖民地反对英国的战争,其核心就是"自由",但这种自由早已超越了单纯的宗教诉求,而是成为更大范围的对个人权利、政治模式和国家实体的界定。这一关键性经验对于美国国家身份的形成产生了极为重要的影响。如托克维尔在论述美国的民主时所一针见血指出的那样:"美国人把基督教的观念和自由的观念这样紧密地联系在一起,以至于在他们的脑海中这两个概念不能单独地存在。"①

这种具有强烈宗教色彩的使命观和近代政治的自由概念之间的逻辑联系,成为美国诞生时所自带的光环,也将美国与世界上的其他国家所区别开来,并清晰地勾勒出这个国家前进的方向,那就是以美国为灯塔,用自由照亮一切阴暗的角落。乔治·华盛顿1789年在国会两院发表就职演说时自豪地宣称:"人们已将维护神圣的自由火炬和维护共和政体命运的希望,理所当然地、意义深远地、也许是最后一次地寄托于美国民众所进行的这一实验上。"②这位伟人在离职时还语重心长地告诫自己的国民:"在不久的将来,这个国家将称得上是一个自由的、进步的、伟大的国家。它为人类树立了一个始终由正义与仁慈所指引的民族的高尚而且新颖的榜样。"③被称为美国"宪法之父"的另一位伟大政治家詹姆斯·麦迪逊(James Madison)也满怀信心地表示:"我们国家如果自身处理得当,将成为文明世界的自由工厂,比任何其他国家对非文明世界贡献更大。"④

宗教传统为美国的帝国思想提供了一个无法抹灭的思想源泉,不仅塑造着美国的国家身份,同时也为美国对外政策行为提供了重要的合法性解释。在清教思想的激励下,北美移民逐步形成了强烈的身份认同意识,"他们命定成为一个民族……按照主的旨意,他们将要变荒野为文

---

① 于歌:《美国的本质:基督新教支配的国家和外交》,北京:当代中国出版社2006年版,第101页。
② [美]乔治·华盛顿:《华盛顿选集》,第257页。
③ [美]乔治·华盛顿:《华盛顿选集》,第322页。
④ 王晓德:《美国文化与外交》,北京:世界知识出版社2000年版,第36页。

明,使之成为伊甸园,成为乐园。在上帝创造并安置在地球上的所有人中,他们是上帝的选民。他们是新世界。正如基督给世界带来了新启示录,代替了旧启示录,这些上帝的选民带来了新的使命"①。这种宗教色彩的身份观念,对于美国而言,虽然增强了凝聚力,激励着人们追求理想,但是同时也为形成帝国的野心提供了宗教视野下的理论支撑,修饰美化了帝国思想及行为的本质。"甚至当他们实际上在为害他人时,帝国主义者们顽固地相信他们正在行善,完成上帝的愿望……那些相信他们是'被选中的人'的国家对其他人而言是一种潜在的威胁。他们会强烈地感到正义凛然,相信他们行为的道德合法性就存在于他们独特的地位之中……一个自信上帝与其同在的强大国家所造成的结果就是,没法自我限制。事实上,极端的情况下,上帝的选民这一地位会变成一种可能成为狂热的宗教民族主义,一种潜在的法西斯主义。"②这一点已在美国的历史上被反复证明,它给美国对外政策所带来的影响,之后还将不断地出现在几乎每一次对外扩张之中。

2. 1776 年革命精神和帝国思想:国家身份的政治解读

美国的独立战争,对于殖民地人民而言,不仅仅是摆脱不公平待遇、寻求平等自主的抗争,它同时也是开启新时代、迎来新机遇的重要转折点。殖民地的经历虽然让人们对欧洲的帝国制度和殖民政策深恶痛绝,但是,这个从帝国扩张血液中诞生的新国家至始至终都摆脱不了这样的一个事实,那就是它是从欧洲帝国思想及由其物化出的新大陆秩序中脱胎而出的,它不遗余力排斥抗争、痛恨摈弃的与其说是帝国本身,不如说是帝国母体对新生命快速成长的制约。一个不容忽视的事实就是,从精

---

① [美]詹姆斯·O. 罗伯逊著,贾秀东等译:《美国神话,美国现实》,北京:中国社会科学出版社 1990 年版,第 67 页。
② Clifford Longley,"The Religious Roots of American Imperialism",*Global Dialogue*,Winter,2003,pp. 40 – 41.

神层面上来讲,商业冒险精神、种族优越感、对新领土孜孜以求的渴望等这些先前欧洲殖民帝国所遗留下来的理念,仍然或多或少地存留在殖民地人民的血液之中。在探索建立新制度的道路上,这些理念与建立合众国所秉承的新思想发生了激烈的碰撞和密不可分的相互融合,从而逐渐形成为一种隐性的帝国诉求,而这种帝国思想在新建立的美利坚合众国——注意,这是一个宣称反对帝国和殖民、寻求独立与自由的国家——身上,非但没有表现出极端的水火不容,甚至可以说是相得益彰、水乳交融。两种貌似格格不入的思想是如何在美国身上融合在一起的呢?出现这种悖论,原因何在?

答案恐怕必须要从美国的革命精神当中去寻找了。美国革命要解决的首要问题,就是要确立北美殖民地独立的政治地位。英国与北美殖民之间因贸易和政治分歧而引发的矛盾,迫使英国不得不反复将高压政策作为强制性手段。这不仅未能让北美殖民地人民更好地"守规矩",反而适得其反,更加强烈地刺激了北美殖民地人民寻求独立的决心。要知道,当时启蒙思想早已传遍欧洲,北美的殖民地人民也将天赋人权作为抗争的武器,坚决捍卫自己的权益。帕特里克·亨利(Patrick Henry)向同胞们振臂高呼:"难道生命是如此珍贵,和平是如此甜蜜,以至于吾等非要用镣铐与奴役去换取它们?万能上帝,请阻止此事发生!吾不知他人何去何从,然吾之抉择为:不自由,毋宁死!"[①]

独立战争不仅是反对英帝国的斗争,同时也是美国作为一个独立民族和国家进行自身身份构建的关键性事件。国家身份的自我认识,虽然被学术界普遍认为是一个文化过程,但不可否认的是,它同时也是一种政治进程。按照本尼迪克特·安德森(Benedict Anderson)的观点,一个国家的建立,与这群人如何将自己设定为一个共同体是密不可分的。国家身份就是对自身的一种描述和象征,一个国家的人民通过它们来将

---

① [美] J. 艾捷尔编,赵一凡等译:《美国赖以立国的文本》,海口:海南出版社2000年版,第17页。

自己看作一个国家,并通过它们表明希望其他国家人民如何看待自己。①
也就是说,国家身份首先要解决的是在国家这个共同体内部的认知一
致,并由此构建出自身的独立性和宝贵的文化印象。在这一进程之中,
国家身份还试图通过影响其他国家的观念,从而实现在他者思想中的影
像投射。美国革命的精神,正是通过自我国家和民族身份构建,进而寻
求巩固这样的身份,这也从根本上导致了北美殖民地与宗主国英国之间
出现的最终难以调和的尖锐矛盾。美国的帝国思想部分基因,恰恰也来
自于美国国家身份的要素,同时,它也对美国国家身份的进一步完善与
发展,产生了不可轻视的推动性作用。

众所周知,《独立宣言》是美国建国最重要、最根本的法律文本,它既
是对旧统治秩序、旧身份的"破",也是对新秩序、新身份的"立"。一方
面,《独立宣言》不仅是一个新国家诞生的庄重宣言,也表明了美国对宗
主国英国的诉求和立场,并由此传递出美国对传统帝国怀有的负面情
感。另一方面,对于美国而言,《独立宣言》在全面阐述独立战争的动机
以及立国之根基的同时,从字里行间中,也尝试着对美国的国家身份做
出了最迫切需要的定位。《独立宣言》以民族自决权来维护殖民地人民
的正当权益,即"一个民族解除他们同另一个民族之间的政治联系,并在
世界各国之间,依照自然法和上帝意旨,采取独立和平等的地位"的权
利。它是"人民主权"这一政治哲学在新大陆的实践,也是欧洲启蒙思
想——特别是政治哲学家约翰·洛克(John Locke)——"天赋人权"思
想的重要体现。《独立宣言》表明,美国的建立与存在是以"人类生而平
等"及由此衍生出来的民族独立自决权为基石的,这也是美国最引以为
傲的国家特性,甚至可以说是美国传统最集中的体现。自由的生活、公
平的权利、平等的机会……这些对于新大陆的人而言,正是新国度得以

---

① Susan Jeffords, "Commentary: Culture and National Identity in U. S Foreign Policy". *Diplomatic History*, Vol. 18, Issue 1, January, 1994, p. 92.

建立并存在的意义所在,更是这个在1776年初展啼声的新生国家对本国国民给予的庄严承诺。美国的传统代表的是一种希望、一种信仰和一种怀有万丈热情的开拓进取精神,它们集中体现在追求人类的自由和公正之上。美国的独立,推翻了英国的直辖殖民地和业主殖民地的政府形式,确立了资本主义属性的共和制政府,并且在新政治体制框架内彻底否定了欧洲大陆盛行已久的君权神授和贵族等级制度,这也是为何后人称"独立战争结束后的美国是近代第一个真正实行资产阶级共和制的民主国家"①。

谈到美国独立的政治思想,有一个人的影响不可忽视。在这场独立战争中,他因对美国的革命精神起到了十分重要的鼓舞作用,得以青史留名,这就是托马斯·潘恩(Thomas Paine)。在那个群情激昂的年代,潘恩的著作《常识》一书在短短3个月内就发行了12万册,毫不夸张地说,此书几乎成为北美殖民地人民革命的精神宝典。潘恩在书中运用天赋人权和社会契约论,论证了以资产阶级革命反抗英国统治的合法性,既逻辑清晰,也饱含激情,从而在思想上武装了北美人民。此外,在他另一部著作《人权论》中,潘恩对美国革命的政治精神及其对旧制度造成的巨大冲击倍感兴奋,激动之际他提笔写下了如下话语:

> 在美国点燃的星星之火已经燎起一片扑灭不了的巨焰。它像战火一样永不熄灭,烧遍了一国又一国,不声不响地进行着征服。人们感到自己变了,但几乎察觉不到是怎么变的。他通过正当地照料自己的利益而了解到他的种种权利,并且终于懂得专制主义之所以有力量和权势,完全在于不敢对它进行反抗,懂得要"获得解放,只要它要求解放就行"。②

潘恩对美国革命的影响是毋庸置疑的,而他的这种观念在那个风云

---

① 张友伦主编:《美国的独立和初步繁荣(1775—1860年)》,北京:人民出版社2002年版,第40页。
② [美]托马斯·潘恩著,马清槐译:《潘恩选集》,北京:商务印书馆1982版,第274—275页。

激荡的时代,成为最能鼓动人心的号角,他所倡导的政治理念也因此得到了很多建国者的拥护和支持。不仅如此,建国者们对这样的政治精神予以了新的发挥和提升,赋予了革命新的使命。美国的那些开国元勋们都坚信,在一个由反自由势力——特别是君主制以及其赖以生存的护身符"君权神授"思想——所主宰的世界里,美国有责任将其价值观念和制度传播到四面八方。他们认定,现在的世界迫切地需要共和制政府赐予其万丈光芒。至于他们所持的这种意识形态,是否真的具有普世性的价值,则根本不成其为一个问题,也鲜有人会去质疑在更大范围内传播美国的价值观念是否不那么具有合法性。在他们看来,美国之所以诞生、美国之所以存在、美国之所以伟大,一个重要的意义就在于这种神圣的政治使命。这也使得这些人自认为美国是人类历史的模范,命中注定要去改造这个世界,而这些也成为美国建国后在对国家身份进行自我定位时表现出的一个显著特征。

这种对普世价值的狂热痴迷,恰恰成为帝国思想在共和制体制下生存与蔓延滋生的温床。早在新国度的雏形出现之时,很多人就已经自然而然地将帝国的衣钵继承了下来。例如,在1776年,南加利福尼亚州的农场主领袖、首席法官威廉·亨利·德雷顿(William Henry Drayton)就表示,每个帝国都有鼎盛衰落的时候,如罗马帝国那般。大英帝国自1758年以来傲立世界,而如今,"全能的上帝挑选了在新的一代树立起美国帝国……于是乎一个被称之为美利坚合众国的新帝国赫然跃世。这是一个从成立伊始便吸引了全世界注意力,同时又似乎特别蒙上帝眷顾的历史上最为辉煌的帝国"。[①] 即使是那群搭建起美国政治架构的国父们,几乎也都对美国的帝国身份毫不讳言。华盛顿在1783年时就公开称美国为"一个冉冉升起的帝国"。1786年,华盛顿在写给大力支持美国

---

① [英]奈尔·弗格森著,李承恩译:《巨人:美国大帝国的代价》,上海:华东师范大学出版社2007年版,第29页。

革命的法国友人拉法叶特(Marquis de LaFayette)的信里就信心十足地表示:"尽管美国现在被人们看作是无足轻重的,尽管英国可能会蔑视它的贸易,但是毫无疑问总会有这么一天,这个国家将会在帝国的世界里占有重要的地位。"① 另一位举足轻重的建国功勋本杰明·富兰克林(Benjamin Franklin)在诸多写作中也十分偏爱用"帝国"这一词语,使用时间长达近 40 年。

应该说,华盛顿等政治先辈用"帝国"来定位国家,绝对不是凭借一时的头脑发热或心血来潮,而是这一代政治精英内心最真实的渴望,也反映出了他们脑海中一直存有的念头。在他们看来,并不应不加区分地对"帝国"这一思想予以唾弃,因为,帝国是有着不同差异的。他们口中所鄙视和反对的欧洲旧帝国,已然成为人类历史的弃儿。但是,"帝国"本身还代表了一种权势,一种自马基雅维利以来,人们可以堂而皇之表示青睐崇拜的国家之天然属性,这是国家应理直气壮予以追求的地位。更何况,他们眼里的"帝国"不同于丑陋的欧洲帝国,他们所热衷于谈论的新大陆上的帝国,代表"一种统治权,它是一种主宰,一种主权状态,并将会在人口和领土上进行扩张,力量和权力将得到增强"②。这与赖以立国的民主自由精神,并不构成必然的矛盾。因为权势无所谓善与恶,拥有权势的国家是何种性质,决定了权势是给人们带来福音还是灾祸,一个天命所在的国家越是强盛,越能为完成自己的使命提供强大依靠。正因为如此,"即便不是所有人,开国元勋中的绝大部分都将美国视为一个特殊的国家,它的建立和理想与其他国家大相径庭,它的使命是要与其他民族分享自己的意识形态"。③ 他们确信,自己亲手创建了一个独一无二的国家,一个能够福泽全世界的、自由的帝国。余下的一个重要问题

---

① Christopher Layne, Bradley A. Thayer, *American Empire: A Debate*, New York: Taylor & Francis Group, LLC, 2007, p. 8.
② R. W. Van Alstyne, *The Rising American Empire*, p. 1.
③ Christopher Layne, Bradley A. Thayer, *American Empire: A Debate*, p. 11.

就是,如果要实现这种政治理想,扩大这种理想的影响地域,自然而然地需要更广大的"试验田",土地从何而来? 只能从不断扩大权力控制影响的地域中去觅得。这样的思想也就成了美国扩张的重要源泉之一。

在独立之初,美国的领土虽然仅仅局限于13块殖民地,然而,对广袤的北美大陆发自内心的征服渴望,使得人们情不自禁地憧憬和勾勒未来的庞大国度,甚至理所当然地视其为必然之事。需要强调的是,无论是在独立前还是独立后,无论是和英国、法国等殖民势力或是印第安人的斗争,扩张思想始终贯穿始终,扩张主义者也在北美殖民地民众中占据了大多数。仔细看看《独立宣言》中建国者们对英国的控诉,他们义正言辞地抗议英王乔治三世及其政府对北美殖民地人民犯下的暴政,即英国扼杀了北美殖民地的政治和经济自由。他们还抱怨另外一个重要的问题,那就是英国对北美殖民地扩张的限制。杰斐逊起草的《独立宣言》控诉英国剥夺了北美人民的政治和经济自由,此外,"英国还通过令人厌恶的《1763年敕令》和其他措施来限制殖民者向阿帕拉齐亚山脉以西的领土扩张,这是满脑子扩张主义思想的美国人根本无法同意的。因此,从这个国家诞生之时开始,它就明白无误地表明了其拒绝被限制的决心"①。即使高举着民主自由的旗帜,这些人也并不对国家未来的扩张感到恐惧或担忧。他们憎恨和鄙视欧洲腐朽的帝国,却对即将出现在北美的新的帝国充满信心。对于革命先驱者来讲,将北美殖民地从大英帝国统治之下独立出来,仅仅是伟大使命的开始,更重要的是,美国的建国者们对国家的未来有着更为宏大的构想,那就是让这个新生的国家能够进行扩张。沃伦·齐默曼(Warren Zimmermann)富有见地的向人们指出:"美国独立战争,创造了共和国大部分关于建国的神话,而其本身是一场为了扩张而打的战争。美国的革命者们是为了获得英国在北美所有财

---

① Mary Ann Heiss, "The Evolution of the Imperial Idea and U. S. National Identity", *Diplomatic History*, Vol. 26, No. 4, Fall, 2002, p. 515.

产而战斗,包括了英国新近从法国手中获得的加拿大领土。"①这种扩张不单单是领土意义上的,还有思想上的。这种不断拓展美国的信条和意识形态的渴望,自美国建立之初开始,就激励着美国的精英们,催眠着这个国家内的普罗大众。所以,美国学者布雷德利·A.塞耶尔(Bradley A. Thayer)一针见血地指出:"当你理解了美国革命的精神时,你就理解了为什么美国是一个帝国。"②

3. 种族优越感与美国国家身份的文化解读

在美国的国家身份构建过程中,特别是对自我种族身份的认知中,还折射出另外一种典型的帝国式文化特征,那就是种族优越感。如同前面提到的精神遗产一样,美国人这种建国时就与身俱来的种族优越感,主要是从欧洲先辈身上继承下来的,也就是白人至上。

翻开欧洲文明历史,从古代开始,有色人种就被罗马帝国等欧洲强权视为低人一等。在欧洲进行全球殖民扩张的过程中,随着白人与其他肤色人种的接触越来越多,欧洲人愈发笃信自己宗教文化的普世主义情怀以及显而易见的科技领先优势,这不可避免地赋予了白人一种强烈的优越感,随之而来的种族主义则是"神话"其对异族进行征服和统治的理论依据。这种根据种族差异对人种所进行的等级区分,自殖民地时期就存在于北美大陆之上。"'种族优越感'是美国盎格鲁-撒克逊文化的一个显著特征,用美国学者的话来说:盎格鲁-撒克逊种族是人类天生的统治者,是'世界的无冕之王'。"③殖民地的定居者们所怀有的"上帝的选民"这一概念,原本就是从宗教教义出发,将世人的等级和尊卑进行了区分。美国人固然是自诩为"上帝的选民",美国的使命就是在上帝的指引

---

① Warren Zimmermann, *First Great Triumph: How Five Americans Made Their Country a World Power*, New York: Farrar, Straus and Giroux, 2002, p.17.
② Christopher Layne, Bradley A. Thayer, *American Empire: A Debate*, P.7.
③ 王晓德:《美国文化与外交》,第236页。

之下,将文明传播到野蛮、无知、落后的土地之上,但其他那些被上帝"遗弃"的人,则注定要沦为被拯救对象,或者成为新秩序中的仆人。

虽然革命促成了与寻求自由相关的国家性话语,但是仅仅依靠语言是无法真正改变包裹在"欧洲人-美国人"这一身份上的种族优越感和种族暴力的,"自然权利哲学放在一边,所有的人当然并不是生而平等的——尖锐的种族、阶级和性别差异总是占据支配地位"①。独立战争以及美国宪法,秉承的是源自欧洲的自然法哲学理念。它以人类基本的权利和自由为基础,从而搭建起政治大厦和自由市场体系。而美国宪法则集中反映出了这种美国身份"迷思"的文化霸权。宪法中笼统的"我们人民"(We the People)实际上模糊了种族、阶级和性别的等级差别。对于当时的美国人来讲,自身的种族身份与欧洲母国有着不可分割的关系,即欧洲-美国身份(Euro-American Identity),或者可以称之为"白人主义"。埃克托尔·圣约翰·克雷维克(J. Hector St.-John de Crevecoeur)提出过一个十分值得玩味的著名问题,即美国人这个新人到底是什么人?他自己的回答是:"美国人是一个由英国人、苏格兰人、爱尔兰人、法国人、荷兰人、德意志人和瑞典人组成的混合体……他是一个欧洲人或一个欧洲人的后裔。"②

种族优越感虽然是一种社会文化的认知,但是它与国家许多方面的政策之间也存在密切的联系。就美国建国初期而言,种族优越感使得美国拒绝与印第安人在北美大陆共存,其将印第安人描述为残暴的野蛮人,从而否定印第安人作为北美大陆原著民而拥有的与新共和国公民一样的平等权利。此外,对于当时占据可观人口比例的黑人来讲,命运也是不公的。宪法规定他们只能被当作 3/5 个人来对待。富兰克林希望能够将所有黑人排除在"可爱的白人"之外。华盛顿虽然在去世前释放

---

① Walter L. Hixson, *The Myth of American Diplomacy: National Identity and U.S Foreign Policy*, p. 39.
② [美]埃里克·方纳:《美国自由的故事》,第71页。

了自己所有的奴隶,但他生前就是一个典型的弗吉尼亚种植园主,"虽然并不特别残忍,但十分愿意鞭笞奴隶,让他们拼命干活,拆散他们的家庭,将他们限制在最简陋的生活条件之下"①。杰斐逊在起草《独立宣言》时,义正词严地强调人都拥有不可剥夺的自由权,与此同时他正拥有着 150 多名奴隶,"在他的生活方式中,他所珍爱的一切,从慷慨大方的施舍和享受到追求和欣赏艺术与科学的闲情逸致,最终无一不是建立在奴隶的劳动之上的"②。他虽然批评奴隶制,但是又认为黑人在身体和思想上低人一等,甚至抱怨黑人"令人讨厌的气味"。美国革命激进主义的领导人物戈登·伍德(Gordon Wood)对当时美国的奴隶制现状进行过这样的概括:"新的美国不仅仅是一个共和国,它是一个拥有奴隶的共和国……不仅是美国早期广泛存在的奴隶让建国的光辉蒙上阴影,而且它还促使我们对我们的历史进行广泛的重新思考。"③可以说,种族优越感是美国白人身份的重要内容,也构成了美国如何看待国内外非白人人种的基础,这种居高临下的姿态,很容易让美国轻视甚至忽略其他人种所应享有的平等权利,在对外政策领域也是如此。

宗教启示、革命精神和种族优越感的存在,帮助塑造和形成了美国至关重要的国家身份和民族认知。它们也让美国的独立战争从一开始,就是在一种若隐若现的帝国思想指引下进行的战斗,在当时,这种思想的本质就是:从权利上而言,北美大陆是属于大西洋沿岸 13 块殖民地人民(白人)的。美国是上帝的选民,为了执行神的旨意而在这块大陆上开荒拓野。美国相信,矗立在新大陆上的这个国家,要成为世界人民自由的灯塔。美国革命的殊荣就在于"靠适度的理智和反省精神最终完成了

---

① Walter L. Hixson, *The Myth of American Diplomacy: National Identity and U.S Foreign Policy*, p.41.
② [美]埃里克·方纳:《美国自由的故事》,第 62 页。
③ Walter L. Hixson, *The Myth of American Diplomacy: National Identity and U.S Foreign Policy*, p.41.

那项令人激奋的事业并实现了天国的奇迹"①。自由帝国将是美国民族为之奋斗的崇高目标。这种带有政治意识形态、宗教情怀、种族优越感的解释,为新生美国迫不及待地开始扩张做出了合法的辩解。

4. 孤立主义与大陆扩张:美国早期对外政策中的秩序构建

正如有人指出的那样,"对伟大国家的渴望、帝国视野的具备以及对殖民地享有的特有自由的信仰都在酝酿对大不列颠的独立战争过程中发挥了一定作用"。② 美国独立之后,面临着十分复杂的内外环境。革命战争的胜利,虽然实现了殖民地人民追求的国家独立,但是同时也开启了13块殖民地之间对于建立何种联邦政府的内部争执,政府架构、外交政策、奴隶问题、政治体制等成为争论的焦点,为此各方势力也开始了复杂的相互博弈。

在这其中,国家主义者(也就是联邦党人)与州权主义者在关于国家权力的结构与分配问题上存在着根本性的差异。这两派针尖对麦芒地相互掐架,彼此间的斗争持续了很长时间,深刻影响着美国的政治制度。在1787年的制宪会议上,国家主义者扬言要运用强制性力量来解决矛盾,而州权主义者毫不示弱,威胁要退出联邦甚至与外国势力结为盟友。这样的争执一直持续到"康涅狄格妥协案"的提出,平衡了双方的利益,才使得双方同意各自做出一定让步。此后,又经过了激烈的争论和相互间的讨价还价及妥协,联邦宪法才最终得以通过。这样,美国这个新诞生的国家,终于得以用法律形式,巩固了革命的胜利成果,也为日后统一的多民族国家的稳固与发展,奠定了重要的基础。

不仅在内政问题上出现了激烈争执,在美国的对外政策上,不同的

---

① [美]路易斯·哈茨著,张敏谦译:《美国的自由主义传统》,北京:中国社会科学出版社2003年版,第37页。
② [美]罗伯特·卡根著,袁胜育等译:《危险的国家:美国从起源到20世纪初的世界地位》(上),北京:社会科学文献出版社,2011年版,第45页。

政治派别和利益集团,也都抱有相互差异的观念和利益诉求,彼此间自然而然发生了激烈的碰撞。出现这种碰撞的最大原因,源于独立战争所造成的态势和新国家对国际秩序看法之间深刻而复杂的互动。

新大陆上诞生的美国,是对欧洲旧大陆封建君主体系的反叛。对欧洲的腐朽和堕落心怀憎恶的美国人,为了保持新大陆秩序的纯洁性,大多极力想与其划清界限。因而不少开国者们希望避免卷入欧洲内部问题,为国家的发展争取到独立和自由的空间。这也是美国早期外交政策中孤立主义政策的起源。美国独立之后,虽然在精神层面上,信仰自己为"上帝的选民""山巅之城",相信自己未来将成为北美大陆的主宰。然而,从现实主义的角度来讲,美国不得不面对这样一个事实,即美国本身还是一个实力相对弱小的国家,就拿军队来说,1787年前的国会拥有的军队人数只有大约700多人,防御印第安人袭击、威胁或夺取英法在北美的据点这样的任务,主要靠各州自己雇佣民兵来完成,联邦军队之弱小可见一斑。虽然美国的精英们清楚地知道自己需要的是什么,但是能用来实现这些目标(尤其是那些源自于帝国理念的野心)的工具和手段少之又少,这种国家身份与现实力量间的反差,对美国建国初期的帝国思想和对外政策有着非常重要的影响。因此,"在这个国家的反帝原则和它真正意识到的需要之间有一个交汇点"①,这就是由华盛顿"告别演讲"所确立的孤立主义原则。

不过,正如后来的历史学家和政治学家们所强调的那样,孤立主义并不是美国对外政策和立场的全部。从本质上讲,孤立主义是一种防御性的政策,或者说是一种免疫性政策,目的在于保持美国制度的纯洁性,确保新生共和国的安全。特别是当华盛顿看到国家内部在与法国结盟问题上的分歧,担心共和党人入主白宫后会导致美国政策出现大幅度的逆转时。这也是为何华盛顿要用心良苦地劝诫民众停止对英国根深蒂

---

① Mary Ann Heiss, "The Evolution of the Imperial Idea and U. S. National Identity", p. 515.

固的憎恶,摒弃对法国充满热情的偏好的原因。他在演说中提出了著名的忠告,"我们真正的政策,是避免同任何外国订立永久的同盟,正如我们现在可自由处理这种问题一样",如果美国"卷进欧洲事务,与他们的政治兴衰人为地联系在一起,或与他们友好而结成同盟,或与他们敌对而发生冲突",都是"不明智的"。①

　　北美的革命战争,在促使殖民地从英国统治下独立出来的同时,还造成了三个结果:首先,美国采取了与法国结盟的战略,这也被看作是独立战争取得最后胜利的一个不可或缺的因素。但是,按照孤立主义的思想,美国不愿因此成为法国反英斗争中的棋子。其次,在打败了大英帝国后,随之而来的就是如何处理或接收欧洲殖民帝国在北美地区的帝国利益,以及以何种手段实现这种接收。土地问题,在早期美国的决策者眼中,是一个关系到美国安全和发展的关键性问题。这是一个绝不允许放弃的目标。对扩张的美国帝国有着坚定信仰的富兰克林,在与英国进行谈判时就曾建议,英国应当将其在北美余下的所有领地交给新生的美国,这其中包括了加拿大和佛罗里达。美国坚决反对欧洲帝国势力在北美的继续存在,这不仅对国家安全构成威胁,而且阻挡了美国今后的扩张。这也成为美国对外政策试图实现的目标。最后,以贸易为支柱的合众国,必须要在海洋上寻求稳固的地位,不断扩张商业船队,夺取向欧洲出口的机会,并由此建立一支能捍卫大西洋航线的海军。孤立主义原则的确立,使得美国与法国的联盟再也没有继续生存的空间,特别是对于进入大革命时期的法国,杰斐逊等人极力反对予以对等的支持。他们的目的,一方面在于坚持华盛顿的孤立原则,避免让新生的国家纠缠于欧洲体系的争斗之中,同时,也正好趁此机会,在欧洲列强间纵横捭阖,逐步夺取北美大陆的殖民利益。任何事情都是辨证的。孤立主义只是硬币的一面,它的另一面,就是为美国之后在北美大陆的扩张创造了有利

---

① [美]罗伯特·卡根:《危险的国家:美国从起源到20世纪初的世界地位》(上),第147页。

的国际环境。它很大程度上恢复了英美贸易及两国关系,同时也避免了被詹姆斯·门罗那样极度崇拜法国的人将美国拖入法国与欧洲其他国家的争斗中,而此时的法国也难以在北美继续进行新的扩张,美国的扩张恰逢其时。

纵览这一时期的美国对外政策,对于美国的未来扩张和帝国之路,早期的政治家形成了背景迥异但殊途同归的共识。在美国早期政治舞台上占据显赫地位的联邦党人主要代表了商业资产阶级利益,他们断言,只有使得国家强大,才能赢得世界其他国家的尊重,才能获得外交上的独立和更多的商业机会。作为宪法起草人之一,麦迪逊在《联邦党人文集》中表示,他不赞同古典思想家亚里士多德(Aristotle)和启蒙思想家孟德斯鸠(Charles Louis Montesquieu)关于共和政体只能在地域狭小的国家里正常运转的论断,而认为恰恰相反,不断扩展的庞大帝国才能维持共和政体的平衡。① 这不仅是联邦党人的观点,其他政治家如杰斐逊(典型的重农主义者)也对于扩张美国疆域,建立内部统一稳固、对外强硬有力的大帝国情有独钟。尽管对于是以商业为核心还是以农业为核心,以自由经济为基础还是以奴隶制度为基础,政治精英们在不同利益集团推动下,仍然在不断地进行争执,但不满足于现有的领土,寻求更多的外部机会,几乎成为人们普遍的共识。当时美国在世界其他地区的贸易活动正受到不同程度的威胁:北非国家对美国在地中海的贸易活动不断实行骚扰;美英关系的紧张状态,以及英国《航海条约》束缚着美国的手脚;更重要的是,美国为独立也付出了不小的代价,它丧失了作为英属殖民地的某些优惠特权,例如,美国商船不能与英属北美殖民地和英属西印度群岛进行贸易活动,美国商品也难以直接进入英国市场。要改变这种状态,增强国家实力、扩大市场、寻求更多的商业机会,成为美国最为紧迫的任务。帕特里克·亨利指出,"万众一心的美国精神将使这个

---

① 王玮、戴超武:《美国外交思想史(1775—2005年)》,北京:人民出版社2007年版,第55页。

国家变成一个强大的帝国……我们必须要有陆军,有海军,有很多东西"①。有鉴于此时美国的海上力量十分薄弱,而广袤的大陆仍等待开拓,因此美国早期扩张的注意力主要集中在北美大陆上。这种扩张的倾向几乎从一开始就表现得淋漓尽致。1776年联邦条款草案中,有人曾提议设定各州西部边界,但这个想法很快就遭到摈弃。华盛顿等人无不都认为,13块殖民地是未来美洲新秩序的起源之地,而这个秩序的边界是无法人为设定的。亚历山大·汉密尔顿(Alexander Hamilton)的看法最具有代表性,他在《联邦党人文集》的开篇即谈及了美国在很多方面是世界上最有意思的帝国,而他热切盼望一个"伟大美国体系的诞生,这个体系将胜出大西洋两岸所有的影响力并能够支配新老世界的关系"②。在这样的精神激励之下,美国人开始迅速向西部挺进,他们从北卡罗莱纳和弗吉尼亚出发,潮水般地穿过坎伯兰山口,又或从马里兰和宾夕法尼亚出发,前往波托马克河的源头地区,翻过阿勒格尼山脉走向俄亥俄河谷,移民者们如不可抵挡的潮流,涌向西部。这种人口流动几乎是同时进行的,是在缺少政府、教会或者军队的保护情况下个体人群所进行的。尽管这些来自先前13块殖民地的移民们开拓了大片的土地,但经过说服,他们将这些土地交给了联邦政府。对于这些新获得的土地,政府最后决定赋予其与先前13块殖民地一样的平等权利。这也成为美国帝国扩张中一个与众不同的地方。因为按照当时列强通行的殖民规则,殖民地是完全为宗主国利益服务的,其基本原则就是要在等级上屈从于宗主国。如今美国却将这种做法抛在脑后,转而采取一种新的扩张方式,这种方式为国家提供了"机体性增长",将一个个新的、具有生命力的社会单位吸纳到国家机制中,使其成为平等的一部分。这样的扩张主义方式,很大程度上使得美国摆脱了欧洲帝国式扩张的殖民模式,美国获得

---

① [美]罗伯特·卡根:《危险的国家:美国从起源到20世纪初的世界地位》(上),第85页。
② [英]奈尔·弗格森:《巨人》,第29页。

到的每一块新的土地,并不是为了满足宗主国的私利而存在,相反却成为美国成长壮大过程中所需要的新鲜血液的组成部分,这也不断成为美国为自身扩张进行解释的有力证据。

二 托马斯·杰斐逊的"自由帝国"与对外政策

当代著名历史学家奈尔·弗格森在《巨人》一书中指出,虽然人们普遍会认为美国是反抗帝国统治的产物,因此本身不可能成为一个帝国,但"具有讽刺意味的是,美国的开国之父们却恰恰是最为自信的帝国主义者"①。在这其中,杰斐逊"功不可没"。杰斐逊成为美国总统之后,其对外政策对后任产生了重要的持续影响,可以说,正是他真正开启了美国帝国的时代。而在杰斐逊之后,继任者麦迪逊、门罗也来自民主共和党,他们连续执政时间长达24年,加上这三人都来自于弗吉尼亚,政治理念和政策举措上都有诸多传承之处,因而美国人也将这一历史时期称为"弗吉尼亚王朝"。

1. 托马斯·杰斐逊与"自由帝国"思想

杰斐逊是美国政治制度和外交政策的重要奠基人。在华盛顿当总统时期,杰斐逊出任了美国驻法国大使,在欧洲列强中左右逢源,百般斡旋,展现了极其高超的外交技能,成为国际外交舞台上颇为耀眼的明星外交家。1800年,他在大选中获胜,成为美国第三任总统。杰斐逊是华盛顿孤立主义政策的忠诚执行者,在他的竞选纲要中,对国际关系的设想就是与所有的国家自由通商,但却不与其他国家发生政治联系。这一纲领,在最大程度上保证美国的自主和安全的同时,也为其集中精力在大陆进行扩张创造了有利环境。杰斐逊在就职演说中重申了这些原则,

---

① [英]奈尔·弗格森:《巨人》,第28页。

即"鼓励农业生产","发展商业为农业服务","对所有国家和平、通商、真诚友好","不卷入任何联盟"①。

1800年大选的胜利,在美国历史上也被称之为"1800年革命"。因为杰斐逊认为,在联邦党人的影响下,国家的政治稳定和经济都面临危险,他们破坏了共和原则,模仿英国宫廷做派,扶植鼓励制造业,使得整个国家正沿着英国的腐败道路前进。特别是"联邦党人一边利用民众对美国国父华盛顿将军的尊敬,一遍煽动民众疯狂反对法国,而轻信的美国人为联邦党人所蒙蔽"②。联邦党人和共和党人围绕美法关系而形成分裂,造成了国家内部的不稳定。杰斐逊所谓的"革命",并不是要创建一种激进的新秩序,相反,他是想重新回归到1776年的价值观念和理想之上,在他眼里,那才是一种真正的共和精神。杰斐逊认为,这场选举造就的"革命"将能去除共和制国家面临的风险,这是一场政府原则的真正革命,就好像1776年政府形式的革命一样重要。他本人认为,这不是如1776年那样通过战争方式实现的,而是通过理性、和平的革新手段,也就是依靠人民自己的投票权实现的。共和党人长期的努力收到了回报,民众开始意识到,自信过头的"贵族""独裁者"联邦党人正在密谋改变美国革命的成果,要让美国成为英国的小跟班参与对法国的战争,"让人民沦落到悲惨的屈服境地并将拥有主权的各州变成臣服的殖民地"③。

尽管杰斐逊的阵营在大选中击败了联邦党人,但是"杰斐逊派"同时也不得不处理一个棘手的问题,一个事关共和主义能否稳定的问题:那就是土地和商业的扩张。这也是1801到1817年期间每任政府都致力于解决的延续性问题。杰斐逊主义者们试图确保共和制政治经济体制的安全,而在杰斐逊的理论框架中,要维持共和制下的政治和经济秩序,必须具备三项最基本的条件:第一是一个拒绝腐化的国民政府。坚实地

---

① 张友伦:《美国的独立和初步繁荣(1775—1860年)》,第92—93页。
② [美]彼得·S.奥鲁夫:《杰斐逊的帝国:美国国家的语言》,第92页。
③ [美]彼得·S.奥鲁夫:《杰斐逊的帝国:美国国家的语言》,第93页。

维护共和制原则,这也是他坚决反对汉密尔顿所代表的贵族化的联邦党人的重要原因。第二是能获取充足的开放领土。杰斐逊的观念是在美洲半球建立新的巨大共和帝国,不过他的想法在当时也面临质疑和批评。无论联邦党人、共和党人抑或其他,在扩张问题上都怀有野心,但是在那个时代,很多人对孟德斯鸠的思想十分笃信,后者在《论法的精神》中提出,共和国必须规模小才能生存下来,因为作为共和的原则——德行只有在相互紧密联系的公民社会中才足以兴盛发达。因此,联邦党人并不是反对扩张,但他们担心过度扩张的国家产生离心作用,特别是扩张不应该超出政府行使职权应对内外威胁的能力。第三是一种能为美国繁荣的农业产品提供海外市场的相对自由的国际商业秩序。所有这一切,在杰斐逊的脑海中,汇集为一个概念,也是他对美国的终极理想,那就是"自由帝国"。

杰斐逊对于美国的帝国思想的发展起着重要的促进作用,无论是理论上的,还是对外政策实践,杰斐逊都可以算得上美国帝国历史中第一位真正的帝国总统,而正是他提出了"自由帝国"这一概念。对当时的美国革命者来讲,"帝国"并不是必然意味着危险的权力集中以及主宰世界的狂妄计划,那样的帝国不过是英国、法国、西班牙帝国的北美翻版而已。很多美国人所热衷于的"帝国",除了在强大国力和不断扩张的边疆等方面与欧洲帝国有相似之外,从国家政体和精神属性上则是大相径庭的。在美国人心里,这样的帝国,它的政治理念、力量构成、对外政策目标等远非执迷于殖民扩张的欧洲列强所能相提并论。

1780年,在美国革命仍如火如荼进行之时,杰斐逊就开始使用"自由帝国"一语。他之所以使用这一说法,一个很重要的原因就是其对英国的痛恨和恐惧。杰斐逊认为只有在北美出现一个自由的帝国,才能终结英国殖民帝国的权势。杰斐逊在1780年12月25日写给乔治·罗杰斯·克拉克(George Rogers Clark)的信中说道:"我们应该通过我们自己的国家改变商业部门,欧洲国家已经认为商业部门是值得进行最重要的斗争和牺牲的,当一些国家盘算着和平的条款时,我们应当为美国筑建一道屏障,以抵挡英国加拿大省的危险扩张,并为自由帝国增添更多的肥沃土地,从而将危险的敌人转变为有价值的朋友。"①1809年4月27日,杰斐逊在给其继任者詹姆斯·麦迪逊的信中继续使用了这一说法,他说:"我们现在只需要将北部包括进联邦就可以了,这会在第一场战争中实现,我们将拥有一个建国以来从未有过的自由帝国。"②即使是在写给英国友人的信中,杰斐逊也毫不掩饰地表示:"我们再也不能说世上没有什么新的事物了,因为人类历史的这一篇章就是崭新的",而这最新的事物就是"我们共和国的伟大内容"它所体现出的帝国主宰。③

那么,杰斐逊的"自由帝国"究竟是一个什么样的东西,又代表着一种什么样的秩序构想呢?在他的脑海中,"自由帝国"最为重要的核心就是共和主义,"自由帝国"就是一个实行共和制度、推崇重农主义、由所有州团结而成的、持续扩张的联盟,或曰"共和帝国",这一帝国的重要责任之一是要将自由传播到整个世界。杰斐逊对共和制是无比推崇的,这也决定了他的帝国构想与欧洲传统帝国之间存在着关键性的差别。杰斐逊本人反对腐朽的贵族制、君主制和贪污无能的国家机构,他的眼睛时刻警惕着在新政权中出现的任何贵族化或君主化的趋势。对杰斐逊来说,他要为之奋斗的信仰就是,这个新生的国家应该维持一种具有合法性权威的等级制度,这种制度必须扎根于人民主权,从村庄逐步上升为由共和州所组成的涵盖一切的联盟。④ 在此之中,每一级的权力机构都要确保下一级的权利,同时它自身的权利又得到上一级权力机构的保证。

---

① Julian P. Boyd, Charles T. Cullen, John Catanzariti, Barbara B. Oberg, eds., *The Papers of Thomas Jefferson*, Princeton: Princeton University Press, 1950, vol. 1, pp. 237-238.
② J. Jefferson Looney, ed., *The Papers of Thomas Jefferson: Retirement Series*, p. 169.
③ Peter S. Onuf, *Jefferson's Empire: Language of American Nationhood*, Charlottesville and London: University Press of Virginia, 2000, p. 1.
④ Peter S. Onuf, *Jefferson's Empire: Language of American Nationhood*, p. 8.

这样的共和民主制度,也成了杰斐逊之辈设计美国帝国时所依仗的法宝,只要保持了这种可贵品质,就能确保国家在不断扩张为庞大帝国的同时,得以保持自由和民主制度。因此,这也成为杰斐逊"自由帝国"理念中一个关键性的理论基础。孟德斯鸠《论法的精神》之所以认为共和国必须是小国家,原因是孟德斯鸠认为共和制度的品质和具有活力的政治原则只能在那种紧密交织在一起的国内社会中得以繁荣兴旺。一些反对联邦党人的人十分认同孟德斯鸠的理论,害怕过于强大、集中的政府将会摧毁公民自由,杰斐逊则对此嗤之以鼻。他从詹姆斯·麦迪逊撰写的《联邦党人文集》第 10 章中汲取了灵感,相信孟德斯鸠关于小国更符合共和国制度的原则,将会被美国经验粉碎。杰斐逊的信心来自于他对美国革命经验和人民的认识,在他看来,美国革命证明,美国人能够超越狭隘的"地区利己主义",在北美大陆这样规模的土地上证明自己显赫而高尚的爱国主义热情。1795 年,在写给一位友人的信中,杰斐逊表示,在整个国家中,要找出不抱有特殊利益的一个大多数群体,比在各个州中做到这一点更为容易,"社会越小,它们的分裂就更暴力、更突然且难以控制"①。对杰斐逊而言,共和帝国必须且能够是一个拥有庞大领土的帝国。因为新的联邦共和国是一个建立在一致同意而非强制压迫基础之上的帝国,它的持续存在以及繁荣,决定于人民主权这一特征,这也是美国自由帝国所有合法权力的来源,也是保证帝国不断扩张的动力。

在和昔日的宗主国大英帝国相比较的过程中,杰斐逊认为英国之所以会遭受美国革命战争的打击,根源就在于其并没有实行有效而充分的共和制度,而不全是其殖民机制的问题,尤其是英国缺乏一部能适当定义权力范围、确保殖民地和殖民地人民权利的宪法,而"随着联邦宪法得

---

① Peter S. Onuf, *Jefferson's Empire: Language of American Nationhood*, p.54.

到批准,美国纠正了这一根本性的缺陷"①。杰斐逊始终相信,宪法能使联邦日臻完美。在他的第一次就职演说中,杰斐逊清楚地表达了这一理念,他说:"那么,让我们以勇气和信心继续实行我们的联邦主义和共和主义的原则,保持我们对统一和代议制政府的热爱之情。"②这样一个联盟,正是杰斐逊帝国理想的最终实现。杰斐逊认为"自由帝国",是一个通过利益和情感纽带联系在一起的扩张的联盟。为了这样一个共和主义的大胆试验能够成功,美国人将必须统一起来,认识到他们是在世界历史中扮演的关键角色的一个民族。他们的命运并不是成为通常意义上的大国,而是激励其他人"挣脱(暴政)枷锁","实现自治政府的福祉和安全"③。杰斐逊本人也很颇为自得地评价说:"我确信,从不曾有一部宪法,能如我们的这般为扩张的帝国和自治政府谋划得如此之好。"④

帝国从来都是要与扩张捆绑在一起的。在杰斐逊的"自由帝国"思想中,也传递着十分强烈的扩张主义观念。在杰斐逊眼里,美国的使命在于为世界其他国家树立一个典范,他认为美国必须"发展、增殖、繁荣",直至成为世界上最强大的国家,而在全球范围内传播自由是美国的世界性责任(这一思想也为后世许多美国领导者顶礼膜拜)。这也不难理解,为什么杰斐逊也被人称为美国历史上"天定命运"的首要阐释者,查尔斯·奥斯汀·比尔德(Charles Austin Beard)更是毫不客气地把杰斐逊称为"美国第一位伟大的扩张主义者",这也是对杰斐逊在美国帝国思想体系中重要地位恰如其分的评述。他对美国帝国的初步构想是:西面以密西西比河为界,北边的疆界则应该将加拿大地区包括进来,南部疆界应包括佛罗里达。不仅如此,杰斐逊还对未来的扩张进行了很有远

---

① Peter S. Onuf, *Jefferson's Empire: Language of American Nationhood*, p. 8.
② 张友伦:《美国的独立和初步繁荣(1775—1860年)》,第92页。
③ Peter S. Onuf, *Jefferson's Empire: Language of American Nationhood*, p. 2.
④ J. Jefferson Looney, ed., *The Papers of Thomas Jefferson: Retirement Series*, p. 169.

见的思考。例如,杰斐逊和约翰·昆西·亚当斯等人,都将俄勒冈视为美国通向太平洋的窗口,是美国建立与亚洲的庞大贸易关系的优势所在。此外,杰斐逊还对古巴野心勃勃。他相信,古巴和美洲大陆有着重要的战略联系。于是,如同佛罗里达一样,古巴也成了美国吞并的"目标",其目的在于控制加勒比海和墨西哥湾的贸易。为此,杰斐逊用一种自己本应厌恶的帝国腔调宣布,古巴"从第一场战争的第一刻开始,就是我们的"①。

杰斐逊还对美国的殖民能力充满信心,他坚信美国人口将不断增长,通过移民,美国最终能够占满整个大陆。在给门罗的信中他写道:"尽管我们现在的利益可能将我们限制在此,但从此裹足不前,这是不可能的,在未来,随着我们人口的迅速增长,终将超越这些限制,覆盖整个美洲大陆的北部(如果不包括南部),人们将说同一种语言,以相似的模式和相似的法律进行统治。"②在杰斐逊的脑海中勾勒出这样的一幅蓝图:数以百万的人将从美国出发,取代土著和拉美人口,占满北美洲和南美洲,这片大陆注定是属于美国的,将在美国的语言、习俗和政治思想下繁荣发展,美国的共和主义制度所带来的自由精神,能够将新获取的土地变为自由帝国的一部分。杰斐逊之所以热衷于鼓动美国人拓荒殖民,另一个重要的因素就是杰斐逊本人对农业的重视。他认为自耕农是共和制度的重要保证,农业帝国是自由帝国的坚实根基。为此,在他当政后,调整了联邦党人之前对领土扩张的诸多限制,实行了新的西部土地政策,比如,1800 年 5 月颁布的新法规定,将每人一次最低购买土地数从 640 英亩降为 320 英亩,并允许赊购,但每英亩价格保持 2 美元不变,这对刺激向西部移民起到了重要的促进作用。

值得注意的是,杰斐逊虽然鼓动美国人去西北部地区实行殖民,但

---

① R. W. Van Alstyne, *The Rising American Empire*, p. 88.
② R. W. Van Alstyne, *The Rising American Empire*, p. 87.

他对这些殖民土地的政治未来的设想,在一定程度上却深深受到英国帝国思想的影响。杰斐逊推崇英国模式,认为应有美国人向西移民,组成一个个单独的群体,然后成为独立的政治实体。他曾设想在美国身边建立一个西北部的太平洋共和国。1813年,约翰·雅各布·阿斯托尔(John Jacob Astor)在哥伦比亚河口的亚斯多尼亚设立了贸易点,杰斐逊在贺信中写道:"我视其为在我们这块大陆的另一边,一个伟大的、自由的、独立的帝国出现的萌芽,而从这一侧传播过去的自由和自治政府,将在那里得到完全的确立。"①从这字里行间可以发现,杰斐逊设想过在遥远的西北地区出现一个新的共和国,这样的共和国实行美国政治制度、奉行相同意识形态,并与已有的共和国组成天然的联盟,"以同心圆方式扩张,在新世界里捍卫共和主义事业,抵制统治旧大陆的政府体系"②。杰斐逊的这种构想,很可能是受到其成长经历影响,他出生和生长在弗吉尼亚,那是一个典型的英国殖民概念孕育的地方。

  杰斐逊对领土扩张的热衷既有经济和政治上的考虑,同时也有安全方面的原因。当他还是以首任美国公使身份呆在巴黎的时候,他就秘密地获取了一幅南美洲地图的复件。这是由一个西班牙地图绘制者制作的,不幸的是,这样一份具有颇高战略价值的地图却遭到了西班牙政府的查禁。此外,有关西班牙政府为在巴拿马地峡开辟运河进行秘密勘察的情报,也极大地刺激着杰斐逊。在他即将动身前往法国时,他听闻英国已经募集了一笔巨款拟用于探索从密西西比河到加利福尼亚这一地域,这让他大为惊恐。因为长期以来,密西西比河被看作是未来横穿北美大陆的通道,是美国产品通向大市场的主要通道,更是连接大西洋与太平洋的关键水上要道。在当时的美国人看来,这条重要的河流绝不是一条天然的边疆,相反,美国认为自己有权利占领密西西比河以外的地

---

① R. W. Van Alstyne, *The Rising American Empire*, p. 93.
② R. W. Van Alstyne, *The Rising American Empire*, p. 93.

区,而这是符合自然法权利的行为,无可厚非。密西西比河和新奥尔良对美国的国家利益而言都至关重要,但是西班牙在密西西比河流域的传统势力,却严重威胁着美国利益在这一地域的扩大。不仅如此,另一件让杰斐逊烦心的事,就是他开始担心法国计划在美洲的西海岸建立殖民地的谣言。所有这些都被看作是欧洲帝国未来可能对美国构成的新威胁。

于是,一回到美国之后,杰斐逊立即着手开始探索密西西比河流域。他的计划并非仅仅止步于密西西比河沿岸,他一直梦想着将美国的触角扩张至太平洋。他热情迫切地向熟悉这一地域的海员和探险者了解情况,并在北美建立了最具综合性的图书馆。他还秘密要求国会资助探索以求寻找新的贸易路线,并从费城的美国哲学学会(the American Philosophical Society)募集到了不少资金,1793 年,他组织了一支私人赞助,但得到政府支持的探险队,试图寻找横穿大陆的水路通道。可惜这一雄心勃勃的计划有点虎头蛇尾,因为杰斐逊随后发现担任探险队领队的法国科学家竟然是为法国政府工作的间谍,因此他最终不得不放弃此计划。直到过了 11 年后,也就是在 1804 年,杰斐逊才派遣梅里韦瑟·刘易斯(Meriwether Lewis)和威廉·克拉克(William Clark)进行为期两年的探险计划。杰斐逊的目的是要将大西洋沿岸和太平洋沿岸通过密西西比河与哥伦比亚河连接起来。而最终将这一梦想推向现实的举措,就是购买路易斯安那。

2. 购买路易斯安那与"自由帝国"的扩张

后人在评价杰斐逊在历史上的功绩时,免不了要将购买路易斯安那作为极荣耀的一笔。路易斯安那的获得,即便是放在世界外交史上,都是可圈可点,更被认为是美国成长为真正的大陆强国的奠基石。然而,有些耐人寻味的是,在杰斐逊给自己设计的墓志铭中,他诚挚地希望自己有三件事能够为后人所铭记称颂,分别是《独立宣言》《弗吉尼亚宗教自由法》以及他设计创建的弗吉尼亚大学，购买路易斯安那这一大手笔却并未名列其中。很多人对此百思不得其解，一些历史学家给出的答案是，或许因为杰斐逊虽然以此为美国争得了西部广大土地，但这却与其最为珍视的宪法原则之间存在冲突的缘故。这种内在矛盾的存在，似乎正是帝国思想在美国历史中地位的一种真实反映：人们知道它一直存在，很多时候也在跟着它的指示行事，但人们就是不愿去承认。不过，不可否认的是，正是因为杰斐逊成功地购得了路易斯安那，不仅扩大了美国的领土，更为美国粉碎了阻挡向西挺进的障碍，为之后横跨北美，连接两洋的美洲帝国的崛起，奠定了不可或缺的前进基础。

在当时来看，路易斯安那问题，于美国而言，既是安全问题，也是经济问题，同时也是政治问题。在"七年战争"的末期，西班牙从法国手里获得了新奥尔良和密西西比河以西的土地。西班牙势力就此在这扎根，而同时，美国的拓荒者也在此地进行着贸易活动。自18世纪80年代以来，美国人认为，在密西西比河拥有自由航行权以及在新奥尔良的存货权，是根本的国家利益。因为一旦失去了这些条件，美国就失去了通往大市场的通道，跨越阿巴拉契亚山脉地区的定居者则无以为继，因而向西部的扩张就不得不偃旗息鼓。1795年的《平克尼条约》暂时缓解了这种紧迫感，西班牙在条约中准予美国自由航行权，并给了美国为期三年的在新奥尔良的存货权。到了1801年，密西西比河已经为在跨阿巴拉契亚山脉的西部地区定居的50多万美国人生产出来的产品提供了市场通道。

然而，1800年，通过秘密的《圣阿尔德丰索条约》，法国强人拿破仑强迫战败的西班牙将路易斯安那"归还"法国。同时，新奥尔良的西班牙行政长官违反条约，废除了美国存货权，这两件事的出现，共同构成了所谓的"密西西比危机"，成为让美国极为头痛的问题。美国并不担心西班牙，因为它知道虚弱的西班牙势力不足为患，所以"杰斐逊和麦迪逊信心十足,当拓荒者不可避免地跨过密西西比河时,那些领土将'一块一块'地落入美国控制之中"①。然而,法国的插手则是另一种情况。野心勃勃的法国必将是一个强有力的竞争者,甚至有可能会垄断这一地区的经济活动。法国外长夏尔·莫里斯·德·塔列朗-佩里戈尔(Charles Maurice de Talleyrand-Périgord)的意图在于在此地建立防火墙,将美国阻挡在河口之外,这样,美国西北部地区的农业产品也就丧失了走向海洋通道的机会。

更重要的是,法国的存在还威胁着美国的政治稳定甚至国家统一。杰斐逊最大的噩梦就是,一旦美国失去了通往国际市场的通道,那些农场主们将被诱使脱离无法保证其利益的联邦,从而投入法国或西班牙的怀抱,这势必将宣告杰斐逊"自由帝国"构想的终结。国会议员大卫·拉姆齐(David Ramsay)认为,路易斯安那是一个与国家独立和宪法息息相关的问题。他忧心忡忡地写道,一旦落入法国手里,"新奥尔良将会成为一个巨大杠杆的支点,通过这个杠杆,拿破仑可以抬高或压低我们西部地区,使其成为他庞大计划的附庸",而随着在大西洋和西部各州间培育出不和谐的情绪,"我们崛起的帝国联邦将很快被分割"。② 像宾夕法尼亚和纽约这些中部地区的人更是相信,拿破仑在加勒比海地区建立起来的帝国,通过控制新奥尔良和西印度群岛的市场,势必会将渴望商品市场的西部地区从美国分离出去。一旦出现这样的局面,欧洲大陆强权分立,以不断的战争来维护均势的命运将笼罩北美大陆。对此,杰斐逊等人得出的结论就是:绝不能允许法国重建其美洲帝国。尽管杰斐逊本人从没有去过路易斯安那,但他清楚地认识到,谁控制了新奥尔良这个熙熙攘攘的港口,谁就拥有了密西西比河,并能够随之开放或关闭这条河

---

① Bernard W. Sheehan, "Jefferson's 'Empire for Liberty'", *Indiana Magazine of History*, 100, December, 2004, p. 348.
② David C. Hendrickson, *Union, nation, or empire: the American debate over international relations, 1789—1941*, Kansas: the University Press of Kansas, 2009, p. 48.

流,用他的话来讲,就"有了一只扼住美国经济咽喉的手"①。在杰斐逊眼里,路易斯安那的重要性并不仅在于当下一些利益集团的需求,从更长远角度来看,伟大的密西西比河并不是把北美大陆一分为二,而是将整个大陆连接在一起。他用一个瓶子来比喻密西西比河对美国未来的重要性:"谁有能力用瓶塞堵住河口,谁就控制了大陆。"②

获取路易斯安那,对美国还具有更重要的政治意义,那就是保持共和制国家的品质特性。虽然美国人自建国以来将国家的政治属性定义为共和制国家。但是,人们也时刻在担心,人性的弱点将会使得美国重蹈覆辙,走向罗马帝国式的衰败之路。著名康涅狄格州共和党人亚伯拉罕·毕晓普(Abraham Bishop)指出:"世界历史教导我们,国家和人一样,必然会衰败。我们的愿望绝不会永远逃离其他人的这种命运。财富、奢侈、邪恶和贵族政治将在我们的衰落中攻击我们:这些是社会的恶魔,决不能追逐它们,而应使其尽可能地离我们远一些。"③从这个意义上讲,路易斯安那正是避免美国走向背离共和制度道路的保证,因为它为国家提供了巨大的领土,用以缓解人口高度集中社会中暗藏的负面压力。扩张将是防止人口增长和腐败滋生的唯一有效方法。如毕晓普所说:"我们在路易斯安那身上看到了我们事业永存不朽的保证……大西洋地区的各州,正在变成那样的社会状况,即财富和奢靡将导致邪恶和贵族制,它们将屈服于这个国家中具有活力的人口的增加,而那种趋于集权的党派精神,也将会被这种散播摧毁。"④

1802年,法国与英国签订了《亚眠和约》,欧洲暂时休战。野心勃勃

---

① Douglas Brinkley,"Thomas Jefferson's Empire of Liberty",*American History*,August,2003,p.77.
② Bernard W. Sheehan,"Jefferson's "Empire for Liberty"",p.352.
③ Drew McCoy,*The Elusive Republic:Political Economy in Jeffersonian America*,Chapel Hill:University of North Carolina Press,1980,pp.196.
④ Drew McCoy,*The Elusive Republic:Political Economy in Jeffersonian America*,pp.196-199.

的拿破仑随即将目光投向美洲,不但派遣远征军出征海地,更试图以新奥尔良为基地,在北美大陆建立一个法兰西美洲殖民帝国。当杰斐逊得知此事后,感到了迫在眉睫的危机,他担心拿破仑的美洲帝国计划目标在于图谋加拿大、进犯美国边境。为此,杰斐逊迅速改变了亲法的立场,他认为,"必须取得通向密西西比河出海口和新奥尔良的通道,否则就将最后失去阿巴拉契亚山后面的一切"①。为了阻止法国获得路易斯安那,杰斐逊甚至暗示美国不惜与英国结盟。杰斐逊在给法国军火商的信中坦承,拿破仑如出兵密西西比河,美国将站在英国一方向法国宣战,并攻占新奥尔良。1802 年 4 月,杰斐逊在写给其密友、美国驻法公使罗伯特·利文斯顿(Robert Livingston)的信中写道:"在地球上有这样一个地方,它的拥有者是我们天然和一贯的敌人。这就是新奥尔良,我们领土上 3/8 的产品要通过这里走向市场,从这里肥沃的土地上,将会有比我们总产量一半还多的产量,并容纳我们一半以上的居民。法国就站在大门之处,藐视着我们……法国取得新奥尔良之日……将是两国(英国和美国)结盟之时,二者的联手将能使得海洋不再为他人而用。从这一刻起,我们必须将自己与英国舰队和这个国家紧密结合起来……如今美国的每一双眼睛都在盯着路易斯安那问题。或许自从革命战争以来,从没有一件事能够在整个国家引发出比这更强烈的不安感觉。"②但是,高傲强硬的拿破仑一开始并没有被吓住,尽管面临重重困难,拿破仑仍然在 1803 年计划对新奥尔良实施军事占领,幸而一场严冬使得法国远征军无法起航。而此时新奥尔良的西班牙总督取消了给予美国的存货权,并禁止美国人扩大对路易斯安那的贸易活动。此举极大地激怒了西部的美国人,他们呼吁政府采取措施挽回局面。英国人乘势向美国示好,力求将美国拉入反法同盟队伍之中。为了避免局势恶化,杰斐逊立即派

---

① 张友伦:《美国的独立和初步繁荣(1775—1860 年)》,第 99 页。
② Douglas Brinkley, "Thomas Jefferson's Empire of Liberty", pp. 79 - 80.

遣门罗赶往巴黎协助利文斯顿与法谈判,门罗甚至得到指示,一旦法国拒绝美国提议,立即"横渡海峡",与英国合作。

即便如此,美国人心知肚明,在拿破仑面前,他们讨价还价的余地不多,杰斐逊也将战争作为最后不得不采取的手段。杰斐逊最初的想法只是想购买新奥尔良和佛罗里达,或可以只购下新奥尔良,甚至在二者都无法获得时,可转而争取法国承诺保留美国在密西西比河的特定权利。拿破仑则设想以海地为基地,确保通往路易斯安那的海上通道,以此建立起美洲帝国,为法国产品寻求稳定的市场。然而,在一系列军事失败面前,拿破仑不得不收敛其野心。尤其是法国远征军在海地遭遇空前惨败,美洲帝国顿时化成泡影。与此同时,英国也对新奥尔良和路易斯安那虎视眈眈。于是,极富戏剧性的一幕出现了,一场几乎确定要遭受的失败突然变成了一次外交胜利:拿破仑考虑到未来必将与英国一战,为筹集战争资金,同时也防止这块上好肥肉落入死敌手中,转而决定将整个路易斯安那出售给美国,总面积达到260万平方公里,比西班牙、葡萄牙、意大利、法国、德国、荷兰、瑞士和英国加起来的总面积还要大。利文斯顿和门罗闻讯后欣喜若狂,尽管杰斐逊并未授予他们签订协议的权利,两人极其明智地加快与法国进行谈判,并最终确定为1500万美元的价格,即约5美分每英亩。1803年5月1日,拿破仑批准了该交易,次日,利文斯顿和门罗等也签署了文件。这一天大的喜讯直到7月3日才传到杰斐逊手中,正好也成为美国国庆最好的礼物。

在购买路易斯安那的过程中,杰斐逊曾经有过犹豫,尤其此举缺乏充分的宪法解释。他承认,他奉为神明的宪法没有赋予联邦或总统以权力去获取现有边界之外的领土,更不用说是外国领土。他在写给当时另一位有名的政治家、民主共和党成员、美国司法部长约翰·布雷肯里奇(John Breckinridge)的信中也提到"行政机构做了一件超越宪法的事",除非呼吁国家为宪法新增补充条款,批准和确认政府先前未曾被授权的行为,否则国会就不应该予以批准。① 因为这样的做法显然是与宪法原则相抵触的。后来接替杰斐逊成为美国总统的麦迪逊及一群支持者则坚持认为,这一举措并没有超越宪法。在他们的极力劝说之下,杰斐逊最终相信,"关于宪法原则,我们说得越少越好,在有必要超越这些原则时,我们必须悄悄地去做",这也充分展示了杰斐逊的个人特征,"虽然他是洛克的门徒,现实主义的行政官;但他并不怀疑国家紧急情况可能会要求总统将宪法和法律放在一边",而购买路易斯安那就是一个国家性的紧急事件,"紧迫性能让总统行使超越了国会授权的权力变得正当"。②对杰斐逊来讲,宪法是服务于"自由帝国"计划的,这样的想法得到了麦迪逊的大力赞成。这种思维方式是帝国思想的一种新的实用主义表达形式,也就是说,即便未来有什么可能违背宪法原则的事情,美国需要关心的不是该不该做,而是要设计出合适的方式或找出能说服自己的理由去予以实现。值得提及的是,在是否将路易斯安那购入美国这一过程中,在那里约有50000名居住者,他们是否同意此举,则根本就没有纳入美国政府的考虑范围。

　　不过,对于购买路易斯安那,联邦党人则多持有反对和怀疑之声,并乘势攻击杰斐逊此举有悖于宪法。因为路易斯安那加入联邦,从长远看,势必会破坏已有的内部均势,尤其是将使得东部新英格兰人在未来变成低微的少数派,政府在将来也会落入西部势力手中。来自马萨诸塞州的国会议员乔赛亚·昆西(Josiah Quincy)敦促东北部各州退出联邦,新罕布什尔的参议员威廉·普卢默(William Plumer)则警告说:"如果承认这块西部世界并入联邦,你就立即摧毁了东部各州的分量和重要

---

① David C. Hendrickson, *Union*, *nation*, *or empire*: *the American debate over international relations*, 1789—1941, p. 49.
② Arthur M. Schlesinger, Jr., *The Imperial Presidency*, Boston: Houghton Mifflin Company, 1973, p. 24.

性。"①杰斐逊的政治对手们还试图将"白痴般的愚蠢"这一标签钉在杰斐逊身上,认为他买下了一片"只有狼群和印第安人的蛮荒之地"。还有人将1500万美元换算成其他形式来批评杰斐逊,指出这是足足433吨重的银币,足以塞满排成6英里长的866辆马车,或者可以用来支付15000名士兵25年的薪水。围绕购买条约是否合法的争论一直持续到同年8月,杰斐逊收到利文斯顿发自巴黎的急件,告诉他一旦参议院试图修改此条约,拿破仑则有意使其作废。杰斐逊随即抛开了是否要修改宪法的困扰,迅速将条约以国家安全理由(扫除法国的威胁)递交国会,10月21日,参议院以24票比7票通过了条约。

无论从哪个角度来看,杰斐逊的外交胜利是空前的。他以极低的价格使得美国领土扩大了一倍,将美国的西部边界从密西西比河推进至洛基山脉,密西西比河也成为美国内河,新奥尔良成为重要商业枢纽。更重要的是,路易斯安那成为美国向西部进一步扩张的跳板。路易斯安那问题,是对杰斐逊"自由帝国"的重要考验。在传统的共和主义思想中,帝国扩张是与奢靡、堕落、腐败、丧失国家活力联系在一起的,因此"帝国"的扩张必然引发国家衰落,就像罗马帝国一样。而杰斐逊则向人们展示了共和制政体与扩张帝国是如何能共存的。对杰斐逊和大部分美国共和主义者来讲,扩张非但不会损害美国的共和制品质,反而有助于保持这种品质。在第二任总统就职演讲中,杰斐逊告诉美国人:"我知道,有些人不赞成购买路易斯安那,因为他们担心领土的扩大会危及联合。但是谁能限制联合原则可以有效地发挥作用的范围呢?我们的联合范围越大,它被地方主义情绪动摇的可能性就越小;无论从哪方面看,密西西比河对岸由我们自己的同胞和子孙定居,岂不是比让另一个家族的陌生人定居更好吗?我们跟哪些人最有可能和睦相处和友好交

---

① David C. Hendrickson, *Union, nation, or empire: the American debate over international relations*, 1789—1941, p. 50.

往呢?"①

路易斯安那的获取,对于美国帝国扩张具有极为重要的意义,被称为"美国今后半个多世纪大陆扩张的滥觞"②。即便如此,杰斐逊仍没有感到满足,他始终相信新的边界应该囊括德克萨斯和西佛罗里达。直到1810年,西班牙帝国摇摇欲坠之际,定居在西佛罗里达与密西西比接壤地区的人们,自行"投票"加入美国,美国欣然接纳,在两年的时间内,这些领土并入了路易斯安那州。为鼓励西部拓疆,1804年土地法规定每人最低可购买的亩数降至160英亩,地价也降到每英亩1.64美元。大批移民因而被吸引到了西部。

杰斐逊在大陆的扩张,符合他农业至上的理想,而他同时怀有的重商主义精神也刺激美国在海外扩张。美国当时在地中海地区的贸易利益长期受到北非国家制约,不得不以"贡品"形式向北非国家屈服。为了保护地中海贸易,1801年,美国舰队驶入地中海"示威",的黎波里随即对美宣战。杰斐逊立即派遣舰队封锁围攻的黎波里,迫使后者于1805年签署了合约,放弃对美商船索取贿金。之后,美国依靠坚船利炮,迫使突尼斯和阿尔及尔签订类似条约,确保了美国在地中海和中东的贸易利益得到了保护。这些举措像极了美国曾经反对的英帝国,由此可见,年轻的美利坚已能驾轻就熟地玩弄帝国的手段,在世界上维护新生帝国的利益。当面对自身赤裸裸的利益诱惑时,这个自由的帝国对其他国家和民族并没有如自己所歌颂那么多的自由和平等之心,其行径与之前的宗主国是何等相似。

三 扩张主义、孤立主义、现实主义与美洲利维坦

自获取路易斯安那后,美国国内对于对外扩张更为热衷,帝国的野

---

① [美]托马斯·杰斐逊著,朱曾汶译:《杰斐逊选集》,北京:商务印书馆1999年版,第323页。
② 杨生茂主编:《美国外交政策史(1775—1989年)》,北京:人民出版社1991年版,第61页。

心甚至已经超过了美国此时真正拥有的现实力量。1809年,詹姆斯·麦迪逊出任美国总统。麦迪逊本人被称为"宪法总统""大帝国鼓吹者",在他的任期中,美国与英国因贸易争斗而发生战争。战争给狂热的帝国冲动迎头泼下一盆冷水,促使美国重新审视对外政策的目标和方向,并由此诞生了美国历史上著名的"门罗宣言"。

1. 1812年战争与帝国的冲动

1812年战争的导火索是美国指责英国侵犯了美国的中立权利。当时的英国正忙于在欧洲与法国苦战,双发为了打击对方的贸易,对其他中立国权利的侵犯可谓屡见不鲜。在美国方面,杰斐逊、麦迪逊等人错误地认为,英国被拿破仑的阴影死死纠缠在欧洲大陆,根本没有力量再来应付美国,更不用说英国还想争取美国支持其对法战争了。在与英国的经济战中,杰斐逊曾以比联邦党人更强横的方式推行禁运,但却最终惨遭失败。麦迪逊也向英国提出了很多条件,虽然在英国看来,这些条件基本都是荒诞不经的,但是,管中窥豹,由此也可看出美国的帝国野心。例如,美国要求英国承认墨西哥湾是美国的水域,并从该地区撤出海军力量。美国史学界有一种说法,认为1812年战争是一场不必要的战争,因为就在美国宣战几天前,英国议会就宣布要取消关于限制美国贸易的各项法令。只是受当时的通信条件所限,这个消息无法及时传递到美国。不过,从美国国内的政治气氛来看,这场战争更多地是来自于帝国野心的驱使。

麦迪逊上台后,面临一个复杂的内外形势。在对外方面,美英关系日趋恶化,特别是英国强征美国海员、美国中立地位未得到尊重等问题,导致美国国内鼓动战争的声音此起彼伏。而以新英格兰、纽约等为代表的商业集团,采取了反战立场。他们认为,尽管英国对美国的对外贸易构成了干扰,但美国获取的利润仍然大于损失。联邦党人也努力制止美英两国走向战争。他们的影响使得麦迪逊不得不慎重行事。不过,在

1811年组成的第12届国会中出现了代表新生代力量的"战鹰"派,从而打破了决策过程中的平衡。"战鹰"派大都是来自西部和南部的年轻议员,占了众议院的1/3。这些人大多出生在独立战争之后的岁月中,年轻气盛,雄心勃勃。他们之所以能够当选,"是因为举国上下都唾弃那些贪生怕死、犹豫不决的政府官员"①。"战鹰"派所代表地区的利益集团关注两件事,第一是进一步获取土地,扩大生产规模;第二,这些地区的农产品严重依赖对外出口,渴望保持畅通的海外贸易通道。因此,"战鹰"派试图将领土扩大到英属加拿大和西属佛罗里达。众议员哈柏说:"造物主决定了我们在南部的边界是墨西哥湾,而在北部则是那永世寒冷的地方。"②"战鹰"派的主要领导人亨利·克莱(Henry Clay)呼吁说:"我们昨天只是为争取间接贸易——向欧洲出口西印度群岛的咖啡和食糖——的权利而战,今天我们则要求得到直接贸易——把我们的棉花、烟草和其他国内产品输出到市场——的权利。"时任国务卿詹姆斯·门罗也认为,美国应将加拿大收入囊中,他表示,"将作为满意地结束这场战争的一种手段而夺取加拿大"③。

边疆地区的美国人也开始鼓噪政府采取更为大胆的行动。这些开拓者的生存离不开木材,因此,他们不愿在缺少树木资源的中部和西部平原定居,也不愿意转移到印第安部落势力强大的伊利诺伊地区。相比较而言,他们更愿意涌向土地肥沃、人口相对稀少的加拿大地区。此时,在美国到处能听到这样的言论,即将领土扩张到北极是美国的命运。它极大地激发了美国人的热情。西部地区的人们受到征服加拿大这一美好前景的刺激,力主开战。这也解释了为什么来自西部的所有10个议员全部都对战争投了支持票。

麦迪逊的帝国理念包括两大支柱,即扩张领土和扩大出口,这也正

---

① [美]孔华润:《剑桥美国对外关系史》(上),第138页。
② 王绳祖主编:《国际关系史(17世纪—1945年)》,北京:法律出版社1986年版,第47页。
③ 张友伦:《美国的独立和初步繁荣(1775—1860年)》,第117—118页。

是"战鹰"派的主张。在"战鹰"派的鼓动下,麦迪逊做出了错误的决定。他认为美国此时拥有超过700万人口,而在加拿大的定居者不过区区50万人,其中不少还是法国人。而1812年英国在加拿大的军队只有5000人,即便加上当地支持英国人的印第安部落,英国在军事实力上并没有优势。于是,在国内广泛的战争舆论推动下,在盲目乐观氛围中,"在海军小得可怜、陆军并未征召、财政尚无计划的情况下,美国踏上了战争之路"①。

还有这样一种说法,认为美国之所以对加拿大虎视眈眈,是因为美国对英国的军事存在坐立不安,所以出于国家安全的目的,试图消除来自加拿大的威胁。这确实也是战争的动机之一,但是,战争最大的原因,依然在于美国时刻不忘的吞并加拿大的野心。按照杰克·斯奈德(Jack Snyder)对"帝国迷思"的解释,1812年的战争政策追求的是一种积累性收益,即"征服可以增加权力,因为征服可以增加人力和物质资源,而这些资源在与其他大国所展开的进一步竞争中,可以被加以运用"②。这种野心早在美国革命之前就存在了,加拿大不仅是关系到安全和贸易的问题,更是美国统一北美、建立大陆帝国秩序的重要目标。独立战争后的30年中,很多美国人在上加拿大和下加拿大政府的自由土地准予政策的吸引下,不断移民到该地区。到了战争前夕,在上加拿大,每12个人中就有8人是来自美国的,立法机构中2/3的人是在美国出生的。在美国人看来,加拿大地区正迅速"美国化"。这也使得杰斐逊认可了"战鹰派"的观点,认为对加拿大的征服,只不过"仅仅是个行军问题"。

然而,战争的进程对美国的帝国野心而言是灾难性的。杰斐逊等人原本认为不用大动干戈的战争,却让美国人吃了不小的苦头。美国将军威廉·赫尔(William Hull)在进军加拿大时声称是来进行"解放"的,但

---

① [美]孔华润:《剑桥美国对外关系史》(上),第141页。
② [美]杰克·斯奈德著,于铁军等译:《帝国的迷思:国内政治与对外扩张》,北京:北京大学出版社2007年版,第3页。

是战争中,美国却是以侵略者姿态攻入加拿大领地,甚至火烧约克城(今多伦多)。英军随即采取报复措施,攻占了华盛顿,焚烧了总统府(美国人后重新粉刷为白色,即为白宫)。这场战争促成加拿大的英语和法语殖民地联合起来,在抵御美国入侵的同时,也加强了内部的凝聚力,为半个世纪后联合成为加拿大联邦打下了基础。美国取得的最引人注目的胜利是在新奥尔良,顽强的安德鲁·杰克逊(Andrew Jackson)在那里打败了英军8000人的登陆部队,但此时,美英条约业已签署,于是1812年战争成为颇具讽刺意味的一场战争:美国在可以不开战的情况下冲动地选择了战争,却又在战争实际结束的情况下才赢得了最大的胜利。

在这场被称为"麦迪逊先生的战争"中,美国国内的反战运动也让麦迪逊头疼不已,帝国思想的争议在美国内部首次引发了分离的危险。联邦党人与"战鹰派"的立场大相径庭,他们担心战争会切断与英国的贸易往来,同时也对麦迪逊、杰斐逊的领土扩张忧心忡忡,害怕无限扩张最终引发联邦的解体。特别是在新英格兰为首的东北各州鼓动下,反战派也采取了行动。1814年12月,新英格兰等五州的26名代表在康涅狄格州的哈特福德秘密集会,批评政府的战争政策,代表们提出了种种提议,不仅批评政府的政策,有人甚至扬言要从联邦分离出去。虽然会议最后无果而终,但这也表明政府正面临着来自内部的威胁。

不过,战争激发的民族热情和国家主义,让人们头脑发热,并使得反战派的声音迅速被淹没,显赫一时的联邦党也遭受致命打击,逐渐在美国政治舞台上消失。英美两国签署的《根特合约》虽然是在欧洲自顾不暇的英国在美洲问题上的某种退让,但是战争显然也对美国帝国野心产生了沉重打击。美国的目标几乎一个都没有实现,海上中立权等问题仍然未能解决,而边界也未能实现预期的扩大,加拿大地区的法裔加拿大人对英帝国保持着忠诚,不愿意成为美国的一部分。事实上,美国能够在战争后保持国家的统一和独立,已经是侥幸了。

这场战争虽然被称为第二次独立战争,但是与独立战争的性质实则有着巨大差别。不可否认,战争的一个重要原因是美国试图维护国家权益,但是,另一个重要的原因则是扩张主义色彩的,既有全球商业扩张,也有北美地区的领土扩张。这种双重属性从美国自身对1812年战争起因的争论中可见一斑。"海权论"倡导者马汉(Alfred T. Mahan)在《海权与1812年战争的关系》一书中提出了"海上解释论",认为因为英国损害了美国的海上利益,对美国的船只实行了掠夺,并强行征用船员,这迫使美国不得不对英国宣战。① 马汉认为海上问题是1812年战争的唯一原因。而20世纪初期的历史学家则以"边境"理论来进行反驳。其中的代表人物朱利叶·普拉特(Julius W. Pratt)在《1812年的扩张主义者》中提出,战争的根本原因在于边境地区的政治影响。由于南部和西部地区的要求,美国企图征服佛罗里达和加拿大。② 美国史学经济学派的创始人查尔斯·比尔德对此观点表示赞同,也将战争原因归咎于农业边疆的野心。

战争虽然让帝国支持者沮丧不已,但也并非是一无所获的。美国进一步巩固了在路易斯安那的统治,使得英国不得不彻底放弃对这一地区的野心。战争还激发起了美国的民族主义热情,一定程度上促成一直面临松散关系的国家在民族主义刺激之下巩固了内部的统一。美国人认为,迫使英国坐下来谈判,已经证明了美国的实力。一个共和党人甚至得意洋洋地写道:"我们单枪匹马经受了抗击欧洲征服者的斗争;我们迎来了和平,赢得了令人兴奋的、应接不暇的胜利。"③战争对于帝国思想的另一个重要意义在于,它改变了之后一段时期内美国的帝国"路线图",改变了帝国扩张的方向和方式。美英战争使得美国打消了吞并加拿大的企图,同时也促使扩张主义者们调过枪头,将目标对准了阿巴拉契亚

---

① Richard Dean Burns, ed., *Guide to American Foreign Relations Since 1700*, California: The ABC-CLIO, 1983, pp. 169 – 171.
② Richard Dean Burns, ed., *Guide to American Foreign Relations Since 1700*, p. 188.
③ [美]孔华润:《剑桥美国对外关系史》(上),第150页。

山脉的西面以及其他美洲国家。此外,美国从惨痛的战争经验中认识到,欧洲帝国对美洲持续的野心以及强大的军事压力,是美国国家利益的重要威胁,美国要想进一步扩大在美洲的势力,必须阻止欧洲列强在这一区域的干涉,削弱其势力,但同时又要避免战争冲动。在这样的复杂背景之下,一个混杂了孤立主义原则和扩张主义思想的原则就此诞生,这就是"门罗主义"。

2. "门罗主义"的出台与美洲体系构想

1817年,1812年战争的受益者、另一位正统的杰斐逊主义者詹姆斯·门罗("战鹰"派的主要人物)出任美国总统,这也是弗吉尼亚王朝的第三代传人。门罗本人是一个民族主义分子,热衷于提升美国的国际地位。他任命的国务卿则是美国历史上鼎鼎有名的扩张主义者约翰·昆西·亚当斯(John Quincy Adams)。亚当斯是新英格兰势力的代表,也是东北部工商业集团的代表。他是门罗政府中对外政策的关键制定人和实施者,而他一直担任门罗的国务卿直至自己在1825年成为美国总统,被后人称为美国"最有成就的国务卿之一"。这两人的组合也被看作是美国未来十年民族主义政策的设计人。在这一时期,一个"美洲利维坦"正式成形,美洲体系初步崭露头角,帝国的精神则牢牢地扎根在了美国这块土地之上。

1812年战争之后,美国工业发展取得了重要进步。等到了1820年时,美国的工业产值已经接近2亿美元,随着本国工业的发展,美国从以往的转口贸易为主,逐渐过渡到了本国出口。到了1816年,转口贸易仅占了全部出口的20%,本国产品的出口比例则达到了80%。与此同时,奴隶制种植园经济也在迅速发展。奴隶经济、工业经济和农业经济成为美国经济的最重要组成部分,三者之间的利益斗争和此消彼长,对美国的国内政治和对外政策构成了极为重要的影响。最重要的是,三者都有一个共同需求,那就是市场——新增的国内市场和扩大的海外市场。这也成为门罗和亚当斯执政时期急需解决的问题。

亚当斯是除杰斐逊外，美国早期另一位重要的外交家，同时也是帝国思想重要贡献者，在坚持自由帝国扩张的同时，亚当斯奉行了一种现实主义色彩的对外政策。亚当斯是早期美国政治家中外交经验最为丰富的人之一。1781年，年仅14岁的亚当斯就担任美国驻俄国公使的秘书，两年后他又在法国担任其父约翰·亚当斯的秘书。后来，华盛顿总统任命他为美国驻尼德兰公使，之后又继续担任葡萄牙公使。当老亚当斯成为总统之后，他出任驻普鲁士公使。长期在欧洲大陆与形形色色的各国外交官们勾心斗角，使得亚当斯对欧洲列强有着比其他人更为深刻透彻的认识。他深知英国、西班牙、俄国等国的实力强弱，洞察它们彼此之间的矛盾死穴，同时也对这些老牌帝国的决策机制和外交传统了然于胸。这些都使亚当斯与杰斐逊一代的政治家相比，做派更为务实，特别在意识形态因素与现实利益冲突之际，能够毫不犹豫地选择后者。

亚当斯曾被称为是一个"不情愿的帝国主义者"[1]，因为他曾经反对购买路易斯安那，在担任国务卿以及后来作为反对奴隶制的国会议员时，还曾两次谴责美国对德克萨斯的领土要求。不过，从本质上讲，亚当斯是一个扩张派，他和杰斐逊在建立美洲帝国问题上的根本立场是一致的，不过二者间存在着一个重要区别。如前所述，杰斐逊认为美国人应该去殖民西北部的那些土地，但这些土地无需被吞并入美国，只要它们能秉承美国的意识形态，就能为美国带来安全和经济上的好处。亚当斯则不以为然。他认为美国的边界将不断延伸，而整个北美大陆都将统一在同一面旗帜之下，成为一个北美大帝国。亚当斯认为，欧洲殖民地——包括英国的和西班牙的——可以与一个伟大的、强盛的、开拓进取的、迅速崛起的国家永远毗邻而立的这种想法，在物质上、道义上和政

---

[1] Warren Zimmermann, *First Great Triumph: How Five Americans Made Their Country a World Power*, p. 19.

治上都是荒谬绝伦的。① 同充满理想主义色彩的杰斐逊相比,他更具有领土野心,而且是一个彻头彻尾的现实主义者。正是在他任期中,继承了杰斐逊以来的扩张,并为美国走向太平洋铺垫了重要的基石。

1818年和1819年,亚当斯通过与英国和西班牙的两个条约,加速了美国走向太平洋的步伐。美国先是与英国达成协定,划定了长期争执的美加边界西段,即以北纬49度为界;接着,美国同班牙签署的《横贯大陆条约》更赤裸裸地体现了美国的野心。在亚当斯的压力下,西班牙人被迫将佛罗里达以区区500万美元价格出售给美国,同时还承认了美国对路易斯安那的所有权。美国获得了72101平方英里的土地,西班牙放弃了北纬42度以北在俄勒冈地区的一切领土要求,路易斯安那西部边界沿北纬42度一直划到了太平洋,而俄勒冈地区则由英美两国共管10年。这两项条约的签署,为美国争取到了俄勒冈的共管权,距离梦想中的太平洋只有一步之遥,美国人已经能感受到太平洋上吹来的海风,杰斐逊等人曾梦寐以求的太平洋帝国,指日可待。

亚当斯虽然是上述两项条约的始作俑者,但他只将其作为一种手段,并不把美国于其中的允诺真正当回事儿。他曾直言不讳:"应该让整个世界熟悉,我们对整个北美大陆享有正当的主宰这一思想。"② 与杰斐逊一样,亚当斯也有着帝国的理想。亚当斯认为,对美国的外交而言,"没有归宿的扩张,直达太平洋海浪冲刷的海岸",才是"实实在在的事业"。③ 他担心英国在此建立殖民地,为此表示:"在世界目前的形势下,很难想象,任何欧洲国家会乐于在美洲的西北部海岸建立殖民地——美国应在那里建立定居点,并享有绝对的领土权利,大陆内部的联系不仅仅是可以期望的,它还是由自然所指定的。"④ 在"门罗宣言"出台前6个

---

① [美]孔华润:《剑桥美国对外关系史》(上),第153页。
② R. W. Van Alstyne, *The Rising American Empire*, p. 96.
③ Charles F. Adams, ed., *Memoirs of John Quincy Adams, Comprising Portions of His Diary From 1795 to 1848*, Vol. 6, Philadelphia: Lippincott, 1874—1877, p. 247.
④ R. W. Van Alstyne, *The Rising American Empire*, p. 96.

多月,即 1823 年的夏天,亚当斯通过美国公使理查德·拉什(Richard Rush)给英国首相乔治·坎宁(George Canning)转交了一封信,毫不客气地指出,没有哪个国家可以在北美殖民,英国和其他国家享有的只是贸易权而已。他还警告坎宁,美国将会说到做到,在哥伦比亚河的岸边建立一个领土(殖民)政府,而这一行动是对英美两国签署的条约极其恶劣的违背。第二年,弗吉尼亚的代表就推动国会授权在哥伦比亚河河口建立军事据点,并建立一个领土(殖民)政府以对整个西北部太平洋地区行驶司法权力。法案在两院都得到大多数人的支持,这也让亚当斯在权力中心更为游刃有余。

除了北美大陆的继续争夺,在如何处理与南美洲革命问题上,英美两国也展开了较量。在亚当斯刚成为国务卿之后,他开始积极试图调整美国的拉美政策,呼吁美国奉行更为积极的政策。亚当斯认为,美国保持中立只是权宜之计,更重要的是,要密切关注欧洲国家在该地区的动向。1818 年,他曾通过拉什向英国提出,由美英合作来调解西班牙与殖民地之间的矛盾。尽管提议遭到英国的婉拒,但通过观察英国在"神圣同盟"内部反对武装干涉拉美的举动,亚当斯敏锐地捕捉到主动行动的绝好机会。在 1821 年 7 月 4 日国庆日这天,亚当斯向众议院发表了关于对外政策演说,这也被人看作是继华盛顿告别演说后,另一个著名的有关外交方略的演说。亚当斯说道:

> 她(美国)已放弃对其他国家的干涉,甚至当冲突是为了她所坚持的原则的时候……不论在何处,只要自由和独立的旗帜已经或者即将飘扬,她的心灵,她的祝福,她的祈祷都将与其同在。但是,她不会走向国外,去寻找要摧毁的恶魔。她最为期望的是自由和独立。她仅仅是自身的捍卫者和维护者。她清楚地知道,一旦成为他人旗帜而非自己的追随者,即便是其他国家寻求独立这样的旗帜,那么她就会让自己卷入所有那些装得正义凛然,篡改了自由的标准,实则为了利益、阴谋、妒忌和野心的战争之中,再也无法得到解

救。而她的政策最根本的立场将不知不觉地从自由转变为武力……她可能由此变为世界上的独裁者。她再也不是自己精神的统治者……美国的荣誉不是主宰,而是自由。她的征程是思想的征程。她拥有长矛和盾牌:但是她盾牌上的箴言是自由、独立、和平。①

亚当斯的这番讲话,清楚地表明美国的孤立主义立场和现实主义政策。他在强调美国对自由和独立原则的一贯忠诚的同时,强调了美国无意卷入海外冲突,也不会对拉美的解放运动予以实质性支持,同时,美国会继续捍卫自由价值。亚当斯施展圆滑的外交手腕,利用"神圣同盟"内部的矛盾,得到了英国不赞成用武力恢复西班牙在拉美殖民地的承诺,随即在1822年3月正式承认了拉美五国的独立,尽管美国此举打着自由、民主的旗帜,但对亚当斯等人而言,真正的目的是要赢得拉美国家好感,排斥欧洲其他势力。

门罗和亚当斯的现实主义政策还表现在美英对古巴的争夺之上。19世纪20年代,由于古巴合并主义分子不断与美国接触商谈合并事宜,英国对美国保持着警惕,并派出军舰前往古巴进行威慑。门罗政府一方面担心因古巴问题同英国直接冲突,同时又深知美国实际上根本无力阻挡英国占领古巴(如果英国愿意的话)。进退维谷之间,门罗建议不如由双方共同保证均不染指古巴。然而,不甘心古巴落入旁人手中的亚当斯则将此看作美国的自我限制,在1823年4月23日给美国驻西班牙公使的信中,亚当斯这样写道:"古巴并入我们联邦共和国势在必行……如同物理的引力定律,也存在有政治法则。被暴风雨从树上打掉的苹果,没有其他选择,只能落到地上。古巴如被迫脱离它与西班牙不正常的联系而无法自立,它只能倒向北美联邦;根据同一自然法则,我们也不能把它

---

① John Q. Adams, "John Quincy Adams on U. S Foreign Policy", http://www.fff.org/freedom/1001e.asp.

从怀中推开。"①这就是著名的"熟果理论"。亚当斯甚至表示,必要时美国将使用武力。这一论调无疑表明了美国对古巴赤裸裸的野心,同时也表明,美国将等待时机成熟,从而将古巴揽入怀中。

在欧洲,西班牙、意大利爆发了革命,神圣同盟以武力予以血腥镇压。特别是当法国攻入西班牙后,英国首相坎宁坐立不安。坎宁是均势的热衷者,他担心法国势力坐大,尤其担心法国乘势夺取西班牙在拉美的殖民地。此外,英国和美国还担心西班牙顽固而愚蠢的国王费迪南七世会重拾其派军镇压拉美殖民地革命的计划。因此,坎宁试图加强英国在拉美的势力,特别是通过拉拢美国加入同盟体系,制衡法国。为此,英国建议英美在拉美问题上进行合作。1826年,坎宁如此评价自己当时的政策目标:"法军入侵西班牙破坏了势力均衡……我要在另一半球寻找补偿物……我创造了新世界,是为了调整旧世界的均衡。"②

但是,均势体系扩大到美洲,与美国的孤立主义传统和帝国扩张思想发生了尖锐的冲突,尤其是严重威胁到美国理想中的地区国际秩序。美国追求的美洲体系是建立在这样一个逻辑演进基础之上的:首先是美国继续保有与旧大陆与众不同的本质。其次是单边主义。自华盛顿以来,美国极力避免卷入欧洲争斗,同时也努力防止欧洲列强在美国身边经营殖民帝国,因为这样势必会将美国拖入欧洲的均势之中。因而美国必须保留行动的自由,必要时用单边主义政策来维护美国的利益。最后,为了避免欧洲列强在美洲形成西半球的均势体系,即欧洲均势体系的子体系,美国必须促成符合自身利益需求的美洲体系。

在面对"神圣同盟"对拉美的野心问题上,英美两国既有利益交汇之处,也存在竞争。英国产品在价格和质量上都比美国有优势,在19世纪20年代的头5年中,英国就在这一地区投资了2200万英镑。对美国来

---

① Philip S. Foner, *A History of Cuba, and Its Relations with the United States*, Vol. 1, New York: International Publishers, 1962, p. 393.
② 王玮、戴超武:《美国外交思想史(1775—2005年)》,第93页。

讲,拉美地区的贸易重要性也在迅速提高。1821年的时候,美国对西属美洲地区的出口已经增加到了每年800万美元,占了美国出口的13%。[①] 特别对路易斯安那、密西西比、阿拉巴马几个盛产棉花的州以及印第安纳和伊利诺伊这样以农场为主的州来讲,它们的产品要运送到遥远的市场,就不得不依赖于墨西哥湾的港口。这也就要求保持拉美的独立,防止西班牙势力控制加勒比地区和拉丁美洲。

在现实的压力与理想的秩序构想面前,美国陷入了自我矛盾之中。一方面,孤立主义传统根深蒂固地影响着美国的对外政策。即便坎宁在1823年8月提出要和美国建立战略伙伴关系,美国国内很多人也不愿意与这个当时世界上最强大的国家建立同盟关系。而帝国思想催生的扩张主义,更不希望看到英国取代西班牙,扩大在美洲的影响。但另一方面,美国担心倘若拒绝英国,在将来面临"神圣同盟"入侵拉美时,孤军作战,无法保证美国的利益不受损害。

进退两难之间,门罗转而求助于自己的弗吉尼亚导师杰斐逊和麦迪逊。他在信中表示,自己正考虑放弃孤立主义原则,接受坎宁的建议。杰斐逊和麦迪逊两人都趋向于接受英国的提议。因为,"大不列颠是所有国家中——或整个地球上——能对我们造成最大危害的国家。如果她站在了我们一边,我们就不需要害怕整个世界了"[②]。但是,他们也对坎宁提出的英美两国共同声明对美洲没有任何领土野心这一点心存顾虑。杰斐逊回复说:"你写给我的信中提出的问题,是自独立以来要我考虑的最为重要的问题……我们首要和关键的信条应该是绝不能把我们卷入到欧洲的争吵之中去;我们的第二信条则是,绝不容忍欧洲干涉大西洋这边的事务。美洲——北美和南美——有着一整套与欧洲不同的、

---

① Walter A. McDougall, *Promised Land*, *Crusade State*: *the American Encounter with the World*, New York: Houghton Mifflin Company, 1997, p. 64.
② Walter A. McDougall, *Promised Land*, *Crusade State*: *the American Encounter with the World*, p. 68.

特殊的利益；它应该有自己的一套体系，以同欧洲区别和隔离开来。"①杰斐逊告诫门罗，必须要有条件地与英国合作，前提是美国不卷入欧洲纠纷，同时英国不能阻碍美国吞并古巴。他对此坦言："我们首先要扪心自问，我们是否希望一个或更多的西班牙美洲省并入我们自己的联邦呢？我必须承认，我曾将古巴看作能成为我们国家体系的、最让人感兴趣的可增加的领土。"②

关键时刻，亚当斯起了决定性的作用。亚当斯坚持美国必须奉行孤立外交，并强调欧洲国家不得插手美洲事务。深谙欧洲外交之道的亚当斯早已看透，"神圣同盟"内部勾心斗角，难以在瓜分西班牙拉美殖民地上协调一致，即便真正出现了法国-西班牙联合入侵拉丁美洲，就算美国不予以援手，英国皇家海军也有能力封锁法西舰队，挫败其企图。亚当斯曾表示："我宁可相信钦博拉索火山会沉入大洋，也不相信'神圣同盟'会恢复西班牙对美洲大陆的统治。"③亚当斯判断，英国不过在故意危言耸听，意在迫使美国屈服，美国最大的敌人其实就是英国。亚当斯反对与英国合作，还有一个重要的原因，那就是不愿意这种合作在今后束缚了美国在拉美扩张的手脚。他告诫门罗，坎宁的提议是一个圈套，他说："我们至少应保持事变发生时的行动自由，不要让任何可能不久就会被用来同我们作对的原则捆住我们。"④

在亚当斯的影响下，门罗的思想也发生转变，不再为所谓的"神圣同盟"的威胁所蒙蔽，转而关注如何抵制英国在美洲的野心。事实证明这是明智的决定。因为尽管"神圣同盟"确有干涉拉美革命的念头，但是，

---

① Walter A. McDougall, *Promised Land, Crusade State: the American Encounter with the World*, p. 68.
② Walter A. McDougall, *Promised Land, Crusade State: the American Encounter with the World*, p. 68.
③ 王玮、戴超武：《美国外交思想史(1775—2005 年)》，第 96—97 页。另，钦博拉索山是位于厄瓜多尔中部的死火山，海拔 6272 米，从地心到顶峰为 6384.1 千米，是地球上最厚的地方。(笔者注)
④ 王玮、戴超武：《美国外交思想史(1775—2005 年)》，第 97 页。

以俄国、普鲁士和奥地利的力量来讲,难以真正在拉美有所作为。相反,拥有军事、经济和外交优势的英国,则是美国在美洲的最强大对手。由于担心其他国家尤其是英国会乘机填补西班牙帝国崩溃后出现的权力真空,美国下定决心保持独立行动的自由。当英国驻美公使斯特拉福德·坎宁(Stratford Canning)得知美国对整个俄勒冈领土提出要求时,他要求知道"贪婪的"美国人是否也在觊觎加拿大。亚当斯当着他的面对其大声喊叫道:"看好你自己的东西,但大陆其他地方都要留给我们。"①1823年10月,俄国公使向美国政府提交公函,拒绝承认拉美独立,并大肆鼓吹君主制,诋毁共和制。门罗和亚当斯认为这是一个既有利于美国表达立场,同时又避免过于刺激英国的绝佳机会。于是在当年的国情咨文中,门罗总统详细地阐述了美国的立场,加上之前亚当斯一系列向俄国和英国表明立场的信函,美国的拉美政策正式成形,这样就是"门罗主义"。

"门罗主义"的内容在此不必赘言。它传递的核心理念有四个,第一,美洲和欧洲分属不同体系,天然隔绝,政治制度也有着本质区别;第二,欧洲强国不得对美洲进行殖民和干涉,美国也不干涉欧洲事务;第三,美国是唯一可以在美洲合法扩张的国家;第四,美洲的国际秩序应该是以美国为中心的。"门罗主义"是孤立主义、扩张主义和现实主义融合的杰作。它不仅坚持了孤立主义传统,拒绝被卷入欧洲事务,同时还将孤立主义的适用范围单方面扩大,从美国扩至美洲。这样做的最重要目的,就是要在美洲排斥欧洲势力,使美洲成为美国人的美洲,这是一种延续了帝国思维模式,是扩张性的利益诉求,因而是扩张主义的另一种表现。

但与此同时,"门罗主义"也是亚当斯现实主义外交政策的精彩表

---

① Walter A. McDougall, *Promised Land, Crusade State: the American Encounter with the World*, p. 61.

现,它表现在两个方面,首先,美国表示美国和欧洲互不干涉,很大程度上也是美国放弃了杰斐逊时期那种理想色彩的对外政策。美国虽然历来反对与欧洲产生联系,但美国人从来没有放弃过用新大陆的政治体系来改造世界的理想。但亚当斯等人清醒地认识到,这种意识形态虽然是美国价值所在,但目前只能用于建立美洲帝国,根本无法成为新的世界秩序的指导原则。因此,从这个意义上讲,"门罗主义"是对美国普世价值观挑起的冲动泼下的一盆冷水,表明美国这一时期对外政策的关注地区是美国本土及周边,甚至可以说它避免了意识形态因素对外交政策的绑架。其次,"门罗主义"在当时的条件下,更多地是一种原则性的东西,美国在欧洲强国面前,是没有实力来真正推行这一原则的。门罗政府对此自是心知肚明,但它最重要的价值不在眼前,而在今后,因为它实际上为后来美国在拉美的扩张预先确立了合法性基础。

"门罗主义"的扩张含义不容忽视,它是"美洲利维坦"或者说美洲帝国的诞生宣言。虽然从字面上看,"门罗主义"使用一种消极方式来阐述了美国的外交立场。但是,这些并不是关键所在,真正重要的是隐含其中的积极因素:即无论在南美洲还是北美洲,美国将是唯一一个能够扩张的国家,也是唯一的主导性力量,这正是门罗和亚当斯的帝国主义政策。"门罗主义"构想了一个以美国为唯一主导的西半球秩序,尽管现阶段美国还没有实力去实现这样的国际秩序。但是,美国已经清楚地向其他强国表示,西半球是美国利益关注的地区,也是不容他人染指的地区。这一表达方式,既传递了美国的信息,同时又避免了与英国等发生直接冲突,"它是一个崛起的帝国式共和国治国方略的最佳阐述"①。

"门罗主义"出台之后,欧洲列强对此感到惊讶,同时也嗤之以鼻。当时的奥地利首相梅特涅谴责说:"这个我们看着崛起和成长起来的美国,突然一下跳离了对他们野心而言过于狭小的地域,并用一种新的反

---

① R. W. Van Alstyne, The Rising American Empire, p. 99.

叛行动让欧洲目瞪口呆。"①巴黎一家杂志则讽刺说,这个仅仅独立40年的国家的总统以为自己是谁,胆敢摆出一副"对整个新大陆拥有宗主国权的独裁者姿态"。俾斯麦后来也咒骂其为"傲慢无礼的条款","一种美国人独有的狂妄自大和不可理喻"。②

在门罗总统正式公布了上述政策原则之后,亚当斯还试图以外交手腕,进一步完善该宣言,具体而言就是通过向英国等列强展示美国的自我约束决心,换取对方尊重"门罗主义"。例如,1823年12月,亚当斯向坎宁提出一个"三分天下"的建议。他指出,鉴于美国是西班牙先前权利的继承人,美国有权拥有北纬60度以南的所有土地,但美国愿意做出让步,不再北纬51度以北设立定居点,条件是英国要将自己限制在北纬51度和55度之间,而俄国则拥有北纬55度以北的土地。按照此建议,俄勒冈的一部分将并入美国,美国也将温哥华岛作为最北端边界,这意味着美国将垄断所有通向南方的良港和河谷。亚当斯认为,这条界线以北的地区是荒蛮之地,缺乏殖民的价值,而此举还能使得英国的太平洋窗口不得不开在更遥远的北方,未来难以与美国进行竞争。

对于"门罗主义"的意义,在它出台之后直至19世纪后期,人们都未能对其予以充分的认识,以至于"从1825年到大约1895年,门罗主义几乎从政治和历史书籍中消失了"③。不过,围绕"门罗主义"的争论也一直没有停息过。历史学家托马斯·佩特森(Thomas Paterson)总结说:"传统的解释认为,门罗主义反映了一种对美国理想、安全和商业的防御——对国家利益的确认。另有一些人将门罗主义归于美国扩张主义

---

① Walter A. McDougall, *Promised Land, Crusade State: the American Encounter with the World*, p. 57.
② Walter A. McDougall, *Promised Land, Crusade State: the American Encounter with the World*, p. 57.
③ Walter A. McDougall, *Promised Land, Crusade State: the American Encounter with the World*, p. 58.

传统,并指出宣言意味着欧洲人'不得碰触',但美国可以'伸手'。"①如果要对"门罗主义"进行一个准确的评价的话,应该说,它是防御与扩张的统一,是现实主义与理想主义的结合。"门罗主义"的起因在于美国对拉丁美洲的野心,也就是美国希望建立的美洲体系。这一体系具有防御和扩张的双重属性。一方面,如杰斐逊答复门罗的信中所言,美洲体系是一个区别于欧洲的、具有特殊利益的体系。为了保持这种特殊性,必须要将欧洲的帝国势力排斥在美洲之外。另一方面,商业利益和领土需求又要求美国必须保持未来在美洲进行扩张的自由和权利。"门罗主义"在当时也反映了美国的现实主义政策立场。美国国力不足以挑战英国在美洲的势力,因此即便在1833年英国吞并福克兰群岛、扩大英属洪都拉斯边界的时候,美国都顾左右而言他,避免与英国正面冲突。但是,这并不表示美国放弃了在这一地区的帝国野心,从对外政策的原则性来讲,美国始终保有自由行动的权利,这也为今后美国对拉美的干涉提供了政策依据。

从杰斐逊的"自由帝国"到"门罗主义",建国近半个世纪的美国,已在北美大陆站稳了脚跟。在这一时期之中,活力四射又略为莽撞的美国人,已经迫不及待地在美洲实验自己的帝国理想。美洲体系的概念,反映了这40多年来美国的扩张对其国家身份和国际秩序观念的影响。在美国的帝国理念中,共和国的扩张是不能停止的,在这一点上,美国人和其他帝国主义者没有太大区别,扩张被看作共和制帝国保持品质和活力的必需品,就像叶卡捷琳娜大帝讲的"一旦停止生长,便会开始腐烂"。"弗吉尼亚王朝"时期,开启了美国在北美扩张的大门,从政治家到凡夫俗子,美国上下都在忙于建立新的定居点,并一步一步将其变为"自由帝国"的一部分。这也为随后而来的大陆扩张高潮吹响了前奏。

---

① Walter A. McDougall, *Promised Land, Crusade State: the American Encounter with the World*, p. 74.

第三章 "杰克逊时代"的帝国思想与对外扩张

> 一些美国历史学家沾沾自喜地提到,美国没有欧洲大陆那种典型的移民型殖民主义。然而,他们不过掩盖了这样的事实,即美国帝国主义的整个内部历史就是一个攫取和占领领土的巨大过程。①
>
> ——盖瑞斯·史泰德曼·琼斯(Gareth Stedman Johnes)

"门罗主义"出台之后,美国将对外政策重点放到如何迅速实现在北美大陆的进一步扩张上来,以及如何渗透拉美,开辟新的商业市场。日益强盛、自信满满的美国人,在复杂的感情因素、价值观念取向、国内政治结构变化以及交织难辨的内部势力集团斗争中,迎来了帝国思想盛行和对外疯狂扩张的"帝国"时期。这一阶段的大部分时候正处于美国历史上所称的"杰克逊时代",一个在政治、思想、文化等领域都发生显著变化的时期。

"杰克逊时代"与历史学家所定义的"大陆主义""大陆扩张"又或"美洲帝国"在时间轴上有着诸多重合之处。同独立之后的那半个多世纪相比,领土扩张已经超越一切政治议题,成为这个时代最狂热、最赤裸裸的

---

① [意]杰奥瓦尼·阿锐基著,姚乃强等译:《漫长的20世纪:金钱、权力与我们社会的根源》,南京:江苏人民出版社2001年版,第71页。

蛊惑。尤其是在泰勒-波尔克时期,美国帝国的扩张达到了前所未有的高峰:美国获得了约 8 亿英亩的土地,在不到 1000 天的时间里,被扩张占据头脑的总统及同一阵营的支持者们将美国的边界一口气推进至葛兰德河、太平洋沿岸以及北纬 49 度线。不仅如此,帝国狂热分子还对墨西哥的尤卡坦半岛、加勒比地区的古巴、海地、太平洋的夏威夷和远东地区的中国垂涎三尺。因此,泰勒-波尔克时期,不仅是美国第一次真正的帝国大扩张时期,也是帝国思想走向成熟的阶段。与之前那种帝国"情怀"相比而言,通过与这一时期涌动的社会思潮的融合,帝国思想更为清晰、明确,并真正完善为一种意识形态体系。这种意识形态体系的诞生,使得美国对自身国家身份的定位发展到新的阶段,对所处的国际秩序也随之产生出相应的认知和追求。不过,就在帝国思想席卷而来的同时,围绕它的争议也无处不在,成为这一时期美国对外政策无法回避的挑战。

一 "杰克逊时代"帝国扩张的动力

华盛顿之后的数任美国总统基本都有丰富的政治和外交经验,总统也被人誉为"贵族血统"。而到了 1828 年 11 月,当与"贵族"格调大相径庭的安德鲁·杰克逊(Andrew Jackson)当选为新一任美国总统时,这个惯例被打破了。杰克逊是一个极具本土特质的总统,甚至可以说是一个政治圈的"外来人"。杰克逊本人的声誉主要来自于他的显赫军功,甚至包括不太光彩的"战绩"。比如,在 1814 年,杰克逊在征讨印第安部落的克里克人时,指挥军队不分男女老幼大开杀戒,幸存者不足百人。不过,战争总是无情的、带有政治色彩的,特别是美国正在全力与印第安人争夺土地,在两方残酷的相互厮杀中,杰克逊这样的行为自然而然地被看作是一种英雄主义,因此他也被奉为开辟西部边疆的英雄。杰克逊个人军功最辉煌的时候出现在 1812 年那场美国打得稀里糊涂的美英战争中，美国军队举步维艰，四处碰壁，美国在这场战争中最值得大书特书的军事胜利就是由杰克逊一手缔造。他先是占领了西属佛罗里达，随即在新奥尔良以弱胜强，力挫英军，击毙英军主帅帕克南爵士。此役让杰克逊达到军事生涯顶峰，成为整个美国崇拜的英雄。他身上的战争光环，让不少人想起了当年的华盛顿，一个战场上所向披靡的将帅成为活力四射的国家领导人，这一念头对当时不少美国人来说，无疑是具有很大吸引力的。杰克逊也乘势转战政坛，1824年，他以民主共和党人的身份参加了总统选举，不过这次尝试最后以失败告终。1828年，不屈服的杰克逊卷土重来，并成功登顶，成为美利坚合众国的总统，此后他又在1832年赢得连任。于是，在美国历史上出现了这样一幕，自1824年开始直至1856年的这32年时间里，民主党人基本控制了总统之位，辉格党仅仅在1840年和1848年依靠另外两位同样以军功闻名的将军才得以染指白宫。①

从杰克逊任总统开始，美国政治制度发生了重要的变化，国内经济集团也发展迅速，民主政治更趋成熟。杰克逊本人在很大程度上是杰斐逊思想的追随者，身上具有老牌的农业共和主义特征。此时的美国，随着领土扩张的进行，南部和西部崛起的农业和边疆地区利益集团，开始在势头上压过了东北部的商业和金融集团。杰克逊身上散发着典型的西部地区人的人格魅力，粗犷而果断，有着强烈的荣誉感和坚忍不拔的意志。费雷德里克·杰克逊·特纳(Fredrick J. Turner)曾经评论说，边疆社会的理想形象就是靠个人奋斗而获成果的人，而与印第安人的战斗更是诞生英雄的地方。因此毫不奇怪，杰克逊的传奇经历为他轻易地赢得了西部民众的好感，被大家亲切地称为"老胡桃木"(Old Hickory)。后来的历史学家们几乎一致认为，杰克逊是日益强盛的西部和边疆势力

---

① 1840年是威廉·亨利·哈里森(William Henry Harrison)，1848年是扎卡里·泰勒(Zachary Taylor)。

的代表人物,"作为他那个时代的有力象征,他的信念与风范影响了这个国家达 30 年之久"①。受他的影响所辐射的这一时期也被称为"杰克逊时代",而就是在这一阶段,美国的帝国思想出现了一次大迸发。

1. 社会经济与政治变动背景下的扩张思想

帝国思想的发展有着深刻复杂的历史背景,尤其是离不开当时美国社会思想、政治体制的变化。

首先,美国国内经济利益集团地位的转变和斗争,共同刺激着国家的对外扩张政策。在那个时代,工业革命带来的机器轰鸣之声和工业制造产业散发出的蓬勃朝气,已经成为美国社会活力的标志。不过,美国毕竟是一个建立才半个多世纪的国家,后发优势还没有完全显现出来,在国际上面临英国等老牌强国的激烈竞争,特别是对外贸易发展较为缓慢。相比之下,在北美大陆持续进行的领土扩展以及铁路系统的兴建,迅速扩大了美国的国内生产与消费。在美国的西部,资本主义农业为主的经济得到了很快发展,而在南部,棉花种植业则得到大面积普及,成为南部种植园的支柱经济。在海外市场问题上,双方的关注点各不相同。西部利益集团觊觎开辟太平洋出海口,占领加利福尼亚,为农产品打通向外输出的通道,而南部奴隶主利益集团的目光则主要集中在美国以南地区,并且希望国家能保持一种周期性的土地扩张,为扩展种植园经济提供更多的土地。也正因为如此,两方势力在土地扩张的过程中一直存在激烈的争夺,不过二者也存在一致之处,那就是为追求更大利益而对新土地的极度渴望,以及开辟海外市场的迫切需要。虽然南北方在扩张方向上有着差异,但这些利益集团之间对扩张已经形成默契,这也构成了美国扩张政策的最重要推动力量。

---

① [美] 西德尼·M. 米尔奇斯,迈克尔·尼尔森著,朱全红译:《美国总统制:起源与发展》,上海:华东师范大学出版社 2008 年版,第 122 页。

另一个不容忽视的因素,就是在这一时期,美国国内政治文化与政治力量结构也正在经历新的变化。自杰斐逊以来,总统在政治生活中的地位和权势有所衰落,特别是批评者指责"弗吉尼亚王朝"的四位总统对国家元首一职的长期把持,尤其是总习惯于将副总统或某位内阁成员想方设法提携到总统宝座,以至于 1816 至 1820 年间的总统选举基本不存在竞争,只要获得"政党干部会议领袖"提名就等同于坐上了总统宝座,这一做法及其带来的结果与民意相去甚远。随着新的工人阶层和农场主集团的迅速崛起,民众参与国家政治的热情也日渐高涨,在社会上也形成这样一种信念,即"必须从社会名流或一群专职官僚手中夺回政治和行政管理权,并将它开放,让民众参与其事"①。

也正在这样的政治氛围之下,出现了历史学家称之为的"杰克逊民主"。有人评论道,"突然之间,'民主'不再暗示暴民统治,转而是承诺要保护人民中的大多数,并以自由的名义给予这一大多数人任何他们所希望的东西"②。"共和"一词更是被赶下了神坛。这一时期民主党人的政治哲学是:*vox populi vox dei*,即"人民的声音就是上帝的声音"。在杰克逊看来,民主最重要的就是由大多数人按照最可能严厉的方式来进行统治。杰克逊甚至认为,作为人民选出来的政治领袖,是凌驾于最高法院之上的。一个能反映这种理念的例子就是,杰克逊不顾最高法院的决议(因为他认为这一决议不是代表真正的民主),执意动用军队向西驱赶印第安人,以此为白人农场主夺取更多土地。"杰克逊主义"不仅仅包括一种对个性的狂热崇拜,而且还是以大多数人名义进行的行政暴政的幽灵。这也是先前的杰斐逊主义者身上所不具有的特征。对于总统制而言,在这种政治氛围下,总统手中的权力得到稳步增强,也正因为如此,

---

① [美]理查德·霍夫施塔特著,崔永禄、王忠和译:《美国政治传统极其缔造者》,北京:商务印书馆 1994 年版,第 51 页。
② John C. Pinheiro, *Manifest Ambition: James K. Polk and Civil-Military Relations*, London: Praeger Security International Westport, 2005, p. 18.

后来的波尔克等人在对外扩张决策的关键时候能通过发挥总统至高无上的权力来一举定乾坤。

伴随着政治氛围的转变,美国政党体制也在演进,并且与对外扩张纠缠在一起。1812年战争对盛极一时的联邦党人构成了致命打击,使其逐渐从政坛消亡。共和党内部也发生了分化,以亨利·克莱为代表的一派被称为国家共和党人,支持建立强力中央政府和类似美利坚银行这样的机构,主张通过高关税来提高美国工业与欧洲同行的竞争力。另一派则自称为民主共和党人,他们批评国家共和党人是在向汉米尔顿的幽灵投降,是联邦党人的借尸还魂。民主共和党人是杰斐逊的忠实拥趸,也被称为"新杰斐逊主义者"。在他们的脑海里,坚信美国的自由是通过农业社会及自耕农的存在与发展来保证的,而当财富出现大量集中的现象时,只会造就过于庞大的权力,从而导致暴政的复苏。杰克逊在此问题上一直坚守着民主共和党人的信念,采取了降低关税、进行"银行战争"(Bank War)等政策,甚至为了维护联邦,几乎与南卡罗莱纳发生战争。

一方面,杰克逊的强硬政策导致了国内越来越多的反对声,以致有人批评说:"在杰克逊主义的早期……蛊惑人心的政治家们粉碎了宪法。"[1]在"银行战争"期间,反对杰克逊的人在克莱的领导下形成了辉格党,第二次两党体制宣告诞生(注:第一次是联邦党与民主共和党)。辉格党成立于1834年,他们代表了工商业资产阶级以及部分农场主和种植园主。"辉格党"这一名称起源于英国,是反对君主制的象征。从这样一个名字也可以看出来,当时反对杰克逊的势力认为杰克逊的所作所为更像封建制度下的君主而非共和制度中的总统。这些反对者支持建立国家银行,由国家投资进行内部建设,设立高关税保护民族产业。辉格党人的支持者主要来自于新英格兰和东北部的商人和富人,也有部分南部精英。在政治血缘关系上,辉格党人自视为汉米尔顿者,民主党人则

---

[1] John C. Pinheiro, *Manifest Ambition: James K. Polk and Civil-Military Relations*, p. 19.

以新杰斐逊者的身份而骄傲,当年汉密尔顿和杰斐逊的斗争似乎有了新的传承。另一方面,传统的民主党内部也因奴隶制问题而发生分裂。代表奴隶主利益的南部势力占据了明显的优势地位。

政党体制的变化,使得政治和外交的议题也随之变化,并直接刺激着对外扩张。19世纪30年代开始,两党分歧日益显著,为了赢得国内政治优势,双方都将领土扩张作为致胜法宝,摇旗呐喊,拉拢人心。在1840年大选中,志在必得的辉格党人以威廉·亨利·哈里森(William Henry Harrison)为总统候选人,辅之以约翰·泰勒(John Tayler)为副总统候选人。辉格党人在当时提出了"蒂帕卡努和泰勒两个都要"(Tippecanoe and Tyler too)的口号,目的就是要凭借哈里森的军功鼓动选民。① 尽管哈里森最终如愿赢得大选,然而命途多舛,登上权力的巅峰仅仅31天,他就因病去世,副总统泰勒随即继承了总统职位。

政治上的失败迫使民主党人痛定思痛,为此,民主党人"张开双臂欢迎领土扩张,作为弥补范布伦时期经济衰退带来的损失的一种手段,1840年哈里森对拜登的胜利进一步渲染了这种损失"②。1844年,在密西西比州参议员罗伯特·J.沃克的领导下,民主党人遵循领土和商业扩张这一新标准,彻底舍弃了优柔寡断的马丁·范布伦(Martin Van Buren),而热衷于领土扩张的田纳西州民主党人詹姆斯·K.波尔克(James K. Polk)在得到杰克逊大力支持的情况下,以黑马姿态脱颖而出,成为民主党的候选人。

两党的争斗在1844年大选中达到顶峰。为了重返白宫,民主党人将政党选举与对外扩张联系起来,大肆鼓吹"重新合并"德克萨斯,"重新占领"俄勒冈。与辉格党人相比,民主党人将对外政策视为政府的首要关注点,认为联邦政府可以在国内问题上相对消极一些,但必须在对外

---

① 蒂帕卡努是哈里森在1811年于俄亥俄州击溃印地安部落的地方,这个口号具有明显的种族主义和扩张主义色彩。
② Thomas R. Hietala, *Manifest Design*, New York: Cornell University Press, 1985, p.5.

政策中表现出强烈的侵略性,进行大规模的领土扩张。他们的竞争对手辉格党人则怀有不同想法,认为目前联邦政府的首要职责在于稳定国内局势,建立强力的政府,在对外政策方面,则应该适当低调。对于敏感的德克萨斯问题,已是四度参选的辉格党候选人克莱闪烁其词,并最终在公开信中表示反对为了德克萨斯而卷入一场对外战争之中,这也成为他最后落败的致命因素。其实从本质上讲,两党对于扩张是有共识的,双方的分歧反映的是二者在当时不同的政策重心。民主党人关注实现新扩张、新土地和新的贸易机会,辉格党人虽认为扩张是必要之举,但目前应更多地关注巩固和发展已经被美国夺取到手的大片领土。这也成为这一阶段对外政策的最重要争论。正如希塔拉总结的那样:"在扩张问题上一种相对清晰和持续的分歧成为杰克逊时代后期党派的特点,特别是在1844年选举及之后这段时期内。"①

有人曾经质疑,对安全、繁荣和传播民主的渴求并非19世纪40年代所独有的内容,却为何单单在此时引发了空前的领土大扩张呢?诚然,回顾历史,美国在19世纪40年代初期就有了大肆扩张的苗头,但需要一种额外的刺激来激发泰勒-波尔克时期的帝国冲动,这种冲动起源于民主党人新杰斐逊式的焦虑和野心。很多民主党人继承了这一理念,认为通过获得更多的土地和更广阔的市场,是确保维持美国社会和政治生活独特属性的必要方式。为此他们鼓吹,一旦领土扩张不再进行,自由政府和民主政治在北美大陆实行的伟大实验就会逐步崩溃。

因此,关于德克萨斯、俄勒冈边界争端和墨西哥战争的争论在两党进行自我定义的进程中显得很重要:"杰克逊派"认为扩张是解决国内问题的灵丹妙药,辉格党派则害怕美国的快速扩张可能适得其反,造成无法控制的内部危机。辉格党人对于总统权力的增强以及对外政策的侵略性极其警惕,屡屡警告美国出现走向帝国的危险,而民主党派则将辉

---

① Thomas R. Hietala, *Manifest Design*, p. 6.

格党人与英国共同钉上了黑名单,并指责二者都是在与美国的国家利益为敌。

2. 社会思潮对帝国思想的推动

如果说两党之间关于对外扩张的争议属于政治精英集团内的斗争,那么在这一时期还有一个值得注意的现象,那就是帝国思潮在美国民众间的迅速扩大。1844年大选中的热点问题无疑是德克萨斯。德克萨斯在1837年曾提出要求加入联邦。然而就是这样一个良机,却没有在政府内部获得支持,甚至民众也没有表现出强烈的吞并德克萨斯的愿望。因为当时北方诸州认定德克萨斯问题是南部奴隶主为扩大势力的阴谋。因此,德克萨斯问题也成了美国国内政治生活中一个极其敏感而微妙的问题。1843年,约翰·泰勒总统有意在竞选议题中引入了德克萨斯问题,一经付诸实施,顿时如燎原之火,引发了全国范围的呼声。于是乎,南北双方都从各自不同的立场出发,赞同兼并德克萨斯。

公众显示的对兼并德克萨斯的热情,从某种程度上折射出这一时期的民众情绪,即一种迅速蔓延滋生的扩张主义精神。需要理解的是,美国人将自身历史理解为一个边疆不断扩展的过程。西进运动将之前个人的拓荒扩张,升华为一种大无畏的、开天辟地的民族精神,而这种来自民间的冒险精神,又易被上层的政治和经济集团加以利用。人们四处歌颂艰难拓荒过程,赞扬美国人的坚忍不拔品质以及与天斗、与地斗、与人斗的开拓冒险精神,却淡化了这也是一场由国家主导推动的对外扩张。对于身处边疆第一线的人们来说,他们更多感受到的是随着拓荒边疆的延伸,需要国家对边疆地区的人民和土地进行保护,抵御外部的威胁,这一过程或许将引发战争和杀戮,但这是为了维护美国的正当权益,是值得支持的。然而,无论是拓荒者,还是政策制定者,都难以凭借一己之力去占据整个北美大陆,因此更准确的说法是,拓荒者和国家领导者们共同成功建立了这个大陆帝国,拉开了泰勒-波尔克时期大扩张的序幕。

在这些思潮中,对帝国思想的推动,还有一个不可忽视的因素,那就是美国民族主义的兴盛。美国人是一个马赛克般的族群,大多数美国人与欧洲母国保留着血缘和传统联系,原本在很多方面缺乏共同的历史背景和共同传统,而这对于形成国家身份具有至关重要的作用。但是,由于不同的政治理念和经济利益,北美殖民地人民开始将自己与母国区分开来。为此,美国的政策制定者们最早是将自身作为欧洲帝国的对立面来构建国家身份的,即反帝国传统。伴随着美国国家体制的逐步完善,美国这个新生国家的民族自我意识迅速膨胀起来。

美国民族主义包括两大内容:一是清教思想,二是自由民主思想。从宗教情结上看,美国人相信自己的存在是人类历史进程的特殊环节,是上帝为挽救堕落的人类社会而选中的一群人,授命其建立一个光芒四射的"山巅之城"。这种宗教色彩的自我识别,已经使得美国人将自己与其他民族区分开来,也为他们抗争英国的统治、扩张领土提供了精神动力。更重要的是,美国人认为,作为上帝选民,他们肩负着传播基督文明,拯救落后民族和文明的使命。另外,由欧洲传承的自由民主思想是美国立国之本,也是美国革命的合法性基础,因为"美国是由那些从旧世界的封建压迫和教权压迫中逃离出来的人建立的。在此意义上讲,假如有什么同民族传统本身一样古老的东西的话,那么,在西方历史中美国社会突出的一点就是不存在那些压迫,或从广义上讲,由于对那些压迫的反对便是自由主义的,所以美国社会就是一个自由主义的社会"①。随着美国不断获得新的领土,联邦政府通过立法让这些土地上的人获得平等地位,美国人认为这是由美国独一无二的政治制度所决定的,也是有别于欧洲老牌帝国的新式统治,因此这种制度具有很强的普世性,适用于世界任何国家和民族。

---

① [美]路易斯·哈茨:《美国的自由主义传统》,第3页。

无论是宗教因素还是政治因素,在它们的深层次里,都流淌着一个共性的东西,那就是扩张。美国的历史学家朱利叶·普拉特曾说过,美国人"认为有一种天命主导和指导着美国的扩张,这种思想在我们的民族意识里面,简直很少有不存在的时候"①。美国人认为的对外扩张就是将文明传播到世界其他角落,就是改变落后国家和民族的命运,这是一种必须去实现的宗教使命。而一旦自由民主制度扩展到了新的土地上,新的秩序将随之产生,和平与繁荣也随之而来。因此,扩张对美国的民族主义而言,既是一个核心观念,同时也是最好的对外表现方式。这与帝国思想中的扩张主义可谓殊途同归。民族主义的勃发,是这一时期最为重要的社会思想潮流之一,到了19世纪四五十年代,民族主义思想催生了"天定命运"和"青年美国"运动,这些思想与海外扩张有着密切的联系,并成了帝国思想的意识形态体系中的重要组成部分。

除了上述动机,还有一个因素也促成了帝国思想和扩张主义的得势,那就是这一时期美国人对国家安全的担忧,从而试图依靠帝国式扩张来厚植国力根基,改善安全环境。

首先,美国对以英国为代表的欧洲列强心存戒备。不少美国人相信,英国等国在美洲的势力扩张,是当时对美国国家安全的最重要的外部威胁,这种威胁既有军事上的,也有经济和贸易上的。美国和英国在俄勒冈问题上就长期争执不下,美国国内的强硬派也不断鼓吹采取冒险政策。但是,毕竟此时的美国距离1812年的那场战争不过才30余年,美国仍然担心军事失败将导致更大的灾难。至于英美两国在经济上的竞争,也成为两国政府和民众都十分关注的问题,美国渴望更广阔的世界市场,而这必然要面临来自英国的压力。

其次,种族主义情绪也激化了美国的国家安全认知。19世纪上半叶,美国黑人数量激增,美国政府利用大量解放的黑人到利比亚殖民的

---

① A. Campbell, ed., *Expansion and Imperialism*, New York: Harper & Row, 1970, p. 23.

计划宣告失败之后,许多人开始感到,黑人问题已经成为国家安全问题,原因主要有两点:第一,白人与黑人矛盾的尖锐,势必引发社会的大动荡。到了19世纪三四十年代,种族矛盾日趋激化,爆发了纳特·特纳(Nat Turner)反奴隶制度的起义。① 废奴主义四处传播,由种族问题引发的动乱不断出现。更危险的是,南北双方在黑人问题上的立场差异,联邦分裂的威胁已是鬼影绰绰。

第二,技术的进步使得天然屏障——海洋——对美国的保护变得不那么可靠。一旦外敌入侵,煽动国内黑人叛乱,美国必将腹背受敌。美国尤其担心的是英国。1842年初,泰勒派往伦敦的秘密代表达夫·格林(Duff Green)在秘密研究英国废奴团体和政府高层现状后警告泰勒,英国实际上正在试图控制德克萨斯,妄图使世界都依赖于由英国来提供棉花生产所需的原材料。格林还断言,英国对奴隶制的战争也是对美国的商业和制造业的战争。英国政策的真实目的是要让东印度地区的产品在世界市场上更具竞争力,并获得原材料的垄断地位,"从而控制其他国家的生产,并迫使所有国家向其进贡"②。在格林的影响下,泰勒政府认定,英国的废奴政策,其目标不仅仅局限于德克萨斯,而是要损害整个美国。

美国的这种不安全感(外部入侵和内部黑人反叛)在对外政策上的本能反应,就是吞并德克萨斯。约翰·泰勒总统在1838年曾当选为弗吉尼亚州的殖民协会(Colonization Society)主席,他及同仁们曾期望能将黑人都送到非洲或拉美。不少政客和政治评论家们也"提倡合并德克萨斯,以此作为解决这样一个复杂问题的简单方法","由于不愿意接受一个黑人作为合众国永久居民存在的未来,无论这些黑人是奴隶还是自

---

① 1831年8月在美国弗吉尼亚州爆发的由纳特·特纳领导的反奴隶制起义。约有76名黑奴和自由黑人参加。8月23日起义队伍遭到邻近地区派来的大批军队和民团的围攻,起义失败。随后约有28名黑人被逮捕审讯,16人被处决,另有100多名无辜黑人惨遭杀害。特纳逃亡后未能再集合支持者。10月31日被捕,11月5日被判绞刑,11日就义。
② Thomas R. Hietala, *Manifest Design*, p.18.

由人,扩张主义者们将德克萨斯看作他们国家中那些不想要的黑人人口的潜在的出路"。① 扩张主义者们既鼓励,同时也利用了这种反黑人共识来促成合并。对南方而言,吞并德克萨斯并将其变成蓄奴州将可能增强南方的政治力量,北方虽然反对奴隶制,但也害怕仓促解放黑奴,将使得超过 300 万的黑人涌入北方,因此欢迎合并以缓解紧张,并认为这将可能成为将美国所有黑人都迁移走的终极解决方案。他们认为,德克萨斯将吸引黑人和奴隶,并将所有黑人都转移到中南美洲。所以说,这时的德克萨斯问题,已经成为了"黑人问题",而美国的领土扩张,在一定程度上也被看作解决种族问题的方案之一。

二 帝国思想意识形态体系:"天定命运""美国例外论"和种族主义

在对比研究大英帝国和美国帝国的时候,英国著名历史学家约翰·罗伯特·西利(Sir. John R. Seeley)曾提出这样一个观点,他认为,大英帝国是在一种无心状态下建立起来的,美国也是如此。这一解释也成为美国人为自己的帝国行为进行辩解的说辞之一,直到今天仍能听到类似的诠释。那么,事实果真就是如此吗? 其实,只要仔细翻阅英美两国的扩张历史就不难发现,不管是英国还是美国,它们的扩张绝非一种无意识的行为,相反,它们有着清楚的扩张目标,并遵循一定的战略范式,而且还有着一套能自圆其说的帝国理论,"二者历史都显示出,极为有意识的计划和指导所产生的影响"②。美国帝国思想的发展,在 19 世纪 40 年代迎来了一个成熟时期,此时的帝国思想远远超越了对领土和商业机会的获取,一直伴随着美国人的那种强烈使命观念获得了付诸实践的更广阔舞台。1844 年波尔克赢得总统大选,标志着美国大陆扩张和帝国思想

---

① Thomas R. Hietala, *Manifest Design*, p. 11.
② R. W. Van Alstyne, *The Rising American Empire*, p. 100.

迎来了一个高峰，同时，这也是帝国思想的意识形态体系的一个鼎盛时期。这种帝国思想以"天定命运"为核心理念，并融合了种族主义和"美国例外论"这样的意识形态因素，它还从国家身份角度解释了美国之所以热衷于扩张的天赋权利和进步意义，所有这一切也在帮助美国铸造能更好地实现自身国家利益的新的国际秩序，它们共同构成了帝国思想的意识形态体系。

1. "天定命运"与美国国家身份的构建

"天定命运"是美国自建立之初甚至在独立国家出现之前就存在的一种思想，因此它并不是在这个时期凭空出现的新念头。从宗教的起源来看，它是加尔文教和新教在北美殖民地衍生出的一个变种，或者说是一个在新历史环境下的表现形式。如前文所述，使命观是美国对外扩张的重要理论核心。它起源于加尔文教义中的"预定论"，而美国的清教主要来自于英国，是对加尔文教的一种继承与发展，它对美国产生了极其深远的影响，因而如果不了解清教的意义，则无法了解美国人的精神世界和现实政策。

在经历了从杰斐逊到泰勒这一持续40余年的扩张之后，美国的领土早已大幅增加，不仅整个北美大陆唾手可得，近在咫尺的拉美诸国也都已经在美国影响力遮盖之下了，甚至梦寐以求的太平洋帝国似乎也并非那么遥不可及。此时美国更渴望能将自己的政治体制覆盖到更广阔的地域，变成更为庞大和强盛的帝国。1839年《民主评论》上一篇名为《未来的伟大国家》的文章鼓吹说："遥远无限的未来，将是美国的伟大时代。在其富丽堂皇的时空领域中，这个多民族的国家，注定将向人类显示出神意的完美，在大地上将建立起前所未有的极其高贵的殿堂"。[①] 从现实的国家利益角度来看，随着商业、种植园经济的发展，美国必须加快

---

① 张友伦：《美国的独立和初步繁荣(1775—1860年)》，第236页。

扩张步伐,从意识形态领域来看,则需要能够更好地阐述扩张主义政策合法性、更广泛地传播美国文明的价值观念体系。特别重要的是,美国建国时向全世界宣称自身为追求独立、自由、民主的新型国家,以"人人生而平等"作为立国立法立策之基础。这与急切需要进行的扩张之间存在的矛盾使得当时的美国人面临一个必须解决的问题:那就是如何使残酷的版图扩张同美国的理想无缝对接,这一对接既要为处心积虑谋求领土扩张的政治家和新生财富阶层大开绿灯,又能不明显违背建立"山巅之城"的初衷,不破坏"上帝选民""希望之乡"的神话在国内外的延续。"天定命运"思想的兴起与传播,正好能满足这样一种从上至下的扩张冲动。

"天定命运"的催化剂是德克萨斯和俄勒冈问题,其中尤其以前者为甚。1845年2月,美国国会通过了关于兼并德克萨斯的联合决议案,泰勒总统于3月签署了决议,同年12月29日,德克萨斯正式成为美国的第28个州。美国政府的行动一直得到扩张主义者的极大支持。"天定命运"最著名的鼓吹者是民主党人、狂热的扩张主义者约翰·奥沙利文(John L Osullivan)。1839年,他曾在《美国杂志和民主评论》上撰文宣称:"长远无限的未来将是伟大的世纪。在它的时间和空间宏大的领域里,这个多民族的国家被注定了要显示出天命原则的美德。它将以半球作地板,以星空为屋顶。"① 1845年7月,奥沙利文在1845年7—8月号的《美国杂志和民主评论》针对德克萨斯问题的《兼并》一文中使用了"天定命运"一词。② 他将扩张看作是爱国主义和国家责任感的体现,认为"向大陆扩张"是美国人的"天定命运",北美大陆"是上帝分配给我们每年增长数百万人,让他们自由发展的地方"。③ 奥沙利文还对外国政府试图干涉美国吞并德克萨斯的企图嗤之以鼻,把美国兼并墨西哥的德克萨

---

① 王绳祖主编:《国际关系史》(第二卷),北京:世界知识出版社1995年版,第333页。
② 大多数人认为,奥沙利文或许就是第一个使用该词的人。
③ 王绳祖主编:《国际关系史》(第二卷),第333页。

斯说成是上天的安排,"我们的天定命运赋予我们权利去扩张,占取整个大陆,这个大陆是上帝赐予我们用以进行自由的伟大试验,用以发展上帝委以我们的联邦式自治政府。这是如此恰当的事情,如同树木朝气蓬勃地向上生长,土地用于完全扩展和生长的命运"①。

"天定命运"很快成为最能刺激美国人的宣传口号,成为一种左右人们思想的"世俗宗教",并为国家身份的诠释注入了新的元素。自建国以来,在大部分时间里,美国表达利益关注的方式主要是政治性声明、外交宣言和外交条约,这是因为美国的"国家身份是一个相对弱小的国家,它清楚地知道自己想要的是什么,但是又几乎没多少办法使之得逞,这种身份在它早期对待帝国思想的立场中表现得极为明显"②。到了19世纪40年代,情况发生了明显变化,这时的美国进入青春躁动时期,自感实力今非昔比,"很多人狂热地相信,具有无限智慧的上帝已经'明显地''命定'了年富力强的美国人把他们高尚的共和制度从巴拿马扩展到北极,也许要遍及整个南美洲"③。这样的想法很有市场,也很容易受到人们欢迎。它强烈地表达了美国的使命意识,也就是常说的"救世主(弥赛亚)精神",特别是这一论述突出强调了美国作为上帝选民的特殊身份,视美国的扩张为对上帝安排的回应,而整个北美大陆则被看作是上帝赐予美国的土地。"天定命运"并非无本之木、无源之水,而是来自于一种根深蒂固的理念,核心内容是:作为上帝最优秀选民的美国人,有一种宗教上、道义上和文化上的"义不容辞"的使命,要将美国文明和制度传播到整个美洲大陆,乃至于整个世界。

"天定命运"集中反映出了这一时期美国的民族情绪(同时也是一种国家身份认知)。它对美国如何出现、何以存在、如何演进都提供了具有

---

① Michael T. Lubragge,"Manifest Destiny, The Philosophy That Created A Nation", http://www.let.rug.nl/usa/E/manifest/manifxx.htm.
② Mary Ann Heiss,"The Evolution of the Imperial Idea and U.S National Identity", p. 515.
③ 王绳祖主编:《国际关系史》(第二卷),第333页。

强烈宗教色彩的历史性解释。或者可以这样说,"天定命运"为美国的扩张——无论是领土、价值观念还是商业利益——解释了必然性、提供了合法性、宣扬了神圣性。正是对自身存在价值的这种定位,成了这一时期美国对外政策的一个重要的意识形态基础。此外,"天定命运"还为美国扩张发展出一套自我辩护的方式,首先是占领无人居住(准确讲,是没有白人居住)的土地,然后移植美国的共和制度和自由市场经济体制,建立起自治政府,最后在双方同意基础上,兼并这些新土地。美国认为,这样的方式是和平的、非暴力的,也是符合民主精神的,因而区别于英国等国的帝国统治模式。正如有学者总结的那样:"'天定命运说'是19世纪40年代在美国出现的一种政治思潮,是种族主义和扩张主义的集中体现。它把'理想主义'和野蛮的掠夺、侵略结合在一起,再加上'秉承上帝旨意'之类的词藻,为当时美国的大规模的土地扩张提供了舆论上和精神上的支持。"①

2. "美国例外论"对帝国思想的辩护

同"天定命运"紧密相关联的,就是"美国例外论"(American Exceptionalism)。它的存在,让美国的帝国思想尤其是扩张政策有了更强的驱动力和说服力,就像有学者所指出的那样,"与之前刺激美国寻求对北美控制的安全考虑不同,'天定命运'的动力来自于对美国优越性、例外主义和神授使命深刻且长久的信仰"②。

长期以来,"美国例外论"被视为美国的一种"非正式的意识形态"。"美国例外论"认为美国这个国家自建立时开始,就"自带光环",是人类历史进程中一个独一无二的国家,代表了文明进步的方向,对欧洲大陆上弥漫丛生的腐朽和堕落具有天然免疫力,是未来世界最为理想的社会

---

① 张友伦:《"天定命运说"和十九世纪美国的土地扩张》,载南开大学历史研究所《美国历史问题新探》,北京:中国社会科学出版社1996年版,第113页。
② Mary Ann Heiss, "The Evolution of the Imperial Idea and U. S National Identity", p. 520.

模式。与美国出现的很多思想一样,"美国例外论"也是传统观念的延续和发展,其思想起源可以追溯到建国之前的经历,特别是存在于北美殖民地从一张白纸开始绘制理想之国的过程之中。欧洲移民在来到北美大陆之后,普遍将其作为试验新制度的天堂。这里没有森严的等级,没有残暴的君主,没有苛刻的税收和无休止的战争,人们彼此间的政治关系更为平等,个人基本权利也能得到比较好的保障,无怪乎有人会总结说,"整个17世纪,欧洲人把北美大陆看成未定之地,是可以实现其建立一个比欧洲更好世界的抱负的地方"①。

随着北美殖民地同大英帝国在诸多问题上矛盾日益尖锐,殖民地人民越来越感到,北美这块乐土应该,也必须成为比欧洲旧大陆更文明、更自由、更优越的新大陆。在这种寻求同母体割裂,建立新的国家和民族身份的斗争中,人们对新身份独特属性的渴求也变得越来越强烈。潘恩在《常识》一书中宣称:"英国对这块大陆(指北美)的统治迟早必须结束。英国和美洲分属不同的制度。英国属于欧洲,美洲属于它自己。"②潘恩的观点之所以在当时能如烈火燎原般盛行起来,就是因为他说出了绝大多数北美殖民地人民的心声。潘恩的理论,完全可以看作是"美国例外论"早期萌芽的一种表现,因为"他将英属美洲这一概念加以拓展深化,形成一个独一无二的政治社会实体,阐发了美国代表着未来,不仅是旧欧洲而且是整个世界学习效仿的榜样"③。美国独立之后,这个新生国家所形成的国家身份认知也反映了美国人的集体性选择。美国人相信,美国制度比欧洲制度更为优越,虽然美国也追求扩张和权势,但是美国天生就是旧制度的掘墓人,美国的扩张,就是自由制度的扩张,代表了人类

---

① Jack P. Greene, *The Intellectual Construction of America*: *Exceptionalism and Identity from 1492 to 1800*, Chapel Hill: The University of North Carolina Press, 1993, p. 63.
② Edward W. Chester, *The Scope and Variety of U. S. Diplomatic History* (*Readings to 1913*), vol. 1, New Jersey: Prentice-Hall, 1990, p. 2.
③ Jack P. Greene, *The Intellectual Construction of America—Exceptionalism and Identity from 1492 to 1800*, p. 138.

文明前进的方向。因此,法国学者托克维尔才会在自己游历考察美国后写出的《论美国的民主》一书中表示,美国是如此的例外。

与"天定命运"一样,"美国例外论"也饱含强烈的宗教色彩,并体现在对外政策之上。首先,"例外论"赋予美国一种宗教使命。美国的例外,是来自于上帝的选民身份,以及清教精神所塑造的使命精神和优越感。温斯罗普在其著名的"基督慈善的典范"布道中宣扬:"上帝的以色列就在我们中间。……我们将是山巅之城,所有人的眼睛都在注视我们。"①1783年,埃兹拉·斯泰尔斯(Ezra Stiles)牧师在布道时说:"上帝仍然赐予他亲手栽植的这颗藤蔓更大的祝福……公民自由和宗教自由具有美妙的和诱人的魅力。对这些自由和财产的享受,赋予了美国的英格兰移民最令人惊异的精神。人们从来没有在所有的人收获自己的劳动果实和分享总的权力制度方面做过如此有效的试验……上帝使他的美国选民高于他创造的所有其他民族。"②另一位牧师乔赛亚·斯特朗(Josiah Strong)也颂赞:"所有这些人都结合成为一个盎格鲁-撒克逊民族,表明这个民族是杰出而胜任的,因此是上帝的选民,准备在人间为他的天国的完全到来做准备。"③"美国例外论"的必然推论就是一种使命观。因为,"'美国例外论'是一种具有双重目的的想象,根据这一想象,所有在"新世界"形成之前的历史都将趋向这一目的,新世界不仅是一片土地,而且是一个使命。它强调历史从过去走向现在是一个走向文明、民主和民族统一的历史。这一历史是例外论意识形态所解释的历史,它被翻译成'天定命运'的概念"④。由此可见,"例外论""天定命运"等在内在逻辑上是一脉相承、同气连枝的。正因为美国认为自己比其他国家更

---

① Thomas G. Paterson, Dennis Merrill, ed., *Major Problems in American Foreign Policy: Documents and Essays*, Massachusetts: D. C. Heath and Company, 1995, p. 28.
② 周琪:《"美国例外论"与美国外交政策传统》,载《中国社会科学》2000年第6期,第89页。
③ Arthur M. Schlesinger, Jr., *The Cycles of American History*, Boston: Houghton Mifflin Company, 1986, p. 15.
④ 周琪主编:《意识形态与美国外交》,上海:上海人民出版社2006年版,第139页。

加优越,美国和美国人民也理所当然地要肩负起特殊的使命,这种使命感激励和号召美国人要如同十字军一般,去拯救其他国家和人民。美国坚信,美国就是这样一个建立在山巅之上、具有神圣使命的国度,它应把新教、民主政治和资本主义制度传播到北美乃至世界。"这种以自信、乐观和浓厚的宗教情结为特征的国民特性和政治文化,长期影响着美国的对外政策,无论是外交决策者还是普通民众,都是从这些基本的价值观念和意识形态来进行外交思维的。"①美国的使命精神及其宣扬的文化霸权,被看作具有普世性,而美国在世界上的终极使命,就是要成为所有国家学习的典范,它代表了最自由和最理想的制度,能够纠正一切不合理的人类行为,规范其他国家的行为,从而将世界从邪恶和战乱中拯救出来。

"美国例外论"在对外政策中很轻易地就为扩张主义提供了源于自己视角的合法性解释,或者说,为美国对外政策提供了一个必不可少的道德高度。按照美国著名外交学者杰里尔·A. 罗赛蒂(Jerel A. Rosati)的分析:"美国人不仅认为自己是清白和慈善的,而且还有一种强烈的例外论意识。美国的历史由一个个成功故事所组成,从西进运动到经济发展并跃升为一个世界大国。美国例外论意指上帝总站在美国一边,美国代表进步和未来世界的最好社会模式。美国人相信自己文化和社会方式的优越性,并且有着要将世界基督化和美国化的命定感。"②因此,在这个意义上来讲,美国的对外扩张就是为了构建一个更善的世界,要逐步打破旧的秩序,利用自身的力量去帮助落后和不幸的国家,改变它们的价值观念和社会制度。这时的美国,心里装的不仅仅是自己的一亩三分地,有更多的人开始憧憬将自己国家所珍视的道德理想和政治体制,最大限度地延伸到世界范围之内。"美国例外论"既是一种催化剂,同时也

---

① 刘丽云、张惟英、李庆四:《美国政治经济与外交概论》,北京:中国人民大学出版社 2004 年版,第 330 页。
② Jerel A. Rosati, *The Politics of United States Foreign Policy*, Fort Worth: Harcourt Brace College Publishers, 1999, p. 408.

是麻醉剂,让美国沉迷于拯救世界的神圣使命之后,盲目且固执地相信,"美国不仅是各国的榜样,也会是世界的保护人,规范其他国家的行为,代表着世界拯救的最后也是最好的机会。美国的神圣使命就是将新教、民主制度、自由资本主义制度向北美及其以外传播"①。对照美国外交政策的发展演变,可以看出来,"美国例外论"已经成了美国对外政策的根源之一,它鼓励美国传播自由和文明,同时也粉饰了冠冕堂皇之后的那些野心、龌龊和伪善。

"美国例外论"的这些特征和对民众产生的特殊功效,自然而然会受到帝国思想的青睐和拥抱。它让美国的帝国思想的宗教神圣感和世俗合法性得到了进一步的强化。如戴维·卡拉汉(David Callahan)所指:"关于美国世界角色的广为接受的信念就是美国例外论——美国不仅与其他国家不同,而且在每一个方面都更加清白、慷慨、高尚、民主,与这种鲜活理想相对照的就是旧世界根深蒂固的腐败。"②在履行这一职责时,正是因为有了"美国例外论"这张法力无边的护身符,美国完全不必担心一轮轮的扩张可能损害民主共和制度,如当年凯撒跨过卢比孔河那样,将美国诱惑腐化成为旧式帝国。因为"美国例外论"证明了美国同欧洲列强间的本质差异,也让美国相信,即便美国不断地追求扩张甚至可能卷入战争,美国也可以避免成为走上英国、法国那样的帝国道路。扩张主义者们以此洋洋自得地进行着自我辩护,反复鼓吹美国是一个新的帝国,无论是在未来发展的前景上,还是在国家权势和影响的正义性及合法性上,都必将超越眼下看似还如日中天的老牌帝国。

3. 美国种族优越感的历史含义和社会影响

正是在这样的时代,当许多欧洲人踏上美国土地后,他们惊讶地发

---

① Deborah L. Madsen, *American Exceptionalism*, Jackson: University Press of Mississippi, 1998, p. 100.
② David Callahan, *Between Two Worlds: Realism, Idealism and American Foreign Policy*, Harper Collins Publishers, New York, 1994, p. 17.

现,种族主义已经成为一个具有普遍性的严肃问题,而种族歧视也是"杰克逊时代"最为重要的社会现象和文化特征之一。历史学家亨利·斯蒂尔·康马杰(Henry Steele Commager)指出:"美国人完全生活在新世界,这里得天独厚,无比富饶,因而形成一种夜郎自大的信念,确信美国是世界上最好的国家。每一个横渡大西洋到美国来的移民,在想象中也确信这里是可以任意驰骋的乐园;他们轻视其他国家和民族几乎达到旁若无人的程度。"①这种种族主义集中表现在对非白人,尤其是美洲土著以及其他国家人民的歧视之上。在这种不平等思想中,盎格鲁-撒克逊民族之外的人,在北美大陆生存和发展的合法权益都成了美国帝国扩张的祭品。

这种种族主义观念首先表现在西进运动中如何对待印第安人上。追溯到殖民地建立和初步发展的阶段,北美定居者在不断扩大定居点、寻找贸易机会的过程中,就与印第安人之间产生了持续的冲突。一方面,在土著印第安人看来,这些漂洋过海踏上北美大陆的白人贪得无厌,无所不用其极地蚕食和抢占印第安人所世代居住的土地,这无疑被看作是一种赤裸裸的入侵,因此自然而然地引发了印第安人的激烈反抗。另一方面,在定居者眼里,这些还保持着几乎原始部落状态的土著,已然阻挡了新生文明前进的道路。即便被歌功颂德的美国开国之父们,他们身上的种族主义情结在看待印第安人问题上也是显露无疑。譬如,华盛顿蔑称印第安人为"捕食的野兽",本杰明·富兰克林则用"残暴无情的印第安野人"来称呼他们。约翰·亚当斯将与印第安人的战斗称为"屠宰猎犬",富兰克林毫不讳言自己对肤色的偏见,认为这是一种自然趋向,由此鼓吹建立纯洁的白人社会,认为盎格鲁-撒克逊人作为上帝选民,是世界上最优秀的种族。杰斐逊在《独立宣言》中将印第安人描绘成:"残酷无情、没有开化的……众所周知,印第安人的作战规律是不分男女老

---

① 王晓德:《美国文化与外交》,第 237 页。

幼,一律格杀勿论。"①当时制定的宪法规定,众议员人数及直接税税额,按联邦各州人口数目比例分配,但不包括不纳税的印第安人,这实际上否定了印第安人在美国国家政治版图中的合法公民权。

印第安部落不仅被排斥在新生国家的政治进程之外,其最基本的生存权也遭到严重威胁。出于对领土扩张的贪婪渴求,美国"通过一种威胁、欺骗和狡诈的政策,开始系统地强占那些甚至是忠诚的印第安人的土地"②。从1830年开始,杰克逊政府强迫密西西比河以东的印第安人迁徙到密西西比河以西,以便白人占据原来属于这些印第安人的广袤肥沃土地,这一过程就是美国印第安人历史上极为悲惨的"血泪之路"。对于当时不愿服从的部落,美国政府调动军队予以剿灭或屠杀,残酷的战争给很多印第安部落带来灭顶之灾,甚至致使印第安人濒临灭绝。当时正在美国进行考察的托克维尔目睹了印第安人的遭遇后,专门写道:"我方才提到的诸部(注:印第安人诸多部落),昔日曾满布于北美各地,甚至发展到海岸。现在,只有深入到内陆100多里,才能见到印第安人。这些野蛮人不仅向内陆逃离,而且正在逐渐灭亡……在人类的历史上,还没有见过一个发展得如此惊人而消失得又如此迅速的民族。"③托克维尔悲天悯人,对印第安人的命运忧心忡忡,他说:"北美的印第安人注定要灭亡……一旦欧洲人在太平洋海岸立足,那里的印第安人将不复存在。"④因为"无论从哪一方面去考察北美土著的命运,他们的灾难好像都是无法补救的:如果他们继续保持野蛮,则白人会一面前进一面驱赶他们;如果他们想要自己开化,则与比他们开化得多的人接触后,就要受到压迫和使自己贫困;如果继续从一块荒野漂泊到另一块荒野,则会灭亡;

---

① [美]J. 艾捷尔:《美国赖以立国的文本》,第29页。
② Walter L. Hixson, *The Myth of American Diplomacy: National Identity and U.S Foreign Policy*, p. 39.
③ [法]阿历克西·德·托克维尔著,董果良译:《论美国的民主》(上卷),北京:商务印书馆2004年版,第374页。
④ [法]阿历克西·德·托克维尔:《论美国的民主》(上卷),第380页。

如果设法定居下来,也还得灭亡"。① 在美国建立大陆帝国的扩张道路上,印第安人的鲜血染红了扩张主义者的刺刀和军功章。直到近百年后,美国社会才真正开始对这段历史进行反思,当初印第安人遭受的残酷命运才逐渐得到主流社会的关注。

其次,黑人的地位也是种族主义的牺牲品。美国提倡的自由和平等,在宪法上其实也是不全面的,对黑人的歧视始终是美国历史的一道深深的伤疤。从华盛顿时代开始,很多美国政治家都怀有类似的想法,即黑人低人一等是自然的决定。美国的白人作为"上帝的选民"自然而然也有资格去统治这一低等的人种。杰斐逊本人虽然并不认同奴隶制,但是他却相信,黑人是无法在智力和能力上达到白人的水平的,因此这是两个永远无法平等相处的种族。他曾长期致力于在非洲建立殖民地,以便将美国国内的黑人全部遣返回他们本该属于的大陆。伴随着奴隶种植园经济在南方的发展,美国国内对黑人的歧视也愈演愈烈,顽固坚持实行不平等的奴隶制的势力也日趋壮大。即便是在那些没有实行种植园经济和奴隶制,或者是已经废除了这种制度的地方,黑人的处境也极其糟糕,无论是生存环境还是在人们观念中的地位。托克维尔敏锐地观察到:"我发现,蓄奴制衰弱了,但它所造成的偏见依然故我……我觉得,种族偏见在已经废除蓄奴制的州,反而比尚保存蓄奴制的州强烈;而且,没有一个地方的种族偏见,像在从来不知蓄奴制为何物的州那样不能令人容忍。"②

最后,美国的种族主义还表现在对西班牙裔美洲人(或拉丁种族)抱有的歧视上。这个族群在当时美国的身份和地位比较特殊,从国家安全角度来看,美国认为他们是印第安人、黑人、西班牙人的混杂,是西班牙美洲帝国野心投射在北美大陆的阴影,对美国的国家安全构成了威胁。

---

① [法]阿历克西·德·托克维尔:《论美国的民主》(上卷),第394页。
② [法]阿历克西·德·托克维尔:《论美国的民主》(上卷),第399页。

更为重要的是,美国认为这些人同盎格鲁-撒克逊人相比,天生就低人一等,但却又占据着广袤肥沃的土地和通向太平洋的优良港口。墨西哥的一位部长曼钮尔·德·佐扎亚(Manuel de Zozaya)曾抨击美国说:"美国人将西班牙裔美洲人看作是劣等的,因此相信他们有权剥夺我们的财产"。西班牙的首相路易斯·德·奥尼斯(Luis de Onis)在1826年也写道:"现在美国人相信自己比任何欧洲民族都优越,'天定命运'召唤着他们朝着巴拿马地峡以及新世界的每个地区延伸他们的统治。"①这种种族偏见甚至使得一些美国人在对墨西哥战争之后担心大量墨西哥人成为美国人口的一部分。杰克逊的副总统约翰·C.卡尔霍恩(John Caldwell Calhoun)警告说:"墨西哥人中有一半以上是印第安人,另一半则主要是各个混血部落。我反对同这些人组成联邦!阁下,我国政府是一个白人政府。"②

上面提到的这三种思想,在泰勒-波尔克时期的扩张政策中,在意识形态领域起到了不可忽视的引领作用。它们并不是彼此分离的观念,而是将思想、自我认知以及种族情结等方面共同融合为一种帝国式的意识形态体系。这种意识形态体系是以扩张为中心的,这种扩张的合法性又来自于"天定命运""美国例外论"以及强烈的种族主义情绪。帝国思想的意识形态化,是美国对自身国家身份再认识过程导致的必然结果,同时也是强化国家身份的精神鸦片,这种意识形态体系解释着何为美国、何为美国的目标以及何为美国渴望的世界。对于这样的扩张,美国国内认为是上天的旨意。正是在这样的思想驱使下,美国在19世纪经历了最为显著的版图扩张,成为横跨北美、君临两洋的西半球霸权国家。

---

① María del Rosario, Rodríguez Díaz, "Mexico's Vision of Manifest Destiny during the 1847 War", *Journal of Popular Culture*, Vol. 35, Issue. 2, Fall, 2001, p. 42.
② [美]孔华润:《剑桥美国对外关系史》(上),第178页。

三 19世纪中期的帝国思想与对外政策

帝国思想的喧嚣尘上,并不与美国自身的反帝国传统相矛盾。因为在美国的扩张主义者看来,美国是北美的新帝国,一个与欧洲帝国有着天壤之别的强盛之国。他们将扩张视为天赋的使命,"民主制度是如此尽善尽美,以至不会受到任何国界的限制……扩张是上天安排的启发邻近国家遭到暴君蹂躏的人民大众的一种手段,它不是帝国主义,而是强行的拯救"①。但是,血淋淋的历史证明,所谓的"强行的拯救",不过是用来美化帝国扩张政策的工具。美国历史上赫赫有名的泰勒-波尔克时期的大陆帝国扩张也正是在这样的思想潮流之下,迅速拉开了序幕。

1. 帝国思想刺激下的大陆扩张

约翰·泰勒是美国历史上有一位颇具戏剧性色彩的总统,此君在政坛左右逢源,最初他是以辉格党人的身份荣登总统宝座,却因其来自于南方,与党内大佬克莱等人在内外政策上总是不合拍甚至背道而驰,因此很快在党内几乎成了孤家寡人,在任职不久之后随即被开除了党籍,于是他不得不逐渐向民主党人靠拢,并最终加入民主党阵营。这样传奇的政治经历,恐怕比现在热映的美剧《纸牌屋》的情节也是有过之而无不及的吧。不过,正是在他任期内,以德克萨斯问题为中心的扩张政策争论达到一个高潮。

德克萨斯问题可以说是美国帝国意识形态的一块重要的试金石。德克萨斯是墨西哥的一个州,毗邻美国路易斯安那州。这里土地肥沃,是种植园经济的天堂。该地主要为印第安人所有,墨西哥政府对此地的控制也不严格。加上墨西哥当时实行宽松的移民法和土地法,因此自19

---

① 张友伦:《美国的独立和初步繁荣(1775—1860年)》,第235页。

世纪 20 年代开始,大量的美国人开始涌入德克萨斯。到 1835 年,此地的美国白人已多达 3 万人,带入此地的奴隶也有 6000 人。① 1835 年,盘踞在德克萨斯的美国人在本国政府的支持下,发动叛乱,并于次年成立"孤星国"。美国国内对此群情激奋,掀起支持德克萨斯独立的浪潮。1836 年 4 月,墨西哥总统圣安纳亲征德克萨斯,最终失败被俘,被迫签署承认德克萨斯独立的条约,尽管墨西哥之后推翻了此条约,但是在第二年,美国仍正式承认了这个"孤星国"。

显而易见,美国的野心远不止如此。奴隶主阶层和扩张主义分子不断要求政府兼并德克萨斯。在他们看来,一个独立的德克萨斯并不是最终的结果。他们相信,一旦德克萨斯长期保持独立,势必会成为美国的竞争对手,阻挡美国向更南部继续扩张,从而对他们的帝国构想形成威胁。这也并不完全是无中生有,空穴来风。德克萨斯总统萨姆·休斯顿(Sam Houston)在 1844 年时就曾经建议德克萨斯人应该试着将自己作为独立人民来思考,而不要再"为了加入美国而摇尾乞怜",因为"如果作为一个独立国家,我们的领土将会扩张——而且是毫无限制的","仅仅只有太平洋将会束缚我们种族和帝国的强大进程"。② 在德克萨斯内部也有人对英国暗送秋波。对于美国的扩张主义者来讲,一个自由的墨西哥可以接受,但一个自由的德克萨斯不能接受,因为后者将可能成为帝国的竞争者。

1844 年,在约翰·泰勒的力促之下,美国与德克萨斯签署合并条约,但在参议院却未能赢得 2/3 的多数票,第一次合并就此流产。德克萨斯问题在泰勒总统卸任之前迎来了突破。这位被辉格党人视为叛徒的总统,建议两院以简单多数方式通过联合决议,完成对德克萨斯的兼并。此法得以成功,于是,泰勒在 1845 年 3 月 1 日,也就是他卸任前 3 天签署

---

① 王绳祖:《国际关系史》(第二卷),第 341 页。
② Thomas R. Hietala, *Manifest Design*, p. 51.

了兼并德克萨斯的决议,同年12月,德克萨斯正式成为美国第28州。

不过,德克萨斯问题只是多米诺骨牌中的第一个,随之而来的还有俄勒冈和加利福利亚。

俄勒冈是英美在北美地区一块长期争议的地区。19世纪之初,英美都在哥伦比亚河领域建立贸易点,彼此一直争执不断。双方曾达成折中协议,对其共同占有。在之后的"俄勒冈热"中,美国移民不断涌入俄勒冈,1843年有875名美国人在俄勒冈;1844年增加到1475人;1845年达到3000人;到1846年6月为止,已有7000名美国人居住在俄勒冈,10倍于当地英国人的数量。① 1850年,美国在俄勒冈的居民已经达到1.3万人。在当时的美国,中西部地区政治和经济利益集团热衷于获得整个俄勒冈,辉格党人关心的则是加利福尼亚,并希望以俄勒冈为条件与英国进行交易,而南部的民主党则觊觎德克萨斯。俄勒冈如同德克萨斯一样,成为美国国内最具刺激性的话题。各地出现"俄勒冈大会",而以印第安纳州的爱德华·汉尼根(Edward Hannegan)、密执安州的刘易斯·加斯(Lewis Gass)、伊利诺伊州的斯蒂芬·道格拉斯等人为核心的议员公开提出"54度40分或者战争"的口号。"54度40分"派曾一度接近胜利,1843年初,他们在参议院通过了将俄勒冈组建为准州的提案,但因为众议院最后的否决,才避免了与英国发生直接冲突。

俄勒冈问题引起的社会波动,成为波尔克竞选总统并加以利用的政治资源。波尔克赢得大选时的竞选口号就是"重新合并德克萨斯"和"重新占领俄勒冈"。波尔克就任总统后,组建了一个在美国历史上赫赫有名的扩张内阁。它包括了国务卿詹姆斯·布坎南(James Buchanan)、陆军部长威廉·L.马西(William Learned Marcy)、海军部长乔治·班克罗夫特(George Bancraft)、财政部长罗伯特·詹姆斯·沃尔克(Robert James Walker)等扩张主义者。此外,来自俄亥俄的威廉·阿伦

---

① 杨生茂:《美国外交政策史(1775—1989年)》,第128页。

(William Allen)出任外交关系委员会主席,安布罗西·H.塞维尔(Ambrose Hundley Sevier)和刘易斯·卡斯(Lewis Cass)也加入该委员会。他们领导了一个西北部民主党人团体,包括斯蒂芬·道格拉斯和奥兰多·费克林(Orlando Ficklin)、爱德华·汉尼根等,这些人想尽一切办法继续鼓动吞并俄勒冈。对于通过扩大领土来为美国不断增长的产品和持续扩大的贸易寻求市场,辉格党人也予以支持。因此,可以说,扩张是那个时代的共识,也是鼓舞美国上下前进的精神动力。国内党派内部和不同党派之间的分歧在于扩张的方向,以及以何种方式来获取市场,尤其是否要为此冒险与英国发生冲突。波尔克上台后,他在俄勒冈问题上采取了咄咄逼人的攻势姿态,这也引起了内部的担忧。波尔克声称美国对俄勒冈拥有毋庸置疑的主权,并提出对54度40分以南土地的要求。波尔克甚至在国情咨文中表示必要时不惜动用武力,同时还威胁在一年后废除英美共管协约。辉格党人、南部和东部的民主党人主张温和的、水到渠成式的兼并方式,也就是还是主要依靠向俄勒冈继续移民,从而逐步控制这个地区。在1846年初的俄勒冈问题大讨论中,由于反战势力占了上风,加上美墨战争危机的升级,波尔克等人不得不将俄勒冈议题暂时束之高阁。英国方面因较为看重北美这个市场,也并不愿因为俄勒冈与美爆发冲突,所以也表示愿意与美国协商。英国提出按49度线划至普杰特湾,再沿胡安-德富卡海峡到太平洋,英国保留温哥华岛,并维持在哥伦比亚河的航行权。这一提议得到波尔克政府明智的回应,最终两国在1846年6月15日签署了《俄勒冈条约》。这是美国在外交战线上取得的重大胜利,新增领土70多万平方公里,边界正式抵达太平洋。而此时,美国与墨西哥之间的战争正进行得如火如荼。

美墨战争的爆发是当时美国这个大陆帝国狂热扩张所带来的无法避免的后果。波尔克就任总统后,迅速巩固了泰勒的成果,对德克萨斯进行了军事占领。不仅如此,他还对相邻的墨西哥的领土垂涎三尺。1845年12月,波尔克在国会宣读的年度咨文中,重申了"门罗主义",并对其进行了引申。波尔克宣称,"只有本大陆的人民才有权决定自己的命运",如果其中任何一部分"组建了独立国家",并谋求"加入美国联邦","这将是一个有待于他们和我们自己决定的问题,无需任何外国介入。我们绝不同意欧洲列强从中干涉,阻挠这样的联合"。① 此外,波尔克还强调"门罗主义"中的"不准殖民原则",显然,这样做是针对欧洲国家在美洲建立殖民地的企图,也反映出当时美国对依然对美洲垂涎的英国、法国、西班牙等欧洲列强的警惕。波尔克的国情咨文在美国外交史上是一份重要的文件,它进一步完善了门罗宣言的内容,使其真正成为美国最重要的外交原则之一,同时这份国情咨文也可以看作是战争的檄书,是波尔克政府为自己即将鼓动的帝国扩张吹响了号角。

由于在俄勒冈问题上遭到国内不少人士的责难,为转移批评视线,安抚大众情绪,波尔克很快就将目标指向了加利福尼亚。加利福尼亚在当时如同一块充满了财富机遇的磁铁,对美国商业阶层有着难以抗拒的吸引力。在19世纪40年代时,有大约800多名美国人到此定居,并逐渐垄断了该地区的皮毛贸易。共同的利益追求使得这群人开始抱团取暖,形成了一个小利益集团,为寻求得到政府的支持,这个小集团想方设法地与美国政府保持着密切的关系。这一迹象也引起了人们的关注。蒙特雷的布赖恩特和斯特吉斯居民代表阿尔佛雷德·罗宾逊(Alfred Robinson)就曾预言说:"一旦让这股潮流流向加利福尼亚,美国人的数量将足以在此玩弄类似德克萨斯式的把戏。"② 除了商业财富的诱惑,美国政府对加利福尼亚的高度关注还来自于对海洋扩张前景的憧憬。加利福尼亚拥有太平洋沿岸的数个良港,这也正是当时正向太平洋远处的财富和机遇极目远眺的美国所急需的。因此,很多人相信,如果美国要扩张海上利益,发展海军,就必须掌握旧金山,或者是将俄勒冈和加利福

---

① [美]孔华润:《剑桥美国对外关系史》(上),第192页。
② R. W. Van Alstyne, *The Rising American Empire*, p. 135.

尼亚都变成美国的州。泰勒时期的国务卿丹尼尔·韦伯斯特(Daniel Webster)曾略显夸张地表示,旧金山的价值至少是德克萨斯的二十倍。①在美国国内,支持战争的人随处可见。总体而言,南方人与德克萨斯有着千丝万缕的关联,更重要的是"密苏里妥协案"限制了南方人在36度30分以北的新成立的州实行奴隶制,而墨西哥地区则不受此限制,因而他们对战争最热情,甚至梦想扩张到加勒比和中美洲地区。西部诸州,如俄亥俄、印第安纳、伊利诺伊、肯塔基等,对扩张也持支持立场,"这些州的公民们将自己看作是将整个北美洲纳入美国盎格鲁-撒克逊清教徒的共和制度统治之下的'天定命运'鲜活的证据"②。即便是在辉格党势力的心脏地带新英格兰(新英格兰人长期担心西部扩张削弱自身政治影响力,并反对扩大奴隶制),但凡具有商业头脑的人都无法忽视加利福尼亚能带来的种种好处,对海外贸易的渴望也刺激着战争情绪。

波尔克就职时就曾经对班克罗夫特表示,获得加利福尼亚将是他第一任期的重要目标之一。他还向身边的人坦承,如得到加利福尼亚和新墨西哥,其价值将高达4000万美元之多。帝国的鼓吹者布坎南对波尔克的观点不禁拍手叫好,认为获得这些土地所带来的价值是再多的金钱也无法衡量的,布坎南就此强调说:"拥有这个海湾和旧金山的港口对美国来说是至关重要的。"波尔克政府为实现这一野心,未雨绸缪,将美国领事托马斯·拉尔金(Thomas Larkin,一个依靠太平洋贸易发家的商人)指派为驻守加利福尼亚西面蒙特雷的秘密间谍,以为争夺加利福尼亚打好基础。布坎南当时给拉尔金下达的指示是:"我们商业和捕鲸业在太平洋的利益要求你以最高的警惕性发现和挫败外国政府在这个地区可能获得控制权的企图。"③拉尔金本人也对加利福尼亚的商业前景极为看好,自然对此心领神会,他认为"旧金山能发挥重要的防御作用",并

---

① 王玮、戴超武:《美国外交思想史(1775—2005年)》,第121页。
② John C. Pinheiro, *Manifest Ambition: James K. Polk and Civil-Military Relations*, p. 37.
③ 杨生茂:《美国外交政策史(1775—1989年)》,第131页。

"可能可以容纳世界上所有的船只"。① 当时的加利福尼亚问题,不仅仅是美国在北美大陆强取豪夺领土,而且也关系到美国在国际上的地位与影响。波尔克政府就直接将加利福尼亚问题与同英国的竞争联系起来,波尔克本人明确表示"美国人民不愿让加利福尼亚变成英国或任何外国君主建立的新殖民地"②。美国认为,只要美国能夺得加利福尼亚和新墨西哥两地,就将剥夺英国赢得太平洋海岸最好港口的机会,这将有助于美国建立全球商业霸主地位,因为"征服加利福尼亚,如同海军现代化、合并德克萨斯、获取俄勒冈以及降低关税一样,是一个有助于推进美国商业财富的措施"③。

彼时彼刻,美国的野心已然路人皆知,内部扩张的情绪也煽动了起来,摆在波尔克面前的,是如何获取加利福尼亚。在当时来讲,手段无外乎以下三种:煽动当地叛乱、出资购买、直接武力夺取。波尔克派出特使前往加利福尼亚,向当地居民宣扬吞并的理由和好处。1845 年,布坎南也给潜伏在加利福尼亚的拉尔金传话,要求后者在加利福尼亚尽可能煽动叛乱,最终目标是吞并该地。布坎南的原话中充满着帝国式贪婪的野心和伪善的掩饰:"我们政府没有野心勃勃的志向,也无意将联邦体制扩展到我们已经拥有的领土之外的更多土地之上,除非是毗邻地区那些独立民众自由、一致的希望。"④

另外,波尔克派出约翰·斯莱德尔(John Slidell)作为特使到墨西哥为购买加利福尼亚进行谈判。波尔克政府当时信心很足,足到头脑发热,误认为墨西哥政府畏惧美国军队,不敢与美国硬碰硬,因而幻想用美元就能迫使墨西哥妥协。因此,波尔克要求斯莱德尔在商谈购买事宜时,要明确以格兰德河为边界,美国愿意出价 500 万—3000 万美元作为

---

① Thomas R. Hietala, *Manifest Design*, p. 85.
② Thomas R. Hietala, *Manifest Design*, p. 84.
③ Thomas R. Hietala, *Manifest Design*, p. 89.
④ R. W. Van Alstyne, *The Rising American Empire*, p. 140.

领土补偿。500万美元是对新墨西哥的补偿,3000万则是用于购买加利福尼亚(包括旧金山)。但是,当时在墨西哥国内也存在一股强硬的战争派势力,面对美国的野心,他们怒火中烧,鼓励政府与美国一战。墨西哥政府在事关国家安全和荣誉的领土问题上,也不敢冒天下之大不韪与美国进行交易,唯恐此举引发国内动乱。因此,墨西哥政府甚至拒绝接待斯莱德尔,这也宣告美国试图在外交领域诱使墨西哥就范的如意算盘落了空,于是,早已经失去耐心的扩张主义分子们开始将枪口对准墨西哥,并迫切地寻找能扣动扳机的机会。

此时,波尔克下令扎卡里·泰勒(Zachary Taylor)率军跨越具有争议的地区,在格兰德河占据了有利的战略位置。1846年1月,美国在格兰德河与墨西哥军队发生交火事件,这让波尔克如释重负。5月,波尔克在给国会的战争咨文中宣称"墨西哥在反复威胁之后,已越过合众国边界侵入我国领土,使美国人的鲜血在美国土地上流淌"①。波尔克政府于是下定决心,要将这场完全可控的边境冲突发展为全面战争,以迫使墨西哥将其北部省份交给美国。5月13日,美国国会以174票赞成、14票反对、35票弃权的压倒性姿态通过向墨西哥宣战的决定,参议院更是呈现42票(赞成)对2票(反对)的碾压式局面(另有3票弃权)。1846年夏,美军占领了新墨西哥、加利福尼亚等地,并攻占了墨西哥城。班克罗夫特在给友人、马萨诸塞州的银行家塞缪尔·胡珀(Samuel Hooper)的信中兴奋地写道:"我希望加利福尼亚现在已经落入我们手里,而且绝对不能放弃。我们是迫不得已才被逼上战争的;我们必须缔造坚固的和平,而那将使远东向宗教自由、政治权利、学校、商业和工业开放。"②波尔克政府对墨西哥的领土野心在他本人的日记里得到了真实的记录,他写道:"我曾经说过,墨西哥人为这几年里对我们公民的冒犯——同时还有

---

① James D. Richardson, ed. *Compilation of the Message and Papers of the Presidents*, Vol. 4, New York: Bureau of national literature, Inc, 1897, pp. 437-443.
② R. W. Van Alstyne, *The Rising American Empire*, p. 143.

战争费用——所做出的赔偿将只能是土地,因为众所周知,墨西哥根本拿不出钱来赔偿。如果我们宣布了这一点,这将让那些顽固不化、不切实际的人激动不已,并打消他们坐下来谈判的念头。"①最后,根据美墨两国和约,美国以1500万美元价格购得52.9万平方英里的土地,并迫使墨西哥确认了美国对德克萨斯的所有权。1853年,美国又继续以1000万美元购买了希拉河流域的三角地带,至此,美国在大陆上的扩张也基本宣告结束,庞大帝国巍然屹立在北美大陆。

在这一时期除了为领土而发动的对外战争,西进运动也是一个从头到尾都浸透着帝国思想的扩张行动。也正是在杰克逊时期,为了夺取印第安人世代居住的广袤土地,美国政府对印第安人进行了驱赶,逼迫其迁徙到遥远荒蛮之地。如前所述,这一历程之凄惨悲凉,后被有良知的白人公民称作"血泪之路"。这条道路是种族主义、资本主义和帝国野心共同铺就的,其代价是无数印第安人的生命以及这一民族在北美的前途命运。与杰克逊政府宣扬的和平手段不同的是,虽然在一开始的时候,政府通过签订条约、谈判等方式促成了一些印第安人进行迁徙,然而随着野心的膨胀,这一进程越来越不人道,越来越倾向暴力。政府调动军队粗暴地逼迫不愿迁徙的印第安人背井离乡。以切诺基人为例,在政府军队的残暴对待下,加上恶劣的自然气候,迁徙的18000名切诺基人中,至少有4000人死亡。一名参与过押解的志愿兵后来回忆说,他虽参加过内战,目睹了成千上万的人战死沙场,但这些都不能与切诺基人迁移的残酷景象相比。②为了反抗悲惨命运,印第安人也曾采取暴力方式进行抗争,但是,还处于半原始状态的印第安部落即便有骁勇善战的勇士,也挡不住工厂里成批成批生产出来的步枪。1832年的黑鹰战争和1835年的第二次塞米诺尔战争都说明,印第安人是无法阻挡白人的贪婪与野

---

① Allan Nevins: *James Polk: The Dairy of a President*, 1845—1849, Vol. 2. New York: Longmans, 1929, p.152.
② 张友伦:《美国的独立和初步繁荣(1775—1860年)》,第178页。

心的。即便是来自美国内部的批评之声,也无法与沉迷于西部扩张的大众主流呼声相抗衡。印第安人的存在已经被看作是美国扩张的障碍,必须作为非平等的民族予以清除。这种赤裸裸的种族主义,与欧洲殖民者的所作所为本质上是没有多大差别的。

2. "青年美国"运动与海洋帝国萌芽

如前面所说那样,美国在19世纪四五十年代的帝国扩张政策有一个重要动机,那就是寻求新的商业机会。工业革命造就了一批野心勃勃的扩张主义者,他们成了工业资产阶级的核心代言人,并且对世界范围内的商业机会有着敏锐的嗅觉和百折不挠的决心。这一时期的美国,时刻都在担心英国的竞争。比较一致的看法就是,大英帝国在世界范围内享有的贸易优势,很可能成为美国的威胁。为了扩大美国的对外贸易,美国也在积极寻求大陆之外的商业机会,与之相对应的,就是朝气蓬勃的"青年美国"运动(Young America Movement)。

"青年美国"运动是一个在19世纪四五十年代流行的文化现象、社会思潮和政治信念,它的出现是美国民族主义的一个新发展。在西方文明史上,这个年代是革命和觉醒的年代,此时的欧洲,革命烽火四起,"青年德意志""青年意大利"等口号激荡四海,此起彼伏。大洋彼岸的美国也是斗志昂扬,大陆扩张给美国民族带来的庞大领土和暴涨的自信,激励着新一代美国人的世界视野。年轻一代人的民族主义已经不再满足于在北美大陆上纵横驰骋,称霸一方,更想要在世界舞台上披荆斩棘,大展宏图。尽管先辈孤立主义的教诲依然绕梁不绝,但新一代美国人早已按捺不住体内那蠢蠢欲动的青春荷尔蒙。概括而言,"青年美国"运动展示的是一种新的、更强烈的国际意识。他们支持政府对国际事务给予更多的关注和介入,赞成在世界更大范围内推行美国的制度,从而最终得以完成美国的使命。"青年美国"运动的支持者信奉"天定命运",渴望扩大美国的贸易和影响,呼吁政府吞并古巴,甚至为此鼓励私人武装对古巴等地发动武装袭击,哪怕这将使得美国不可避免地卷入到列强的竞争之中。

"青年美国"是当时的一个社会符号,是一个在许多领域都得到推崇的思想。著名哲学家拉尔夫·爱默森(Ralph Waldo Emerson)开始赞颂美国为"世界之希望""上帝授权美国人造福全人类"。1844年2月7日,爱默森在波斯顿的商业图书馆协会发表名为《青年美国人》的演讲,他在结尾时说道:"在世界的每一个阶段,都有一个领导国家,一个更具慷慨情怀的国家,它的杰出公民们愿意为了正义和人类挺身而出,甘冒被人视为荒诞和空想的风险。"①这位被后人称颂的哲学家还说出了让奥沙利文等人血脉贲张、心潮澎湃的想法。他认为,"业已征服北美大陆许多地区的强大……民族,一定要征服德克萨斯、墨西哥和俄勒冈"②。他甚至建议在官方政府无法采取行动的地方,美国应依赖越来越多的私人冒险家去发挥替代功效。著名诗人沃尔特·惠特曼(Walt Whitman)则称美国是"人类未来的监护人"。他认为太平洋和大西洋都将是美国的,并自豪地宣称:"这是何其伟大的时代,何其伟大的国土,这种伟大世上无与伦比。"③政治家们也将"青年美国"与自由贸易、海外市场和领土吞并等糅合在一起,为在世界范围内实现美国的使命摇旗呐喊。19世纪50年代,"青年美国"运动已经成为民主党内的一个派系,领导者包括史蒂芬·道格拉斯(Stephen Douglas)、詹姆斯·K.波尔克、富兰克林·皮尔斯(Franklin Pierce)、奥古斯特·贝尔蒙特(August Belmont)等。他们反对杰斐逊派的重农政策,鼓吹商业扩张、国际主义等。他们利用手中的媒体,竭力影响国内政治和对外政策的辩论。不同于民主党内的"老橡树"势力,"青年美国"运动的支持者如乔治·桑德斯(George Sanders)、奥沙利文等,希望能找到一个同情他们的总统候选人,以彻底将反对扩

---

① Ralph Waldo Emerson, *Essays and Lectures*, New York: Library of America, 1983, p. 226.
② [美]孔华润:《剑桥美国对外关系史》(上),第181页。
③ 王玮、戴超武:《美国外交思想史(1775—2005年)》,第127页。

张的辉格党人扫入历史的废纸篓。"青年美国"运动从某种角度来讲,是一种膨胀甚至激进的民族主义,它的两大思想核心分别是民主普世主义(Democratic Universalism)和侵略性的民族主义(Aggressive Nationalism),二者本身都具有极其强烈的扩张意识,也因此孕育出了一批雄心勃勃的扩张主义分子。但是,"它不再局限于在本大陆进行地域扩张,而是'向外看',把扩张矛头直指海外世界……'青年美国'思想不仅重新将民主的理想融入美国的天定命运使命观念,而且它还发展了传统的使命观,它改造了打上杰斐逊烙印的'民主榜样'的思想,补充进了向海外'输出民主'的新的扩张理念"①。在这个时候,美国已经开始憧憬绘制海洋帝国的宏伟蓝图了,这幅地图包括两个板块,一个是蕴藏巨大前景的"太平洋帝国",另一个则是地缘上最接近的"加勒比帝国"。

美国对获得太平洋沿岸的领土渴望已久并逐步得以实现,这一政策的最终目标直指远方的亚洲市场。泰勒总统本人对太平洋和亚洲充满期待,尤其憧憬在亚洲特别是在中国的身上打开局面。在中英第一次鸦片战争之后,美国越来越将在中国的竞争看作与英国进行贸易竞争的重要战线。泰勒的海军部长埃布尔·P. 厄普舍(Abel P. Upshur)长期大力鼓吹扩建美国海军,以作为扩大美国商业利益的先锋。马萨诸塞州的国会议员凯莱布·顾盛(Caleb Cushing,原为辉格党人,泰勒支持者,后转向民主党)对这样的想法也十分支持。他对当时清政府的国情和军情都十分关注。1842年晚些时候,顾盛提醒泰勒,鉴于英国已经逼迫清政府开放了口岸,还先人一步夺取了香港这个立足点,英国大有可能在今后垄断对华贸易,不容其他家染指,因此"情况紧急,应立即派遣授权代表前往中国,代表美国与中国达成商业协议"②。约翰·琼斯(John

---

① 王玮、戴超武:《美国外交思想史(1775—2005年)》,第129页。
② Thomas R. Hietala, *Manifest Design*, p. 59.

Jones)也赞同顾盛的观点,甚至以反对英国殖民为出发点,提出美国将是中国天然的盟友。他建议,将美国革命和1812美英战争的"辉煌"历史翻译成中文,以便让清帝国的皇帝和官员们认真阅读,从而认识到中美有着共同的敌人——英国。1843年5月8日,泰勒任命顾盛为第一位由美国派往中国的特使,目的在于从清政府那里获得最惠国待遇。1844年,顾盛与清政府官员签订了不平等的《望厦条约》。这让美国人倍受鼓舞,认为这一外交胜利足以帮助美国与英国在中国问题上势均力敌。尽管此时泰勒已经放弃参选下一任总统,但他仍坚持为获得远东的新贸易机会而努力。

美国急于在太平洋特别是远东打开市场,除了瞄准中国,美国还将目光盯上了同样也是闭关锁国的日本。美国在日本问题上之所以更为急迫,一个很大的原因是当时谣言四起,盛传英国有意以坚船利炮强逼日本政府与英国通商。这让本就自觉步伐落后于英国的美国大为不安,因为一旦英国从商业上垄断了中国和日本,几乎就控制了西太平洋的关键要害,下一步就可能向夏威夷进军,那么英国将会拥有"完整的全球要塞地带,不仅对我们的领土获取,而且对我们在太平洋的所有重要商业都将构成迫切的威胁"①。正是在这样的扩张焦虑情绪驱使下,美国东印度舰队司令马修·卡尔布雷斯·佩里(Matthew Calbraith Perry)于1853年、1854年两度率领"黑船"舰队前往日本,最终成功逼迫日本幕府签订了《日美亲善条约》,一举粉碎了日本闭关锁国的坚墙。在此期间,佩里还曾率舰抵达中国台湾基隆港停泊,回国之后,他在报告中力陈台湾适合作为美国的远东贸易中继站,并将台湾比作远东的古巴,主张美国要想法进行占领。

太平洋地区另一个引起美国关注的地方是夏威夷。约翰·泰勒曾多次提醒国会,夏威夷对于美国商业具有极其重要的意义,每年前往夏

---

① Thomas R. Hietala, *Manifest Design*, pp. 59 - 60.

威夷的船只中有 5/6 都是美国船只,而夏威夷的美国传教士整天都在幻想要拯救这个岛国,使其免于被英国吞并的命运。美国国内的特殊利益集团也上蹿下跳,多方游说和敦促政府在夏威夷方向有所动作。在顾盛的反复鼓动下,泰勒宣布美国对夏威夷政府不寻求特别的优待,不寻求排他性的控制,美国满足于维持夏威夷的独立地位。"如果有任何国家试图占据这些岛屿,进行殖民,并颠覆当地政府",这种举动"将会引发美国的不满"。① 虽然泰勒没有承诺要保护夏威夷的独立,但是他的话也意味着反对其他欧洲国家威胁美国在夏威夷的显著商业地位。泰勒实际上在此将"门罗主义"延伸到了夏威夷。1843 年 3 月,泰勒专门派遣特使前往夏威夷。这也是美国历史上第一次正式派出外交官员前往该地。但是,英国在几周后占领了夏威夷。美方随即提出抗议,认为这是英国针对美国的敌对行动。虽然英国外交大臣很快否认了此法案并重申尊重夏威夷的自治地位,但这也让美国更为担心英国此举意在配合其在北美的行动。

至于波尔克在加利福尼亚和俄勒冈问题上的扩张主义立场,更显示出他建立太平洋贸易帝国的赤裸裸动机。波尔克在 1847 年 12 月首次公开承认了他脑海中关于加利福尼亚的宏伟构想,指出加利福尼亚的众多良港"将为我们的海军、无数的捕鲸船、其他在太平洋上的商业船只提供避风港……在很短的时间之内,这些港口将变为日益扩大的、极为有利可图的、与中国和其他东方国家进行商业往来的大市场"②。这种想法一方面既反映了美国国内对海外利益扩张的热衷,另一方面,政府也深知,在这个年代,任何对美国经济有好处的政策,都将为其带来丰厚的政治红利。对于波尔克等人的扩张步伐,历史学家希塔拉感叹:"除了可能的例外即杰斐逊和门罗外,在促进美国贸易扩张的大胆方面,内战前还

---

① Thomas R. Hietala, *Manifest Design*, p. 61.
② R. W. Van Alstyne, *The Rising American Empire*, p. 145.

没有哪个总统能和泰勒及波尔克相媲美。"①

太平洋帝国此时已经在美国的帝国计划中开始占据重要地位。"杰克逊时期"美国扩张主义对海洋帝国的野心和憧憬,最终在美国史上最负盛名的杰出外交家之一——威廉·亨利·西华德(William Henry Seward)手里成为一个完整的体系。辉格党解体之后,共和党成了新兴的工业资产阶级的代言人,商业利益集团对海洋扩张的迫切渴望,推动着海洋帝国扩张思想从早期走向成熟,而西华德就是代表这种转变和革新的跨时代人物。西华德早年也是大陆扩张主义者,之后,其扩张思想从大陆转移到了海洋,并将商业利益作为解释扩张的最有力工具。他在1851年和1853年的参议院演讲中告诫众人,商业是发展文明和扩张帝国的主要力量。西华德坚信,"美国必须主宰海洋,我们帝国的海外领域无边无垠,如同大海在无边的领域内汹涌翻腾"②。只有如此,才能真正造就一个强盛的帝国。正是在他担任林肯政府和约翰逊政府的国务卿时,太平洋商业帝国的构想得到了进一步完善,他的那些"功勋"将在后面的章节里谈及。

除对太平洋野心勃勃之外,地理上更靠近、联系更密切的加勒比地区,更是美国急于纳入帝国势力范围的目标。美国对加勒比地区的野心,早在其作为英属殖民地时,在英国和西班牙进行殖民争霸中就已经体现。美国看重加勒比地区能够提供的原料产地和商品市场,同时还将加勒比地区看作美国国家安全的屏障所在。早期的美国,国力十分有限,特别是海军力量比较薄弱,面对英国等列强在加勒比的野心,美国时时刻刻都在担心国家安全的危险和贸易机会的丧失。而伴随美国整体实力的增强,特别是在风起云涌的帝国思潮的刺激下,国势渐盛的美国开始寻求在加勒比地区进行新的势力扩张。

---

① Thomas R. Hietala, *Manifest Design*, p. 56.
② Ernest N. Paolino, *The Foundations of the American Empire: William H. Seward and United States Foreign Policy*, Cornell: Cornell University Press, 1973, p. 9.

毫无疑问,在加勒比地区,美国最重要的战略目标就是古巴。在美国看来,古巴理所当然地是佛罗里达海岸的附属物,人们也因而理所当然地认为,古巴迟早将被吸纳入美国。其中最著名的论调当属约翰·昆西·亚当斯的"熟果理论",他将古巴比作一个正在成熟的苹果,"别无选择只能落向大地"。布坎南更是认为,古巴对美国具有极其重要的价值。它将使美国得以控制墨西哥湾,让英国在西印度群岛的属地失去其价值,并为美国赢取巨大的市场。值得注意的是,美国对以古巴为代表的加勒比地区的政策在19世纪上半叶经历了一个变化的过程。尽管美国一直没有停止过反对西班牙等对美洲的野心,并在美洲大陆鼓励反西班牙的独立运动,但根据"门罗主义"基本原则,不管门罗还是其后继者,基本上都没有寻求鼓动古巴岛内的反叛和独立。不过,美国至始至终牢牢盯着古巴,耐心地等待这个苹果在成熟的时候自觉地落到美国的怀抱。到了19世纪40年代,在帝国扩张四处出击、捷报频传的大好局面下,美国再也无法继续坐观其变,而是迫不及待地寻求采取行动。特别是美国北方、南方以及中西部地区都将古巴看作能实现自身利益的新天堂。例如,在纽约,德雷克兄弟公司负责经营古巴蔗糖贸易,美国邮船公司在古巴经营着造船、奴隶买卖等业务。对新奥尔良来说,获得古巴之后,新奥尔良将能获得更广泛的国际市场通道,密西西比河谷的棉花、谷物和牛羊能从新奥尔良走向海外市场。在密西西比河上游,伊利诺伊中央铁路参与了将古巴蔗糖运送到芝加哥,并把小麦和猪肉运到南部以出口到西印度群岛的商业活动。一时之间,"芝加哥、新奥尔良、哈瓦那和纽约被联系在一张银行、贸易和交通利益的网络之中"[①]。而那些"青年美国"运动的骨干中,更有不少都是当时在商业界十分活跃的人士,因而对这样的扩张心仪已久,乐此不疲。奥沙利文或许能够成为这一时期美国何以觊觎古巴的一个典型例子。他本人在古巴有亲戚,这些人说服奥沙利文

[①] R. W. Van Alstyne, *The Rising American Empire*, p. 153.

相信,一旦美国保证在古巴继续保留奴隶制,那么古巴的那些蔗糖种植园主们必定会筹钱买下古巴岛。奥沙利文因而迫不及待地宣扬,如果政府愿意为古巴开价1亿美元,那么"在通知发出的一周时间之内,岛上的居民就能筹齐这笔钱用于支付该款项",他叫嚣,"把古巴给我们,我们的所有才能完整"。①

就这样,摆在波尔克面前的是和德克萨斯问题相似的处境。奥沙利文、杰斐逊·戴维斯(Jefferson Davis)等人持续不断地向波尔克和布坎南灌输这样的念头,以说服其相信古巴的种植园主正准备发动"起义"。波尔克最终被说服,决心买下古巴,甚至不准备就此咨询国会,因为他相信根本不用为了这笔费用而向国会摇尾乞怜甚至碰一鼻子灰。此外,一份秘密报告也向他显示,西班牙的伊莎贝拉二世女王正有意出售古巴。1848年,波尔克授意美国驻马德里的公使罗慕洛斯·桑德斯(Romulus M. Saunders)在必要时,向西班牙开价5千万美元,如果需要最高可开价至1亿美元。布坎南强调,美国和英国是相互竞争的商业对手,美国若想变得更强大,其关键就在于获取古巴。他相信,假设古巴作为一个州并入美国,那么,"在我们政府的统治下,它将很快被美国化,如同路易斯安那一般",他还补充道,"在正确认识到合并的好处后,古巴如今已经准备投入我们的怀抱了"。② 在帝国思潮熏染下的美国,笼罩在强烈的幻想之下,直至西班牙冷酷无情地拒绝了美国"异想天开"的方案。西班牙人明确表示,宁可让古巴沉入海底,也不会将其出售给美国。不过,即便被泼了一头凉水,布坎南之流仍然继续怀揣着梦想。布坎南在写给他的后任约翰·克莱顿(John M. Clayton)的私人信件中急如焚地表示:"我们不能没有古巴……最重要的是,我们无法承受古巴落入英国这一代价。我们应该在某个时候,以政变的方式夺取古巴,而从当前欧洲的

---

① R. W. Van Alstyne, *The Rising American Empire*, p. 150.
② R. W. Van Alstyne, *The Rising American Empire*, p. 151.

局势来看,这一时刻为期不远了。"①

到了富兰克林·皮尔斯执政时期,"青年美国"运动的支持者们无法容忍古巴长期"孤悬"于美国之外,他们鼓吹德克萨斯是一个具有启示性的案例,号召美国立即采取行动,并声称:"没有这个岛屿,更宏伟的美利坚帝国的梦想是无法实现的。"②皮尔斯政府曾经试图再使用美元诱惑西班牙。帕拉提纳特的银行家奥古斯特·贝尔蒙特建议,以金融力量来争取西班牙妥协,他的想法是,以其曾经效劳的罗斯柴尔德家族为突破口,因为此时西班牙皇室虽然看上去高高在上,实则入不敷出,债台高筑,倘若罗斯切尔德家族能被争取过来,那么就能促使西班牙立场发生松动。为此,贝尔蒙特和布坎南等分赴海牙和伦敦,游说欧洲银行家们一起反对西班牙皇室。但是,这一企图最终仍未能成功。

不仅经济手段失败,美国试图进行的军事冒险最终也以惨败收场。由于波尔克之后的新总统、辉格党人扎卡里·泰勒对古巴态度比较消极,只愿意维持现状,南部诸州的扩张分子忍无可忍,决定采取非法入侵造成既成事实的方式来夺取古巴。在纽约和新奥尔良的帝国扩张分子,试图与古巴的"革命者"里应外合,武力推翻西班牙统治。冒险家纳西索·洛佩斯(Narciso Lopes)在1849年至1851年期间,先后3次组织武装政变。奥沙利文、杰斐逊·戴维斯等很多人都为其提供武器和资金援助,新奥尔良成为其总部所在。一些参加过墨西哥战争的老兵加入了队伍,路易斯安那和密西西比的军火库也为他提供了部分枪支弹药。这一举动遭到西班牙的强烈抗议,美国政府在最后阶段曾试图阻止其行动,但由于国内不少人以及部分州、城市与这些冒险家、投机分子相互勾结,政府也无能为力。但是,洛佩斯虽然成功登陆了古巴,预期的起义却并没有发生,在1851年组织的第三次入侵中,他兵败被俘终被处死。此事

---

① R. W. Van Alstyne, *The Rising American Empire*, p. 151.
② R. W. Van Alstyne, *The Rising American Empire*, p. 154.

还引发了美国和西班牙之间的外交风波,新奥尔良的美国人愤怒地捣毁了西班牙领事馆,使得国务卿韦伯斯特最后不得不向西班牙道歉,并赔偿25000美元。

密西西比州州长约翰·A.奎特曼(John A. Quitman)曾资助过洛佩斯,在后者败亡后,州长本人仍坚持提议继续此方法,幻想由本人组织和领导一次海盗式进攻,一举定乾坤,先占领古巴,然后是墨西哥、中美洲,最后建立一个强大的帝国。1853年,奎特曼与在纽约的古巴集团签署协议,后者推选其为领袖,赋予其绝对权力,领导对古巴的军事行动。奎特曼的野心十分坚定,也得到了一批显赫人士的垂青。包括顾盛、奥沙利文等,还有如纽约美国邮船公司的乔治·劳(George Law),美国海盗掠夺史中的传奇人物罗伯特·J.沃尔克(Robert J. Walker)等。皮尔斯政府内部有些人也默许了奎特曼的计划,皮尔斯总统本人还任命了奎特曼的一位密友到哈瓦那任领事一职。人们甚至乐观地估计,欧洲将爆发革命,到时候古巴就会乖乖地自动找上门来。参议员皮埃尔·索尔(Pierre Soule)甚至让人给西班牙带去狂言,声称古巴要么解放自己,要么就被人解放。然而,这些扩张主义者们误判了形势,在西班牙的军事压力之下,古巴人并不敢起来反抗。美国也对自身实力估计过高。例如,在1854年2月,美国"黑武士"号被西班牙在古巴的军队扣留,指控其从事违法活动。美国政府竟然对此手足无措,不知如何应对。索尔虽然带头叫嚣要向西班牙索取30万美元赔偿,但他鲁莽地将这一要求变成了一个48小时的最后通牒,最终被西班牙嗤之以鼻,自取其辱。同年,奎特曼孤注一掷,率领3000人远征古巴,终以惨败收场。美国的咄咄逼人引来了西班牙不安,求助于英国和法国的干涉。美国对英法的介入极为不满,这一局面也刺激着扩张主义者加快步伐。1854年夏天,已是美国驻西班牙公使的索尔、驻英公使布坎南以及驻法公使约翰·梅森根据国务卿威廉·马西(William Learned Marcy)指示,在比利时的奥斯坦德召开会议,制定了一个夺取古巴的方案,即《奥斯坦德宣言》,宣称"根据人世和天神的一切法则,我们都应当从西班牙手中把它抢过来,假如我们有这个力量的话……"①。但是由于国内外形势的制约,马西随即被迫否定了这个宣言。不过,在1856年总统大选中,布坎南借助其扩张主义者声誉,尤其是该宣言起草人的身份,登上总统宝座。只是此时美国已经被南北矛盾弄得自顾不暇,对外扩张速度逐渐放慢。

在波尔克及其后任政府统治时期,美国还数次试图渗透入中美洲地区。美国获得了巴拿马地峡的通行权,同洪都拉斯、尼加拉瓜等签订条约,赢得一系列经济、军事上的好处,扩大了美国的势力范围。英国对此进行了强烈反击。考虑到自身实力和现实境况,英美两国都不愿在此地发生直接对抗,这也促成1850年《克莱顿-布沃尔条约》的签署。两国都保证不寻求在中美洲地峡地区排挤对方,单独控制太平洋和大西洋之间的贸易航道,也不会在中美洲进行殖民和寻求主宰地位。该条约也暂时抑制了美国在中美洲地区的扩张野心,但也表明英国承认了美国在北美的独占地位,并尊重美国在中美洲的利益。

四 帝国思想的争论及其影响

任何帝国的建立都是需要有代价的。"杰克逊时期"美国疯狂地寻求领土扩张,在国内也引发了激烈的争议。这种争议的内容极为复杂,既有党派之争,也有地区利益集团之争;既有手段之争,也有目标之争。这些争议相互交织,甚至有时模糊了地域和党派差异,而这也使得这一时期出现了美国历史上第一次帝国思想的大争论。

1. 帝国思想与扩张政策引发的争论

第二次两党体制对帝国思想和扩张政策争论的出现起到很大的刺

---

① 王绳祖:《国际关系史》(第二卷),第346页。

激作用。以民主党人为核心的扩张派,将对墨西哥的战争视为天赐良机。他们狂热地相信,美国注定要成为统治北美的大陆帝国。参议员西德尼·布瑞斯(Sidney Breese)、丹尼尔·迪金森(Daniel Dickinson)等人强调,美国的扩张并不违背美国最宝贵的价值,他们为此辩解说,美国的历史经验告诉人们,美国就是从一个个白人定居点扩张而来的,每一位美国总统都将扩张作为自己的职责所在。帝国思想的支持者们丝毫不担心美国会在不断的扩张中蜕变为腐朽的欧洲帝国,他们相信美国的体制比任何体制都要优越,具有天然的免疫性。此外,美国的扩张并不会使其背上沉重的道德负担,也不会沦为军国主义国家抑或殖民帝国,因为美国征服的不是人,而是土地。历史学家希塔拉曾对民主党人的扩张思想做过一个极为精准的评价:"民主党人对大陆帝国的渴望,并不仅仅是单纯的浪漫民族主义,他们需要土地,因为他们认为这是共和制政府的必要条件,也是以个人利欲、地理和社会活动性以及流动的阶级结构为基础的经济和社会的必要条件。这些信念对杰克逊主义政策,特别是提倡领土和商业扩张的政策而言,是至关重要的。在这样的政治经济原则环境下来思考天定命运,是一种能更好理解19世纪40年代持续的帝国动力的方式。"①

在民主党的大陆帝国构想中,有三个十分重要的概念值得注意:第一,美国敌人具有显而易见的脆弱性,这种脆弱性恰好证明了旧的世界帝国秩序的颓势和美国作为新强权的合理;第二,帝国鼓吹者们宣称,盎格鲁-撒克逊人拥有一种自我约束的天赋,从而使得个人自由和帝国秩序的协调共存成为可能;第三,他们对那个时代在通信和交通领域取得的进步信心十足,认为这将使得以前那种时间和空间带来的局限烟消云散,无限的可能摆在人们眼前。细细品来,这一时期的帝国思想与之前汉米尔顿和杰斐逊时代的扩张主义相比,已然具有了独特的时代特征,

---

① Thomas R. Hietala, *Manifest Design*, p. 256.

这种时代的印记最明显的就是表现在科学技术的进步赋予了帝国思想更大的乐观主义精神,在美国人眼里,"美国的政治机构、铁路、轮转印刷机以及电报能够将整个大陆紧密联系成为一个统一的、多元化的帝国","美国政治制度和技术进步将使美国成为一个更加伟大的大不列颠"。①如此辉煌宏伟的蓝图,怎能不让人怦然心动进而愿意为之冲锋陷阵呢?

不过,并不是所有人都会对政府的扩张买账。在对外战场上风光无限的波尔克,回到国内政界却是步履维艰,以至于人们惊讶地发现,"鲜有一位总统能够如此迅速地赢得如此之多的胜利,但也鲜有一位总统能如此彻底地众叛亲离"②。在民主党内,波尔克本人一向自视为杰克逊最忠诚的继承人,但是,扩张欲望膨胀的民主党藏着一颗"贪心不足蛇吞象"的野心。比如,在美国成功占领墨西哥城之后,帝国狂热迅速席卷全国,许多报纸极为嚣张地开始叫嚣要将整个墨西哥吞并下来。不少人仍然觊觎加拿大,念念不忘。还有人继续坚持要将古巴和夏威夷视为对美国具有战略价值的地区,尽快对其付诸行动。波尔克本人的为人处事风格也让党内的分歧日趋明显。例如,在俄勒冈问题上,不少人认为,随着美国移民的不断增加,终究能以柔和的方式顺利得以解决,美国要做的只是袖手旁观,坐享其成即可。但波尔克在就职演说中表现出的咄咄逼人让人感到不安,他"粗暴"地声称美国有权获得整个俄勒冈地区。这样的立场固然能让美国北部地区倍感振奋,但与英国贸易关系更密切的南部民主党人则明显有所保留。内部复杂的利益博弈很大程度上也牵扯了波尔克的精力,他本人也自感无力妥善处理好各派大相径庭的利益诉求。结果,到了最后,北部民主党人视其为"背叛者",并对南方党内同仁心存芥蒂,也为南北分歧的不断加深埋下了伏笔。而民主党内不少大佬级人物也因为政见相左,而有意与波尔克保持距离。

---

① Thomas R. Hietala, *Manifest Design*, pp. 177–182.
② Thomas R. Hietala, *Manifest Design*, p. 237.

帝国的扩张在国内民众中也引起了不少非议。著名记者赫勒斯·格里利在《我们的国家：正确还是错误》一文中高呼："美国的人民，你们的领导人正在把你们推向罪恶和灾难的深渊⋯⋯觉醒吧，在还来得及保护你们的灵魂不陷入大规模屠杀罪恶中的时候阻止这场屠杀吧！"① 辉格党人对波尔克的批评最为猛烈。他们认为波尔克的民主党政府是少数政治野心家操纵的，是党内利益集团———南部奴隶主、城市里的大佬以及军事扩张主义者———的工具。辉格党人担心民主党大权独揽，将美国引上英国那般执迷于帝国扩张的道路。为此，他们强烈指责波尔克以谎言煽动战争情绪，夺取政治控制权。克莱在群众集会上大声斥责："这不是什么自卫战争，而是一场不必要的侵略战争"，马萨诸塞州议会通过的由反奴政治家查尔斯·萨姆纳(Charles Sumner)起草的宣言，指责战争是"强国施于弱国、不必要的和非正义的战争，其目的是扩大奴隶制"。② 政坛希望之星亚伯拉罕·林肯(Abraham Lincoln)在 1848 年时也一针见血地指出，波尔克总统所谓的墨西哥挑起了对美国的敌意这一说法，是"十足的欺骗"③。雅各布·米勒(Jacob Miller)则注意到，民主党人在俄勒冈问题上朝令夕改，争吵不休，一些人要以 54 度 40 分为目标，另一些人则梦想 49 度，他讽刺说："民主党人所心仪的边界，看上去随着支持它的绅士们的温度在起起落落。如同温度计中的水银一样，随着握住水银球拇指的主人而不断变化。"④一名辉格党国会议员在 1847 年警告气焰张狂的扩张分子们："你们正草率而又盲目地步入极其危险的境地。你们又点燃了沉寂已久的火山。"⑤

扩张引发的争议还受到当时美国国内另一种趋势发展的影响，那就是奴隶制和自由经济体制的竞争。随着领土的不断扩大，南北利益集团

---

① 张友伦：《"天定命运说"和十九世纪美国的土地扩张》，第 123 页。
② 杨生茂：《美国外交政策史(1775—1989 年)》，第 133 页。
③ R. W. Van Alstyne, *The Rising American Empire*, p. 143.
④ Thomas R. Hietala, *Manifest Design*, p. 238.
⑤ [美]孔华润：《剑桥美国对外关系史》(上)，第 180 页。

的冲突越来越显得难以弥合。到了19世纪40年代,美国国内南北双方的利益冲突日趋尖锐,虽然对于扩张政策本身,各自的经济利益集团有着较为一致的共识和默契,但是在不断扩张边界的同时,南北双方对扩张收益的分割越来越难以调和,彼此在不断走向分裂。美墨战争后,这一矛盾显得更为尖锐,1820年达成的妥协已经难以为继,克莱在1850年提出的新妥协则看上去也只是治标不治本。新获取的土地是应该作为扩张奴隶制的地方呢,还是实行资本主义市场和自由劳工体制的场所呢?围绕这一问题的争论持续不休,并最终在1861年演变成为一场惨烈的内战。

2. "杰克逊时代"在美国帝国思想谱系中的地位和影响

"杰克逊时代"——尤其是泰勒-波尔克时期——在美国历史上是波澜壮阔的一段辉煌时期,它开启了美国扩张的宏大篇章,奠定了美利坚共和国的陆地领土基础。同时,这一时期也是美国历史上帝国思想大爆发的第一个阶段,因而大多历史学家都将其称作美国的大陆扩张时期。如果从思想的角度来看,这一时期也可以被称为美国帝国思想真正成形的阶段。这种帝国思想对于美国而言,尤其是对于其对外政策而言,具有显著的承上启下作用。它是在对殖民地时期以来的帝国情结的继承和发展基础上,不断演进完善,并从而形成了一个初具雏形的帝国思想体系,即国家身份、意识形态和国际秩序的相互构建与融合。

毋庸置疑的是,在这一时期的帝国思想中,可以清晰地感受到美国早期思想的印记。清教主义、种族主义、领土欲望等,无一不能在这一时期找到自己血缘上的承接。不仅如此,这时的美国人,已经摆脱了初生时的青涩和胆怯,杰斐逊时期的谨慎和自制被日渐增长的国家力量和急速膨胀的国家信心粉碎,取而代之的是"天定命运""美国例外论"这样充满激情的雄心壮志和具有普世情怀的精神追求,而对外扩张也成为可以说是全民性的国家目标和政策冲动。在这个时代,帝国思想对美国对外政策最为重要的影响，主要体现在它在很大程度上比较成功地实现了帝国思想与时代主题的兼容性，将征服、安全、扩张、商业利益诉求以不同的形式揉入到美国的"天然权利"之中，为持续的权势扩张找到了合情合理的解释。

美墨战争之后，美国的领土大大增加了。一个真正的大陆帝国业已形成。不过，与领土激增相比更为重要的是，美国历史上第一次出现了一整套用来对其帝国思想与对外政策进行支撑的意识形态。特别是"天定命运"这样蛊惑人心的宣传，为当时及之后的美国提供了一个难以估量其价值的帝国合法性神话。而对于这种意识形态最有说服力的莫过于每块新吞并领土的最终命运。反殖民主义的根深蒂固，使得这些土地最后都以州的地位加入美国，并与已经存在的各州享有平等的地位。美国相信，美国采取的这一模式比古罗马帝国引以为傲的征服和驯化政策更加成功、更体现民主，这也让美国人深深地引以为傲。他们越来越相信，自身强大的共和制度能够成功将新获取的土地和人民转化为国家内部的一部分，成为国家力量的新来源，而不用背负欧洲帝国主义者们无法逃避的"帝国负担"的魔咒。这难道不正是"天定命运""美国例外论"等思想的最好证明吗？

以民主党人为核心的扩张主义者，还将例外论和对外政策相结合，有意无意地夸大了欧洲列强对美国的威胁，渲染了周边国家和民族的威胁，并通过反对欧洲帝国在美洲的存在这样的反帝国立场，为内心蠢蠢欲动的帝国冲动披上了另一件合法性的外衣。例如，美国鼓吹对墨西哥的战争也包含着反对外部帝国的因素，因为美国害怕英国势力捷足先登，在德克萨斯问题上与墨西哥携手对付美国，从而在美国家门口打入一个大英帝国的"楔子"。扩张派排斥欧洲国家对北美的野心，但与此同时又否定了北美其他国家和民族本身拥有的合法权利，对他们而言，"如果竞争者是强大的，那么它就对美国安全构成威胁，必须予以消除；如果竞争者是弱小的，它就被证明是低等的，成为拓荒者或政策制定者为将这些土地据为己有而采取的任何行动的批准书"①。新增领土和帝国思想的价值在此浑然一体,更重要的是,"泰勒的辉格党人和杰克逊的民主党人、杰斐逊和麦迪逊联邦主义的继承者、现有各州中的分离主义趋势、人口增长和集中、工业主义以及欧洲对美国的敌视,都在扩张中找到了维持美国稳定和安全的最好方式"②。

  一百多年之后,特别是在第二次世界大战之后,一些美国历史学家将"泰勒-波尔克时期"称之为美国外交史上的一个"黄金时期"。在他们眼里,对比日后混乱的19世纪50年代和悲剧般的60年代,19世纪40年代见证了日益觉醒的美国新的自我国家利益的觉醒,并见证了为实现这些利益而展现出的毅然而然的决心和摧枯拉朽的实力,而这两者的结合在此之后一直指导着美国的对外政策。支持这样一种观点的人,基本上也接受了这样的原则:结果证明手段正当,或用爱默生的话讲,"长远来看,(扩张的)具体形式和手段无足轻重"③。历史学家诺曼·格雷伯纳(Norman A. Graebner)评价说,扩张到太平洋是"一个一致的、目的明确的、正确的行动,它曾经仅限定于特殊的海洋目标……通过残酷无情地奉行这种清晰的政策,美国得以在太平洋成功建立了帝国"④。另一位鼎鼎大名的历史学家阿瑟·M. 施莱辛格(Arthur M. Schlesinger)则将波尔克描述为"美国历史中不应该被遗忘的人之一",因其"通过将旗帜带到太平洋之上,他赋予了美国大陆的宽度,并确保它未来在世界中的重要地位"。⑤他甚至认为,即使观察波尔克身为总统的行事做派,也能看到其对未来帝国思想的影响,例如,"他在战争间的行为为总统们开创了先例——有时为人所追随,有时却又没有——总统在战时试图扩大行政

---

① Thomas R. Hietala, *Manifest Design*, p. 261.
② Thomas R. Hietala, *Manifest Design*, p. 214.
③ [美]孔华润:《剑桥美国对外关系史》(上),第181页。
④ Norman A. Graebner, *Empire on the Pacific: A Study in American Continental Expansion*, New York: Ronald Press Company, 1955, p. 228.
⑤ Arthur M. Schlesinger, *Paths to the Present*, New York: Macmillan, 1949, pp. 97-98.

173

权力,并将战争用作寻求政党获益"①。"杰克逊时代"带给美国政治、外交和战争文化的印记是如此之明显,美国当代著名学者沃尔特·拉塞尔·米德(Walter Russell Meed)就在其著作中将"杰克逊主义学派"列为理解美国对外政策的四大重要学派之一。他评价说:"在美国社会的所有主要思潮中,杰克逊主义者最不尊重国际法和国际惯例……杰克逊主义者认为美国不需要明确无误的战争理由。事实上,他们比外交机构里的许多人都更为清晰地将道义与战争区别开来。"②对照之后美国的诸多对外政策和军事行动,这一传统惊人地在美国的历史中不断重现。

还需要注意的是,随着帝国意识形态的日益成熟,美国对自身国家身份的认识也在演进变化。关于国家身份的第一个显著转变主要表现在很多人接受了美国作为扩张的帝国所具有的存在感和重要性,他们相信美国为了安全与繁荣,应当成为扩张壮大的强权。扩张主义者们的帝国思想,并不是新鲜的东西,但它在继承前人的基础之上,通过结合新时代特性,延伸出了一整套的理论体系和关注目标。扩张主义者们认为,一个扩张的帝国,与美国的稳定和安全息息相关,这种帝国扩张也不会危害到美国最宝贵的价值。值得注意的是,扩张的重要动力不仅仅是乐观主义,而且还包括一种焦虑感。无论新杰斐逊主义者还是杰克逊主义者,都将扩张看作解决内外问题的唯一途径,即通过在新领土上推行美国体制,发掘利用新的贸易机会刺激国内生产,如此这般的扩张将必然会巩固美国的政治和价值观念体系。

第二个变化是从相对自制的国家走向积极对外干预的国家。美国最负盛名的外交史学家之一塞缪尔·弗拉格·贝米斯(Samuel Flagg Bemis)曾指出,从1812年至美西战争之间的美国领导人,将对外政策建

---

① John C. Pinheiro, *Manifest Ambition: James K. Polk and Civil-Military Relations*, p. 34.
② [美]沃尔特·拉塞尔·米德著,曹化银译:《美国外交政策及其如何影响了世界》,北京:中信出版社2003年版,第264页。

立在两大基础之上,"反对帝国主义及孤立"①。纵观这一时期的美国对外政策,反抗欧洲帝国主义野心不假,在孤立与否上反复纠结也不假,但有一个事实却容易被纷杂的外表误导,那就是在这期间,美洲最大的帝国主义恰恰就来自于美国。正如一位历史学家所指出:"到了19世纪40年代获得德克萨斯、俄勒冈和加利福尼亚时,领土扩张已经成为一种国家习惯。美国两代领导人已经发展了一种'美国例外论'的帝国意识形态,以为国家领土和商业的扩大提供合法性。随着印第安部落让出了土地,欧洲国家将与美国接壤的殖民地拱手相让,本杰明·富兰克林、托马斯·杰斐逊、詹姆斯·门罗、约翰·昆西·亚当斯以及安德鲁·杰克逊这些领导人以不同的方式共同创造了一个不断演进的国家共鸣,它赋予这个国家对本由印第安人或欧洲殖民者定居的北美大陆拥有排他性的权利。"②

身份转变的同时,美国的国际秩序理念也随之发生变化。此时此刻,美国寻求的不再仅仅是对北美大陆的统治,美国自视为世界舞台上独一无二、不可替代的新国度,不但是美洲必然的主宰,而且要在太平洋和加勒比地区建立美国的势力范围。美国的目标是要确保这样一个国际秩序:美国是美洲事务的主宰者和仲裁者,欧洲列强必须尊重美国在这一地区的特殊地位和利益,不仅如此,但凡世界范围内美国能触及或想触及的商业机会,都必须向美国同等开放。在美国看来,这种国际秩序是切合"天定命运"宗教式膜拜和自然法原则的。

除了"承上"之外,这一阶段的帝国思想还具有极其强烈的、不言而喻的"启下"作用,因为它对未来美国帝国发展的方向指出了明确的方向。美国一些历史学家们曾经认为,自独立战争以来直至1898年,美国外交中除了"门罗主义",鲜有重要内容,1898年则标志着美国对外政策

---

① Thomas R. Hietala, *Manifest Design*, p. 259.
② Thomas R. Hietala, *Manifest Design*, p. 176.

的一种急剧的转型。这种观点在很大程度上反映出这样一个问题，即很多人对19世纪40年代美国的扩张的认识较为有限，尤其表现为学者们对夏威夷、菲律宾问题的看重甚于德克萨斯。这也给人们留下这样一种印象，即大陆扩张已经是一个过去的结论，对于美国崛起为20世纪的世界强权而言，这是一段时间较长但又不是那么特殊的彩排而已，即便美国在短短三年内实现了领土面积的翻倍，并发动了一场对外战争，人们也未能认识到这一阶段帝国扩张的意义和深远影响。

19世纪40年代的帝国思想和大扩张并不是孤立地存于美国的外交史之中的，它对后人的影响是显著的。最具说服力的例子就是它与1898年的扩张之间有着奇妙的密切联系。这两个时期的帝国野心都很大程度上来自于国内困境造成的压力，而为了缓解困境，人们发现扩张正是一方不可多得甚至包治百病的良药。在这两个时期，国家政策的制定者们大多都支持战争与扩张，民主进程与侵略性的对外政策彼此间如此完美地结合在一起，即便在对外政策手法上，二者也有着很多相似之处。西进运动中蕴含的理想主义情怀，成为"天定命运"的一部分，这种理想主义情怀冲淡了帝国主义的血腥本质，从而创造出一种极度善意的国家形象。帝国扩张中自我假设的仁慈和文明成为粉饰帝国思想的重要面具。在19世纪40年代被不断强调的"天定命运"和"美国例外论"，也一直延续下去，成为诠释美国对外政策时必不可少的工具。

此外，美国帝国思想在此时追求的国际秩序，虽然是以北美大陆为核心，然而美国的扩张也自然而然地营造出这样一种局面，即不断走近太平洋和加勒比地区，大陆帝国奠基之日，即为海洋帝国启航之时。杰克逊时代使得美国成为一个真正的两洋国家，开始对夏威夷、远东、古巴等地予以更为密切的关注，这种战略性关注也成为19世纪末期美国帝国版图的指南针。对比这两个时期可以发现这样一个惊人的事实，19世纪末期的战争目标和对外政策原则（如"门户开放"），就像是19世纪40年代一系列帝国思想的延续和演变。甚至这一完善于19世纪40年代的思想和行动,在 20 世纪的美国对外政策身上也留下了烙印。1847年,《民主评论》的一个作者在为对墨西哥的战争辩护时就说:"当一个国家深陷无政府状态,无法管理自身并对邻国构成威胁时,邻国中的最强者就有责任进行干涉,解决问题。"①这不正是西奥多·罗斯福(Theodore Roosevelt)在 1904 年对"门罗主义"延伸的核心观点吗?扩张主义者对古巴实施的多次非法武装入侵,难道不就是 20 世纪 60 年代"猪湾事件"的预演吗?另外,二战后的很多美国学者,对"杰克逊时代"的帝国扩张给予了积极的肯定。他们在目睹了法西斯的兴衰之后,在面对眼中的共产主义苏联威胁时,深刻体会到"杰克逊时代"的领土激增如何增加了美国的财富和权力,使得美国能够在一个世纪之后得以抗衡集权主义政权。这样的视角虽然有偏颇和粉饰之嫌,但却在美国国内极大地提高了 19 世纪 40 年代扩张主义者的声誉。

---

① Thomas R. Hietala, *Manifest Design*, p. 269.

第四章 加入帝国争霸：19世纪后期的帝国思想与对外政策

> 那时的美国人，或至少是他们的许多较有势力的代言人，非常喜爱那种帝国气派，渴望使自己跻身于当时的殖民强国中，渴望看到我们的国旗飘扬在遥远的热带岛屿上空，渴望去体验在国外冒险和建功立业的强烈刺激性，渴望享受到被公认为一个世界强大帝国的荣耀。①
>
> ——乔治·凯南

从1865年内战结束到1898年的美西战争，虽然仅仅经历了一代人的时间，然而正是在这30余年的时间中，一个从内战创伤中迅速复原的美国，成长为令世界瞩目的强国。这一转变不仅仅是物质基础意义上的，同时也是思想领域里的，更是政策实践上的。对于这一时期的美国对外政策，可以概括为，"内战之后美国治国艺术的记录显示了一种持续的努力，即要在美国大陆边界之外，增加影响和扩大领土"②。这种思想和政策，在各方利益纠葛斗争中得以发展，并在1898年的美西战争中达

---

① [美]乔治·凯南著，葵阳、南木、李活译：《美国外交》，北京：世界知识出版社1989年版，第13页。
② Warren Zimmermann, *First Great Triumph: How Five Americans Made Their Country a World Power*, p. 31.

到顶峰。这场战争被列宁称为"第一场帝国主义战争",被众多历史学家毫无争议地看作是美国帝国主义政策的最典型表现,即便是那些始终坚称美国没有帝国历史的顽固分子,对这段历史也讳莫如深。奈尔·弗格森认为:"19世纪晚期的美国帝国主义与同时期的欧洲帝国主义在很多方面有着相似之处。然而,美国扩张的第一个阶段是由于受到大规模移民以及对人口稀少土地进行殖民的政策而促发的。而这个阶段则是由战略、商贸获利及意识形态冲动相结合所产生的刺激而推动的。"①美国的帝国思想,在19世纪后期这样一个物欲横流、繁荣进步、思想交锋、坚船利炮的时期,借力于当时各种社会思想的功效,成功地占据了对外政策的中心,从而引发了美国建国以来在海外最强烈的一次帝国冲动,以及国内大规模的帝国大争论。

一 美国帝国思想的转型:商业扩张与海洋帝国

内战结束之后,满目疮痍的美国随即投入恢复国家元气的重建之中。在扩张方面,美国将注意力重新投向海外。此时在欧洲,工业革命浪潮引发的技术革新和工业实力剧增,不仅改变了国家政治经济结构,而且决定性地增强了列强的军事力量,从而使得欧洲在全球力量对比中占据了压倒性的优势,引发了国际政治格局的大变动。美国的工业革命虽然起步较晚,但是发展十分迅猛。不断增长的实力和对海外资源及市场的迫切渴望,让美国对海平线之外的商业机会满怀憧憬。在这样的时代背景之下,帝国思想的重心也从传统的大陆扩张迅速转移到通过海洋实现更大范围的海外商业扩张。

1. 内战后美国经济发展与海外利益的扩展

联邦在内战中的胜利,对美国随后的发展具有关键性影响。从政权

---

① [英]奈尔·弗格森:《巨人》,第36页。

角度来讲,北部工业资产阶级赢得了同南部奴隶制农场主的竞争,成为掌控国家发展方向的主导力量;从经济角度来说,南北间的地理和经济体系阻隔被彻底粉碎,全国统一市场得以形成。在工业革命轰鸣的机器声中,澎湃的动力推动着美国开始从农业国转变为工业国。在资本、技术、市场、资源和劳动力等有利因素的促进下,美国的经济发展也迎来了迅速增长的时期,杰斐逊时所追求的农业社会,在新兴工业技术和生产模式的冲击之下,自然而然地朝着一个全新的工业社会迈进。生活在那一时代的人们曾对以煤、铁和蒸汽构成的新型经济在一个以农业和手工业生产为基础的世界中取得的胜利赞叹不已,当时尚在芝加哥大学任教的美国哲学家约翰·杜威(John Dewey)在1899年感叹到:"历史上曾有过这样一场如此迅速、如此广泛、如此彻底的革命,真是让人难以置信。"①自内战结束后开始出现的高速发展,被著名作家马克·吐温称为美国历史上的"镀金时代"。

  19世纪70年代,美国工业品产值比60年代增加了82%,19世纪80年代又比前一个10年增加了112%。② 从进出口来看,1860年,美国进口总值为3.54亿美元,出口为3.16亿美元,到了1897年,进口翻了一番,达到7.65亿美元,出口则增加了三倍多,高达10.3亿美元,美国开始迈入世界经济强国的队列。③ 在1860至1880年期间,美国的铁路里程增加了三倍,为商业性农业生产以及贸易流通开辟了新的广阔空间。此外,美国国内大型公司的经济集中化势头十分迅猛,为数不多的企业控制了钢铁、石油、食品、农业机械制造等行业,对政治乃至对外政策的影响力日渐强大。资本主义经济的持续发展,依赖于两个重要环节:资源与市场。迅速增长的生产能力,对资源的需求日益庞大,同时也使得国内市场难以消费过剩的大量产品。于是,寻求海外资源和海外市场,

---

① [美]埃里克·方纳著,王希译:《美国自由的故事》,北京:商务印书馆2002年版,第175页。
② 杨生茂:《美国外交政策史(1775—1989年)》,第168页。
③ [美]孔华润:《剑桥美国对外关系史》(上),第292页。

成为美国所关注的重要问题。特别是自19世纪70年代开始,美国连续经历三次比较大的经济危机,一度引发了社会的不稳定。此时的美国,对海外市场的需求更加强烈,也更加依赖拉美和亚洲市场,这种经济发展带来的需求对于对外政策的转向起到极其重要的影响。

美国工业和资本集团力量的增加——尤其是托拉斯势力的日渐鼎盛——成为美国竞逐帝国的雄厚资本,他们是内战结束直至19世纪末期,美国对外政策决策背后的关键推手,也是每个决策者运筹帷幄时必须予以考虑的因素。19世纪末的经济危机,加剧了国内政治、经济精英的担忧,并开始酝酿着一个观念,即为美国的资本和商品寻找更大的海外市场,以此来缓解甚至解决国内消费不足的问题,阻止经济危机的出现。这也成为西华德等政治"大咖"们考虑的重要内容,可以毫不夸张地说,"西华德以及这位纽约人的追随者们的帝国蓝图,主要不是通过决定'重大政策'的官员、官僚政治进程、公众舆论或者灰心丧气的进步主义改革家而得以实现的。这些蓝图变为现实,靠的是第二次工业革命的那些缔造者,例如安德鲁·卡内基(Andrew Carnegie)、约翰·D·洛克菲勒(John D. Rockefeller)、塞勒斯·麦考密克(Cyrus McCormick)、J·P·摩根(J. P. Morgan)和E·H·哈里曼(E. H. Harriman)"①。

另一股对美国19世纪后期对外政策产生重要影响的势力,则是蔗糖种植园主。如果说美国在很多方面更像一个现代工业或资本主义国家的话,那么,种植园主则代表了一种刚从半奴隶经济状态脱离出来几十年的经济力量。与新兴的工业资产阶级相比,种植园经济团体是一种相对原始的资本主义模式,它们大部分是南方奴隶经济体制的残余,因此渴望更多的土地和更廉价的劳动力。这一团体对于扩张有着极为浓厚的兴趣。英国驻马德里公使在1871年向伦敦谈及古巴的起义时就曾指出,这并不是真正为了解放奴隶,而是由美国国内强大派别所鼓励的

---

① [美]孔华润:《剑桥美国对外关系史》(上),第286页。

独立运动。① 蔗糖成为了美元的代名词,也成为扩张势力的动力来源。在这其中,存在相互竞争的两派,即东海岸派和西海岸派(也可以称为古巴派和夏威夷派)。东海岸的亨利·哈夫迈耶(Henry Osborne Havemeyer)依靠古巴的蔗糖谋取暴利,并在1887年形成了蔗糖托拉斯,被称为"蔗糖大王"。以德裔商人克劳斯·史比克拉斯(Claus Spreckels)为领导的西海岸派,则将目光投向太平洋的夏威夷。他受到德国国内参与欧洲帝国争霸思想的影响,对夺取夏威夷志在必得。这两派虽然在扩张的方向上存在分歧和竞争,但是它们对于扩张本身并没有异议,也都支持政府采取强有力的政策,不断扩大美国的海外利益。

2. 西华德的"海洋帝国"与美国对外政策转向

关键人物对于推动历史的发展能起到重要的作用。沃伦·齐默曼(Warren Zimmermann)认为,在美国开始越来越多地与外部世界发生联系的时候,两位国务卿积极行动,为美国成为一个全球大国打下了基础。一位是威廉·亨利·西华德,另一位则是詹姆斯·G.布莱恩(James G. Blaine)。

西华德是美国外交史上出类拔萃的重要人物,也是美国共和党的创始人和领导人之一。自1861年到1869年,他在林肯和约翰逊政府中担任国务卿,在对外政策的制定过程中起到了重要的作用。西华德被称为19世纪后期美国最具扩张主义思想的国务卿,是19世纪美国帝国主义的"中心人物"②。他在美国外交史上第一次提出了系统的海外扩张思想,也是美国外交史上堪与杰斐逊、约翰·昆西·亚当斯齐名的思

---

① V. G. Kieman, *America: The New Imperialism: From White Settlement to World Hegemony*, London: Zed Press, 1978, p. 90.
② R. W. Van Alstyne, *The Rising American Empire*, p. 176.

想家。①

前文已经提到,泰勒-波尔克时代掀起的大陆扩张高潮,同时也是美国海洋时代来临的序曲,在这样一个转型的时代,西华德本人正是美国精英圈子内帝国思想承上启下的中心人物。西华德的"帝国"构想由三个部分组成:英国影响下的北美北部地区、加勒比地区以及太平洋另一端的东北亚地区。他希望将美国的领土向北推进到加拿大地区,向南进入墨西哥,向西走向亚洲。而始终萦绕在他脑海中的,就是以商业扩张为核心目标的"太平洋帝国"。西华德本人思想的转变,就是此时美国帝国思想转型最好的例证。

与同时代很多人一样,西华德早期是个不折不扣的大陆主义分子,梦想美国建立起一个覆盖整个北美的大帝国,"联邦政府的边界需要继续向前推进,她应该能迎着太阳升起,南部延伸至热带,北部向北极圈靠近,甚至延伸到所有遥远的岛屿"②,"无论太阳照射着热带,还是光洒极圈,这个联邦将迎接那黎明曙光"。③ 这与英国的"日不落帝国"的骄傲论调简直是如出一辙。1867年,西华德在得知俄国意图出售阿拉斯加后,采取了果断的行动。这一交易被人称之为"大师级手笔","最伟大的帝国式成功"④,堪比杰斐逊购买路易斯安那。不过在当时,人们对于西华德的这一举动并不完全理解,甚至肆意嘲弄,把阿拉斯加称之为"国家冷库""北极熊公园""西华德的冰箱"。从战略地位上来看,阿拉斯加无疑是在英国治下的北美大陆区域的西北部地区打开了一扇后门,西华德试图以此南北夹击英国和加拿大,将北美最后一块土地吞入美国口中,彻

---

① R. W. Van Alstyne, ed., *American Diplomacy in Action: A Series of Case Studies*, Palo Alto: Stanford University Press, 1947, p. 526.
② Robert Kagan, *Dangerous Nation: America's Place in the World From its Earliest Days to the Dawn of the Twentieth Century*, New York: Alfred A. Knopf, 2006, p. 249 – 250.
③ 王玮、戴超武:《美国外交思想史(1775—2005年)》,第134页。
④ Warren Zimmermann, *First Great Triumph: How Five Americans Made Their Country a World Power*, p. 29.

底完成北美大帝国的理想。不过,加拿大随即与英国联手挫败了美国的企图:加拿大买下哈德逊湾公司全部股份,并吞并了沿海地区的殖民地不列颠哥伦比亚。加拿大的崛起,为美国向北扩张的野心最终设置了一道难以逾越的障碍。

不过,阿拉斯加对西华德而言,还有另一层重要意义,即阿拉斯加以及阿留申群岛将是美国挺进东北亚的跳板。纳撒尼尔·P. 班克斯将军(Nathaniel P. Banks)把阿拉斯加称为通向太平洋的钥匙,认为凭此能"将太平洋置于掌控之中,不管我们想要什么样的未来,都能使其成为未来行动的宏大舞台"①。虽然西华德没能夺取已逐渐被"美国化"的夏威夷,但他在1867年获得了中途岛,为美国找到了继续挺进西太平洋的前进基地。西华德的帝国思想,为即将到来的海外扩张作了充分的铺垫。在1867年波斯顿的一次演讲中,西华德激情澎湃地告诉听众:"多给我50、40、30年的生命,我将努力赋予你们美洲大陆的所有权和对世界的控制。"②他所取得的一个个成果,或许在当时未必能全部显示出其宝贵价值,然后,如果后人从美国走向世界霸权的历程来看,可以发现,这些成果背后蕴藏的战略价值,是如此之重要,可以毫不夸张地说,他取得的成就为20世纪美国迈向世界帝国拉开了序幕。无怪乎西华德自豪地声称:"世界上从未出现如此宏伟的帝国,只有美国名副其实地被称为帝国,美国是唯一的帝国。"③

另一位国务卿布莱恩也是一个十足的扩张主义者,他两次担任国务卿之职,在扩张问题上的野心路人皆知。布莱恩在外交上的一大建树就是同德国和英国在萨摩亚群岛问题上达成了协议,共同控制萨摩亚,尤其是具有很高战略价值的深水港口帕果帕果。他将夏威夷、古巴和波多

---

① R. W. Van Alstyne, *The Rising American Empire*, p. 177.
② Warren Zimmermann, *First Great Triumph: How Five Americans Made Their Country a World Power*, p. 28.
③ [美]保罗·艾特伍德著,张敏等译:《美国战争史 1775—2010:战争如何塑造美国》,北京:新华出版社 2013 年版,第 83 页。

黎各视为唯一值得去夺取的三个岛屿，并精确预见到了1898年将会发生的一切。① 布莱恩扩张思想的一大特点，就是其关注的首要问题并不是领土，而是贸易。这与内战后美国经济尤其是海外贸易的发展是密切相关的。在一次著名的演讲中，他说："我们并没有在寻求吞并领土……同时我认为，我们如果不寻求进行贸易吞并，这将是一种不明智的满足。"② 与西华德不同，布莱恩的目标更多是在拉美地区。布莱恩认为与拉美国家之间保持良好的政治关系，有助于促进彼此的贸易关系。1881年，他向美洲国家政府发出邀请，举办一次国际会议，以讨论如何阻止美洲国家间的战争。但由于继任国务卿切斯特·A.阿瑟（Chester A. Arthur）等人担心美国为了阻止战争，不得不扩大海军和陆军，从而为了其他国家的利益而增加本国人民的赋税，因此该倡议未能实现。直到1889年，布莱恩才得以国务卿身份主持了第一次美洲国家会议（即泛美会议）。会议的目的主要是为了排斥欧洲势力尤其是英国，同时给美国的商业扩张创造机会。布莱恩明确表示，他之所以热心于张罗召开此次会议，完全是为了要扩大美国在美洲地区的贸易。③ 布莱恩大力鼓励美国人到拉美进行投资，并保证为美国利益提供保护。因而他也被称为"泛美主义的奠基人"。对于美国热衷于插手拉美地区的动机，当地人看得非常清楚，拉美政治家心怀警惕地指出，布莱恩之流是希望将美洲变成一个主权统治下的市场。虽然布莱恩取得的扩张成果看上去相对有限，不过，他为后人提供了进一步扩张的潜力和可能性。可以说，西华德和布莱恩都是那个时代美国扩张主义的旗帜，是帝国思想的推动者，也是从内战重建到19世纪末期的帝国扩张这一过渡阶段对外政策领域的关键性人物。

---

① Warren Zimmermann, *First Great Triumph: How Five Americans Made Their Country a World Power*, p. 30.
② Warren Zimmermann, *First Great Triumph: How Five Americans Made Their Country a World Power*, p. 30.
③ 王绳祖主编：《国际关系史》（第三卷），北京：世界知识出版社1995年版，第247页。

二 社会思潮对帝国思想的重塑

内战结束之后,美国人对于国家的认识主要表现为:美国是一个在大西洋和密西西比河之间存在的国家,尚不是一个真正的大陆帝国。对当时的美国人来讲,西部指的是伊利诺伊、肯塔基和田纳西这样的州,而在密西西比河以西的地区,对美国人来讲,则是荒蛮遥远的西部领土,是北美水牛、印第安人以及少数白人存在的地方,而不是美国体系中的州。"在大部分美国人脑海里,地理上的西部还不是美国的一个完整部分,他们的国家比20世纪美国人认为的那样要小得多。"①但是,从1865年到1898年间,内布拉斯加、科罗拉多、北达科他、南达科他、蒙大拿、华盛顿、爱达荷、怀俄明、犹他以及奥克拉荷马相继加入联邦,大陆美国的概念得以完善。从内战结束至美西战争间的33年,是美国开始发现世界的时候。这一时期内,思想领域出现了很多新的内容,成为帝国思想演进和重塑的养分来源。

1. 进步主义与社会达尔文主义

在19世纪后期,一个重要的思想影响着美国国家身份的自我认知,那就是在那个时代四处弥漫的"进步主义"。"进步"是当时美国社会从上到下都具有的一种共识。"进步"一词在这里的意思是引导并赋予历史潮流以具有重要意义的、有目的的方向。一般而言,美国的进步主义思想,主要包括五个方面的内容:政治自由主义理念、社会学领域的社会达尔文主义、人类学上的种族主义、民族主义以及边疆理论。这五个方面共同构成了当时美国社会的进步理念,也是这一时期美国用来认识自身和观察世界的透镜,并成为意识形态领域用以丰富帝国思想的重要因

---

① Warren Zimmermann, *First Great Triumph*: *How Five Americans Made Their Country a World Power*, p. 23.

素,以至于19世纪90年代的美国人相信,"进步"最深刻的含义在于,他们的国家注定要去领导人类以实现整体目的。用保罗·T.麦克特尼(Paul T. McCartney)的话来说,就是"美国人假设自己是人类的先锋,社会演进的刀锋。他们还认为自己肩负着将其他人提升到美国文明标准的责任,这使得他人分享到他们更高级文明的福泽,同时也能实现国家自身的命运,将世界转变成为一个普世自由的天堂——上帝之国"①。这是在某方面类似黑格尔式的一种思想,即将历史的进程描述成由开化、进步的文明取代之前较为原始的文明,这种取代或许是从文明内部发生的,又或许是来自于外来文明的征服。

这种进步主义思潮,在另一个思想流派的影响下,呈现一种极端的自我信仰与优劣等级之分,那就是社会达尔文主义。其实,将人类社会与自然世界二者进行类比分析,在那个时代已经深入人心,很多理论家们也借助所谓科学来解释不同个体、民族、种族乃至国家成功与失败的原因和规律。朱利叶·普拉特在其代表作《1898年的扩张主义者》一书中指出,达尔文关于大自然通过选择而实现进化演进的假设,让美国人如获至宝,尤其是使得一直就流淌在美国人血液中的使命观思想,寻求到新的"哲学支持"。达尔文进化理论的核心内容,讲述的是在大自然的发展中,一些物种因为天生的特性,无法适应大自然的残酷挑战,注定成为要被淘汰的弱小物种,这也就是"物竞天择"。与之相对应的,则是那些强大、能适应环境的物种,得以生存并繁荣。如果说这样的理论仍是针对自然界的话,那么在达尔文本人撰写的第二本书《人类的起源》中,则开始明显地将这一原则运用到社会学领域。达尔文本人对美国就予以了高度的评价,视其为迄今为止人类社会进化的顶峰。他说:"很明显,有很多事实让人相信,美国的神奇进程,连同美国人的特征,是自然

---

① Paul T. McCartney, *Power and Progress: American National Identity, the War of 1898, and the Rise of American imperialism*, p.47.

选择的结果;因为,在过去10—12代人的时间里,来自欧洲各地的更具活力、不安分的、勇敢的人们移民到了那个伟大的国家,并在那里获得了最大的成功。"①

达尔文尝试着从生物学物种进化的角度来诠释人类社会的发展。他的这一理论被社会学家和哲学家借鉴,后者企图用生物界的进化规律来解释人类社会历史,所导致的结果就是社会达尔文主义。"社会达尔文主义"的核心概念是生存竞争所造成的自然淘汰也适用于人类社会。社会达尔文主义的创始人是英国哲学家赫伯特·斯宾塞(Herbert Spencer)。他认为社会可以和生物有机体相比拟,根据自然界"食物链"现象提出弱肉强食,物竞天择,适者生存的观点,并以此解释社会现象。社会达尔文主义相信,进化论是用科学的原则解释了历史的潮流,历史的特征就是进步和动力,因而人们得以掌握认识进步的本质和方向。

社会达尔文主义对历史进程的认识,在19世纪后期那个帝国思想波涛澎湃的时代,自然而然地被人用来解释"进步"的规律和发展。整个自然和人类社会被看成一个物种相互竞争的大舞台,物种之间通过不停的斗争,以夺取最高支配权。在这其中,胜者为王,败者为寇,物竞天择,适者生存。这就是社会的生存法则,也是社会进化的最根本原则,同时还是道德和哲学体系中最大的"善"。这一理论的支持者中包括了相当数量的,在当时具有广泛影响的思想家以及大量民众。社会达尔文主义是19世纪帝国主义理论的重要组成部分,也是帝国为自身推行帝国主义政策进行辩护和鼓动的工具之一。在社会达尔文主义的发源地英国,它毫不避讳地成了与帝国政策形影不离的孪生兄弟,无怪乎历史学家们将19世纪英国的帝国主义与社会达尔文主义的兴起联系起来,冠之以"新帝国主义"称谓。这时的社会达尔文主义被诠释为文化共鸣中至关

---

① Paul T. McCartney, *Power and Progress*: *American National Identity*, *the War of* 1898, *and the Rise of American imperialism*, pp. 48 – 49.

重要的一部分,它孕育了扩张主义氛围。① 因此,社会达尔文主义也被作为"多重动因"之一,以解释在那时出现的侵略性的殖民政策。如伯纳德·波特的《英帝国主义简史》将社会达尔文主义称为19世纪晚期一门"时髦的哲学",它将外国的敌意和竞争看作是从生物学上来讲必须面对的事情。② 特别是对于英国来说,社会达尔文主义鼓动了帝国主义情绪和对外政策,为渴望扩张的政客和商人所推崇。他们有着这样的共识:盎格鲁-撒克逊人,以及他们的后代英国人,代表了一个"超级种族",英国的势力遍布全球,掌控着世界,这使得人们更加相信,这个种族是理想的、合格的统治者。

社会达尔文主义影响和塑造着19世纪后期帝国主义国家的意识形态和世界观。意识形态解释了社会的互动以及告诉人们秩序应该如何来组织,而世界观则通过社会学理论强调大自然的秩序和人们在其中的位置,以及这种秩序对历史和现实的影响。迈克·霍金斯(Mike Hawkins)提出,社会达尔文主义的世界观包括五个相互联系的观点:(1)自然法主宰着所有的机体;(2)人口对有限资源构成的压力迫使机体为生存而斗争;(3)优势特性能够通过人口遗传机制来传递;(4)异变、自然选择和遗传产生的渐增效果导致了地球上生命的进化;(5)这种决定论进程不仅仅适用于人类的生理特征,而且也适用于精神特性,最后也适用于他们的社会性互作用。③ 从本身特质来说,社会达尔文主义并不具有政治倾向,更多的是一种社会基模,但是这种理论中所包含的意识形态和世界观几乎可以被任何一种怀有野心的政治势力利用。从政治

---

① Paul Crook, "Social Darwinism and British 'New Imperialism': Second Thoughts", *The European Legacy*, Vol. 3, No. 1, 1998, p. 1.
② Bernard Porter, *A Short History of British Imperialism, 1850—1983*, London: Longman, 1984, p. 126.
③ Mike Hawkins. *Social Darwinism in European and American Thought*, 1860—1945: *Nature as Model and Nature as Threat*, Cambridge: Cambridge University Press, 1997, p. 21.

生态来讲,社会达尔文主义赋予了强者为所欲为的合法权,因为弱小者注定要么被淘汰,要么被先进、强大者征服,而对强者而言,这样的行为并不违背自然和社会演变的规律。正如索顿(A. P. Thornton)在其经典的《帝国思想及其敌人》中评论的那样,"当被应用到政治上时,生物学就呈现怪异的面貌","对达尔文观点的理解,现在被那些自信的人搞得乌烟瘴气,就是为了支撑他们自己的观点,即在世界上生存下来的人,就是那些殚心竭虑照看世界的人,而其他人则对此漠不关心。毫无疑问,达尔文主义是反对懦弱的,弱者将被抛在一边:在这样的情况下,弱者是指那些原地不动、任由世界超越他们的人。我们可不能与他们为伍"。①正因为如此,欧洲的社会达尔文主义学派相信,刀剑做出的决定,不管是什么样的,也不管谁会从中获益,在生物学上看都是"正义的"和"正确的"。

社会达尔文主义在美国内战之后传入美国,并在"镀金时代"的19世纪70年代很快流行起来。它在这个盎格鲁-撒克逊文明主宰的国度里,受到各界人士的追捧。社会达尔文主义的社会进化观点正好迎合了美国社会中所具有的浓厚个人主义、种族优越感以及工业资产阶级对外扩张的野心。当时有名的社会达尔文主义分子包括威廉·萨姆纳(William Graham Sumner)、爱德华·尤曼斯(Edward Youmans)、约翰·费斯克(John Fiske)、约翰·伯吉斯(John W. Burgess)等作家和思想家。其中最显赫有名的、最具时代影响力的是耶鲁大学教授萨姆纳,他也是美国社会达尔文主义的旗帜、斯宾塞的美国门徒。萨姆纳公开宣扬社会进化的过程就是从低价向高级发展,而有限资源和扩大人口之间的矛盾必然引发斗争,"适者生存"的法则将在斗争中淘汰不适合者。他认为社会面临两种且只有两种选择:自由,不平等,适者生存;不自由,平

---

① A. P. Thornton, *The Imperial Idea and its Enemies: A Study in British Power*, London: Methuen, 1959, p. 48.

等,不适者生存。有意思的是,虽然萨姆纳本人是反对帝国主义的,但是他的理论恰恰成为了美国帝国思想的"帮凶","被用在征服当地土著部落以及在南北战争结束后进行重建的过程中继续统治非洲裔美国人,后来又将此思想运用在争夺帝国霸权的过程中"。① 社会达尔文主义在美国土壤上的滋生蔓延,很明显地体现出了两面性特点,一方面它鼓励了竞争,提倡个人奋斗,讲究效率,主张适者生存;另一方面,它也加剧了社会不公,贫富差距。但是这一切都被看作是自然法则的结果。比如以当时出现的垄断企业为例,这些大公司掌握了经济命脉,控制着大量劳工,并反对政府对其进行限制,尖锐的劳工矛盾和工资问题一直困扰美国。但在这些社会达尔文主义的信徒眼里,历史是一个进步的历程,"其演变过程如同一个在自然界发生的过程一样,总是从简单演变到更为复杂的形式。大公司则代表了这样一种较为先进和复杂的形式,它比以前的生产方式更好更有效,这是因为它更好地适应了存在的环境"②。

在国际问题上,社会达尔文主义帮助解释了美国新的使命。1885年,历史学教授约翰·费斯克在《哈泼斯杂志》上发表了一篇鼓吹社会达尔文主义的文章《天定命运》,他在文中说道:"自从在北美大陆开始殖民起,英吉利种族所从事的这项事业将继续下去,直到地球表面的每一片土地都不再是旧文明栖息的场所。"③当社会达尔文主义逐渐成为美国19世纪晚期政治和社会文化结构的基石之一,它将美国在人类社会中的优越地位,自然而然地视为历史的必然。虽然社会达尔文主义者并不一定就是帝国主义者(比如萨姆纳在1898年战争中就是反帝国主义阵营中的一分子),但是帝国主义者往往会借用社会达尔文主义思想,而它所传递的物竞天择、优胜劣汰等信息,为帝国主义、国家间战争和种族主

---

① [美]保罗·艾特伍德著,张敏等译:《美国战争史:战争如何塑造美国》,北京:新华出版社2013年版,第88—89页。
② [美]埃里克·方纳:《美国自由的故事》,第181页。
③ Julius W. Pratt, *Expansionists of* 1898: *The Acquisition of Hawaii and the Spanish Islands*, Baltimore: John Hopkins University Press, 1936, pp. 4 - 5.

提供了合法的解释,是塑造美国身份的关键要素。

2. 盎格鲁-撒克逊人与"白人的负担"

种族主义在 19 世纪后期的美国帝国思想中,继续扮演重要角色。1890 年冬天,美军袭击了位于南达科翁迪德尼的印第安人营地,杀死 300 多名男人、妇女和儿童,再次证明"白人是这片大陆的主人"①。1899 年,在世纪之末的美菲战争期间,英国著名诗人吉卜林就美国与菲律宾关系,发表了题为《白人的负担》的一首诗,诗中把菲律宾及其他相似的落后民族称为"急躁而野蛮","刚被你抓住的阴沉的人,他们半是恶魔,半是孩童"。他呼吁白人"肩负起白人的负担,平息野蛮人的战争,填饱苦受饥荒的嘴"。

种族问题的确是帝国年代在西方世界普遍存在的思想,美国也不例外。19 世纪末 20 世纪初,与种族相关的话题,如种族冲突、种族不平等、种族歧视等在美国的公共话语中占据了中心位置。当时,美国国内的帝国主义与反帝国主义势力正在激烈辩论,吉卜林的本意,旨在敦促美国在菲律宾问题上加入到英国的行列,即要承担起帝国的种族责任,担负教导和改造殖民地落后民族的重担。尽管对这首诗歌的理解也存在争议,但一时之间,"白人的负担"这一用语在帝国主义国家流行起来。帝国主义分子从自己的角度来理解这个问题,即白人有责任统治和教化土著居民。越来越多的人相信,优秀的白人,要肩负起在世界范围内传播文明,改造落后民族的责任。也正因为如此,"白人的负担"之后也成为历史学家们对这个时期泛滥的种族主义和帝国主义政策的特定称谓。吉卜林本人也认为,帝国主义是维持殖民统治和殖民秩序的最好手段。

种族主义在 19 世纪后期的猖獗,与当时的社会思想、经济结构转变和技术进步有着密切的关联。从社会思想领域来看,社会达尔文主义所

---

① [美]埃里克·方纳:《美国自由的故事》,第 248 页。

折射出的人类社会优胜劣汰原则,为西方世界长期存在的种族主义理论提供了新的理论支撑。在经济领域,第二次工业革命进一步刺激了工业国家的生产,对资源和市场的需求也急剧增长。西方世界日新月异的科学技术发展,增强了人们对于"进步"的信心,更重要的是,它们使得原本就在军事技术上具有优势的西方列强,进一步拉大与落后地区之间的差距。欧洲强大的资本主义国家在全球范围内掀起了殖民竞争和帝国主义扩张的狂潮。在以白人为主的帝国主义国家眼里,那些非白人种族,在政治、经济、文化等各个方面都落后于白人,既是容易征服的对象,同时也是等待白人进行拯救的种族。

这样就不难理解,为何在19世纪后期的西方社会,种族主义成为解释一些民族国家何以强盛的工具,并进而在意识形态体系中占据了重要地位。与此相关的有两种结论:第一种是种族本质论(Racial Essentialism),认为种族差异是永恒存在的,这也决定了不同种族在人类文明中的地位是固定不变的;第二种结论是种族家长论(Racial Paternalism)。它认为所有种族的能力是一样的,但是由于发展程度不同,造成了有些种族遥遥领先,而有些种族则远远落后。这种结论虽然承认人种之间的平等性,也承认现在落后的种族仍具有追赶先进种族的能力和可能性,但它强调这种差距可能要经过数代人的努力才有可能弥补。这两种建立在不同理论起点上的结论,殊途同归地导致一个相同的结果,那就是使西方世界心安理得地接受了白人人种对落后文明的家长式管教地位。①

尽管社会达尔文主义的出现,增强了19世纪后期的种族主义及其合法性,但这种种族主义追本溯源,也是先前存在的种族思想的一种新的延续。"从历史的观点来看,'种族思想'的根柢深深地埋在18世纪的

---

① Paul T. McCartney, *Power and Progress: American National Identity, the War of 1898, and the Rise of American imperialism*, p. 62.

沃土里,在19世纪期间,竟然同时于西方各国开花结果。始自19世纪初叶,种族主义已经是帝国主义政策的一种强有力的'意识形态'。种族主义确实融合了所有形式的种族议论。过去,这些种族议论从没有创造出或者退化成一种世界观或'意识形态'式的种族主义……但是,到了19世纪末叶,'种族思想'竟然被认为是尊贵、重要的,好似它是西方世界精神上首要的成就与贡献。"①此时的种族主义,更为强调一些人种具有更高尚的道德属性和更优秀的生理基础,适于占领和统治相对"低下"的种族。其中,盎格鲁-撒克逊人被认为是最具进化特性的种族,日耳曼人则紧随其后。进化理论为这种种族主义提供了强有力的科学共识和科学语言。

美国身上的种族主义此时也进一步发展。美国民族学家约翰·鲍威尔(John Wesley Powell)认为,在人类进化发展的道路上,每个种族在进化阶梯上占有不同的位置,其中白人在顶端,而黑人则处于最底层。美国人类学学会主任麦克基(W. J. McGee)坚持种族和文化差异对人类历史的影响,这使得白人拥有对黑人颐指气使的权利和资本。按照罗杰·史密斯(Roger Smith)的说法,19世纪的最后30年是"尚武的盎格鲁-撒克逊白人清教徒的时代",此时美国意识形态中的一个重要特征就是"归因性美国主义"(Ascriptive Americanism),将美国定义为一个白人的盎格鲁-撒克逊国家。这种信念即便是在具有显著分歧的南北地区和两党之间,也奇妙地融为一体。代表南部的民主党人鼓吹美国是白人基督教国家,而与北方渊源更深的共和党坚持,不管是谁被纳入到美国之中,这个国家文化中的清教和盎格鲁-撒克逊特性不仅仅是继续得以保存,而且还能得到增强。

这个时期,种族优越性的支持者们相信,世界上不同种族和国家虽然相互竞争,但它们各自占据了一个等级地位,"在美国国内和世界范围

---

① [德]汉娜·阿伦特:《帝国主义》,第52页。

的霸权体系中,盎格鲁-撒克逊人是最合适的主导者,但允许那些'低劣的'种族移民美国并允许他们在人口总数上超过盎格鲁-撒克逊人,将削弱美国社会的基础和结构","新移民是从失败的种族来的失败者,代表了生存斗争中最糟糕透顶的失败者"。① 在美国国内出现了诸多与种族问题相关的移民法规。例如,1882年开始,国会全面禁止中国人移民美国,黑人和其他"次等"民族被丑化为野蛮人和罪犯。1896年,亨利·卡伯特·洛奇(Henry Cabot Lodge)曾提议通过文字考试来限制移民,目的在于限制少数种族涌入美国。他强调每个种族具有独特传统、思想和灵魂,这是千百年进化的结果,并暗示美国过去是、今后也必须保持为盎格鲁-撒克逊白人国家,不过此提议为斯蒂芬·克利夫兰(Stephen Grover Cleveland)总统所否决。与此同时,针对黑人的白人武装暴民活动也十分频繁,"三K党"更是极为猖獗。1898年在北卡罗来纳的威尔明顿出现了以私刑处死10名黑人的恶劣行径,事后美国政府竭尽全力不愿去承认此事件。尽管美国历史上因种族问题而劣迹斑斑,但无论从哪个方面来看,19世纪八九十年代都可以算是美国种族问题历史上臭名昭著的时期。

  从对外政策视角来观察,可以发现,种族主义思想在美国的对外政策领域产生的影响十分明显。虽然已经成为世界上数一数二的经济强国,但美国在军事实力上还仍不能与英法德等强国相提并论。为了能够与列强竞争,美国内部主张扩张的势力极力希望能够赢得民众支持,为此,他们在美国传统的种族思想基础之上,大肆鼓吹盎格鲁-撒克逊人的优越性,并结合使命观思想,强调美国注定要承担传播文明的历史责任。当时种族主义最成功的宣传者之一是牧师乔赛亚·斯特朗(Josiah Strong)。他在自己的畅销书《我们的国家》中鼓吹,上帝用无限的智慧和技巧来训练盎格鲁-撒克逊人,是为了某个时刻所准备的。这个时刻

---

① [美]埃里克·方纳:《美国自由的故事》,第195页。

就是"种族间的终极竞争"。强大的种族将统治世界,这不是一场种族灭绝战争,低微的种族将枯萎消逝。① 他在书中将美国人看作"具有无法比拟能量的种族,其身后具有数量上的力量和财富权力——代表最大程度的自由,最纯洁的基督教,最高级阶段的文明——并已发展出特别具有侵略性的特征,以将自己的制度在人类身上留下印记,这一种族将会传播到整个世界"②。这种思想在当时的美国很有市场,也甚得不少人的欢心。于是,盎格鲁-撒克逊人被看作是世界上最高等的种族,其中尤以其建立的美国为楷模,因为美国代表了自由和民主,是世界上治理最好的国度,自然而然地,这也成为美国看待其他落后民族的视角。人们由此将功劳追溯到建国的那一代人身上,并从而将种族问题与自由民主制度问题紧密地联系了一起。美国一贯持有的使命意识,在种族主义刺激下,显得更加理直气壮,在行动上也更为迫切。这种改造世界的责任,必要的时候,是可以通过征服其他民族来完成的。种族主义论调既是为了迎合扩张主义者的需要,同时也是为了说服普通美国人认同其立场,从而推开美国帝国式对外政策的大门,让美国在世界舞台上与列强共舞,利益共享。

因此,"白人的负担"诠释的不仅仅是帝国主义思想,它也成为美国文化传统新的载体以及认识国家身份的要素。种族主义在对外政策领域所表现出的不仅是以物竞天择来看待不同种族间的地位,从而划分出高等种族和低级种族,它同时还强调优秀种族的责任,即要通过治理低等种族,从而对后者进行教化与拯救,这与美国传统文化中的使命观念水乳交融,相得益彰。此外,19世纪后期美国的种族主义还呈现另外一种新的特征,那就是与资本主义世界体系建立相呼应的全球性种族主义

---

① V. G. Kieman, *America: The New Imperialism: From White Settlement to World Hegemony*, p. 86.
② Julius W. Pratt, *Expansionists of 1898: The Acquisition of Hawaii and the Spanish Island*, p. 6.

视角。如果说 19 世纪 40 年代泰勒-波尔克时期的种族主义还主要局限于美洲大陆的话,那么,19 世纪后期的美国种族思想,已经具有世界性的视野。首先,这种种族主义与欧洲帝国正在宣扬的适用于全球范围的社会达尔文主义和种族主义几乎同步,并相互竞争,成为强权争霸的意识形态基因。如汉娜·阿伦特所总结,最具有竞争力和生命的两种意识形态,一种是以阶级的经济斗争来解释历史,另一种则是种族自然权利的历史解释观点,这种意识形态"诉诸广大的群众,其力量是那么的强韧,因之能获得国家的支持,成为官方的教条"①。其次,美国的种族主义应用范围超越了美洲,更多地开始投向太平洋、亚洲甚至非洲,是资本主义世界体系全球扩张地图中的一部分。最后,这种种族主义寻求的是在世界范围内推行美国文明,建立以盎格鲁-撒克逊人为主宰的国际秩序。正如印第安纳州的参议员阿尔伯特·J.贝弗里奇(Albert J. Beveridge)所鼓吹的那样:"上帝让盎格鲁-撒克逊人和条顿人准备了一千年,并不只是为了徒劳无功、无用的自我满足以及自我崇拜。不,他已经让我们成为世界主要的管理者,以在混乱盛行的地方建立起制度。他已经赋予了我们进步的精神去压倒世上的反动力量。"②哥伦比亚大学政治学教授约翰·伯吉斯甚至指出,日耳曼和盎格鲁-撒克逊两个种族"具有建设国家的特殊天赋",他们"肩负着指导现代世界政治文明的使命"。③

3. 宗教文化与自由清教主义国家身份

19 世纪后期帮助构建美国国家身份和帝国思想意识形态的另一个重要因素就是美国的宗教文化,核心是自由清教主义。

---

① [德]汉娜·阿伦特:《帝国主义》,第 52—53 页。
② David C. Hendrickson, *Union, nation, or empire: the American debate over international relations, 1789—1941*, p. 267.
③ [美]霍华德·津恩著,许先春、蒲国良、张爱平译:《美国人民的历史》,上海:上海人民出版社 2000 年版,第 253 页。

从时代特征来看,这个时代是进步思想盛行的时代,是人类满怀信心开拓的时代,是一个相信人类文明发展能够解释一切、征服一切的时代。但是,对于宗教而言,这种社会变革带来的挑战是无法回避的。在1859年达尔文进化模型初次提出的时候,基督教势力可谓心惊胆战,认为其是异端邪说,因为它所蕴含的物质主义精神严重威胁着宗教的神圣体系,因而宗教人士对达尔文的发现进行了激烈的抵制。不过,历史车轮,浩浩荡荡,面对社会思潮的进步和随之而来的巨大冲击,宗教人士也不得不开始寻求与科学理论的并存之道,共存之法。到了19世纪90年代,美国的自由清教势力在处理类似问题时,逐步领会进退之道,能够较为主动地去适应这些思想,而不是硬碰硬地胡搅蛮缠,尤其是它懂得了如何借助达尔文主义的进步主义理论来阐述自己的神学历史理论。其中,这些宗教人士尤为欣赏这个时代的进步概念,认为这能为宗教世界观增光添彩,因而"进化主义被看作是为宗教的进步概念提供了一种科学的解释,而自由清教主义者精心创立了一种哲学以使科学和宗教保持一致"①。

神学界人士通过三种途径来使宗教启示思想认同进化理论。第一种选择是拉马克公式(Lamarckian Formula)。法国博物学家、生物学奠基人让·拉马克(Jean Baptiste Lemarck)的进化论观点提出的时间要早于达尔文,而且更容易为宗教势力所接受。当时最有名的拉马克主义者、加利福尼亚大学的地理学家约瑟夫·勒康特(Joseph Le Conte)相信进化理论使得科学和宗教合二为一,并解释了人类社会的前进模式。他的理论是这样的:社会和文明都会兴起,达到顶峰,然后再衰落,在他们衰落的时候,身后留下了一些自己的萌芽,后续的文明则聚集了这些前一个文明留下的萌芽,由此建立起一个更为高级和进步的历史阶段。肯

---

① Paul T. McCartney, *Power and Progress: American National Identity, the War of 1898, and the Rise of American imperialism*, p. 68.

特指出,人类有责任努力发展他们文明的最好的方面,以使得人类历史的进步能够朝着正确的方向前进,而这尤其适用于宗教。他认为清教主义是迄今为止宗教进化过程中最先进的阶段,而在此之上还有一个更高阶段,那就是进化过程的顶峰——世俗中的"上帝之国"。

第二种选择是加尔文主义。加尔文主义宣扬一种精神和自然的选择,它的一个核心信条是,上帝只会挑选一部分人成为"上帝之城"的成员,成为"可见的圣人"。加尔文教教义认为个人无法影响上帝的抉择,每个人的命运是早已注定的。但是,个人如果通过自身的努力,就有可能最终被上帝挑选。这种思想随着清教徒登陆北美,被带入到美国。在加尔文主义者眼里,达尔文的自然选择理论,是用现代科学话语解释了上帝如何挑选自己的选民。这样的诠释当然也是美国这个自认为"上帝选民"国家里的人民所喜闻乐见的。因此不难发现,不少美国人认为,达尔文自然选择理论是神的选择模式的一种具有说服力的延伸,这点在加尔文主义者眼里,更为明显。①

第三种选择是通过现代主义方法来解读《圣经》。虔诚的宗教人士往往难以在科学和宗教之间做出一个完全非此即彼的选择。他们在来势汹汹的科学能量面前,转而选择以部分接受和承认科学的发展来捍卫神学,并声称上帝的真相与科学并不矛盾。如现代主义者保罗·卡卢斯(Paul Carus)指出那样,"宗教事实的本质与科学事实是一样的,只存在着一个事实"②。这也使得科技进步带来的更为广阔的人类视野,都被纳入到早已存在千年的宗教真相之中,只不过人们之前无法看到这些真相而已。现代主义的解释方式成了当时人们最主要的信念,在整个19世纪90年代,现代主义成为美国社会思想的主流之一。

---

① Paul T. McCartney, *Power and Progress*: *American National Identity*, *the War of* 1898, *and the Rise of American imperialism*, p. 69.
② Paul T. McCartney, *Power and Progress*: *American National Identity*, *the War of* 1898, *and the Rise of American imperialism*, p. 69.

自由清教主义中还涌现了一个激进派,被称为社会福音运动,他们关注社会进步,反对烟草、酒精等,试图通过更循规蹈矩的方式来提高人们的生活条件。一个社会福音派分子曾对美国驻扎在菲律宾的士兵大加抱怨,然而他所不满的并不是士兵们如何粗暴地对待菲律宾人,竟然是这些士兵动不动就喝得酩酊大醉。不过,达尔文主义提出的人类进化模型,也让社会福音分子强烈地感到,他们有责任去引导和帮助那些落后的民族和国家。

　　正是在这样的融合借鉴(或者也可以说一种妥协)之下,美国的清教自由主义非但没有在科技时代遭受挫败,反而显示出不少活力。在整个19世纪后期,美国社会的宗教文化的主流仍然是清教主义,其所接纳的自由主义和进化主义赋予了它新的血液,这也是此时美国国家身份和意识形态中十分重要的特征。从外交政策角度来讲,自由清教主义自恃拥有更高等级的属性,有责任将其他人从黑暗中解救出来。这种情感在古巴问题上尤其突出。在美国与西班牙的战争中,几乎所有的清教教堂都支持美国与天主教的西班牙帝国开战。① 此外,资本主义的发展所带来的全球化萌芽,在地理空间上极大地拓展了人类的视野,现代通信技术进步也让远在万里之外的教徒们开始操心同情不同肤色、不同语言人群的喜怒哀乐,宗教活动势力也从中寻觅到新的动力和方向。从美国角度来说,美国教会的海外传教活动在此时步入了新阶段。人们认为,传教活动、使命传播等都可以与更世俗的社会力量结合起来。美国在夏威夷、远东等地的一些传教活动,在传播文明的口号和行动背后,也蕴含了帮助美国实现帝国野心的目标。例如,在夏威夷,为了实现对这一战略要地的吞并,传教士们曾秘密联合当地的美国种植园主势力发动政变推翻当地政权。又例如,在美西战争爆发之后,宗教情绪在团结美国人民

---

① V. G. Kieman, *America: The New Imperialism: From White Settlement to World Hegemony*, p. 88.

投身于"帝国使命"方面也发挥出了重要影响。

4. 社会焦虑与国家身份危机:历史、心理和社会的视角

很多人也注意到了,如果单纯从资本主义贸易发展需求来解释美国在19世纪末的帝国政策,似乎过于简单。历史学家们也曾质疑,19世纪末期的美国,无论在经济,还是在国家安全上,实际上并没有面对重要的挑战,帝国思想与扩张主义势力何以轻易得势?这其中有一个非常重要的现象容易被人们忽视,那就是在当时普遍存在的一种社会焦虑感。它从内部威胁着美国的国家身份,迫使很多人转而寻求以扩张来缓解个人、社会以及国家面临的压力甚至危机。

1893年,历史学家弗雷德里克·杰克逊·特纳(Frederic Jackson Turner)提出了对后世影响深远的"边疆学说"。这一历史观的独特之处在于,它认为美国的历史就是一部边疆扩张的历史。特纳提出:"美国的发展不只是一个单线的前进运动,而是一个在不断前进的边疆地带上回复到原始状况,同时在那个地区又出现新的发展的运动。美国社会的发展就是这样始终不停地周而复始地运行着。"①边疆意味着什么?边疆意味着扩张,而边疆的流动就是一种文明的扩张。但是,以前通过在美洲大陆获取土地的方式来赋予经济发展机遇的方式,在面对边疆封闭这一困境时,日渐式微。工业发展、铁路兴起、通信进步、人口增长等都让传统的边疆理论不再能发挥"安全阀"的作用,美国需要新的扩张方向。特纳指出,"那种认为扩张的动力不再起作用的看法是仓促的。对更强劲对外政策的需要,对大洋间运河的需要,对复兴我们海上权力的需要,以及将美国的影响力扩展到偏远小岛和邻国的需要,都预示着这一运动将

---

① Frederick Jackson Turner, *The Frontier in American History*, New York: Henry Holt and Company, 1947, pp. 2, 205.

会继续"①。这一想法也清楚地表示,美国扩张的能量,将从大陆转向宽阔的海洋。那么,特纳的边疆学说,对于帝国思想和对外政策有什么样的影响和意义呢?如果我们把这个理论结合前面所提到的美国社会的经济和文化变化来看,就不难发现,这一历史观中的两个核心词语代表了这一时期美国人的心态,那就是焦虑与扩张。

首先来看"焦虑"从何而来。美国在北美大陆完成陆上扩张之后,似乎失去了前进方向和动力,国内也出现较为明显的焦虑和不安全情绪。诚然,美国在大陆的扩张,带来了广袤土地和资源,但是一旦大陆扩张宣告结束,人们又开始担心未来的发展方向。而内战后经济和工业的迅速发展,加速了这种担心。"公众情绪变化的一个因素是一种鲁莽的迫不及待,美国自己国内的殖民地上的资源正在消耗殆尽。"②这是当时人们一种心理上的不安。然后,再让我们来看看"扩张"又是怎样一种心态。它是19世纪后期自信膨胀、骚动不安的美国人脑海里始终盘旋的念头,同时也是特纳理论的第一个概念。特纳认为,只有依靠不断扩大的领土,美国才能应对经济危机和政治危机。他断言,到了19世纪末的今天,美国建国以来的第一个历史时期随着边疆的消失宣告结束,也就是说大陆扩张已经走到了尽头。美国血液中的扩张精神以及对维持美国社会存在和发展力量的需要,都在渴望着新边疆的出现。没有边疆,意味着美国文明的周期运动遭到阻断,意味着美国不再拥有调解政治和经济危机的"安全阀",同时也意味着美国使命在北美大陆终结。特纳认为,"如果美国人民要保持其民主特色,他们需要在北美大陆以外拥有新的疆界",并称之为"美国历史边疆的意义"。③ 为此,特纳强烈呼吁美国

---

① Warren Zimmermann, *First Great Triumph*: *How Five Americans Made Their Country a World Power*, p. 24.
② V. G. Kiernan, *America*: *The New Imperialism*: *From White Settlement to World Hegemony*, p. 82.
③ John M. Faragher, etc. eds., *Out of Many*: *A History of American People*, New Jersey: Prentice Hall Inc, 1994, pp. 636 – 637.

政府采取更加具有进攻性的外交政策,特别"要求在两大洋之间开辟运河,要求恢复我们的制海权,要求把美国势力伸向本土以外的岛屿与邻近的国家"①。就这样,这个国家的历史允许这种扩张被单纯地描绘成一个逻辑结果,是历史的下一个章节。一个边疆关闭了,其他的就开放了,一些低等的种族已经被扫平,解决其他人的时机已经到来。② 所以,边疆不代表封闭的边界,而是进入新扩张的大门。

那么,新的边疆又在哪里呢? 特纳表示,美国的新边疆不再是领土,而是正在蓬勃兴起的海外商业和贸易,为此美国的势力急需延伸到本土之外的地区,而这个扩张的方向只可能是一个:那就是太平洋。"特纳理想中的扩张方式是门户开放式的经济扩张,他认为这种扩张方式不必承担政治义务,因而特纳的新边疆不是领土边疆,而是商业边疆。"③这是边疆理论中第二个重要的概念。

"边疆理论"的第三个重要概念就是扩张与进步之间的关系。进步主义思想在这个时代的方方面面都烙下了痕迹。边疆学说认为边疆处于文明与野蛮的交界之处,换言之,扩张(领土或商业的)就是文明战胜野蛮、进步取代落后的过程。尽管不能因此就鲁莽地认为特纳这一学说具有社会达尔文主义的色彩,但是不可否认的是,社会达尔文主义的拥护者对边疆学术的出现必定是弹冠相庆的,因为这正好为他们提供了一个新的理论依据,印证并充实了他们的历史观。

虽然特纳的边疆学说为美国对外政策从大陆扩张走向海洋扩张创造了舆论,不过,这一思想实质上早就由西华德等人提出过,只是后者缺乏付诸实践的客观条件。19世纪末的美国社会,重新掀起对外扩张主义的浪潮,特纳的理论也恰逢其时。事实上,特纳思想之所以对以后

---

① Frederick Jackson Turner, *The Frontier in American History*, pp. 37-38.
② V. G. Kieman, *America: The New Imperialism: From White Settlement to World Hegemony*, p. 85.
③ 王玮、戴超武:《美国外交思想史(1775—2005年)》,第165页。

的美国外交产生了重要影响,很大程度上源于他对两个至交——西奥多·罗斯福(Theodore Roosevelt)和伍德罗·威尔逊(Woodrow Wilson)——的影响,他们在整整一代人中扮演了起领导作用的扩张主义总统角色。

在工业文明给美国带来巨大经济增长的同时,社会不稳定因素和情绪也在滋长。1893—1897年的经济大萧条给美国社会造成了深刻的危机,它同时也沉重打击了乡村的农场主以及城市工业生产者。传统上被看作代表美国民族文化脊梁和道德价值观源头的自耕农场主们,在农产品价格持续下降的压力之下,显得焦躁不安,反而成为社会意识形态体系中的不稳定因素。在城市,工人与企业、警察的暴力冲突不断出现,政府不得不进行强力干预。同时,外来移民问题也引发了社会不安,越来越多的移民引发了社会核心价值的危机感。反移民运动随之兴起,试图阻止更多的新来者进入社会。此外,性别问题也成为新的关注点。女权主义的兴起,对传统的男性社会价值体系和社会结构造成较大冲击,同时经济萧条也使得很多男性失去工作,他们作为家庭支柱的身份遭到质疑。可以说,在当时美国社会的诸多阶层,此时此刻都面临着身份的危机。这种危机映射到国家身份层面来讲,则意味着自我定位的困难。克里斯汀·霍根森(Kristin L. Hoganson)在《为美国的男子气概而战》一书中指出,19世纪末的美国社会中,人们担忧民族活力和男性气质(Manhood)的丧失,从而出现性别焦虑(Gender Angst),使得"男子气魄成为一个国家安全问题"[1]。这样的情况在之后关于帝国主义的争论中,以微妙的方式刺激了人们对海外扩张的渴望。

公众心理上的焦虑和不安全感,需要宣泄口,这也为极富侵略性的民族主义情绪提供了能量,而这种情绪又直接导致了一种极端爱国主义

---

[1] Kristin L. Hoganson, *Fighting for American Manhood: How Gender Politics Provoked the Spanish-American and Philippine-American Wars*, New Haven: Yale University Press, 1998. p. 204.

(Jingoism,也可理解沙文主义或鼓吹战争的言论)。人们选择将战争看作是一个帮助增强国家和个人力量、塑造荣誉以及培育国民间兄弟般感情等优秀品质的机遇。西奥多·罗斯福就是这样的一个典型人物。他重视荣誉,认为战争是军事品质的实践,是一个国家自我复兴的基本要素。1897年他在海军学院讲话中指出:"奋勇地去战斗,体面地生活,勇敢直面死亡……这在一个国家树立高尚美好的品性过程中,比任何股市可能取得的成功都要有价值得多。"①他坚信"所有强大种族都是富有战斗精神的种族……和平的胜利远不如战争的胜利伟大"②。同时,身处困境的美国人也将扩张当作解决问题的重要手段,人们越来越相信,国内市场的生产和消费已达到饱和,美国发展急需的领土扩张也要找到新的方向,政治家、历史学家、社会学家、军事家、宗教人士等都开始拿出自己的学说来支持美国的对外扩张。这些都是以军事和扩张为核心的帝国主义政策以及沙文主义情绪迅速攀升的重要原因。

三 帝国思想视角下的海外扩张

帝国思想在19世纪的后期取得了十分显著的发展,并且结合了当时各种意识形态和社会思想,汇聚成推动美国海外扩张的强大动力。布鲁克斯·亚当斯和特纳出版的《文明与衰退的规律》一书中宣扬所谓"文明兴衰规律论",认为世界文明的中心一直在由东向西运动,"到19世纪末,世界文明的中心将横越大西洋到北美大陆,到日益崛起的美国。因此,美国应抓住这一天赐良机向海外扩张,特别是向亚洲和太平洋地区扩张"③。加上此时的美国已经在对外用兵、海外探险、海外干涉等方面积累了不少经验,在海外寻求扩张的自信更加充足。可以毫不夸张地

---

① Frank Ninkovich, *The United States and Imperialism*, Massachusetts: Blackwell Publishers, 2001, p. 21.
② [美]霍华德·津恩:《美国人民的历史》,第253页。
③ 王玮:《美国对亚太政策的演变:1776—1995》,山东:山东人民出版社1995年版,第96页。

说,帝国扩张的念头迅速变成一场全民运动,对美国的对外政策带来极为深刻的影响,由此产生的帝国主义政策,在美西战争和对菲律宾的殖民中将美国的帝国扩张推到了一个新的顶峰。

1. "新天定命运"与"海权论":历史与战略的结合

"新天定命运"这一说法,可以看作是"天定命运"的丰富和发展,它出现在19世纪末的帝国时代,是美国扩张主义理论达到的另一个高峰,也是帝国思想意识形态基因的再度激活。"新天定命运"继承和发展了19世纪中期盛行的"天定命运"说,保持了种族优越论、自由扩张思想等核心元素,同时也毫不客气地吸收了社会达尔文主义等新思想元素,从而赋予其新的理论支撑,并以增强的国家实力和扩大的海外利益需求为基础,更新了其对外扩张目标。卡尔·舒尔茨(Carl Schurz)指出,"天定命运"总是被用来支撑权力的扩张。经历了内战后暂时的平静,如今它被重新奉为上宾,用以表达渴望获得那些遥远的,并不与美国接壤的领土,"它受到很多小的,但非常激动的团体的鼓励:民族主义者、海军热衷者和在海外地区有着利益的商人,而他们那明显的爱国主义完全不值得信任"[1]。

"新天定命运"最著名的阐述者是美国公理会牧师、福音传教士、同时也是社会达尔文主义者、种族主义者乔赛亚·斯特朗。在他1885年出版的《我们的国家》一书中,他鼓吹美国将成为统治世界的国家,因为美国掌握着广阔的土地和资源,同时属于优秀的盎格鲁-撒克逊血统。"显而易见,盎格鲁-撒克逊人手中掌握着人类的命运。毋庸置疑,美国将成为这个种族的家园,其力量的主要源泉,其影响的伟大中心。"[2] 在

---

[1] V. G. Kieman, *America: The New Imperialism: From White Settlement to World Hegemony*, p. 87.
[2] 王晓德:《19世纪末至20世纪初20年代美国外交思想探析》,载《史学月刊》2004年第9期,第79页。

"适者生存"这一定则下,这一种族将成为世界范围的种族竞争的优胜者,"向南移动进抵墨西哥,再向南进抵中美洲和南美洲,向外进抵海上各岛屿,跨海进抵非洲和遥远各地"①。

这一"新"最突出的表现为目标、对象、手段以及理论内容的更新。首先,从目标上来讲,为追求海洋文明扩张目标,认为美国的扩张活动并不应仅仅局限于美洲大陆,而是应该顺应历史的呼唤,加入欧洲帝国的行列,去夺取海外领地,同时建立西半球的霸权;其次,在应用对象上,美国自信其势力能影响和改造整个人类,"盎格鲁-撒克逊人在北美大陆的实践充分展示了他们对实践自由和自治政府的特别才能,现在是将这些体制和价值观推广到全世界那些不幸的人民中去的时候了"②,美国有能力把它的制度文化传播给全人类,并把它的权力影响扩大到整个世界;再次,在手段上,随着海外商业利益的日益增多,美国与传统列强(如英国、法国)以及新兴强国(如德国、日本)之间的竞争与冲突也在增加。美国的军事实力在当时尚难以匹敌英法,甚至甲午战争后的日本,也小觑美国。这些竞争对手同大陆扩张时面对的印第安部落以及羸弱的墨西哥断不可相提并论。为此,美国采取了灵活务实的外交与军事相结合的政策。最后,从理论上来讲,"新天定命运"的一个重要新内涵就是全球性地缘政治观的融入。美国认为世界帝国的中心在转向美国,美国必将控制亚洲,并成为世界文明的中心。扩张主义者鲁克斯·亚当斯(Lux Adams)阐述说:"世界文明的一些中心,都是随着经济财富和边疆提供的机会环绕地球向西伸展,并且这条伸展的路线是显而易见的:从地中海沿岸通过西欧到大不列颠,然后横越大西洋到北美大陆。"③洛奇甚至专门在杂志上发表文章说:"为了夺取太平洋经济霸权,我们必须控制夏

---

① A. Campbell, *Expansion and Imperialism*, p. 29.
② [美]埃里克·方纳:《美国自由的故事》,第 199 页。
③ 丁则民:《"边疆学说"与美国对外扩张政策》,载《美国历史论文集》,北京:三联出版社 1980 年,第 508—509 页。

威夷岛……在尼加拉瓜运河建成后,我们还必须控制古巴岛……为了今后的扩张和目前的防御,我们伟大的国家正迅速兼并地球上的荒芜地区。这是一种推动人类文明和种族进步的运动,美国作为世界伟大民族之林中的一员,决不能落伍。"①"新天定命运"放大了美国的使命意识,宣扬美国种族的优越性以及对落后地区所应承担的特殊使命,这一思想对美国的对外政策决策产生了非常深远的影响,也是当时诸多重量级领导人的坚定信念。"到了美西战争之时,盎格鲁-撒克逊人在世界上履行一种特殊的教化和统治使命的思想已牢牢地包含在美国人的思想中,深深地影响了许多著名美国人对美国与其他国家关系的态度。"②尤其是那些支持帝国主义的人,认为扩张就是要担当起"白人的负担",把美国的理想与制度带到新的土地之上,造福于其他民族。

如果说"新天定命运"吹响了19世纪末对外扩张的号角,那么,马汉的"海权论"则从战略层面上为决策者们提供了一种政策指向。马汉对于帝国主义政策的立场变化,对于理解生活在那个时代的许多美国人的思想转型有着非常强的参考意义,因为它反映了帝国思想如何将帝国主义政策变成国家的政策选择。在19世纪80年代中期之前,马汉并不是一个美国帝国主义的热衷者。1883年,他正指挥"威克塞特"号军舰前往处于"太平洋战争"③的秘鲁以保护美国的利益。在这段经历之初,马汉表现为一个直言不讳的反帝国主义者。他在1884年曾写道:"幸运的是,布莱恩先生(时任国务卿)还不是总统,因此我们很可能不会进行除了必要时接纳难民以外的干预活动。但是如果这个充满吸引力的政客掌权了,我们那些可爱的美国外交家们将会在杂志上大肆鼓吹……让军

---

① [美]霍华德·津恩:《美国人民的历史》,第252页。
② Pau F. Boller, Jr., *American Thought in Transition: the Impact of Evolutionary Nationalism, 1865—1900*, Washington: University Press of America, 1981, p.217.
③ 这里的"太平洋战争"是指1879年—1883年智利同玻利维亚、秘鲁争夺南太平洋沿岸阿塔卡马荒漠硝石产地的战争,也称第二次太平洋战争。

队在外国土地上登陆是一个非常微妙的问题。我相信,最好避免这样做。"①马汉还私下和朋友说,那种帝国主义政策是令人厌恶的,尤其是将美国的政治和拉美的共和国混杂在一起。但是,美国海军在这次行动中表现出的虚弱也让他忧心不已,智利从英国购入的一批新式铁甲舰有效地阻止了美国对秘鲁的援助。

在马汉转变为帝国主义支持者的过程中,两个因素起到重要作用。第一个是美国海军在中美洲危机(1885—1886年)中的作用。当时,危地马拉总统宣布将所有中美洲国家纳入一个联邦之中,正在巴拿马执行干预任务的马汉认为,这对美国的商业和战略利益构成了威胁。他开始发现,在这个复杂的外部世界中,美国无路可退,海军将成为展示国家实力的前线。第二个因素是马汉对海军历史的研究。1884年9月,马汉收到赴海军军事学院讲授海军历史和海上战术的邀请。为此他抓紧进行思考。在他率舰在秘鲁执勤期间,他在利马的一家英国俱乐部图书馆进行相关的历史研究。马汉尤其认真阅读了著名历史学家蒙森(Theodor Mommsen)的《罗马史》。该书对第二次布匿战争中汉尼拔错误地选择陆路而非海路进攻意大利进行了详细的分析,并强调了海上力量的重要性,尤其是罗马海军对迦太基陆军所具有的优越性。这让马汉茅塞顿开,悟出了控制海上力量是战争胜负的关键。

自此,马汉开始转变为一个积极的扩张主义者或者说帝国主义支持者。他和特纳都一样,认为美国虽然失去了陆地边疆,但是美国应转向无所不在的海洋边疆。马汉视扩张为美国的义务和宿命选择。他撰写的《海权对历史的影响》《海军战略》等书成为那个时代及之后100多年几乎每个战略家都爱不释手的名著。马汉"海权论"的时代性特征突出表现在他强调海权不仅仅是海军实力,同时还包括海外贸易、商业活动

---

① R. Seager II, *Alfred Thayer Mahan, the Man and His Letters*, Annapolis: Naval Institute Press, 1977. pp. 140 – 141.

以及一切能为这些商贸活动提供保护和支持的海军行动。马汉认为决定濒海国家历史和政策的关键包括三项内容:"生产是交换产品所必需的;海运,是用来进行不断交换的;殖民地是促进和扩大海运活动,并通过不断增加安全的据点来保护海运。"① 马汉忧心忡忡的是,美国"缺少殖民地,同样也缺少作为中间环节的平时海运和与海运有关的各种行为。简而言之,三个环节,美国现在只有一个"②。需要指出的是,马汉在殖民地问题上的立场与同时代的美国政治家有着相似之处。例如,马汉担心美国并不想要获取海外立足点,他总是在盼望美国获得海外基地,为战舰提供停靠港口、补给燃料和进行维修。在重中之重的亚洲和太平洋问题上,马汉认为太平洋是东西方巨大冲突的战场,美国是西方力量的先进代表,美国必须建立自己的海军,控制运河,用一切手段来获得太平洋上的岛屿和港口。此外,他还鼓励美国在巴拿马运河问题上建立战略主宰,因为这将使得除在拉丁美洲和西海岸沿岸市场之外,美国的"大西洋沿岸能在同等的距离因素下,同欧洲为东方亚洲市场进行竞争"③。基于此立场,马汉大力支持吞并夏威夷、菲律宾。因为要掌握海神手中的三叉戟,美国必须拥有海外的殖民地和军事基地。④

"海权论"既是时代的产物,同时也是推动美国历史前进的动力。它反映出了当时欧美列强争夺海外殖民的激烈斗争。马汉从战略的高度,抨击美国保守的海军战略和国内的孤立主义势力,呼吁大力发展海军、走向海洋,用战舰去扩张利益。"海权论"唤起了美国精英和大众对海洋价值的重视,为已经完成大陆帝国构建的美国指出了前进的方向。值得关注的是,"海权论"尤其适应了当时美国国内垄断资产阶级对外扩张的

---

① [美]A. T. 马汉著,安常容、成忠勤译:《海权对历史的影响(1660—1783)》,北京:解放军出版社 1998 年版,第 29 页。
② [美]A. T. 马汉:《海权对历史的影响(1660—1783)》,第 80 页。
③ A. T. Mahan, *The Interest of America in Sea Power*, *Present and Future*. Boston: Little, Brown, and Company, 1898, p. 99.
④ 王玮、戴超武:《美国外交思想史(1775—2005 年)》,第 169 页。

需要,是具有鲜明帝国主义特质的战略谋划。在它的推动下,美国开始转变近岸防御的思想,转而大力发展一支具有全球行动能力的海军。

马汉的海权理论强调海权不仅是战略和全球政治优势的关键,同时也是商业和经济竞争的关键所在。他的理论在世纪之交这一转型时期,帮助形成了成长中的美国国际利益,并对威廉·麦金莱(William McKinley)、西奥多·罗斯福、亨利·卡伯特·洛奇、约翰·海(John Hay)等军政要员产生了深刻的影响。正是在他的推动之下,美国海军致力于建立攻击性更强的庞大舰队,从1890年至1900年这10年时间中,美国共有15艘一流战列舰服役,海军实力从1880年的世界第12位,上升到第3位,仅次于英法,这也成为美国建立海洋帝国的中坚力量。

2. 帝国主义时机的成熟

19世纪后期的美国帝国主义,是当时全球殖民高峰的一部分。当代著名历史学家霍布斯鲍姆(E. J. Hobsbawm)将1875—1914年这一阶段称之为新型的帝国时代——殖民帝国的时代。"资本主义国家的经济和军事霸权,有相当长的一段时间都不曾遭遇到严重的挑战,但是从18世纪末到19世纪的倒数25年间,西方国家还不曾企图将这种霸权正式转化为有系统的征伐、兼并和统治。1880—1914年,这种有计划的侵略野心开始出现,而欧洲和美洲以外的绝大部分,都被瓜分成那一小撮国家——主要是英国、法国、德国、意大利、荷兰、比利时、美国和日本——的正式或非正式管辖区。"①这一时期产生了惊人的领土扩张,这种扩张无论是数量还是质量上,都与之前的帝国有着重要区别。首先,传统帝国不论多么庞大,在某一方面都存在限制。而19世纪的帝国扩张则是全球性的。到了1878年,欧洲及其先前定居者所建立的殖民地控制了

---

① [英]艾瑞克·霍布斯鲍姆著,贾士蘅译:《帝国的年代(1875—1914年)》,南京:江苏人民出版社1999年版,第60—61页。

地球表面的67%。19世纪80年代,仅仅几年前还被看作是神秘、未开发的非洲大陆,已经有十分之九的面积被瓜分。其次,从帝国力量上来看,欧洲等帝国工业化军事力量远远超越了非工业的传统社会,使得后者根本无法匹敌,这在庞大的中华帝国在西方列强坚船利炮前的轰然倒塌这一过程中被表现得淋漓尽致。最后,更重要的是,西方帝国的力量并不仅仅表现在军事之上,还体现在政治体制、商业机制、意识形态以及生活方式等方方面面。西方对非西方的征服,不仅是领土和资源上的,同时也是心灵和精神上的。"帝国主义作为一种全球现象,展现了实力和文化史无前例的扩散。"①

同欧洲列强甚至是东亚后起之秀日本相比,美国加入帝国主义狂潮的时间要晚一些。事实上,就在帝国之光照耀美国的前夕,这个国家经历了两次外交危机,表明帝国主义并不是那么容易让人接受的。第一个外交政策危机来自于夏威夷。1893年,美国公使约翰·L.史蒂文斯联合夏威夷野心勃勃的美国种植园主,通过政变推翻了夏威夷利留卡拉尼女王的政权,并与"革命者"密谋让美国海军陆战队登陆火鲁努努(即檀香山),同时宣布夏威夷是美国的保护领地。两周后,他与夏威夷共和国签订了合并条约,试图重演"德克萨斯历史"。由于捕鲸者、传教士和种植园主早就渗透到夏威夷的政治和经济圈子之内,美国官员将夏威夷称之为"待采摘的熟透了的梨"②。洛奇更是激动地说:"我们自19世纪就有无与伦比的征服、殖民和扩张的历史,我们现在也不会得到遏制。为了商业的发展,我们必须得到夏威夷。"③但是,国内错综复杂的势力斗争迫使美国国会在最后关头止步不前。东海岸与加勒比地区关系密切的蔗糖商害怕来自夏威夷的竞争,种族主义者则担心不良血统及不良习俗,自由主义者则怀疑夏威夷的美国种植园主们缺乏民主意识。还有人

---

① Frank Ninkovich, *The United States and Imperialism*, p.10.
② [美]霍华德·津恩:《美国人民的历史》,第262页。
③ [美]保罗·艾特伍德:《美国战争史:战争如何塑造美国》,第84页。

认为,既然已拥有在珍珠港建立海军基地的权利,美国的商业存在已经得到了支持,如一个政府官员所说,"从商业上讲",夏威夷"基本就是美国的财产"①。时任总统克利夫兰在这其中起到了十分关键的作用。这位被认为是科布登-布赖特(Cobden-Bright)自由主义学派忠实信徒的总统,视帝国为经济负担,而非国家财富的增加。他拒绝屈从于扩张派的压力,撤回了条约,并责成对政变进行调查。调查显示,所谓的"革命"不过是勾结一个小规模特殊利益集团而干出的可耻之事。②民众也对此非议颇多,认为这件事并不光彩,还让美国的名声被玷污。这一结果让西奥多·罗斯福懊恼得捶胸顿足:"不可思议的是,我们的人民所表现出来的如此缺乏帝国主义的天性。"③夏威夷危机表明,对于海外扩张的帝国宏图,国内仍然缺乏政治共识。

此外,1895年爆发的委内瑞拉危机则反映了美国国内对欧洲帝国主义的根深蒂固的敌视。当时委内瑞拉与英属圭亚那因二者边界发现金矿而发生冲突,委内瑞拉与英国之间的纠纷引发了战争的危险,英国威胁要在发现金矿的地区派驻部队实行保护。美国克利夫兰政府担心英国借机增强在加勒比地区的军事存在,妨碍美国在美洲的扩张,美国认为这样的情形威胁到"门罗主义",因此坚持认为应将此争端提交国际仲裁机构。国务卿理查德·奥尔尼(Richard Olney)在给英国的照会中强硬地指出:"今天,美国实际上是美洲的统治者,它的命令就是法律。它的无限资源和孤立地位使它成了这个局势的主人,任何或一切其他国家实际上都不能侵犯它的地位。"④克利夫兰将这一表述称之为向英国开火的"20英寸口径的大炮"。"奥尔尼推论"让防御性的"门罗主义"更具攻击性和侵略性。洛奇相信,"美国必须要么维持门罗主义,视对其的损害

---

① Frank Ninkovich, *The United States and Imperialism*, p.12.
② Frank Ninkovich, *The United States and Imperialism*, p.12.
③ [英]奈尔·弗格森:《巨人》,第40页。
④ 王绳祖主编:《国际关系史》(第三卷),第265页。

为敌意行为,要么则放弃它"①。他警告说,如果英国可以在南美洲扩大领土而不会遭到我们的抗议,那么每个欧洲强国都可以如法炮制,如此下去,在很短时间内,"那么我们在美洲的霸主地位将会结束",南美洲就会沦落成非洲一样。②克利夫兰也强调,这正是门罗总统曾经指明的会让美国和平和安全面临危险的行动。公众对此立场也大加支持,英国因苦于应对来自德国的挑战以及深陷布尔战争泥潭,最后只能明智地接受了国际仲裁机构的调查结果,同时这也意味着英国承认了美国"门罗主义"和在西半球的霸主地位,"奥尔尼推论"可以说反映了美国在西半球坚决的反帝国主义立场,虽然日后证明,这种反帝国的实质是要为美国自己推行帝国政策清除障碍。

这两次外交危机表明,美国帝国思想在新的时代背景下,与各种思潮融会贯通,显得更加骚动不安、咄咄逼人。"到19世纪90年代,在海外探险和海外干涉方面,美国已积累了很多经验。海外扩张的思想观念流传甚广,不仅存在于上层军官、政客和商人圈子里,甚至还存在于某些农民运动领袖中间——他们认为海外市场能给他们提供帮助。"③乔治·凯南(George Frost Kennan)在回顾美国的这段历史时,活灵活现地描绘了帝国思想在这时对美国人价值观的影响:"那时的美国人,或至少是他们的许多较有势力的代言人,非常喜爱那种帝国气派,渴望使自己跻身于当时的殖民强国中,渴望看到我们的国旗飘扬在遥远的热带岛屿上空,渴望去体验在国外冒险和建功立业的强烈刺激性,渴望享受到被公认为一个世界强大帝国的荣耀。"④此时的美国在扩张思想、对外政策导向、国家实力等方面,都已经具备了较为扎实的基础。

美国帝国思想开始走向海外扩张的条件正在逐步成熟,它们主要包

---

① Walter A. McDougall, *Promised Land, Crusade state: the American Encounter With the World*, p. 109.
② Frank Ninkovich, *The United States and Imperialism*, p. 13.
③ [美]霍华德·津恩:《美国人民的历史》,第252页。
④ [美]乔治·凯南:《美国外交》,第13页。

括:军事实力尤其是海上军力的增长,国内对于扩张的政治共识的出现,全球帝国主义浪潮的来临,传媒势力对民众情绪的煽动操纵以及合适的帝国机遇。

首先是美国军事力量尤其是海军实力的大幅攀升,为美国实行侵略性帝国主义政策提供了武力支持。美国海军力量在19世纪70年代尚排在世界第12位,位于大清帝国、土耳其甚至智利之后。但是,在马汉等海权派推动下,美国掀起造舰高潮,到了1898年,美国海军已步入世界最强队列。而且值得注意的是,从1798年至1895年期间,美国对他国进行了103次干预,包括阿根廷、日本、尼加拉瓜、乌拉圭、中国等。①虽然美国还不能像大英帝国那样派遣舰队与士兵在世界各地驰骋征战,但美国也显然不是在帝国政策方面不谙世事的毛头小伙子了。有了对其他国家和地区的用兵经验,美国更是明白要如何利用军事实力去为自己夺取需要的利益。

其次,在国内政治方面,从林肯到麦金莱,国会势力都十分强大,出现的几乎都是弱势总统(威尔逊将其称之为"国会政府"),帝国思想在决策层得到的支持相对弱小,数次海外领土扩张野心都在总统和国会那里折戟沉沙。然而,到了19世纪后期,随着新的州加入联邦,尤其是那些地处边疆、热衷扩张的地区和经济利益集团的得势,国会与总统之间在对外扩张问题上的共识越来越多,政客们为此进行的合作甚至勾结更加心有灵犀。与此同时,一批著名的扩张主义分子成为政界和军界的佼佼者,他们包括印第安纳州的参议员阿尔伯特·J.贝弗里奇、西奥多·罗斯福、洛奇、马汉等。他们是所谓"大政策"(Large Policy)的制造者,一心想要模仿英国那样获取财富和权力的道路,鼓吹夺取古巴,占领加勒比海的基地,凿通巴拿马运河,夺取太平洋的夏威夷、菲律宾等地,建立太平洋帝国。这些精英分子利用一切可能利用的机会,拼命宣扬自己的帝国构

---

① [美]霍华德·津恩:《美国人民的历史》,,第252页。

想,由于这种思想在很多方面迎合了美国迅速增长的经济实力和对海外市场的迫切需求,因此比较容易得到各方势力以及部分民众的认同。

再次,从国际环境来看,新老帝国主义国家展开了激烈和残酷的竞赛,从亚洲到非洲,羸弱的旧帝国和未开发的土地,让帝国主义这条鲨鱼嗅到了足以令其激动的血腥之味。一位法国经济学家在1874年写下的这句话最能代表19世纪后期帝国列强的心态:"殖民地最大的民族,即领先所有的民族。"①英法德等帝国的疯狂扩张所导致的世界政治面貌的改变,促使美国忧心忡忡地反思自己的对外政策,"在一个充满残酷商业和海洋竞争的世界,美国再也无法想当然地认为自己高枕无忧或能进入各个市场"②。而且在新开辟的太平洋帝国疆域之内,从夏威夷到远东,美国的利益还受到沙俄和日本的威胁,美国必须要能获取更多的战略支撑点,更大的市场份额,以及更深远的文化影响。用马汉的话来说,就是既要获得作为市场的殖民地,也要获得作为战略基地的殖民地。

还有一个影响美国帝国思想及对外政策的因素来自于媒体势力的煽动。19世纪后期是大众政治兴起的时代,媒体对民众情绪的引导甚至操纵,让决策者面临前所未有的挑战。当时电视和收音机尚未出现,报纸是民众接受信息的最重要媒介。在美国,"黄色新闻"在宣扬帝国思想和战争情绪方面,"功不可没"。所谓的"黄色新闻",是指以煽情主义(sensationalism)为基础的新闻报道方式和内容,以求吸引民众注意,同时策动社会运动。1883年约瑟夫·普利策(Joseph Pilitzer)收购《纽约世界报》,标志着黄色新闻时代的开始。1895年,新闻大亨威廉·赫斯特(William Randolph Hearst)接管《纽约新闻报》,热衷于激进的社会运动新闻报道,他与普利策之间的竞争,使得黄色新闻迅速成为美国新闻史上一股强大潮流。为了增加销量,他们抓住了民众的民族主义和爱国主

---

① [英]安东尼·派格登:《西方帝国简史》,第120页。
② Walter A. McDougall, *Promised Land, Crusade state: the American Encounter With the World*, p. 104.

义情绪,大肆渲染西班牙殖民者在古巴的残酷统治。赫斯特甚至将一位起义者的外甥女包装为古巴的"圣女贞德",将其解救到美国,策划让其接受总统接见,这一做法产生的效果轰动一时。正是在他们无所不用其极的包装宣传下,赫斯特和普利策在美国人中间成功地营造出愤怒和狂暴,民众对西班牙犯下的滔天罪行深恶痛绝,怒火中烧。很多人感到必须要同仇敌忾,尽快解放水生火热中的古巴人民。可以说,媒体在美国卷入古巴问题上,扮演了重要的引导作用,以至于有人质疑:"'人民希望品尝帝国滋味'真是来自本能的侵略渴望和迫切的利己本性?或者这'帝国味道'只是由当时富甲一方的新闻界、军人、政府以及热衷功名的学者创造、鼓动、宣传、夸张出来的而已?"①

最后,古巴局势的恶化,让美国得到了干预的机会。在一块被美国虎视眈眈多年的诱人土地上,已经弱不禁风的西班牙殖民者与古巴起义者进行着残酷的斗争,这样风雨飘摇的局面怎能不让美国蠢蠢欲动呢?而且古巴反抗殖民的斗争,也在鼓舞着美国这个靠反帝国斗争而出生的国家去施以援手,有人指出:"假如海外扩张看起来好像是一种慷慨之举(帮助起义者推翻外国统治者,就像帮助古巴推翻外国统治者那样),那么,国内要求扩张的呼声将会更为强烈。"②面对这样诱人的前景,美国扩张主义精英们的帝国梦想迅速膨胀,正如有人所说:"约翰·海、马汉、洛奇和罗斯福都成长于弱势的总统、膨胀的经济、增强的军事实力、上升的渴望和令人失望的表现这样的时期。现在,行动的时机到来了,他们抓住了机遇。"③

3. 从《旧约》到《新约》:帝国思想与美西战争

历史学家沃尔特·麦克杜格尔(Walter McDougal)在《希望之乡,十

---

① [美]霍华德·津恩:《美国人民的历史》,第253页。
② [美]霍华德·津恩:《美国人民的历史》,第254页。
③ Warren Zimmermann, *First Great Triumph: How Five Americans Made Their Country a World Power*, pp. 38–39.

字军国家》一书中将美国外交史分成两个阶段,称为旧约时期和新约时期。旧约时期指的是美国自视为"希望之乡",如果美国了解自身的局限,并始终置身于外部世界之外,那么共和制自由将得以保存。相反,新约传统则将美国定义为十字军国家,要将被革命和战争折磨的世界解救出来。在麦克杜格尔看来,1898年的战争是美国外交史上的重要转折点,美国最终还是屈服于充当十字军的诱惑,也正是因为这场战争,美国转变为一个十字军国家。① 威廉·富布赖特(William Fulbright)在《权力的傲慢》中也持有相似的观点,他评价美国外交传统"具有一种道德主义特征,但是其中一种道德来自于认识到人类并非完美之后而激发的高尚本性,另一种则来自于十字军所激发的绝对的自信"②。这场战争在当时被看作美国崛起于世界政治舞台的一个重要标志,然而,在后人看来,它却成为一个颇为尴尬的历史阶段,一些人更愿意将它看成是美国对外政策的一个"变奏曲"。如美国著名历史学家塞缪尔·比米斯认为,美西战争以及美国占领菲律宾是一场侵略性战争,"现在回顾那些年我国在其少年时代的不负责任的行为,我们可以把美国扩张的最高峰——获取菲律宾看作是国家的一个重大偏差"③。在美西战争100周年之际,美国政府刻意回避了战争的纪念活动。很多公共性机构也对此选择性遗忘、集体性忽视或是轻描淡写一笔带过。美国历史国家博物馆一个展览的负责人坦承,即便他们能得到支持,举办一个关于1898年战争的展览,但是,要想在展览中避免不出现"I"字打头的那个词(指Imperialism,帝国主义)是不可能的。在华盛顿谈论帝国主义,对于公众机构而言,无疑是自杀式行为。另一个例子就是"反帝国主义联盟"的历史如何认定,它也被认为是个具有敏感性的主题,因为既然有反帝国主义,那就意味着

---

① Walter A. McDougall, *Promised Land, Crusade state: the American Encounter With the World*, pp. 4–5.
② William Fulbright, *Arrogance of Power*, New York: Random House, 1967, p. 245.
③ [美]塞缪尔·F. 比米斯著,叶笃义译:《美国外交史(第二分册)》,北京:商务印书馆1987年版,第284页。

美国曾经有过帝国主义的历史。①

那么,帝国思想在这场战争中是如何帮助塑造美国的国家身份,并为建立新的国际秩序而发挥作用的呢?

西班牙人曾经一度在美洲建立起一个庞大的,但同时也是日渐松散的帝国体系。从19世纪中期开始,在西班牙帝国统治下的各国人民相继宣布摆脱西班牙,争取独立的革命浪潮席卷拉美,帝国的版图日渐缩小。古巴人也早就为这种追求独立和自由的时代所鼓舞,先后在19世纪六十七年代揭竿而起,但由于力量差异较大,两次起义最终都以失败而告终。古巴人也由此意识到,单单依靠自己薄弱的力量,难以推翻西班牙的统治,于是,他们将目光投向了已经展现出蓬勃朝气的邻国——美国,这似乎是前门拒虎、后门进狼的饮鸩止渴行为,但在当时渴求解放的古巴人眼里,这既是无奈之举,也是最可能成功的选择,因为美国一直盘算着要把西班牙人赶走,并将古巴收入囊中。1895年,古巴再次爆发了反抗西班牙殖民者的起义。当时负责指导革命的古巴革命委员会将总部设在了纽约,目的就是要便于四方筹集资金,招募人员,更便于鼓动美国对西班牙人采取强制政策,其中一个关键环节,就是要赢得美国的同情,煽动美西之间的矛盾甚至仇恨。

当时,羸弱的西班牙人面对节节胜利的起义军,报复性地采取了残酷的"集中营"政策,将古巴人分割困在城镇之中,并阻止其获取粮食补给。这一政策迅速恶化了局势,使得古巴国内暴乱频发、民不聊生,并且直接对美国在岛上重要的蔗糖和烟草种植利益构成了严重的损害。西班牙人犯下的惨绝人寰的暴行以及古巴人岌岌可危的弱势地位成为美国"黄色新闻"集团吸引读者的最好新闻题词。四处叫卖的"黄色小报"迅速将古巴最新事态传播到大街小巷,在国内大肆宣传西班牙的罪行,

---

① Virginia M. Bouvier. ed., *Whose America? The War of 1898 and the Battles to Define the Nation*, p. 3.

以支持古巴人民的幌子,呼吁美国实施干预。受到舆论的渲染和灌输,民众当中同情古巴、呼吁政府军事干预的声音也越来越多。而那些早就将古巴看作美国帝国扩张目标的帝国主义分子,更是不遗余力地煽动公众敌对情绪。美国国会曾在1896年通过决议,试图在事实上承认古巴的独立国家地位,但遭到了西班牙的强烈反对,后者表示无法接受。在事态之初,政府似乎并不愿意为此同西班牙爆发直接的对抗,而克利夫兰和麦金莱这两任总统也一直都在竭力压制战争情绪。但是,汹涌的帝国思潮已经在美国国内躁动不安,在那些怀有帝国扩张思想的人眼里,机会,机会,这正是他们在苦苦寻找的。

考虑到当时美西在古巴问题上立场的根本对立,这样的机会很快就出现了。先是在1898年的2月,西班牙驻美国大使恩里克·德洛姆写给他一位古巴友人的信件被盗走,赫斯特的《纽约日报》随后将信件内容公之于众。这位大使在信里大肆批评美国的古巴政策,并对麦金利总统使用了侮辱性语言。顿时,美国国内敌视西班牙的情绪再次被煽动起来,两国关系也进一步恶化。就在局势日趋紧张一触即发的时刻,倒霉的"缅因"号战舰进入哈瓦那港,这一举动既是表示美国对古巴事态的关注,同时也是为执行保护美国公民和财产的任务,并准备在必要时进行撤侨。1898年2月16日,"缅因"号在哈瓦那发生爆炸并最终沉没,260多名水兵死于非命。美国和西班牙分别派出调查组进行独立调查,双方都同意这样一个结论,即"缅因"号的弹药库的确发生了爆炸,但是对于爆炸的原因都无法拿出令人信服的证据来,以至于直到今天这个事件都还是一桩历史悬案。但是,问题的关键不是它究竟是内部操作失误发生爆炸,还是被敌视美国的西班牙人用水雷袭击,重要的是美国国内如何看待这个问题,或者更准确地说,是希望如何去理解这个事件。

不幸的是,可以说几乎所有媒体都选择将此事件与西班牙人对美国的敌意联系在了一起。美国媒体对此事件大加斥责,咬定是西班牙蓄意为之。普利策的《纽约世界报》和赫斯特的《纽约日报》在得到消息后,第一时间修改了已经排版好的报纸。《纽约世界报》叫嚣:"记住缅因号!西班牙见鬼去吧!"赫斯特告诉编辑,除了此事再没有其他重要新闻了,请务必将这个故事放在整个头版,这意味着战争。于是,在尚缺乏证据和调查的情况下,这些媒体一口咬定是西班牙策划了袭击,其他报纸群起而效之,民众群情激奋。此外,特殊利益集团也乘机将"缅因"号爆炸事件大肆发酵,并希望能从战争中渔利。事情发生后,"军用器材、弹药和其他军需品供应商蜂拥而至海军部,在他们的怂恿下,海军部也感染上好战精神",以至于麦金莱总统的一位顾问给白宫发去电报报告说"这里的大公司都认为我们会发动战争"。①

麦金莱总统一开始并不愿意选择战争。他自1897年上任,就继承前任克利夫兰的政策,试图和平解决古巴起义者与西班牙殖民者之间的战争。他本人是内战老兵,真诚的卫理公会教徒,对战争持有颇为慎重的态度。而且在此时,美国刚刚从经济萧条中缓过劲来,美国军队大部分时间都是在与印第安人作战,尚未准备好发动一场与西班牙的真正战争。为此,他劝诫鹰派:"直到我确定上帝和人民支持,我才会开始战争。我已经经历过一场战争了,见过尸积如山,我不愿意再看到另一次。"②但是,此时的美国民族主义情绪高涨,人们将总统的谨慎斥之为懦弱,西奥多·罗斯福批评麦金莱"骨气比起巧克力棒糕来多不了多少"③。国内呼唤战争的声音也是越来越强烈,"黄色新闻"团体更是不断煽风点火。赫斯特、普利策等人通过自己的报纸,不择手段地报道古巴局势,煽动群众情绪,挑动战争。很多研究美西战争的历史学家们也认为,是国内"舆论"引导了总统向西班牙宣战。赫斯特本人后来曾公开宣称,为使美西开战,他花了一百万美元用于鼓动宣传。赫斯特的传记作者斯文伯格

---

① [美]霍华德·津恩:《美国人民的历史》,第256—257页。
② David Reynolds, *America: Empire of Liberty: a New History of the United States*, New York: Basic Books, 2009, p. 238.
③ David Reynolds, *America: Empire of Liberty: a New History of the United States*, p. 238.

(W. A. Swanberg)评论这场战争时说:"这是一场不必要的战争。这是报纸的战争。最重要的是,这是赫斯特的战争。"①新闻学和历史学界内也有这样一种观点,认为"黄色新闻"是美西战争的重要原因,甚至认为如果没有黄色新闻的煽风点火,美西战争根本就打不起来,因而也有人将美西战争成为第一场"媒体驱动的战争"。

在当时支持开战的主要有三种人:第一种是图谋自身利益的经济集团和政治集团,他们将战争看作扩大国家、个人和集团利益的机遇。许多显赫的银行家和企业家此时大多选择了好战立场,"据报道,在华盛顿,弹射、军用器材、弹药和其他军需用品供应商蜂拥而至海军部。在他们的怂恿下,海军部也感染上'好战精神'"。②第二种人是出于道德考虑,要求解放古巴人民。第三种则是从地缘政治角度出发,希望以此拔掉西班牙帝国在拉美的立足点,消除美国安全隐患,巩固在拉美地区的势力。美国对于古巴的野心由来已久,这场战争也并不完全像有些人自称的那样是为了维护古巴人民的生存权利。美国希望将西班牙势力驱逐出加勒比地区,将古巴变成美国的附庸,甚至考虑变其为美国的一州。在政府内部,共和党的帝国主义支持者,如罗斯福、洛奇、海约翰等人积极活动,以促使总统宣战。当德国、奥匈帝国、法国、英国、俄国和意大利出面调停美西矛盾时,麦金莱委婉表示了拒绝,"美国政府确信,欧洲列强将会感激美国。因为,它为履行自己对人道主义的责任,并结束那已经无法忍受、不知会拖到什么时候的状况,将要付出真诚而无私的努力"③。

此外,舆论的好战氛围成为麦金莱不得不考虑的因素。在"黄色新闻"的狂轰滥炸下,很多美国人要求政府开战,麦金莱担心如果退却,将影响到政党的前景。于是,尽管获悉西班牙已愿意接受美国的条件,但

---

① W. A. Swanberg, *Citizen Hearst: A Biography of William Randolph Hearst*, New York: Scribner's, 1961, p. 144.
② [美]霍华德·津恩:《美国人民的历史》,第 256 页。
③ Philip S. Foner, *The Spanish-Cuban-American War and the Birth of American Imperialism 1895—1902*, Vol II, New York and London: Monthly Review Press, 1972, p. 258.

麦金莱总统仍然向国会发出了预示着战争的信息。他指出,"以人性和文明的名义,代表受到威胁的美国利益……我请求国会授权总统采取措施,确保西班牙政府和古巴人民之间的敌意得到全面和最终的解决,确保在古巴岛内建立一个稳定政府,并为了这些目的,在必要时使用美国的军事和海军力量"①。很多历史学家由此认为,这一举措充分体现了麦金莱总统本人性格上的虚弱,在帝国主义狂热势力营造出的巨大压力下,他最终彻底向"黄色新闻"和好战派投降。

按照麦金莱政府的说法,美国对古巴的干预,是建立在人道主义基础之上的,是为了保护美国公民的生命、财产和美国的商业利益。实际上,美国是要控制古巴,这也充分暴露了美国对此持有的长久的帝国野心。麦金莱政府表示,美国既不会承认古巴的独立,也不会承认古巴共和国,其根本原因在于,美国担心,如果美国承认了他们,意味着美国就不得不以国际法的平等条款对待古巴,这也为美国未来吞并古巴设置了法律障碍。一旦美国将西班牙人赶出了古巴,那么美国将不得不关心"为古巴提供一个像样的政府"这样的问题,这是美国的责任,因此美国不能提前承认古巴的革命政权。② 言下之意,就是美国应当在古巴建立傀儡政权。就在国会准备讨论这个问题的时候,麦金莱已经开始着手准备战争。军队开始动员,从西部向新奥尔良等地集结,海军也完成了作战准备。陆军部长拉塞尔·阿尔杰(Russell Alexander Alger)在写给麦金莱的信中赞颂道,这是"一招好棋,不仅能让军队做好准备,而且也向国家表明,你正在为战争进行准备"③。

麦金莱的"古巴消息"让那些真心希望古巴独立解放的美国人大失所望。国会被催促其承认古巴独立的电报包围,很多人反对在不承认古

---

① David Reynolds, *America: Empire of Liberty: a New History of the United States*, p. 238.
② Philip S. Foner, *The Spanish-Cuban-American War and the Birth of American Imperialism 1895—1902*, *Vol II*, p. 262.
③ Philip S. Foner, *The Spanish-Cuban-American War and the Birth of American Imperialism 1895—1902*, *Vol II*, p. 265.

巴独立的前提下进行干预。"我们的人民要求承认古巴共和国,没有承认,就不得干涉","人们被总统的信息激怒了,所有人都要求予以承认","在最早的时刻,给予古巴爱国者们以我们国家对其独立的承认"。① 一些国会议员也对总统十分不满,因为根据麦金莱的表示,美国并没有要求西班牙承认古巴的独立,而西班牙因此也答应了美国提出的所有要求,但总统却让国会相信,谈判已经失败了。一位参议员对此看得极为透彻,他说:"如果我理解得对,这条信息意味着,总统现在是反对古巴的独立,并永远如此。"②在两派激烈交锋之下,最后国会外交事务委员会通过一个妥协决议,决议不承认古巴共和国,但是支持美国对古巴进行干预,以由古巴人民在他们自己的岛屿上,自由地建立一个稳定和独立的政府。4月20日,国会向西班牙政府发出最后通牒,要求其放弃在古巴的权利,撤走全部军队,并授权麦金莱使用美国军队实现这一要求,战争即将打响。

美西战争的进程在此不再详述,战争受到很多美国人的欢迎,特别是当捷报频传的时候,国内的帝国主义情绪空前高涨,人们根本不愿意去考虑和平手段。用乔治·凯南的话说,"我们的政府在国会和人群的巨大欢呼声中,发起了对另一个国家的战争,而在当时的形势下,人们只能说,用战争以外的其他手段解决问题的可能绝非完全不存在"③。美国先是用约一个月时间在古巴击溃了西军,之后,早在宣战前就部署在亚洲的乔治·杜威(George Dewey)将军(事实上,他与罗斯福有着默契,无论战争起因是什么,都要进攻菲律宾),在菲律宾马尼拉大败西班牙舰队。消息传来后,狂热的民众奉其为民族英雄,将他的名字编入颂歌中四处传唱。对在民族主义情绪和帝国思想刺激下的美国民众而言,战争

---

① Philip S. Foner, *The Spanish-Cuban-American War and the Birth of American Imperialism 1895—1902*, Vol II, p. 264.
② Philip S. Foner, *The Spanish-Cuban-American War and the Birth of American Imperialism 1895—1902*, Vol II, p. 265.
③ [美]乔治·凯南:《美国外交》,第9页。

是让人兴奋的。在不到三个月的时间里，原本就摇摇欲坠的、从古巴到菲律宾的西班牙海外帝国落入美国手中。《华盛顿邮报》宣称："孤立政策已经死亡……看来我们已经有了一种新的意识——意识到了我们的力量以及随之而来的新胃口，渴望展示我们的力量……人民正在品尝帝国的滋味，甚至是在同时品尝丛林中血腥的味道。"① 腐朽的西班牙帝国在野心勃勃的新帝国主义势力面前不堪一击，在不到三个月的时间里，美国彻底击败了西班牙。

四 帝国思想与反帝国主义

对西班牙的战争和对菲律宾的殖民，虽然满足了美国国内扩张主义分子的愿望，但是，它同时也引发了对这一政策的批评。反帝国主义运动展开了对帝国思想的严厉批判。特别是战后围绕是否殖民菲律宾而激发起的对外政策讨论，是对这个时期美国社会思想观念的大考验。即便如此，出于种种原因，反帝国主义运动并没能改变美国的对外政策轨迹。19 世纪末的帝国主义扩张，成为美国走向世界大国的第一步，同时也为之后的美国对外政策起到重大影响。自此刻开始，美国的海外扩张真正具有了全球性视野和战略筹划。

1. 帝国政策与美菲战争

美西战争爆发之前，麦金莱政府的主要目标是驱逐西班牙在加勒比地区的势力，菲律宾和远东虽然一直在帝国推动者的考虑之中，但这却并不是预先就明确想要通过战争获取的战果。根据《巴黎条约》，美国从西班牙手中获得了菲律宾。菲律宾是 19 世纪末 20 世纪初这一时期美国在太平洋地区扩张过程中获得的唯一一块殖民地。在帝国主义分子

---

① David Reynolds, *America*: *Empire of Liberty*: *a New History of the United States*, p. 240.

们狂热憧憬的"太平洋帝国"宏大版图中,他们早就将菲律宾看作是通向中国的跳板,在他们的眼里,认为无论是从经济还是从军事上来讲,菲律宾都是上帝选择的一个可用于控制太平洋的战略要地。从美国士兵踏上菲律宾的第一天起,美国的大多数报纸就已经开始讨论吞并菲律宾的问题了。纽约州和田纳西州共和党人的公约都坚持菲律宾属于美国。麦金莱总统在军事胜利面前,也志得意满,他在一次训令中写道:"我们的武器在马尼拉取得的胜利,使我们承担了许多义务,我们不能不加以重视……我们占领菲律宾以后,便出现了商业上的机会,国家人员对此不能采取冷漠的态度。"①

美国的帝国野心,早就被长期受到西班牙帝国殖民统治的菲律宾起义者看透。菲律宾民族独立运动重要的领导人之一阿波利纳里奥·马比尼在 1898 年 4 月时就对美西战争做出了富有预见性的判断和设想。他经过分析后得出这样的结论:如果西班牙勉强战胜了美国,肯定元气大伤,菲律宾便可趁机进一步推动民族解放运动;反之,如果菲律宾军队帮助美国打败西班牙,那将会打开一个缺口,美国将会像西班牙和其他欧洲列强那样,将这块脆弱的土地变成他们的殖民地。② 在这样的帝国战略之下,美国开始有计划地占领菲律宾。美军在菲律宾逐渐增多,民族独立运动取得的成果也开始被美国逐步吞噬。1898 年 6 月,阿奎纳多在甲米地发表独立宣言,宣布菲律宾独立。到了 8 月,菲军几乎快要解放全部领土了。目睹这一局势,美国心急如焚,私下与西班牙总督达成协议,将马尼拉转让给美国。随后美军陆战队开始保卫马尼拉,但是当美军在当地革命军帮助下占领马尼拉及周边地区后,美国立即阻止革命军进入该城,迫使阿奎纳多的军队撤离到美军阵地的安全距离之外,而美军在城市外围设防,将菲律宾军队隔离在外。

---

① [苏]尤·斯辽兹金著,未冬译:《1898 年的美西战争》,北京:三联书店 1959 年版,第 103 页。
② [美]迈克尔·亨特、史蒂文·莱文著,宗瑞华译:《躁动的帝国 2:太平洋上的大国争霸》,重庆:重庆出版社 2015 年版,第 32—33 页。

美国宣称要帮助和解放菲律宾人民,麦金莱在1898年10月国内巡回演说中也强调美国是出于人道主义理由才对西班牙开战,美国必须承担应尽的义务,将菲律宾从西班牙暴政中解放出来,"教化菲律宾人,提高他们的素质,使其文明化和基督教化"①。1898年12月,美西《巴黎条约》签订,菲律宾被割让给美国。美国开始准备将统治强加于菲律宾,菲律宾革命领导人对此表示强烈反对,宣称如果美国要强占菲律宾领土,菲律宾共和国的士兵将向美军开火。面对菲律宾的独立渴求,麦金莱总统下定决心要把殖民统治强加给菲律宾。他告诫杜威和普拉特,不得对菲律宾人做出任何有可能阻碍美国自由行动的承诺,同时在解放菲律宾的旗号下,麦金莱又对后者的民族独立要求置若罔闻,顾左右而言他,并拒绝承认菲律宾政府,也将菲律宾驻美国代表打入冷宫,不闻不问。1899年1月23日,菲律宾共和国宣告成立,阿奎纳多担任总统。为了避免美菲冲突,阿奎纳多曾表态让步,同意让美对菲律宾的外交和防务问题拥有一定管理权,但是反对美将菲变成殖民地。美军指挥官艾尔维尔·奥蒂斯将军则傲慢地表示,美国必须拥有这里所有岛屿的全部主权。1899年2月4日,美菲发生武装冲突(注:一般认为是美军准备充分后向菲军主动进攻),美菲战争爆发。2月5日,菲律宾共和国向美国宣战,菲律宾民众决定用行动来证明,他们要为独立而抗争。2月6日,美国国会通过吞并菲律宾的提案。这看上去是一场实力悬殊的战争。美国是世界头号经济强国,GDP是菲律宾的60倍,军官队伍大多经历了南北战争、镇压印第安人的洗礼,装备也优于菲律宾军队,并刚刚击败了西班牙帝国军队,士气高涨。相比之下,菲律宾人的军队规模在8万—10万,缺乏专业训练,武器装备落后,战争经验匮乏。特别是美军利用海军和陆军的火炮,对菲律宾阵地进行猛烈轰击,极大地杀伤了菲律宾士兵。

---

① [日]林义胜:《美菲战争(1899—1902)与反帝国主义者》,载《史学理论与史学史学刊》2012年卷,第325页。

美军很快攻占了临时革命政府首都马洛洛斯,菲律宾共和国名存实亡。无奈之下,菲律宾开始采取游击战战术与美军进行周旋。随着战事推进,美军对菲律宾人愈加残暴,除了发生过屠城这样的暴行,美军还强迫土著迁移,切断粮食供给,纵容士兵掠夺,虐待俘虏,一时间饿殍遍野,惨不忍睹。这场战争让美国共耗费 3 亿多美元,4000 多名军人阵亡,3000 多名士兵负伤,而革命军方面也阵亡了 16000 余人,此外还有超过 20 万的平民死于战火或战争引发的饥饿和瘟疫,是当时平民死亡最多的一场战争。一位亲身经历了美国镇压菲律宾民族独立运动的英国目击者,不禁慨叹:"这不是战争,简直是大屠杀,是杀人的屠场。"①

在推进战争政策同时,麦金莱还大肆推销所谓"仁慈同化"的怀柔政策,宣称美国的最终目的是要帮助菲律宾实现民族独立,帮助菲律宾人过上富裕、繁荣和幸福的生活,以此诱惑一些菲律宾精英接受美国的统治。麦金莱任命威廉·霍华德·塔夫脱担任一个委员会的领导人,目的是利用他的经验和手腕加深与菲律宾精英阶层的合作,塔夫脱也对菲律宾人怀有轻蔑态度,认为"也许要给他们培训 50—100 年,才有可能理解盎格鲁-撒克逊文明的含义"②。在总统支持下,塔夫脱掌握了菲律宾的管治权。麦金莱、塔夫脱等人采用威逼利诱各种手段,诱惑意志动摇的菲律宾政治家与美国进行政治合作。眼看军事斗争胜利无望,一些菲律宾独立运动的领导人开始接受有条件接受美国统治的现实,并表示要让自己"美国化",学习美国的制度和文明,以此帮助菲律宾摆脱落后。到了 1901 年 3 月,阿奎纳多被美军俘虏,随后以自身获释为条件,向美国妥协,表示"人民流的鲜血和泪水已经太多了,这个国家快全部沦为废墟了"③,并签字宣誓效忠美国,这也标志菲律宾民族独立运动走向没落(注:在美国方面,1902 年 7 月,西奥多·罗斯福总统宣布美菲战争结

---

① [美]霍华德·津恩:《美国人民的历史》,第 265 页。
② [美]迈克尔·亨特、史蒂文·莱文:《躁动的帝国 2:太平洋上的大国争霸》,第 59 页。
③ [美]迈克尔·亨特、史蒂文·莱文:《躁动的帝国 2:太平洋上的大国争霸》,第 65 页。

束),之后各地领导人也纷纷投降。1901年的4月,菲律宾归顺美国,正式沦为美国的殖民地,塔夫脱担任菲律宾总督。同年7月,塔夫脱赶走了高傲自负、与菲律宾人关系紧张的阿瑟·麦克阿瑟将军(Arthur MacArthur, Jr,其子为二战中大名鼎鼎的道格拉斯·麦克阿瑟),因为后者坚持要用冷酷无情的军事镇压来让菲律宾人俯首称臣,这一政策已与此时美国的怀柔政策不相吻合了。

美国对菲律宾采取的殖民政策以及美军士兵在战争中表现出的种族主义暴行,让战争带来的胜利染上了无法清洗的污点。美军把菲律宾人看作不开化的丑陋土著,之后又普遍将其蔑称为"黑鬼",常把美军突袭村庄的行动称为"黑鬼捕猎"。一个士兵写的一首歌反映出当时美军的种族主义和殖民主义丑态:"快把那好用的旧竹筒盛满污水,我们又抓住一个黑鬼,来个人握住手柄使劲往下灌,堵住他高喊'为自由而战'的嘴。"①美军在菲律宾的所作所为在美国国内也遭到了大量的批评。比如,《费城记事》驻马尼拉的记者就报道说:"我们的士兵是如此残忍,他们大开杀戒,从10岁以上的少年开始,无论是男人、女人、孩子,无论是犯人、俘虏,也无论是起义者中的积极分子还是形迹可疑的人,全在被灭绝之列。当时盛行的观念是,菲律宾人几乎不如一条狗。"②在菲律宾取代麦克阿瑟的指挥官阿德纳·查菲将军曾对国防部长鲁特说过一句"至理名言":"亚洲文化……只尊重实力","东方人的命都很贱,多一条少一条无关紧要"。③

面对人们的质疑,为了给这一殖民政策进行辩护,支持帝国的人试图从多个方面来证明美国殖民政策的合理性。有人认为,夺取这些领土,是"天定命运"的必然结果;有人强调,这些新占领的领土对美国的商业和安全利益有着重要意义;还有人则以传播文明为借口,强调美国作

---

① [美]迈克尔·亨特、史蒂文·莱文:《躁动的帝国2:太平洋上的大国争霸》,第54页。
② [美]霍华德·津恩:《美国人民的历史》,第264—265页。
③ [美]迈克尔·亨特、史蒂文·莱文:《躁动的帝国2:太平洋上的大国争霸》,第68页。

为世界上的开明国家,有责任帮助落后愚昧的民族进入新的历史阶段。贝弗里奇在美西战争结束后立即发表名为《国旗的进军》的演说,他号召美国要夺取太平洋的控制权,他以泰勒总统当年占领德克萨斯的行动来鼓励美国人,"自由政府的旗帜应该飘扬在菲律宾的上空,但愿那是被泰勒拓展在德克萨斯或者弗里蒙特海岸的旗帜",他还辩称,菲律宾人不具备建立自治政府的素质,因此美国的使命就是为了美国的商业和贸易利益,让美国的国旗继续进军。① 1900年1月9日,贝弗里奇在参议院演讲时用蛊惑人心的语言宣称:"我们不会放弃我们的职责,即上帝赋予我们种族的神圣使命——教化世界上的受托管者……有人指控我们的战争行为残酷无情,议员先生们,我认为事情恰恰相反……议员们必须牢记,正在与我们打交道的,不是美洲人和欧洲人,而是东方人。"②这番糅杂了种族情绪、帝国思想、家长做派的言论,的确很好地迎合了那个时期很多的政客和商界名流的品味。西奥多·罗斯福在写给一位参议员的信中苦口婆心地劝诫道:"在我们得到波多黎各和菲律宾以前,您必须避免一切的和谈。"③战争结束后,他又在《扩张与和平》一文中赤裸裸地宣称:"如果我们撤出菲律宾……我们仅仅只是把他们又推向了掠夺和流血之中,直到一些更强大、更果断的强国进入群岛并承担我们由于害怕而放弃的责任,这种状态才能结束。"④麦金莱总统在这场帝国扩张中发挥了很重要的作用,他不仅赢得了战争,夺取了辉煌战利品,而且还在国内政坛叱咤风云,屹立不倒,将各派玩弄于鼓掌之间,成功使得国会通过吞并菲律宾的决定。在菲律宾,他既用铁腕打击革命军,同时又和塔夫脱等人一起长袖善舞,分化民族独立阵营,逐步削弱了菲律宾人的反抗决心,这些都是美国在海外进行帝国扩张中获得的重要经验。

---

① 杨生茂等:《美西战争资料选辑》,上海:上海人民出版社1981年版,第251—253页。
② [美]霍华德·津恩:《美国人民的历史》,第263—264页。
③ [苏]尤·斯辽兹金:《1898年的美西战争》,第101页。
④ William H Harbaugh, ed., *The Writings of Theodore Roosevelt*, Indianapolis and New York: The Bobbs-Merrill Company, 1967, pp. 27–36.

2. 反帝国主义浪潮的兴衰

对西班牙的战争,从军事和外交上来讲,都是美国取得的压倒性胜利。然而,这场战争所引领的海外扩张,尤其是围绕菲律宾引发的海外殖民地问题,在美国国内也激起了一股强大的反对帝国主义的潮流。例如,俄亥俄州参议员约瑟夫·福雷克(Joseph B. Foraker)否认了国会有权授权总统在古巴岛上为了古巴人民的福祉而创造和建立一个稳定政府,因为古巴人民是唯一有权利这么做的人。福雷克认为,政府拒不承认古巴独立是因为"这一干涉将被故意从人道主义干涉转变成为对领土的侵略性征服"①。另一位来自肯塔基的参议员威廉·林赛(William Lindsay)支持福雷克的观点,他质问:"如果我们要在古巴保持控制,直至一个能获得我们认可的政府建立起来,那么这个政府将会是古巴人民建立的还是美国建立的呢?我们要安抚的是什么人?我们拒绝承认共和国政府;我们要推翻西班牙政府;我们要让这些人民压根儿就没有政府;然后我们则提出要去安抚这些绝对处于自然状态下的人民。怎么去安抚他们?通过我们的军队,通过军事重建来安抚他们,通过建立一个美国政府来安抚他们,他们要么接受这样的政府,要么就保持没有政府的状态。"②这股反帝国的潮流直接挑战和批评当时盛行的帝国思想和帝国主义政策,尤其是在反思国家身份、帝国意识形态等方面,与帝国思想阵营展开了一场激烈的较量,并对19世纪末到20世纪初的美国社会及对外政策产生了重要的影响。

随着美西战争接近尾声,在有人为战争荣誉欢呼的同时,一些人也开始担心战争可能给国家和社会带来的负面影响。反对者认为,"我们

---

① Philip S. Foner, *The Spanish-Cuban-American War and the Birth of American Imperialism 1895—1902*, Vol II, p. 268.

② Philip S. Foner, *The Spanish-Cuban-American War and the Birth of American Imperialism 1895—1902*, Vol II, pp. 269 - 270.

的制度不适宜管理属地,他们在我们的制度中没有地位,它们会成为腐化的土壤,将会影响我们的政治实体"①。不少人决心要阻止美国帝国主义政策和海外扩张之路。1898年6月15日,一个由东北部知识界有影响的人士组成的团体在波士顿建立了"波士顿反帝国主义通讯委员会",同年11月,在爱德华·阿特金森(Edward Atkinson)的事务所,委员会改名为反帝国主义同盟(Anti-Imperialist League),成为会员的条件很简单:身为美国公民并且反对美国拥有海外殖民地。

以波士顿为榜样,华盛顿、纽约、费城等地也效仿成立了自己的反帝国主义同盟。同盟成员担心美国在国外的帝国扩张会导致政府滥用权力,他们反对《巴黎条约》《普拉特修正案》以及政府对菲律宾的殖民政策,宣称"当美国通过战争夺取了波多黎各和菲律宾之后,一个'由自由人组成的共和国'应该帮助那里的人民'争取自由的斗争',而不应将他们置于自己的殖民统治之下"②。尽管从美国国内的大环境来看,大部分人对战争和海外扩张是持支持态度的,但是,反对帝国主义的人士仍然坚持宣扬自己的理念。随着1899年美国与菲律宾独立力量之间的战争爆发,美军在菲律宾犯下的种种罪行遭到了反帝国主义人士的强烈谴责。反帝国主义同盟不断公布菲律宾战事的消息,教育公众认识美菲战争的残暴、非正义以及帝国的邪恶。他们编辑了在菲律宾的士兵写回国的书信,于1899年刊发了《士兵书信》,揭露美军的种族歧视和战争暴行。一位陆军上尉写道:"据估计,卡洛奥坎可能有1.7万居民,12名堪萨斯士兵对该地进行了扫荡,现在这里已没有一个活着的本地居民";还有士兵写道:"战斗的血液在我们体内升腾,我们都想杀'黑鬼'。"③一个二等兵认为菲律宾士兵是"没有任何荣誉感、亲切心或是正义感的愚蠢

---

① 杨生茂等:《美西战争资料选辑》,第302页。
② E. Berkeley Tompkins, *Anti-Imperialism in the United States: The Great Debate, 1890—1920*, Philadelphia: University of Pennsylvania Press1970, p. 141-144.
③ [美]霍华德·津恩:《美国人民的历史》,第253页。

的猴子",有一座城镇的美军指挥官下令,对晚上 7 点前没有回家的菲律宾人,一律予以射杀,据说有一个晚上就杀害了 300 多名居民。① 马克·吐温不无讽刺地指出:

> 我们已平定了岛上成千上万居民的反抗,掩埋了他们的尸体;我们破坏了他们的土地,烧毁了他们的村庄,使他们的寡妇、孤儿无家可归……于是,凭借上帝的频频眷顾(这是政府的习语,不是我的),我们成为世界强国。②

随着各地同盟之间联系的增多,为了加强反帝国主义联盟的实力和影响,各地的反帝国主义组织开始酝酿化零为整,共同联合起来反对麦金莱政府的帝国主义政策。1899 年 10 月 17—18 日,来自各地的反帝国主义组织在芝加哥举行了集会,建立了美国历史上著名的"美国反帝国主义同盟"(American Anti-Imperialist League),来自马萨诸塞州的乔治·鲍特韦尔当选主席。反帝国主义同盟主要由部分显赫的美国企业家、作家、教育家、学者以及共和党的脱党派组成,包括经济界的钢铁大王安德鲁·卡内基(Andrew Carnegie)、劳联主席塞缪尔·龚伯斯(Samuel Gompers)等人。在同盟建立大会上,通过了美国《反帝国主义同盟纲领》和斗争原则等文件,核心内容是反对殖民战争,领土扩张,反对建立殖民制度。纲领中指出:

> 我们认为所谓的帝国主义政策同自由是针锋相对的,而且会导致军国主义,我们的免于这种罪恶一向是我们的光荣。我们感到遗憾的是,在华盛顿和林肯的国度里竟然需要重申:所有的人,不分种族或肤色,都享有生存、自由和追求幸福的权利。我们坚决主张,政府的正当权利得自于被统治者的同意。我们坚持对任何人民的征

---

① [日]林义胜:《美菲战争(1899—1902)与反帝国主义者》,载《史学理论与史学史学刊》2012 年卷,第 327 页。
② [美]霍华德·津恩:《美国人民的历史》,第 265 页。

服就是"犯罪性侵犯",是对我国政府的著名原则的公开背叛。

我们真诚地谴责现任全国政府在菲律宾的政策。它企图在该群岛熄灭1776年精神。我们谴责对菲律宾人民的屠杀,这是一种毫无必要的恐怖行为。我们抗议采用西班牙的方法来扩大美国的统治权。

我们要求立即停止由西班牙开始,并由我们继续的反对自由的战争。我们要求国会立即开会向菲律宾人民宣布我们打算让他们获得独立。这是他们长期战斗争取的,也是理应属于他们的权利。

合众国一贯反对允许强者征服弱者的国际原则。一个自治的国家不能接受对一个不甘臣服的民族所实行的统治。合众国不能按照古老的强权即公理的邪说行事。①

针对美国在菲律宾问题上的帝国政策,纲领对帝国主义分子的虚伪进行了揭露,并告诫美国人民,帝国主义政策将危险到美国立国之根本:

帝国主义者设想,假美国人之手摧毁菲律宾的自治,这里的一切反对活动就会停止。这是极大的错误。我们对于美国人手上沾染菲律宾人鲜血一事所感到的懊悔如同我们对在菲律宾进行"犯罪性侵略战争"一事所产生的憎恨一样强烈,因而我们更痛恨在国内对美国制度的背叛。真正的火线不在马尼拉郊外。敌人就在我们国内。1861年敌人的企图是分裂国家,1899年敌人的企图是要摧毁立国的基本原则和最崇高的理想。②

面对全国性的战争情绪和扩张氛围,纲领号召国民认清政府和媒体如何煽动民意来达成对外扩张的野心,并呼吁美国人捍卫《独立宣言》的精神:

---

① 杨生茂等:《美西战争资料选辑》,第322页。
② 杨生茂等:《美西战争资料选辑》,第323页。

当国家处于危急之秋,全体公民有支持政府的义务,但是,我们认为这一原则不适用于当前局势。如果一个政府可以不受惩罚地无视那些它赖以得选的争端,在世界任何地方蓄意制造战争的形势,使文职官员堕落到为了掠夺而进行这场冒险,组织隐瞒真相的新闻检查,要求全体公民当它做出继续作战的抉择时,不加判断地一致支持,那么,代议制政府本身就处于危险之中了。

我们提倡为挫败用武力来征服一国人民的任何个人或政党贡献力量。我们将反对所有在白宫或国会中背叛美国的自由,追求非美国利益的人重新当选。我们仍然希望在本世纪末的竞选运动中,我们两大政党支持和保卫《独立宣言》。①

反帝国主义同盟通过公众集会、分发传单、请愿、发表文章等方式来传递自己的反扩张立场。卡内基警告说,占领菲律宾不仅意味着要付出巨大的成本,而且这种行为还是对美国价值观的背叛,令美国陷入与其他大国竞争的危机中;马克·吐温也批评麦金莱胆大妄为、明目张胆地背叛美国宪法的精神,讽刺说"有两个美国人,一个解放了这个俘虏,另一个却无事生非,夺走俘虏刚刚获得的自由,最后还为了其土地狠心地将他杀害"②。反帝国主义者们认为,他们手中最有力的武器就是美国的宪法原则,他们强调一切政府的正当合法的权力,必须要来自于被统治者的同意,这本来就是美国这个特殊国家得以建立的基础,也是美国区别于旧大陆帝国的最重要原因。反帝国主义阵营的领导者之一卡尔·舒尔茨(Carl Schurz)在解释自己的反帝立场时说:"这个共和国之所以持续存在这么久,是因为它仍然忠于它所赖以建立的原则,但是如果它抛弃这些原则,它就会在道德上衰亡。我相信,殖民政策是不会适合一

---

① 杨生茂等:《美西战争资料选辑》,第 323—324 页。
② [美]迈克尔·亨特、史蒂文·莱文:《躁动的帝国 2:太平洋上的大国争霸》,第 61 页。

个民治、民有、民享的民主国家的。"①他在给麦金莱的信中提醒他,不要让战争堕落成为贪婪的野心、征服、恶性循环。美国现在通过战争强行兼并海外领土,这一做法并没有得到当地被统治的居民的同意,因而是违背宪法精神的。不仅如此,军事政策和领土扩张也并不符合美国特殊的国家利益。马萨诸塞州的共和党参议员乔治·霍尔(George Frisbie Hoar)哀叹,美国的缔造者绝不会想到他们的后代会"由于胜利冲昏头脑而忘记这些神圣庄严的真理,以致穿上冒牌帝王抛弃的旧衣趾高气扬起来"②。在同盟的号召之下,来自全国各地的请愿书和抗议书对国会进行了轮番轰炸,一时之间,反帝国主义的浪潮与支持帝国主义的势力进行了激烈交锋。值得注意的是,在反帝国主义阵营中,由于人员构成成分相当复杂,其反帝国主义的出发点有着很大差别。大多数人认为政府的行为与美国的价值观背道而驰,还有相当一部分人反对的是政府的战争手段和兼并行为,但对于美国的扩张却并不那么排斥。因为在他们看来,海外领地具有诱人的商业价值,而商业扩张传递的是和平、文明和繁荣,这与美国特殊国家身份并不相悖,美国完全可以通过不同于欧洲帝国的方式来占领世界,同时也可以幸免通过建立庞大的常备军队和耗费庞大的财力来进行扩张。另一部分人反对的原因则是担心美国背上旧帝国扩张的负担,因而要求政府谨慎理智。如前国务卿奥尼尔,他虽然不赞成兼并菲律宾,但却支持在菲律宾建立海军基地。还有一些民主党人,则是以总统选举为目标,将反对帝国扩张作为反对麦金莱共和党政府的武器。

反帝国主义阵营曾有过两次改变美国对外政策的机会。第一次斗争的阵地在参议院。反帝国主义同盟的首要目标是要阻止美国占领菲

---

① Fred H. Harrington, "The Anti-Imperialist Movement in the United States, 1898—1900", *Mississippi Valley Historical Review*, Sept. 1935, p. 312.
② Julius W. Pratt, *Expansionists of 1898: The Acquisition of Hawaii and the Spanish Islands*, p. 347.

律宾。他们通过联系和说服国会议员,试图抵制批准《巴黎条约》。参议院内部也形成对立的两派,帝国主义分子以共和党人洛奇为核心,反对派则以共和党人霍尔为领袖,双方展开了极其激烈的斗争。霍尔警告说:"如果我们根据条约占领菲律宾,那么美国的垮台则将始于麦金莱政府。"①民主党的领袖威廉·布赖恩(William Jennings Bryan)在民众帝国情绪高涨的事实面前,担心民主党在即将到来的大选中失去选民,最终在关键时刻立场软化,导致部分民主党议员转而支持批准该条约,从而使得和约以57票对27票这一勉强的2/3多数票得以通过(仅需2票即可颠倒乾坤)。洛奇事后也心有余悸地向罗斯福坦承,这真是一场非常难以应付的战斗。

围绕和约的斗争失败之后,反帝国主义同盟并不灰心,迅速将目光投向第二个扭转帝国主义政策的机会,那就是1900年的总统大选。起初,部分人主张成立第三政党参加大选,但这个阵营内部的大多数人认为以一个全新政党来同具有明显优势的传统两党进行竞争,无异于以卵击石,尤其是将会分化民主党的反帝力量,结果只会让麦金莱渔翁得利,坐享其成。于是,两相权衡下,人们最终决定将希望寄托在坚持反对帝国主义政策的民主党候选人布赖恩的身上。1900年8月16日,反帝国主义同盟在印第安纳波利斯举行了"自由国会",明确表示欢迎以其他任何方式反对麦金莱的再次当选,支持布莱恩出任美国总统。同盟还印发了各类反帝国主义宣传册子、传单,严厉谴责麦金莱对菲律宾的侵略和对菲律宾人的杀戮,1900年10月发行的宣传册的封面上,直接将麦金莱刻画为夺走菲律宾人自由的罪魁祸首,反帝国主义同盟誓要和麦金莱死磕到底。

另一边,麦金莱的阵营则继续不断向民众宣传帝国主义政策给美国

---

① Daniel B. Schirmer, *Republic or Empire: American Resistance to the Philippine War*, Cambridge Massachusetts: Schenkman Publishing, 1972, p. 107.

带来的好处。讽刺的是,反帝国主义联盟阵营以美国剥夺殖民地人民自由权利为矛予以攻击,帝国主义支持者也使用了一种以"自由"为名义的语言来作为反击武器。他们的逻辑是美国征服和治理落后民族,恰恰是在更广阔的世界内传播自由,如贝弗里奇常辩解的那样,"美国之所以向海外扩张,并不是为了谋取经济利益或国家霸权,而是为了把'自由的新天地'带到古巴、波多黎各和菲律宾"①。麦金莱在公共和私下场合都不断地向民众灌输,美国的对外政策不仅与国家的最高价值和最珍贵的传统是一脉相承的,而且还推动了美国使命的实现。麦金莱论调的核心观点是进步、文明和使命。这也代表了当时美国社会价值观的宗教特点和世俗本质,即美国是上帝的选民,在世俗世界就是文明的代表,肩负传播文明的使命。他强调,对于殖民地人民,美国的帝国主义将会不同于欧洲帝国主义,因为后者只关心自己的私利,而美国在实现自身利益的同时,还将会担负起传播文明的神圣使命。美国要帮助这些人民从以往的苦难中解放出来,加入人类伟大的文明进程,而政府的帝国主义政策,正是服务于这一事业的。在条约批准后第一次公众讲话中,麦金莱辩称说:"菲律宾人,就像古巴人和波多黎各人一样,被这场战争托付给了我们,在上帝的诫命之下,以人类进步和文明的名义,我们要担负起这一伟大的托付。我们并没有去寻求获得这一托付,但我们也不会从中退缩。"②在1898年和1899年的巡回演说中,麦金莱就在不断重复这样的论调:

> 我相信,我的同胞公民们,这一领土是因为上帝的使命而落到我们手里的。我们并没去追求它。它是我们的了,并带来所有与之有关的责任;作为一个伟大、强盛、勇敢的国家,我们要在那里进行

---

① [美]埃里克·方纳:《美国自由的故事》,第200页。
② Paul T. McCartney, *Power and Progress: American National Identity, the War of 1898, and the Rise of American imperialism*, p. 258.

我们的教育和文明。①

对外交政策进行如此的解释和对民众进行反复的鼓动,的确吸引了很多美国人,因为这样的动机和目的,迎合了美国人对国家身份的观念,符合使命观传统的要求,也满足了当时强烈的民族主义意识,从而成为大众津津乐道的话题。在这样一种氛围之下,即便是反帝国主义阵营拼尽全力掀起了空前的宣传战役,发誓要把大选变成对帝国主义的一场全民控诉,但是民主党阵营对扩张主义的抵制始终有些三心二意,未能抓住麦金莱的"阿喀琉斯之踵",竞选人布赖恩将批评的焦点放在了国内问题上,在竞选纲领中也只是强调菲律宾的稳定要优先于独立,最终他还是在大选中败给了麦金莱。

风流总被雨打风吹去,经过这两次失败,反帝国主义同盟内部不久便陷入四分五裂,气势顿消。活跃一时的同盟也逐渐退化为一个孤芳自赏的"精英社群",再也没能力掀起一场群众性的运动。特别是在霍尔于1904年去世之后,反帝国主义阵营随之丧失了最强大有力的政治声音。更加雪上加霜的是,菲律宾领导人最终也放弃了寻求独立的立场,同美国达成妥协,于是反帝国主义同盟陷入了自身逻辑的困境:他们反对兼并的最重要理由是,在没有得到当地人同意、违背其意志情况下,美国的统治和征服是不合法的。如今他们却发现,既然菲律宾人自己都不再那么强烈地要求独立,那么,反帝国主义者们所进行的奋斗,变成了一场唐吉诃德般与风车苦斗的没有意义的战斗。尽管直到1921年,反帝国主义同盟才正式终结,但它的黄金时期如同天空划过的流星,曾绚烂夜空但又昙花一现。

仔细来看反帝国主义同盟的衰落,原因很多。首先,其内部组成鱼龙混杂,意见不一,难以真正结成统一战线。例如,舒尔茨代表的独立派

---

① Paul T. McCartney, *Power and Progress: American National Identity, the War of* 1898, *and the Rise of American imperialism*, p. 262.

与霍尔代表的共和党反帝队伍之间一直政见不合,相互猜疑,这对同盟的行动造成了难以弥补的损害。其次,在反帝国主义的动机上,并不统一。有的是反对美国对外扩张,有的是反对美国军队的暴行,有的是对美国制度能否在菲律宾落地生根表示怀疑,有的是担心吞并菲律宾后会在国内已有黑人问题基础上,再引发新的人种问题,这也给内部团结和抗争决心是否坚决带来了消极影响;再次,在组织群众问题上,同盟没能充分发动民众,缺乏群众基础,特别是新的传媒环境下,支持帝国思想的人手里始终牢牢抓着对媒体的掌控,这也削弱了反帝同盟宣传的效果。最后,也是最重要的,这场帝国主义与反帝国主义的较量清楚地表明,帝国思想和帝国主义政策在当时的美国,能满足大部分人理想、欲望和现实利益需要,而其所带来的国家身份改变、海外利益扩展、民族自豪感提升等,都得到了大多数美国人的认同。相反,反帝国主义者在战争胜利气氛之中发出的"不和谐"声音,反而容易被公众误识为是国家的"叛徒",遭到众多尖锐的批评甚至粗暴的人身攻击。

　　历史跟反帝国主义者们开了一个残酷的玩笑。他们的头号敌人麦金莱总统虽然赢得了连任,却在1901年意外遇刺身亡。刺杀他的人,则是受到1898年战争中曾煽动民众的赫斯特发出的"杀死麦金莱"口号的激励铤而走险的。而接替麦金莱的更是美国历史上数一数二的狂热的帝国思想支持者、扩张主义分子西奥多·罗斯福。正是在他的领导之下,美国加快了帝国主义扩张步伐,在国际舞台上扮演了更为显眼的角色。国会还在1902年通过了《菲律宾政府法案》,从法律上将菲律宾列为美国的附属国。马克·吐温对此大感愤怒,讽刺说如果政府要为菲律宾做一面旗帜,非常好办,"只要把我们的普通国旗的白条涂黑,用骷髅加以交叉的大腿骨代替星星就行了"①。之后的罗斯福时期,因"大棒政

---

① Leon Wolff, *Little Brown Brother: How the United States Purchased and Pacified the Philippines*, New York: Doubleday and Co., Inc., 1961, p. 262.

策"、"罗斯福推论"、开凿巴拿马运河、"大白舰队"环球航行等标志性事件而成为公认的扩张主义时期。反帝国主义同盟的残余力量虽然苦苦支撑,但仍然无法改变罗斯福在1904年大选中连任的结局。这也意味着围绕菲律宾问题的两股力量的斗争,尘埃落定。反帝国主义者对这样的收场倍感失望。其实,如果将19世纪后期美国对自身身份和使命的认识、狂热的扩张思想等因素考虑进来,就必须承认,这一切的一切,也含有一种必然性,尤其是美国在西太平洋的利益呼唤政府进行保护和扩大,任何让菲律宾独立的想法,在当时都是理想主义色彩的。

3. 19世纪末的帝国思想及其外交遗产

一些历史学家认为,19世纪末至20世纪初的美国帝国主义,偏离了美国外交传统,是一个另类时期。"门户开放"学派的历史学家则对此持不同看法,代表人物威廉·艾普尔曼·威廉斯认为,恰恰相反,这是美国扩张和寻求海外市场持续的政策表现,因而不是"大偏差",而是"大顶峰"。西华德、布赖恩等人,孜孜以求的就是扩张边疆、获取海外领土。这种努力在19世纪末终于得到回报。美国帝国思想也在通过不断的发展和积累,从而赢取了一次重要的支配对外政策的机会。

如果把19世纪末的美国帝国思想和对外政策放在整个外交历史中来看,它并没有违背美国一贯的传统:首先,帝国主义没有违背"孤立主义",因为孤立主义只是一个神话,自华盛顿以来美国真正的传统是"单边主义"。其次,美国帝国主义动机也没有违反美洲体系传统。从调节委内瑞拉危机到与西班牙开战,美国一直是在为驱赶欧洲帝国在美洲的染指而挖空心思。如洛奇所言,在一个到处都是蓝水海军的世界,美国别无选择,只能用钢铁支持"门罗主义",或者弃之不管。最后,帝国主义并没有违背扩张主义传统,美国实现了"太平洋帝国"的构想,获得海外殖民地,扩大了领土和贸易机会。因此,美国在19世纪末如此显著的帝国主义政策,并不是偏离航道,而是为维护美国传统而采取的必要的、主动行动。①

19世纪末的帝国思想,成功地推动美国进行了海外扩张,它所导致的美西战争和美菲战争,是美国对外政策的重大转型和重要实践。麦金莱的成功表明,"帝国和民主是有可能并存的。充分了解公众情绪、善于利用美国民族主义心理、能够影响那些具有影响力的选民、使党内下属保持忠诚,以及能精准把控时机,这些非凡的政治技巧,让麦金莱得以以民主的方式来建立帝国事业"②。这也在很大程度上减轻了帝国思想支持者们的顾忌。尽管这场战争的过程并不长,被称为"辉煌的小战争"(A Splendid Small War),但是战争对美国历史和对外政策的意义是不言而喻的。美国的主权第一次扩展到了北美大陆范围以外的重要地区,一个新的世界性帝国开始崭露头角。这场战争对美国社会产生了巨大而深远的影响。很多学者指出,战争治愈了内战留下的地区裂痕,增强了总统的权力,促进了美国军队改革,并推动美国以帝国式强国姿态走向世界舞台。它不仅仅是美国如何打败一个欧洲旧殖民帝国、如何扩大海外利益和边疆的问题,它的价值更在于其为美国对外政策提供的延续性和开创性。"它是20世纪的不可分割的一部分,因为围绕美国对古巴-西班牙战争进行干预,以及之后镇压菲律宾民族主义者为反对美国控制其岛屿而进行的战争,以惊人的方式预见到了之后在20世纪美国对外政策的争论。"③可以说,1898年战争及其后果,宣告了美国自我身份认知以及世界角色的一种深刻变化,"如果理解不了这场战争和那些遗产,就难以理解'美国世纪'的其他内容"④。

---

① Walter A. McDougall, *Promised Land, Crusade state: the American Encounter With the World*, pp. 117 – 118.
② [美]迈克尔·亨特、史蒂文·莱文:《躁动的帝国 2:太平洋上的大国争霸》,第70页。
③ Virginia M. Bouvier. ed., *Whose America? The War of 1898 and the Battles to Define the Nation*, p. 4.
④ Virginia M. Bouvier. ed., *Whose America? The War of 1898 and the Battles to Define the Nation*, p. 2.

第一,战争改变了美国对自身与世界关系的认知,国际主义开始显示出越来越大的影响力。马汉曾说:"我是一个帝国主义者,这仅仅是因为我不是一个孤立主义者。"①孤立主义传统与国际主义的力量对比在这个时期发生改变。美国人开始重新认识外部世界,也使得美国的帝国思想和扩张主义势力一时间成为对外政策的主导力量。随着美国的利益大踏步地走向海外。人们对外部世界更为关注。同时,战争使得美国成为一个足以与欧洲列强和日本进行竞争的帝国。通过战争,美国增加了在东亚地区推动"门户开放"政策的筹码。这场战争也是美国国际主义迈出的重要的第一步,对 20 世纪美国外交有着重要的影响。"在西半球居于至高无上地位的美国,开始走向更大的国际舞台……美国领袖或许仍执意主张,美国的基本外交政策是要做全人类的'标杆',但不可否认,有些人已感觉到美国的实力使她有权对当代的问题发表意见,也不必等全人类都变成民主以后再参与国际体系。"②伍德罗·威尔逊认为,这场战争是美国历史发展的一个界碑,美国开始"步入了世界竞争场所,进入了一个新的世纪",孤立主义宣告结束。③ 以罗斯福、洛奇、马汉、威尔逊等人为代表的精英们,比民众更早地意识到美国需要调整传统外交政策立场,以适应全球性的使命。

第二,美国的国家身份、帝国思想意识形态与海外扩张的彼此结合得以顺利实现。麦金莱等帝国思想的拥护者的一大贡献,就是从传统文化和新时代思想体系中,提炼出宗教和政治价值观念,并将其注入到国家身份之中。美国身份中的使命观意识成为帝国主义政策得以推动的重要原因,美国例外论和进步主义也从中找到自己的身份属性。正是这样的国家身份和意识形态,让美国无论是在道德上,还是物质能力上,都

---

① James C. Bradford, ed., *Admirals of the New Steel Navy*, Annapolis: Naval Institute Press, 1990, p.42.
② [美]亨利·基辛格著,顾淑馨译:《大外交》,海口:海南出版社 1998 年版,第 21—22 页。
③ Arthur S. Link, *The Papers of Woodrow Wilson*, Vol.11, Princeton: Princeton University Press, 1972, p.43

能够成为文明的代言人。"自从乔治·华盛顿在1796年建议他的祖国远离欧洲事务以来,美国和世界都已经发生了改变。到了1898年,美国认为有必要进行自我调整,以适应新的海上技术和军事技术所创造的更紧迫的、危险的国际现实;出征海外,给加勒比和远东的'落后'人民带去文明(即'美国化'),因而能扩大美国的权力,同时推动国家使命。"①同时,麦金莱等人还认为,古巴人和菲律宾人不具备自我治理的能力,需要由更文明的力量来帮助引导,这种种族主义思想,在构建美国的国际身份过程中,战胜了传统的民主观念。在政治意识形态上,帝国主义分子将扩张和殖民当作传播美国政治体制的机会,任何反对美国帝国主义的念头(只有不开化的落后民族才会抵制),就是抵制包含在其中的政治规范和价值观念。最后,帝国思想还折射出社会达尔文主义。例如,在菲律宾问题上,帝国主义分子反复强调,美国倘若不接手菲律宾,必定有其他帝国乘虚而入,那么美国的利益将受到威胁。这种优胜劣汰的残酷竞争,使得美国不能拒绝在菲律宾的机会。于是,"当20世纪的曙光降临时,黑人被剥夺了选举权,中国人被禁止进入美国,印第安人的反抗被最终镇压下去,劳工市场被生硬的种族和民族的界限而划分,一个针对海外非白人的帝国主义政策逐渐形成"②。

因此,在19世纪末期,意识形态与对外政策得以实现完美融合,避免了对外政策与传统价值的尖锐冲突,并深刻影响着新的一代人。在1888年,哈里森在竞选中还在重申"我们美国人没有从上帝那里得到成为世界警察的使命"③,10年之后,美国已经自视为上帝的使者,决心将自由和民主传递到落后地区,并充当警察管理部分的世界。更多的人开始相信,"美国并不是偏离传统,而是追随一直领导着这个国家的诚

---

① Paul T. McCartney. *Power and Progress: American National Identity, the War of 1898, and the Rise of American Imperialism*, p. 275
② [美]埃里克·方纳:《美国自由的故事》,第200页。
③ David C. Hendrickson, *Union, nation, or empire: the American debate over international relations, 1789—1941*, p. 262.

命——总是将国家引向善和正义的结果。美国并不是在征服菲律宾人,而是通过将他们带到保护整个国家的相同的自由华盖之下,解放他们"①。这种对外政策的结果就是,一个新的、充满自豪的美国开始通过它所做的一切而非自身是谁来衡量自己的神圣,并且第一次通过进步帝国主义来追求自由、民主或正义。②

第三,美国通过此战获得了在太平洋的重要战略立足点和通往亚洲地区的通道,真正奠定了太平洋帝国的基石。之前美国在太平洋上重要的海外领地也就只有中途岛。为此美国一直渴望将夏威夷吞并进来。这一局面随着战争的进行得到彻底扭转,帝国思想在国内激发的扩张狂热和战争胜利带来的刺激,使得美国最终兼并了这块太平洋上重要的地区。

第四,美西战争是帝国思想海外扩张的一次重要实践,为今后的帝国扩张提供了可借鉴的经验。这种模式概括来讲,就是以人道主义和恢复秩序为名,通过武力干预,将以实现美国利益为目标的新政府或秩序强加于当地人民。如麦金莱政府反复强调的那样,美国对古巴的干预,是打着人道主义的旗帜。这样的口号易于被更多的民众接受,同时也有利于掩饰美国真正的野心。此外,美国还自称将帮助古巴和菲律宾人民建立"合法政府",实则是要以此予以控制。这在菲律宾身上体现得最为显著:美国不愿意承认菲律宾人民为自身独立而反抗西班牙殖民者的事实,并同起义者进行了残酷的战争,最终将其变为美国的海外殖民地。麦金莱大言不惭地表示,自己受到了神明的启示,"我们不能将他们交还给西班牙人……不能将他们移交给我们在东方的商贸竞争对手法国和德国……我们也不能放任不管,因为他们不适合拥有自己的政府,我们

---

① Paul T. McCartney, *Power and Progress: American National Identity, the War of 1898, and the Rise of American Imperialism*, p. 263.
② Norman A. Graebner, *Foundations of American Foreign Policy: A Realist Appraisal from Franklin to McKinley*, Wilmington: Scholarly Resources, 1985, p. 352.

只有将他们的一切接管下来,对菲律宾人进行教育,提高其水平,使其开化并使他们成为基督徒"①。

第五,美西战争为美国将自己构想的国际秩序推向国际舞台创造了条件。具体来讲,在美洲,美国向世界列强展示了自己捍卫"门罗主义"的决心和面貌一新的强大海军,这使得列强真正对美国刮目相看,美国在西半球的霸权最终得到正式承认。美国的目标是在西半球建立一个新的体系,一个和平的、美国为霸主的、利于美国商业扩张的体系。1902年英国和德国封锁委内瑞拉的时候,罗斯福总统说服他们接受国际仲裁的决定,依靠的就是这种决心和实力(他威胁美国将派出54艘战舰)。通过召开泛美会议、解决古巴问题、抵制外部势力,"美国在建立'美洲国际体系'这一伟大工程中,起步卓有成效"②。在亚洲和太平洋地区,美国虽然取得了前进的跳板,但是,英法日等强国早就在中国划分了势力范围,实力稍逊的美国尚无力挑战现有秩序。美国的传教士虽然始终坚持在中国等地宣传基督教文明,履行使命,不过在整体政策上,美国尊重帝国主义列强已经建立的秩序,更多地依靠"门户开放"政策,目的是为了建立利益均沾的游戏规则,让美国最大限度地从中获利。在帝国思潮的扩张过程中,美国将自身体系中的民主与人权作为一种普世价值,认为不管是对菲律宾、古巴还是美国甚至世界而言,这种普世价值能够帮助延续人类文明的进步,美国的实力应该毫不犹豫地被用于这一文明的进程。这也成为以后美国构建国际体系的核心规范之一,是美国在20世纪将国际体系美国化的一个重要内容。

第六,战争改变了国内政治氛围,激发了积极的国际意识和奋进的民族主义。一方面,战争是一个将美国人民重新团结起来的机会,是治愈美国内部创伤的灵丹妙药。虽然包括麦金莱总统在内的部分人始终

---

① [英]奈尔·弗格森:《巨人》,第42页。
② David C. Hendrickson, *Union, nation, or empire: the American debate over international relations, 1789—1941*, p. 265.

反对战争,但民众对战争的支持,使其成为美国历史上"非常受欢迎的战争"。随之而来的美国对菲律宾的政策和战争,也得到了比较广泛的支持。另一方面,美西战争为西奥多·罗斯福这样的扩张分子提供了政治资本和舞台,影响着19世纪末和20世纪初的美国对外政策。罗斯福深受那个时代各种思想的影响,尤其是来自于特纳、马汉和斯宾塞的理论。他总是不遗余力地说服美国人,海外扩张并不"帝国主义",而仅仅是这个国家先前发展的一种自然的延续。罗斯福遵循的是西方社会常见的对待边疆的态度,即认为有必要以野蛮的方式来对待那些"野蛮人"。罗斯福虽然认为"帝国主义"显然是存在"邪恶"的,但是,这是为了进步而必须付出的代价。

第七,战争引发的反帝国主义运动也促使美国审视海外扩张模式,对20世纪美国的扩张提供了警醒和自我调整的机会。虽然反帝国主义运动在兴起20余年后即销声匿迹,但它促使美国反省战争和领土兼并政策所带来的负面效应。与美国代表的开明自由的形象以及推广美国式秩序的愿望并不完全一致。尤其是,"一个野心勃勃的领土扩张政策会拖垮我们的工业,将使我们耗费大量资金来维持扩张的殖民地和建立一支强大的海军,却不会给我们带来任何相应的好处"[1]。因此,美国之后的扩张,尽可能地以新式的、和平的方式来实现,从领土兼并转而更为注重贸易和价值观念的扩张,这也直接导致了帝国思想在新的世纪中更为隐蔽,政策手段更为丰富。

在美西战争引起的大讨论中,我们还可以发现当前美国帝国思想与100多年前的惊人相似之处。例如,关于美国进行海外干涉的问题。"政府的讨论将美国的盟友理想化,妖魔化了美国的敌人,以使经济或地缘战略利益也能嵌入1898年战争中所使用的那个战略中。关于国家主权

---

[1] David Healy, *U. S. Expansionism*: *The Imperialist Urge in the* 1890s, Wisconsin: University of Wisconsin Press, 1976, p. 56.

和国际人权标准的讨论预示了持续至今的讨论。"①可以说,这场帝国主义扩张战争,是帝国思想在世界政治大舞台上的一次实践,对于美国今后的发展,提供了前进的基础,是美国帝国思想成熟和发展中承上启下的重要阶段。

---

① Virginia M. Bouvier, ed., *Whose America? The War of 1898 and the Battles to Define the Nation*, p. 5.

第五章　从西半球霸权走向全球帝国

> 如果不将20世纪的暴力放在帝国范围内来看的话,那是相当令人费解的。因为它在很大程度上是1900年后出现的主宰这个世界的大型的民族国家衰退和崩溃的结果。在世界战争中,那些参战国的一个共同特点,几乎都毫无例外:他们要么是帝国,要么试图成为帝国……甚至美国,都可以说,是一个"帝国共和国",有人说它一直都是帝国。①
>
> ——[英]奈尔·弗格森

19世纪末20世纪初的美国,虽然已经成为全球资本主义帝国体系中的新兴强国,但是,国际政治的主要力量仍然集中在英法德俄等帝国主义传统列强手中,世界风云的变幻也主要仍由这些强国翻手为云覆手为雨,老牌强国在国际事务上的影响,是美国尚不能匹敌的。然而,进入20世纪之后,在不到50年的时间里,美国一跃成为新的世界霸主。美国的转变既有历史的机遇,也有其必然的原因。在这一过程中,两次世界大战的影响极其深远,可以说,"两次灾难性的事件帮助美国从一个不大

---

① [英]奈尔·弗格森:《世界战争:20世纪的冲突与西方的衰落》,喻春兰译,广州:广东人民出版社,2013年版,第32页。

情愿的美洲霸权国家,变成现在时常被称作的全球主义的国家"①。全球主义意味着国家安全和国家利益的全球化,同时也是美国意识形态开始塑造全球性国际秩序的开始。与此同时,美国的国家身份也从奉行孤立主义的西半球霸权,逐渐转变为推行国际主义的世界强权,从谨慎的观望者,摇身一变成为西方文明的拯救者、民主和自由的保护者。两次世界大战不但给了美国介入全球事务的机会,同时也让美国的国际秩序观从理论变为现实,对整个国际政治产生了十分重要的影响。在这一过程中,美国的帝国思想进一步得到释放,在涉及美国利益的国际政治、世界经济、国际安全等问题上,极力寻求将自身的国际秩序理念灌输于其中。一个美国世纪,或美国帝国的时代由此拉开了序幕。

一 新帝国的曙光:西奥多·罗斯福的帝国蓝图

在美国外交史上,西奥多·罗斯福是一个具有鲜明个性特色的总统,也是一个对美国对外政策传统产生了十分重要影响的显赫人物。从某种意义上讲,罗斯福是一个承前启后的关键性角色,在他任总统之前,美国刚刚打了一场与西班牙帝国的战争,不仅让自己堂而皇之地进入了世界帝国争霸的竞技场,更让传统列强对美国的实力和地位刮目相看。自他开始,美国不再仅仅是一个将权势笼罩西半球的霸权,对于世界其他角落发生的重大事件,特别是出现的重要历史性机遇,美国不再如以前那样小心谨慎远远观望,而是毫不客气地甚至在欧洲人看来是粗鲁地提出自己的要求。那是帝国和扩张让人热血澎湃的时代,如霍华德·K.比尔(Howard K. Beale)形容那样:"西奥多·罗斯福——洛奇式的扩张主义分子把美国人民带入现实政治大国的帝国主义斗争……一想到他

---

① [英]奈尔·弗格森:《巨人》,第53页。

们的扩张主义政策将创造美国的伟大和权力,他们就深感自豪和得意。"①

1. "白人优越论"、扩张主义和美国国家身份

经过了美西战争之后,美国对自身实力、国际地位有了全新的认识,与之而来的是在世界政治舞台上试图以焕然一新的身份来展现新兴大国的存在。不幸的是,1901年9月6日,因美西战争而名垂青史甚至被誉为"繁荣总统"的美国总统麦金莱在布法罗泛美博览会上遭受无政府主义者刺杀,于14日不幸身亡,享年58岁。当时美国举国上下沉浸在极度的悲痛之中。9月20日,在麦金莱葬礼结束后不久,接任者西奥多·罗斯福就进入白宫总统办公室开始履行自己的职责。罗斯福的雷厉风行和充沛精力给人留下深刻印象,一位年迈的目击者回忆说:"这是合众国历史上……总统最强劲的登场亮相。"②在罗斯福当年发布的第一份国情咨文中,他强烈表示要对国内无政府主义以及托拉斯进行更有力的监管,在对外关系方面虽然着墨还不多,罗斯福也特意提醒大家,20世纪是美国光明的世纪,美国绝对不能放弃自己传统而宝贵的价值观,"我们真诚地希望我们的政策会使国际关系中的相互尊重和良好的祝愿常在"③。

罗斯福的帝国思想深深受到特纳的"边疆学说"的影响,他本人对"边疆学说"情有独钟,曾自己研究过西部边疆史,而且他与特纳有着良好的私人关系,甚至可以说这位年轻的总统因此对"边疆学说"深深着迷。罗斯福帝国扩张政策有一件合法性外衣,即宣扬"一个文明大国的

---

① Howard K. Beale, *Theodore Roosevelt and the Rise of American to World Power*, New York: Collier Books, 1962, p. 50.
② [美]埃德蒙·莫里斯著,匡吉等译:《美国崛起的舵手:西奥多·罗斯福》(上),广州:新世纪出版社2012年版,第2页。
③ [美]埃德蒙·莫里斯:《美国崛起的舵手:西奥多·罗斯福》(上),第37页。

每次扩张都意味着法律、秩序和正义的胜利"①,因此美国的扩张是符合文明和正义不断演进的历史逻辑的。在任何场合下,西奥多·罗斯福都是一个毫不掩饰的帝国主义政策和扩张主义的积极支持者,信奉维持国际秩序依靠的是手中的权力,而这是世界文明国家义不容辞的使命。1900年,他在一次演讲中提出了著名的"大棒政策",他说他很喜欢一句谚语,"说话要温和一些,但要携带一根大棒,你就会成功"。这也是后人将他推行的帝国主义政策称为"大棒外交"的缘由。

但是,上任之初的西奥多·罗斯福在外交政策领域面临着一场严重的国内危机,漩涡的中心就是菲律宾问题,这也是检验美国扩张主义政策以及国家身份的重大考验。由于美军在菲律宾暴行的不断曝光,国内反帝国主义者揪着此问题不肯放手,国会在讨论将菲律宾向文官政府过渡,反对者认为此举让上万美国官兵的牺牲流血白白浪费,不可接受。陆军总司令纳尔逊·A.迈尔斯因为菲律宾问题而在政府内部饱受非议,并遭到罗斯福训斥,他心生不满,利用自己掌握的美军在菲律宾镇压叛军行径的秘密报告,试图团结反帝国主义人士,对罗斯福进行攻击。迈尔斯向媒体披露战争实情后,罗斯福十分震怒,将其称为阴谋家、伪君子,并试图化解对美军暴行的关注。迈尔斯则提醒参议院军事事务委员会,并"把罗斯福和卢特描绘成自命不凡的行政长官,就像德国的威廉大帝那样妄想建立一个君主-军国主义宫廷"②。国内不少人也担心罗斯福的强势政策将使其成为自行其是的"独裁者"。

面对菲律宾问题引发的争论,西奥多·罗斯福及其支持者们,始终用一种白人种族主义色彩的眼光来予以处理。美国认为,自己是文明国家的代言人,因而在对待亚洲以及拉美国家的问题上,怀有白人家长的优越感和种族主义情绪。例如,威廉·霍华德·塔夫脱曾经是反帝阵营

---

① William H. Harbaugh, *The Writings of the Theodore Roosevelt*, Indianapolis, 1967, p. 359.
② [美]埃德蒙·莫里斯:《美国崛起的舵手:西奥多·罗斯福》(上),第60页。

里的一员,把菲律宾人称为"我们的棕色小兄弟",也因此被美军士兵讽刺为菲律宾人的"大哥哥"。但在菲律宾期间,他也不知不觉成为帝国主义分子,他斥责菲律宾人是他遇到过的最大骗子,"根本无法自己管理自己","他们需要驯化 50 或 100 年,才会弄清楚盎格鲁-撒克逊式自由为何物"。① 众所周知的是,西奥多·罗斯福是公开的白人种族主义优越论的支持者,他的一句名言就是"讲英语的民族的各个分支应尽可能地拥有世界上的地盘,这对世界乃是有益的事情"②。他一直鼓吹,盎格鲁-撒克逊种族的两个分支即英国和美国要并肩携手,共同主宰世界,美国正是肩负着上帝赋予的传播文明责任的国家,"对白种人来说,不管他用什么方式夺取土地,用条约也好,用武力征服也好,那都不是问题的焦点。最重要的是他终于夺取了并占有了这些土地! 一句话,夺取它就是一切,而为着文明的好处和人类的利益,一定非这样去做不可"③。他还表示:"野蛮状态在一个文明化的世界没有也不能有一席之地。我们对生活在野蛮状态下的民族的责任就是看到他们摆脱自己的枷锁,我们只能消灭野蛮状态本身而解放他们。"④这样的论调是那个西方文明充满狂热扩张精神、欧美列强怀有不可一世的自负自满的时代所具有的典型心态。从本质上讲,罗斯福的这种想法继承了美国历史血脉中的"天定命运",同时又和德意志帝国威廉二世急于夺取阳光下的土地那种扩张思想无所差异,如果要说区别,那就是美国坚持按照清教传统和盎格鲁-撒克逊文明的政治理想来理解自己的扩张,并以此与英国形成某种既包含争夺又有文化共鸣的关系,换句话说,美国的扩张并不是要夺取霸权国英国的关键利益,而这恰恰是英德矛盾的死结所在。

---

① [美]埃德蒙·莫里斯:《美国崛起的舵手:西奥多·罗斯福》(上),第 63 页。
② David Healy, *U. S Expansionism the Imperialist Urge in the* 1890's, Wisconsin University Press, 1970, p. 149.
③ 黄枝连:《美国 203 年》,香港:中流出版社 1980 年版,第 498 页。
④ Howard C. Hill, Roosevelt and the Caribbean, Chicago, 1977, p. 207.

2. "罗斯福推论"与拉美秩序

西奥多·罗斯福虽然是临危受命，但他也恰逢其时，这时的美国面临前所未有的扩张机遇，也正满足了罗斯福雄心勃勃的理想抱负。当时，美西战争奠定了美国新兴世界强国的地位，环顾四海之内，还有谁敢不正眼看待这个来自北美的新生力量？美国在国际舞台上的影响力也得到显著的提高，而此时美国最关心的还是进一步巩固"门罗主义"传统的根基，加快提高对美洲的控制力，巩固西半球的霸权体系。

首先，美国要让欧洲列强尊重美国在美洲地区的垄断性地位和特殊利益诉求。1901年11月，美国与英国签订了《海约翰-庞斯福特条约》，条约的核心就是承认美国有权在中美洲单独开凿运河并进行管理，此外英国还在1902年把部署在加勒比海的舰队撤走，英国的做法实际上是将这一区域的海洋控制权拱手出让给了美国。在20世纪初，美洲面临来自欧洲最大的威胁，是来自经济和军事上的。当时的欧洲列强纷纷对拉美国家进行武力索债，有人提出了要这些国家用领土进行补偿的方法。美国对此极为敏感，也大为不满。在1904—1905年致国会的年度咨文中，西奥多·罗斯福大谈特谈以"大棒政策"为基础的对拉美各国内政的干涉。他强调，如果美洲国家拒绝偿还欧洲债务，必然会导致欧洲列强占领美洲土地，为了维护"门罗主义"，美国有责任也必须要对此进行干预，必要时不惜动用武力来防止欧洲武装干涉。1904年12月6日，他在国情咨文中这样说道：

> 导致文明社会纽带全面松弛的长期为非作歹或软弱无能，在美洲如同其他地方一样，会最终需要某一文明国家进行干涉，而美国在西半球如果遇到这种为非作歹或软弱无能的罪恶昭著的事情，为了维护正义，也不得不勉强施行国际警察力量……我们对它们的干涉只是最后手段，仅仅在他们明显地或无能或不愿在国内外维护正义，危害到我们美国利益或招致外国入侵伤害美洲国家整个躯体时

才这样做。①

1905年12月5日给国会的第五次国情咨文中,西奥多·罗斯福进一步完善了他的推论:

> 对和平最有效的工具之一就是门罗主义,因为它已经一直如此,并正由这个国家所发展和已为其他国家所接受。没有任何政策如同它一样有效地促进西半球的和平,和给予其上的每一个国家沿着他们自己的道路发展的机会……由于我们已经提出让它符合本半球增长和变化着的需要,它在国内是有用的,在国外正得到承认。②

这就是被后人称为"罗斯福推论"的美国拉美政策基调。"罗斯福推论"对"门罗主义"进行了进一步的发挥,将"美洲是美洲人的美洲"大言不惭地变成了"美洲是美国人的美洲"。虽然这一政策表面上或客观上有帮助拉美摆脱欧洲列强威胁的意思,但西奥多·罗斯福的出发点还是在于对世界力量格局现状的不满,认为美国的实力地位完全应对美洲进行垄断,欧洲列强不能继续在此染指或怀有觊觎之心。回想起来,当年"门罗主义"的提出,倒像是新生的、怀有帝国野心的美国颇有些自顾自话意味的口号,它代表的是一种传统的扩张主义思想,而且由于缺乏现实力量支撑,它形式上的价值多于行动上的价值。而西奥多·罗斯福的推论,则是扎扎实实建立在美国强大的国力基础之上的,代表了帝国时代美国的新扩张主义或帝国思想,二者显然不可同日而语。罗斯福发出的信号很清晰,那就是美国要义不容辞地担负在拉美维护国际和平和秩序的国际警察的职责。

正是在罗斯福的大力倡导下,美国在拉美建立帝国秩序的努力收到

---

① 余志森主编:《美国通史第4卷:崛起和扩张的年代 1898—1929》,北京:人民出版社2002年版,第99页。
② 余志森主编:《美国通史第4卷:崛起和扩张的年代 1898—1929》,第100页。

了显著成效。在罗斯福眼里,美国必须将拉美变成帝国的有机组成部分,拉美不仅要成为美国具有排他性的后院,而且要在经济、安全、地缘上有机地融入到美国帝国体系之中,为新兴帝国成长和扩张持续供血。这在古巴和巴拿马问题上表现得尤为突出。美西战争后,美国并没有吞并古巴,"因为古巴混血人种和黑人人种为主的种族构成、高度成熟的独立运动以及由此而产生的宪政难题,使得合并古巴的设想失去了吸引力"①。但是,这并不影响美国对古巴的帝国式控制。1900年,在美国主导下,"被解放"的古巴成立了制宪会议。为了确保独立后的古巴牢牢地被绑在美国身上,当时美国陆军部长 E. 鲁特提出要将以下条款列入古巴宪法,包括:古巴政府不得签署任何损害古巴独立的条约或未经美国同意不得给予任何强权以任何权利;美国保留对古巴的干涉权利,并在古巴建立一个军事基地;古巴政府必须严格执行美国军政府的法令;等等。对于如此明目张胆的帝国主义政策,古巴制宪会议断然拒绝。

1901 年 3 月,康涅狄克州参议员奥维尔·普拉特在鲁特条款基础上进行了修改调整,美国国会通过后,史称《普拉特修正案》。美国向古巴制宪会议施加压力,将其列入到古巴宪法之中,之后又将该法案主要内容列入美古条约。该修正案赋予美国对古巴内政进行干预的权利和在关塔那摩建立美军军事基地的权利。从实际效果来看,虽然古巴有了名义上的宪法,但在修正案阴影下,俨然是美国的海外殖民地。1906 年 8 月,对美国控制和盘剥强烈不满的古巴人民发动起义,美军第二次进入古巴镇压起义,直至 1909 年。1912 年、1917 年美国再度两次对古巴进行军事干预。占领期间,美国国内吞并古巴的扩张主义思想再度甚嚣尘上,一位参议员得意洋洋地说:"当古巴在它的宪法、法律和自由方面效仿美国……日子就不太遥远了,于是,随着来自古巴的倡议,我们就能够

---

① [美]孔华润主编,布拉福德·珀金斯著,周桂银等译:《剑桥美国对外关系史》(上),北京:新华出版社 2004 年版,第 429 页。

欢迎我们国旗上另一颗星了。"①

美国对拉美推行帝国主义政策的另一个典型例子是巴拿马运河问题。1903年1月,美国同哥伦比亚签订《海约翰-埃尔兰条约》,强迫哥伦比亚政府在巴拿马省划出15英里宽的地区用于开凿运河,并租给美国99年。之后哥伦比亚国会考虑到侵犯主权、补偿过低等因素,拒绝批准条约。为了实现对巴拿马特别是运河的控制,美国于1903年11月在巴拿马城策划了一次革命旗号下的政变,被扶持上台的阿马多尔总统对美国感恩戴德,使得巴拿马脱离哥伦比亚而独立。紧接着,美国就与巴拿马政府签署了条约,获得了巴拿马运河的开凿权和管理权。这条运河连通了大西洋和太平洋,不仅是贸易流动的动脉,更是军事调动的便利通道,战略意义十分重要。罗斯福骄傲地说:"我拿下了巴拿马,运河区完全变成了我们的,巴拿马共和国也全部在我们的势力控制之下。"②对罗斯福强取豪夺巴拿马的手腕,外交史学家塞缪尔·比米斯评价说:"1903年的干涉在美国的拉美政策上是唯一的一个真正的污迹,也是一个最伟大的大污迹。"③

此外,美国还不断实施"大棒政策"对拉美国家内政进行粗暴干涉,并对其外交、经济等政策施加了重要影响。西奥多·罗斯福打着国际警察的旗号,对拉美国家进行了各种干涉,甚至不惜动用武力。比如,美国利用欧洲列强向拉美国家索债之机,以调停人的身份粉墨登场。1902年,面对英、德、意动用海军封锁委内瑞拉港口以达到索债的目的,阿根廷外长德拉哥提出任何国家不得借口追债对债务国进行武装干涉,这就是著名的《德拉哥宣言》。罗斯福乘势而为,以维护此原则为理由,公开出面干涉,强迫欧洲三强接受美国仲裁,美国则借此机会扩大了在委内瑞拉的势力。同样的事还发生在1904年,多米尼加共和国遭到法、意、

---

① 余志森主编:《美国通史第4卷:崛起和扩张的年代1898—1929》,第135页。
② 余志森主编:《美国通史第4卷:崛起和扩张的年代1898—1929》,第141页。
③ 余志森主编:《美国通史第4卷:崛起和扩张的年代1898—1929》,第142页。

德、比等武力索债,罗斯福搬出自己对"门罗主义"的引申,派出美国战舰进入多米尼加领海。1907年,多米尼加和美国签署协议,由后者代管财政、海关等大权,从此沦为美国的保护国。

3. "门户开放"政策下的帝国扩张

罗斯福执政时期,美国继续在太平洋和远东地区寻求新的扩张。应该说,罗斯福上台之时,麦金莱总统给他留下的一笔最大的外交财富,就是为美国赢得了在远东尤其是中国问题上的发言权。美西战争的胜利,为美国打开了进军远东特别是中国的大门。除了从西班牙手中夺取的菲律宾和太平洋诸岛,美国在19世纪末还加快了攫取夏威夷的步伐。美西战争后,美国迫不及待地吞并了"太平洋的十字路口"夏威夷,并在1900年设置夏威夷地区,同时还夺取了关岛,为实现向太平洋远方的扩展提供了前沿基地。在远东,美国对外政策的核心是中国问题,它觊觎的是中国蕴藏着的巨大市场机遇。扩张分子不断鼓吹中国在经济利益上对美国的极端重要性。参议员洛奇在1900年3月7日向参议院发表演说时得意洋洋地指出:"菲律宾的占领使我们成为东方的强国,不但有了发言权,而且同样重要的是,有力量支持这种发言权……列强对美国的建议(注:指国务卿海约翰提出的'门户开放'政策)之所以同意,因为它们是面对着马尼拉的主人。若是三年以前,它们或许会对我们耸耸肩,一笑置之吧。可是对一个占据了马尼拉湾,并且有舰队游弋其间的强国,它们不得不做出客气的答复。马尼拉和宏伟的马尼拉湾是东方的宝藏和珍珠。如在我们手里,它将变为最大集散地之一和世界最富的商埠之一……将保持中国市场对我们的开放,并使美国企业得以在东方的整个贸易中首屈一指。"[①]1899年9月至11月,为了在掠夺中国问题上瓜分一杯羹,美国国务卿海约翰向英、德、俄、日、意、法等列强发出第一

---

① 余志森主编:《美国通史第4卷:崛起和扩张的年代 1898—1929》,第120页。

次"门户开放"照会,在实质承认列强在华势力范围的前提下,要求各国对其他国家实行贸易机会均等的原则。

1900年,面对中国国内反帝运动"义和团"运动火山般爆发,美国担心在华利益受到冲击,先是指示官员"以最强烈的可能措词向中国政府提出,为了镇压这些社团……必须采取迅速而激烈的措施"①。接着,眼看清政府利用"义和团"推行排外政策,美国随即加入八国联军,打着镇压义和团的旗号侵入中国。罗斯福坚信,"中国人和菲律宾人一样,必须由西方列强将他们从野蛮中'解脱'出来,因此使用外国军队是必要的",他极力主张西方列强联合出兵打击义和团,认为美国需要"为了自己的商人、农民和工资收入者去保卫公开市场的利益"②。期间,美国不断从菲律宾抽调军舰和士兵投入中国,在进攻北京的战斗中,2500余名美国士兵参加了战斗,仅次于日、俄、英三国,而美国国旗是第一个悬挂在北京城头的。对于帝国列强在中国犯下的各种滔天罪行,罗斯福满不在乎,他给远征军指挥官,也是他极为赏识的查菲将军的信中赞扬到:"因为你在中国已经干的一切,从你的作战方式直到你应该采用的方法,我们全都是你的受惠人。"③当时列强对中国都怀有各自的野心,美国察觉到列强正打着如意算盘试图瓜分中国,担心"门户开放"政策破灭,随即由海约翰在1900年7月发出"第二次门户开放"照会,强调美国的政策要点在于要保持中国的领土完整和行政完整。由此,美国形成了以商贸上的"机会均等"和政治上的"保全中国"为两大原则的对华政策。"门户开放"并不是要让中国人获得永久的繁荣、和平和安全,而是服务于美国自身利益和国家政策的。"门户开放"政策表明,美国最担心的是列强无视新兴强国美国的存在,在不同美国商量的情况下就在中国划分势力范围,这不仅有损于美国的国际地位,而且也破坏了美国试图在华寻求扩

---

① 阎光耀等选译:《美国对华政策文件选编》,北京:人民出版社1990年版,第379页。
② 余志森主编:《美国通史第4卷:崛起和扩张的年代1898—1929》,第122—123页。
③ 余志森主编:《美国通史第4卷:崛起和扩张的年代1898—1929》,第123页。

大商业机会的梦想。同时还必须看到的是,在20世纪,"'门户开放'的思想成为美国对外政策的主旋律,相对欧洲建立帝国的传统方法而言,这种帝国主义的方法更为老练"①。

罗斯福在位期间,基本遵循了以"门户开放"为核心的对华政策。他在1905年时表示:"我们未来的历史将更多地取决于我们所面临中国的太平洋上的地位,而不是取决于我们所面临欧洲的大西洋上的地位。"②他在远东遇到的挑战来自俄国和日本。俄国扩张政策野心勃勃,要将中国东北变成"黄俄罗斯",严重威胁了美国的"门户开放"政策。罗斯福为此采取了均势政策,试图借助崛起的日本来制约俄罗斯。于是,当日俄战争爆发后,罗斯福在宣布中立的同时,实质对日本予以了外交和财政上的支持,在1904—1905年,美国联同英国一起给日本提供了四次战争借款,罗斯福认为某种程度上,日本在为美国出头,为美国而战,同时也希望日俄两败俱伤,美国可以"在两个一蹶不振的敌国中间建立平衡"③。不想日俄战争之后,尽管美国在日俄和谈中发挥了重要作用,但是在欧洲局势和远东格局变化的影响下,英日俄法四国在中国问题上很快就开始相互勾结,形成四国小集团,美国反而被排斥在外,其中日本的扩张尤其让美国感到潜在的威胁,美日关系开始走下坡路,并因为日本移民问题、争夺太平洋势力范围等产生尖锐矛盾。1907年6月,歧视和排斥移民的行为严重损害了美日关系,罗斯福一方面挥舞大棒要让日本知道美国在中国问题上的严肃立场,另一方面他也承认维护美国在远东的最好方式之一,就是与日本建立和平友好的关系,因此他最终选择了与日本妥协。1907年—1908年,美日外交官频频往来,两国通过一系列外交照会,达成了"君子协定",缓解了移民问题。1908

---

① [美]霍华德·津恩:《美国人民的历史》,第254页。
② 余志森主编:《美国通史第4卷:崛起和扩张的年代1898—1929》,第114页。
③ 胡礼忠、金光耀、顾关林:《从望厦条约到克林顿访华——中美关系1844~1996》,福州:福建人民出版社1996年版,第135页。

年11月30日，国务卿罗脱与日本驻美大使高平小五郎缔结了《罗脱—高平协议》，表示在两国共同维持太平洋地区以及各国在华现状的前提下，日本做出不侵略菲律宾的承诺，美国同意尊重日本在中国东北拥有的特殊地位。就这样，罗斯福轻描淡写地将中国变成了美日帝国政策交易的牺牲品。

4. 罗斯福的海权思想与美国全球扩张的开端

19世纪后期开始，马汉的海权思想在美国大行其道。他强调美国如果要成为海上强国，不仅要能保护自己的海岸线，而且还必须要有一支可以在世界范围内使用的强大舰队。马汉的这一梦想在西奥多·罗斯福时代成为现实。自年轻时开始，出生在一个与海洋渊源颇深家族里的罗斯福一直怀有宏大的海权之梦，大学毕业后他到哥伦比亚大学学习法律，但不到一年就退学转而研究军事史，对海洋权力的兴趣初露头角。他在1882年写出的第一部著作《1812年海战》成为美国海军史的名著，被海军军事学院作为教材使用，并分发到每艘军舰上供官兵阅读。马汉的海权论问世后，罗斯福激动不已，在建立强大海军问题上，感到觅得了知音，对其毫不吝惜赞誉之词。之后他进入政坛，成为共和党新生代中的佼佼者。1897年，罗斯福被麦金莱总统任命为海军部助理部长，这为他施展抱负提供了绝佳的平台。面对已经被欧洲人瓜分殆尽的世界政治版图，西奥多·罗斯福越来越强烈地感觉到，美国倘若要想和其他帝国在世界上一较高下，必须要具有强大的海上力量。他积极鼓吹美国对外实行军事扩张主义，加强海军建设，叫嚣同西班牙人一决雌雄。1898年的美西战争中，生性热爱冒险、崇尚荣誉的西奥多·罗斯福辞去助理部长职务，与好友共同组建第一志愿骑兵团，在古巴冲锋陷阵，战功卓越，罗斯福也因此为自己在军旅同袍中赢得了响当当的名声。如同杰克逊一样，在战火纷纷的年代，军功章闪耀的光芒很快帮助他驱散了政治征途上的阴霾，罗斯福凭借战争威望和以前积累的政绩，在1898年底成功当选为纽约州的州长。他精力充沛,政绩颇佳,因此成为麦金莱在1900年大选中的副总统候选人搭档,携手击败民主党人。他继任成为美国总统、美国军队的总司令之际,年仅42岁,是当时美国历史上最年轻的总统。西奥多·罗斯福执政阶段,正处于美国社会和经济发生巨大变革的时期,他推行系列改革,加强国家权力,改善劳工生活条件,整个社会经济发展迅速。罗斯福也是美国历史上数一数二公开宣扬帝国主义政策的总统,他在位之时,大力加强美国海军建设,成为美国海上霸权的最重要奠基人,在美国海军发展史上写下了浓墨重彩的一笔。

西奥多·罗斯福对海权的重视,最显著的标志是他将争夺海洋控制权上升到了事关美国国运兴衰的战略高度。罗斯福深刻地认识到,美国能够在美西战争中从西班牙帝国的嘴里夺取到古巴、夏威夷等果实,依靠的就是海军不俗的实力。在1901年的国情咨文中,他将海军称之为捍卫"门罗主义"以及西半球安全的唯一手段,他说:"在美国面前有两种选择——或是建立并保持一支充分强大的海军,或是自甘落后,处于次要地位。这不仅在政治上、贸易上是如此,在整个国际事务中都是如此。"罗斯福将海军作为实现对外扩张、建立强盛帝国的根基所在,鼓动美国这一新生势力同西方大国进行海洋竞争和利益争夺,从而实现全球性扩张。在他的力推下,美国海军迈入快速发展时期。罗斯福鼓吹"大海军政策",说服国会加大海军建设投入。他对马汉关于依靠战列舰夺取制海权的思想笃信不疑,即便建造这样的海上巨兽需要惊人的资金和较长周期。他就任总统后,把建造战列舰作为海军建设的重中之重,声称"我像所有的美国人一样,喜欢大的东西、大的草原、大的湖泊……大的舰船"①。为此,罗斯福力排众议,大力推行"大海军计划",1904年,针对国会议员对海军计划的反对之声,罗斯福在答复回信中明确宣扬"没有海军就没有帝国"的观点。在他坚持下,美国每年斥巨资至少建造一

---

① 王连元:《美国海军争霸史》,兰州:甘肃文化出版社1996年版,第24页。

艘战列舰,1903年时还批准了三艘。1899年时,海军经费为6400万美元,主力战舰36艘,而到了1908年,海军经费达1.18亿美元,主力战舰62艘,美国海军综合实力从世界第七迅速上升到世界第二,仅次于大英帝国。同时,罗斯福对海军人才培养和训练管理十分重视,他扩大了军事院校招生,增加征兵数额,提高海军人员待遇,改革晋升制度,新建海军专业类院校,这些举措都让美国海军整体素质得到质的提升,特别是储备了一大批卓越的海军英才,为之后美国海军驰骋大洋做好了人才储备。

不仅如此,西奥多·罗斯福还着眼维护拉美势力范围、加强在远东和西太平洋的争夺,积极推行主动进攻的美国海军战略。他认为,面对外国海军的威胁,只有进攻才能获胜,现代海军必须采取主动进攻,夺取太平洋和大西洋的控制权。为实现这种进攻型战略,罗斯福在三个方面采取了有力措施。首先,美国要实现大西洋、太平洋的海上机动。这一问题的关键就是掌控住连接两洋的巴拿马运河,使美国海军能快速往来于大西洋和太平洋,成为名副其实的两洋海军,而这种战略上的优势令即便海军强盛如大英帝国也只能羡慕不已。罗斯福指出:"有如大西洋那样,太平洋也必须是我们自由活动的领域;我们的舰队,将从这个大洋开到那个大洋,又从那个大洋开回到这个大洋。总之,来去自由,完全有权利在两个大洋上自由活动。"[①]其次,罗斯福深知,一支全球海军必须要有全球化的海外基地,于是他紧锣密鼓地在加勒比海、西太平洋等地建立海外基地。他还对美国海军原有的战略配置进行了调整,加强了北大西洋舰队、亚洲舰队,组建了太平洋舰队。同时,罗斯福还在太平洋的夏威夷、威克岛、萨摩亚以及加勒比地区的古巴关塔那摩等都建立了海军基地,为美军执行海外军事行动初步建立了基地网络,也为美国军事力量走向全球打下了基础。

[①] 黄枝连:《美国203年》,香港:中流出版社1980年版,第526页。

最后,罗斯福将海军作为执行"大棒政策"和"炮舰外交"的有力工具。在19世纪末20世纪初的帝国时代,炮舰是大国身份的象征,是无往而不利的刀锋。罗斯福一贯认为,强大的海军必须要依靠主动进取的攻势才能发挥出真正的作用,为此他不放过任何一个能展示美国海军军事力量的机会。20世纪初期,日本连续打赢了甲午战争、日俄战争,特别是在海上摧毁了北洋舰队、波罗的海舰队后,为世界所瞩目。早在对马海战之后不久,罗斯福就惊讶于日本的强大,他在给友人的私信中写道:"在12年里,在太平洋贸易中相互担心成为竞争对手的英国人、美国人、德国人,现在都害怕日本甚于害怕其他国家……我相信日本会成为一个可怕的强大的文明强国。"与此同时,他也开始担心日本扩张矛头指向夏威夷群岛,"他更相信美国不得不制造更多战舰,使这些战舰更大,航行得更快。要不,在对马海峡所发生的,也可能在珍珠港发生,也许就在不久的将来"①。此时,由于日本移民增多带来的竞争压力,美国国内多地对日裔移民采取了歧视性政策,在美日关系因此紧张之际,日本有媒体甚至叫嚣要准备对美国的战争,声称"整个世界都知道,装备很差的美国陆军和海军不是我们有高度战斗力的陆军和海军的对手"。《每日新闻》更是咆哮道:"当我们伟大的海军将领出现在太平洋的另一端时,要打破美国固执的梦想是很容易的……为什么我们不坚持派出军舰呢?"罗斯福认为,日本可能对美国新近获得的夏威夷、菲律宾等地构成战略威胁,并危及对华"门户开放"政策。情报部门向他报告,日本正在积极备战,包括从欧洲购买8万吨军舰,包括从英国购进2.1万吨的战舰。陆军和海军联合委员会警告,由于日本舰队部署在太平洋,美国军舰主要在大西洋,一旦爆发冲突,待到大西洋舰队抵达太平洋,日本可能已经夺取菲律宾和夏威夷了。② 因此,罗斯福接受了杜威的建议,即采取预防性措

---

① [美]埃德蒙·莫里斯著,匡吉译:《美国崛起的舵手:西奥多·罗斯福》(下),广州:新世纪出版社2012年版,第363页。
② [美]埃德蒙·莫里斯:《美国崛起的舵手:西奥多·罗斯福》(下),第455页。

施,将军舰尽快集中并调往远东,他认为"在当前与日本存在摩擦事件的情况下,我认为动用我们所有的战列舰是很必要的"①。于是,海军部拟定了将大西洋舰队集结并派往远东进行军事演习的计划并获得批准。

1907年12月16日,罗斯福检阅了从弗吉尼亚州汉普顿海军基地出发进行环球航行的16艘战列舰编队(另有7艘小型雷击舰)。出乎意料的是,舰队在历经南美国家时受到异乎寻常的关注和欢迎,甚至成为各国用于向美国示好的机会,阿根廷甚至还为舰队只访问巴西而不到该国提出了质问,使得美国随之改变了计划,对阿进行了访问。为了让整个舰队更为显眼,同时也是降低在跨越热带时产生的热量,罗斯福下令所有舰只一律漆成华丽的、具有喜庆意味的白色,这也为编队带来很高的辨识度,各国将其称为"大白舰队"。1908年10月18日,当"大白舰队"驶入日本横滨港时,美国海军庞大的阵容让狂妄的日本人顿时冷静了下来。日本政府随后也不得不有所收敛,一改往日的蛮横姿态,同意在太平洋保持现状,尊重美国的"门户开放"政策。罗斯福十分得意地评价说:"美国与日本之间的每一个矛盾颗粒和来自日本的每一丝压力片刻间魔力般地消失了,这就是海权的价值。"②就连海上霸主英国也对这支舰队心有余悸。英国海军大臣兰斯多恩不无忧虑地说:"英国人应该明白……如果美国人选择了这条道路,他们能够轻易地建立起一支海军,先是与我们的海军同等规模,然后再超过我们海军的规模。"可以说,"大白舰队"标志着美国海军正式迈入世界一流的行列,也是美国海军从地区性海军走上全球海军的里程碑事件,大大地提升了美国的影响和地位,为之后美国取得与英国平起平坐的地位打下了坚实的基础。长期为此殚精竭虑的罗斯福可谓功不可没,因此被称为美国的"现代海军之

---

① Henry J. Hendrix, *Theodore Roosevelt's Naval Policy: The U.S Navy and the Birth of the American Century*, Annapolis, Maryland: Naval Institute Press, 2009, p. xiv.
② 孙鹏:《'大白舰队'吹响美国逐鹿大洋的号角》,载《解放军报》,2015年6月19日,第007版。

父",也成为西华德、马汉之后第三个在西进运动中做出巨大贡献者。①

正是在罗斯福的"大棒政策""炮舰外交"的护送之下,西华德时期的"太平洋帝国"之梦想得以初步实现,美国在20世纪初进行了大肆的对外扩张,帝国思想和受人尊敬的帝国身份也备受欢迎,星条旗飘扬在太平洋、远东的土地、海洋和岛屿上,新的边疆又出现了。特纳本人对此倍感欣慰,自豪地评价:"在这十年之初,美国就用地峡运河把大西洋岸和太平洋岸连接起来,成为拥有附属国和保护国的一个具有帝国性质的共和国。大家公认的一个崭新的世界强国,在欧亚非三大洲的问题上具有潜在的发言权。"②西奥多·罗斯福是美国帝国思想历史上举足轻重的人物,为美国在20世纪成为世界级强国打下了坚实的根基,被奉之为"伟大的领袖""总统的楷模"。一位与他私交甚密的英国作家约翰·莫利甚至用带有明显个人情感色彩的话语强调,尼亚加拉大瀑布和罗斯福是大自然赋予美国的两大奇迹。1956年的《大英百科全书》上如此评价:"华盛顿创建了美国,林肯保卫了美国,而罗斯福则恢复了美国的活力。"③美国的帝国使命被进一步激活,新的目标已经出现在地平线上了。

二 世界大战中的自由国际主义与帝国思想

世界大战是人类文明的悲惨浩劫,一个个曾经叱咤风云的强国在战争的炮火中要么分崩离析,要么伤痕累累,要么被迫退出历史的中心舞台。与此同时,战争也催生了新的国际秩序,特别是新兴强国开始用自己的意识形态和理念来重新塑造国际秩序。对美国的经历来说,这段历史在历史课本里可以简单地用一句话来概括:打赢了两次世界大战,成为世界的霸主。这样的结论无可厚非,但却不足以更好地解释美国是如

---

① 李永采:《海洋开拓争霸简史》,北京:海洋出版社1990年版,第244页。
② 杨生茂:《美国历史学家特纳及其学派》,北京:商务印书馆1983年版,第90页。
③ *Encyclopedia Britannica*, Chicago: Encyclopedia Britannica Press, 1956, p.541.

何在思想和力量上同时发生巨大变化,并在战争中取代英国、法国等曾经不可一世的西方文明强权,从而成为西方秩序最强大的捍卫者的。概括来讲,在两次世界大战的进程中,美国对外政策的指导原则开始从传统的孤立主义向自由国际主义发生彻底性转变。那么,这时的帝国思想还有存在的空间吗?事实上,自由国际主义与帝国思想之间存在着微妙的联系。前者的反帝国主义立场帮助削弱了美国之外的传统帝国势力,但与此同时它也为美国国内帝国思想的演进提供了新的空间,正是在这一过程中,帝国思想通过与自由国际主义的结合,借助美国不断扩大的国际权势和影响,使得这个国家成为人类有史以来最为强大的帝国。

1. 两次世界大战与美国孤立主义的终结

尽管在19世纪末20世纪初,美国的帝国主义政策推动美国在海外获得了殖民地,并将国家利益扩张到更广泛的全球空间之中,但是,此时的美国,主要精力仍然集中于巩固西半球的霸权地位,而在世界的其他地区,则审时度势地以务实政策来与列强进行争夺。一方面,华盛顿告别演说所奠定的孤立主义传统依然在美国有着广泛的支持者,特别是自19世纪末以来,欧洲列强频繁发生的外交联盟、军事对抗以及在世界范围内疯狂进行的殖民扩张与争夺,让不少美国人对先辈谆谆教导的孤立主义更心存感恩。而另一方面,反帝国主义运动虽然在组织结构上不得不接受失败事实,却在社会思潮上给不少人留下了深刻的印象,也促使美国在海外扩张问题上进行了适度的反思和自我约束。

从总体上来讲,美国一直在努力坚持不卷入欧洲大陆的权力斗争之中。与此同时,这种顽固的孤立主义传统也一直处于国内外的极大争议之中。从美国的外交史来审视,孤立主义是一项重要的传统,它的核心是指美国和欧洲的关系,其中所强调的孤立也并不是"老死不相往来",而指的是在军事和政治方面,要避免美国卷入欧洲的混乱关系和持续战争中。从其基本含义来看,孤立主义原则主要包括的是中立和不结盟。当18世纪末,法国与英国在欧洲打得不可开交时,曾经对美国革命施以援手的法兰西急切地希望美国能投桃报李,但是,华盛顿总统在1793年发表的《中立宣言》粉碎了法国人的梦想,因为"美国的利益和责任要求他们以真诚和忠实的态度采取和实行对交战双方都友好和公正的行动"①。而在华盛顿著名的告别演说中,他告诫同胞:"与所有国家保持和平、商业和真诚的友谊,不与任何国家结成联盟。"这也奠定了美国孤立主义的基本原则。从实际操作来看,美国的成长过程中离不开孤立主义政策的支撑,主要表现在三个方面:首先,北美大陆为大西洋和太平洋所包围,与欧洲大陆有着天然的海洋屏障,在地缘政治上是与欧洲脱离的,这也使得北美地区的人民在内心中更趋向于将脚下的土地视为新的圣土,而不必成为欧洲国家的海外领土。这种地缘特点为美国推行孤立主义提供了得天独厚的地理优势。其次,美国的孤立主义也是保护本国安全的选择。建国之初,美国虽然趾高气扬,但在军事力量上根本无法与英、法、西等国的强大军队进行持久抗衡。而且这些国家对美国的独立心怀鬼胎,总试图在北美采取行动,并进而干预美国的内政。最后,孤立主义还是保证美国西半球霸权的保护伞。众所周知,随着国力的日渐强大,美国对周边国家和地区的重要战略价值虎视眈眈,而蠢蠢欲动的还有欧洲列强。所以,孤立主义还是一道宣言,一道排斥外来势力支配美洲的宣言。

在两次世界大战之中,这一点都表现得十分明显。早在1910年,欧洲已经剑拔弩张,火药味十足,而一位议员依然对美国未来被卷入战争的可能性表示轻视,认为这种可能性"其空想程度就像一支军队从月亮上降落到美国的海岸一样是不可能"②。在第一次世界大战爆发之后,美

---

① Stephen J. Valone, ed, *Two Centuries U. S Foreign Policy*, London, 1995, p. 3.
② 韩莉:《新外交·旧世界:伍德罗·威尔逊与国际联盟》,北京:同心出版社2001年版,第28页。

国最初采取的是中立立场。孤立主义势力认为,这样的政策能够确保美国独善其身,免遭欧洲战争硝烟的毒害。在美国人看来,正在进行的残酷欧战,无论从哪一方来讲,都不是正义的。是什么使得这些国家疯狂地进行相互残杀?答案就是欧洲长期弥漫的军国主义和帝国主义。这也是旧大陆权力政治阴暗面所造成的无法避免的恶果,同时这也是美国建国先驱早就预见到并竭尽全力想使美国避免卷入的局面。

不过,自从19世纪末开始,美国与外部世界的关联越来越密切,让很多人迫不及待地寻求摆脱传统孤立主义的方法。特别是面对美国掌握新的权力时,人们开始思考是否应在国际上承担新的地位和义务。于是,随着美国卷入国际事务的程度越来越深,国内出现了更为强烈的反对孤立主义的声音,包括进步主义思想。例如,赫伯特·克罗利就认为,孤立主义传统显然无法适应美国身处的国际环境和大国政治形势。他在自己的经典著作《美国生活的希望》一书中写道:

> 因为美国的外交政策必须是公正而强有力的国家政策,它将逐渐带来日益增长的一系列国际联系与义务。美国这个国家只要仍然相信她的民族性并准备更像一个国家,就必须在国际体系中承担一个更明确和更负责任的位置……合众国终将发现她的美洲是美洲人的这一政策的后果是造成欧洲企图推行真正的孤立主义……长期推行孤立主义走得太远的政策必将引起打破孤立主义的合乎情理的努力。①

另外,对于这样一个以"大熔炉"著称的国度而言,在战争中保持中立的立场也是保证国家内部团结的明智之举。欧洲的战争会不会造成国家内部的分裂?至少在当时看来是可能出现这样的情况的,因为移民及其家庭对战争的胜负显然有着自己的关注和预期。比方说,在当时美国的1.05亿人口中,超过800万的人是出生在德国或至少父母一方是

---

① Herbert Croly, *The Promise of American Life*, New York, 1963, p. 22.

德国人,大约450万是爱尔兰裔美国人,其中有不少人相信英国战败将有利于爱尔兰赢得独立。此外,美国国内的捷克和塞尔维亚人则希望奥匈帝国战败,这样自己的民族就能赢得自由。正如美国总统威尔逊认识到,"美国人民来自于很多国家,主要来自于如今参战的国家……一些人希望一个国家赢,另一些希望另一个赢"①。这种差异性较为明显的观点虽然不会让美国面临分裂,但是或多或少会影响到不同移民团体之间的团结。因此,为避免出现这样不可收拾的场面,威尔逊本人也相信,中立是最能保障美国海外利益和国内稳定的政策。

威尔逊一开始是支持孤立主义立场的,并没有介入战争的打算,在1915年时还在强调"从来没有认为我们肯定会参战"。他在1915年10月的一次演讲中向民众解释说:

> 中立是一个消极的词。这个词没有表达出美国应该有的感受。美国有一颗心,而这颗心满怀着所有的同情在跳动。美国只用这颗心热爱美国信仰的事业。也只能将这颗心奉献给美国信仰的事业。美国坚信应该坚持自己的理想,在心之所至处不要被拖入任何方面的争执。②

但是,中立并不代表孤立。如果说孤立是主动地将自己与窗外事隔离开来,那么中立则代表美国对发生在其他地方的冲突采取不偏不倚的立场,并可以借助这样的立场进行调节斡旋,这就不同于自我封闭的孤立主义。威尔逊总统本人是一名学术造诣颇高的知名学者,有意思的是,随着美国在世纪之交的崛起,他从一名孤立主义者转向一种国际主义立场。在威尔逊的著作《美国人民史》中,他指出,开国元勋所苦口婆心教导的不卷入欧洲事务的原则,已然过时,美国必然会从国内走向海

---

① David Reynolds, *Empire of Liberty: a New History of the United States*, p. 246.
② Ray Stannard Baker and William E Dood ed. *The Public Papers of Woodrow Wilson*, New York, London, 1926, p. 375.

外。他对华盛顿的告别演说进行了新的阐述:"它并不意味着我们将避开世界的纠纷,因为我们是世界的组成部分,涉及整个世界的事情我们都不能袖手旁观。"①为此,他鼓励美国人说:

> 20世纪将显示另一副面孔。美国成长的舞台是欧洲的缩影。新大陆成长的历程就像旧大陆的历程一样复杂。一个迄今为止一直全身心专注于国内发展的民族,现在发现第一步的任务已基本完成,因而转向关注这个伟大世界的总体任务,在其中寻求她的特殊作用和实力地位。②

1914年8月,美国虽然发表了中立宣言,但美国与欧洲的命运已经早就联系在了一起。1915年,著名的专栏评论作家沃尔特·李普曼(Walter Lippmann)在《新共和》上发表文章主张美国放弃孤立主义,他说:"我们所有的人受到的都是孤立主义的教育,并且欣赏它那种事不关己、高高挂起的态度。但倘若我们要为国际主义做些卓有成效的事,那我们就必须抛弃孤立主义。"③还有学者劝诫美国民众:"我们,美利坚合众国的公民们,对是否应该在世界上发挥重大作用的问题不存在其他的选择。命运已经替我们做出了决定,事态的进展替我们做出了决定,我们必须发挥那样的作用。"④与此同时,美国也没有放弃在战争中扩大商业利益的机会。威尔逊本人就十分重视通过外交政策手段来促进美国在世界范围内的商业活动。他宣称:"没有人比我更关心把美国商人的企业带到地球上的每一个地区。当我想使自己成为一个政治家之前很

---

① Arthur Link, ed., *The Papers of W. Wilson*, Vol. 35., Princeton: Princeton University Press, 1981, p.347.
② Ray Stannard Baker and William E Dood ed. *The Public Papers of Woodrow Wilson*, New York, London, 1926, p.344-348.
③ 韩莉:《新外交·旧世界:伍德罗·威尔逊与国际联盟》,第35页。
④ [美]劳伦斯·H.肖普、威廉·明特著,怡立等译:《帝国智囊团:对外关系委员会和美国对外政策》,上海:上海译文出版社1981年版,第13页。

久,我就关心这件事。"①所以说,虽然美国尚未直接卷入战事,但它的商业利益和国家安全实际上早已被捆绑在了战车之上。美国政府也积极鼓励商业集团和企业为交战双方提供贷款,大发战争财。从1914年到1917年,美国的军火出口从600万美元飙升到8亿多美元,美国也从债务国摇身一变为债权国。但是,在错综复杂的利益牵扯和价值观念体系斗争之中,美国的中立政策实际上已经开始出现偏向性。举例来说,美国对英国和法国的出口额从1914年的7.5亿美元,上升到1916年的27.5亿美元,而同期对德国的出口额则从3.45亿美元下降到2百万美元。② 显然,无论是意识形态、文化认同还是战争风险评估的原因,美国在欧战问题上的立场实际上已经在不断地偏向协约国阵营。

类似的情况在20余年后再度重现。尽管法西斯主义已经挑起了新的世界大战,但是,美国却迟迟不愿意介入,这主要出于三个方面的原因:首先,第一次世界大战后美国与英法等在战后秩序安排上产生的矛盾和斗争,使得美国孤立主义再度得势,威尔逊为代表的国际主义者对建立新的国际秩序产生出幻灭感。孤立主义阵营坚持认为,既然英法等帝国不愿意接受美国的世界秩序观,甚至联手排斥美国的影响,那么美国就应当拒绝与贪婪、争权夺利、不可救药的欧洲列强为伍。更何况一战后美欧之间的债务纠纷也让美国人对欧洲的赖账行为深恶痛绝。其次,美国当时尚未完全从经济大萧条中摆脱出来,美国人民关心得更多是国内经济问题,而不是欧洲和亚洲的战争危险。最后,一战后西方世界广泛的"和平主义"思潮兴起,也使得美国人如同很多欧洲国家人民一样,内心憎恶战争,认为只要依靠北美天然的地理优势,美国就不用主动介入欧战,也不再会被拖入战争中,"为了和平,付出什么代价都值得"③。

---

① 王玮、戴超武:《美国外交思想史(1775—2005年)》,第262页。
② David Reynolds, *Empire of Liberty: a New History of the United States*, New York: Basic Books, 2009, p, 246.
③ 唐贤兴主编:《近现代国际关系史》,上海:复旦大学出版社2002年版,第158页。

正是这样的环境,使得美国的孤立主义势力在两次大战之间达到另一个高峰。美国对于欧洲事务在大部分时候都保持无动于衷,即便如富兰克林·罗斯福这般英明睿智的领袖,在孤立主义的掣肘之下,也只能通过不懈的努力,寻找点点滴滴的机会来因势利导,试图寻求机会让美国摆脱孤立状态。而这样的机会,也得等到美国付出珍珠港被袭的惨痛代价之后,举国上下才真正彻底抛弃了以孤立求和平的幻想。

两次世界大战对美国的影响是不言而喻的。长期被奉为对外政策基石的孤立主义在20世纪二三十年代回光返照之后,不得不接受青山遮不住、毕竟东流去的命运。表面上看这一切似乎是由两个偶然事件所引发的,即德国的无限制潜艇战和日本偷袭珍珠港,实则不然,这种偶然性的背后存在着某种必然性,孤立主义的失败就在于其以前屡试不爽的独善其身,无法在新的环境之下继续奏效。这种必然性首先表现在19世纪后期美国社会中的帝国思想或曰扩张主义所造成的必然结果,那就是拓展了美国的国际视野,并与复杂的世界体系密不可分地纠缠在了一起。在这一过程中,美国自我身份的构建在与外部世界更为深刻频繁的互动过程中,发生着体系性的演进,日趋打上更深刻的国际化烙印,从而抵消了孤立主义所执迷的通过超然地位保持自身绝对纯洁性这一"偏执"念头的影响。其次,美国的利益决定了孤立主义只能成为昨日黄花。美国关注的不再仅仅是西半球一隅的安全与繁荣,发生在欧洲和亚洲的重大国际问题已经与美国的国家利益纠缠不清,并将其卷入到全球政治的漩涡之中。很多人发现,在世界范围内去寻求美国的利益和理想,反而能更好地实现和发挥美国精神的价值。最后,美国的实力和地位,增强了其挑战孤立主义传统这一禁忌的信心,使命观意识不再是虚弱无力的纸上谈兵,而是得到了来自国家层面的实力支撑和政策共识。从这时候开始,寻求建立美国理想中的国际秩序,成为美国不可避免的选择。

2. 自由国际主义在对外政策领域的兴起

美国对外政策总是在理性与现实中寻求平衡。在很多时候，它需要一套既具有现实目标的战略谋划，同时也需要一套意识形态指导方针。在两次世界大战的残酷教训面前，美国外交传统中曾经最显赫、血统最纯正的孤立主义最终宣告了失败，取而代之的则是一套更符合美国实力、国家身份和传统精神的思想理念和政策体系，这就是自由国际主义。①

一般而言，按照自由主义原则构建国际秩序，这一思想就可以被称为自由国际主义。自由国际主义是自由主义在对外政策领域的重要表现形式，它正式在外交政策领域为人们所瞩目，主要开始于19世纪的英国。自由国际主义的观点认为，由自治的国家所营造出的趋于战争的无政府状态，通过相互的合作，能够转变成为一种在主权国家组成的多元世界中，按照国内秩序原则所构成的和平共处。② 毫无疑问，自由国际主义追求的是一个全球性的体系，在这其中，自由主义原则成为维持和平的基石，其三大核心要素就是世界范围的自由贸易、自由主义经济体制以及自由主义政治制度。

自由国际主义是美国传统同世界政治间的互动造就的。美国自由国际主义思想的兴起，发端于19世纪末20世纪初的反帝国主义运动，特别是民主党人的外交理念，他们的立场与西奥多·罗斯福等共和党帝国主义分子针锋相对。在民主党看来，美国在古巴和菲律宾的帝国主义政策，违背了国家传统和利益。与此同时，他们也承认美国正处于一个

---

① 笔者注：需要指出的是，这种引导美国对外政策的国际主义，有着不同的术语，如威尔逊主义、威尔逊国际主义、自由民主国际主义、国际主义的自由主义等。最为常见的是自由国际主义。
② Theodore Christov, "Liberal Internationalism Revisited: Grotius, Vattel, and the International Order of States", *The European Legacy*, Vol. 10, No. 6, 2005, p. 562.

新的时代,因而呼唤新的指导思想来引领美国实现自己的理想和国家利益。换而言之,美国应当寻求在与外部世界的互动之中,构建符合美国精神和价值观念的行为模式。民主党总统候选人威廉姆·布赖恩在一系列演讲说,集中阐述了这种反帝国主义思想。他认为,美国发动对西班牙的战争,虽然为国家获取了新的领土和殖民地,但是,这场战争违背了美国视为生命的宝贵原则——自由和平等,因此,可以说"美国输掉了一场更重要的战争——思想的战争"[1]。民主党人认为,通过经济上的自由市场和政治上的自由平等,美国可以通过非战争的方式,同其他国家建立平等合作的关系。这种模式十分贴近美国的使命观传统,相信能够将上帝的福音传递到落后的地区,并通过自身的榜样示范作用来向列强表明,殖民主义并不能真正传递文明,实现世界的和平、繁荣与平等,需要遵循美国的模式。正是基于以上立场,以民主党为代表的反帝国主义势力开始在自由主义原则基础之上,探索建立美国与世界之间的关系。与此同时,自由国际主义除了反省美国自身的对外政策,也对欧洲的帝国主义政策进行了批评。美国认为被欧洲国家奉为经典的均势外交无法实现真正的和平,国际社会的无政府状态也在反复挑动着强国之间的争霸战争。美国的安全和利益,以及上帝所赋予的神圣使命,只能在一个能带来和平与繁荣的国际秩序中去实现,这也就是自由国际主义所奋斗的目标。

共和党政府的帝国主义政策,虽然如其狂热支持者西奥多·罗斯福所希望的那样,让美国崛起成为新的帝国,但是,以武力扩张和干涉主义为基础的帝国主义政策,在 20 世纪初却面临着巨大的危机。一方面,美国加入帝国主义阵营的时机较晚,力量也较为有限,因此在与老牌帝国的争斗中,无论是在军事力量、外交手腕、国家联盟等方面都不占据优势,甚至有时不得不委曲求全,这与帝国主义思想在国内激发起的民族

---

[1] Lew Smith, *The American Dream*, New York: Scott Foresman and Company, 1987, p. 351.

情绪的期待有所差距。而且美国从菲律宾等殖民地获取的经济利益，也没有达到人们的预期那么大，1900—1912年，美国对这些殖民地的产品出口量仅仅维持在不到美国整个出口总量的10%的水平。但殖民统治所带来的更高的经济开支，却不得不转移到国内纳税民众身上。另一方面，随着欧洲两大军事阵营的对峙形成，美国发现自己有可能被卷入到一场欧洲帝国主义国家之间的战火之中。同英、法、德等帝国主义列强之间的纠葛，将美国的利益逐步同这场争斗捆绑在了一起。特别是美国银行的大客户大多来自英国、法国，如果战败，在德国施加的战争条约面前，这些公司恐怕只能潸然倒闭，到时美国的贷款就是竹篮打水一场空了。在一些人看来，如果要确保美国利益不受损害，美国就必须介入到欧洲的战争中，并帮助英法等赢得胜利，最终让欧洲甚至世界政治按照美国的模式来运转。摩根银行的合伙人托马斯·拉蒙特说得很直接："我们公司不会在任何时刻保持中立，我们甚至不知道如何保持中立。"①威尔逊显然也是意识到了这一点，他虽然在1916年就打出了"让我们远离战争"的竞选口号，但是他一直坚信，欧洲未来将接受美国作为全球工业国家领袖的这一必然结果，美国成为新的霸权的机会已经来到门口，而他正是试图实现这一目标的关键人物。

诚然，德国的无限制潜艇战成为刺激美国参战的导火索，这也为历史学家所公认。对于美国参战的动机，威尔逊在1917年7月14日国旗日当天的演讲中对德国发动并扩大战争的行为进行了指责，他说：

> 我们是如何被迫卷入战争的已经足够清楚了。德国帝国政府极为严重的侵犯与侵略使我们没有保持自尊的选择，只能采取武力保卫我们作为自由人民的权利及我们作为自治政府的荣誉。德国的军国主义领导人否定了我们中立的权利。②

---

① [美]保罗·艾特伍德著，张敏等译：《美国战争史：战争如何塑造美国》，北京：新华出版社2013年版，第108页。
② 韩莉：《新外交·旧世界：伍德罗·威尔逊与国际联盟》，第114页。

但是，有一个事实必须看到，美国参加欧战并不是如它自己所称的那样是为了抗击侵略与专制这般单纯。首先，如前面所提到的那样，美国自身的政策很难谈得上真正的中立。美国向协约国提供战争贷款、默认英国的封锁、亲英的立场等，都让德国认为有理由持续潜艇战。而且，美国参战的真正原因还是担心德国的胜利将破坏美国在欧洲的商业机会。德国试图建立一个中欧帝国，一旦成功，欧洲的中心地带以及巴尔干、近东地区，都将为德国所主宰。德国本身就是实力不俗的资本主义强国，届时在经济规模上能够和美国一较高下，并在世界范围内同美竞争宝贵的资源和市场。对美国来说，欧洲特别是中部欧洲，是美国工业和农产品的最大消费地，美国银行也通过贷款赚取了巨大利润，美国不能承受这一财富宝地最后被德国人垄断的局面，"在美国政府中最富远见的国际主义者（他们大多是有商业和金融背景的精英）看来，通过战争打破这种平衡符合美国的利益"①。所以，在之后出现的德国潜艇攻击美国"中立"船只的事件，媒体披露的德国有意帮助墨西哥收复1848年丧失的土地的"齐默尔电报"，这些都轻易地引发了美国大众的愤怒，让早就有心加入战局的威尔逊心中窃喜，他一直在小心翼翼寻找机会，同时又要避免开诚布公地告诉国民他的真实念头。正如历史学家所评论的那样："美国进入战争不仅是因为德国的潜水艇，而是因为奉行扩张主义的美国领导人们最后想参加战斗，以便使美国所提供的最好的原则和商品进入旧世界。"②在威尔逊要求国会正式对德国宣战的时候，他不断用道德优越感来为美国的政策进行辩护。他表示，美国虽然将介入战争，但是美国的目标与英、法、德等帝国完全不同，在道德上是高于这些帝国的，"我们不是为了私利。我们不寻求征服、主宰。我们也不会为我们将

---

① ［美］保罗·艾特伍德：《美国战争史：战争如何塑造美国》，第103页。
② ［美］托马斯·帕特森等著，李庆余译：《美国外交政策》（下），北京：中国社会科学出版社1989年版，第392页。

付出的牺牲寻求物质补偿……民主在世界上必须享有安全"①,"和平必须依赖于一种新的、更加道德的外交"②。威尔逊宣称美国的参战将给世界带来和平、合作和公正的全球秩序,"美国将不会也不应该为了一种陈旧的、狭隘的和自私的秩序而战斗。你已经照亮了新的路程,全世界都应追随,否则就要重新迷失在罪恶的阴谋之中"③。威尔逊这种自由国际主义思想,在战后秩序的建立过程中得到了最好的体现。尤其是在他提出的"十四点计划"中,他系统地将美国的政治文化传统(尤其是自由主义传统)的烙印打在了新的国际秩序之上。

应该说,美国对外政策领域中的自由国际主义是第一次世界大战之后兴起的一种对外政策原则或大战略思想。自由国际主义主张在世界推行民主制度,否定欧洲帝国体系的合法性,主张终结殖民主义,通过推行民族自决原则以重塑国际共同体,此外,民主自由国家间应通过合作,建立新型国际机制,实现开放经济市场和集体安全,以此来构建能更好地确保和平和繁荣的新国际秩序。美国的自由国际主义来自于美国的自由主义传统,自由主义在所有时代的典型特征就是它毫不动摇地相信自由对于实现任何一个值得追求的目标而言都是不可或缺的。纵览美国历史,自由主义一直是美国具有重要影响的意识形态之一,它决定了美国人对于国家身份、社会、政治、经济、安全等问题的根本看法。如布鲁斯·拉塞特(Bruce Russett)所强调的:"关于国内政治中政治责任与政治秩序的信仰与其关于对外关系中政治责任与政治秩序的信仰是一致的。"④这种意识形态在外交政策领域的影响也是显而易见的。

然而,让威尔逊没有想到的是,他殚精竭虑勾勒出的国际秩序蓝图,

---

① David Reynolds, *Empire of Liberty: a New History of the United States*, p. 251.
② Walter A. McDougall, *Promised Land, Crusade State: the American Encounter with the World*, pp. 122-123.
③ 韩莉:《新外教·旧世界:伍德罗·威尔逊与国际联盟》,第117页。
④ Bruce Russett, *Grasping the Democratic Peace: Principles for a Post-Cold War World*, Princeton: Princeton University Press, 1993, p. 130.

遭到圆滑世故、不甘心沦为配角的英法老牌强国的抵制，使得他不得不委曲求全，在战后安排上违背了自己信誓旦旦的原则（如德国问题和中国山东问题）。这样的威尔逊让曾经支持他的人大失所望，比如著名记者李普曼，原本热情支持威尔逊参战，也认为美国是为民主而战，但他认为战后安排很不合理，美国付出代价太大，因此反对美国加入国联。在美国国内，威尔逊也遇到了致命的打击，战争为他赢得的骄傲与尊重，并没有成为政治前途的"护身符"。通常来讲，很多人认为美国的孤立主义传统根深蒂固地影响着美国对欧洲政治的看法，从而制肘了威尔逊在国际问题上的政策。此话虽然不假，但是，更重要的原因却是，美国怀有的理想主义式的国际政治理念，试图通过让强国和弱国平等地接受美国设立的新国际规则，以此来解决全球性的战争与和平问题，这与当时的国际力量现实格局并不相适宜，因为它颠覆了帝国时代在列强心中"强权代表真理、帝国主宰一切"的基本国际政治伦理，更何况一个刚崭露头角的毛头小伙子就想对傲然屹立世界数百年的欧洲大陆指手画脚，这显然是难以被接受的，而且旧势力的行为惯性也绝不会因为美国的理想而有所衰弱。与"威尔逊主义"失败相对应的，则是美国在20世纪20年代所主导确立的"华盛顿体系"。这一体系显然是美国外交在当时取得的一个颇让人自得的胜利，它为美国在传统强国试图继续保持支配地位的国际体系内争取到了平等的军事地位，而且从很大程度上而言，这是美国从理想主义向现实主义立场回归的一次胜利。因为列强之间海军比例的划定，本质上体现了大国间对各自国际地位的认同，以及参照相互实力等级差异来"合理"地重新划分利益的基本共识。

尽管美国在20世纪初期保持了一种孤立或曰中立的状态，但是，国际主义已经成长为美国外交中具有强大影响力的一派，不少人开始寻求让美国人接受这种深度介入世界的新状态，如同有人在煽动民众支持参加一战时说的："有5万人他们明白美国参战的必要性……但是有1亿名美国人根本没想过这事。而我们的任务就是要让这一数字反过来。"①正是因为有了这种炽热的情怀,虽然威尔逊自由国际主义在战后暂时失败,但并不意味着孤立主义能够高枕无忧地主宰美国的外交。某种程度上讲,是因为威尔逊们低估了在世界范围内推行自由国际主义的困难,在孤立主义的反弹面前手足无措。不过,对自由国际主义最有利的是,此时的美国已经是一个迈入全球化的大国,一旦它的利益开始扩张到整个世界,孤立主义的地位就已经开始摇摇欲坠,而导致它轰然坍塌的只需要一些看似偶然但实则必然的重要事件。此时,在美国精英阶层之中,以富兰克林·罗斯福为代表的一批人,早已预见到美国未来的方向,更为自由国际主义鼎盛时期的到来奠定了根基。就在珍珠港事件发生前九个月,美国新闻业巨子亨利·卢斯(Henry Luce)发表了著名的"美国世纪"社论,他指出:

> 无论是对国家本身还是对历史而言,美国都要为她所生存于其中的世界环境负责。而最能有效地影响美国所处的环境的,莫过于美国对其所施加的影响,美国必须全身心地接受我们作为世界上最强大和最有活力的国家的责任和机遇,从而向世界施加我们的全面影响……20世纪的世界,如果它要走的是一条康庄大道,就必须在很大程度上是一个美国世纪。②

第二次世界大战最终为美国提供了实现这一理想的国际机遇、国家实力和世界地位。这是一场牵涉到多个层面权力、意识形态的战争。从整体来看,是反法西斯主义与法西斯主义两大阵营的斗争,从意识形态领域来看,也是西方自由主义、苏联社会主义和法西斯主义三大思想的角力。美国逐步成为西方阵营的核心力量,并在战争中实现了霸权的

---

① [美]保罗·艾特伍德:《美国战争史:战争如何塑造美国》,第110页。
② Henry R. Luce, "The American Century", *Life*, Feb 17, 1941. 全文转载于 *Diplomatic History*, Vol. 23, No. 2, Spring, 1999, pp. 159–171.

"禅让",成为西方霸主。罗斯福等国际主义者所信奉的理想国际秩序观得以在战后秩序的规划上发挥主导性影响。无论从国内还是国际来看,自由国际主义都占据了显著优势。它的核心内容包括:国家主权原则、自治政府、民主体制、民族自决、开放经济体制、自由市场、个人自由、联合国之下的集体安全。不难发现,这些核心理念在威尔逊的"十四点"中早就有所体现,威尔逊的倒霉在于生不逢时罢了。自此人们可以清楚地看到,"这是美国自由民主国际主义诞生以来最辉煌的时期,在这个时候,美国将孤立主义抛在脑后,认识到国家的利益要求它在国际事务中扮演一个主要、永久的角色,并带着一套达成世界秩序全面计划的提议,大步向前"[①]。

3. 反帝国主义的帝国思想

美国的自由国际主义从何而来?从源头来讲,它的核心元素基本都源于美国的政治文化和历史传统。在一定的国际和国内环境之中,这些元素得到经济、军事、外交等力量的强力支撑,最终成为影响世界政治的重要思想。这一过程中,帝国思想也推波助澜地产生了巨大推动作用,可谓功不可没。正是因为帝国思想在19世纪40年代和19世纪90年代的两次大迸发,才使美国从一个北美大陆帝国变成了具有国际视野的新帝国,美国在世界舞台上的崛起,扩展了国家利益,同时也极大地刺激了美国精神中存在的国际主义情怀。同时,对外政策逐渐全球化的美国,再也无法回到孤立主义的原点,在与传统帝国的全方位较量之中,美国成为新的帝国,此时此刻,美国的安全与繁荣,已经成为世界的一部分,大半个世界的安全与繁荣,也都要依赖美国的权势。因此,从这一意义上来讲,帝国思想也是自由国际主义的同路人,而且作为一种自美国诞

---

① Tony Smith, *America's Mission: The United States and the Worldwide Struggle for Democracy in the Twentieth Century*, Princeton: Princeton University Press, 1994, p.114.

生就存在的意识形态,美国的帝国思想也随着新的国内外环境而继续演变,特别是与自由国际主义之间形成的一种微妙的"寄生"关系,这也成了帝国思想继续在美国机体中蔓延生长的最好机遇。

世界大战宣告了西方旧帝国主义时代的终结,随着自由国际主义兴起,并最终成为美国对外政策的基本指导思想,19世纪末20世纪初曾显赫一时的帝国主义渐渐褪去了蛊惑人心的光环。以对菲律宾政策为典型代表的美国帝国主义政策尽管曾经一度为许多美国人所迷恋,但是,在不到50年时间内在世界范围内发生的两次帝国争霸战争,深刻地揭示了殖民帝国和帝国主义政策的罪恶以及对人类和平的危害,这种极端的恶果与美国的传统价值观念之间的冲突,迫使美国对外政策思想中看似格格不入的帝国主义与反帝国主义、孤立主义与国际主义得以达成某种妥协或平衡。世界战争为反帝国主义传统提供了新的论据,延续了美国的反帝国传统,并深刻地批判了帝国主义政策的丑恶。这也让曾在19世纪末达到巅峰的美国帝国思想,难以按照模仿英法德等以殖民统治为支柱的帝国模式来实现对外利益扩张,而此时兴起的自由国际主义为帝国思想提供了一个完美的新载体。

自由国际主义力图解决的是美国如何在与自身传统和利益对立的旧世界秩序中,宣扬美国的意识形态和价值理念,并构建出一种新的国际秩序,一种既能让美国发挥自身优势,实现国家利益,同时又能与旧有的帝国主义体系泾渭分明,而且还能更容易地得到其他弱小国家的认同。值得注意的是,美国对外政策中的自由国际主义,它所秉承的反帝国主义立场与它身上同时所蕴含的帝国思想,二者之间并非尖锐对立、水火不容。一方面,反帝国主义思想的主要针对对象,是欧洲列强的殖民帝国主义模式。美国在美西战争中曾经表现出类似的特点,也因此在国内引发了激烈的分歧。美国引以为豪的是,在美国的政治传统中,蕴含着同旧式帝国体系对立的可贵精神,"美国常常暗示他们在本质上不同于欧洲国家,他们参与世界事务是为了阻止恶劣的欧洲国家对世界的征服"①,而美国自己身上的被殖民历史和反殖民经历,使其对殖民地的独立运动容易产生强烈的共鸣,即便这种反殖民运动是以暴力方式与美国进行的对抗。另一方面,美国的帝国思想,是扩张的利益体系、势力范围和意识形态的集中体现,虽然它在很多时候、很多地方同欧洲帝国的意识形态和扩张模式有着很多的共同点,但二者之间存在一个重要的区别,那就是美国自身的帝国思想绝对不是欧洲帝国思想的简单复制,而是表现出鲜明的美国特征,那就是总在寻求利益最大化与意识形态扩张最大化之间的道德平衡。也就说,美国在追求一切国家利益的同时,试图尽量保持美国价值观体系的纯洁性。过于偏重于前者,则落入英法殖民帝国的窠臼,过于倾向于后者,则易陷入危险的空谈,特别是对于一个崛起于旧式帝国势力主宰的国际体系中的新兴强国,将无力为国家利益提供保护。

帝国思想同自由国际主义之间,不仅有着相互推动的关系,而且帝国思想在一些方面与自由国际主义有着交集。

第一,帝国思想在外交政策立场上与自由国际主义具有相似的特性。有学者指出,"自由国际主义者倾向于以宽泛的、具有扩张性的和理想主义的方式界定美国的利益"②。的确,自由国际主义强调,美国介入国际事务是确保美国安全与利益的必然选择,而美国参与国际事务的根本目的就是要防止其他国家进行破坏和平、损害美国利益的行动。帝国思想也积极支持美国在世界政治中扩张权力与影响,因此二者都对美国成为能影响国际事务的大国充满期待,有了帝国思想的煽动和对美国国际主义的支持,对外政策就能更轻易地引导美国去干预其他国家。例如,在拉丁美洲,美国在"门罗主义"原则基础之上,不但坚持拒绝其他国家势力的染指介入,而且大肆加强了对拉美国家的渗透,试图从政治、经

---

① Robert D. Schulzinger, *American Diplomacy in the Twentieth Century*, New York: Oxford University Press, 1994, p. 5.
② Colin Dueck, "Hegemony on the Cheap Liberal Internationalism from Wilson to Bush", *World Policy Journal*, Winter 2003/2004, Vol. 20, No. 4, p. 1.

济和军事上对拉美国家进行不平等的控制。

第二,帝国思想与自由国际主义都是一种带有绝对化价值倾向的意识形态。这种绝对化体现在权力扩张、制度优越性以及道德主义之上。二者都追求美国权力的扩大,其理想的权力结构是以美国的绝对优势和绝对主宰为根本特征的。帝国思想和自由国际主义都信奉美国制度的优越性,主张在世界范围内推行美国模式。它们认为两次世界大战得出的重要教训就是美国要通过领导西方民主世界来管理全世界。它们将自由民主看作是确保国际秩序稳定的基石,不断宣扬民主与和平之间的因果关系。最后,二者都将美国的扩张看作是符合个人、国家以及人类整体利益的道德追求。美国精神和美国模式的全球化,被它们视为国际关系中"绝对的善",而非西方模式的政权往往被看作非民主体制,被视为自由与和平的敌人。这种意识形态优越感比起饱受争议的帝国主义思想更具合法性和煽动性,对内能避免过激的争论,对外则能建立更广泛的同盟。

第三,自由国际主义推行的基本原则,有利于帝国思想实现谋求世界政治经济主导权的野心。自由国际主义推崇的是自由主义政治和经济制度,对于已经成为世界经济、政治和军事强权的美国而言,这种意识形态能够帮助美国打破老牌帝国主义国家对殖民地的控制,粉碎国际经济交往中设立的贸易壁垒。例如,在制订《大西洋宪章》时,罗斯福迫使英国同意把机会均等、自由贸易、航行自由等原则列入宪章之中,因为这有利于美国乘英国虚弱无力、自顾不暇之时,乘虚而入,将经济和政治影响扩大到英国传统势力范围之中,丘吉尔看穿了这些原则背后隐藏的美国帝国野心,指责罗斯福意图摧毁大英帝国,声称"他当英国首相的目的,并不是来主持大英帝国解体的"①。此外,自由国际主义宣扬的民族自决、独立以及反帝国主义立场,受到殖民地和半殖民地国家和民族的

---

① 王绳祖主编:《国际关系史》(第六卷),北京:世界知识出版社1995年版,第137页。

热烈欢迎,也让美国成为世界上具有强烈吸引力的国家,比如在巴黎和会举行时,就曾有满怀期待的中国人在国内为"威尔逊大总统"歌功颂德,但最终却发现沦为势力范围的地区不过是在不同帝国之间进行了移交而已。不过,相比于旧殖民帝国的粗暴政策,美国的主张的确为其赢得了不少加分,同时也为美国的经济和政治渗透提供了掩护,为美国探索建立新的帝国模式积累了经验。

第四,美国帝国思想中传统的种族主义在自由国际主义中也得到了体现。例如,威尔逊本人就受到种族主义的影响。他在高举反殖民大旗的同时,也接受了当时盛行的种族等级和优劣学说,相信殖民地人民根本无力建立起有效的自治政府。他和他的支持者们认为美国肩负独特使命,上升到"人类的顶峰和人的权利,没有它,就无法在国家历史上将美国与其前辈们区分开来",威尔逊本人还坚信,"白人文明以及对世界的控制,在很大程度上依赖于我们保持这个国家完整性的能力"。① 为了避免这些国家和人民在真正能实现独立之前身陷危险之中,威尔逊对托管制度情有独钟。这实际上已经使得他引以为豪的反殖民立场大打折扣了。罗斯福对于非西方文明民族的自我治理能力也持有怀疑,相信由美国等文明国家来大加干预,会收到更好的效果。也就是说,一个强大的、文明的国家,可以合法地对弱小落后的邻国进行干预与控制。

第五,帝国思想和自由国际主义都相信美国模式的普世性,因而支持美国承担起向落后地区和人民输出文明、帮助后者建立自由制度的责任。帝国思想强调美国实力和道义上的优越性,坚持美国作为先进文明代表,对落后的民族和国家具有输出文明和自由的使命。自由国际主义虽然承认主权国家之间法律上的独立和平等,但是在实际政策中,往往借助促进民主自由的借口,通过经济、外交、政治、军事等手段,对其他国家实施不公正的控制和掠夺。自由国际主义倡导的托管体制,从本质

---

① [美]保罗·艾特伍德:《美国战争史:战争如何塑造美国》,第106页。

上,不过是帝国主义控制的另一种相对温和的形式,它的理论依据就是在无法建立自治政府的地区,由先进的西方国家对其进行托管,直至其达到政治、经济足够成熟的程度。

三 两次世界大战与美国国家身份的演变

战争对一个国家和民族的塑造作用是无可比拟的。如著名军事历史学家迈克尔·霍华德(Michael Howard)所说:"从确切意义上说,没有哪个国家不是诞生于战火之中的……没有哪一个有自我意识的群体能够不经历武装冲突或战争威胁,就把自己确立为世界舞台上的一个新的和独立的角色。"①战争中的国家可以形成自我认同感,也就是通过自身的特性来构建国家的身份,以区别于其他的国家。两次世界大战对美国国家身份而言,产生了极为重要的影响,这种国家身份的演进从另一个方面也为帝国思想寻觅到了与时代重大事件和思想潮流统合的机遇。美国不再满足于充当矗立在北美供人瞻仰的灯塔,而是要将美国文明和思想光芒,普照建立在世界各个角落,驱赶一切阴霾。

1. 旧式帝国主义体系的瓦解与美国反帝国主义国家身份

在对19世纪末的国际政治进行研究之后,著名外交史学家威廉·兰格(William Langer)曾给出了一个经典的概述:"这一时期国际关系历史的主题就是帝国主义的冲突。"②两次世界大战,根源在于大国之间的权力斗争,它是由帝国主义阶段的典型特征所决定的。对财富的贪婪、极端的民族主义、大国沙文主义、种族主义,将人类在不到半个世纪的时间内两次拖入到战争的深渊之中。对美国而言,这两次战争有着相似之

---

① 转引自[美]塞缪尔·亨廷顿著,程克雄译:《我们是谁:美国国家特性面临的挑战》,北京:新华出版社2005年版,第26页。
② William L. Langer, *The Diplomacy of Imperialism*, 2nd ed., New York: Knopf, 1972, p. 96.

处。自美国建国以来，就极其厌恶的欧洲旧大陆政治斗争、传统帝国的权势熏天及其热衷于的帝国主义政策，这些都被美国看作是战争的根源所在。美国的反帝国主义传统在世界性战争中得到了民众的大力拥护。美国两次介入世界大战，并成为拯救西方世界的救世主，反帝国主义传统同防御性的孤立主义转变为积极介入的国际主义，并进一步塑造了美国人观念中的反帝国主义国身份。

两次世界大战对自19世纪以来建立的全球性资本主义帝国体系构成了毁灭性打击，三种具有代表性的帝国被战火无情地摧毁。第一种是英国为代表的自由主义殖民帝国。一方面，战争冲击之下，英国国力不复往昔辉煌，庞大的海外之殖民地成为帝国沉重的负担，在第二次世界大战中，香港、新加坡、缅甸等地的沦陷，证明大英帝国国力已经难以维系这些殖民地的安全。在远东，英国皇家海军的骄傲，"威尔士亲王"号战列舰在日本轰炸机狂轰滥炸面前，沉入冰冷的太平洋，也正式宣告了英国全球海权的没落。而另一方面，在抵抗侵略者的斗争中，殖民地的人民增强了民族凝聚力，为最终摆脱帝国统治、实现民族独立和解放奠定了坚实的基础。第二种是建立在多民族压迫基础上的君主制专制帝国，代表是沙俄帝国、奥匈帝国和奥斯曼土耳其帝国。它们在第一次世界大战后分崩离析，巨大版图骤然破裂。第三种则是建立在极端民族主义、种族主义、法西斯主义基础之上的法西斯帝国。德、意、日虽然在二战之初表现得不可一世，但是它们的倒行逆施、残暴不仁，最终将自己引向了灭亡之路。帝国的时代已经走向了终结。

此外，在意识形态领域，旧的帝国主义思想主导国际政治的年代也一去不复返。以英国为典型代表的欧洲殖民帝国主义意识形态在帝国肌体伤痕累累的情况下，一蹶不振。战争之后所确立的主权原则和民族自决原则成为新的国际政治体系的基本法规，各地民族解放运动受到战争的刺激逐步走向新的高潮，给西方殖民帝国体系敲响了丧钟。反法西斯战争的胜利，宣告另一种极端意识形态法西斯主义在国际政治中的失败,它进一步表明赤裸裸的侵略战争和领土扩张已经成为国际和平的公敌。法西斯主义是一种混杂了多种极端思想的意识形态,是反自由、反民主、反人类的极权思想。它对内推崇强大的独裁领导和森严的等级制度,对外则鼓吹极端民族主义和种族主义,它蔑视所谓"落后民族""劣等民族"的生存权利,号召民众夺取"生存空间",建立庞大的帝国。德意志第三帝国、日本帝国以及意大利试图恢复的"罗马帝国"的最终惨败,是人类文明对这种极端甚至扭曲的帝国模式的正义宣判。

回过头来看,美国在反击上述帝国的过程中发挥了极其重要的作用。美国的反帝国主义思想根植于它的历史文化传统之中。如克莱德·普雷斯托维茨所说:

> 我们美国人从小就受到反帝国主义、反军国主义的传统教育。我们知道自己的祖先之所以来到这片土地,就是为了逃离欧洲君主制与帝国的压迫、腐败和强权政治……对于美国人来说,帝国这个字眼意味着征服和违背自己的意志屈从于外邦,它所代表的是旧世界的邪恶本质,与美国以之为建国基础的理想是背道而驰的,正是我们美国人希望通过自己身体力行将之消灭的东西。①

随着老牌帝国的崩溃,崛起的是一个新的强国。美国在19世纪末虽然曾经出现过同英法德等如出一辙的帝国主义扩张和殖民政策,但长期存在的反帝国主义传统对这种帝国主义政策起着显著的"刹车"作用。"以帝国为跳板,美国一跃进入现代国际关系这一深渊之中,这是事实。但是,一旦将反帝国主义因素考虑进来,情况就有所不同了。因为很快变得明显的是,美国同帝国主义外交的相遇,成为美国反对权力政治的开端。更准确地说,让美国成为一个世界强国的,并不是帝国主义,而是对最早将这个国家拖入一些不受欢迎的地缘政治复杂关系中的帝国主

---

① [美]克莱德·普雷斯托维兹:《流氓国家》,第21页。

义外交的反感。"①美国历史学家弗兰克·宁科维奇(Frank Ninkovich)则认为,美国的反帝国主义体现为三种有着显著区别的类型:第一种是"合作式反帝国主义"。19世纪末期的帝国主义精神中,蕴含着文明国家应给落后世界输送文明和秩序的思想。很多美国人相信,帝国主义是大国之间最后的竞争场,同时它在逻辑上也具备成为一个能促进其相互合作的场所。这种政策最典型的例子是"门户开放"政策。19世纪末围绕中国问题,帝国主义国家间竞争日趋激烈,矛盾十分尖锐。美国将"门户开放"政策作为确保中国不落入个别帝国主义国家绝对掌控中的"保险阀",认为如果列强都遵循这一原则,做到利益均沾,相互之间的矛盾自然能够淡化,这样中国就能避免其他殖民地国家那样的命运,而各国也能各有所得。正如《新共和》杂志创始人之一沃尔特·韦尔(Walter Weyl)在一战前夕评价美国在中国的利益时所言:"我们的利益除了分享贸易和投资机会外,还在于通过将这块广袤的领土从国际政治竞争的阵地中移走,为世界和平做出了贡献。"②不过,这种合作式反帝国主义政策的前提是,大国之间缺少根本性的利益冲突。第二种反帝国主义思想是"威尔逊式反帝国主义"。这种反帝国主义立场来自于对第一次世界大战的反思。它将战争归因为大国政治的冲突和帝国主义之间的竞争。这一政策立场的影响力更持久、更广泛,"一旦它得到充实和制度化,在20世纪余下的时间里,这种反帝国主义就变成了美国政策制定者脑子中占统治地位的意识形态观的一部分"③。第三种是"进步式反帝国主义"。与威尔逊式反帝国主义不一样的是,它将战争的原因几乎全部归结于帝国主义,并将美国归入有罪责的一方之中。这种思想的特点主要包括四个方面:(1)它从来没能成为官方的外交政策原则。(2)它更多的是一种内部批评,认为帝国主义是自由市场经济寻求扩张所引发的。(3)它敌

---

① Frank Ninkovich, *The United States and Imperialism*, p. 201.
② Walter Weyl, *American World Politics*, New York: Macmillan, 1917, p. 215.
③ Frank Ninkovich, *The United States and Imperialism*, p. 202.

视以全球现代化为核心的商业和文化的国际主义。相反,支持以更温和的文化交往手段来达成政治手段难以实现的目标。(4)这种反帝国主义思想在政界参与程度并不太高。尽管这种观点的支持面并不广,但是它在 20 世纪不断地激发着对美国外交政策的批评。①

　　这三种反帝国主义思想,在 20 世纪的两场世界大战中都能看到它们的影子。"合作式反帝国主义"所反映出来的对帝国主义政治的乐观看法,在第一次世界大战的炮火中灰飞湮灭,取而代之的是"威尔逊式反帝国主义"。威尔逊的外交政策又受到"进步反帝国主义"的尖锐批评,尤其是其在中国山东问题上的表现,令其被视为背叛到"旧外交"阵营之中。随后在 20 世纪 20 年代,"合作式反帝国主义"在威廉·塔夫脱(William Howard Taft)政府时期卷土重来。"进步反帝国主义"也在此时迎来一个短暂的黄金时期,无论在政界还是知识界,都得到了不少的支持,甚至得以在参议院向政府施压,从加勒比地区的部分岛屿撤回了美国军队。部分"进步反帝国主义"人士甚至还转变为孤立主义分子。20 世纪 30 年代,随着法西斯势力的壮大,"合作式反帝国主义"四处碰壁。面对日本对中国侵略的扩大,美国的"不承认"政策,宣告了"合作式反帝国主义"的破灭。战争的逼近,使得"合作式反帝国主义"与"进步式反帝国主义"日渐式微,"威尔逊式反帝国主义"思想得以再度复兴。

　　不管是哪一种反帝国主义思想,它们彼此的交替兴衰,对这一时期美国国家身份的塑造过程,都留下了无法磨灭的痕迹。它们虽然有着不同的支持阵营,但反帝国主义的共同立场并没有因为基本观点的差异而削弱,反而最大限度地包容了所有怀有反帝国主义思想的人群。世界大战在美国人眼里,俨然就是帝国主义政治与美国精神和传统的较量。这种反帝国主义立场充分体现在了《大西洋宪章》四大原则之中:自由、自决、反殖民主义以及全球合作。1941 年 8 月,美国总统罗斯福和英国首

---

① Frank Ninkovich, *The United States and Imperialism*, pp. 201 - 235.

相丘吉尔在大西洋纽芬兰阿根夏湾的英国战舰"威尔士亲王"号上举行了会谈,这不仅是两国关于对德对苏政策的协调,从更宏大历史视野来看,也可以看作是新旧霸权权力正式交替的开始,是两国围绕世界秩序进行的协商、斗争与安排。两国于8月14日发布的《两国国策中某些共同原则》(史称《大西洋宪章》)中强调,"凡未经有关民族自由意志所同意的领土改变,两国不愿其实现",尊重各民族自由选择其政府形式的权利,各民族中的主权和自治权有遭剥夺者,两国将努力设法予以恢复。[①]此外,英美之间的矛盾主要体现在罗斯福力图把"机会均等""贸易自由""航行自由"等原则列入宪章,批评英国的殖民政策是"18世纪的方式",而美国要采用"20世纪的方式",丘吉尔虽对此强烈不满,然而,此时的英国已经没有昔日的霸气和荣光,德军正在进逼莫斯科,日军的魔爪也正准备伸向东南亚,而美国还没有正式卷入战争。丘吉尔清楚地知道,英国在欧洲必须依赖后起强国美国,否则即便有苏联的支持和来自美国的物质支援,英国独木难支,无法取得决定性胜利,所以最终不得不接受罗斯福的主张。第二次世纪大战的结果在很大程度上也是美国反帝国主义政策的胜利。不过,需要特别指出的是,美国反帝国主义针对的是英国为代表的传统帝国主义及旧式帝国模式,正如1942年的《生活》杂志宣称:"我们不为之战斗的一件事情就是保持大英帝国的完整。"[②]它同美国本身的扩张主义和理想输出并不自相矛盾,美国帝国思想追求的目标更多时候是能最大化控制贸易、扩展民主和维护安全的强大帝国体系,而传统帝国模式中的殖民地统治、势力范围划分等规则,反而是阻碍美国扩张的障碍。因此,反帝国主义思想的背后隐藏着另一条线索,那就是美国帝国思想的自我调整和不断演进,而随着战争的推进,美国的扩张已经势不可挡(不管人们对这一扩张的动机如何解释,事实胜于雄

[①]《国际条约集(1934—1944)》,北京:世界知识出版社1961年版,第337—338页。
[②] A. P. Thornton, *Doctrines of Imperialism*, New York: John Wiley & Sons, 1965, pp. 211-212.

辩),这显然也是帝国思想的支持者们最乐于看到的。

2. 从西半球霸权到全球霸权

与美国帝国思想相关的国家身份,在世界大战中得到新的提升,美国从雄踞西半球的地区霸权,用不到半个世纪的时间,成功崛起为世界级霸权国家。

自美西战争之后,美国在西半球的霸权地位进一步巩固并得到其他列强的基本尊重。凭借地理上的优势和国家实力上的领先,美国成功地在这一地区驱逐了可能对其利益构成挑战或危险的外部威胁。西奥多·罗斯福提出的"罗斯福推论",最终逼迫英国不得不承认对美国"门罗主义"的尊重。美国在西半球特别是美洲、加勒比地区的霸权合法地位得到了列强的进一步承认。

1911年,一则流言引起了美国的极大关注。据说一家日本公司正在和墨西哥政府谈判,准备购买下加利福尼亚的一块土地。这家公司具有日本政府背景,有可能将这块土地用于军事目的。下加利福尼亚地处墨西哥湾与太平洋之间,与美国加利福尼亚接壤。更为重要的是,墨西哥湾是美国眼中具有重要安全和贸易战略价值的关键地域,"海权论"大师马汉曾指出,"在墨西哥湾,密西西比河河口是密西西比河流域经由水路的进口和出口货物的会合之所。不管这些货物来于何方或去往何地,它们就象到了一个大十字路口那样汇聚于此,或者说就象一个帝国的通途大道在大都市相交汇一样。无论密西西比河及其众多漫长的附属河道作为遥远的内陆和世界海洋通途之间的便利的交通媒介对于美国有什么价值,所有进出密西西比河的货物都得集聚于这条河的河口"①。在当时,美国正在积极开凿巴拿马运河,旨在实现联通大西洋和太平洋,不仅

---

① [美]阿尔弗雷德·塞耶·马汉著,萧伟中等译:《海权论》,北京:中国言实出版社1997年版,第349页。

促进贸易的流通,更能实现两洋作战的便利,这就要求能够牢牢地掌控墨西哥湾。因此,美国是不会允许在世界刚刚崭露头角的日本染指美国后院的。针对这一潜在危险,参议员亨利·卡伯特·洛奇(也称小洛奇,区别其显赫政治家族中的祖父老洛奇)在1912年开始对此事进行广泛传播和造势,引起了公众的关注。虽然之后日本和墨西哥均表示此传言为空穴来风,没有根据,但是洛奇仍然不依不饶,他心中有个固执的念头,那就是要将美国对加勒比地区特别是墨西哥湾的绝对垄断进一步固化。于是,在1912年的7月,洛奇在参议院提出一项决议,声称:"当美洲大陆上的任何港湾或其他地区被占据用于海军或军事目的,或许威胁到美国的通信和安全时,美国政府不得不严重关注这样的属地,其港口或其他地区被和某个政府而不是美国有联系的市政当局或社团控制,以至给予用于国家目的的控制权力。"①这份决议与以往对"门罗主义"的阐述所不同的地方就在于,它禁止将西半球的战略资产转交给可能为外国政府担任代言人的私人公司,也就是说不仅是外国政府,包括外国的公司、公民等意欲在该地区进行的带有"殖民化"的活动,都将受到美国的反对,这也就是对"门罗主义"的新延伸和推论。同年8月,美国参议院以51∶4的压倒性多数通过了该议案,也表明这样的观念依然是美国外交的基本原则。同美国外交史上很多其他文件或思想一样,"洛奇推论"包含了孤立主义传统、垄断资本扩张和清晰的帝国思维定式。美国当时注意力不在欧洲,而是盯着拉美、太平洋和亚洲,同时极力排斥外部势力对拉美的渗透或干预。同时,随着美国资本主义经济的发展,对外资本输出迅速攀升,1909年美国对墨西哥和加拿大的投资达到20亿美元,1914年美国资本输出共35亿美元,近半数都在拉美。"洛奇推论"同之前的"罗斯福推论"一起,进一步明确宣告了美国在西半球的统治地位和垄断排他政策。通过洛奇和小罗斯福的精心设计,"门罗主义"最终完全

---

① Dexter. Perkins, *A History of the Monroe Doctrine*, Boston: Little, Brown, 1963, p.273.

完成了从当初的"美洲是美洲人的美洲"到"美洲是美国人的美洲"的过渡,也标志了美国在拉美地区霸权体系的进一步完善,美国已经俨然成为得到世界承认的西半球主人,一个美国模式下的新帝国体系已然成形。

仅仅在西半球进行国际秩序的构建,或许能确保美国的国家安全,但却无法从根本上满足美国"天定使命"的普世性追求。事实上,真正的孤立主义早就不复存在了,自20世纪初开始,美国对国际事务的介入已经越来越频繁,俨然已经成为令世界为之侧目的强国。随着美国不断感受到国家实力的增长以及随之而来的国际地位的提升,美国的世界观和对待国际事务的态度也随之发生改变,国家身份的自我认知也开始超越西半球霸权这一定位,逐渐转变为承担更多国际责任和追求更广泛国际利益的世界强国。尽管孤立主义始终阴魂不散,甚至被认为是导致威尔逊在一战后失败的罪魁祸首。不过,无论外交史学者们如何争论美国外交在20世纪二三十年代的成就与局限,无可争议的是,这一时期美国的孤立主义其实早已失去了最纯粹的灵魂,更像是一具空壳。尽管在1929年世界经济危机爆发之后,举步维艰的美国对欧洲日渐浓厚的战争气氛心生厌倦,孤立主义在美国大行其道,民众关心自己的口袋和餐桌,美国对外政策重新进入收缩期。但是,美国根本不可能再仅仅成为一个孤立在北美的大国,它在欧洲、远东等地区的国家利益,都要求美国必须成为能产生国际影响的一个大国。公众的孤立主义情绪,本质上更多的是由对一战后美国遭遇的抵触情绪和一种反战传统的因素造成的,美国不愿卷入海外战争,不愿担负海外领导责任,并不意味着美国就要因此放弃海外利益的存在和好不容易争取到的国际地位。所以,在这一时期最终真正主导美国对外政策的依然是国际主义,美国清楚地知道自己不可能再如19世纪那样对国际重大问题不闻不问,事实上美国已经完全被捆绑在它眼中混乱危险的现实世界之上了。正是在这样看似悖论的纠缠关系中,美国两次卷入到世界大战之中,并在第二次世界大战尘埃落定后,真正成长为具有世界性影响的全球霸权。

在这一国家身份的转变过程之中,帝国思想所能触及的范围更为广阔,对世界的野心也更庞大。

首先,帝国观念的世界性内涵有了现实基础。虽然有着孤立主义传统,但美国的帝国意识形态中从来没有否认和放弃过这样一个观点,那就是美国代表了文明和进步,美国精神和美国制度是可以放之四海而皆准的。美国帝国思想的支持者们对此也深信不疑,他们指责欧洲战乱的根源之一就是权势的恶性竞争。在帝国支持者眼里,恰恰相反的是,强大帝国一般不容易受到其他势力的挑战,"帝国不会和近乎同样强大的行为主体竞争,最多是弱小一些的国家争夺第二排、第三排甚至第四排的'位置'"①。"待重头收拾旧山河",只能依靠美国的特殊秉性。特别是两次世界大战带来的惨痛经历,让美国人相信,必须由新的权力代表,用新的权力结构来对国际政治进行重新塑造。倘若能在世界范围推行美国模式的政治制度,既能保证美国利益的最大化,同时也能给世界文明带来最宝贵的福祉。正如吉丁斯和克拉克在《民主与帝国》一书中指出的那样:"在我的理论社会学的研究中,很久以前我就认为将小国并入大的政治性团体中的过程将持续到世界上所有半文明的、落后的和野蛮的国家都置于文明大国之下时。"②

其次,帝国思想中的权力欲望得到了强大的物质支撑和制度保证。在加入第一次世界大战之前,美国的军事力量根本无法同欧洲强国相提并论,甚至参战的军队还需要法国帮助训练。但是,一战之后,美国整体国家实力已经成为西方世界的领头羊。在经济上,美国可谓首屈一指,"没有哪一个国家没有感受到美元的力量,也没有哪个国家的政府在重要关头可以把美国排除在考虑之外",它实际上"赢得了英国在滑铁卢战

---

① [德]赫尔费里德·明克勒著,闫振江等译:《统治世界的逻辑:从古罗马到美国》,中央编译出版社 2008 年版,第 39 页。
② 韩莉:《新外交·旧世界:伍德罗·威尔逊与国际联盟》,第 37 页。

役至1914年间以及法国在此前一个世纪时间里所拥有的那种相对地位"①。美国军事力量呈几何级数增长。到了1945年第二次世界大战结束的时候,美国拥有1212万人的军队,世界上最庞大的海军、空军部队,海军吨位高达380万吨,曾经的海上霸主英国也相形见绌(150万吨)。②美国还垄断了超级武器原子弹。在经济上,二战结束之后,只占有全世界6%人口和土地面积的美国,却占了资本主义世界工业产量的一半以上。此外,美国外贸出口额占资本主义世界的1/3,黄金储备的3/4。美国还拥有全世界84%的民用飞机,生产48%的电力和84%的汽车。③在制度方面,联合国成为美国操纵国际政治的舞台。在51个创始国中,34个来自西欧和拉美,均支持美国。安理会五大常任理事国中,美国以4比1掌握着对苏联的绝对优势。经济方面,布雷顿森林体系则为美国提供了控制世界经济的工具。如赫伯特·胡佛(Herbert Hoover)称:"目前,我们,也只有我们,掌握着原子弹,我们能够把自己的政策强加给全世界。"④

再次,帝国思想中的扩张主义在世界范围内得以释放,美国在世界政治的重要地区开始占据明显优势。威尔逊在一篇1901年发表的文章中为美国帝国扩张摇旗呐喊:"我们的利益必须朝前迈进,但我们是利他主义者;其他民族清楚,他们必须远离我们,不得试图阻挡我们。"⑤在这前半叶的时间里,美国曾经面临孤立主义重新执掌对外政策的阶段。那是在两次世界大战之间的岁月,由于对欧洲拙劣品行的厌憎,建国者们留下的谆谆告诫,大萧条带来的无力感,以及战后和平主义的弥漫,美国

---

① Edwin L. James, "Our World Power and Moral Influence", *The International Digest*, Vol. 1, Oct. 1930, pp. 21, 22.
② 刘绪贻主编:《战后美国史(1945—2000年)》,北京:人民出版社2002年版,第12页。
③ 刘绪贻主编:《战后美国史(1945—2000年)》,第11—12页。
④ 刘绪贻主编:《战后美国史(1945—2000年)》,第13页。
⑤ [美]奥伦著,唐小松、王义桅译:《美国和美国的敌人:美国的对手与美国政治学的形成》,上海:上海人民出版社2004年版,第59页。

对是否积极参与干预国际事务心生疑惑,一些人甚至表现出极度厌烦。孤立主义大行其道,国际主义严重受挫,美国对外政策被束缚住手脚。不过,即便如此,这些不过是表象而已,美国虽然在介入国际事务上明显收缩,但没有就此放弃扩张主义。修正主义学派就认为,20世纪20年代的美国政府绝不仅仅是孤立主义的,相反,它们崇尚扩张主义,无论是商业还是文化抑或宗教,"共和党政府在国际事务中极为活跃,积极为大企业开拓海外市场,追求建立由美国经济与文化力量主导的非正式的帝国。20年代美国外交的实质是门户开放帝国主义"①。如果这是一种软性的扩张,那么两次参战特别是在第二次世界大战中挽救西方文明大厦于坍塌之际,真正使得美国的领袖地位得到西方世界的承认,同时也让美国彻底告别了维持多大规模常备军、是否要介入世界政治等长期纠结的问题,并具备了进行全球性扩张的强大军事力量和同盟体系。这一时期的扩张主义达到了美国乃至世界强国历史的顶峰。在亚洲和太平洋地区,美国知耻而后勇,凭借强大的工业实力和不屈的战斗精神,打败了不可一世的日本帝国,并占领了几乎所有的重要战略要地。在欧洲,美国带领的盟军势如破竹,锐不可当。待到第三帝国灰飞烟灭的时候,整个西欧、北欧、南欧以及部分东南欧地区,都处在美国势力的掌控或影响下,欧洲大陆和海洋曾经的主宰——英国、法国,也不得不低下高傲的头颅,依靠美国才得以保存国家的血脉。此外,随着战争的推进,美国也利用英法等老牌帝国的衰落,迅速将势力和影响向以前被牢牢掌控在欧洲帝国手里的区域进行扩张和渗透。比如在中国,美国成为对国民党政府产生最重要影响和控制的国家;在印度支那,美国军援成为抗击日军的重要依托;在中东和非洲,美国首次成为影响地区格局的关键一方。而这些具有较高战略价值的地区,在短短20年前还是英法意等国家手中随意操控的砝码。

---

① 王立新:《踯躅的霸权:美国崛起后的身份困惑与秩序追求,1913—1945》,北京:中国社会科学出版社,2015年4月版,第147页。

最后，帝国思想的意识形态扩张也走向全球性阶段。全球霸权身份的确立，让美国成为西方资本主义体系的领袖。在美国看来，两次世界大战的胜利，证明了美国文明的优越性，更印证了美国作为"上帝选民"的身份和所承担的神圣使命——推广西方制度，保卫自由世界。其他国家要么接受美国的意识形态和体制，要么就要被美国改造。美国的"大熔炉"经历，也让美国相信，既然在美国普世的价值观念下，所有来到美国的人，不管其拥有什么样的血统，最终能都被同化为美国人，那么，世界上其他国家和民族，只要都能遵循美国体制和精神，美国就能将其他国家置于和平共处、共同繁荣的秩序之下。

从西半球霸权到全球霸权，这一身份转换，是美国在20世纪上半叶国际地位和国家实力的综合体现，同时也满足了帝国思想持续扩张势力范围和意识形态辐射领域的传统需求。对于美国的帝国思想而言，这一转变是具有关键性和深远历史影响的，它对后来的美国对外政策具有不言而喻的重要意义，因为它让美国真正成了无法从全球政治中抽身退出的关键性大国，更是美国建立史无前例的世界性帝国体系的历史性开端。

3. "敌对他者"与美国国家身份的塑造

20世纪前半叶的世界战争，让美国成为国际政治中举足轻重的国家。国际主义也成为美国脑海中占据主导性地位的思想。孤立主义虽然逐渐消退，不过作为一个国家和民族数百年的传统，它并未彻底销声匿迹。特别是在两次世界大战之前围绕美国干涉与否以及第一次世界大战后美国退回北美大陆等问题上，孤立主义一度占据上风。在国际主义最终战胜孤立主义、说服大部分美国人相信美国干涉欧洲乃至世界政治是符合美国利益的过程之中，前者针锋相对地以传统对传统、以美国精神对孤立主义原则，成功地将走向国际主义诠释为美国使命的延续。其中最重要的动力之一就是美国不断演进的"敌对他者"（Enemy-Others），它重申了美国国家身份的宗教使命，也让帝国思想的合法性和扩张性得以受到庇护掩饰。

自美国建国以来,美国的国家身份就受到以宗教信仰为内在精神根基,以自由民主为外在表现,以民族主义为支撑的文化影响。从本质上讲,美国是一个宗教立国的国度。以清教传统为核心的宗教文化对美国的国家身份和对外政策一直产生着不可忽视的影响,美国学者里奥·里布弗(Leo P. Ribuffo)在研究美国宗教与美国外交之间关系的时候就强调,要理解宗教信仰以何种方式使得美国认为自己是一个特殊的国家,并且在世界上享有特殊的地位。① 约翰·朱迪斯(John B. Judis)也从宗教意识形态角度指出美国在外交政策领域所持有的三个基本观念:第一,美国是上帝选民国家;第二,美国肩负改变世界的使命;第三,美国在执行使命过程中代表了正义的力量。②

宗教观念推动着美国国家身份的塑造和认同,对美国文化的一个重要影响,就是"他者"文化的出现。关于"他者",近现代很多历史学家、政治学家、文学家都有过直接或间接的研究论述。比如黑格尔就表示"他者"的显现是构成自我意识不可或缺的。特别是在后殖民主义理论中,"他者"具有哲学、文化和政治的多重含义。哲学上看,"他者"是主体的参照物,是确定和认定自我的重要方式;从文化上讲,"他者"和"自我"的关系,代表的是欧洲(西方)中心主义,是西方的优越性和主导性,而西方之外的非西方世界都可以被看作"他者"。萨义德对此的理解是:"每一文化的发展和维护都需要一种与其相异质并且与其相竞争的另一个自我的存在。自我身份的建构……牵涉到与自己相反的'他者'身份的建构,而且总是牵涉对与'我们'不同的特质的不断解释和再解释。每一个

---

① Leo P. Ribuffo, "Religion in the History of U. S Foreign Policy", in Eliott Abrams ed. , *The Influence of Faith: Religious Groups and U. S Foreign Policy*, Lanham, MD: Roman & Littlefield, 2001, p. 1.
② J. B. Judis, "The Chosen Nation: The Influence of Religion on U. S Foreign Policy", *Policy Brief*, No. 37, March, 2005, pp. 1 – 7.

时代和社会都重新创造自己的'他者'。"①从政治上分析,"他者"往往不仅代表落后,而且时常以"自我"的对立面出现,这成为西方在推行殖民政策或帝国政策时持有的道义法器。

在美国历史上,"他者"最重要的价值不在于展现出美国对外部世界的认知,而在于通过构建"他者"形象反过来塑造美国自己的国家身份和精神世界,而这一过程,也对美国的对外政策产生了重要的影响。由于"没有统一的民族性,没有共同的宗教信仰,没有共同的历史积淀,而只有共同的反叛的经历,美国不得不自己发明那些欧洲通过继承就获得的东西:团结意识、全部的国家象征符号和强烈的政治情感",并"就其对立面来界定国家的意义"。② 自北美殖民地时期以来,美国宗教、文化等传统赋予其独一无二的"山巅之城"地位。可以说,美国虽然是一个政教分离的国家,但宗教观念同美国的世俗政治从来没有分离过,宗教信仰鼓励的奋斗和使命召唤,与美国民族主义、爱国主义精神也牢牢地联系在一起。

在美国的帝国思想体系之中,宗教观念不仅为其提供了一种身份的自我认知,同时,它还为帝国式对外政策和扩张主义的合法性提供了具有蛊惑力和说服力的诠释。尤其是清教主义蕴含的绝对主义和二元善恶观,影响着帝国思想的世界观和权力观,在两次世界大战过程之中,通过与"敌对他者"的战争,美国国家身份得以升华为具有强烈宗教色彩的自由世界"救世主"。这一过程中,"他者"文化观为美国的外交政策提供了一种终极视角、宽广的标准、灵感、动机、敏感性、警示以及道德限制。③在殖民地革命时期,殖民地民众(或可称早期的美国人)眼中"敌对他者"是代表专制、压迫和腐朽贵族政治的英国殖民者以及其他欧洲列强,新

---

① [美]爱德华·萨义德著,王宇根译:《东方学》,北京:三联书店1999年版,第426页。
② David Ryan, U. S Foreign Policy in World History, New York and London: Routledge, 2000, p. 13.
③ John C. Bennett, Foreign Policy in a Christian Perspective, New York: Scribners, 1996, p. 36.

生的美国则是自由、平等和共和主义的代表。进入大陆扩张阶段之后，美国的"敌对他者"中的一个主要对象变成了占据广袤土地、阻碍美国扩张的野蛮的印第安人、羸弱的美洲邻国。从19世纪后期开始，渴望进入世界市场和政治舞台的美国，将其他列强的帝国竞争和对外战争看作新的"敌对他者"，因为它们对美国寻求的新扩张构成了阻碍和威胁，以美西战争为标志，美国在加勒比和太平洋局部地区迅速崛起，打败了日落西山的西班牙帝国，那场战争在美国国内也掀起了对这些老牌帝国"敌对他者"的敌视。既便如此，美国仍然是一个西半球地区霸权。关键性转折出现在两次世界大战，美国的对外政策开始具有世界主义和国际主义的特征，德国为代表的对西方民主国家文明集团的挑战，成为最大威胁，美国的国家身份也因此在全球意识形态竞争和世界大战的硝烟中不断演进升级，进一步坚定了美国身份的历史意义。特别是通过不断更替的"敌对他者"概念，反过来强化了美国作为西方文明救世主的国家身份。

值得注意的是，"敌对他者"形象并不是脸谱化、僵硬化的，有时它会经历一个认知变换的复杂过程。例如，两次世界大战中，美国最主要的"敌对他者"是德国和日本。19世纪末期，美国国内出现过对德意志崇拜和赞颂的潮流，当时的威尔逊本人对这样的观点就持支持态度，即美国是更大范围的雅利安文明的一部分。这也是当时美国泛滥的种族主义思潮的一部分。著名的政治学家约翰·伯吉斯和威尔逊一样，都认为德国的政治体制仅次于美国，他们并不认为德国代表的就是"独裁"，也就是美国民主身份的对立面。威尔逊本人甚至建议美国城市采用普鲁士的三级选举制度（注：这种制度被更多人认为是对平等选举原则的破坏），"相比今天政治学家对这些政体进行比较的标准，伯吉斯和威尔逊认定的标准更能说明德意志帝国看上去像美国"①。不过，美国参加世界

---

① [美]伊多·奥伦：《美国和美国的敌人：美国的对手与美国政治学的形成》，第9页。

大战,使得这种思想变得不合时宜。德意志第二帝国和第三帝国作为两次世界大战的挑起者,在美国眼里,这样的敌人是专制集权和军国主义的象征,是自由民主制度无法灌溉生长的土壤。威尔逊在国会发表的对德宣战的演说中,将德国政府形容成一个恶魔,危及"人类生活之根本",演讲结束后,"大多数听众——仍有很少数死硬的反对派——都恨不得马上揪住德国鬼子的衣领,他们感到,上帝肯定站在他们一边,如果不是这样,上帝这一次一定是错了"①。1917年美国参战之后,国内政界和学术界迅速开始对德国口诛笔伐。美国与以德意志为核心的同盟国军事集团之间的战争,被描述为光明力量与黑暗力量的对决,是正义与邪恶的较量,是民主与专制的殊死搏斗,尽管也的确有少量人如伯吉斯直到离世时也认为美德冲突是一个严重错误,且只是日耳曼的内部冲突。到了第二次世界大战,法西斯代表的敌人形象要显得更为鲜明和直接。希特勒的纳粹德国,尤其是其对犹太人残酷屠杀和对神秘主义的极端崇拜,强烈冲击着美国的宗教良知。日本帝国也是如此。日本对中国和太平洋地区的大规模侵略,是对美国"门户开放"政策的粗暴践踏,偷袭珍珠港更是直接对美国太平洋帝国发起挑战。日本的政策表明,它试图将欧洲和美国在亚洲、太平洋上建立的帝国统治推翻并取而代之。第二次世界大战本质上是帝国强权之间对主导权的争夺而引发的世界范围内反法西斯与法西斯的战争,德国、日本都宣称要建立实现未来和平的国际秩序,都笃信自己意识形态的普世性。这样的"敌对他者",让美国坚定了自己承担上帝赋予的重大使命这一信念,美国对国际政治的干预,无论是军事、经济还是政治的,都是实现这一使命的必然选择,美国采取的国际行为无疑都是具有合法性的。

国家身份的概念既是国家或民族内部经历和文化的反映,更重要的是,它也来自于同外部世界,尤其是与"他者"的互动,因为"要有别人,人

---

① [美]托马斯·帕特森等:《美国外交政策》(下),第391页。

们才能给自己界定身份"①。宗教观念虽然具有鼓动性,然而,宗教理论阐述的是精神层面的概念,其最终构想——如"上帝之城"——超越了现实世界所能触及的实际存在,即便信徒万般笃信,也难以求之以实证。因而,宗教观念往往需要在世俗世界寻求对应的存在,来证明其思想并非虚幻无根。对美国而言,彰显其国家身份宗教含义的一个重要参照物,就是"他者",尤其是"敌对他者"的存在。从心理学上来讲,寻找敌人,能够增加对自身身份的认识与内部凝聚力,"群体的自我中心主义会让人有理由证明自己比别人强,需要证明自己群体的优越性。竞争导致对立,使本来较狭窄的区别感导致强烈和较根本性的同异感。这种认识模式固定下来,就会将对立面妖魔化,使对方变成敌人"②。美国国际视野中"敌对他者"概念的出现,印证了盎格鲁-撒克逊清教文化中的救世信仰,也就是上帝之所以让美国成其为美国,是为了特殊的目的。对美国来说,这个目的就是要战胜邪恶,捍卫光明,这也成为一种普世主义的世界观。

通过"敌对他者"映照出来的国家身份,不仅引导了美国对外政策,对于美国的帝国思想而言也具有重要的意义,特别是它帮助美国实现了帝国的更大规模扩张。第一,"敌对他者"在世界各处的存在,不仅为美国的国际主义,而且也为帝国思想提供了战斗的动力。美国观念中的"敌对他者",是对美国的政治信念、经济利益和国家安全构成威胁的敌人。这种较量不仅涉及现实利益,同时还关系到国家和民族的荣誉。帝国思想所鼓吹的扩张、对武力政策的偏好以及如西奥多·罗斯福所强调通过战斗来实现个人和国家荣誉,在对"敌对他者"的斗争中都能寻求到释放自身力量的战场。第二,"敌对他者"是天定命运对美国的考验和召唤,凸显了美国国家身份和国际政治地位结合的必然性与合理性,能够

---

① [美]塞缪尔·亨廷顿:《我们是谁:美国国家特性面临的挑战》,第23页。
② [美]塞缪尔·亨廷顿:《我们是谁:美国国家特性面临的挑战》,第24页。

掩饰政治精英集中权力、推行强硬军事主义政策的危险,也能更容易地将具有"顽固"孤立主义情结的美国人转变为积极的世界主义者,并将一部分人潜移默化为帝国思想的支持者。第三,一旦这种与"敌对他者"的较量被赋予了特殊的宗教含义,在善恶对立的世界观之下,美国就成了正义的化身,成为神意的代理人和执行者。以莱茵霍尔德·尼布尔(Reinhold Niebuhr)为代表的基督教现实主义就将世俗世界中建立秩序和正义作为重要使命,以正义使者身份自居。尼布尔在评论杜鲁门总统对日本使用原子弹的决定时声称:"这并不意味着我们的事业是不正义的,相反,我们实际上是上帝意志的执行者。"①第四,帝国思想的暴力倾向也能得到这种国家身份内容的粉饰。一切能用于打败对手的政策和手段,都能相对容易地获取政治上的正确性和道德上的优先地位。帝国思想所容易诱导出的暴力政策,也得以在一定程度上避免国内的尖锐争论和批评。第五,"敌对他者"让帝国思想对民众进行潜移默化变得更加容易。美国人的思想中较为普遍地存在非此即彼、非友即敌的思维惯性,这种标准对美国人的世界观和对外政策立场形成了重要的影响。对于这种二元论立场,历史学家斯帕尼尔得出的结论是,美国国民喜欢用截然相反的即非此即彼的方法看待问题。② 美国民众"倾向于根据摩尼教明暗对立的世界观区别全世界的民族和国家并将其分类,即习惯于用文明与野蛮、自由与专制这种二元对立、黑白分明的模式来观察国际事务"③。

四　美国帝国思想与国际秩序的重建

美国外交史学家沃尔特·拉塞尔·米德认为,全球主义学派(汉密

---

① Reinhold Niebuhr, "Our Relations to Japan", *Christianity and Crisis*, September 17, 1945.
② [美]J. 斯帕尼尔著,段若石译:《第二次世界大战后美国的外交政策》,北京:商务印书馆1992年版,第301页。
③ 王立新:《美国的国家认同及其对美国外交的影响》,载《历史研究》2003年第4期,第135页。

尔顿主义者和威尔逊主义者)将建构全球秩序视为美国外交政策的根本任务,认为大规模国际冲突的结束为建立世界新秩序创造了宝贵机会。①美国的自由主义国际秩序主要包括三个方面:在民族国家层面促进自由民主政体的建立;在国际经济层面建立基于自由贸易和开放市场的世界经济体系;在国际政治与安全层面建立解决国际冲突和规范武力使用的多边国际机制。② 自由国际主义在从美国建国政治传统中继承其基本原则的同时,也继承了其中所蕴含的帝国扩张思想。如果说布赖恩的自由国际主义立场主要局限于呼吁美国自我约束,修正偏离的航道的话,那么,威尔逊在开始尝试在世界范围内领导反对殖民主义和帝国主义的运动,而到了罗斯福时期,美国的目标就是要建立以美国为领导核心、以西方民主制度为政治基础的国际秩序。可以这样讲,两次世界大战中的帝国思想,通过与自由国际主义的联姻,确立了一个能体现帝国思想的国际秩序目标,并借助后者机体中的每一个毛孔,散发出让人无法忽视的浓烈味道。

1. 一战后的尝试与威尔逊国际秩序构想的失败

著名的社会达尔文主义者斯特朗曾指出,当代世界要求"世界大国承担起世界秩序的责任"③。历史也确实如这般在运转,世界大战既是列强间的争霸战争,同时也体现了各自寻求建立自己理想国际秩序的努力。作为一个本身蕴含着强烈使命观念和扩张思想的国家,美国在从地区霸权成长为世界霸权的过程中,也在努力按照自己对国际政治的理解,积极去塑造和主导一种新的国际秩序。每一场世界大战之后,美国的政治精英和民众之间围绕战后秩序安排问题,进行着辩论和妥协,美

---

① [美]沃尔特·拉塞尔·米德:《美国外交政策及其如何影响了世界》,第288页。
② 王立新:《意识形态与美国外交政策:以20世纪美国对华政策为个案的研究》,第209页。
③ Robert C. Bannister, *Social Darwinism: Science and Myth in Anglo-American Social Thought*, Philadelphia: Temple University Press, 1979, p. 226.

国的外交政策也与外部势力不断进行博弈和合作。

美国对建立全球性国际秩序的第一次重要尝试是在第一次世界大战之后。当时的美国在世界政治舞台上刚展示出阳刚之气,这个英法等国眼中的"愣头青"也迫不及待地想要在国际舞台上尝试扮演主角。任何一个国际秩序,它的基础在于一套能被体系内成员广泛接受的法理规则和行为规范,否则何来秩序可言?美国对国际秩序的构想早从参战之前就已开始一点点向民众灌输,向列强兜售,随着它在战局中发挥的作用越来越大,美国在国际政治格局中赢得的有利地位也更为明显,这也为它能在战后秩序安排中发挥重要作用奠定了基础。

在第一次世界大战接近尾声,协约国胜利在望之际,美国开始着手实践自己的国际秩序观念。威尔逊本人是著名的政治学者,充满理想情怀,政治上也颇为坚持己见,"像众多的美国人一样,威尔逊认为,美国在各国中与众不同,它是一个救世主。他那改良主义的、天生的扩张主义的热情经常被人们称之为掺杂着现实主义的理想主义"。[①] 在威尔逊看来,必须建立起一个摆脱帝国主义、战争或革命困扰的新世界秩序,必须破除妨碍贸易发展的藩篱,在更大范围内促进民主。威尔逊将美国对国际秩序的设计理念进行了集中性阐述,这就是著名的"十四点计划"。

1918年1月8日,威尔逊在国会发表了"十四点计划"。这是一套体现了美国的外交立场以及战后秩序塑造的理念。客观来说,在当时已经被传统列强肆无忌惮的殖民主义、军国主义折磨的很多民众看来,美国人提出的国际秩序基础,还是传递出很多让人振奋的信息。它包括了三个关键要素:第一,民族自决原则。在战争中失败的帝国,其对内统治将面临分崩离析的局面,被压迫的民族将迎来一个宝贵的争取独立的机

---

① [美]托马斯·G.帕特森等著,李庆余译:《美国外交政策》,北京:中国社会科学出版社1989年版,第376页。

会。此外,战争虽然即将结束,英法等帝国争夺战利品——尤其是同盟国的海外殖民地——的斗争悄然拉开帷幕。这场战后利益的重新分配,关系到美国在世界的地位和利益。民族自决原则体现了美国传统的政治文化精神,同时,它也有助于瓦解旧式帝国主义体系,为美国势力的扩张和渗透创造条件。第二,集体安全机制。威尔逊提出建立一个世界性的国际联盟,作为调节和仲裁国家间关系的国际组织,并成为能最大限度确保和平的重要的制度保证。在威尔逊的脑海里,国联不是像19世纪"维也纳会议"那种任由大国之间进行"密室外交"和利益协调的地方,国联要尽可能成为实现国际正义和公平、共同维护世界安全和繁荣的机构。当然,与此同时,它也必须能充分体现出美国的势力地位尤其是在新秩序中的特殊领导力,并成为维护美国国家利益的重要工具。第三,自由主义原则。在政治体制上,美国相信保证国际秩序稳定、减少国家间武装冲突的一个重要前提条件就是,不断增加自由民主国家的数量。在经济关系上,美国主张的自由贸易将消除一切经济壁垒,帮助各国建立平等互利的贸易环境,而随着自由贸易的繁荣,还能够促成国内政治环境的良性发展,反过来进一步维护国内民主政体的稳定。这样的国际体系构想充分体现出了自由国际主义的特征,是美国将"门罗主义"精神和"门户开放"原则上升到世界秩序层面所产生的必然结果。从帝国思想与反帝国传统二者之间的关系来看,"威尔逊关于结束殖民主义的号召完美地将美国传统的反帝国主义同实际的、可以确认的需求混合在了一起。它还揭示了这个国家的需要越来越是以经济为指导的"①,可以说,反帝国带来的后果之一就是在有意或无意中促成了新帝国的出现。

  威尔逊的政治热情和宏大理想成了国际关系史上不可忽视的一章,"威尔逊主义"也被人们作为理想主义的代名词,"威尔逊谋求充当和平缔造者的角色,他满以为可以按美国的形象重建世界:那就是,创造一种

---

① Bernath Lecture, "The Evolution of the Imperial Idea and U. S. National Identity", p. 531.

消除了妨害政治民主和'门户开放'的各种障碍,消灭了革命和侵略的世界秩序。这种传教士式的热诚,至少在威尔逊的心目中认为是为国家利益(贸易和门户开放政策)与崇高原则(尊重人权、自决和民主)服务的"①。尽管当时的人们以及后人对他的评价一直存在褒贬不一的争论,但如果把美国的传统放在时代大背景之下来思考,威尔逊的国际秩序设想完全可以被看作是美国理想的一种国际化存在,而在这种国际秩序的许多方面,其实都能看到美国帝国思想的痕迹。

首先,美国将成为世界政治的领袖作为对外政策的重要目标。美国提出的国际秩序,寻求的是建立以美国为主要领导者的世界政治体系,这个体系的行为规范和思想基础,自然也必须是由美国人来决定的。正如威尔逊信心十足地宣称那样:"谁以资本供给全世界,谁就应当管理世界。"②其次,在处理殖民地问题上,虽然自由国际主义提倡反殖民、反帝国主义,但是,美国在精神的深层以及决策过程中,都不自觉地向帝国式行为模式靠拢。例如,威尔逊在巴黎和会上,面对其他列强的要求,在一些国家和地区的民族自决问题上最终妥协,如同意英法以委任统治方式瓜分了德国的殖民地;置中国政府的抗议和民意于不顾,同意日本继承德国在山东的一切权益;同意法国占领德国萨尔地区15年。这看似相互矛盾的原则和政策,实则与美国帝国思想并不冲突,它实际上反应了美国脑海中潜移默化的种族主义或社会达尔文主义的影响,对落后地区的国家和人民权益较为轻视,甚至将其作为利益交换的筹码。再次,帝国式的使命观精神在美国国际秩序的构想中清晰可见。美国使命观的国际含义,就是美国要把自由理想与制度传播到整个世界,以美国为典范来改造世界,用新的行为准则来代替腐朽的旧制度,这样才能最终实现人类的自由与和平。美国的帝国思想中,一直将改造国际政治、建立

---

① [美]托马斯·帕特森等:《美国外交政策》(下),第392页。
② 王玮、戴超武:《美国外交思想史(1775—2005年)》,第269页。

美国模式的国际秩序作为使命的一个重要部分。潘恩在《常识》一书中早就宣称,美国的事业是"具有世界意义的事业","我们有能力开始重新建设世界"。① 威尔逊则告诉美国人,世界需要美国的指导,美国的使命是和平的仲裁者、世界自由的灯塔。为了实现这个神圣的使命,美国要肩负其领导人的职责,大力向海外输出自由民主制度,以此作为改造国际秩序的重要途径。正如有的学者所言,"威尔逊时期的美国仿佛在进行一场完成上帝交托的使命的十字军东征"②。这种十字军式的使命意识,是美国文明优越感的集中体现,也是帝国思想在美国永不枯竭的力量源泉。最后,美国的国家身份和使命意识,赋予了美国进行对外干涉的权利,也为隐性的帝国政策进行了合法的解释。这一逻辑很容易理解:美国既然要充当世界新秩序的领导者,就必须不断传播和扩散美国制度,为了实现这一目标,美国有时,有必要为了更大程度的"善"而超越自己宣扬的主权和自治原则,对其他一些国家进行干涉。不可否认的是,美国国际秩序观所倡导的民主和自由等精神,并不能简单地被称为美国刻意用来粉饰美化自己对外政策的假面,但是在充满诱惑力的国家利益面前,帝国思想总是按捺不住要充当"开路先锋",这时搬出民主自由这张护身符,更容易避开反对者的攻击。

不过,就如人们后来看到的那样,作为第一个参与了世界性大战并赢得战争的美国总统,军事和外交上一度风光无限的威尔逊,却没能在战后延续自己的胜利,特别是他所提出的国际秩序构想,在国内和国际都遭到了极其惨痛的失败。威尔逊从巅峰向底谷的滑落,其原因是多方面的。人们较为公认的是,他设想的这一套国际秩序"学究气"太浓,也就是有些超前于国内共识和国际政治的现实,也超出了美国当时综合实力和国家影响的极限。但是,威尔逊留给后人的遗产却是具有巨大价值

---

① [美]托马斯·潘恩:《潘恩选集》,第57页。
② 王立新:《意识形态与美国外交政策:以20世纪美国对华政策为个案的研究》,第143页。

的。对于美国的帝国思想来讲,新的国际秩序构想将美国的使命观与现实国际政治在更大地理空间和更深层次内涵上结合了起来,美国第一次有了真真切切地推行世界秩序的机遇。美国的使命观本身是一种带有普世主义和扩张主义色彩的意识形态,在19世纪末之前,这种精神受到对外政策和国家实力的制约,实践对象也限于北美的印第安人以及少数美洲国家。19世纪末开始,美国从西半球开始走向世界,世界主义成为新的对外政策立场。第一次世界大战的胜利,使得美国得以把自视为适用于全人类的使命思想,提升为全球性的概念,并依此设计了新的国际秩序。也正是在威尔逊的努力下,19世纪末开始得势的世界主义得以摆脱孤立主义的禁锢,继续停留在美国外交的舞台之上,这从根本上强烈地刺激着以扩张为生命的帝国思想,推动其进入新的全球性阶段。

2. 罗斯福战后国际秩序与帝国的形成

第二次世界大战的爆发,将一战后在美国卷土重来的孤立主义的最后一丝残念逐步粉碎。在富兰克林·罗斯福等国际主义支持者的努力之下,美国彻底认识到一个根本性问题,那就是在美国日益成为具有全球利益的大国之后,孤立的安全完全是一种幻想,放任法西斯国家的四处侵略,最终只能引狼入室。罗斯福在1939年1月3日国情咨文中告诫国人勿要漠视战争危险,"鸵鸟把头钻进沙里对它的生命安全并没有好处"。同年5月,他在一次"炉边谈话"中再次提醒国民:"以为我们地处远方,与世隔绝,因而是保险的,不必担心遍及四方的危险,这种幻想已经不复存在。"①美国不能置身事外,漠视自由国家的沦落,必须在世界和平中发挥举足轻重的作用。在日趋严峻的国际形势下,孤立主义遭到以罗斯福为代表的群体的强烈抨击。罗斯福在告诉民众:"如果我们现在竭尽全力支援保卫自己、反对轴心国进攻的国家……合众国卷入战争的

---

① 关在汉编译:《罗斯福选集》,北京:商务印书馆1982年版,第245页。

机会要少得多","我们必须成为民主制度的伟大兵工厂。"①经过罗斯福等一批精英的不断努力,随着战争态势的不断发展,美国逐步突破了中立立场,开始直接卷入新一场世界战争之中。对于罗斯福扫除孤立主义障碍的做法,也有历史学家在研究这段历史之后得出结论,罗斯福本人是在处心积虑地将美国引入战争,特别是在日军偷袭珍珠港这一决定性事件上。据前海军司令詹姆斯·O. 理查德森(James O. Richardson)战后回忆录记载,海军官员多次提醒罗斯福要提防来自日本的突袭,但罗斯福反而不断对日本进行挑衅,甚至亲口告诉理查德森:"日本迟早要对美国动手,届时这个国家将愿意参加战争。"②不少学者也持有相似看法,认为罗斯福为达到让美国民众支持参与世界大战的目的,刻意将日本逼入向美国开战的境地,尽管他可能的确没有预料到在种种偶然性因素下,太平洋舰队会遭受到如此沉重的打击。

  罗斯福对未来国际秩序的构想是经过了成熟思考的。1941 年 1 月 5 日,罗斯福在国会年度咨文中,要求国会结束中立主义和不干涉主义,支援对美国利益至关重要的国家对抗侵略。他在讲话宣布了人类四项基本自由,即言论自由、信仰自由、经济自由和安全自由。同年 5 月 27 日,罗斯福在国内进行了一次冗长的广播演说,在欧洲、亚洲笼罩在战火硝烟的背景之下,美国国内当时对是否卷入另一场世界大战、如何援助遭受入侵的苏联等问题依然争论不止。罗斯福的演说在当时或许被不少人看作是敷衍或官样之举,但一心在谋划一盘大棋的罗斯福已经在逐步向民众灌输美国的国际秩序观念,他明确表示:"我们不会接受由希特勒主宰的世界。我们也不会接受类似 1920 年战后世界那样的地球,在这种世界里,希特勒主义的余孽仍有可能播种及成长。我们惟一能接受的世界是尊重言论自由,人人能够信奉自己宗教的自由,免于匮乏的自

---

① 关在汉编译:《罗斯福选集》,第 266—269 页。
② Paul L. Atwood, *War and Empire: the American Way of Life*, London: Pluto Press, 2010, p. 128.

由以及免于恐惧的自由。"①

1941年12月7日发生的偷袭珍珠港事件,是改变第二次世界大战进程的重要事件。它迅速点燃了美国民众参战的热情,也彻底清除了孤立抑或中立的束缚,并史无前例地激发出美国强烈的国际主义情绪。对于充满理想主义和扩张意识的美国来说,一个按美国模式建立起来的世界秩序构想对民众定下参战决心有着十分重要的政治影响和心理暗示,罗斯福可谓深谙此道。亨利·基辛格后来曾对罗斯福为此所做的努力这样评价:"少有美国总统在掌握人民心理上,能够像罗斯福这样敏锐而且透彻……要让美国人走上战场,他深知必须诉诸大众的理想主义,就如同威尔逊当年的做法。在罗斯福看来,就美国的安全需要而言,能控制大西洋即已足够,但要参战,参战的目的就要包含对新世界秩序有某种远景。"②

在战争后期,美国提出了新的国际秩序构想。该构想基本上继承了威尔逊遗产,因此可以不夸张地说,这是自由国际主义的胜利。新的国际秩序的核心人物罗斯福被誉为是"美国自由民主国际主义传统的当代化身"③。这一国际秩序是美国传统和现实力量对比的结合。罗斯福的国际秩序构想在很大程度上是"威尔逊主义"的新生,因为它的核心价值观念和制度构想并没有超出威尔逊多少。但是,罗斯福比威尔逊成功的地方,首先在于美国在第二次世界大战中已经成为当之无愧的西方领袖,没有美国的太平洋战场、欧洲战场,其结局令人不敢细想。其次,美国强大的国家实力也在战争中得到充分释放,没有美国的航空母舰、战机、坦克和士兵,英法等国的残军苟延残喘偏安一隅尚可,哪能于北非、诺曼底大举反攻?最后,在国内,第二次世界大战空前的惨烈让同为战

---

① [美]亨利·基辛格著,顾淑馨等译:《大外交》,海口:海南出版社1998年版,第365页。
② [美]亨利·基辛格:《大外交》,第365页。
③ Tony Smith, *America's Mission: The United States and the Worldwide Struggle for Democracy in the Twentieth Century*, p. 114.

争总统的罗斯福手里握有更为集中的权力,民众群情激愤的战斗精神和重塑和平的强烈愿望也为他大胆实践战后秩序提供了强大的民意基础。

首先,让我们来看美国对战后国际政治秩序的设想和构建。罗斯福等人对战后国际政治秩序的设想,主要体现在三个重要基础之上。

首先是大国合作。按照罗斯福的想法,新国际秩序需要世界大国共同予以维护,由美、苏、英、中四大国构成战后秩序的政治支柱。这其中,苏联虽然是社会主义国家,但它在二战中发挥的重要作用有目共睹,而且苏联由此显示出的实力让西方心生敬畏,考虑到国际联盟失败的教训,这样一个国家如果不能成为新秩序的一部分,不仅新秩序的共同基础将遭到削弱,而且还会引发强国之间新的矛盾。与此同时,也正是在美国的大力支持下,中国国民党政府参加了1943年的美、英、中开罗会议,并参加签署1943年在莫斯科发布的《四国宣言》,取得了战后四强的国际地位。美国坚持提升中国的国际地位,含有对未来远东国际秩序的预先安排,"美国之所以重视中国的作用,坚持中国应享有大国地位,既有承认中国重大贡献、巨大潜力和在亚洲可起重大作用的一面,又有借助中国以制约苏联、拉中国为美国帮手的意图"①。大国合作的另一个重要特点,就是以美英苏为主角,对世界格局进行重新绘制,划分势力范围,在欧洲、亚洲等地区,美苏展开了外交争夺,战后两强对峙的格局已经初现端倪。其次是反侵略战争、反殖民、反帝国主义。在围绕战后秩序发布的几个宣言中,几乎都涉及要帮助被帝国主义侵略的民族和国家恢复独立和自主地位,结束殖民统治。例如,《大西洋宪章》提出了反对领土扩张、反对违背民族意志的领土变更、民族自决、开展国际间合作、不以武力解决争端、建立集体安全机制等原则。之后,在《解放的欧洲宣言》《联合国宣言》等重要文件中,这一秩序的法理框架逐渐成形。最后是建立联合国,确立大国为核心,美国具有优势地位的集体安全体制。

---

① 王绳祖主编:《国际关系史第六卷1939—1945》,北京:世界知识出版社1995年版,第263页。

罗斯福对新国际秩序的构想，一个关键环节就是建立新的世界性国际组织，在战争后期事关战争进程和战后秩序安排的多次会议上，这种秩序构想逐步完善，并形成了较为牢固的政治基础。1942年1月1日，26个国家代表在美国华盛顿签署了《联合国家宣言》，表示赞成《大西洋宪章》的宗旨与原则，深信完全战胜敌国对于保卫生命、自由、独立和宗教自由以及各国人权、正义非常重要。经过美苏英等国沟通协调，在签字国顺序上确定了美英苏中四大国在前，以后各国按字母顺序排列的原则，这也意味着对四大国特殊贡献和地位的承认。该宣言标志着不同国家出于反对法西斯侵略的共同目标，形成了政治、军事、经济的联盟，并为创建联合国组织奠定了基础。罗斯福从国联的失败中充分汲取教训，希望建立一个强有力的世界性组织，切实地担负起预防战争、保护和平的作用，他相信"世界安全必须建立在通过国际体系行驶的美国权力之上，但是为了让这样一个方案在意识形态方面对世界上处于水深火热中的民族有广泛的吸引力，它必须来自一个不如国际货币体系复杂的，但也不比一组军事联盟或基地简单的机构"①。在这当中，大国将成为世界警察，而美国则是领导者。

罗斯福的这一想法的初衷得到了主要国家的支持，在1943年底的美英苏三国德黑兰会议上，罗斯福力图说服斯大林接受他关于建立国际组织的计划。斯大林开始是倾向于建立两个组织，一个欧洲组织，一个远东或世界组织。罗斯福在与斯大林的会谈中，极力劝说其同意战后在联合国家的原则基础上成立一个世界性组织，并承诺美、苏、英、中四大国成为负责维持世界和平的"四警察"。斯大林最终接受了罗斯福的建议，同意新的国际组织应是世界性的。不过此时罗斯福也遭遇来自美国内部的质疑，有人指责他像19世纪的帝国主义者，还说他向布尔什维克

---

① [意]杰奥瓦尼·阿锐基著，姚乃强等译：《漫长的20世纪：金钱、权力与我们社会的根源》，南京：江苏人民出版社2001年版，第80页。

妥协,威尔逊派也"视联合国为神圣同盟——一个不尊重小国权利的帝国主义组织——的再现"。① 在之后的敦巴顿橡树园会议上,美苏英中对国际组织设想进行了具体化,对常任理事国数量、经济社会问题、军事安全问题等进行了详尽讨论,美国还说服了英法接受罗斯福关于新国际组织名为"联合国"的主张。会议发布了《关于建立普遍性的国际组织的建议案》,确立了未来联合国宪章的基本轮廓和内容,意义十分重大。罗斯福称此会议为"国际政治合作的奠基石",斯大林视其为"联合国战线巩固的鲜明标志"。② 之后在雅尔塔会议上,盟国决定召开联合国制宪会议。罗斯福从雅尔塔返回美国后,向国会强调了关于建立联合国的价值并达成协议。基辛格将罗斯福此行称为"一个时代以来的第一次,一位美国总统自欧洲归国,宣告历史的终结"。罗斯福曾骄傲地说:"雅尔塔会议应该宣示,过去数世纪以来尝试,却又终归失败的单边行动、排他性结盟、势力范围、权力均衡等制度,以及其他种种权宜之计的终结。我们建议以全球组织来代替上述种种办法,让所有爱好和平的国家最后都有机会加入它。我相信国会和美国人民将接受这个会议的结果,作为永久和平的架构之开端。"③1945 年 3 月 5 日,美国代表四大国向有关国家发出《召开联合国家国际组织会议邀请书》,提议在美国旧金山举行制定联合国家宪章的会议。1945 年 4 月 25 日,旧金山制宪会议隆重召开,遗憾的是,在此不久之前,为建立新的国际秩序而付诸心血的罗斯福溘然长逝。6 月 26 日早晨的签字仪式上,50 个参会国的 153 名代表在宪章上签字,这天后来也被联合国定为"宪章日"。联合国的成立是反法西斯战争的胜利成果,对美国来说,这也是自由国际主义思想重新扛起美国对外政策大旗的巅峰时刻,更体现出美国这个新兴的世界性帝国所产生的巨大影响。

---

① [英]马克·马佐尔著,胡晓姣等译:《谁将主宰世界:支配世界的思想和权力》,北京:中信出版社 2015 年版,第 172 页。
② 王绳祖主编:《国际关系史第六卷 1939—1945》,第 502 页。
③ [美]亨利·基辛格:《大外交》,第 390 页。

其次,除了建立起战后国际秩序的政治框架,罗斯福等人为了最大限度满足美国的经济利益,也为战后世界经济秩序描绘了新的蓝图,其核心目标就是在世界范围内建立起一个自由的、非歧视性的国际贸易和投资体系。这一体系的重要设计者是罗斯福的国务卿科德尔·赫尔(Cordell Hull)。赫尔将和平与繁荣视为孪生兄弟,支持相互降低关税,以刺激经济增长和国家政治合作。正是在他的努力下,1934年的《互惠贸易协定法》才得以通过,而这也正是美国极力想在全球建立的门户开放和自由贸易。从1936年开始,他和财政部的亨利·摩根索开始加速在国际上推进货币汇率合作和非歧视性贸易模式转变。与罗斯福在战争和外交上的胜利步调一致的是,赫尔等人在经济战线上不断向英国施压,督促其放弃它恋恋不舍的帝国贸易体系和帝国特惠制度,特别是利用英国在军事上要依靠美国的支持,在1942年协商"租借"条款时,"美国代表无情地把英国哀求者进一步推向赫尔和摩根索决意创制的多边与非歧视的战后经济秩序之中"①。美国要创建的是一种能增进美国全球经济利益的体系,帮助实现自己的财富和权势的追求,增强美国对世界的领导能力。美国的梦想不是空中楼阁,经过两次世界大战,它已经逐步成为国际体系中的霸权国家。第一次世界大战使得美国的生产能力已经与整个欧洲旗鼓相当,到了二战,美国本土一直免于遭受战争破坏,加上战争机器的轰隆运转,美国的生产能力急剧提高,交战国需要的军火、物资大多来自美国。在战争刺激下,美国摆脱了长期的生产过剩危机,1939年美国国民生产总值为910亿美元,到了1945年则高达2136亿美元,工业生产指数(1935年到1939年为100)至1943年已增长到239,机器生产增加3倍,运输设备增加7倍,这些增长都是史无前例的。② 与此形成鲜明对比的则是欧洲列强的狼狈不堪,断壁残垣。如哥

---

① [美]孔华润(沃沦·I. 科恩)主编,张振江等译:《剑桥美国对外关系史》(下),北京:新华出版社2004年版,第222页。
② 刘绪贻、李存训:《美国通史第五卷》,北京:人民出版社2002年版,第368页。

伦比亚广播公司一名著名广播员评论的那样,"这次战争开始以来,生活水平还能提高的,只有我们这个国家;整个欧洲都已弄得精疲力竭,我们却没有"①。蓬勃强盛的美国让欧洲昔日的列强们相形见绌。原来的霸权国英国更是日落西山,以至于高傲的英国人不得不将国际金融体系特别是国际货币制度的掌控权转交给美国,因为"第二次世界大战以前和战时相同,由于国际货币制度的不统一和各国国际收支危机严重,各国的货币汇率极端不稳,外汇管制普遍加强,各货币集团之间的矛盾和冲突相当尖锐,从而严重地阻碍了国际贸易和投资的发展。因此,战后建立一种新的国际货币制度是历史发展的要求。新建立的国际货币制度当然是以美元为中心的"②。于是,美国、英国在建立以美国为主导的战后世界经济秩序上最终达成了某种默契,而美国的努力在1944年于新罕布什尔州召开的布雷顿森林会议上修成正果,44个国家的代表通过了关于战后金融体系的纲领文件,正式建立了布雷顿森林体系。会议建立了以美国为中心的国际货币体系,推动成立了国际货币基金组织、复兴开发银行即后来的世界银行,同时还计划成立一个能逐渐消除贸易壁垒的国际贸易组织(之后由于美国国会反对,国际贸易组织这一计划胎死腹中,最终形成以关贸总协定为基础的推行国际贸易自由化的临时契约)。对于布雷顿森林体系,罗斯福和赫尔都持支持态度,罗斯福在敦促国会批准该协议时说:"我们现在所处的地步在历史上是充满希望和危险的。世界要么迈向团结和广泛享有的繁荣,要么成为相互竞争的经济集团。"③应该讲,布雷顿森林体系是当时世界上出现过的最广泛的国际金融制度,也是迈向全球化的重要一步。对美国来说,该体系确立了金融霸权地位,是一种从威尔逊时代开始就为很多美国人所追求的自由主

---

① 刘绪贻、李存训:《美国通史第五卷》,第369页。
② 王正毅、张岩贵:《国际政治经济学—理论范式与现实经验研究》,北京:商务印书馆2003年版,第345页。
③ Tony Smith, *America's Mission: The United States and the Worldwide Struggle for Democracy in the Twentieth Century*, p. 115.

义国际经济秩序,也是美国建立全球帝国体系的关键一环,因为没有能够支撑起战后世界经济和国际金融的实力,美国就难以为大部分国家提供新经济体系的制度保证,也谈不上说服其他国家接受美国对国际秩序的改造,而这样的秩序不仅是要确保经济繁荣,同时也要帮助美国把价值观拓展到全世界。不过,尽管这样的经济秩序安排有利于避免出现类似1929年经济大萧条那样的世界性危机,有助于建立更自由流通的金融和贸易环境,但是对经济秩序的主导权也成为美国未来干预其他国家的杠杆,比如国际货币基金组织虽然会对其他国家予以帮助,但它遵循的是有条件原则,受援国家必须在公共赤字、通胀等方面满足条件方可得到援助,这一原则显然也赋予了国际货币基金组织对其他国家内政的干涉权。

最后,在民主问题上,美国的基本想法是,新的世界秩序必须要以民主为根基才有可能避免再次出现极权暴政和世界战争。寻求民主框架下的国际秩序,可以说是整个20世纪美国都在致力于实现的目标,"美国呼唤建立由民主国家组成的世界秩序这样的计划,不仅需要从美国与单个国家相关的国家利益角度来理解,还要放在20世纪关于国家建设以及美国为创造一个全面性世界秩序架构的努力这样的全国性辩论背景中来予以理解。自从威尔逊时代以来,美国外交政策中最具延续性的传统就是:相信国家的安全只有通过民主在世界范围内的扩张才能得到最好的保护"[①]。第一是建立一个由拥有自治政府的独立国家组成的国际体系,至于这些国家是否是实行民主体制,是第二考虑的问题。罗斯福并不太热衷于为了民主问题而干涉其他国家的内政,因而采取了一种防御性的自由民主国际主义。尽管他主张维护民主国家安全,促进世界范围内的民主,但并没有落入理想主义的困境之中,采取的是现实主义的立场,从而避免走向极端。例如,《大西洋宪章》声明:"尊重各民族自

---

① Tony Smith, *America's Mission: the United States and the Worldwide Struggle for Democracy in the Twentieth Century*, New Jersey: Princeton University Press, 1994, p. 9.

由选择其政府形式的权利,各民族中的主权和自治权有遭剥夺者,两国将努力设法予以恢复。"①而这一原则在美国拉美政策中,并不会得到贯彻落实,因为罗斯福认为美国并不应寻求去监督这些拉美国家的民主,否则只会引发这些政府的反美情绪,损害美国在后院的利益。总体而言,罗斯福首要关注的防止武装侵略,即新的国际体系对帝国主义和法西斯主义的防御。在民主程度低或前景尚不乐观的地区,罗斯福的首要目标是要帮助这些国家抵御帝国主义侵略。例如,在土耳其和中国问题上,罗斯福认识到尽管这两个国家的政权并非民主政权,但是由于其反对本地区其他帝国统治的立场,因此美国也一直给予支持和援助。

在美国外交思想史上,罗斯福是公认的反帝国主义思想的代表人物。这从他设计的国际秩序中就可以看出。新国际秩序的主导思想是自由国际主义,在罗斯福本人的影响下,也呈现反帝国主义的特征。例如,罗斯福在拉美推行睦邻政策,强调任何国家都无权对其他国家的内部和外部事务进行干涉。同时,美国还在1934年废除了赋予其干涉古巴权利的《普拉特修正案》。之后,美国还从海地、多米尼加、尼加拉瓜以及巴拿马撤走了军队或终止了类似的法案。不过,美国的反帝国主义立场,从其对国际秩序的规划和具体实行来看,同时也体现了美国建立全新帝国的理想。因为这种反帝国主义政策的首要对象是德、意、日等老牌殖民帝国。通过反法西斯战争,盟军摧毁了这三个显赫一时的帝国,也沉重打击了殖民帝国主义政策。此外,美国还通过推行非殖民化运动,鼓励一些殖民地和半殖民地人民寻求独立,从而也削弱了英法等国对自己帝国版图的控制力。罗斯福曾诚挚地劝说丘吉尔放弃印度和香港这样的殖民地,并试图将殖民地托管制度运用到所有的殖民地之上。这也触及了丘吉尔的痛处,比如说,丘吉尔对《开罗宣言》实则存有不满情绪,其中一个重要原因就是认为美国"过度"抬高中国地位的做法,暗

---

① 王绳祖主编:《国际关系史》(第六卷),第137页。

含瓦解英国海外帝国的企图。

这一时期的帝国思想虽然不如19世纪末期那样赤裸裸,但是,在这个国际秩序的每一个层面、每一个环节,都可以发现它的痕迹。在英国这样的传统帝国看来,美国的战后计划,在很大程度上已经体现出了一个全球强势帝国的特征,从自由贸易来看,美国之所以支持自由贸易,目的是要扩大美国的商业利益,打破国家堡垒对资本、商品、原材料等自由流动的阻碍。它所主导下的布雷顿森林体系及之后出现的国际经济组织如国际货币基金组织,也是美国用以影响和制约其他国家的工具,能够通过其施加国际影响,迫使其他国家按照美国意志行事。美国主导的这些经济机制,有利于其巩固世界经济霸权地位,并对落后或弱小国家开展不平等的经济活动,这是一种公认的新经济帝国主义。

在战后利益分配问题上,美国主宰世界的愿望也表现得十分明显。当罗斯福和杜鲁门等人发现美国的军队已经攻占了大量海外领土,且美国的GDP占了世界一半时,充当自由世界领导者的想法自然而然地出现在美国的战略规划之中。为了实现这种政治地位,美国将其他国家的利益作为筹码,来换取国际合作。例如,在德黑兰会议上,为了争取苏联对日作战,牺牲了中国利益,满足了苏联谋求远东不冻港(大连)的野心;在1945年初的雅尔塔会议上,美苏更是背着中国签署秘密条约。美国为了换取美苏达成共识,承诺维持外蒙古现状、恢复1904年日俄战争前俄国的权益等,这都是帝国思想在大国政治中的体现。至于联合国,作为战后秩序的一个核心机构,它在建立初期,也是美国实现全球霸权野心的工具。尽管罗斯福按照大国协调原则建立了联合国,但是,鉴于国联的前车之鉴,美国并没有打算将真正的主导权力分割给其他大国。美国希望在维持世界秩序问题上起到领导作用。因此,它通过英、法、中三国,形成了对苏联政治优势,这样易于美国操纵联合国,使其成为服务于美国利益的政治工具。

此外,美国还通过逐步介入战争实现了在全球范围内的地缘政治扩张。比如,1940年丘吉尔上台后,面对不利的战争局面,向罗斯福提出希望租借40—50艘军舰。当时美国尚保持中立,国内孤立主义势力反对美国卷入战争,因此即便英国急切地在短时间内就提出了超过20次的请求,罗斯福依然没有同意。随着战局变化,美国担心纳粹德国如击溃英国后会从大西洋威胁美国安全,为了在大西洋两侧巩固防线,罗斯福开始向英国提出基地要求。1939年6月,他在与来访的英国国王乔治六世会谈时提出,希望能够在纽芬兰、百慕大、牙买加、圣卢西亚、安提瓜和特立尼达建立军事基地,加强对大西洋的巡逻,帮助英国减轻负担,并保证这些地方不会落入敌人手中。1940年5月,美国担心势如破竹的德国夺取英法舰队,威胁西半球安全。于是,罗斯福命令军方制定了"彩虹4号"计划,并于8月予以批准。该计划的核心要点一是要确保门罗主义得到强制执行,二是要尽早迅速占领被打败的民主国家位于西半球的殖民地和领地,以及对某些中南美洲共和国中与美国安全紧密相关的地区实行战略控制。罗斯福在国内力排众议,促成美国在1940年9月2日与英国正式签订了"军舰换基地"的协议,决定将50艘旧驱逐舰租借给英国用于对德作战,以此换取英国在西印度群岛、百慕大、纽芬兰等地的8个海空军基地99年的使用期限。对英国来说,该协议实质上推动美国偏离中立轨道,增加了抵抗纳粹的力量;而对美国来讲,意义更为重大,它标志着大英帝国正式要从西半球撤退,彻底将西半球势力范围让位给美国,而且也是美国逐步摆脱孤立主义走向全球政治的重要体现,美国也由此获得具有重要价值的地缘战略支撑点,是具有划时代意义的事件。因此,罗斯福在公开宣布此协定时表示,"这是在面对严重危险的情况下准备大陆防御的一个划时代的和意义深远的行动……这是自从我国购买路易斯安那地区以来加强我国国防的最重要的行动"[1],他本人对

---

[1] 徐蓝:《关于1940年美英驱逐舰换基地协定的历史考察》,载《历史研究》2000年第4期,第109页。

此自我评价为"一生中能为国家做到的最漂亮的事情"①。

此外,在与加拿大签订的《奥登堡协议》中,美国实现了对加拿大的军事保护国地位,将格林兰和冰岛置于美国军事势力范围之中。美国还与葡萄牙政府达成协议,将亚速尔群岛也包括了进来。美国对外政策上出现的这些转变,固然有加速巩固国家安全地缘范围的目的,但同时也实现了对更大地域的控制和影响。所以,有学者就把这样的行为称为美国从孤立主义向保护性帝国主义的转变。一些国家特别是自身对这种帝国把戏无比娴熟的国家,对美国这种潜在的帝国主义政策认识得十分透彻,洞若观火。英国外交大臣安东尼·艾登(Anthony Eden)在回忆美国与葡萄牙政府的谈判时说:"葡萄牙人怀疑,鉴于我们在战争结束时会撤走,美国人可能更想继续呆下去。"②的确,对于战败国的殖民地甚至本土,只要符合美国的战略目标,美国也都想方设法将其变为自己的领地或者受到美国控制的地区。海军部长弗兰克·诺克斯曾毫不掩饰地告诉国会,"所有战争期间被日本人攻占的岛屿都成了日本的领地,现在我们夺得了它们,它们就成了我们的了"③。在北非,美国一直试图通过发展与维希政权的外交关系,排除英法的传统影响,扩大美国利益。只是因为戴高乐声望的迅速上升以及丘吉尔对其的坚决支持,美国才不得不有所收敛。无论美国参战的动机是什么,一旦它进入了战场,在不断来临的胜利面前,美国内在的帝国野心就不由自主地开始夺取更大的势力范围,对于这点,或许美国之外的旁观者的看法能提供一些参考。巴西学者路易斯·阿尔贝托·莫尼斯·班代拉(Luiz Alberto Moniz Bandeira)评价说:"事实上,除个人动机和好恶外,罗斯福还有其他目的:打垮美国的主要竞争对手德国这一强国;剥夺意大利和日本的属地;终

---

① [美]罗伯特·达莱克著,陈启迪等译:《罗斯福与美国对外政策 1932—1945》,北京:商务印书馆 1984 年版,第 356 页。
② Amaury de Riencourt, *The American Empire*, New York: The Delta Book, 1968, p.72.
③ [英]尼尔·弗格森:《巨人》,第 59 页。

结法国、荷兰和比利时的殖民帝国;按照布雷森莎湾会晤中他向丘吉尔提出的要求,接管英国控制的所有领地;建立美国统治下的世界新秩序。"①

在拉美地区,1940年哈瓦那会议的召开进一步推进了美国与美洲国家的安全合作,并加强了对美洲地区的控制。会议通过了《美洲国家防御合作互助宣言》,宣布:"非美洲国家破坏任何美国国家的领土完整、不可侵犯性或独立的一切企图均将被视为对签署本宣言的各国的侵略行为。"②同时会议还在临时管理欧洲国家在美洲的殖民问题上表明了态度,《关于临时管理欧洲国家在美洲的殖民地的公约》规定:"现在属于欧洲国家的岛屿或地区,如有成为交换对象或变更主权主体的危险时,美洲国家处于保障安全的迫切需要,并顾及这些岛屿与地区居民的愿望,可以对之建立临时管理制度。"③此举旨在防止这些殖民地落入德国手中,但同时,它也赋予了美国单独出兵占领荷、法等在美洲殖民地的权利。美国虽然调整自己在拉美地区的政策,推行睦邻政策,淡化帝国主义色彩,但是,美国这样做的目的,一方面是要防止德国势力的介入,另一方面则是要进一步加大对这些国家的渗透。美国始终把该地区看作美国后院、势力范围,视其为服务于美国国家利益的附属地区,这种不对等的控制,正是帝国思想在对外政策中的反映。太平洋战争爆发前,美国还根据《租借法》向巴西、玻利维亚、古巴、多米尼加、海地、尼加拉瓜和巴拉圭七国提供了大量军事物资和装备,美国派往拉美的军事使团有19个。④ 此外,美国还乘机排挤欧洲国家的经济势力,用美国的公司取而代之。战争期间美国还从拉美获得了大量经济物资和战略物资,这无疑使

---

① [巴西]路易斯·阿尔贝托·莫尼斯·班代拉著,舒建平译:《美帝国的形成:从美西战争到伊拉克战争》,北京:中国人民大学出版社2013年版,第64页。
② R. A. Humphreys, *Latin America and the Second World War*, Volume One 1939—1942, London: Athlone Pr, 1981, p. 73.
③ 王绳祖主编:《国际关系史》(第六卷),第439页。
④ 王绳祖主编:《国际关系史》(第六卷),第442页。

得美国对拉美经济的控制进一步得到了增强。

随着美日正式开战,轴心国入侵拉美不再只是可能性,而是现实的威胁。考虑到美德也已经相互宣战,美国加速推动拉美地区集体防务合作的发展,建立了美国主导下的美洲防务合作体系。1942年1月,第3届美洲各国外长协商会议在巴西里约热内卢举行。美国积极推动拉美国家对轴心国采取强硬立场,这次会议最终促成了多数拉美国家从中立到对轴心国宣战或断交的转变,并就建立一个美洲国家间防务委员会达成了协议,开启了美洲防务合作的新篇章。之后,美国与墨西哥、巴西等建立了双边联合防务委员会,同加勒比海沿岸国家进一步加强了防务合作,美国海军的军事前哨遍布了整个加勒比海地区,比如厄瓜多尔同意美国在加拉帕戈斯群岛和圣埃伦娜半岛建立海军、空军基地,哥伦比亚、委内瑞拉允许美国飞机自由出入该国领空,很多国家还承诺向美国提供战略物资、军事补给、情报支援等。到了二战结束的时候,美国在拉丁美洲建立的军事基地多达92个。① 对美国翻云覆雨的帝国手腕有着最深刻、最切肤之痛的认识的墨西哥就曾警告其他国家说:向美国提供军事基地,好比对大象表示好客。大象要求人家允许它把鼻子伸入山洞避避风雨,结果是全身都挤进去,变成山洞的主人。②

从美国建立新的国际秩序的过程来看,帝国的思想顺利地得到了期望的舞台,尽管在对外表现上它可能是刻意装作模糊的。但事实胜于雄辩,美国的全球帝国时代已经到来。这也是为何著名历史学家阿诺德·汤因比(Arnold Joseph Toynbee)把这称为"即将到来的美国世界帝国的第一个阶段"③。不过,这种充满了强国主宰弱国、经济掠夺加政治控制的帝国政策,却因其有别于传统战争与奴役的帝国主义政策而得到美国

---

① J. Lloyd Mecham, *A Survey of United States-Latin American Relations*, New York: Houghton Mifflin, 1965, p. 151.
② 王绳祖:《国际关系史》(第六卷),第443页。
③ [英]奈尔·弗格森:《巨人》,第59页。

国内的支持,甚至沉迷于自我陶醉之中。罗斯福在 1940 年时曾把美国在西半球建立的霸权秩序看作世界秩序的模板:"我们无需寻求一个新的国际秩序;我们已经找到了它。这不是通过歇斯底里的吼叫或者军队暴力行动所赢得的。我们不会践踏国家、俘虏政府或把无辜的人从他们建立的家园中连根拔起。我们没有发明种族优越性的荒谬原则,又或通过普世革命来主张独裁。"[1]美国的帝国思想所寻求建立的国际秩序,的确在很多方面是有别于英国等传统帝国的,这也是美国不肯承认自己是按照帝国模式行事的重要原因之一。

还有一点需要注意的是,对于英法等旧帝国的海外殖民地或势力范围,美国也并非莽撞地全盘粉碎,而是审时度势地将一些重要地区视为维持地区秩序的关键。在美国推行反帝国主义、反殖民主义政策的过程中,有着一个明显的规则,那就是道德原则必须屈从于现实国家利益。美国的反殖民主义和反帝国主义从原则上来讲是带有强烈理想主义色彩的,这也使得它在处理复杂棘手问题时,有时不得不屈从于现实。特别是在构造战后秩序的过程中,美国能强烈感受到来自苏联的挑战,而反殖民主义运动在一些地区推行过快、过激,反而容易让共产主义乘虚而入。中央情报局战略服务办公室就曾提醒说,美国的利益在于"维持英国、法国和荷兰的殖民帝国……以更好地制约苏联在刺激殖民地叛乱中的影响"[2]。因此美国意识到在关键问题和重要地区,有时必须与老牌帝国进行合作,甚至在特殊的战略地域要适当减缓反殖反帝进程,以帮助衰败的旧帝国维持统治。例如在越南问题上,尽管胡志明提出的独立原则与美国《独立宣言》相差无二,甚至胡志明还希望具有反帝国主义国家身份的美国能支持越南,但事实上,美国更需要法国在全球范围内帮

---

[1] David C. Hendrickson, *Union, nation, or empire: the American debate over international relations, 1789—1941*, p.364.
[2] Tony Smith, *The Pattern of Imperialism: The United States, Great Britain, and the Late-Industrializing World since 1815*, New York: Cambridge University Press, 1981, p.172.

助维护美国试图建立的国际秩序,也不愿看到共产主义支持下的胡志明成为越南的领袖。

另外,对于美国极为珍视的自由民主制度,美国也并非处处僵化地无差别套用,而是采取了明显的双重标准,或可曰现实主义立场。对能促进美国战略利益的国家或政治势力,美国看重的并不全是自由民主原则,而是它们是否能确保美国可以实现自己的国家利益。比如,1943年,罗斯福在介绍宋美龄的时候,赞扬其代表了"世界最伟大的民主国家之一"①,而他派到中国的军事顾问,则尖锐地指责国民党政府是腐败无能和专制独裁的。在罗斯福迫于蒋介石压力召回史迪威之后,《纽约时报》评论说,这是"一个垂死的反民主体制的政治胜利",美国消极地支持一个"在中国日益不得人心和不为人所信任"的政府。② 在西半球,美国为了确保控制地区局势,对一些美洲国家的独裁政权的存在睁一只眼闭一只眼。这种双重标准最典型的例子是在拉美地区。历史学家弗雷德·利比(J. Fred Rippy)指出,在1938年底,12个拉美国家是由独裁者统治的,共统治着7500万人口,控制着比美国领土大一倍的土地,但对于这些国家,罗斯福认为,"我们之间之所以有和平,是因为我们已同意,作为邻居,我们应该关注自己的事情。我们所有国家已经拒绝了干涉其他每个国家内政的权利,承认自由和独立的国家,必须形成它们自己的命运,找寻他们自己的生活方式"③。事实上,从某种意义上讲,正是美国为了确保在这一地区的商业和战略利益,默许拉美独裁政权的存在。正如罗斯福在评论多米尼加共和国独裁者时说过的那句经典名句:"毫无疑问,这家伙是个狗娘养的,但他却是我们的狗娘养的。"这几乎就是美国推行双重民主标准的金科玉律,被统治下的民众遭受的压迫在实用主义的利

---

① Tony Smith, *America's Mission: The United States and the Worldwide Struggle for Democracy in the Twentieth Century*, p. 120.
② 刘绪贻、杨生茂总主编:《美国通史(第五卷)》,北京:人民出版社2002年版,第419页。
③ David C. Hendrickson, *Union, nation, or empire: the American debate over international relations, 1789—1941*, p. 364.

益观面前,变得微不足道。

两次世界大战,是美国帝国思想从西半球走向全球的重要阶段。在这一时期内,帝国思想在自由国际主义等主流外交理念中,寻觅到生长的空间。美国成为了对世界大部分地区实行主宰的超级大国,帝国思想所梦寐以求的世界强国地位终于得以实现,美国国际地位的上升,成为推行新秩序的契机。现在的美国,已然是新兴的庞大帝国,而且开始向着史无前例的全球性帝国迈进。

第六章　冷战时期的帝国思想和战略维度

> 我们准备付出任何代价,挑起任何重担,对付任何困难,支持任何朋友,反对任何敌人,以确保自由的存在和胜利……在总统的盾形纹章上,美国之鹰的右爪抓着一根橄榄枝,左爪则抓着一束箭。我们准备对两者都给予同样的重视。①
>
> ——约翰·F. 肯尼迪

第二次世界大战对国际政治产生了深远影响,其中最重要的,就是造就了一个史无前例的全球性帝国。伊万·伊兰德(Ivan Eland)认为,四个因素促成了美国的全球帝国地位:从第二次世界大战中获取的教训(对挑战国家的绥靖政策),欧洲大国衰落导致的权力真空,在战争废墟中崛起的强国苏联成为竞争者,利用美国的权力促使世界对主导性的美国公司开放贸易和投资。② 通过源于第二次世界大战后期的全球战略谋划与对外政策变革,特别是借助冷战中两极体制的对立架构,美国得以构建出一个辐射全球的军事网络。同时,美国还通过对其他国家进行军

---

① [美]西奥多·索伦森:《肯尼迪》,上海:上海译文出版社1981年版,第116、344页。
② Ivan Eland, *The Empire Has no Clothes: U. S Foreign Policy Exposed*, Oakland: The Independent Institute, 2004, p. 7.

事和经济援助,增强了美国对世界和地区格局的影响及控制。此外,美国还在一些认为具有重要战略价值的地区和国家,发动或参与战争,实施公开或秘密的军事干涉。所有这些政策都是冷战期间美国大战略的一部分,也是塑造全球帝国和国际秩序的重要内容。正如冷战中的美国总统罗纳德·里根(Ronald Reagan)将苏联定义为"邪恶帝国"所隐含的意义,"帝国"似乎是一个中性词,必须添加上"邪恶"二字才能作为敌人的标识。这就意味着在硬币的另一面,还存在一个"正义帝国""善的帝国",一个拥有非凡权势、代表自由正义与"邪恶"相对抗的力量,这样一个能够捍卫文明的强大帝国,就是战后的世界霸权——美国。

一 冷战时期国家身份对帝国思想的影响

正如《时代》杂志创始人亨利·卢斯(Henry Luce)在1941年就宣告的那样,美国拥有了世界体系中霸权国家的身份。卢斯使用了为后人广为熟悉的术语"美国世纪"来给新的时代贴上美国的标签。卢斯号召美国"为了我们认为合适的目标,通过我们认为合适的方式,将自己的影响作用于整个世界"①。经过了第二次世界大战,美国帝国思想中的扩张念头更加热血沸腾,帝国思想的支持者坚信,没有美国的权力地位、没有美国建立的国际秩序,世界将会重蹈覆辙,世界大战的悲剧也将反复上演。诚然,美国的确对世界历史发展进程产生了重要的影响,但这种随之而来的骄傲和自信,很轻易地就变成了帝国特有的狂妄和傲慢。在美国霸权地位的确立和新国际秩序的构建过程中,帝国思想及其支持者起到了重要的推波助澜作用。可以说,冷战时代是美国国家身份演变的新时期,也是美国建立全球性帝国的关键时刻。

---

① Walter L. Hixson, *The Myth of American Diplomacy: National Identity and U. S Foreign Policy*, p. 172.

1. 世界霸权与全球性帝国

在罗斯福离世之后,哈里·S. 杜鲁门(Harry S. Truman)继任成为美国总统。这是一个在美国外交史上引起很多争议的人物,对美苏走向冷战起到了无法忽视的重要作用。杜鲁门是一个信奉实力的人,他对苏联怀有根深蒂固的怀疑甚至敌视。他上任之后,正是美国走向权力巅峰的时候,他对罗斯福生前苦心经营的美苏合作关系不屑一顾。在杜鲁门眼里,美国的实力决定了其战后在世界的霸主地位,因此美国无需处处顾虑苏联人的立场。杜鲁门相信,美国可能得不到"百分之百我们想要的东西,但在重大事务上……我们应该能得到百分之八十五"①。让他如此乐观的原因,来自于美国雄厚的经济实力、强大的军事力量以及对核武器的垄断。的确,"作为当时唯一拥有核力量的国家,美国感到十分自信,世界上的所有其他国家包括苏联,将会对此感到印象深刻,并不会愿意冒险挑战美国的力量和正义感"②。

美国的帝国野心是有强大物质基础和制度支撑的,特别是世界大战使美国真正成了拥有强大军事实力的世界级霸主。从 20 世纪 40 年代后期到 50 年代早期,在短短的时间之内,美国凭借超脱于战场的地缘优势,潜力无穷的工业实力,迅速成为反法西斯阵营的"兵工厂",也使得国家经济实力得到大幅度提升,并在原子能、合成橡胶、造船、飞机、冶金等新兴工业部门领域取得了长足进步。战后初期,美国工业产量占资本主义世界 1/2 以上(1948 年占 53.4%);出口贸易从 1937 年占资本主义世界总额的 12.8%上升到 1947 年的 32.4%,跃居世界首位;黄金储备占

---

① [美]沃尔特·拉菲伯、理查德·波伦堡、南希·沃洛奇著,黄磷译:《美国世纪——一个超级大国的崛起与兴盛》,海口:海南出版社 2008 年版,第 297 页。
② Amaury de Riencourt, *The American Empire*, p. 79.

3/4(1949年占73.4%);资本输出占世界第一位而且是最大的债权国。①同时,由于战争动摇了英、法等国在亚非拉殖民地的影响,美国乘虚而入,夺得了广大市场。"布雷顿森林体系"中的国际货币基金组织、国际复兴开发银行等经济组织,让美元在资本主义经济体系中享有特殊地位,为美国建立经济霸权创造了条件,美国对资本主义世界的主宰地位得以确立。除了经济上的绝对优势,更重要的是,美国已经开始在世界范围内承担国际责任,对在世界上占据了约1500万平方英里领土、人口总数超过6亿的40多个国家提供了保护。②美国不仅拥有最强的军事实力,而且在海外建立了484个军事基地。因此,在战后建立的国际政治和经济秩序中,美国的优势地位极为显著。在联合国,美国掌握了五常中的四票,51个创始会员国中的绝大部分也都是持有亲美立场的。

  美国帝国思想传统一直追求具有显著优势的权力地位,并以此实现美国体制的扩张和统治。因为,权力优势意味着"无情地保持我们在陆地、海洋和天空的优势……比世界生产得更多,能够控制海洋,能够用原子弹对内陆进行攻击"③。这一狂热的念头,在战争后期终于寻觅到了难得的良机。杜鲁门认为,"现在这个伟大的共和国——历史上最强盛的、太阳曾照耀过的最强大的——为了整个世界以及我们自己的福祉,掌握着领导权"④。作为上帝挑选的国家,由世界上先进白人统治的现代化大国,大部分美国人都相信,美国有责任承担世界的领导职责,并在全球范围内传播自己的生活方式。这种对国家身份新的解读,还得到了宗教思想的支撑,并给美国的对外战略做出了更丰富的解释。例如,在战争末

---

① 方连庆、刘金质、王炳元主编:《战后国际关系史(1945—1995)》(上),北京:北京大学出版社1999年版,第43页;顾关福编著:《战后国际关系》,北京:时事出版社2008年版,第16页。
② Amaury de Riencourt, *The American Empire*, p. 96.
③ Walter L. Hixson, *The Myth of American Diplomacy: National Identity and U.S Foreign Policy*, p. 174.
④ Donald White, *The American Century: The Rise and Decline of the United States as a World Power*, New Haven: Yale University Press, 1996, p. 21.

期,美国成功研制了威力无穷的原子弹。这一成就,不仅仅是军事实力的跃升,在美国看来,它还从文化上再度重申了美国作为上帝选中的国家这一特殊的身份。在一些人看来,正是上帝单单为美国提供了能够支配这种宇宙中强大力量的能力,并让美国得以独家垄断了原子弹这种武器。比如,美国进行第一次原子弹试验的试验场就被命名为"三位一体"(Holy Trinity),这样的名称在不经意间就赋予了美国使用这种武器时拥有的庄严神圣的宗教仪式感。于是,为了履行上帝赋予的神圣使命,美国在短短三天时间内,连续向广岛和长崎投下两枚原子弹,日本不得不接受无条件投降的结局。虽然人们对是否有必要对日本进行两次核打击一直争论不休,但是在美国眼里,对日本两座城市使用原子弹,就是对邪恶势力的惩罚,是人类正义的彰显,更是借此向全世界尤其是另一个巨人——苏联展示美国独一无二的实力优势。

强大的政治、经济和军事力量,刺激着美国的帝国野心,也让美国在全球体系中扮演霸权国家的身份更加突出,这种身份的确立,既来自于国内孤立主义思想的消退,也得益于国际上出现的历史性机遇。从美国国内来看,这时的美国已经与全球问题紧密地联系在了一起,特别是在西方世界它成为无可争议的领袖,肩负着帮助伤痕累累的西欧恢复元气、重振旗鼓的重任。无论是国际主义者还是帝国思想支持者,他们都认为如果美国重新选择孤立主义,将让美国自动放弃已经到手的全球战略利益,并且把世界大部分地区重新暴露在战争和动乱的威胁之下,这与美国付出如此大牺牲试图建立国际新秩序的宏伟目标格格不入。

孤立主义选项被排除后,信奉罗斯福衣钵、主张维持美苏合作基础的那部分国际主义者也没能在日渐浓厚的冷战氛围中幸存下来。1946年下半年,美国国会中期选举使得共和党人占据了两院的多数席位,民主党长达16年统治国会的地位就此宣告终结。值得注意的是,在这些新的国会议员中,从战争中走来的老兵为数不少,性格强硬,认为"绥靖"政策是战争的根源之一,集权主义和独裁政治是战争的重要起因。在他们看来,对苏联进行些许的妥协,只会导致苏联认为美国和西方外强中干,从而更加得寸进尺。这样的情绪也是导致商业部长亨利·华莱士被迫辞职的原因。华莱士是自由主义者,曾任罗斯福内阁副总统,他两度致信杜鲁门总统反对与苏联公开决裂,特别是在1946年的9月12日,他在麦迪逊广场的演讲中声称,"我们现在需要的真正和平条约是在美苏之间,虽然美国并不喜欢东欧发生的事情,但我们必须认识到东欧的政治事务与美国没有关系,正如拉丁美洲、西欧和美国的政治事务与苏联无关一样。只有美苏合作,才能避免爆发核战争的危险"。华莱士特别反对美国落入英国的"圈套",采取联合反对苏联的政策,认为此举是要让美国跟着苏联的"帝国主义政策",并最终导致美国走向与苏联的战争。① 但是,华莱士的言论在国内引起轩然大波,当时很多人对法国、意大利等地活跃的共产党势力坐卧不安,认为华莱士的话是向苏联传递不当的信号,是美国试图要和苏联划分势力范围,特别是承认苏联可以在另一半世界为所欲为的"绥靖"政策。国务卿贝尔纳斯斥责华莱士越俎代庖,杜鲁门立即与华莱士划清界限,逼迫其最终辞职,"这就为美国政府公开与苏联摊牌,宣布全球扩张计划扫除了一个内部障碍"②。加上在美国国内猛烈来袭的"麦卡锡主义",意识形态的极端对立成为一时之风向标。试图与苏联维持合作关系者无不人人自危,通过承认苏联大国地位和影响来维持美苏合作的道路也走进死胡同。

在国际上,成为全球帝国的机遇也在向美国招手,特别是衰败的大英帝国希望能由同文同种的美国来继承霸权的衣钵,抵抗来自苏联的压力。1947年2月,英国告知美国,称由于英国遭遇严重经济危机,再也无法在希腊、土耳其问题上支撑下去,使其免受共产主义之害,因此希望美国接手这个烫手山芋。尽管之前美国已经在伊朗和土耳其问题上同苏

---

① [英]理查德·克罗卡特著,王振西主译:《50年战争》,北京:新华出版社2003年版,第80页;王绳祖主编:《国际关系史第七卷》(1945—1949),北京:世界知识出版社1995年版,第112页。
② 王绳祖主编:《国际关系史第七卷》(1945—1949),第113页。

联进行了交锋,但这一事件仍然具有十分强烈的象征意义。它表明,大英帝国在大战之后元气大伤,根本难以在共产主义势力逼近的时候,重振旗鼓。因此,英国愿意将霸权领导权移交给美国,由美国来领导西方世界走出困境,抵挡日趋严峻的共产主义威胁。从现实角度来讲,美国实则早就开始向希腊进行渗透,1946年曾为后者提供2亿多美元贷款,并派出代表团赴希腊考察。美国政府得出结论,希腊正成为国际政治的焦点,随时有爆发危机的可能,马歇尔也要求国务院为援助希腊做好准备。英国如今将希腊连同土耳其拱手奉送给美国,正合了美国的意。杜鲁门政府高层官员欣喜若狂,惊呼"历史的转折关头已经到来,美国现在必须挺身而出,取代没落中的英国成为自由世界的领袖"①。

在美国眼里,美国的霸权与以前的帝国是不一样的,即便这种霸权与同为盎格鲁-撒克逊文明的英国霸权有着一些共同之处,但它的产生、性质以及运行模式都是不同于以往任何帝国的,美国的特殊性能够让它超越一般帝国的桎梏。于是,在战后美国至上的狂热气氛之下,在美国巨大的军事和经济能力的支持下,美国国家利益进一步在全球范围内扩大,美国主导的国际体系也试图扩张到此前无法企及的地区,这也成为美国帝国走向全球化的基础。伴随这一过程,美国的国家利益概念也随之具有更广阔的内容:"美国在西半球的战略势力范围,对大西洋和太平洋的控制,一个庞大的可以用来扩大战略边疆和投送美国力量的海外基地体系,一个内容更加广泛的,可以为商业机场转变为军事通途提供便利条件的过境权制度,获取大部分欧亚大陆的资源和市场,同时阻止未来的敌人获取这些资源,维持美国的核优势地位。"②伴随着这种国家利益的扩大化,美国的势力和影响遍布世界。

---

① 王绳祖主编:《国际关系史第七卷》(1945—1949),第115页。
② [美]克里斯托弗·莱恩著,孙建中译:《和平的幻想:1940年以来的美国大战略》,上海:上海人民出版社2009年版,第96页。

2. 自由世界的领导者和保卫者

美国精神传统中的"天赋使命",一直伴随着美国的成长。在两次世界大战之后,这种传统进一步演变为国家身份中的新内涵,那就是美国是自由世界和民主制度的领导者和守护者。

詹姆斯·伯恩哈姆(James Burnham)在 1947 年时认为,由于美国掌握了原子弹,使得单独一个国家能够获取绝对优势。他相信,"一个世界帝国已经成为可能,(美国)将尝试去成为一个世界帝国",同时,他认为这个帝国应当用其他某种名称来掩饰,用他的话来说,就是"民主世界秩序政策"①。的确,美国在走向世界帝国的时候,极力在全球范围内扩展西方自由和民主体制,这对美国在全球主义时代塑造自己的国家身份产生了重要的影响。美国自视为民主和自由的守护者,西方文明的领导者,这种身份和思想主要受到以下三个方面因素的影响。

一是美国的政治文化传统。美国立国之本为反对专制的自由主义,其主流文化将美国看作指引世界的民主灯塔。美国将北美看作上帝为人类文明培育希望之花的试验地,美国文明代表了历史的发展方向。美国的天赋使命,就是要通过传播自己的制度,将世界改造成为和平、民主的家园,而作为一个强国,美国负有捍卫世界和平与民主的神圣责任。

二是战争经历对自由和民主守护者身份的塑造。两次参加世界大战,两次成为拯救西方文明的关键国家,战争将美国塑造为世界级霸权,也让其具备了在整个世界推行民主和自由理念的条件。世界大战带给美国的一个经验就是,独裁和专制政权是好战的。战争的胜利,激发了美国的民族主义和帝国思想,也让美国理想中的使命观念得到了最有力的证明。正如美国"例外论"所强调的那样,美国体制的独一无二特性赋予了其担当国际和平与正义仲裁者、自由民主守护者的身份和权利。正

---

① James Burnham, *The Struggle for the World*, London: Cape, 1947, pp. 58 - 61, 226.

因为如此,杜鲁门号召国民要将世界从无神论和极权主义的恐怖之下解救出来。"欧洲和亚洲的胜利鼓励着美国身份的迷思,美国要求世界普遍接受其自由世界牧羊人这一天定的使命。"①

三是对苏联和共产主义的长期敌视。大卫·S. 福格尔桑(D. S. Foglesong)在《美国使命和"邪恶帝国"》一书中指出,美国一直用俄国来"映衬美国国家身份"②。自沙俄时期开始,美国就将其看作民主的敌人和专制的象征。苏俄政权建立之后,社会主义政权更被视为异己。威尔逊时期美国曾参与出兵干涉俄国革命。在两次世界大战期间,美国对德国东侵的"放纵",某种程度上也是希望借希特勒之手,打击苏联政权。之后,在经过决定性的但又短暂的同盟之后,代表了不同的政治体系的美苏,战后成为相互猜疑的两方。美国虽然在战争中与苏联结成同盟,但美国也从来没有掩饰过对红色苏联的敌视和防范。在美国看来,苏联共产主义政权是非西方势力,它所奉行的政治、经济制度和价值观念,是对西方资本主义体系的挑战,而革命主义学说更是将推翻西方制度作为重要目标,政治上对美国的"立宪民主"构成严重威胁,经济上反对垄断资本主义扩张,价值观念上否定美国信奉的自由、平等、竞争理念。③ 而苏联战后势力范围的扩大,也对美国主导的西方资本主义体系构成了挑战。

这三大因素在塑造美国战后国家身份过程中,自然而然地融入了自由民主世界的领导者和保卫者的内容。二战结束之初,战时同盟的分裂已经不可避免。美国在此时面临的最大的困难,不仅有苏联的挑战,而且还有西方自由世界的虚弱。战火之后,西欧只剩下残垣断壁。英国、法国等西欧国家历经战火摧残,奄奄一息。地处欧洲中心的德国,被西

---

① Walter L. Hixson, *The Myth of American Diplomacy: National Identity and U. S Foreign Policy*, p. 163.
② D. S. Foglesong, *The American Mission and the "Evil Empire"*, New York: Cambridge University Press, 2007, p. 3.
③ 刘建飞:《美国与反共主义》,北京:中国社会科学出版社2001年版,第18—22页。

方和苏联划界而治。此时,西欧国家不仅在军事实力上根本无力应对钢铁洪流般的苏联红军,经济状况也是惨不忍睹。更让美英等国担心的是,苏联在战争中的胜利,极大地刺激了欧洲各国共产党势力的发展。不仅东欧和东南欧大部地区的共产党在苏联支持下,迅速掌握了政权,就连老牌资本主义国家内部的共产党势力也开始寻求夺取政权。在严峻的国内国际环境之下,西欧国家资本主义政权摇摇欲坠,这也成为美国最不愿意看到的境况,"甚至在美国作为一个积极的交战方加入二战之前,华盛顿就已经决定其主要的战略目标就是防止在意识形态上与美国敌对的单个大国或国家联盟控制欧亚大陆"①。

当英国提出将棘手的希腊、土耳其问题交给美国后,杜鲁门等人心知肚明,此时的美国民众人心思定,国会也不会轻易同意美国跳入英国地缘政治思维和均势把戏的窠臼,替英国人火中取栗,因此,美国要引导舆论沿着自己的外交政策理念来发展。杜鲁门先是带领国务卿马歇尔、助理国务卿艾奇逊向国会中持孤立主义立场的共和党人集团进行游说,特别是艾奇逊的一番话起到了笃定乾坤的效果:

> 目前世界上只剩下美国和苏联两个大国。我们已经到达史无前例的时刻。自从罗马和迦太基时代以降,再也没有一个时刻出现这种权力两极化的现象。美国采取措施以强化受到苏联侵略或共产党颠覆威胁的国家,这也就是保护美国的安全——它就是保护自由!②

经过多方努力,国会最终接受了杜鲁门的援助方案,这一方案将是否援助希、土,是否挺身而出抵抗苏联扩张,描绘成了民主与独裁、自由与专制的全球性斗争的重要时刻。1947年3月12日,杜鲁门在国会发表针对希腊和土耳其局势的咨文,要求国会授权为土、希两国提供援助。

---

① [美]克里斯托弗·莱恩:《和平的幻想:1940年以来的美国大战略》,第92页。
② [美]亨利·基辛格著,顾淑馨译:《大外交》,海口:海南出版社1998年版,第427页。

杜鲁门断言,一旦希腊的"生存"受到共产党人领导的"恐怖活动的威胁",不但对土耳其产生重要影响,还会危及"整个中东地区",危及欧洲,"并对全世界都具有灾难性。"杜鲁门还声称,"通过直接或间接侵犯而强加于各国自由人民的极权政体,削弱着国际和平的基础,因而也危害着美国的安全"①。这就是著名的"杜鲁门主义"。"杜鲁门主义"的逻辑是,美国的自由和安全,同世界范围内的自由体制紧密相关,因此美国必须帮助自由人民抵御侵略和极权制度。他的讲话中,能看到威尔逊、罗斯福的影子,但在影子中隐藏的,还有点燃全球帝国圣坛的火苗。杜鲁门用理想主义精神将美国介入全球事务这一外交分水岭渲染得富丽堂皇。他宣称:

> 我认为,美国的政策必须是支持各国自由人民,他们正在抵制武装的少数集团或外来压力所实行的征服活动。我认为,我们必须帮助各国自由人民以他们自己的方式去解决有关他们各自命运的问题……自由制度的奔溃和独立地位的丧失,不但对这些国家,而且对全世界都具有灾难性。②

"杜鲁门主义"宣告了美国要代表"自由制度"同"极权政体"进行斗争的身份和决心。他的讲话虽然不过短短12分钟,却为之后40余年的冷战拉开了大幕。而且根据杜鲁门自己的回忆录所言,"这是美国外交政策的转折点,它现在宣布,不论什么地方,不论直接侵略或间接侵略威胁了和平,都与美国的安全有关",美国都有权进行干涉。③ 这样的逻辑,也让美国对外干涉具有了政策法理和政治伦理基础,因此"杜鲁门主义"也被看作是"美国不情愿的帝国主义建立的基石"。④ 这也正是遏制战略的重要奠基人乔治·凯南(George Frost Kennan)在《外交事务》杂志发表的《苏联政策的起源》一文中所警告的,苏联反对西方世界的自由体

---

① 王玮、戴超武:《美国外交思想史(1775—2005年)》,第358—359页。
② 王绳祖主编:《国际关系史第七卷》(1945—1949),第117页。
③ 王绳祖主编:《国际关系史第七卷》(1945—1949),第118—119页。
④ Amaury de Riencourt, *The American Empire*, p. 85.

制,莫斯科的目的是蚕食……和平与稳定的世界的利益。① 杜鲁门的讲话也表明了美国代表西方资本主义阵营守卫者的身份,而且"美国准备援助世界上任何地区的每一个受到共产主义威胁的国家……暗示要组织一场全球性的十字军讨伐"②。苏联《消息报》《真理报》在"杜鲁门主义"提出后的第三、四天,就强烈指责这是美国"帝国主义扩张政策"的大暴露。之后不少历史学家批评杜鲁门高估了来自苏联的野心和现实威胁,不该用如此刺激性的言辞来激怒苏联,这让苏联感到来自美国的赤裸裸的挑衅。

　　面对满目疮痍的西欧和各国跃跃欲试的共产党力量,美国担心资本主义体系在欧洲彻底崩盘,拯救欧洲成为稳定民主阵地的当务之急。1947年6月5日,马歇尔在哈佛大学毕业典礼上致词,强调欧洲已经处于彻底崩塌的危机边缘,面临性质极其严重的经济、社会和政治危机。马歇尔呼吁欧洲国家一起制定一项经济复兴计划,并表示美国将援助欧洲的复兴建设,重振世界经济,"使自由制度赖以存在的政治和社会条件能够出现"。"马歇尔计划"是"杜鲁门主义"必然的逻辑延伸,表明美国把欧洲作为全球战略的首要重点,旨在为衰弱的欧洲资本主义世界输血,帮助其渡过难关,恢复自身造血功能。因为唯有如此才能帮助稳定社会,防止国内共产党夺取政权。1948年4月,杜鲁门签署了国会通过的《欧洲复兴法》,"马歇尔计划"正式付诸执行。正是有了这份计划,美国在1948年4月至1952年6月之间就为欧洲援助拨款131.5亿美元,同期西欧国民生产总值增长25%,工业生产上升35%,农业生产提高10%,钢产量从1947年的3100万吨增加到1951年6000万吨。同时,该计划还促进了西欧共同市场的形成,欧洲经济合作组织也应运而生,为西欧共同体成立奠定了基础。可以说,"杜鲁门主义"和"马歇尔计划"的

---

① [英]奈尔·弗格森:《巨人》,第68页。
② [美]孔华润主编,王琛等译:《剑桥美国对外关系史》(下),北京:新华出版社2004年版,第259页。

出台,是美国在战后国际政治格局中确立国家身份和对外政策的基础,它稳定了摇摇欲坠的西欧,强化了美国作为资本主义世界领袖的地位和作用。同时,它也加速了欧洲的分裂(尽管"马歇尔计划"原则上不排除中东欧国家),直接导致苏联加快控制中东欧社会主义国家的贸易和经济,形成自成一派的市场体系。1947年9月共产党和工人党情报局的成立,宣布世界形成了两大对立阵营,欧洲分裂、美苏冷战被进一步固态化。

不过直至此时,美国国内各派势力仍然在为是否要为欧洲承担安全义务犹豫和争辩。阴魂不散的孤立主义残余势力不断劝告政府和民众,美国不应该在和平时期为欧洲承担政治和军事上的义务,相反,恰恰应该由欧洲人自己动员资源进行自我防御。还有不少美国人虽然不反对美国和西欧国家一起建立共同的安全体系,但是却不支持美国在欧洲,也就是苏联火炮的射程内长期驻军。另外,支持美国建立欧洲安全体制的人信誓旦旦地表示,如果仅仅依靠西欧自己的军事联盟,根本无力抵挡苏联红军的威胁,而且一旦失去美国的主导,欧洲联盟很可能重新滑向旧时的形态。最终,在1949年4月4日,美国主导的北大西洋公约组织在华盛顿国务院会议大厅举行了签字仪式。美国人担任北约盟军最高司令,北约的核打击力量的使用权也完全操纵在美国总统手里,美国改变了和平时期不参加任何军事集团的传统政策,也迈出了实现全球战略布局的关键一步。

随着苏联打破了美国对原子弹的垄断地位以及美国失去了中国,杜鲁门责令对美国的安全政策进行全面检讨和重新评估,于是在1950年出台了对冷战产生重要影响的国家安全委员会第68号决议。这份决议阐明,"在冷战的关键年里,军事与意识形态考虑是密不可分的。它认为苏联的挑战既是道义上的,也是物质上的……为了使苏联相信美国维护自由观念的决心,美国就必须具备与其意图相匹配的能力"[1]。这份文件

---

① [英]理查德·克罗卡特:《50年战争》,第115页。

的出台,也预示着美国对苏联的遏制政策走向军事化。所有这一系列事件并不是孤立的,它们共同表明了美国在即将到来的东西方冲突中,承担了领导者的角色,并充当了西方制度的守护者。虽然美国在全球范围内有计划地削弱英、法等老牌强国的势力和影响,但是,美国对这些国家的自由民主制度却持有高度认同。在战后欧洲,如果这些国家无法维系统治,给共产主义可乘之机,那么,失败的将不仅仅是资本主义统治阶级,同时还有负有守卫自由和民主神圣使命的美国。杜鲁门高呼:"世界的自由人民寻求我们去支持维系他们的自由。如果我们对我们的领导权踌躇不前,我们将损害到我们自己国家的福祉。"①

从杜鲁门时期直到冷战结束,美国作为自由世界保卫者的国家身份成为其对外战略的重要依据,历届政府都在对外政策上把保卫民主自由作为美国的重要使命和政策出发点(至少是话语权上的)。例如,1950年,朝鲜战争爆发之后,美国在评估半岛军事冲突时,偏执地认为,朝鲜战争的关键不是半岛内部谁统一谁的问题,而是苏联要以此向世界扩张的新模式,它以"中国人作为枪尖,直接目标是朝鲜、印支、缅甸、菲律宾和马来亚,中距离目标是香港、印度尼西亚、锡兰、印度和日本"②,这是对美国试图在亚洲建立的民主国家体系的巨大威胁,美国因此也下定决心出兵进行干涉。再比如说,在是否要军事干预印度支那事务的关键时刻,从二战血雨腥风中走来的德怀特·艾森豪威尔总统在1954年4月提出"多米诺骨牌"理论。他的理由很简单,如果印度支那让共产党统治,在南亚的其他地区将"迅速垮掉"。他打了个比方,如同"我们把一排的多米诺骨牌立起来,如果一排多米诺骨牌被推倒了第一个","那最后一个肯定也将迅速倒下,因此,一开始就可能崩溃,影响深远"。有鉴于

---

① Harry S. Truman, *Memories: Years of Trial and Hope*, New York: Smithmark Publishers, 1996, p.111.
② 朱秀芳:《意识形态与美国全球战略——以朝鲜战争、越南战争为例》,载《浙江学刊》2008年第1期,第123页。

此,艾森豪威尔断言:如果印度支那陷落,将导致缅甸、泰国、马来亚和印度尼西亚的陷落,届时印度将为共产主义所包围,澳大利亚、新西兰、菲律宾、中国台湾和日本都将受到严重的威胁,"丧失一个地区的可能后果对自由世界是不可估量的"①。他如此渲染共产主义在东南亚的威胁,就是要警告民众,如果美国不能在共产主义扩张面前挺身而出,那么,美国试图推行的民主制度在亚非地区就会遭遇连锁反应般的失败,这也成为美国之后陷入越南战争的重要政策考虑。约翰·肯尼迪等人动辄就将"慕尼黑经验"套用在对苏关系之上,在惊爆世界的古巴导弹危机时期,肯尼迪强调美国的外交政策要"让每一个国家都知道,我们将不惜任何代价,承受任何重任,应付任何困难,支持任何朋友,反对任何敌人,以确保自由得以存在下去并取得成功"②。其后,林登·约翰逊总统表示,"从柏林到泰国的世界各地的人民都相信,一旦他们遭到进攻,他们可以指望得到我们的保护",美国具有"保卫自由的责任"。③ 尼克松强调"美国在世界事务中的领导角色对我们自己的幸福所需要的那种世界仍然是必不可少的",这也是"美国新外交政策的哲学"之一。他说道:"如果你们愿意,可以设想一下,如果美国放弃承担保卫世界和平与自由的责任,这个世界将会发生什么。正如每一位世界领导人都知道的,甚至最直言不讳的美国批评者们也会承认的,世界其他地区将生活在恐惧之中。"④

尽管这一身份源于美国的历史传统,但是,同时也应该看到,在这一身份的掩饰之下,美国的帝国势力范围得到了不断的扩大。从历史角度来看,自杰斐逊时期就开始形成的"自由帝国"理念,已经成为美国应对世界性问题时的逻辑出发点和利益关注点,这种披着自由民主外衣的

---

① Thomas Patterson, ed. *Major Problems In American Foreign Policy*, Massachusetts, 1978, pp. 370, 453.
② 王玮、戴超武:《美国外交思想史(1775—2005年)》,第436—437页。
③ 王玮、戴超武:《美国外交思想史(1775—2005年)》,第466页。
④ Address by President Nixon, June 4, 1969, *FRUS*, 1969 - 1976, Vol. 1, Foundation of Foreign Policy, 1969 - 1972, p. 87.

"自由帝国",很容易获得冷战氛围笼罩下的国内民众的支持,也能得到同盟阵营或其他一些国家的默许甚至纵容,从而对美国推行全球霸权和帝国战略产生了必不可少的助推力。尤其是美国认为如果对共产主义示弱,将必然导致更多的国家和地区倒向共产主义,美国将丧失作为西方世界新霸权的威信,美国主导的国际秩序就更无从谈起。

3. "自由帝国"对"邪恶帝国":美国反帝国主义

正如前面提到的那样,美苏在相互的揣摩和猜疑中,拉开了冷战的大幕。这场斗争虽然在近半个世纪内并没有引起两个拥有恐怖军力的超级大国之间的直接军事冲突,却也持续导致双方及各自阵营的对立、冲突甚至大规模战争。为了赢得对共产主义的胜利,捍卫和扩张美国的全球性国家利益,以实力至上、对外强硬、持续扩张为重点的帝国思想很容易就渗透到了美国对外政策的决策和执行各个环节中去。不过,即便全世界大部分国家和民众都认为美国建立了一个新的强大帝国,但很多人对此并不是抱有强烈的排斥或仇视心理。这是因为,美国对外政策传统中的"例外论""天定使命"等观念加上战争恐怖氛围的出现,淡化了美国的帝国色彩,也让帝国思想和相关政策更容易让美国人和其他国家所接受。这时的帝国思想最成功的地方在于,它巧妙地将美国同传统帝国区分开来,不把重点放在如何说服公众去接受一个帝国身份的美国,而是要国内公众乃至全球民众相信美国采取的方式和提供的道路代表了人类未来,是正义和文明的。美国虽然拥有史无前例、令人恐惧的强大权力,却能自觉避免落入旧帝国的窠臼,因为,美国的身份早就表明,它是一个反帝国主义的新型帝国,而美国强烈批判的极权主义苏联,从根本上构成了美国身份的不言自明的"敌对他者",更成为美国对外政策必须针锋相对的劲敌。

二战结束之初,削减军队,恢复战前状态成为美国民众普遍的希望,美国人甚至对"华盛顿未能尽快恢复和平生活秩序、恢复军事计划、共用军事基地以及合作生产武器的讨论感到不耐烦了"①。但是,在杜鲁门等人看来,美国在鼎盛地位面前,退回到孤立主义立场,是不可能也是不现实的。帝国的支持者也希望利用战后美国无可匹敌的地位,建立新的国际秩序。不过,在战争结束、法西斯被粉碎的情形下,美国帝国思想必须寻求新的契机,以保持扩张势头。冷战反映了美国国际身份和对外政策的延续。苏联的崛起成为美国帝国构想得以实现的新机遇。大卫·坎贝尔(David Campbell)认为,冷战能被理解为"另一个通过对外政策进行的美国身份的制造和再制造的情节,而不是简单地由外部因素引发的危机"②。苏联的出现,是自对印第安人开始就存在的"敌对他者"情结的延续和一部分,对于重申美国身份这一想象的共同体具有关键性作用。苏联成为更大范围的西方共同体共同的"敌对他者",邪恶帝国为美国帝国对外政策中的军事化特征提供了依据。不同于日本或红色中国,苏联同纳粹相似,二者都是白人,因此较之以前的冲突,美苏冷战中种族主义扮演的角色有所减弱。但共产主义威胁在国家共同体应对敌人的过程中,发挥的文化功效却是一样的。

让我们此时回到1946年,那个冷战开端的年代。这一年的3月,丘吉尔在美国密西西比州富尔顿发表了著名的"铁幕演说":

> 从波罗的海的斯德丁到亚得里亚海边的里亚斯特,一幅横贯欧洲大陆的铁幕已经降落下来……在这条线的后面,坐落着中欧和东欧古国的都城,华沙、柏林、布拉格、维也纳、布达佩斯、贝尔格莱德、布加勒斯特和索菲亚——所有这些名城及其居民无一不处在苏联的势力范围之内。③

---

① [美]德瑞克·李波厄特著,郭学堂、潘忠崎、孙小林译:《五十年伤痕:美国的冷战历史观与世界》,上海:上海三联书店2008年版,第40页。
② David Campbell, *Writing Security: United States Foreign Policy and the Politics of Identity*, Minneapolis: University of Minnesota Press, 1998, p. 132.
③ 王绳祖主编:《国际关系史料选编》(下册),武汉:武汉大学出版社1983年版,第85页。

丘吉尔在演说中声情并茂,言之凿凿,呼吁美国要拯救基督教文明,并为美国勾画了一幅全球联盟的图画。既便如此,仍有不少美国人对从大英帝国手中接过指挥棒感到忐忑不安,担心突然承担全球义务,将会让美国无所适从。丘吉尔的儿子在"铁幕演说"的第二天曾明白无误地告诉沃尔特·李普曼:"我们两次把你们拖进战争,我们还会把你们拖进第三次战争的。"①对于帝国思想的热衷者们而言,取代英国成为新的世界霸主,不仅是大势所趋,更是天赐良机,这种在西方文明内部和平过渡的权力禅让(虽然此时英国压根儿早就没有实力来维持霸主地位了),象征了新一代领袖和帝国的崛起以及合法性继承。对于帝国思想的热衷者们来说,他们此时激动发热的头脑中并不担心与苏联战时同盟关系的破裂,也不害怕苏联的军事力量(美国此时仍然是原子弹的垄断者),他们最担心的,是无法让公众保持一种对美国全球主义外交政策持久的热衷和支持。威尔逊的失败早就说明,如果缺少了这一关键性因素,民众是不会赞成美国在大战之后继续保持庞大的常备军力,并在世界各地设立基地和部署驻军的,倘若如此,很难想象美国能够堂而皇之地建立全球帝国。自美国诞生开始就纠缠在一起的孤立主义、反帝国传统同帝国扩张思想再次对美国外交提出了考验。所以,在这个历史性关头,"华盛顿官员还需要动员美国全力以赴进行冷战,这一点十分紧迫,因为他们意识到这样一场冷战耗资甚巨,而国会对平衡预算和减税的关心甚于对另一种昂贵的海外承诺"②。

在20世纪50年代,随着美苏冷战的加剧,在美国以及欧洲盟友国内,都出现了对"极权主义"的研究探讨,这个词也成为杜鲁门总统爱在对苏政策演讲中津津乐道的内容。之后,美国政治研究领域还出现了"反极权主义计划"。这一新趋势,也标志着美国将自己的国家身份明确

---

① [美]德瑞克·李波厄特:《五十年伤痕:美国的冷战历史观与世界》,第40页。
② [美]沃尔特·拉菲伯,理查德·波伦堡,南希·沃洛奇:《美国世纪》,第312页。

定义为极权主义敌对他者的对立面。哈佛大学俄国研究中心研究员默尔·芬索德(Merle Fainsod)在《俄国是如何统治》一书中对苏联的政治体制进行了颇为详细的研究,这也是美国对苏联极权主义研究的教科书之作。他指出,"极权主义胚胎"长期存在于苏俄布尔什维克主义体系之中,斯大林的统治让它逐渐成熟,终于长成了"枝繁叶茂的极权主义政权,这个政权无情地压制任何政治异议,控制着每个社会机构,以服务于其目的",苏联通过灌输、宣传、机构控制和集体恐怖来压制社会,是"一个巨大的管教所"。① 这也加深了美国对苏联的认知,强化了自由对抗专制的合法性依据。

在这一背景之下,一种秉承了传统,同时结合了新的国际形势的反帝国主义的国家身份和帝国思想,在冷战阴影下成长起来。乔治·凯南这位时势造出来的英雄,在他那封从苏联发回的著名的"长电报"中,提出了对苏联行为根源的认识和未来政策的判断。他明确地将苏联的扩张行为视为俄罗斯帝国主义势力的扩张,他认为,"苏联领导人不仅受到他们创造的政治制度的需要的驱使,而且还受到一种自身不安全感的推动……宽大为怀与咆哮恐吓将被斯大林及其同伙视为软弱的表现……美国必须划出一条底线,以坚定的立场和耐心捍卫它"②。在美国外交圈子中很快形成这样一个共识:对敌人的绥靖将会被看作是软弱,会导致对手和其他心怀叵测的国家更加胆大妄为,直至发动侵略。因此,任何侵略的迹象——直接的或间接的——或不稳定都必须在其如滚雪球般扩大或者散播到距离本土更近之前,将其消灭于萌芽状态和遥远的海外地区。③

美国的对苏政策立场,其前提就是要防止邪恶势力对世界民主与和

---

① [美]伊多·奥伦著,唐小松、王义桅译:《美国和美国的敌人:美国的对手与美国政治学的形成》,上海:上海世纪出版集团2004年版,第145页。
② [美]孔华润主编,王琛等译:《剑桥美国对外关系史》(下),北京:新华出版社2004年版,第251页。
③ Ivan Eland, *The Empire Has no Clothes: U.S Foreign Policy Exposed*, p. 8.

平的威胁。这一基础让随之而来的帝国扩张变得合情、合理、合法。苏联这个"敌对他者"的出现,为美国的帝国思想提供了绝佳的标靶,同时还提供了掩饰美国帝国行为的烟雾弹。在为美国的扩张性政策辩护时,苏联威胁成为一个重要的放大器。通过渲染苏联和共产主义阵营的敌意,美国能够更为容易地影响民意,推进对外政策。杜鲁门总统在发表"杜鲁门主义"讲话之前,接受了阿瑟·范登堡(Arthur Vandenberg)的建议,即"要将美国人民吓得个半死",他也确是极力渲染苏联对美国和自由世界构成的迫在眉睫的威胁。这样的做法,为美国建立全球帝国提供了合法性理由。于是,在欧洲、东亚、东南亚、中东、非洲、加勒比等地区,美国在对抗苏联威胁的同时,也对这些地区的国家展开了大规模的渗透。雷蒙德·加特霍夫(Raymond L. Garthoff)指出,为了监控苏联外交官的情报活动,"美国希望往每一个国家都派大使,好像它是西方世界的领袖"[①]。大量的经济、军事援助涌入受援国,而对于那些害怕共产主义的政府而言,美国的支持是其确保政权的重要条件,作为交换,它们不得不在主权、政治、经济、安全等领域做出让步。这反过来加深了美国帝国政策对这些国家和地区的控制与影响,使得那些堂而皇之抑或偷偷摸摸的帝国主义行径,在反共主义、维护自由体制的宣传下,成为美国对自由世界引以为豪的支持。特别是在军事领域,对外战争合法性得到反共共识和反帝国主义的支撑。例如,对美国介入越南战争具有重要影响的国防部长罗伯特·麦克纳马拉(Robert Strange McNamara)就自诩早就警惕苏联的帝国主义,他指出,"苏联共产帝国主义在世界范围内的殖民扩张确实是史无前例的……(没有哪一个独裁国家)组织这样的完善,掌握这么多毁灭性武器"[②]。他的立场是那个时代、那一代人的典型思维

[①] [美]雷蒙德·加特霍夫著,伍牛、王薇译:《冷战史:遏制与共存备忘录》,北京:新华出版社2003年版,第299页。

[②] [美]德博拉·沙普利著,李建波等译:《承诺与权力:麦克纳马拉的生活和时代》,南京:江苏人民出版社1999年版,第153页。

方式。美国精英们相信,在反击苏联帝国主义行为的旗帜下,美国应当更加大胆、更强硬甚至不惜代价地推行对外政策。这为大张其鼓地实行帝国政策创造了舆论和政策基础,同时也将帝国思想的争议性降到一个相对较低的层面。

到了罗纳德·里根(Ronald Reagan)担任总统时期,"邪恶帝国"正式成为苏联的代名词。1983年3月8日,里根在佛罗里达州奥克兰市对福音教派全国联合会发表演讲。针对当时大学中兴起的冻结核武器的运动,里根号召民众不要受到蛊惑,"采取对双方各打五十大板的立场,无视历史事实,置一个邪恶帝国的侵略冲动于不顾,将军备竞赛称为巨大的误解,从而把自己置身于正确与错误、善与恶的斗争之外"①。里根的演说反复攻击苏联为"邪恶帝国","现代世界的罪恶之源"②。在他看来,他要率领美国和自由世界,同苏联这个"邪恶帝国"进行殊死较量。里根抨击尼克松时期的缓和刺激了苏联野心,增强了苏联的力量,"他批评美苏签订的军备控制协议……声称苏联人在谈判所有这些条约时采用了欺骗手段,撒谎和欺骗乃是苏联领导人的拿手好戏。为了抗衡这样的对手,美国只能诉诸于军事势力。里根决心重振国威,使美国重新赢得战胜苏联和安全无虞地击败其第三世界代理人的能力,重建美国作为世界支配性军事大国的地位"③。

"邪恶帝国"的称谓,是一个将宗教色彩同世俗政治融合的标签。基督教的经典《圣经》对世俗权力与正义的关系有着两种描述。一方面,《圣经》——尤其是《旧约》——对帝国的描述,很多都是同帝国的衰落和腐败联系在一起的。先知们批评帝国的暴行,并预言其衰败。例如,以色列人一直在同试图统治他们的帝国势力抗争:邪恶的帝国力量围困了他们,将他们变为囚徒,试图破坏他们作为上帝选民的命运。这个帝国

---

① [美]詹姆斯·曼:《布什战争内阁史》,北京:北京出版社2007年版。
② 方连庆、刘金质、王炳元主编:《战后国际关系史(1945—1995)》,第624页。
③ [美]孔华润主编:《剑桥美国对外关系史》(下),第443页。

的代表就是尼布甲尼撒的巴比伦帝国,因而,"'巴比伦的囚徒'这一念头变成了对之前的犹太人以及之后几个世纪每个地方的基督徒进行非正义的帝国压迫的象征"①。另一方面,基督教经典对世俗强权的评价并非一直都是充满敌意的。当那些威胁上帝选民的帝国崩溃之后,以色列的人民所需要做的就是期盼一个正义的统治者以其强大王国的崛起,也就是弥赛亚(Messiah)。弥赛亚是大卫王的后代,将复兴犹太王国。在先知但以理(Daniel)的预言中,帝国被推翻之后,将出现正义的统治者,将其他所有国家连根拔起。所以,"弥赛亚"既代表了推翻邪恶帝国,同时也意味着新王国的复兴。也就是说,从宗教教义角度来看,上帝选民的强大世俗王国是恢复世界秩序、实现上帝使命的必要存在。因此,当美国将苏联称为"邪恶帝国"的时候,潜意识中是将自己看作了将履行摧毁邪恶帝国神圣使命的新的世俗强权,这种正邪对决也让美国传统中的宗教救赎和使命召唤找到了新的奋斗目标。

为了赢得对苏军事优势,里根政府加强了军备建设,并启动了著名的"星球大战"计划(科幻电影《星球大战》的主题就是关于帝国与邪恶势力、战斗与力量、正义与非正义,在冷战氛围下十分适合大众的口味)。此外,美国还在国际上采取了强硬的对外政策。美国并不认为自己增加国防开支、进行积极对外干涉等行为是帝国行径,相反,美国认为这些政策都是为了抵抗苏联帝国及其帝国主义政策的必要选择。"正如德国帝国主义的威胁促成了华盛顿逐渐介入两次世界大战一样,共产主义扩张的威胁成为冷战期间美国'不情愿的帝国主义'主要的催化剂。"②有美国学者辩解说,美国的帝国是无意识中建立起来的,就像当初罗马在布匿战争后发现自己不知不觉成长为帝国一样,又如同英国当初以商业动机进入印度,却最终将后者变为殖民地一样,美国是为了消除危害人类文

---

① Hilary Carey, "Religion and the 'Evil Empire'", *Journal of Religious History*, Vol. 32, No. 2, June, 2008, p. 181.
② Amaury de Riencourt, *The American Empire*, pp. 115–116.

明和自由的"邪恶帝国",在亚洲、美洲、欧洲、非洲等各地为自由而战斗,不经意间成为新的帝国。反帝国主义式的帝国主义,一个在美国历史上曾反复出现的政策和思想趋向,在冷战体制之下,在对外政策领域中成为扩张的催化剂。奈尔·弗格森看得十分透彻:"对于一个一直都在否认自己是一个帝国的帝国而言,其唯一出路就是问心无愧地行事,与其他对抗性的帝国作斗争。1947年诞生的'遏制政策'的(总统)声明中,美国为它自己奇怪的帝国找到了思想体系,即'反帝国主义的帝国主义'。"①

二 冷战共识中的意识形态与帝国思想

人类在20世纪目睹了惨烈的世界大战,同时也见识到了不同意识形态间对立所能引发的残酷斗争。正如英国著名历史学家杰弗里·巴勒克拉夫(Geoffrey Barractbugh)描述的那样:"自1917年俄国革命以来,人们把当代历史舞台描绘成各种主义和信仰产生巨大矛盾、各种不可调和的意识形态互相冲突的一出好戏。人们把它比作中世纪基督教和伊斯兰教或者宗教改革时期天主教与新教徒之间的斗争,并且看到它是'我们时代最为生死攸关的争论',是'20世纪持续不断的巨大冲突'。"②冷战是两大超级大国、两种制度和两种体系的全面对抗与较量。在意识形态领域,苏联为代表的社会主义阵营以及之后变异的苏联帝国成为西方资本主义阵营面临的最大敌人。这是一种价值体系的挑战,美国认为必须予以强硬反击,才能捍卫西方资本主义文明价值观。冷战中这一对抗性和扩张性交织的意识形态冲突,为帝国思想注入了活力。冷战时期帝国思想在美国意识形态领域可谓如鱼得水,它的核心要素与冷

---

① [英]奈尔·弗格森:《巨人》,第68页。
② [英]杰弗里·巴勒克拉夫著,张广勇、张宏宇译:《当代史导论》,上海:上海社会科学院出版社1996年版,第196页。

战氛围、美国霸权扩张结合得如此天衣无缝。概括而言,主要包括三套理念:一是从东西方政治理念和体制的对立中,寻求建立普世性意识形态体系;二是从美国传统"弥赛亚"式宗教使命观中,寻求建立全球性的统治范围;三是从西方文明长期的种族主义和东方主义偏见中,寻求合法性地干预第三世界政治经济。

1. 两极体制与美苏意识形态对立

著名的历史学家小阿瑟·施莱辛格评价说,美国进入战后世界时抱有两个信念:美国有责任开创和捍卫全球和平框架,美国应当担负起推动世界民主化的使命。① 美苏冷战的一个典型特征就是两国之间并没有发生直接、公开的军事冲突。然而,自美苏成为两大阵营领头羊之后,两国在意识形态领域里的较量丝毫不比发生在世界其他角落的军事冲突逊色。如果说第二次世界大战是西方自由资本主义、苏联共产主义和轴心国法西斯主义三大意识形态的较量,那么到了冷战,随着美苏对立和冲突的加剧,人类历史上也出现了第一次全球意义上的意识形态斗争。可以说,第二次世界大战后随之爆发的冷战,使得国际意识形态领域的斗争成为影响国际政治发展的一个重要因素。

从美国建立的第一天开始,美国的对外政策一直离不开意识形态的指导。对于意识形态对一个国家对外政策的影响和作用,有两种大相径庭的观点。现实主义大师摩根索认为,意识形态是一种具有功能性的武器,甚至是一种借口,他解释说,"所有政治都必然是对权力的追求,但意识形态却把参与这种权力角逐解释成演员和观众在心理上和道德上都能接受的某些东西。"②其他一些现实主义学者也认为,就对外政策而言,

---

① Arthur M. Schlesinger, Jr. "Ideology and Foreign Policy: The American Experience", in George schwab, ed., *Ideology and Foreign Policy*, New York: Cyrco Press, 1978, p.127.
② [美]汉斯·摩根索著,徐昕等译:《国家间政治——寻求权力与和平的斗争》,北京:中国人民公安大学出版社1990年版,第125页。

意识形态更大程度上是一种伪装和掩饰。这种解释的缺陷在于，它仅将意识形态看作是用以修饰现实权力政治的道具，是被用来论证对外政策正当性与合理性，以此说服民众支持国家对外政策的手段。另一种观点则认为，在对外政策领域而言，个人或国家身份下的群体对国家利益和道德规范存在的认识，就是一种意识形态，因此，"一个国家的外交政策从根本上说是其独特的意识形态的表达"，外交政策"是主权社会及其基本价值观向国际社会舞台的意识形态拓展"。① 也就是说，意识形态是人们从历史传统和个人经验出发，在思考外部世界时所持有的思想观念。这两种论点指出了意识形态在对外政策中发挥影响的两个方面：它既具有发乎于自然的思想指导功能，同时也常常成为统治阶层操纵影响民意，掩饰对外扩张政策的工具。但无论是哪种特点，意识形态都是一种思想层面的价值观念体系，代表了一种世界观和认识论。

美苏意识形态对立，始自于苏联共产主义政权的兴起。十月革命爆发前后，列宁领导下的共产主义运动已经显示出与美国格格不入的意识形态体系。在苏维埃眼里，现实生存虽然迫使其渴望与英法美等资本主义强国维持平稳关系，但革命目标却与当时的国际体系格格不入。在美国看来，苏维埃政权"恶名远播"，它否定了西方民主社会极为推崇的民主政治体制、自由市场经济，否定了宗教信仰自由，否定了财产私有制度，简直是美国制度的对立面。当时美国国务卿罗伯特·兰辛（Robert Lansing）极其厌恶苏维埃政权，将其与历史上的帝王专制乃至法国大革命带来的恐怖时期相提并论，认为布尔什维克主义是"人类头脑中从未有过的最骇人听闻的、最可怕的东西"，美国参议院报告甚至称"布尔什维克行为是对现代文明的彻底抛弃"，美国人害怕布尔什维克主义如同炸弹一般，"能够把我们的制度像波旁王室、像埃及法老那样彻底炸

---

① Walter Carlsnaes, *Ideology and Foreign Policy: Problem of Comparative Conceptualization*, New York: Blackwell, 1987, p. 5.

掉"。① 因此,美国对苏联长期抱有敌视心理,不仅是西方最晚承认苏联的国家之一(不承认政策持续到1933年罗斯福政府时期才宣告结束),而且在重大国际问题上屡屡向苏联发难,加入到了协约国对苏联的干涉行动之中。1920年,美国国务卿班布里奇·柯尔比在给意大利政府的一封照会中,不加隐瞒地宣示了美国的对俄政策:

> 美国政府不可能承认俄国之现时统治者为一个政府,可与其维持友好的政府间相互关系。这种信念与俄国人民本身所认为宜于接受的任何特别的政治结构或社会结构无关……布尔什维克主义存在于俄国,其统治维持所倚赖,且继续倚赖的是,其他一切文明大国也相继爆发革命,这也包括美国在内,那些革命将推翻和摧毁现行政府,代之以布尔什维克主义的统治。对于一个决心和定将以阴谋反对我们制度的政府的代理人,我们不能承认,不能有官方的关系,不能给予友善的接待。②

第二次世界大战中出现的反法西斯同盟,暂时缓解了这种敌对,罗斯福也从建立同盟国战线的战略考虑出发,对苏联采取了合作甚至某种程度上默认其势力范围的政策立场。但从二战后期开始,随着两个大国实力和地位的空前上升,国家利益碰撞更加频发,美苏关系随之经历了180度的转变,丹尼尔·耶金(Daniel Yergin)将其称为从"雅尔塔公式"到"里加公式"的转变。所谓"雅尔塔公式"是指罗斯福推行的对苏政策,即"有意降低了意识形态的作用和国内集权体制对外交政策产生的负面影响,并依据苏联的行为表现而将其视为国际体系中的一个传统大国,认为它并非试图要推翻现有的国际体系",在此基础上美苏合作是可能继续延续的;"里加公式"则"将苏联视为世界革命国家,认为苏联在征服世界动力的驱使下,以救世主自居,不承认与资本主义国家共处的可能

---

① 周琪主编:《意识形态与美国外交》,上海:上海人民出版社2006年版,第449—450页。
② 周琪主编:《意识形态与美国外交》,第450页。

性,并专注于残酷无情的意识形态斗争",基于此认识,美国必须通过毫不妥协的斗争挫败其扩张主义阴谋。①

美苏两国在战后初期,围绕势力范围问题不断发生摩擦和冲突。双方都将对方的行为看作是一种挑衅。而两国截然相反的意识形态立场,使得冲突非但没有得到缓解,反且一步步走向顶峰。一方面,杜鲁门上台后,很快就接受了"里加公式"的立场。他曾当面批评国务卿詹姆斯·贝尔纳斯(James Byrnes)对苏联不够强硬,表示"我已厌倦于笼络苏联人"②。另一方面,斯大林则宣扬,"苏维埃制度比非苏维埃制度更具生命力、更稳固"③。这反过来又被美国看作是"第三次世界大战的宣言"。国家利益的冲突让意识形态斗争这堆火焰越燃越旺,美苏对彼此的战略认知也持续走向极端,"美国闹不懂苏联为何不愿接受美国仁慈的优势地位,苏联也弄不清美国为何拒绝予其和它一样的地位。文化方面的分歧加剧了相互之间的不满,共同敌人的消失使双方便自然地想起了过去的分歧,并使更早期的意识形态偏见喷涌而出。正如苏联人对美英意图的忧虑那样,美国反共主义的深层潜流熬过战时的合作而延续下来"④。也正因为如此,当丘吉尔在美国富尔顿用"铁幕"演说渲染"铁幕"之后的人民"无一不处在苏联的势力范围之内,不仅以这种或那种形式屈服于苏联的势力影响……根本没有真正的民主"时,杜鲁门之流才会有如此共鸣,深感美国、英国应"联合使用两国在世界各地掌握的所有海空基地",共同对付苏联。⑤

如果说丘吉尔的"铁幕演说"还多少属于鼓吹冷战共识的话,那么"杜鲁门主义"的出台,则正式拉开了冷战帷幕,美苏意识形态较量也进入全球战略层面。杜鲁门把世界划分为自由民族地区和少数人意志强

---

① [美]克里斯托弗·莱恩:《和平的幻想》,第 90—91 页。
② 方连庆、刘金质、王炳元主编:《战后国际关系史(1945—1995)》(上),第 48 页。
③ [苏]斯大林:《斯大林选集》(下卷),北京:人民出版社 1979 年版,第 499 页。
④ [美]孔华润主编:《剑桥美国对外关系史》(下),第 244 页。
⑤ 方连庆、刘金质、王炳元主编:《战后国际关系史(1945—1995)》(上),第 51—52 页。

加于多数人的地区这样的一个世界。他甚至将希特勒的战时同盟土耳其列入自由民族地区,并警告如果美国置之不理,希腊和土耳其将落入后者。他在讲话中用两种意识形态及其决定的两种生活方式来为美国的对外政策辩护,他说:"第一种生活方式的基础是多数人的意志,特征是自由体制、代议政府、自由选举、保障个人自由,言论与信仰自由,而且有免于政治压迫的自由。第二种生活方式的基础却是以少数人的意志强加在多数人身上。它依恃的是恐怖和压制,控制着报章和电台,操控选举,并且压制人身自由。"①杜鲁门还表示说:"除非我们愿意帮助自由的民族维持他们的自由制度与国家的完整,以抵制企图将极权体制强加于他们的各种侵略行动,我们就将不能实现自己的目标……我认为,美国的政策必须支持各个自由的民族,他们正在抵抗武装的少数集团或外来压力所试图进行的征服活动。"②这一演讲"将共产主义威胁定义为意识形态上的,因而要求美国人投身于在全球范围反对这种威胁……这个威胁既然被定义为意识形态上的,那么美国人就必须准备好干涉世界上感觉到这种威胁的任何地方,而不管这个地方是否实际而直接地受到苏联及后来中国的威胁"③。这也成为遏制政策最为重要的意识形态基础。针对杜鲁门的讲话,苏联元帅朱可夫(Georgy K. Zhukov)在同年8月宣布了"两个阵营"的世界观,警告社会主义阵营,如果向以美国为首的帝国主义阵营妥协,将鼓励后者进行更为傲慢的进攻性政策。在美国眼里,与苏联的意识形态对立事关两种政治制度的生死对决。哈佛大学政治系的卡尔·弗里德里克(Karl Frederick)和他的学生——后来名声鼎盛的兹比格纽·布热津斯基(Zbigniew Brzezinski)在合作的《极权专制与独裁统治》一书中,曾对比了苏联、纳粹德国和法西斯政权的意识形态,找出六个共同特征:"一种官方意识形态……其特点是致力于实现人

---

① [美]亨利·基辛格:《大外交》,第427—428页。
② [美]孔华润主编:《剑桥美国对外关系史》(下),第256页。
③ [美]沃尔特·拉菲伯、理查德·波伦堡,南希·沃洛奇:《美国世纪》,第314页。

类最终的完美状态;一个通常由单个人领导的大党;一个恐怖的警察控制体系;对一切大众传媒渠道进行几近完整的垄断式政党控制;对一切武装斗争手段进行几近完整的垄断式政党控制;对整个经济进行中央计划和调控。"①而苏联身上体现出的所有这些特点,即便没有变成直接架在美国脖子上的利刃,也能让美国一旦想起它们的存在和扩大,就担心美国赖以立国、西方民主赖以生存的根基受到严重威胁。

事实上,早在战争结束之前,美国高层中的很多人已经自然而然地将苏联作为最大敌人。1945年12月,战争胜利的气息还在空气中洋溢,在美国的一次民意测验中,虽然只有1/3强的美国人预测在接下来的25年中会爆发新的大战,但怀有这一想法的人几乎都无一例外地将苏联作为发动战争的国家。随之而来的美国和苏联在诸多问题上的分歧、冲突甚至对抗,不断使得双方的意识形态斗争尖锐化,在这种情况下,"老的意识形态得到了双倍的加强,便形成了冷战政策,并由此产生了该项政策最重要的表述语——遏制理论。意识形态解释了采取遏制政策的根据乃是全世界的自由处于生死存亡的危险之中。这一意识形态还界定,苏维埃共产主义是自由的主要威胁,美国具有无可争辩的责任去同它斗争"②,因为"面对像极权主义这样的意识形态帝国,一旦放松警惕,就会导致像二战这样的或更严重的灾难发生"③。

在反对苏联帝国主义式意识形态的同时,美国也在建立自己的意识形态帝国。值得注意的是,摩根索、凯南、李普曼等著名学者都曾试图淡化意识形态因素对美国外交的影响。在他们看来,如果将国家利益与道德原则对立起来,将严重妨碍美国的外交政策。不少人建议美国应该从国家传统和现实政策角度来看待苏联的崛起与扩张,而不应该过分强调意识形态领域的对立。但是,恰如在美国历史上反复出现的那样,作为

---

① [美]伊多·奥伦:《美国和美国的敌人:美国的对手与美国政治学的形成》,第146页。
② [美]迈克尔·亨特:《意识形态与美国外交政策》,第163页。
③ [美]伊多·奥伦:《美国和美国的敌人:美国的对手与美国政治学的形成》,第146页。

美国对外政策的基础性资源与合法性基础,统治阶层把意识形态看作是防止美国重回孤立主义、激发美国国民斗志的重要工具。正如有学者评价的那样:"在美国这样一个利益多元化的社会,要改变公众舆论是困难的,而夸大意识形态的威胁就能加速这种转变。"①

美苏意识形态的对立贯穿整个冷战时期,也被看作是美国及西方社会面临的生死攸关的挑战。意识形态差异导致美国政府对共产主义世界的敌视。如美国总统艾森豪威尔认为必须捍卫西方精神和文化的优越地位,因为"苏联确实打算赤化整个世界。它造成饥馑,引起动荡,助长无政府主义,确信这些东西都是发展它们该死的哲学的温床","我们面临着两种制度生存死亡的战斗"。② 肯尼迪则强调冷战"不仅仅是追求军事霸权的斗争,也是两种对立意识形态之间的斗争,即上帝所保佑的自由同冷酷无情的无神论的暴政之间争夺最高权力的斗争"③。反共立场坚定的里根更是在1981年宣称,"西方将不是遏制共产主义,而是要战胜共产主义,我们将不厌其烦地谴责它,我们将把它解释为人类历史上令人忧伤的稀奇古怪的一章,人们正在写完它的最后几页"④。

这样的局面也让帝国思想的扩张政策进一步融入美国对外政策之中。美国在世界各地推行的政治、经济和军事霸权政策,都被解释为受到美苏意识形态较量影响而做出的正确选择。两极对峙体系下的意识形态对抗,对于美国帝国思想来讲,有着三个重要的意义。其一,它进一步实现了帝国思想寻求的扩张。意识形态斗争是思想领域的较量,但它离不开美苏现实权力的角力,特别是为了捍卫意识形态优势,美国持续强化对外文化输出、民主输出等,这也让美国的意识形态从不同方面影

---

① 杨光斌:《意识形态与冷战的起源》,载《教学与研究》2003年第3期,第31页。
② 王玮、戴超武:《美国外交思想史(1775—2005年)》,第362页。
③ Thomas Paterson, *Meeting the Communist Threat: Truman to Reagan*, New York: Oxford University Press, 1988, p.199.
④ [美]施韦策:《谁摧毁了'邪恶的帝国'》,载《现代外国哲学社会科学文摘》1995年第3期,第41页。

响了世界上其他国家的政治发展。同时,也让很多国家心甘情愿过渡出让部分主权,供美国建立军事、政治、经济上的超级霸权。其二,它帮助美国坐稳了统领西方的霸主地位。美国经济、文化、政治、军事等方面的优势渗透到西欧社会体系之中,成为影响战后欧洲社会发展的关键因素之一,在战争威胁面前,英法德等国家不得不接受美国的盟主地位,即便如戴高乐的法国有时搞点"小傲娇",也不敢甩开美国独来独往。其三,它进一步固化了全球帝国统治模式。意识形态的全球性对抗,也带来了全球性争霸,美国和苏联在几乎整个世界范围内展开的竞争,也让帝国思想得以随着对外政策的扩张主义不断兴盛,而且这种帝国思想和帝国政策,不必单独承担来自国内民众的道德谴责和质疑。

2. 宗教意识形态视野下的帝国思想

从建国至今,宗教意识形态对美国社会和对外政策的影响是极其重要的。在冷战之前每个帝国扩张的阶段,宗教使命观念、道德伦理标准都成了美国解释自己国际行为的重要依据。围绕清教这一主要核心,不同的思想流派和基督教分支,借助国际和国内环境的变化,在美国的帝国扩张过程中留下了不可磨灭的印记。美国社会的基督教新教,分为基督教原教旨主义(或基要主义)、福音派以及基督教自由派等。概括来说,新教伦理观对于世俗政治的立场虽然有所区别,但是,从本质上来讲,它们都不否认美国在基督教历史上的特殊地位和使命。

罗伯特·贝拉(Robert N. Bellah)在 1967 年提出了"公民宗教"(Civil Religion)概念,认为美国人将世俗政治与宗教社会结合起来,宗教信仰与爱国精神相互支持和印证。[1] 这种公民宗教的一个重要内容,就是坚信美国是上帝的选民。美国历史学家小阿瑟·施莱辛格对宗教在

---

[1] Robert Neelly Bellah, "Civil Religion in America", *Journal of the American Academy of Arts and Sciences*, Winter, 1967, pp. 1 - 21.

美国外交中的影响也有着深刻的认识。他认为,关于美国外交一个古老的争论就是:美国是一个如其他国家一样贪婪的普通国家呢,还是作为上帝选中来拯救世界的国度?按照小施莱辛格的看法,第一种观点源于历史上的帝国主义方式。第二种观点源于宗教,即被当作思想体系的世俗化了的神学。① 宗教的作用,在特殊的环境之下显得尤为突出。而世界大战以及冷战氛围,为一些宗教意识形态创造了影响外交政策的条件。在这其中,基督教原教旨主义和福音派在塑造美国战后国家身份、意识形态以及对外政策方面,甚为活跃。

在世界大战的硝烟散去之后,福音派思想对美国外交产生了不可忽视的影响。它以"威尔逊主义"为基础,寻求建立民主、自由及和平的世界秩序。这种精神在二战之后随着美国崛起为世界霸主,在对外政策中留下了深刻的印记。与此同时,美国的基督教原教旨主义对美国世界观的影响逐渐增强,特别是冷战的开始,为这种保守的宗教意识形态提供了新的土壤。美国的基督教原教旨主义兴起于 20 世纪初期。它是以反对现代主义和自由主义的立场开始产生发挥影响的。世纪之交的社会科学和社会思潮的发展,尤其是达尔文主义的流行,严重冲击着传统文化和观念。宗教阵营大致分为两派,一派为自由主义,也称现代主义,它通过调整教义,借助现代科学观重新解读宗教信条;而另一派则是原教旨主义。基督教原教旨主义是一种宗教意识形态的信条,认为《圣经》是解释上帝权威和真理至高无上的权威。从文化和政策领域而言,原教旨主义趋于保守和传统,因而它吸引了大量的保守派势力。基督教原教旨主义的世界观对其政策取向有着重要的影响。它的一个典型特点,就是将世界看成善与恶、对与错、魔鬼与天使、光明与黑暗、正义与邪恶的并存的对立体。这种立场在国际问题上,就表现为将非基督教意识形态或文明看作是对立的敌人,二者之间的较量是一种零和博弈。

---

① Arthur M. Schlesinger, Jr., *The Cycles of American History*, p. 51.

美国的两次世界大战经历使得这种原教旨主义思想获得了更多的支持。战争让美国人相信美国独特国家身份的正当性。美国人也因而简单地将世上的国家看作是正当与不正当、善良与邪恶的两类。宗教观念中的道德和法规思想,让美国的存在和行为具有了神圣的宗教意义,同时也强化了不同思想体系之间的对抗色彩。美国把世界看作是上帝正义的力量与撒旦邪恶势力之间的宏伟战斗。杜鲁门总统宣称,"宗教和民主在这个国家是兴衰与共……'我们信仰上帝'不仅仅是我们硬币上的格言。它是一个伟大民族市民和宗教信仰的宣言"①。原教旨主义运动兴起的意义在于,它关注的不仅仅是基督教的一种变化,它提供了一种语言和想象,美国人从中能将自己想象为是上帝在这个世界上选中的国家,肩负了天赋使命。② 这是美国例外论和使命观传统的又一体现,也是美国从"山巅之城"走向全球帝国的重要理论依据。

到了1948年,基督教原教旨主义的叙述方式进一步开始流行起来,它将美国视为一个在充满罪恶的世界中捍卫上帝赋予的个人自由和道德法规的神圣之地,这种思想很快就成为美国战后文化中最显著的内容之一。如艾森豪威尔曾说:"善与恶的力量相互交错,全身武装,进行着历史上前所未有的争斗,自由反对奴役,光明反对黑暗。"③这种以宗教为基础的观念并不是第一次出现在美国国家身份之中,但此时它的表现更为强烈,因为它面对的是一个对美国乃至整个西方文明构成全面威胁的制度。到了20世纪后期,基督教原教旨主义为代表的宗教保守势力已经成为美国社会和政界的重要力量。里根总统也将其视为重要的票源和支持力量,声称:"我们是一个深信有希望之乡的民族,我们是一个深

---

① "Truman to Reverend William B. Lampe", *Moderator of the General Assembly*, Presbyterian Church in the USA, April 29, 1946. PPF 260, HSTL.
② David Zietsma, *Imagining Heaven and Hell: Religion, National Identity, and U. S. Foreign Relations, 1930 – 1953*, A Dissertation of the University of Akron, Doctor of Philosophy, 2007, p. 347.
③ [美]保罗·肯尼迪著,蒋葆英等译:《大国的兴衰》,北京:中国经济出版社1989年,第462页。

信我们被上帝选中来创造一个更伟大世界的民族。"①他还在英国议会发表充满帝国思想色彩的演说,声称要对共产主义进行新的"十字军东征",扬言要把苏联和苏维埃制度一起扫进"历史的垃圾堆"②。

以宗教价值观为基础的道德感和世界观,可以说是美国对外政策中灵魂性的内容,也是刺激美国帝国思想强硬对外政策和扩张冲动的最佳药剂。追本溯源,"山巅之城"的最初概念是上帝赋予世俗世界的美好家园,"上帝的归上帝,恺撒的归恺撒",并没有要求美国对自身之外的世界进行必要的干预。但是,美国的扩张成长,特别是两次挽救西方文明的经历,印证了美国是世俗之中独一无二的理想之国,也是上帝使命的最忠实的推行者。这种宗教自我意识和信条,正是美国在推行帝国式战略的时候,用来粉饰那些与其政治传统和理想看似格格不入的斑痕,美化其对世界统治的精神鸦片。在宗教视野中,上帝代表了正义和道德权威,基于此逻辑,美国作为被上帝挑选出来的国家,是正义和道德的化身,同时应当肩负起传播基督教福音的使命。但是,面对截然对立的社会主义阵营,宗教势力却难以对其进行渗透,甚至基督教文明时刻都面临着来自无神论和共产主义的毁灭性打击。为此,美国和西方世界必须保持强大的军事实力和保守的外交政策,对苏联采取强硬的政策。正如凯南在《苏联行为的根源》一文中鼓励美国扮演代表正义阵营领袖这一国际角色时所说的那样:

> 美、苏关系的问题,本质上是考验美国是否值得被认为是各国领袖的问题……对俄、美有深刻观察的人士,将发现对克里姆林宫向美国挑衅,无从抱怨,他反倒对这份天意有些许感恩之情。因为天意让美国人民遭遇这一艰巨的挑战,使得美国的整体安全端赖他们能否团结一致,也端视他们能否承担起历史赋予的道德与政治领

---

① John W. Robbins, "The Messianic Character of American Foreign Policy", *The Trinity Review*, September/October, 1990, p. 11.
② 方连庆、刘金质、王炳元主编:《战后国际关系史(1945—1995)》,第 625 页。

袖的责任而定。①

有了道德上的支撑,美国的帝国扩张也自然而然成为反对专制主义和"邪恶帝国"的最佳选项,因为应付"邪恶帝国"挑战的最好方式,就是以一个代表光明和正义的强盛帝国与之抗衡,这也正好迎合帝国支持者寻求建立全球军事优势、扩张美国势力的野心。反共主义在宗教意识形态的催化之下,其身上的神圣光环更加耀眼夺目,也更加蛊惑人心。英国历史学家赫伯特·巴特菲尔德(Herbert Butterfield)认为,基督教徒往往容易被一种自以为是的思想鼓动,美国习惯以道德捍卫者自居,将清除国际社会中一些不公正现象看作自身不可逃避的义务,这种心态就是一种国家层面的自以为是(Self-Righteousness)。② 这种自以为是的心态,使得美国在处理国际事务时,自认为占据了道德制高点,盛气凌人,践踏其他国家的主权和利益,正所谓,"帝国逻辑善于把道德诚信作为实力要素加以利用,但是永远不会允许别人拿道德诚信来衡量帝国逻辑"③。

3. 意识形态斗争与美国帝国的扩张

如保罗·肯尼迪所言:"冷战使双方都利用意识形态原则来掩盖各自的对内、对外政策的需要。"④美国冷战意识形态斗争,为帝国思想滋生提供了更肥沃的土壤,也为美国的帝国扩张做好了思想铺垫。

回顾历史,无论是雅典、罗马、英国还是第三帝国,这些帝国都将自己的意识形态视为最文明、最先进的思想,其指导之下的政府体制代表了文明进步的方向,其指导下的对外扩张也是具有正当合法性的行为。

---

① [美]亨利·基辛格:《大外交》,第431页。
② John C. Bennett & Harvey Seifert, *U. S. Foreign Policy and Christian Ethics*, Philadelphia: Westminster Press, 1977, p. 25.
③ [德]赫尔费里德·明克勒著,闫振江等译:《统治世界的逻辑:从古罗马到美国》,北京:中央编译出版社2008年版,第16页。
④ [美]保罗·肯尼迪:《大国的兴衰》,第462页。

在伯罗奔尼撒战争中,雅典的伯利克里在阵亡将士葬礼上发表一番激情洋溢的讲话,他说:"我们结交朋友旨在给他人好处,而不是从他人那里得到好处……只有雅典人,他们在施惠于别人时从不计较利益得失,而是出于一种慷慨大度的信念,一种勇敢无畏的信念。一言以蔽之,我们的城邦是全希腊的学校。我认为世界上没有人像雅典人这样,在个人生活的许多方面如此独立自主,温文尔雅而又多才多艺……在现有的国家中,只有雅典在遇到考验时,被证明是比它的名声更加伟大……不但现代,而且后世也将对我们表示赞叹。"①罗马诗人维吉尔(Vergil)认为,罗马的主宰是上帝意愿的实现,是为了给战乱的世界带来和平。同样的,高高在上的大英帝国的帝国主义者们则信奉,他们取代了犹太人成为上帝挑选的民族,要在全世界传播基督教文明。在战争狂人希特勒的眼里,雅利安人种的优越性决定了其应当成为世界文明的主宰。

  同样的意识形态特征也体现在美国身上,甚至更为突出。美国的意识形态体系中强调了美国使命的神圣属性及美国对此怀有的无法回避的责任,遏制苏联虽然是冷战时期意识形态斗争的重要内容,但从更广阔的历史空间来看,美国意识形态扩张中包含着更具体的目标,那就是要在全球范围内四处传播民主,建立自由市场体系,成为自由民主世界的领导者。从奥沙利文到西奥多·罗斯福、洛奇、威尔逊,再到杜鲁门、艾森豪威尔、肯尼迪、里根等,历代的美国精英们都相信美国具有在海外传播文明的使命。美国的意识形态蕴含了一种普世主义和一种排他性的思想体系,这种以自由主义为核心的普世主义意识形态,鼓吹在世界范围内对抗非我族类的政治思想和意识形态,并试图通过输出资本主义民主和自由市场制度,从经济和政治上强化意识形态影响。在西方世界内部,美国要担任领导者角色,在为西方阵营提供安全和经济援助的同

---

① [古希腊]修昔底德著,徐松岩、黄贤全译:《伯罗奔尼撒战争史》,桂林:广西师范大学出版社2004年版,第100—101页。

时,将其整合入美国可资利用的战略资源之中。对于非自由世界,美国和西方可以通过各种手段,颠覆其政权性质,不择手段地迫使其成为己方阵营的一分子,或者至少使其无法被共产主义集团控制。因此,美国的对苏遏制战略,虽然从字里行间中看似乎是一种面对咄咄逼人的苏联而采取的反击政策,但其主动扩张特征也极为明显。正如杜鲁门宣称的那样,美国的责任甚至远远超过那些曾经与"大流士一世的古波斯帝国、亚历山大大帝的古希腊、哈德良的古罗马以及维多利亚女王的大不列颠"对抗的人们,"拯救世界于极权主义中"的唯一出路是"全世界要采用美国体系",而美国体系"只有成为世界体系才有可能幸存下来"。① 如果按照这样的逻辑,非美国的文明和制度,就必须接受美国的改造,抑或被美国摧毁,世界和平与繁荣才能真正得以实现。这与历史上的很多显赫帝国鼓吹的绝对化意识形态特征不正是如出一辙吗?

　　需要看到的是,罗斯福时期采取的是一种"选择性"的自由国际主义政策,即在对外干预和扩张上试图保持一种自我克制。但是,到了杜鲁门这里,美国转而开始寻求主动出击,在全球范围内推进民主,扩大势力范围。此时,意识形态为美国的帝国扩张提供了更有利的条件和自我说服的借口。很明显,基于意识形态基础之上的美国对外政策,使帝国思想更容易融入到主流思潮中。美国在国际上推行的帝国主义政策,也变成了对抗极权政治和共产主义的必要的、正当的行为,这一过程也清晰地显示出意识形态是如何对外交政策和军事战略产生影响的。例如,在中国问题上,美国将反共产主义作为对华政策的基础,尽管美国政府对蒋介石的国民党政府的腐败无能已经忍无可忍,但是,由于害怕有苏联支持的中国共产党取得胜利,美国还是支持蒋介石政府打败中国共产党的军队。日本刚刚投降,在杜鲁门发布的"第一号总统令"中,他命令在中国的日伪军只能向蒋介石政府交出武器和阵地。近6万美国海军陆

---

① [英]奈尔·弗格森:《巨人》,第69页。

战队员被迅速调往中国华北,在塘沽、烟台、青岛登陆,帮助国民党军队占领京津唐一带的港口、重镇和铁路线。当时在中国目睹这一切的美国记者白修德描述道:"美国海军陆战队、国民党、以前的伪军以及日军形成了一个非常罕见、极端奇怪的联盟,共同守卫这些铁路,以防共产党游击队的进攻。"①杜鲁门还命令海空军将国民党军队迅速运送到华东、华北、东北等地,到1946年7月美军共帮助运送国民党军队50多万人,后者得以在大部分地区接受日军投降。美国这样做名义上是支持中央军尽快收复失地,实则要帮助蒋介石抵挡共产党的势力。此外,美国还对蒋介石政府进行了大量军事援助和经济援助,尽管之后美国调整对华政策,减少了对蒋介石的支持,但美国对中国事务的干预,很大程度上也助长了国民党政府与中国共产党军队进行内战的气焰。即便在蒋介石退守台湾之后,美国仍然置广大中国人民意愿于不顾,对蒋介石进行军事援助,并派出第七舰队在台海阻挠中国的统一。此外,在伊朗和危地马拉,美国中央情报局展开秘密行动,策划政变,扰乱政局,目的就是要让美国利益能得到顺利拓展,扶持亲美政权。在1954年3月的第十届泛美会议上,新执政的艾森豪威尔政府清楚地指出,华盛顿将会对外实施干预,并不全是要用威尔逊式的方式来支援民主的力量,而是要阻止共产主义,即便为此要增援极权政权。当时会议的召开地是委内瑞拉的加拉加斯,该国正处在反共独裁者马科斯·佩雷斯·希梅内斯(Marcos Perez Jimenez)的统治之下,这也充分说明了美国在意识形态领域向反共主义和扩张主义的妥协。②

美国在日本问题上的立场也表明了其试图建立远东帝国前哨的战略构想,压倒了对日本帝国进行战争罪责清算的打算。为了尽可能保持

---

① 《美援在内战中帮了蒋介石多大忙?》,腾讯网,http://view.news.qq.com/zt2013/my/index.htm
② Tony Smith, *America's Mission: the United States and the Worldwide Struggle for Democracy in the Twentieth Century*, New Jersey: Princeton University Press, 1994, p. 183.

日本的稳定特别是利于美国实施占领,美国并没有废除对战争负有不可推卸责任的天皇。不仅如此,在冷战气氛日趋紧张、朝鲜战争如火如荼之际,美国对一批血债累累的日本战犯肆意放纵,不仅使得战争罪孽深重的战犯逃避了法律的惩罚,一些人之后还堂而皇之地高居庙堂之上。这从根本上使得对日本战争罪责的清算极不彻底,军国主义余孽如潜伏的火种,期待死灰复燃的那天。而这给美国带来的最大收获,就是将日本迅速改造成为美国在远东最重要的军事盟友,并建立了多个重要的军事基地,使得美国能够从军事上威慑和干预周边国家事务,也奠定了时至今日美国军队在东亚地区的地缘优势地位。此外,美国利用法国衰弱之机,逐步介入印支半岛事务,一边得意洋洋地蚕食法国的帝国遗产,另一边则试图控制越南。艾森豪威尔曾经公开表示,法国在印度支那的战争,与美国在朝鲜的战争,都是为了同样的目的。在美国国内,冷战氛围和麦卡锡主义的盛行,使得"很少有人倾向于认为法国的对越战争是一场殖民战争,而更多地认为它是一场西方的反共战争,一场目的在于给越南以自由的战争"①。美国决策层不断地向民众灌输这样的观念,即南越与北越之间的矛盾,是自由世界与共产主义之间的抗衡。在意识形态对抗的掩饰之下,战争给越南人民造成的创伤以及背后隐藏的美国地缘扩张的帝国企图,都得到了粉饰,美国的干预和扩张甚至自带某种"英雄"光环。即便美国最终在越南遭到失败,国内一些人依然固执地坚持从意识形态角度来看待失败,辩解如果美国不参与战争,印度支那半岛恐怕全都会落入共产党手中。

为了同苏联争夺第三世界,美国利用合作、援助、军事干涉、文化输出等手段,为意识形态和国家利益的扩张充当开路先锋。这时的美国,认为第三世界落后国家和人民如同当年的菲律宾人一样,需要美国等西

---

① [美]戴维·哈尔伯斯坦著,齐沛合译:《出类拔萃之辈》,北京:生活·读书·新知三联书店1973年版,第219页。

方文明大国的力量来帮助其走上正道,从杜鲁门提出的"第四点"计划开始,美国就将目光投向第三世界,试图通过扩大美国的影响,从政治体制到社会经济体制,全方位改造落后地区,从而通过经济发展和政治操控来阻止共产主义扩张。很显然,美国在冷战特别是 20 世纪 50—60 年代推行的指导第三世界国家发展的政策,从理论和实践上都像极了 19 世纪的"天定命运论"和 19 世纪末的帝国主义思想。不过,此时美国不再公然卖弄已经臭名昭著的社会达尔文主义,转而用文化的先进性来证明种族差异和制度差别,他们通过宣扬西方发达国家与第三世界之间的文化优劣差异,来诠释政治制度和社会自治程度的差异,从而用文化等级取代了种族等级。美国新锐冷战史学者雷迅马(Michael E. Latham)评论说:

> 现代化论者的先辈曾经描述过的是一种靠领土扩张来传播民主的使命,而现代化论者所谈论的却是通过"示范效应"——而不是正式的征服——推广他们的价值观和制度……19 世纪初的种族主义思想中有许多是从永恒的生物属性的角度来描述他们眼中低等的人类,认为他们是只能推行有限变革的民族,注定要在与活力无限的盎格鲁-撒克逊人的竞争中灭绝。但是,美国的现代化论者已转向文化方面,强调的是"传统人"在根本上的可塑性。所以他们和那些比较乐观的同化印第安人和鼓吹海外扩张的人一样,为他们自己规定了另外一种拯救的使命。①

意识形态上的偏见,直接导致了美国加强意识形态对外输出,并成为帝国扩张的思想开路人。具有代表性的一项政策就是肯尼迪时期建立的"和平队"。作为"遏制的一代",肯尼迪对苏政策强硬,不过他并不十分认同杜勒斯之流在意识形态领域的手法,认为过于僵化死板,刚则易折。肯尼迪认为,要争取意识形态胜利,应从文化渗透开始,重点也不

---

① [美]雷迅马著,牛可译:《作为意识形态的现代化》,北京:中央编译出版社 2003 年版,第 337—338 页。

是两极体制已经固态化的欧洲,而主要在亚非拉第三世界。他认为:"第三世界目前已经成为民主制度和共产主义之间的一个至关重要的战场,杜勒斯用以反对中立主义的那一套经文法器,实际上只能损害美国的立场,并驱使发展中国家倒向莫斯科和北京……争取欧洲的胜利在四十年代末期已基本上取得了胜利,目前主要的斗争不在欧洲,而是在亚洲、拉丁美洲和非洲。"①肯尼迪有这样的想法,一个很重要的原因是当时苏联共产主义思想和力量在第三世界的强势扩张。借助民族解放运动、反殖民运动等浪潮,苏联为代表的共产主义势力的影响迅速扩大,美国担心第三世界不断倒向苏联阵营,认为"在亚洲、中东、非洲和拉丁美洲等欠发达地区,莫斯科力图通过以下方式扩张势力,即运用游击战、颠覆、贸易、援助等各种手段挑动反殖民主义和民族主义情绪,突出共产主义的形象,把它标榜为使欠发达地区现代化的最有效的方法,标榜为正在迅速地从四面八方围住那懒洋洋地跑在前面的美国人的一种制度……自由的事业看起来处于守势"②。

向海外派遣志愿者援助落后国家和地区,这一念头是美国一贯持有的"使命观"信仰的具体体现,某种程度上就类似19世纪末20世纪初的传教士一样,同时也是帝国思想和种族优越心态在冷战中的再现。它最早由民主党党内候选人赫伯特·汉弗莱提出,之后又为从民主党内胜出的肯尼迪所青睐。在1960年的总统大选中,肯尼迪将和平队的概念抛出,成为一时之亮点。他在电视上宣称,要建立一支由青年男女组成的和平队,作为教师、护士等奔赴到落后或发展中国家,去传播自由的事业,"我相信,如果我们去做这些事情,共产主义就能被遏制,更重要的是,自由就可以在共产主义大幕的后面成长"③。1961年3月1日,肯尼

---

① [美]小阿瑟·M. 施莱辛格著,仲宜译:《一千天:约翰·F. 肯尼迪在白宫》,北京:三联书店1981年版,第10页。
② [美]雷迅马:《作为意识形态的现代化:社会科学与美国对第三世界的政策》,第44页。
③ Brent Ashabranner, *A Moment in History: The First Ten Years of the Peace Corps*, New York: Doubleday & Company, 1971, p. 315–316.

迪签署了建立和平队的特别法令。尽管对这项看上去不易立竿见影的政策心存怀疑,但很多美国人也依然相信,和平队能够成为输出美国价值观的工具,"作为美国整个对外政策的一部分,与共产党的极权主义病毒作斗争"。在肯尼迪极具个人魅力的召唤下,当数以千计的美国青年听到"不要问你们的祖国能为你们做些什么,而是要问你们能为祖国做些什么"这样激昂斗志的话时,心潮澎湃,纷纷申请加入和平队。"和平队"与军事援助团不一样,它是一种带着"丝绒手套"的软性扩张,主要目的是要改变美国在第三世界的负面形象,传播美国文化和价值观念,拉拢第三世界民心,培育亲美势力。具体来说就是:美国人将传播实用知识和民主理念,提供"欠发达地区"所缺失的视野和经验;志愿者们将帮助各国实现现代化,他们将抵抗那种能够将真正的自由化进程扼杀在摇篮中的"颠覆性的意识形态"。①

此外,美国进行意识形态扩张的另一个重要方面就是通过人权外交攻击共产主义国家,干涉重要地区和国家的内部事务。以"人权总统"著称的吉米·卡特(Jimmy Carter)宣称:"我们的外交政策的基础不应是军事实力,也不应是政治力量或经济压力。它应该以事实为依据,即我们是正确的、诚实的、高尚的、真挚的和值得尊敬的。"②在卡特时期担任国家安全事务特别助理的布热津斯基进一步解释说:"把人权作为美国外交政策的组成部分而着重强调,将能向第三世界的新兴国家显示我们民主制度的确实存在,与我们对手的政治制度和做法形成鲜明的对比,从而促进美国的全球性利益,使美国忠于最能反映美国的本质的这一观念,将是回答苏联在思想意识上的挑战的最好办法。"③到了里根时期,意识形态的"极端分子"新保守主义派更是以道德卫士自居,热衷于同苏联

---

① [美]雷迅马:《作为意识形态的现代化:社会科学与美国对第三世界的政策》,第187页。
② 熊志勇:《美国人权外交与其全球战略》,载《美国研究》1991年第4期,第45—46页。
③ [美]兹比格纽·布热津斯基著,邱应觉等译:《实力与原则——1977—1981年国家安全顾问回忆录》,北京:世界知识出版社1985年版,第146—147页。

进行意识形态的殊死较量。里根政府将在第三世界的争夺置于冷战两极体制框架之下来看待,认为苏联通过代理人战争、技术经济援助、军事支援等,支持激进派或反美势力掌权,因而强调美国必须在第三世界每条战线上反击苏联。但是,应该看到的是,美国的意识形态划线虽然同其国家传统有关,但冷战时期的意识形态斗争也是服务于帝国战略的,是美苏争霸的工具。这一点在美国鲜明的"双重标准"上显露无疑。例如,美国虽然在70年代末停止了对萨尔瓦多和危地马拉的军人独裁政权的军事援助,但是为了支持亲美政权同游击队作战,美国随后很快又恢复了对萨尔瓦多的军事、经济援助,同时美国允许私人公司对危地马拉出售武器装备。由此可见,这种意识形态的斗争,服务的是美国对苏冷战和全球称霸战略。美国对非西方国家特别是第三世界推行的政策,虽然回避了殖民主义、帝国主义等明显语言,但是在这样政策的背后,隐藏着的依然是美国持续扩张的欲望。

三 美国帝国的黩武主义与对外政策

1947年,《纽约时报》的军事专家汉森·鲍德温(Hanson Baldwin)向社会发警告,即"我们政府以及美国国家思想的军事化"[①]。他的这一预言在三年后的朝鲜战争以及冷战的军事对抗中,得到了惊人的验证。随着美国全球战略的推行,军事阶层和那些依靠军事问题而生存的利益团体日趋深入地卷入到对外政策领域,成为帝国思想不可忽视的推动力量。

1. 全球军事霸权和美利坚帝国

任何时代、任何国家的帝国思想,要想成为能够实现的梦想,都离不

---

① Jack Raymond, *Power at Pentagon*, New York: Haper & Row, 1964, p. 81.

开一个共同的因素,那就是借助军事力量推行权势的扩张,自诩"山巅之城""例外论"的美国也毫不例外。

美国的帝国思想虽然源远流长,但是在军事力量问题上,却一直是国内政治长期争论甚至进行殊死搏斗的焦点话题。这是因为,从美国建立之日开始,一个反对军事主义的传统随之建立。在华盛顿的告别演说中,曾经提到军事力量和组织对美国民主政体的危害,他警告国民:"在任何政府形态下,过度发展的军事组织对于自由都是有害的,而且应被视为对共和国的自由构成的特别危害。"①因此,"在传统的美国政治思想中,大规模的常备军一直被认为是不必要的,因为美国决心避免对外战争;同时它也是对自由的威胁,因为军事纪律和军事价值观被看作是与平民生活的开放性不相容的"②。1790年,时任陆军部长的亨利·诺克斯(Henry Knox)试图为其弱小的千余人的军队扩大规模,参议员威廉·马克莱(William Maclay)大加反对,他警告:"给诺克斯军队,他很快就能带来战争。"③常备军被认为容易为野心家所操纵,威胁到民主政体的生存。而且,为了证明大规模常备军存在的合理性,政治家们往往容易挑起战争。美国一直引以为傲的就是,自身能够免于遭受军事主义政策的毒害。内战之前的美国,其军事力量始终保持在比较低的水平之上。

1898年的美西战争,宣告了美国帝国主义时代的开始,同时也使美国的黩武主义在对外政策中占据较为显著的地位。"大白舰队"的环球航行,展示了美国的实力,同时也通过军事主义的宣传,强烈地刺激着国民的民族主义情绪。两次世界大战之后,由于美国大规模介入战争,使得美国在战后拥有了一支极其庞大的军队,从一个以前对大规模常规军

---

① George Washington's Farewell Adress, http://www.earlyamerica.com/earlyamerica/milestones/farewell/text.html
② [美]查默斯·约翰逊著,任晓等译:《帝国的悲哀:黩武主义、保密与共和国的终结》,上海:上海人民出版社2005年版,第47页。
③ Jack Raymond, *Power at Pentagon*, New York: Haper & Row, 1964, p.15.

力谨小慎微的国家,摇身一变,成为有史以来装备最好、力量最强的军事强国。美国在第二次世界大战中显示了本国历史上最高的军事参与率:受到武装的人口约为12.2%,即在133500000的总人口中,有16353700名男女在军队服役。①"美国控制的新的势力范围远离它的国境远达7000英里……美国已取代英国而成为海洋的统治者,包括过去英国最不容旁人染指的海域东地中海。1946年,美国军队仍旧驻扎在56个国家,遍布各洲。到1949年,据说美国在全世界范围内对400个海军和空军基地拥有留置权。这意味着,'需要利用海道和母国联系的任何帝国体系,非取得美国的容许就不能存在'。"②醉心于美国帝国梦想的精英们强烈要求总统保留美军在战争中获取的具有战略价值的海外基地,以作为建立全球军事霸权的基础。杜鲁门满足了他们的要求,他说:"为了完全保护我们维护世界和平的利益,我们将保留那些必要的军事基地……我们的军事专家认为的对保护我们必不可少的军事基地,而那些尚不在我们控制中的这种基地,我们将得到它们。"③

掌握着如此强大的军事实力,也让美国对外政策中更加偏好使用武力,这种咄咄逼人的战争嗜好正是历史上每个帝国都沉迷其中而难以自拔的。特别是在冷战氛围的渲染下,一批经历了二战血雨腥风的强硬军人逐渐试图开始影响美国对外政策,这在美国之前的历史上是较为罕见的,使得美国更像穷兵黩武的军事帝国。炫耀武力、使用武力,成为美国用以支配世界或威慑对手的最简单粗暴的手段。美国自己也承认,使用原子弹轰炸日本,一方面是为了加速日本投降,避免盟国陷入惨烈的日本本土作战;另一方面,也是美国向世界尤其是苏联发出的强烈信号,那就是美国现在可以轻易地摧毁一座城市,能够按照自己的计划来进行战

---

① [美]查默斯·约翰逊:《帝国的悲哀》,第56页。
② [美]戴维·霍罗维茨著,上海市"五·七"干校六连翻译组译:《美国冷战时期的外交政策:从雅尔塔到越南》,上海:上海人民出版社1974年版,第63—64页。
③ Donald White, *The American Century: The Rise and Decline of the United States as a World Power*, p. 49.

争。美国拥有的如此可怕的战争力量,就是美国建立庞大帝国的最有力武器。特别是在拥有了原子弹后,杜鲁门可以将《雅尔塔协定》束之高阁,对苏联获取中国东北的权利予以否认,杜鲁门甚至考虑过派遣海军到曾经许诺给苏联的地盘上赶走红军。战争结束不久,美国国内开始渲染苏联的军事威胁,1945年9月2日,也就是距离日本投降不到三个月,《生活》杂志刊登了一幅惊世骇俗的图片:苏联人的原子弹袭击了美国城市,这一念头强烈地刺激着人们对苏联的戒心甚至恐惧。杜鲁门总统的顾问克拉克·克利福德声称共产主义威胁迫在眉睫,美国要准备用原子弹和生化武器予以还击。德国投降五个月后,美国参联会的一份报告中提出,一旦苏联具备了能防御美国的攻击或任何能攻击美国的能力,美国将用原子弹轰炸苏联的20个城市。① 而在那时,苏联还没有从德国入侵造成的战争创伤中恢复,根本不具备这样的实力或意愿。

事实上,不管苏联代表的共产主义阵营是否真的能给美国安全带来威胁,战后的美国已经成为能影响全球的强大帝国。二战之后,随着欧洲列强的衰弱,在亚洲、欧洲等地区出现了权力真空,而与此同时苏联军事实力的增强及其在欧亚大陆心脏地带的扩张,威胁着资本主义体系。美国政府尤其是军方认为,只有通过强硬的政策,才能阻挡苏联的步伐,保卫西方文明。很快,美国建立起一个史无前例的庞大军事帝国,精心编制出了一个几乎覆盖全球的军事同盟体系,这在之前的人类历史上闻所未闻、见所未见。

首先来看欧洲,它是美国战后战略的重点地区,也是对抗苏东集团的关键地区。1947年,深感力量单薄的英法签订《敦刻尔克条约》,结为联盟。1948年,英国、法国又和低地三国比利时、荷兰和卢森堡签订了《布鲁塞尔条约》,结成更广范围的西欧联盟,共同应对苏联的军事威胁。

---

① [美]保罗·艾特伍德著,张敏等译:《美国战争史:战争如何塑造美国》,北京:新华出版社2013年版,第149页。

英国等国都希望美国能加入到新的欧洲安全组织中来，否则这几个国家在"恐怖伊万"苏联的军队面前不堪一击。西方国家相信，"西方的生存不仅有赖于在西欧组成某种形式的联盟，正式的或非正式的，而且有赖于得到美国与英联邦自治领国家的支持"①。英法等国敦促美国加入联盟，对它们来说显然是合情合理的，但对美国而言，却是对其长期奉行的外交原则的一个重要考验。

1948年3月下旬，美、英、加三国开始进行秘密谈判，讨论西方联盟、援助等问题。在之后的"五角大楼文件"中，杜鲁门宣布邀请英国、法国、加拿大、意大利、葡萄牙、瑞典、丹麦、挪威等欧洲国家参会，协商建立集体防御协定一事，最后确立的原则就是，任何在大西洋地区对《布鲁塞尔条约》国家的武装进攻，将被看作是对美国的攻击。但是，美国历来认为，不能与其他国家在和平时期建立军事同盟，这样将会让美国被动地卷入到外部世界的武装冲突中去。面对来自盟友特别是昔日高傲的大英帝国的请求，美国决策层就是否真要参与海外安全组织、建立军事同盟进行了激烈的讨论。一开始，范登堡等人为代表的孤立主义势力坚决反对美国不加限制地在欧洲浪费财力军力人力，范登堡本人尤其反感杜鲁门总统为要援助世界所有自由国家的说辞，反对让美国卷入全球性扩张。为此，他在府院大力推动规范对外军事援助的构想，力荐在"自主与相互援助""单独或集体自我防御"的集体安全原则下，实施对外军事援助。1948年5月19日，参议员外交委员会全票通过《范登堡决议案》，它建议美国在《联合国宪章》下，通过对共同防御政策的支持来为自由世界寻求安全。它既避免了美国在重大问题上在联合国内遭到苏联势力的掣肘，为自己保留了自由行动的权利，同时也形式上保持着联合国体制的完整。6月19日，参议院以64对4的绝对优势通过决议案，决议同意

---

① Sir Nicholas Sherwen, *NATO's Anxious Birth, the Prophetic Vision of the 1940s*, London: Hurst & Balchett, Ltd, 1985, p. 30.

"在持续与有效的自助和互援的基础上,以及在涉及美国国家安全的情况下,美国可以通过宪法程序,参加这些区域性和其他集体协定"①。关于《范登堡决议案》的功效,评价褒贬不一,但是有一点十分明确,它是美国战后对外政策的一个转折点,此决议改变了美国和平时期不与西欧结盟的传统,为美国全球军事体系的建立开启了方便之门。特别是它开启了建立大西洋联盟的大门,让美国从孤立主义向全球主义稳步迈进,手持王冠的昔日霸主英国、法国,正在红地毯的另一侧对新霸主的加冕翘首以盼。1949年4月,北大西洋公约组织正式成立,美国得以对有着3亿多人口的11个盟国实行控制。此外,美国还积极推动西德的建立,并迅速将其纳入北约之中。根据条约,北约最高军事长官由美国人担任,这赋予美国指挥北约军队的权利。同时,美国通过在盟国内建立军事基地,为其提供核武器和常规军备保护。这些措施巩固了美国在欧洲的霸权地位,并将西欧纳入美国全球战略和体系之中。

在亚洲,美国为了遏制苏联和中国,建立了以双边和多边军事同盟为基础的亚洲安全体系。冷战爆发后的初期,美国亚洲防御体系重心在日本、南朝鲜、中国台湾等地区。美国同南朝鲜、败逃到台湾的国民党政府都建立起双边军事同盟。朝鲜战争爆发后,美国希望扩大亚洲安全体系范围。杜勒斯提出应包括日本、琉球群岛、中国台湾、菲律宾、澳大利亚这样的近海岛屿链。这样做的目的不仅是为了遏制共产主义,它同时使得美国利用英国衰落之际,控制西南太平洋地区。1951年,美菲签署了《美菲共同防御条约》,同年9月,美国同澳大利亚、新西兰签订了《美、澳、新安全条约》。为了加强对东南亚、南亚地区的影响和控制,1953年末,副总统尼克松在出访东南亚回国后,提议建立一个东南亚版的"北约"。1954年9月8日,美国与英、法、澳、新、泰、菲以及巴基斯坦等国在马尼拉签订了一份集体防务条约——《东南亚集体防御条约》(又称为

---

① 王绳祖主编:《国际关系史》(第七卷),第151页。

《马尼拉条约》),正式建立了"东南亚条约组织",目的旨在镇压民族解放运动,防止共产主义势力填补权力真空。这里面大部分都是美国这样的西方国家,其试图借该组织旗号干预东南亚事务的野心昭然若揭。此外,美国还将日本纳入亚洲军事体系之中。在1951年旧金山和会上,美国拒不邀请中国人民共和国政府参加,同时将拉美国家拉入会议拼凑多数,得以通过对日和约。五小时之后,美国随即与日本签订《美日安全条约》,1952年又进一步签署《日美行政协定》。这两项条约确立了美国在日本驻军的合法地位,为将日本打造为远东军事基地奠定了基础。

对于美国的帝国扩张,很多人喜欢用美国不建立殖民地来作为辩护的说辞。但是,美国却不乏在重要战略要地的军事前沿要塞,它们共同构成了一个史无前例的全球性军事基地网络。这样的帝国体系也是让人瞠目结舌的,据统计,到1967年,美国在64个国家驻有军人:19个在拉丁美洲,13个在欧洲,11个在非洲,11个在近东和南亚,10个在东亚。美国与不少于48个国家和地区签订了盟约,"从英国到西德到澳大利亚和新西兰,从土耳其和伊朗到巴基斯坦和沙特阿拉伯,从南越和南韩到中国台湾和日本。这就是被称之为'受人邀请的帝国'。但惊人的是,美国竟然接受了如此多的邀请"①。这些军事条约的共同特点在于:首先,它们明确了美国作为地区保护国的地位,树立了美国在具有重要地缘战略价值地区的军事霸权;其次,缔约国将不得不服从于美国的全球战略,成为其军事战略和军事行动的组成部分;最后,美国在条约中几乎都为自己保留了弹性选择余地,也就是说,既要让这些国家服务于美国利益,同时也要避免美国被它们拖入不情愿的境地。这些条约虽然不是对缔约国直接的占领,但是,它成为美国全球帝国模式的一个重要支柱,即全球化的军事同盟体系。美国正是通过在各国建立起军事基地这样的"飞地",加强了对其他国家的影响和控制。通过直接指挥、军事顾问、援助

---

① [英]奈尔·弗格森:《巨人》,第74页。

等手段,美国许多盟友的军队实际上控制在美国的手中。从一定程度上讲,南朝鲜、日本、中国台湾、菲律宾、越南、老挝以及泰国的军队实际上是由华盛顿所控制的。澳大利亚、新西兰的防卫主要依靠美国海空军,其军队的训练和装备也只能严重依赖美国。即便西欧资本主义强国,除法国之外,大部分国家在军事上都不得不仰人鼻息,唯美国马首是瞻。① 这一军事体系的成形,也提高了美国的全球军事干预能力,刺激着帝国军事主义政策趋向的发展。美国的军事力量虽然表面上看并不是主要用来侵略或占领其他国家,但是,通过这一同盟体系以及对其他国家安全的影响,美国保持着对他国和决策过程的重要影响能力。

2. 军事集团的崛起和国内社会中的军事化

对于民众而言,世界战争掀起了爱国主义的新高潮,美国在战争中的胜利让大众对美国工业社会的物质能力顶礼膜拜,对美国领导自由世界的使命笃信不疑。因为"战争证明了这个国家战士的力量,而其中许多人在大萧条时期曾经失业、萎靡不振,军事主义通过打败貌似战无不胜的纳粹战争机器被捧上神坛。击败日本则证明了种族的优越性,航空轰炸以及使用原子弹的合法性也得到认可。目睹这些胜利,反对军事主义变为一种非美国的东西"。在冷战刺激之下,黩武主义精神同国家利益、国家荣誉、保卫民主等问题联系了起来,尤其是军事集团的利益与军工企业的利润结合在一起,产生了重磅的化学反应。② 冷战刺激了军事化在政治、经济、文化、安全等领域的大肆扩张,主要表现在军人集团在决策层的兴起以及军工复合体影响力的日趋强大。

战争氛围的蔓延以及民众对国家安全问题的热切关注,为军事集团创造了能显示其优势的空间,甚至越俎代庖,越来越多地影响到对外政

---

① Amaury de Riencourt, *The American Empire*, p. 97.
② Walter L. Hixson, *The Myth of American Diplomacy: National Identity and U. S Foreign Policy*, p. 193.

策的制定与实施。罗斯福的国务卿霍尔曾在回忆录中抱怨总统逐渐很少让其参加军事会议,甚至没有带他参加卡萨布兰卡、开罗或德黑兰这样重要的会议,他本人是通过其他渠道而非从总统那里获取会议的内容,而对于原子弹的存在,也没有人和他说起过。① 同时,战争使得军人的声誉和地位上升到一个新的高度。"尽管数百万的士兵在第二次世界大战之后,重新回到了平民生活,但是这个国家在文化上、经济上从来没有非军事化。"②尤其是那些在战争中战功卓越的军事精英,成为国家崇拜的英雄,也成为美国决策层中不可忽视的新生力量,甚至扮演了塑造对外政策的角色。麦克阿瑟在战后日本政治和社会体制的确立方面,起到了极为重要的作用,从某种程度上讲,是他塑造了美国的战后对日政策,而不仅仅是执行华盛顿的政策。一位研究美国占领德国历史的学者也认为,"1949 年诞生的西德政府……是由于美国陆军的构想并加以实现的"③。这些军事精英不仅在国家战略和对外政策上有着重要影响,而且在国内也塑造出一种新的军事文化。

  冷战开始之后,在美国历史上第一次,在和平时期保留如此大规模的常备军。东西方制度的军事对抗氛围,强烈刺激着美国决策层中的强硬鹰派势力,同时也为美国军事精英阶层的兴起创造了条件。美国军队出现在世界各地,海外驻军、武装行动、对外军援等,都让军人集团成为闪光灯下的娇子。"通过在欧洲和亚洲同时作战,在沙漠和丛林中,在太平洋实行跳岛作战,或者在欧洲大陆推进数百万的军队,通过熟悉最深奥的应用科学和高级技术,熟悉工业生产技能,熟悉高层次外交以及情报搜集,熟悉心理战和社会的剧变,熟悉对战败国的总督角色,新的美国军方迅速成了美国社会中最具影响的要素。"④在国内,战争经历和军事

---

① Amaury de Riencourt, *The American Empire*, p. 105.
② Walter L. Hixson, *The Myth of American Diplomacy: National Identity and U. S Foreign Policy*, p. 193.
③ [英]奈尔·弗格森:《巨人》,第 66 页。
④ Amaury de Riencourt, *The American Empire*, p. 101.

精英的英雄形象激发了强烈的民族主义和爱国主义。人们相信美国具有征服一切的实力,渴望能成为新的国家英雄,毫不夸张地说,冷战使得美国军人的地位达到一个历史的新顶峰。

军事精英阶层的特性与价值观念具有鲜明的特点。因其个人经历和战争洗礼,他们崇尚强硬政策,尤其是武力,信奉简单直接的实力原则。他们大多对苏联和社会主义阵营持敌视态度。例如,二战中曾担任中国战区美军司令的阿尔弗雷德·魏德迈(Alfred Wiedemann)将军,曾经在纳粹德国的军事学校就读数年,对布尔什维克充满敌意;光芒四射的麦克阿瑟,他的父亲是美国当年对菲律宾战争中的将军,而他本人认为苏联比纳粹德国更为危险。朝鲜战争期间,麦克阿瑟对杜鲁门总统的权威提出挑战,成为这一时期美国黩武主义的经典例证。他甚至要求美国提高对华作战级别,进攻中国,并对中国使用原子弹。当杜鲁门解除麦克阿瑟职务后,一度使得自己的支持率跌到 26%,而民调显示,麦克阿瑟得到高达 69% 的支持。麦克阿瑟回到纽约时,据说吸引了多达 700 万民众的关注,还引发了一次规模巨大的大游行。在北约指挥体系中,美国担任了最高军事长官,统辖着所有成员国的军队,俨然就是海外帝国军团的统帅。

此外,一批军事精英转战政坛,也对美国的对外政策产生了显著的影响。从美国宪政传统来讲,对军人干政予以了极为严格的限制。《独立宣言》中控诉英帝国的一条罪状,就是使在殖民地的常备军独立并凌驾于文职机关之上,这也奠定了美国文官治军的法律基础。根据宪法,总统是美国武装力量的总司令,国会掌控招募军队、宣战等关键权力。1947 年的《国家安全法》规定国防部指挥三军,国防部长及军种部长均必须由文官担任,军人任参谋长,向部长负责。即便是大名鼎鼎的参联会也不过是总统、国防部长以及国家安全委员会的顾问。美国法律还规定,现役军人不得竞选议员或民选官员。因此,在二战之前,美国军人在政界的地位比较低,作为一个整体,也很难影响对外政策的制定。

波澜壮阔的第二次世界大战之后,美国军人地位迅速提高,战时文官和军人的并肩战斗,也在一定程度上减弱了其对军人集团的戒心。加上美国采取了要与苏联进行对抗的冷战政策,国家战略对军事力量的依赖尤为重要,因而军事因素开始更多地影响安全政策和国内政治。"在第二次世界大战以后,军事因素在美国的对外政策中取得了重要的意义,而且对于某些问题还具有决定性的意义。"① 随着军事因素的日渐增强,一个由军人组成的具有特殊文化传统和世界观、战争观的集团或阶层开始崛起。1948—1950 年,高级军官占据了国家非军事机构的 150 个重要职位,1957 年在华盛顿政府机构中担任文官职务的约有 200 名将军、1300 名上校和 6000 名左右的其他军官。② 不仅如此,军人或军人出身的核心人物在外交政策领域的发言权也明显增大,甚至有时超越了国务院传统势力。最有代表性的要算战时参谋长联席会议主席乔治·马歇尔。这位盟军阵营中公认的"大脑",1945 年 1 月辞职并退役,1947 年 1 月被杜鲁门任命为国务卿,也是美国历史上第一位来自军方的国务卿,之后提出的"马歇尔计划"可以说影响了整个冷战。1950 年,杜鲁门任命马歇尔为国防部长,国会为此通过专门决议,暂停执行军人退役后 10 年内不得担任国防部长的法律,为马歇尔打开绿灯。马歇尔从 1950 年 9 月至 1951 年 9 月担任国防部长,这一时期,美国参与了朝鲜战争、加强了全球军事存在。另一位走到权力巅峰的则是北约第一任盟军最高统帅德怀特·艾森豪威尔,他成了美国第 34 任总统,并提出要填补中东力量真空的"艾森豪威尔主义",促使美国扩大了对中东的军事援助和势力范围。正如美国人自己所说,"从前小得可怜的军事部门,在人们心目中无足轻重,但现在他们则变成了政府工作中最大和最值得重视的部门。由于经常存在的战争危险,人们把高级军官置于有特权的地位;事实上,

---

① 苏联科学院世界经济和国际关系研究所编:《美国对外政策的动力》,北京:世界知识出版社 1966 年版,第 132 页。
② 苏联科学院世界经济和国际关系研究所编:《美国对外政策的动力》,第 138 页。

目前在政治和经济领域的一切措施都是从现实环境中以军事评价的立场来考察的……总之,高级军官(或军人权势集团)在当前领导层占据了牢固的地位……并且,在许多学识渊博的观察家看来,他们完全能够成为作用大的老大哥"①。

军人集团中的不少人,长期都是帝国思想最忠诚的膜拜者,也是权力优势和权势扩张的忠实信徒。他们特有的世界观、战争观、价值观,在对外政策和战略决策中产生了无法忽视的重要影响。美国著名的军事历史学家拉塞尔·韦格利(Russell Weigley)指出,自建国到二战,美国军人形成了一种对战略狭隘的定义,称战略为"以有利的形势把军队投入战场的艺术"②。另一位著名战略研究学者科林·S. 格雷(Colin S. Gray)更是将漠视战略、规避政治作为美国战略的一个典型特征。他指出:"美国强行贯彻大陆扩张的'天定命运',迟迟但决定性地加入对威廉帝国主义和纳粹主义的征伐;这些经历没有鼓励美国去信奉关于使用武力的克劳塞维茨思想。美国将美洲印第安人造就的政治挑战,或在欧亚两洲的邪恶帝国造就的政治挑战,转化为军事问题,并且通过使用巨量机器的战争予以虽不雅致然而决绝的解决。"③因此,美国的将军们也不太考虑更广阔的政治和经济因素,士兵们倾向于将战斗看作是最终目的。美国军人脑海里的战略,长期关注的是如何组织和进行战斗。战略的目的就是要"迅速到达,最先到达,投入重兵"④,一旦能迅速决定性击败敌人,政治家们谈论的和平就能得到保证,军事精英们的这种战争文

---

① R. Mills, The Causes of World War Three, New York: Simon & Schuster, 1958, p. 23, 53. 转引自苑基荣:《美国军工复合体:帝国支柱与挑战》,博士学位论文,中国社会科学院 2010 年,第 110 页。
② Russell F. Weigley, The American Way of War: A History of United States Military Strategy and Policy, New York: Macmillan, 1973, xviii.
③ [美]威廉森·默里、阿尔文·伯恩斯坦、[英]麦格雷戈·诺克斯编,时殷弘等译:《缔造战略:统治者、国家与战争》,北京:世界知识出版社 2004 年版,第 628 页。
④ Phillip S. Meilinger, "American Military Culture and Strategy", Joint Force Quarterly, Issue 46, Third Quarter, 2007, p. 81.

化观念对美国战后军事行动起着重要影响。1954年,美国两位教授为对军队领导者们的政治观点进行调查,向美国576名高级军官提问:"你在内政问题上认为自己是保守主义者、接近保守主义者、接近自由主义者还是自由主义者?"结论就是军人具有右倾侵略性,因为绝大多数支持右派观点,45%支持接近保守主义者观点,22%的将领认为没必要隐瞒自己的战争思想,仅有5%支持自由主义者的观点。① 在强硬的军方看来,依托强大的美国军事力量,美国在海外的军事行动可以帮助抵御侵略、实现和平,即便这种军事行动具有争议性或欠缺足够的合法性,但只要战争的结果是创造了和平,政治上的正确性就自然而然地随之而来。但是,正如克劳塞维茨的经典论述所强调的那样,战争是政治的延续。美国军人集团中怀有的这种对战略的政治意义的轻视,也直接导致了美国对外政策中军事化、帝国化的倾向以及浓厚的黩武主义。例如,总统艾森豪威尔坚决主张以强大军事力量作为美国霸权的后盾,他宣称,"原子弹掌握在我们手中是一种威慑力量……绝不能让世界实力对比进一步不利于我们"②。这也成为后来的"大规模报复战略"的军事逻辑基础。参议员威廉·富布赖特(William Fulbright)在1961年的《军人针对舆论所做的宣传活动备忘录》中忧心忡忡地表示,军人如此大规模介入政治活动,对国家带来不确定的一面,公众利用宪法监督军队的权利遭到了削弱,军人集团"已经成为公众同意总统及其领导机构政策的严重障碍",他甚至夸张地使用"政变"来比喻当前军人所处的特殊地位。他警告说,"无论他们是法国人还是美国人,军官们都有他们的共同职业特点,那就是全世界的军人都是把手指紧扣在扳机上面的"③。一语成谶,富布赖特的话在之后变成现实,可以毫不夸大地说,

---

① M. Janowitz, *The Professional Soldier, a Social and Political Portrait*, New York: The Free Press, 1960, p. 236 – 238.
② 王玮、戴超武:《美国外交思想史(1775—2005年)》,第365页。
③ 苑基荣:《美国军工复合体:帝国支柱与挑战》,博士学位论文,中国社会科学院2010年,第112页。

这种军人集团为代表的对战略的非战争后果的长期忽视,在最终使得美国不断卷入到越战而泥潭深陷的过程中,起到了极大的推波助澜作用。

值得注意的是,这种对外政策领域的军事化特点,不仅仅局限于军人集团,在黩武主义的感染下,在冷战氛围的渲染下,即便是文官们也在对外政策上表现出强硬立场和鲜明的扩张性、侵略性。在关乎生存还是毁灭的东西方对抗中,文官集团的成员在意识形态推动下,对美苏对抗保有近乎歇斯底里的态度。他们虽然无法亲自披甲上阵,冲锋陷阵,但是为了捍卫国家利益,同时也是为了表现出自己不逊于军人的勇气和决心,不少文官往往在决策过程中比军人更加黩武好战。就像麦克纳马拉担任国防部长时期,他在越南战场的顽固立场,使美国将军人送到越南的丛林中,也给美国社会留下无法承受的伤痛和难以痊愈的伤痕。

战争除了用炮火洗礼出名声显赫的军事人物,它还造就了一批财大气粗的军工企业。火爆全球的《美国队长》《复仇者联盟》等影片中出现的斯塔克集团,就代表了这样一个群体,它在战争中崛起,成为美国实现和平与梦想的重要依托,而且稍有不慎,它就会成为野心家支配世界的工具。在美国,无论是学界还是政界都承认这样一个事实,军工复合体的日趋强大,对国家经济和社会形成无法忽视的影响,也对帝国思想的滋生起着重要的催化作用。出于对企业利润的追求,这些工业集团对决策层展开了无孔不入的渗透,在一定程度上成为左右美国对外政策的幕后之手。

简单而言,军工复合体是美国特殊经济利益集团与国家公共权力部门相互结合形成的利益集团,它既包括军工企业,也包括政府部分要员,同时还包括承担技术研发的科研机构和高校。军工复合体最早随着内战中联邦权力的扩大而生根发芽,接着在19世纪末的海军大发展中得到进一步壮大,并在第一次世界大战中崭露头角。1917年7月28日,威尔逊政府成立了战争工业委员会（War Industrial Board, WIB, 持续运转至 1919 年 1 月 1 日），它旨在统筹协调战时物资采购供应。为了提高战争保障能力，该组织鼓励各企业公司采取大规模生产的技术来提高效率，扩大政府同防务工业部门的合作。即便是在大萧条时期，武器生产部门仍然在继续壮大。二战阴云袭来之后，军工企业迎来新的春天。"租借法案"的出台、"民主世界兵工厂"的定位以及全面参战，最终把军工企业身上隐藏的军事主义释放了出来。1942 年 1 月，罗斯福成立了战时生产委员会（War Production Board, WPB, 1945 年日本战败后解散被民用生产管理局取代），它转换和扩大平时的生产，分配各类稀缺战争资源，同时维护国家战争生产能力，帮助国有企业获得战争合同。这些机构提高了美国的战争工业生产能力，一些军工企业成了庞大的怪兽。1940 年中旬到 1944 年 9 月，美国政府价值 1750 亿美元的合同，2/3 被 100 家公司瓜分，通用汽车名列第一。为满足庞大的战争需要，军工制造企业订单不断，厂房内热火朝天，一些大学和科研机构也与军方、企业展开密切合作，给军事科技研发带来旺盛生机。

待到战争结束，由于不再需要如此庞大的军舰、战机、武器装备等订单，不少在战争中扩大的公司不得不面临濒临破产的局面，但此时它们已经成为美国经济不可或缺的一部分。战争能使军工企业赚取惊人的利润，并成为政府推行对外战略的重要依靠，而这些企业的繁荣，也为政府解决了大量的就业问题。政府无法坐视其衰败而不施以援手，因为它清楚地知道，"当 1600 万退役军人进入社会寻找工作，主要工业公司又面临裁员和破产时，美国就面临着再次陷入萧条期的危险，除非美国能再次刺激市场需求"[①]，唯有持续的战争需求才能延续战争经济。于是，自冷战开始，杜鲁门政府就为准备下一场世界大战，不断加强国防工业

---

① ［美］保罗·艾特伍德：《美国战争史：战争如何塑造美国》，第 164 页。

建设，创建了一个被专家成为"永久战争经济"（Permanent War Economy）的国民经济运转模式。

虽然战争结束之初美国即开始大规模的复员行动，但是，冷战的开始，再次刺激了黩武主义和军工企业。世界霸权的地位和帝国思想则让军工复合体在冷战中获得更广阔的经济和文化空间。反对邪恶共产主义的使命，让所有与之相关的武器合法化，而生产它们的企业则成为国家安全的支柱产业。新的军事文化相信，武器应重质量而非数量，技术进步决定战争面貌。这就要求进行更先进的研究和开发。即便大名鼎鼎的"常青藤"名校也开始纷纷加大了对新技术的研究，成为军事生产的一个环节。国会也大力资助新的武器系统的研制，大量的资金与合同流向了军工复合体。美苏冷战的一个重要内容就是军备竞赛，它不仅要求庞大的军工生产制造能力，更需要出色的技术创新能力，这些都必须依靠具有明显营运和生产优势的军工企业来完成。从"杜鲁门主义"到"星球大战"计划，政府天文数字般的军火订单、数目惊人的技术研发投资、持续不断的海外军事行动，都让军工复合体成为国内经济最耀眼的明星，诱人的利润不仅让军火商们、游说者们赚得盆满钵满，还给美国带来了无数的就业机会。

需要看到的是，当军工企业产房的机器昼夜轰鸣不断的时候，正是军人集团在华盛顿高层迅速崛起之日。如前面提到的那样，自1945年以来，一些在军界具有重要影响的军事精英退出现役，加入军工企业，这里成为他们延续战斗生涯的新阵地。这些精英可以借助自己在军队内部的人脉和影响，为军工企业的利益进行游说，这为将利润视为生命的军工企业提供了影响决策过程的重要杠杆。这一现象所带来的影响不可忽视，即便如艾森豪威尔这样从战功赫赫的五星上将跨界到政界担任总统的人，也对军工企业势力和影响的扩大心存顾虑。在艾森豪威尔的告别演说中，他警告国民要警惕"巨大的军事机构同庞大的军工产业的结合……这种全面的影响——经济的、政治的甚至精神上的——在每个城市、每个州议会、联邦政府的每个办公室中都能感受到"①。他还指出说:"我们必须谨防军工复合体有意或无意地在政府各部门里获得不应有的影响。不应有的权力出现灾难性增长的可能性是存在的,并将持续存在下去。我们绝不能让这个复合体的力量危害我们的自由或民主程序。"②20世纪60年代在五角大楼担任高级官员的莱斯利·盖尔博(Leslie H. Gelb)后来回忆说,艾森豪威尔的讲话中还提到了要注意军工复合体在科技方面的实力,演讲稿中甚至本来准备将其称之为"军事-工业-国会复合体",因为他深感国会中随处可以嗅到来自军工复合体的气息。但是,艾森豪威尔此时此言早已晚矣,而且讽刺的是,恰恰就是在他的任期内,政府花费了超过3500亿美元在防务上,将财政预算中每1美元中的77美分投入到同军事相关的用途上。③ 以洛克希德公司为例,在20世纪60年代,它一举成为最庞大的军工企业,为美国空军制造先进战斗机,这一时期它收到的订单价值高达160亿美元,它在这一阶段达到顶峰的时候,正是越战掀起高潮的时刻,这就根本不是一个巧合了。

尽管艾森豪威尔对军工复合体的膨胀提出了警告,但是,这些军工复合体仍然变得越来越具影响力,并在美国不断强化帝国优势的过程之中获得了巨大利益。艾森豪威尔政府的国防部长查尔斯·威尔逊(Charles Wilson)声称:"关于这些防务产业的一个严肃问题之一就是,有如此多的美国人从中获得了既得利益;财产、商业、工作、就业、投票、提升和进步的机遇、科学家们更高的薪水。"④参议员富布赖特在1967年时警告说:"总体而言,工业家们、商人、工人和政治家已经结合为一个军

---

① V. G. Kieman, *America: The New Imperialism: From White Settlement to World Hegemony*, p. 209.
② [美]托马斯·戴伊著,张维等译:《谁掌管美国——里根年代》,北京:世界知识出版社1985年版,第126页。
③ Rebecca Lowen, *Creating the Cold War University: The Transformation of Stanford*, Berkeley: University of California Press, 1997, p. 147.
④ Tristram Coffin, *The Passion of the Hawks*, New York: Macmillan, 1964, p. 11.

事-工业复合体——这个复合体……已经变成支持永久保持对外军事承诺、采用和扩大昂贵武器系统的强大新力量,其结果就是,我们国家生活的大部分被军事化。"① 按照他的结论,美国的经济已经成为"绑在战车上的附庸"②。1948年后,美国国防开支急剧攀升,从不到国民生产总值的4%,上升到1953年的14%。20世纪60年代期间,防务开支超过了所有个人收入税的总和,提供了制造业行业的大部分的工作机会,以及资助了美国所有研究机构的1/3。③ 到了1973年,国防预算仍接近国民生产总值的6%。④ 到了以鹰派著称的里根时期,以重整军备为核心,美国发誓要夺回美苏争霸的优势地位,美国军费从1982年到1985财政年度间,增长率平均高达7.6%,占政府支出平均为26%。⑤ 特别是里根上台后提出了开支总额高达15000亿美元的5年防务计划和一个1800亿美元的增强战略核力量6年计划,他担任总统的8年,是美国历史上和平时期军备建设最疯狂的时期,其中武器采购费用高达5000亿美元,占军费开支的26.5%,国防研发费用达2045亿美元,占军费开支约10.1%。⑥

此外,对外军事援助特别是军火销售也成为美国操控其他国家以及影响地区或国际局势的重要手段,是美国外交政策的重要工具。军火贸易对维持帝国军事体系具有重要意义,首先,它能把国内国防研究发展费用分摊到国外购买者身上,减小自身财政负担。其次,它能维持或拓展美国与盟友、友好国家之间的合作关系,给美国提供对其施加影响的重要杠杆。再次,它能帮助地区伙伴提高军事实力,抵消以苏联为主要

---

① Amaury de Riencourt, *The American Empire*, p.104.
② [美]J.威廉·富布赖特等著:《帝国的代价》,南京:译林出版社1992年版,第126页。
③ Walter L. Hixson, *The Myth of American Diplomacy: National Identity and U.S Foreign Policy*, p.202.
④ [英]奈尔·弗格森:《巨人》,第73页。
⑤ 蔡祖铭:《美国军事战略研究》,北京:军事科学出版社1993年版,第170页。
⑥ 资中筠主编:《战后美国外交史》,北京:世界知识出版社1994年5月,第855—877页。

对手的外部压力,防止敌对势力夺取战略要地或填补力量真空。比如在中东战争中,美国的军火援助成了以色列从绝境边缘起死回生的重要因素。最后,它能帮助美国获取军事、外交、政治等领域的红利或优势,比如通过提供军援从对象国那里得到军事基地、领土飞越权、港口优先停靠权等,抑或利用对台军售制衡中国等,这些都有助于加强美国的全球战略部署。以里根在台上的8年为例,军援总额高达410.98亿美元,军售总额高达894.83亿美元,世界各地都能看到美国的军事基地和美国大兵、美国装备的身影。

军事化的经济对国家政治文化的影响是显而易见的,在冷战对抗之中,那些对巨额防务开支的批评和怀疑,被看作是对国家安全不负责任的态度。富布赖特一针见血地指出,"对这种军事化提出疑问就被描绘成是对我们的安全和生存的攻击。它变成了我们政治中不可侵犯的神牛……爱国主义的光环制止了辩论;如果你不赞成'防务',或者更确切地说,不赞成用于价格过高、技艺先进、常是重叠多余、有时根本就不需要的武器系统的防务经费,你就不是个真正的爱国者。鼓吹在国际关系中有一个军事的、自信的地位,有个庞大的防务体系,以及用他们的话说,有个强硬的立场,这就是爱国主义、力量和美德,这已成为美国政治文化的组成部分"①。各大军工复合体利用国防订单,获取了大量利润。洛克希德飞机公司、通用动力公司、罗克韦尔国际公司、麦克唐纳-道格拉斯飞机公司、波音公司、格鲁曼飞机公司等,都严重依赖国防订货。军工复合体对政府决策部门的渗透,也成为它引导政府制定符合军工利益的对外政策——尤其是对外军事干涉和军事援助——的方式。美国将自己看作神圣的自由世界领导者,这样的身份使得它在成为最大的武器生产者和全球军火商的过程中,自视为合法的行为。这些政策在大多数

---

① [美]威廉·富布赖特著,简新芽等译:《帝国的代价》,北京:世界知识出版社1991年版,第100页。

时候彰显出美国对外政策的帝国特质,成为美国干预和控制世界的重要手段。如著名政治学家哈罗德·拉斯韦尔(Harold Lasswell)所言,暴力专家成为社会最强大的集团的时代已经到来。①

3. 帝国思维下的军事战略及对外军事行动

美国的帝国思想,在冷战之中还突出表现在其军事战略与对外军事行动之中。随着美苏冷战的开始,美国需要在世界范围内针对苏联和共产主义的扩张采取应对措施。美国首次感到自己将不得不在世界范围内承担防御责任,并随时可能因为某个盟友的关系而走向战争。"美国政府发现自己深深地卷入到,并不得不对半个世界的内部和地区政策施加影响。"②为了遏制共产主义,美国在冷战期间的军事战略和对外军事行动,都体现出了帝国式的扩张主义和黩武主义,可以说,美国从没放弃寻求建立对其他国家的绝对军事优势,以赋予自身能在国际社会不受约束、为所欲为的特殊地位。虽然在面临扩张过度困境时,美国军事战略也不得不根据形势而调整收缩,然而,这种蕴含着"例外论"精神和"使命观"传统的扩张主义和唯强权至上的帝国思想,始终占据了美国军事战略的核心位置。下面,通过简单梳理冷战时期美国军事战略的演变和对外军事行动,从中去发现帝国思想是如何借助军事手段来支撑全球性帝国体系的。

通常来看,美国在冷战期间的军事战略大致可以分为五个主要阶段,而在每一个阶段里面,美国的霸权心态和帝国企图都能找到典型特征表现。

(1) 遏制战略(1945—1952年)。尽管不少专家认为美国对苏遏制的政策起点要从"杜鲁门主义"出台正式算起,但在军事领域,自二战结束开始,美国就已经在军事上采取一种强硬的遏制战略。该战略强调美

---

① Michael S. Sherry, *In the Shadow of War: the United States Since the 1930s*, New Haven: Yale University Press, 1995, p.53.
② Amaury de Riencourt, *The American Empire*, p.99.

国利用战后霸权地位,针对苏联和社会主义阵营的扩张,对其进行包围和遏制。为此,美国建立了庞大的军事基地体系和军事集团,完成了前沿部署,并利用对核武器的垄断和掌握的常规军事力量优势,形成对共产主义阵营的战略优势。遏制战略要求美国不仅要采取同苏联硬碰硬的政策,而且必须在苏联扩张势力的任何一个地区,予以坚决的回击,以防止出现多米诺骨牌式的连锁效应。在这期间,美苏之间没有爆发直接军事冲突,但是两大阵营在朝鲜半岛进行了一场殊死拼杀的热战,这场战争也对美国冷战初期的军事战略的形成产生了巨大影响。

对于朝鲜战争的起因虽然长期笼罩在历史的迷雾之中,但是,从美国的军事决策角度来看,介入朝鲜半岛局势的理由却十分清晰简单。对当时的美国决策层来说,美国已经失去了中国,不能再承受失去朝鲜半岛的代价,因为一旦如此,即便美国将日本改造成固若金汤的不沉航空母舰,美国也将从此失去对欧亚大陆东侧的影响力和控制力,更失去了维持自"门户开放"以来美国在这一地区所苦心经营的一切根基。为此,杜鲁门政府打着联合国旗号,公开介入朝鲜战事,先是对南朝鲜军队进行军事援助,1950年9月15日,麦克阿瑟指挥美军出其不意地在仁川登陆,这一突袭给先前高歌猛进的北方军队造成沉重打击。同时,出于担心新中国乘此机会解放台湾,杜鲁门悍然声称,"共产党部队占领台湾,将直接威胁太平洋地区的安全,因此,我已命令第七舰队阻止对台湾的任何进攻",而在1950年初,美国政府还承认台湾是中国的领土,如今立场却发生180度转变,要将台湾从中国分离出去。毛泽东主席严正批评说:"杜鲁门……撕毁了美国关于不干涉中国内政的一切国际协议,美国这样暴露了自己的帝国主义面目……美国对朝鲜、菲律宾、越南等国内政的干涉,是完全没有道理的,全中国人民的同情和全世界人们的同情都将站在被侵略者方面,绝不会站在美帝国主义方面。"[1]在中国志愿军

---

[1]《中国人民共和国对外关系文件集》第1集,北京:世界知识出版社1957年版,第130页。

入朝参战之后,杜鲁门态度强硬,认为美国要坚持打下去,直到中国承认失败为止。在随后突如其来的军事、政治双重失败面前,杜鲁门更气急败坏,公然在记者招待会上威胁要对中国使用原子弹。之后,中美两国进行了长期军事和政治较量,美国担心全面与华开战,可能引发全球大战,同时杜鲁门、艾奇逊等人坚持欧洲第一、亚洲第二的立场,认为扩大与中国的战争将只会让苏联从中受益,偏离全球遏制的战略目标。最终,交战双方都无力改变僵持局面,半岛继续以南北分裂为标志存在于国际社会。布雷德利曾对这场战争有过一段精彩的评论:"采取这样一种(把战争扩大到中国的)战略,将使我们在错误的地点、错误的时间和错误的敌人打一场错误的战争。"①

其实,美国介入朝鲜战争之时,正处于战后军事力量收缩调整时期,但在战略上美国依然停留在二战总体战的惯性思维中,因此它在应对中国志愿军入朝后的战争局势时,一度走向极端,以麦克阿瑟为代表的军方强硬派试图追求获得全面胜利和迫使对手无条件投降。为此,麦克阿瑟不断要求华府轰炸中国沿海城市、支持蒋介石反攻大陆,甚至不顾中苏同盟关系存在而要求全面对华开战,这无疑将迫使美国对苏摊牌,可能引发全球性冲突。杜鲁门以及后来的艾森豪威尔都认为美国没有做好全面大战的准备,也尚不具备应付欧亚两场战争的能力,最终选择在朝鲜进行一场有限的战争,并以谈判结束了冷战开始后东西方的第一次大规模冲突。取代麦克阿瑟的指挥官李奇微将军在回忆录中对新的战争形态进行了总结,认为"在我国历史上我们第一次了解到'有限'战争的概念"。遏制战略不是全面战争,而是要在美苏力量大致均衡前提下,防止苏联扩大势力范围,并对其施加持续外部压力,迫使其尊重美国和西方的利益范围,并最终从内外瓦解苏联,这种战略的实质还是要避免美苏发生大规模正面武装冲突。这也成为之后美国帝国战争政策的重

---

① 王绳祖主编:《国际关系史》,第79页。

要内容之一,并在冷战的数次局部战争、有限战争中都得到了体现。

(2)大规模报复战略(1953—1960年)。面对朝鲜战争造成的长期损耗和民众反感,加上苏联不断增强的军事力量尤其是初步获得的核武器能力,美国国内对推行何种军事战略产生了分歧。参谋联席会反对削减军费开支,主张做好涵盖全面常规战争、全面核战争、有限战争几乎所有战争形式的准备,而艾森豪威尔总统以及国务卿杜勒斯、财政部长汉弗莱等人对此表示反对,艾森豪威尔担心国家安全的过度需求将损害国民经济的良好运行,杜勒斯也反对过大的军费开支,特别是汉弗莱相信美国主要依靠核武器就能保障世界的和平。最终,总统接受了将核武器纳入威慑战略的方案,1953年10月,艾森豪威尔批准了《国家安全基本政策》即NSC-162/2号文件,确立了用核打击来应对共产主义威胁的战略,这被外界称为"大规模报复战略"。杜勒斯强调此战略"主要依靠一种巨大的报复能力,能够即刻以我们所选择的方式和地点进行报复",目标是"通过增加对威慑力量的依赖,减少对局部防御力量的依赖来使得集体安全更加有效,成本更低"①。在这一战略中,大规模报复战略成为重要的威慑手段。它强调以核武器建立核威慑,要求美国保持核武器在数量和质量上的优势,允许美国在敌对状态下,将核武器作为一般武器来使用。该战略试图通过核优势建立对苏核威慑,强调美国将以大规模报复力量来对付苏联的扩张。军方一些人在这个问题上甚至试图走得更远,要求扩大使用核武器的范围,国防部也提出为了战略和战术目的,必须坚定地使用核武器,而这是一种赤裸裸的帝国式战略思维,它甚至不顾欧洲盟国的呼声,强迫其接受可首先使用核武器的战略,尽管后者希望美国奉行只在受到攻击时才使用核武器。杜勒斯对此坚决予以拒绝,认为这是示弱的表现。1955年后,美国还逐步将一部分核武器部署

---

① 刘磊:《从大规模报复到有限战争:艾森豪威尔时期美国有关核战略的争论》,载《美国研究》2013年第2期,第95页。

到欧洲,但同时拒绝告诉盟国部署的数量、位置以及美国将在何时使用它们,这种不平等也引起了盟国的不满,刺激了英法发展自己的核力量。特别是法国对美国的"歧视"极为愤怒,不仅特立独行进行了核试验,还最终宣布军事上退出北约。大规模报复战略是建立在美国当时还享有核优势的基础之上的,但它同时也是一种核恐怖战略。它并不仅仅是针对苏联,也包括了不拥有核武器的苏联盟友和其他社会主义国家。在1954年的奠边府战役中,美国军方就曾有人建议要在奠边府地区投掷三枚战术核武器,消灭越南人民军,这种武力至上的帝国逻辑表现得淋漓尽致。

(3)灵活反应战略(1961—1968年)。肯尼迪上台之时,美国面临来自苏联严峻的军事挑战,自50年代后期开始,苏联在战略战术核武器领域进步神速,曾经带给美国安全感的核垄断已经消失,导弹优势也逐渐缩小,肯尼迪认为"美国正在迅速地走向导弹落后于苏联的危险时期","大规模报复的威慑将失去其大部分作用"。[①] 相互威慑局面的出现,迫使美国改弦易辙。1959年,一直对"大规模报复战略"持反对意见的已退休前陆军参谋长泰勒出版了《不确定的号角》一书,针对"无论在全面战争力量方面,还是在常规的反消耗战力量方面,美国都面临着一个在若干年内落后于苏联的时期"这一局面,系统地提出了灵活反应战略的思想,并为肯尼迪总统所接受。灵活反应战略强调美国不仅要保持核大战能力,确保相互威慑,同时要能打赢局部战争和特种战争,尤其是要对第三世界出现的共产主义威胁予以遏制和反击。灵活反应战略的核心是有限战争,美国加大了对其他地区的干预力度,从政治和军事上扶植代理人,同苏联进行争夺。例如,1961年4月17日,美国策划了猪湾登陆,试图推翻卡斯特罗政权。此外,美国还在越南推行特种战争,但之后一发不可收拾,成为灵活反应战略失败的重要标志。

[①] 蔡祖铭:《美国军事战略研究》,第126页。

（4）现实威慑战略(1971—1980年)。越南战争造成美苏实力此消彼长。苏联则咄咄逼人，推出"勃涅日列夫主义"，美国被迫以"尼克松主义"进行战略收缩。在此基础上，美国在1971年正式转向现实威慑战略。虽然美国全球战略进行收缩，但并不意味着帝国思维的消退，美国也不会放弃维持全球帝国的野心。新战略的目的一方面是要根据国际形势变化，调整战略布局，将重点重新放在欧洲方面；另一方面则是要避免让越战悲剧扩大化，转而寻求通过依靠当地人打当地人。当时的国防部长梅尔文·莱尔德(Melvin Laird)解释说："新战略强调有分寸、有意义地卷入，并以实力为后盾进行有力的谈判。"①在卡特执政的后期，美国加强军事建设，增加军费开支，组建快速反应部队，向盟国大肆出售军火。被历史学家称为"回到军国主义"②。

（5）新灵活反应战略(1980年—冷战结束)。里根上台时，美苏力量对比呈现对美不利趋势，苏攻美守。在此背景下，该战略首次提出了长期核战争的思想，同时强调在多条战线灵活反击，除了坚守对美国具有重要战略意义的重点地区外，同时要加强在第三世界的争夺。该战略是强硬色彩的"里根主义"的组成部分，具有突出的进攻性和冒险性，表明美国开始战略反击。美国在此基础上还提出了"低强度冲突战略"，实质就是要在第三世界援助那些反对共产主义的叛乱分子，建立美国式民主。里根政府还推出"战略防御倡议"，寻求建立攻防兼备的双重威慑。这也开启了美国建立反导系统的大门，旨在为美国获取更大程度的核优势。根据新战略，美国积极进行对外军事干涉活动，如1983年入侵格林纳达被看作推行美国利益和政策的成功榜样。此外，美国还加大军备建设，提高三军作战能力，力求保持军事霸权地位。1986年，美国海军公然宣布要控制全球16个海上咽喉要道，这同当年大英帝国的海上霸权战

---

① 蔡祖铭：《美国军事战略研究》，第144页。
② 方连庆、刘金质、王炳元主编：《战后国际关系史(1945—1995)》，第622页。

略如出一辙,对非西方国家的主权和安全构成严重的挑战①,这正是典型的帝国式战略思维模式。

在整个冷战期间,美国将对外干涉作为推行帝国政策的常用手段。一方面,二战之后,老牌帝国江河日下,英国、法国等都无力继续维持海外殖民地,主动或被动地将这些地区移交到了美国的手上。而美国也借助推动各地反殖民运动,进一步从政治、经济、文化、安全等方面逐步瓦解了旧帝国的殖民统治印记,同时也扩大了自己的势力范围。比如,在战后十余年的时间里,法属印度支那就成了美国的势力范围。除了主动交出希腊和土耳其,英国在传统领地中东的主导地位也逐渐被美国取代。另一方面,美国对苏联影响的扩大极为警惕,在遏制政策指导之下,美国急于填补重要战略地区的权力真空。因此,美国对国际事务的干预程度迅速增大,传统的孤立政策根本无法满足美国战略的需要,一种全球主义的军事干预政策成为美国精英圈子中的新宠。1946年到1965年间,美国在168个单独场合中进行了武装干预。从1946年到1975年的30年间,美国的政策制定者则一共215次使用武力作为政治工具来影响其他国家的行为。② 在短短的时间之内,美国几乎推翻了自己一直坚持的许多外交政策原则,"杜鲁门主义"终结了对欧洲事务的孤立,"马歇尔计划"对其他国家内部事务进行强力干预,北约组织则埋葬了美国避免陷入任何形式的联盟旧原则。杜鲁门所宣称的间接侵略,因其定义的模糊,使得美国将不断卷入海外战争之中:内战、常规战争、游击战、政治行动以及一系列无休止的冲突之中,从中东到印支半岛再到拉美地区,美国与苏联的代言人之间进行了尖锐的对抗,美国借助阴谋阳谋不断渗透

---

① 十六个海上战略通道是:阿拉斯加湾、朝鲜海峡、望加锡海峡、巽他海峡、马六甲海峡、红海南端的曼德海峡、苏伊士运河、直布罗陀海峡、斯卡格拉克海峡、卡特加特海峡、格陵兰-冰岛-联合王国海峡、非洲以南和北美的航道、波斯湾、波斯湾和印度洋之间的霍尔木兹海峡、巴拿马运河以及佛罗里达海峡。

② [美]杰里尔·A·罗赛蒂著,周启朋、傅耀祖等译:《美国对外政策的政治学》,北京:世界知识出版社1997年版,第138页。

利害相关地区的各国政府,并在广大地区建立起足够的影响力,"事实上对世界大部分地区建立起了一种美国的帝权"①。

四 大战略与帝国思想的争议

1963年6月10日,肯尼迪总统针对苏联新近发表的批评美国帝国主义的言论进行了反驳。苏联指责美国的帝国主义分子试图通过军事政治集团,消灭共产主义国家,从而实现对世界的完全主宰。肯尼迪表示,美国所寻求的不是由美国战争武器所实行的"美国治下的和平","世界周知的是,美国绝不会去发动一场战争"②。肯尼迪的话或许适用于冷战时期的意识形态斗争、话语权争夺以及对外宣传,但却根本无法同历史真实面貌相对质。美国战后的大战略,所追求的就是要维持"美国治下的和平",也就是一种以美国权力优势为中心的国际秩序,一种靠武力干涉来维持秩序的"和平"状态,同时也是一种实现全球统治的帝国思想。如肯尼迪的国务卿迪安·腊斯克(David Dean Rusk)1965年所说的那样:"这是一个很小的行星,我们必须关心它的一切——所有的陆地、海洋、大气层以及外层空间。"③美国的帝国权势,不仅仅是关心,而是要对重要的资源、国际规则、国家间关系乃至战争与和平的进程与结果进行最大程度的掌控。

1. 大战略维度下的帝国思想与国际秩序

当美国成为一个全球性强国时,它也真正开始谋划一种全球视野下的大战略。关于大战略的定义,著名战略研究家约翰·柯林斯(John Collins)认为,大战略是运用国家整体力量的一门艺术和科学,是通过威

---

① Amaury de Riencourt, *The American Empire*, p. 89.
② John F. Kennedy, "Commencement Address at American University", June 10, 1963, http://www.jfklibrary.org./j061063.htm.
③ [美]保罗·肯尼迪:《大国的兴衰》,第482页。

胁、武力、间接压力、外交谋略以及一切可以想到的手段,对敌方实行各种程度和各种样式的控制,以求实现国家安全的利益和目标。另一位战略名家利德尔·哈特强调,大战略的功用在于调节和指导一个国家或连同其盟国的所有军事、政治、经济和精神资源,以达到由其基本政策所规定的政治目标。① 美国学者罗伯特·阿特指出,"一项大战略要告诉国家领导人应该采取何种目标,应该如何最成功地运用国家军事力量实现这些目标"②。对于大战略与对外政策的区别,阿特认为,大战略在一个基本点上根本不同于外交政策,即"国家为了确定其外交政策,需要设计出国家在世界上追求的一系列对外目标,并决定如何综合运用各种国家机器(包括政治力量、军事力量、经济力量和意识形态力量)以实现这些目标。大战略同样涉及国家应当追求的一系列目标,但它集中关注为实现这些目标而采取的军事工具的使用方式"③。

正如战略研究者所指出的那样,"国家利益是构成正确战略的基础……研究大战略的人有必要找出那些与国家安全特别有关的利益"④。美国战后的大战略,正是建立在具有明显排他性、对抗性、扩张性的国家利益观之上的。美国的统治阶层相信美国的实力和西方世界领导者地位,要求美国在世界范围内推行大战略。在很多人看来,美国的国家利益随着自由国际主义的扩张,而成为具有全球性含义的概念。这种广泛的国家利益包括:"美国在西半球的战略势力范围,对大西洋和太平洋的控制,一个庞大的可以用来扩大战略边疆和投送美国力量的海外基地体系,一个内容更加广泛的可以为商业机场转变为军事用途提供便利条件的过境权制度,获取大部分欧亚大陆的资源与市场,同时阻止未来的敌

---

① Liddell Hart, *Strategy*, New York: Frederick A. Praeger, 1967, pp. 335-336.
② [美]罗伯特·阿特著,郭树勇译:《美国大战略》,北京:北京大学出版社 2005 年版,第 1 页。
③ [美]罗伯特·阿特:《美国大战略》,第 2 页。
④ [美]约翰·柯林斯著,中国人民解放军军事科学院译:《大战略》,北京:战士出版社 1989 年版,第 19 页。

人获取这些资源,维持美国的核优势地位。"①如此广泛的国家利益的存在,对促成美国全球主义的大战略和对外政策起到至关重要的作用。这样的国家利益观,也是对国际政治现实主义的膜拜,它体现了帝国式垄断与排斥精神,是对世界政治、经济和资源的野心。

美国在由弱至强、从美洲走向世界的过程中,绝大部分时候都体现出十分卓越的大战略谋划能力,可以说,"美国塑造周边环境和确定世界大国关系的战略安排无不体现出一种深谋远虑的能力,而且不乏实用主义的灵活战术运用"②。那么,战后美国大战略究竟是什么呢?它最核心的精神是自由主义价值体系,这一大战略以维护美国全球性国家利益为中心,通过建立起以美国利益和价值体系为核心的国际秩序,抗衡挑战美国地位的挑战者,同时在重要的战略地区进行扩张,以寻求建立、巩固美国全球性的国际政治、经济和军事霸权。尽管自由主义霸权观大部分时候强调的是开放市场和民主制度,但是,经济体系本身具有扩展趋势,加上美国推行民主扩张战略,奉行对抗性的安全政策,从而使得美国自身的帝国特征更为明显。用克里斯托弗·莱恩(Christopher Layne)的话来说,美国追求的是一种"超地区霸权"(Extraregional Hegemony),美国大战略在战后的历史就是一部扩张史,"该战略的逻辑强力地驱使美国在北美洲之外的西欧、东亚和波斯湾三个世界上最重要的地区建立霸权"③。

第二次世界大战对于美国外交中的帝国思想产生了很大影响,主要体现在六个方面:(1)确立了美国世界超级大国的地位,削弱了美国对承担海外义务的恐惧,为"美国治下的和平"奠定了基础;(2)老牌帝国主义强国几乎消失殆尽,要么被彻底粉碎,要么就是元气大伤;(3)旧有的帝

---

① [美]克里斯托弗·莱恩:《和平的幻想》,第96页。
② 门洪华:《冷战后美国大战略的争鸣及其启示意义》,载《太平洋学报》2003年第2期,第18页。
③ [美]克里斯托弗·莱恩:《和平的幻想》,第3—4页。

国制度被推翻,以美式民主为基础的新制度随之重建;(4)通过一系列双边或多边条约,美国缔结了诸多盟友,成为全球霸权的支柱;(5)两极对抗格局形成,美国大力占据战略要地,逐步形成遍布全球的基地体系,掌控大部分战略要地;(6)美苏意识形态斗争强化了美国自身的使命感,通过凝聚民众支持,获得了进一步扩展权势的国内合法性支撑。这样的有利变化,促成帝国思想在战后美国大战略的构建过程中,得以光明正大地登堂入室。蕴含了帝国思维的大战略,其中一个关键内容,就是对国际秩序的塑造。约翰·伊肯伯里根据1815年、1919年以及1945年的战后历史,指出大战后国际体系的"制度化"特点,而美国则成功地将自己的国际秩序构想施加于西方世界,这一构想与苏联国际秩序观的对立,反过来加强了美国在自身阵营中的地位和影响。

"美国治下的和平"可以说是战后美国建立和维护的国际秩序的关键性特征。"美国治下的和平"这一说法源于"英国治下的和平"一语。这种修辞的转换,也恰好暗示了美国成为大英帝国之后新的帝国,而且是一个能给世界带来和平的全球性帝国。罗纳德·斯蒂尔(Ronald Steel)在《美国治下的和平》一书中将美国对外政策定义为"美国治下和平的仁慈帝国主义",歌颂其特征是"为了高尚目的而进行的帝国建设,而不是为了诸如利润和影响这样的基本动机"[1]。没有利益追求何来政策动力,美国通过霸权地位来谋求建立的国际秩序,是一个充满了帝国式色彩的国际秩序,而这样的帝国体系在美国自己看来是一个开放式的"自由帝国"体系,它恰好说明了美国帝国与以往那些旧帝国的差异。"自由帝国"本身看起来是一个充满自我矛盾的称谓,但它是从美国建国后就存在的理想。美国推崇的自由制度,反对殖民统治,尊重国家主权,要求实现公民权利,这些看上去明明都是帝国主义的对立面,同殖民主义、帝国主义可谓势如水火,格格不入。然而,于美国而言,随着美国式

---

[1] Ronald Steel, *Pax Americana*, New York: Viking Press, 1967, p.16.

自由主义成为战后统治性的思想体系,一个全球性的自由帝国也随之诞生。要成为美国帝国体系中的正式成员,要求具有成熟的自由民主、市场经济等条件,即便一些国家尚不能达到美国要求的标准,只要它们具有实现这些标准的意愿,并且愿意在美国帮助下朝此方向努力也可以。美国骄傲地看到,"在当今世界的自由民主国家组成的共同体之中,自由主义价值观被广泛共享。这些国家成了第一个自由帝国中的主要成员"①。

美国的霸权地位成为美国构建全球性国际秩序的基础。防止世界大战、更好地传播美国制度、实现美国利益、履行美国肩负的使命,成了新建立的国际秩序需要完成的使命。它的目标就是要"创造一个增进美国利益的世界秩序。在这个世界秩序里,美国的财富和权势将会不断增长,美国人所珍视的价值观念将扩展到整个世界"②。这就要求美国采取积极的外交政策,去塑造出这样的国际秩序。这主要体现在以下四个重要方面。

一是以西方文明为内涵的意识形态。美国构建的战后国际秩序中,美国不仅是世界性霸权,而且是西方文明(或曰资本主义世界)体系的统治核心。西方文明在当代所具有的意识形态元素,如资产阶级民主制度、价值观念等成为新秩序的价值观念支柱。在对外政策上,它表现为宣扬西方民主制度、人权价值观、推动世界范围内的民主输出。这种意识形态地位,是美国规范国际秩序的道德标尺,也是美国身上引以为傲闪闪发光的模范光环。二是符合美国利益的国际制度安排。在政治领域,美国通过联合国,一定程度上扩大了国际政治民主治理的范围,同时也在很长之间内将其操纵为建立世界帝国的工具。通过将一些议题国际化,美国得以减少统治和扩张的成本,借助国际合作,推行符合美国利

---

① William E. Odom & Robert Dujarric, *America's Inadvertent Empire*, New Haven & London: Yale University Press, 2004, p. 41.
② [美]孔华润主编:《剑桥美国对外关系史》(下),第 472 页。

益的大战略;在经济领域,美国推动和主导的国际经济机制,如世界银行、国际货币基金组织、关贸与税务总协定等,促成美国建立起资本主义制度特征的国际经济体系。这一体系中的不平等性显而易见,以美国为代表的西方社会成为最大的受益者。在军事安全领域,北大西洋公约组织、地区军事条约、军事同盟体系,共同组成一张前所未有的覆盖全球的军事安全网络,在对抗苏联的同时,也成为美国控制和影响其他国家的重要工具。三是确保美国安全的地区秩序。在重要的战略地区,美国通过外交、军事、经济等手段,利用老牌帝国的衰落,逐渐扩张自身影响。在亚太地区,美国通过领导韩国、日本、菲律宾、澳大利亚等重要国家和地区,组成对苏、中等国的遏制封锁链条;在欧洲,美国推动西欧一体化进程,通过北约和欧共体,实现对西欧军事、经济和安全的主导;在中东地区,美国扶植以色列和亲美阿拉伯政权,抵御苏联影响的扩大,并扼杀不符合美国利益的民族解放运动。在传统势力范围拉美地区,美国的政策目标,是要确保拉美始终处于美国体系的控制之下。四是支撑美国霸权的军事优势。军事霸权是美国维持全球帝国及战略的终极依据。一方面,军事优势确保美国得以抵制敌国的扩张行为;另一方面,它也使得美国在与盟国的安全关系中,建立起不对等的相互依赖,迫使盟友严重依赖于美国提供的"安全"这一公共产品,从而丧失挑战美国的能力。迪安·艾奇逊(Dean Acheson)就曾担心,在防务领域中发挥作用的欧洲联盟可能会在北约内部演变成一个集团并最终挑战美国的领导权。因此,美国"言的是共同体,行的是霸权"[①]。

为什么说美国战后大战略构想中的国际秩序同美国的帝国思想是密不可分的呢?因为,在这样一个国际体系中,美国的霸权地位和国家利益的优先性,成为关键的目标。美国的权势是建立在非均衡的权力等级差异之上的,美国借助制度和思想优势,主导了大部分世界的运转。

[①] [美]克里斯托弗·莱恩:《和平的幻想》,第182页。

美国相信,美国制度和价值核心应当成为新世界秩序的基础,任何与之相对立的体系,都将威胁到美国的根本利益。这种观念蔑视世界政治乃至人类历史进程中的多元化意识形态并在的合理性,傲慢地认为美国代表的资本主义文明是世界文明最先进的模式,理应成为其他国家效仿的对象。为了达到这一目的,美国可以施以强力手段,主动推行西方制度,不惜以武力手段清除任何障碍。美国在这样的国际体系中,既是野心勃勃的,同时也是充满扩张精神的。李普曼对此看得十分透彻:"我们选择希腊和土耳其不是因为他们特别需要援助,也不是因为它们是民主的光辉典范,而是因为它们是通向黑海和苏联心脏的战略大门。"①对于这种野心和扩张性,克里斯托弗·莱恩认为,这是"因为美国决策者们相信其国内核心价值安全与在海外维持一个'门户开放'的世界紧密相连。自由主义将一种能够导致过度扩张的逻辑强加给了美国大战略,主要表现为:无限大地界定美国的利益;依据多米诺骨牌理论思维,确信美国的利益将会受到世界各地事件的潜在威胁;认为维持'门户开放'世界需要美国经常证明其信誉度;要求在其领土安全并没有受到明显威胁——或更确切地说,明显没有受到威胁——的情况下美国仍必须打仗,这就要求美国决策者们必须求助于威胁扩张的手段来为其海外干涉进行辩护"②。

整个冷战阶段,在国际政治新环境之下,美国的帝国政策表现出与以往很不一样的特征。除了如关塔那摩等几个直接占领的例子,美国主要依靠的还是盟国体制的支持,从而得以在全球范围内行使权力。这一形式不像老式帝国那样必须通过直接占领土地进行控制,依靠赤裸裸的粗暴掠夺来获取资源。美国更多地是通过向国际社会尤其是盟国提供公共产品,从而换取其从政治、经济和军事上给予支持,如取消贸易壁垒、提供军事基地、分担安全费用等。与此同时,还有一个不可忽略的因

---

① 方连庆、刘金质、王炳元主编:《战后国际关系史(1945—1995)》(下),第56页。
② [美]克里斯托弗·莱恩:《和平的幻想》,第223页。

素,就是美国成功地进行了软实力的输出,此举大大抵消了这些国家牺牲部分主权后所可能引发的对美国的抵触甚至敌视。可以说,战后的美国是一个史无前例的全球帝国,"通过军事实力、不平等条约、卓越的才智、企业家的报偿和容易为人所接受的劝说,美国已对全球建立了一种前所未有的共管统治"①。美国以世界警察自居,坚称自己掌握全球道德标准,在全球范围内进行干涉行动,逐步形成了一种史无前例的帝国统治。

2. 越南战争对帝国思想的冲击

在美国看来,虽然战后大战略和国际秩序确立了一个美国帝国,这个帝国的一些政策和动机也并不总是那么光明正大,但是,"'美国治下的和平'不仅看来服务美国狭隘的利益,而且还导致了大规模的公共产品支出,帮助到许多其他国家……在20多年时间里,看上去有益于美国的东西,同时也有益于大部分'自由世界'"②。因此,即便是容易引发争议的帝国思想,也乘机融合到新国际秩序之中,它的政策目标和手段在很多时候也能为更多人所接受。

在谋求世界霸权和全球统治这一目标上,帝国思想并不孤独。20世纪后期盛行的新自由主义,对于美国的帝国思想也起到了激活的功效。新自由主义的理想就是建立西方文明主导的全球性资本主义体系。它一方面强调了西方文明的权力优势和权力集中,另一方面要求瓦解传统体系中维护其他国家权益的规则。从战略上讲,新自由主义认为,"如果不能在政治和文化上完成全球一体化或全球资本主义化,新自由主义所试图保护的西方生活水平和生活方式,将很难全面地确定世界范围内的主导地位。所以,新自由主义把政治和文化方面的霸权提高到直接关系

---

① [美]克莱德·普雷斯托维兹:《流氓国家》,第32页。
② Michael Cox,"Empire by denial: the Strange Case of the United States", *International Affairs*, January, 2005, p.16.

到西方国家和生活方式安危的高度上去"①。如摩根索所言,"帝国主义应该是指通过建立帝国来改变国际现状的能动过程"②。新自由主义所强调推崇的就是要通过人类社会的精英阶层和先进国家来改变其他国家的运行架构以及国家间行为规则。新自由主义的体内蕴含了进攻性和扩张性,这同美国强大国力和意识形态优越感相互补充,构成了当代美国帝国体系重要的思想基础之一。它们都相信,在国际政治中,少数的先进国家通过对世界其他国家进行改良与重建,才能塑造出更完美的新秩序,确保自由市场机制和西方政治体系的绝对优势或霸权,从而实现国家利益的最大化。这种观念与帝国思想的融合,产生了所谓的"新帝国主义"。对于西方文明体系内部的霸权国家——美国而言,全球帝国网络能让其控制权力的中心,并将其他部分最大限度地吸纳进全球资本主义体系之中,从而形成新的秩序。这种思想为美国在政治、经济、文化和安全等领域对其他国家的干涉,提供了重要理论依据。

尽管美国的权力优势、冷战环境以及国际政治经济的发展,为美国帝国思想创造出演进的机会,并在霸权身份的掩饰下,影响着美国自身及其对外政策,但是这种思想在美国对外政策实践的过程中,也一直面临批评和挑战,特别是越南战争的出现,让扩张过度的帝国野心遭遇重大挫败。

美国的全球帝国在世界绝大部分人看来,是不争的事实。然而,出于传统观念和现实政策的需要,不少美国人对"帝国"这一禁忌讳莫如深,要么依然坚决否认,要么则转而用一些含糊或隐晦的词语来解释美国的世界帝国,如"非正式帝国""不情愿的帝国""应邀而来的帝国"等等。比如林登·约翰逊总统曾表示:"历史上多少年来,我们的部队进入

---

① 张家栋:《新自由主义与美国新帝国思想》,任晓、沈丁立主编:《自由主义与美国外交政策》,上海:上海三联书店、华东师范大学出版社 2005 年版,第 222 页。
② [美]詹姆斯·多尔蒂、小罗伯特·普法尔兹格拉夫:《争论中的国际关系理论》(第五版),第 471 页。

那么多的地方,但无必要之时,他们都回来了。因为美国的意图是永不压制自由,总要守护自由。美国的意图是永不剥夺自由,总会还以自由;永不破坏和平,总要鼓励和平;永不占有他人的土地,总会救人性命。"①其实,这些自我辩护,主要是将美国同传统帝国的体制和权力模式进行对比,试图通过二者的差异来淡化美国身上帝国的印记。然而,正如历史所表明的那样,美国的帝国思想及其日趋明显的全球帝国身份,与其他帝国相比,虽有政策手段上的差异,并不会淡化本质上的相同,尤其在帝国的思想内核、世界观、权力观方面,可谓大同小异。例如,马汉对帝国主义的定义是:将国家权力扩展到外国社会之上。这种定义强调的是中央权力对海外地区控制的政治含义,它本身并没有要求国家征服或占领其他国家以对其实施传统的帝国统治。还有的观点更为直接地指出,帝国就是一种霸权国家和其控制之下的人民或国家的关系。因此,那种认为美国没有通过侵略或占领来实行统治,因而不成其为一个帝国的观点,只看到现象而没有看到本质,或者说,这种观点根本就是刻意掩饰美国对其他国家的控制,以粉饰美国的对外政策。那种源于美国理想和实力的自信,在战后时刻都在鼓励美国去建立空前的全球帝国。这种自信在戴维·哈尔伯斯坦(David Halberstam)所指的"出类拔萃之辈"——如迪安·腊斯克、罗伯特·麦克纳马拉、马克斯韦尔·泰勒(Maxwell Taylor)等——身上达到顶峰,"他们对建设国家所需的理想充满信心,确信在他们的领导下,美国有意志与力量在越南,并最终在全世界的大国角逐中取得胜利"②。

冷战期间,美国帝国思想所引起的最大争论来自于越战,并一度席卷整个美国社会。在此之前,冷战共识淡化甚至回避了国内对美国帝国式政策的批评,"麦卡锡主义"的盛行一时,也沉重打击了一批有识之士,

---

① [英]奈尔·弗格森:《巨人》,第90页。
② [美]孔华润主编:《剑桥美国对外关系史》(下),第377页。

特别是让一批敢于质疑政府冷战政策的人趋于沉默,包括对苏联、中国和其他社会主义政权有着不同观点的知识分子。经过整整一代人的时间,直到越南战争,在美国霸权和对外政策遭遇挫败的时候,人们才开始严肃地反省美国的帝国思想和政策。

越南战争对美国帝国思想造成的冲击主要体现在三个方面。首先,美国越南政策的受挫,表明战后美国所具有的强大物质实力基础,并不能保证美国在国际政治领域随心所欲。换句话说,无论是霸权还是帝国,它们的权势和统治,无法推广到每一块土地之上。美国的力量是有限的。特别是到了20世纪七八十年代,关于美国衰落的言论盛嚣尘上,形成了一种"衰落论"潮流。历史学家保罗·肯尼迪在其代表作《大国的兴衰》中将其归结于美国帝国野心对国家利益的危害。他说:"现在美国正在经受着历史学家极为熟悉的以往列强兴衰的风险,也许可以大体上称作'帝国过分扩张'的风险:那就是说,华盛顿的决策人必须面对一个尴尬的、长期的现实,即今日美国国家实力已经远远不能同时保卫美国一切全球利益和承担所有义务了。"①持此观点的人劝诫美国从部分海外地区适当收缩,削减防务开支,并且学会同其他国家分享权力。

其次,美国的国际地位和实力遭到严重损害。战争加速了美苏力量对比朝着不利于美国的方向转变,越南战争被看作是美国战略偏差所引发的恶果。美国不仅忽略了真正的战略重心所在,而且在一场局部战争中漏洞百出。"这好比某人定造一栋世界上最大的房子,请来了世界上最好的建筑师、最好的石匠和最好的内部装饰者,还从意大利运来大理石,以精选的红木作墙壁,但是却错误地忽略了一件小事:选中的地点是沼泽地。"②美苏战略差距在缩小,而20世纪六七十年代的经济危机,也让美国雪上加霜。美元的贬值,严重影响到美国产品的出口。1971年,

---

① [美]保罗·肯尼迪:《大国的兴衰》,第626页。
② [美]戴维·哈尔伯斯坦:《出类拔萃之辈》,第947页。

美国遭遇20世纪第一次贸易逆差。同年,尼克松结束了美元与黄金的可兑换性,宣告浮动汇率新时代到来,这意味着"布雷顿森林体系"的寿终正寝。不利局面迫使尼克松政府开始战略收缩,美国帝国思想从巅峰开始跌落。

最后,从越南战争开始,美国的普世主义和扩张主义狂热有所消退。无论在国内还是国外,人们开始反省美国帝国思想及帝国秩序所存在的不合理性以及缺陷。对美国而言,"出类拔萃之辈"生活的时代,是美国民族主义和世界主义泛滥的阶段,人们渴望"把一种新的坚强而有活力的精神灌输到美国在世界事务方面的历史作用中去……要在世界各地把美国理想变为现实。确定美国的理想并赋以新的使命"①。帝国思想遭到人们更多的质疑。在越南,美国自认为肩负的使命是赢得后殖民时期越南人民的"心灵和思想",实现自由世界原则,同时亦对老大陆(欧洲)帝国主义表示蔑视。② 但是,最后人们却惊觉,"美国这样一个人民以坚持不干涉别国事务和反帝国主义的原则而自豪的国家,现在却擅自赋予自己帝国力量的典型特权"③。有民意测验表明,71%的美国人认为卷入越南战争是错误的,58%的国民认为这场战争是不道德的。④ 可以说,越南战争某种程度上重新定义了美国对世界的心态,那种自信满满、傲视天下的帝国心理蒙上了阴影。另外,战争也在改变着外部世界对美国的看法。国际左派政治力量抨击美国的侵略和帝国政策,认为美国同苏联"道德等同",同时"越战释放了冷战中的人们(特别是西欧知识分子阶层内的)反美情绪的浪潮。这种情绪在冷战的后一阶段一直持续下来。反帝国主义的帝国主义最终不可避免地失败了,在世人眼里,似乎扮演

---

① [美]戴维·哈尔伯斯坦:《出类拔萃之辈》,第76页。
② William V. Spanos, *America's Shadow: An Anatomy of Empire*, Minneapolis: University of Minnesota Press, 2000, p. 146.
③ [美]孔华润主编:《剑桥美国对外关系史》(下),第382页。
④ [美]孔华润主编:《剑桥美国对外关系史》(下),第400页。

邪恶帝国角色的正是美国"①。

战争的失利不仅严重挫败了帝国主义分子的野心,同时还将美国的帝国主义政策暴露无遗,国内外的批评指责粉碎了美国掩盖其帝国实质的"自由外衣"。富布赖特认为,美国应该从越南战争学到更多东西,"首先是我们作为一个民族,与过去的强权一样,都未能免除炫耀武力。如果我们能够真正开始懂得这意味着什么,我们就能开始摆脱40多年来叫我们如魔附体的对俄国和共产主义的困扰,并最终正视徒劳无益的争霸逞强令我们所付出的代价。人类最大的虚荣心莫过于相信自己的价值观能放之四海而皆准,最大的蠢事也莫过于试图将某一个社会的偏好强加给一个并不心甘情愿的世界"②。"衰落论"支持者也相信,美国再也不是一个霸权国家了,美国应当学会成为一个普通国家,学会利用制度来维持国际秩序,学会与他人分享权力来降低统治成本,更重要的是,要接受这样一个事实,即"美国治下的和平"已经宣告结束。

美国国内社会运动和思潮的波动,也在一定程度上松动了美国帝国思想的地基。特别是60年代兴起的新左派青年运动,对美国的政治、社会、经济和文化等造成了不可轻视的冲击,让美国帝国式的对外政策遭到尖锐的批评。名声鹊起的新左派史学者们,致力于为理解美国的帝国扩张和对外政策提供一种新的视角。代表人物威廉·艾普尔曼·威廉斯、沃尔特·拉菲伯(Walter Lafeber)等认为,美国从建立开始,就具有扩张主义的传统,"19世纪90年代美国进入帝国主义的冒险事业既不是一件偶然的历史事件,也不是一个新的历史时期的开端……这些都是企业家们的需要"③。威廉斯为代表的"门户开放学派"(也称为"修正主义学派")认为,将冷战的责任全盘推给苏联和共产主义是不客观的,他们

---

① [英]奈尔·弗格森:《巨人》,第89页。
② [美]威廉·富布赖特:《帝国的代价》,第99页。
③ Irwin Unger, "The 'New Left' and American History: Some Recent Trends in United States Historiography", *American Historical Review*, LXXII, July, 1967, p.1237.

批评美国借助意识形态矛盾,粉饰自身的帝国主义野心和扩张政策。在强调经济因素是美国帝国主义政策的重要根源的同时,"门户开放"学派还指出,观念领域的信仰同经济利益的需要一起,共同刺激着美国帝国的发展。威廉斯认为,美国之所以不惜一切代价要在20世纪维持门户开放,源于自身的世界观,即要实现国内自由、利润和福利,就必须要扩展自由市场。这也就是他所总结的"门户开放帝国主义"。威廉斯认为,美国的扩张基于这样一种核心观念,即"海外经济扩张是实现国内经济繁荣和社会稳定的必要条件",在20世纪历史之中,"门户开放"已经成为美国政府扩张的理论来源,具有正当性和必要性,帝国也成为美国人的一种"生活方式"。① 威廉斯的经典著作《美国外交的悲剧》,就围绕着美国人的扩张主义或曰"帝国主义"观念体系与生活方式,以此来解释美国对外政策的深层次原因。另一位"修正主义学派"历史学家吉尔·伦德斯塔德(Geir Lundestad)将美国称为"帝国",是一个具有扩张主义传统的国家。不过,他认为美国帝国是一种特殊的形式,这就是有名的"受人邀请的帝国"(An Empire by Invitation)②。

新左派运动对于越战的结束产生了重要影响。如埃尔文·昂格尔(Irwin Unger)指出的那样:"尽管美国军队在北越的失败也是美国退出越南的一个不可缺少的因素,但我想是它(新左派运动)迫使美国退出了越南……尽管许多保守的美国人被那些和平抗议弄得很恼火,但他们也发现激进主义者所说的那些关于冲突的残酷和邪恶是不容忽视的。反战左派通常使一般的美国人很反感,但是它也刺痛了他们的良知。到了1969年或1970年,有理性的人们事实上不得不承认,'越战'是一次无耻

---

① William Appleman Williams, *Empire as a Way of Life: An Essay on the Causes and Character of American Predicament Along with a Few Thought about an Alternative*, New York: Oxford University Press, 1980, p. 1.
② Geir Lundestad, *The American Empire and Other Studies of U.S Foreign Policy in a Comparative Perspective*, Oslo: Norwegian Nobel University Press; Oxford: Oxford University Press, 1990, p. 54.

的、毫无意义的大失败。"①

3. 新保守主义崛起与帝国思想的传承

越战成为美国相对衰落的起点,也导致美国对外政策的混乱和不知所措。尼克松在回忆录中痛苦地指出:"越南战争是苏联取得一次决定性的重大胜利。之所以说它是一次重大胜利,倒不是因为这次胜利使苏联统治了越南,而是因为这次胜利使美国在心理上陷入瘫痪,从而不能在发展中世界保卫自己的利益……在我们从世界舞台撤退而留下的真空中,西方失去了大约1亿人民。"②尼克松政府的战略收缩虽然为美国提供了一个喘息的机会,但美苏力量天平开始——至少看起来是——向苏联倾斜。于是,领导美国重新走向强盛、夺回对苏战略优势,成为美国人心所向。而这一切,在里根政府时期得以实现,其中新保守主义势力的兴起不容忽视。

"新保守主义"本是20世纪60年代以纽约为中心的东北部地区一群自由派知识分子所形成的思想运动,其代表人物包括欧文·克里斯托尔(Irving Kristol,被誉为新保守主义"教父")、诺曼·波德霍雷茨(Norman Podhoretz)、彼得·伯杰(Peter Berger)、丹尼尔·帕特里克·莫伊尼汉(Daniel Patrick Moynihan)、珍妮·科克帕特里克(Jeane Kirkpatrick)等。他们参与国家政治和国际政治的讨论,在各种刊物上登文发表自己的见解,筹办自己的出版物,出版专著,以在社会上传播自己对于人、社会以及世界的观念,在美国社会的影响也逐步扩大,并渗透到外交领域之中。新保守主义者大都持有很强的世界主义,同时具有明显的意识形态意识和道德绝对主义趋向。在20世纪70年代,新保守派

---

① Irwin Unger, with the assistance of Debi Unger, *The Movement: a History of the American New Left, 1959-1972*, New York: Harper & Row, 1974, p.207.
② [美]理查德·尼克松著,王绍仁、吴明、王为译:《尼克松文集:不再有越战》,北京:世界知识出版社1999年版,第6页。

就呼吁美国要坚持将自己的价值观念融入到外交政策之中,并且要利用各种机会向全世界推广这些价值观念。为此,他们一方面抨击尼克松、福特以及卡特政府对苏政策的软弱,要求保持巨额国防开支,并对苏采取更为强硬的政策;另一方面,他们还致力于还击第三世界的反美言论,维护美国的价值观念。新保守主义宣称一种和平主义情绪的上涨已经不光渗透到了一般美国人的重要意识层面,而且也渗透到了政府的高层。波德霍雷茨在《绥靖文化》一文中主张采取一种更积极的外交政策以制止这种现象,"那是世界各地的共产主义威胁所要求的,美国人需要一种更明显的爱国文化"[①]。

由于新保守派的主张同70年代美国致力于缓和美苏关系的努力并不吻合,在这一时期,新保守派颇有郁郁不得志的感觉。在向卡特献言献策失败之后,新保守派转而投向了里根的阵营。在里根竞选总统过程中,新保守派十分活跃,由此开始在政坛崭露头角。里根政府时期,美国社会思潮的变化对政府的政策产生了显著的影响。里根执政时期也被认为是战后美国保守主义思想和运动复兴的"革命性"时期,而这种浓厚的保守主义氛围笼罩着里根政府的对外政策。里根吸纳了老保守派和新保守派势力,其外交风格强硬,典型特点就是对苏联采取进攻性的"推回"战略,争锋相对,激烈争夺。作为保守派的里根,尤为强调道德和价值观念,这些主张同新保守主义在很多方面如出一辙,因而在一段时间内二者十分合拍,保守主义的意识形态成为政府采取强硬政策的重要意识形态基础。这一时期,不少的新保守派成员进入了国家外交决策机构,也为进一步宣扬新保守主义理念创造了条件。里根政府班子中的新保守派人士主要包括国务卿乔治·舒尔茨(George Pratt Shultz)、国家安全事务助理理查德·艾伦(Richard Allen)、国防部副部长弗雷德·伊

[①] [美]斯蒂芬·哈尔珀、[英]乔纳森·克拉克著,邵崇忠、朱玉华、黄浩译:《美国为什么单干? 美国新保守主义与全球秩序》,沈阳:辽宁教育出版社2007年版,第43页。

克莱(Fred Ikle)、助理国防部长理查德·珀尔(Richard Perle)、美国驻联合国大使珍妮·柯克帕特里克、负责国际组织的助理国务卿埃利奥特·艾布拉姆斯(Eliot Abrams)等,其影响一度达到顶峰,被誉为新保守派的黄金时代。

新保守主义阵营具有极为强烈的道德使命感。新保守主义的道德观是非黑即白,非善即恶的。他们信奉美国例外论和使命说。坚信美国代表了正当的、先进的、文明的社会模式,与之对应的社会主义苏联则是邪恶、落后、独裁的制度。新保守派强调意识形态斗争,认为所处时代的基本冲突即美苏间的冲突是意识形态方面的。他们自负美国为道德楷模,因此鼓励美国采取积极战略,推行全球民主。他们将冷战看作是正邪之争,美国的责任就是要抵御邪恶势力对世界的野心。新保守主义分子反对缓和,"把国际关系的缓和描述为因缺乏勇气和没有骨气而不愿勇敢地抵抗共产主义的邪恶"①。他们主张美国积极回应苏联咄咄逼人的态势,摆脱"越战后遗症",采取积极的对外军事干预政策,在他们看来,美国意识形态道统的正义性决定了美国对外动武行为的合法性。因此主张"美国政府毫不妥协地宣扬西方价值观念的优越性,揭露苏联体制与行为的虚伪性,攻击苏联体制道义上的不合法性,积极主动地推进民主而不是被动地任凭极权主义扩散"②。里根本人也具有这样鲜明的性格特点,"他属于1952年(麦卡锡)那个世界的人。他看世界不是黑的就是白的"③。

与这种道德绝对主义对应的,是新保守派对实力外交的崇拜。新保守主义的鼻祖利奥·斯特劳斯曾说:"西方唯一有些信心的抑制措施是

---

① [美]斯蒂芬·哈尔珀、[英]乔纳森·克拉克:《美国为什么单干?》,第30页。
② 潘同文:《美国新保守主义对里根政府外交政策的影响》,载《国际问题研究》1986年第4期,第27页。
③ [美]托马斯·帕特森等:《美国外交政策》(下),第868页。

暴君对西方无限的军事实力的恐惧。"①早期的新保守主义分子对于没有武力支撑的西方价值观体系持悲观态度。因此,虽然新保守派侧重于渲染苏联在意识形态方面对美国的威胁,但同时,他们也没有忽视国家实力基础。新保守派认为,苏联正逐步取得对美国的军事优势是苏联帝国扩张的实力基础,美国必须改变军备力量失衡的状态,重振军备,尤其是要放弃对军控谈判幻想,大力发展战略核武器和战略防御计划,重新建立军事优势。理查德·珀尔作为军控政策的主要制定者,坚决反对现有的军控条约,不断攻击苏联,其强硬立场导致他被军控支持者称为"黑暗王子"。新保守派还鼓动美国同苏联进行世界主导权争夺,对第三世界采取更具侵略性的干涉政策。"里根主义"出台后,珀尔得意地说:"没有新保守派,就没有里根主义。"②这倒不完全是夸大之词。新保守主义在里根第一任期内对美国对外政策,尤其是在意识形态、军备控制、裁军等领域确是产生了比较显著的影响。

除此之外,新保守派还迅速扩大自身的传统阵地:学术圈和媒体。欧文·克里斯托尔、查尔斯·克劳萨默(Charles Krauthammer)等人利用《新共和》《评论》等杂志,不断发表鼓吹强硬对外政策和意识形态斗争的文章。新保守派还建立了"自由世界委员会""民主行动委员会"等组织来宣传美国的意识形态。1984年成立的"全国争取民主基金会"得到了新保守派的大力参与和支持,1943年建立的"企业研究所"也成为新保守派精英汇聚的智库。

里根以及新保守主义势力崭露头角,代表了一种冷战世界观的重新加固,以及全球帝国视野下的"天定命运"的新阐述。里根认为70年代的缓和助长了苏联的实力和扩张气焰,危害到美国的安全与利益,因此,

---

① Daniel Patrick Moynihan, *Pandaemonium: Ethnicity in International Politics*, New York: Oxford University Press, 1993, p. 237.
② Mark P. Lagon, *The Reagan Doctrine: Sources of American Conduct in the Cold War's Last Chapter*, Westport: Praeger Publishers, 1994, p. 93.

美国要重振国威,维护世界最强军事大国的地位。里根本人对军控谈判没有多大兴趣,反而希望通过"星球大战计划"来建立对苏战略优势。里根在回忆录中骄傲地写道:"1981年我初进白宫时,美国的军事力量虚弱到了使我们对苏联方面发动的袭击做出有效反应的能力都变得非常可疑的程度……而苏联在此期间却建立了使我们每一级别的军事力量都相形见绌的战争机器……如今我们的军事实力已经举世无双了。"①里根的论调常被认为类似于历史上的杰克逊和奥沙利文,相信美国具有特别的使命和责任,认为"美国是被放在一条特殊道路之上,它被放置在大洋之间,以供一群特定的人来发现它","它被更高权威选中,作为给予世界其他部分以希望的灯塔……而美国梦是地球上的人类最后一个,也是最好的希望"。②

在新保守思想和里根强硬政策的影响之下,美国形成了一种混合了爱国主义、扩张主义、道德至上主义等思想的特殊的文化氛围。国家性格中的坚韧和顽强为来自苏联的巨大威胁和战争恐惧所激发。尼克松时期的收缩战略,被看作是对敌人的妥协。民众喜欢听到来自政府强硬的声音,这种声音鼓舞了人们的信心,让人们开始摆脱越南带来的阴云。帝国思想对权力优势和国际政治主导权的渴望,利用冷战意识形态最激烈的斗争为掩护,也巧妙地撕掉了身上代表耻辱和失败的越战标签,再次趾高气扬地出现在对外政策之中。它将对外军事干涉和扩张统统归纳为反共产主义战略,将扩大军备视为重整国威的先决条件,将渗透和控制其他国家当作整合反共力量、巩固扩大民主阵营的必要手段。这种意识形态自我膨胀和军事优势重建,极大地鼓舞了美国帝国支持者的信心,也为帝国思想提供了新鲜的血液,使其在经历越战的溃败之后,得以

---

① [美]罗纳德·里根著,何力译:《里根回忆录:一个美国人的生平》,北京:新华出版社1991年版,第4页。
② Anders Stephanson, *Manifest Destiny: American Expansionism and the Empire of Right*, New York: Hill and Wang, 1995, p. 127.

重振旗鼓,巩固美国的全球帝国秩序。

随着冷战逐步走向终结,美苏关系呈现缓和,里根也愈加灵活地运用现实主义手段来处理美苏关系。此时,新保守派那种顽固、僵化的世界观开始变得不合时宜了。因此,自里根第二任期开始,新保守派的大部分人逐渐离开了华盛顿决策层。同时,不甘心接受"卸磨杀驴"命运的新保守派也对里根推行的与苏联对话政策展开了大肆攻击,认为里根成为保守派的俘虏,只关心缓和,而放弃了自己的原则和先前的政策。于是,失落的新保守派重新将主战场转向学术界、思想库及媒体,并坚持通过这些平台不断宣传其思想。然而,新保守派的沉寂并不是消失,而是在等待新的时机,它们所推崇的帝国思想也开始积蓄力量,等待属于它的另一个春天。

第七章　后冷战时期帝国思想的勃兴

> 新帝国主义的逻辑太有说服力,让人难以抗拒。世界的混乱带来如此大的危害,不能忽视。而现行的应对手段在试用过以后,证明是不起作用的……美国不得已只能做"不情愿的帝国主义者"。①
> ——塞巴斯蒂安·马拉比(Sebastian Mallaby)

冷战期间,美国的帝国思想在意识形态对立的大环境之下,影响了美国对外政策的制定和实施。苏东集团的解体,不仅让美国赢得了这场"50年战争",同时还让帝国思想在某种程度上得到进一步的自我证明。后冷战时期的美国,在国际格局中所具有的史无前例的优势,促使帝国野心不断膨胀。美国对国家身份的新认识,结合超强的综合国力,滋生出推行美国使命的强烈愿望,尤其是"9·11"事件后兴起的新帝国思想,主张对现有的国际秩序进行大刀阔斧的改造。尽管这种新帝国理论在乔治·W.布什(George W. Bush,下文称小布什)第二任期后期开始逐渐消退,但是,美国帝国思想对现有全球政治的影响,仍然持续在美国对外政策中得到反映。

---

① Sebastian Mallaby, "The Reluctant Imperialist: Terrorism, Failed States, and the Case for American Empire", *Foreign Affairs*, 2002, March, p.6.

一 冷战结束后帝国思想的骚动

美苏之间的冷战于 20 世纪 80 年代末开始走向终结。冷战的最后完结是影响当代国际格局发展的重大事件。因为它不仅仅是结束了人类历史上第一次出现的两强全球性对立时代,同时也开启了人类历史上第一个能具有全球独一无二影响的新霸权时代。对于美国而言,冷战的终结既是一场值得大书特书的胜利,同时也带来了一场全新的挑战。在前所未有过的国力优势和复杂内外环境之下,美国的国家身份又开始有了新的变化,意识形态领域的一家独尊甚至是狂妄张扬也进入到了新的时期。面对自己享有的史无前例的巨大权势优势,美国开始寻求建立一个能确保其权力得以自由行使、国家利益得以顺利实现、国家威望得以四处彰显的国际新秩序。思想是行动的先锋,围绕这种对国家实力地位和影响的重新定位,在美国出现了各类探讨新时代问题的思想潮流,帝国思想的基因也再度被激活,并在各种思想中时隐时现地推波助澜。

1. 后冷战格局中的国家身份认知

德意志第二帝国的奠基人俾斯麦曾经不无轻蔑地说,"上帝对傻瓜、醉汉和美国给予特别的保佑"[①]。美国的历史似乎也一直在沿着这个方向发展。在 20 世纪的七八十年代,美国面临苏联咄咄逼人的挑战,受困于越战引发的连锁反应,在政治、道德、经济等领域都深陷危机,一时之间"美国衰落论"甚嚣尘上,大行其道。"衰落论"之下,是笼罩"美国世纪"的阴影和帝国雄心怀有的惴惴不安。尽管里根的强硬政策,极大地重振了美国国威,让美国无论在国家实力上还是国际声威上都得以重振旗鼓,但是两个超级大国之间的较量一日不分出胜负,美国甚至西方制

---

① [美]沃尔特·拉塞尔·米德著,曹化银译:《美国外交政策及其如何影响了世界》,沈阳:辽宁教育出版社,北京:中信出版社,2003 年版,第 1 页。

度的命运一日就在苏联威胁阴影之下忐忑徘徊。不过,对美国未来抱有乐观自信的人,对"衰落论"的腔调深表不屑。前总统尼克松曾经就此批评说:"一种新的否定主义今天正使美国深受其苦。越来越多的学者、教授、政客众口一词地谈论美国经济力量和政治领导地位的衰落。他们声称我们已目睹了美国世纪的结束……我们的潜力似乎是无限的。我们是世界上最强、最富的国家。我们能在世界各地投放我们的军事力量,能对当代一切重大政治问题施加影响。我们的文化、我们的思想、我们的经济、政治制度在国际上比以前任何时候都更有吸引力。"①

在经过里根时期励精图治之后,美国也迎来了告别越战阴霾的光荣时刻。1990年,伊拉克武力入侵邻国科威特,并对沙特阿拉伯构成威胁。但是,萨达姆错误判断了冷战尾声的形势,也低估了美国海外用兵的决心。1991年1月,美国国会以微弱多数授权总统布什(George Herbert Walker Bush)对伊拉克使用武力。1月6日,美国为首的多国部队发动了对伊拉克的进攻,尽管这是越南战争后美国卷入的最大一场战争,但是美军在精确制导武器上的优势令电视机前目睹了这场战争直播的全世界大为震惊。F-117隐形轰炸机、"战斧"巡航导弹、"爱国者"防空导弹等一系列高精尖武器成为战场的耀眼明星,新的作战样式让还沉浸在机械化优势带来的虚假自信中的伊拉克军队溃不成军,以美国为首的联军在不到100个小时的时间里就全面压倒了伊拉克军队,实现了停火。美国发动海湾战争,根本原因是不允许伊拉克这样的地区强国改变地区力量格局,尤其是威胁美国的优势和利益。这场战争让美国人终于再也不用受越战梦魇的折磨,战争的胜利激活了美国民众的自信,老布什的支持率超过了90%,仅仅100余人的阵亡数字将先前担心的会有数千美国军人丧生的顾虑一扫而净,美军司令斯瓦茨科普夫成为国家英雄,美

---

① [美]理查德·尼克松著,王观声等译:《1999年:不战而胜》,北京:世界知识出版社1989年版,第322页。

国士兵重新成为民众的偶像。"空谈家再次讨论起'美国强权下的世界和平'的'单极世界',总统也声称美国人终于'解除'了'越南综合征'——也就是说他们不再厌恶军方大规模使用武力了。"①这场战争来得正是时候,军事上的辉煌胜利,盟友们的唯马首是瞻,都让美国找回了建立全球性霸权的信心。

此次时刻,曾经强悍的苏联已经油尽灯枯,寿终正寝。美国很快就惊奇地发现,备受上天眷顾的美利坚民族,再一次得到了弥足珍贵的机遇。当冷战中的最大敌人,那个曾经主宰了美国和西方近半个世纪噩梦的"邪恶帝国"苏联轰然倒下的时候,对于美国来讲,冷战所触发的意识形态尖锐对立、军备竞赛以及全球性对抗,骤然失去了发力点。苏联的消亡虽然让美国赢得了这场"50年战争",不过,这一重大历史事件同时也给美国带来新的思考,那就是:随之而来的世界格局是什么?美国在其中的身份和地位发生了什么变化?新的国际秩序又应该是什么样的?国际政治这一根本性变化,同时也刺激着帝国思想以及那些信奉帝国理念的精英们,因而在冷战结束后的10年中,美国对外政策经历了一场新的争论和实验。

从国家身份角度来看,冷战的终结为美国塑造自己的国家身份注入了更为强劲、更能自我说服的认知动力:名副其实的全球性霸权和世界领导者。美国国家身份从两个超级大国之一、西方阵营领袖、民主制度捍卫者,进而演变成为史无前例的全球唯一超级大国、世界领袖、全球范围内民主制度的推行者,这种变化源自美国卓越的国力和国际地位。尼克松在1988年出版的著作《1999不战而胜》中就为美国人提出了新世纪的展望:

> 值此12年后21世纪便要来临之时,号召为新美国而奋斗更能

---

① [美]沃尔特·拉菲伯、理查德·波伦堡、南希·沃洛奇著,黄磷译:《美国世纪:一个超级大国的崛起与兴盛》,海口:海南出版社2008年,第556页。

鼓动人心。人们会日益感到,我们必须抖擞精神,迎接新时代的到来,为美国在下个世纪的领导地位做好准备。我们的所作所为,对未来世界的面貌将产生深刻的影响……成败所系确实是人类文明的前途。我们的行动在很大程度上将决定下个世纪究竟是人类最美好的世纪还是人类最后一个世纪。①

他还指出:

> 为了了解美国在未来扮演的角色,我们应首先了解美国过去对世界意味着什么。我们在世界舞台上不是个一般性的国家。我们在人类物质条件方面所取得的革命性进展中始终是一股中坚力量,在近代的伟大政治与军事斗争方面也一直具有决定性的影响力。但是我们的作用还不限于此。我们还是一座意识形态的灯塔——具体体现了有关个人、社会与国家之间关系的独树一帜的哲学思想。②

在经历了海湾战争、苏联解体重大事件后,越来越多的美国人相信,环顾四宇,美国已然没有了全球竞争对手,在综合国力的各个方面几乎都处于难以撼动的领先优势。更让人骄傲自豪的是,美国的实力和影响已经辐射到整个世界,并成为大多数人模仿的对象。"任何一个冷战战壕里的老兵都会告诉你……不可缺少的因素是有效的美国势力以及美国自由市场经济模式的出众表现,但关键的教训是,美国最有效的武器是它的道德威信。明确地讲,可以感觉得出,美国是世界上永恒的力量——而且对方也含蓄地承认了这个事实的真实性"③。不过,任何胜利都是需要付出代价的。在冷战后期,里根政府大肆扩充军备,导致国家赤字不断上涨,国内出现经济危机。美国也从昔日的最大债主,变成了

---

① [美] 理查德·尼克松:《1999年:不战而胜》,第 317 页。
② [美] 理查德·尼克松:《1999年:不战而胜》,第 320 页。
③ [美] 斯蒂芬·哈尔珀、[英] 乔纳森·克拉克著,邵崇忠等译:《美国为什么单干? 美国新保守派与全球秩序》,沈阳:辽宁教育出版社 2007 年版,第 1 页。

世界上最大的债务人(1985年),以至于海湾战争期间,美国不得不号召外国政府为其买单,以抵消战争巨大开销所带来的压力。这也成为帝国内部的重大隐患,即便战功显赫如老布什这般的政坛老手,也不得不因为经济成绩不理想,黯然下台。

比尔·克林顿(Bill Clinton)可以说是一位对美国冷战后地位给予了重要支撑的关键总统。他年轻又有活力,不仅给世界政坛吹入一股新风,更在经济上良策不断,特别是在全球化和信息化发展的重要阶段,他引领美国实现了新经济的蓬勃发展。一方面,在克林顿执政期间,由于美国率先把握住新经济的发展脉搏,使得美国经济经历了罕有的、长达十年的经济增长,这也是自1854年以来美国经济史上32个周期中最长的一个增长期,为美国延续自己在国际上的霸权统治奠定了强大的经济基础。另一方面,在国际政治领域中,美国的影响力也无处不在。在几乎所有的重大国际问题中,都能看到美国纵横捭阖的身影。从大多数国际组织(如联合国、世贸组织等)的运转,到一些国家的内政外交,美国的实力总在发挥影响。此外,美国在冷战时期建立起来的全球军事网络,作为一项无与伦比的冷战遗产,赋予了美国在国际安全事务上不可比拟、难以被挑战的发言权。在1990年针对伊拉克入侵科威特而发起的海湾战争中,美国不仅召集了盟友共同进行军事行动,掌握了使用武力的合法性和道德制高点,而且它还为人类展示了新的战争能力和作战模式,证实了其他国家在军事上只能望其项背。美国的全球优势如此之明显,严谨如亨利·基辛格(Henry Kissinger)这般的学者也坦承:"在新千年的黎明,美国的优势地位非以往最伟大的帝国所能比拟。从军工业到民用企业,从科学到技术,从高等教育到大众文化,美国在全球范围内的支配权是无与伦比的。"[1]

---

[1] [美]亨利·基辛格:《处于权力巅峰的美国:帝国抑或领导国》,胡鞍钢、门洪华主编:《解读美国大战略》,杭州:浙江人民出版社2003年版,第25页。

2. 社会思潮中的帝国思想

冷战结束之后，如同前两次世界大战胜利之后一样，孤立主义和国际主义之争再次出现苗头。在复杂的党派利益、集团利益以及民意倾向之中，美国面临抉择，是继续保持对世界政治的深度介入，还是转而实行一种孤立主义基调的政策呢？这种争论并没有导致美国对外政策的长时期摇摆，因为朝野上下很快便取得了一种共识，那就是保持自由国际主义路线，继续介入世界事务，是最符合美国利益的选择。余下的问题就是，如今美国面临的是怎样一个世界？美国应当以哪种方式来实现对国际政治的影响？

国际格局的巨变，对美国既是机遇，也是挑战。一方面，冷战后的国际格局力量对比呈现明显有利于美国的新态势，这为美国扩大权势和影响提供了宝贵的机会；而另一方面，两极格局的结束，并不意味着和平和稳定，美国意识到新的威胁与挑战将考验美国的全球领导地位和能力，因而试图借助自身在软硬实力上的优势，建立新的国际秩序。思想行动于战略之前，在意识形态领域，传统的核心价值观并没有改变，但对于如何应对新的国际环境，也刺激着美国国内思潮的涌现，而超级大国身上的帝国基因也再度被激活。在这之中，一个更宏大的全球性的帝国蓝图，逐渐展开在美国面前。在意识形态领域，苏东集团的瓦解，被看作是美国为代表的西方文明的里程碑式的胜利。在如何看待这一战果，以及如何继续扩张美国意识形态的讨论中，可谓百花争鸣。而那种具有狂热普世主义特征的帝国思想，也活跃于其中。

在思考冷战胜利的思潮中，剑走偏锋的日裔美国学者弗朗西斯·福山（Francis Fukuyama）抛出了名噪一时的"历史终结论"。1989年，福山在《国家利益》杂志上发表了《历史的终结》一文，数年后这一核心观念被完善为《历史的终结及最后一人》一书。福山指出，人类历史的发展不是无限制的，而是会到达一个终点，而西方的自由民主制度就是人类意识形态发展的终点,是人类的最后一种统治形式。福山满怀激情地宣称:"如果我们现在还无法想象出一个完全不同于我们自己这个现实世界的世界,或者未来世界没有以一种明显的方式来体现对当今秩序的彻底改善,我们就应该承认历史本身已经走到了尽头。"[1]福山的这本著作,被批评者认为缺乏严谨的历史逻辑,但是在冷战胜利气氛之中,他所提出的观点大大迎合了热衷于扩张西方文明的支持者们。

比起福山来,享有很高学术声誉和威望的塞缪尔·亨廷顿(Samuel P. Huntington)则提出了极具争议性的"文明冲突论"。它可谓是冷战后争论最为激烈的观点。"文明冲突论"认为,在后冷战时期,美国的霸权统治可能出现失效,兴起的伊斯兰文明和儒家文明对以美国为代表的西方文明发起了直接挑战。亨廷顿这一思想带有强烈白人精英分子的"危机感",同时也显现出美国对于未来世界秩序的忧虑。在他的书中,西方文明相对于其他文明,正在衰落。尽管"从整体上来说西方在21世纪的前几十年仍将是最强大的文明,在此之后,它可能继续在科技人才、科学研究和开发能力,以及民用和军用技术革新方面处于实际领先地位。然而,其他权力资源的控制正日益分散到非西方文明的核心国家和主要国家"[2]。特别是西方文明一直难以融化的坚冰——伊斯兰文明,以及不同政治体制和意识形态下的中国。"文明冲突论"是一种带有混杂了宗教宿命论、种族优越感以及冷战思维的权力政治观。它是美国精英的居安思危,同时也是鼓动西方文明在新的国际环境中,聚集在美国旗下,同心同德应对其他文明挑战的号角。

权力的膨胀,强烈地刺激着美国血液中不安分的帝国基因。尽管"帝国"一词,在20世纪自由国际主义大获全胜的时代中仍然是一个禁

---

[1] [美]弗朗西斯·福山著,黄胜强、许铭原译:《历史的终结及最后一人》,北京:中国社会科学出版社2003年,第58页。
[2] [美]塞缪尔·亨廷顿著,周琪等译:《文明的冲突与世界秩序的重建》,北京:新华出版社1999年版,第87页。

忌,但是,不少人也开始禁不住讨论美国如何成为一个特殊的帝国。其中最活跃的是里根时期显赫一时的新保守主义和右派势力。

新保守派学者乔舒亚·穆拉夫奇克(Joshua Muravchik)在其著作《美国领导的诫命:对新孤立主义的挑战》中对于冷战后出现的所谓"新孤立主义"进行了批评。他认为世界形势发生了巨变,"今天,我们发现自己已经没有主要敌人了,我们享有的是唯一的超级大国的地位"①,因此,美国的实力和理想应该成为新世界稳定的根本保证。他说:"世界需要领导,以对危机做出反应、阻止或挫败侵略、解决争端以及维持国际法。简而言之,只有领导才能阻止世界陷入强者任意蹂躏弱者的霍布森式的混乱之中。"②在他看来,"如果最强的国家不能进行领导,世界政治就将失去均衡"③。这不仅是新保守派的立场,同时也代表了很多美国精英的心声。

1997年,新保守主义重要人物威廉·克里斯托尔(William Kristol,新保守主义教父欧文·克里斯托尔之子)和罗伯特·卡根(Robert Kagan)在华盛顿创立了思想库"新美国世纪计划"(The Project for the New American Century, PNAC)。"新美国世纪计划"虽然主要是右派精英的阵营,但是,他们始终坚持不懈地宣扬自己对于国际政治的权力观、秩序观和价值观。在他们眼里,美国的世界领导地位既符合美国的利益,也能造福整个世界,因而支持里根式政策,强调军事力量和道德高度。"新美国世纪计划"第一个公开行动就是在1997年的6月3日发布了一份《原则声明》。这份声明的署名中不仅有知名学者,还有很多有影响的政界人士和记者,包括保罗·沃尔福威茨(Paul Wolfowitz)、唐纳

---

① Joshua Muravchik, *The Imperative of American Leadership: A Challenge to Neo-Isolationism*, Washington: The American Enterprise Institute Press, 1996, p. 5.
② Joshua Muravchik, *The Imperative of American Leadership: A Challenge to Neo-Isolationism*, p. 2.
③ Joshua Muravchik, *The Imperative of American Leadership: A Challenge to Neo-Isolationism*, p. 2.

德·亨利·拉姆斯菲尔德(Donald Henry Rumsfeld)、理查德·切尼(Richard Bruce Cheney)、福山、杰布·布什(Jeb Bush,总统小布什之弟)、唐纳德·卡根(Donald Kagan,罗伯特·卡根之父,知名学者)、刘易斯·利比(I. Lewis Libby)等中坚力量(多年后,在小布什政府中,他们成为安全和外交决策圈子中的重要人物)。这份声明集中反映了他们所认为的美国外交政策的指导原则。《原则声明》提出一个引人深思的问题:"随着20世纪步入尾声,美国成为世界上出类拔萃的大国。在领导西方赢得冷战之后,美国面临机遇和挑战:美国是否具有在过去数十年所取得的成就之上再接再厉的视野? 美国是否有办法塑造一个有利于美国原则和利益的新世纪?"①对此,"新美国世纪计划"希望提醒美国人记住历史的经验和教训,要通过一切必要的手段扩大和维持美国的全球霸权,包括维持在重要地区的驻军、军费开支保持在不低于国民生产总值3.8%的水平、控制媒体和互联网、输出意识形态等。它提出了四项主要内容:(1)如果我们要履行今日我们的全球责任,我们需要大幅增加防务开支,并在未来使我们的军队实现现代化;(2)我们需要加强我们同民主盟友的关系,挑战对我们利益和价值怀有敌意的政权;(3)我们需要在海外推动政治和经济自由;(4)我们需要接受美国独特角色所具有的责任,维持和扩大有益于我们的安全、我们的繁荣和我们的原则的国际秩序。②

新保守主义分子自视占据道德和影视形态制高点,主张不受限制地使用美国的权力,甚至支持通过军事政策实现美国的国家利益,这使得他们自然而然地对帝国模式情有独钟。例如,克里斯托尔在1997年时曾宣称,美利坚帝国正在形成之中,"在世界的任何一个地区,美国都正在成为最高主宰,而美国之成为帝国不是因为美国的野心,而是因为世

---

① "Statement of Principles", http://www.newamericancentury.org/statementofprinciples.htm
② "Statement of Principles", http://www.newamericancentury.org/statementofprinciples.htm

界希望、需要美国成为帝国,许多问题特别是危机没有美国的参与根本无法解决"①。他断言,"总有一天,美国人民会认识到我们已经成了帝国主义国家这个事实,即便舆论和我们所有的政治传统观念都不赞成这一想法"②。很多新保守主义者相信,美国就是一个"帝国",或者应当成为一个"帝国"。罗伯特·卡根在1998年的《外交政策》杂志上发表了题为《仁慈的帝国》的文章,指出美国不同于先前的所有霸权,美国一直将其他国家的利益等同于自己的利益,所以美国的霸权是仁慈的。他说:"自美国成为一个大国以来,将其他国家的利益等同于自己的利益一直是美国外交和防御政策最突出的特征。"而美国之所以能够区别于其他的霸权,一个重要的原因就在于,美国人坚信"他们自己的福祉根本上依赖于其他国家的福祉;没有全球繁荣就没有美国的繁荣;美国的自由依赖于自由在其他地方的生存和扩展;任何地方的侵略都可能导致每一个地方出现侵略的危险;没有国际安全,美国的国家安全是不可能的"。"一个没有美国优势的世界将是一个更暴力、更混乱、更少民主和经济增长缓慢的世界。"③

越战中蒙羞的军方,在经历了海湾战争洗礼之后,凤凰涅槃。军界对于美国强大的军事实力也充满信心,并进而滋生出以武力为基础支配世界的野心。海湾战争结束之后,在当时的国防部长切尼的领导下,保罗·沃尔福威茨和刘易斯·利比起草了一个文件,这就是1992年的《防务规划指南》(Defense Planning Guidance)。它被作为五角大楼的内部文件在国防部高层进行传阅。该报告的中心论点就是:在苏联解体之后,美国应该努力阻止出现新的竞争对手,并且作为超级强国,美国必须支配这个世界,只有这样才能确保世界秩序的稳定。该报告随后被《纽约时报》披露,其论调立即遭到了舆论的批评。当时的参议员拜登

---

① 吕磊:《美国的新保守主义》,南京:江苏人民出版社2004年版,第353页。
② [美]克莱德·普雷斯托维兹:《流氓国家》,第25页。
③ Robert Kagan, "The Benevolent Empire", *Foreign Policy*, Summer, 1998, pp. 24-35.

(Joseph Biden)认为"美国霸权可能是一个不错的思想",但是他怀疑这一构想在经济上、政治上甚至军事上是否明智。而帕特里克·布坎南(Patrick Buchanan)也将这份文件称为"当美国的关键利益涉及不深时,使美国卷入对争端和战争无止境干涉的公式"①。尽管《防务计划指导》最终进行了修改,以相对温和的字眼替代了露骨的野心,但是,舆论普遍认为它的终极目标就是诱使美国走向"帝国"。同年,外交关系委员会(Council on Foreign Relation)出版了由罗伯特·W. 塔克(Robert W. Tucker)和戴维·C. 亨德里克森(David C. Hendrickson)撰写的《帝国的诱惑》一书。两位学者认为,就其军事力量的有效性和所涉及的范围而言,美国完全可以与历史上某些著名的帝国相媲美。美国比历史上的帝国拥有更令人生畏的军事力量,可影响到全球任何地方。在后冷战的美国,帝国思想在权力优势的刺激之下正蓄势待发。

3. 帝国思想与国际秩序构想

面对一家独大的有利局面,美国敏锐地意识到,这是建国 200 余年来在世界范围推行美国制度的最佳时机,力量优势促使美国开始寻求建立美国外交政策的新框架。如何塑造新的国际秩序成为美国头脑中高速运转的念头。在他们的眼里,世界秩序发生了翻天覆地的变化,从历史经验、权力分配以及时代需求等诸多方面来看,美国都应该责无旁贷地承担起建立世界新秩序的重任,给世界带来"美国治下的和平"。本·沃特伯格(Ben Wattenberg)在 20 世纪 80 年代末期就鼓吹:"非常清楚,全球社会需要的是什么:可能是一个警察,但是必须是一个强有力的全球组织者……我们在全球竞赛中的目标不是去征服世界,只是要去影响它,使它能够友善地接受我们的价值。"②历经了冷战终结的老布什在

---

① Joshua Muravchik, *The Imperative of American Leadership: A Challenge to Neo-Isolationism*, p. 136.
② Ben Wattenberg, "Chance to Champion Freedom", *Washington Times*, Dec. 1, 1988.

海湾战争结束后即宣布,海湾战争体现出了一种新的世界秩序,包括"与其他国家打交道的方式,和平解决争端,团结一致反对侵略,武器控制,公平地对待所有的人民"①。一时之间,对于国际秩序的认识和建议,成为美国国内热议的焦点。

1990年,老布什在国会联席会上指出,"世界新秩序"是一个公正、和平、安全的新纪元,"一个世界各国,不管东方还是西方,北方还是南方,都能繁荣富强,和谐生活的新纪元"②。随着苏联解体,美国对新秩序的渴求越加强烈。1991年4月13日,老布什在马克斯韦尔空军基地较为集中地论述了"世界新秩序"这一政策主张。这一政策主张的首要条件是:冷战结束,美国和西方赢得了胜利,以美国为代表的西方意识形态和政治、经济制度,成为世界新秩序的根基。美国建立世界新秩序的目标并不是完全无私的,它的核心是建立一个稳定与安全的世界,避免国际格局动荡引发新危机,从而维护和扩展美国的全球利益。新秩序虽然要求不同国家合作应对人类面临的一系列共同问题,但是,这个新秩序必须按照美国的价值观、意识形态、政治制度、经济体系等模式来运行,也就是说,美国要进一步巩固和扩大自由、民主和自由市场。虽然美国强调新秩序的特征是"法治而不是诉诸武力","合力解决争端而不是搞无政府和流血"以及"对人权的笃信"。③

布什的"世界新秩序"理念,在思想根源上来自于美国对外政策思想中的威尔逊主义传统,因此也被称为自由民主国际主义(Liberal Democracy Internationalism)。由于苏联威胁的逐步消除,里根时期的意识形态色彩在老布什政府身上不再那么强烈刺眼。老布什的对外政策试图更具实用性,甚至散发出机会主义的味道。老布什虽然面临来自苏东集团瓦解的复杂局面,但是,他的对外政策始终围绕确保美国领导

---

① 李滨:《国际体系研究:历史与现状》,南京:南京大学出版社2000年版,第307页。
② 方连庆、刘金质、王炳元主编:《战后国际关系史(1945—1995)》第811页。
③ 方连庆、刘金质、王炳元主编:《战后国际关系史(1945—1995)》,第812页。

地位来开展,因而,老布什较为注重国际组织尤其是联合国的作用,同时,他寻求同大国间保持合作关系。例如在对待中国的问题上,老布什政府虽然对1989年政治风波予以辞令上的强硬反应,实际上却选择了一种实用主义方式,并没有使中美关系彻底破裂。

老布什认为"世界新秩序"具有全球性、普世性以及重大历史性意义,他指出:"这是一个伟大思想:一个世界新秩序,在这里,不同国家为实现人类的普遍渴望——和平与安全、自由以及法治——被凝聚在一起。这是一个值得我们为之奋斗的世界,一个值得成为我们孩子未来的世界。"[①]但是,尽管新世界秩序构想成为美国应对新挑战最绚丽的口号,然而,如同威尔逊主义传统的两面性,这一构想蕴藏着提升美国国际影响、增强美国霸权地位的目标。由于美国强调只有自身具有领导世界的资格,而且为了推行新秩序,必须扫除阻碍民主制度的各种障碍,这实际上是要求世界各国承认美国的全球领导地位,并且将清除异己作为扩大冷战战果的重要内容。在实际政策操作中,这意味着霸权主义、干涉主义和强权政治。表面上看"世界新秩序"为多元化世界勾勒了和谐共处的蓝图,实质上只有那些奉行美国制度、服从美国领导的国家,才有资格成为新秩序中的合法成员。这种世界秩序,虽然缺少"帝国"的正统模式,但它蕴含的等级制度和意识形态标准,抵触多极化格局下国际社会的多元共存,要求一切均统一于美国的帝权之下。不过,虽然老布什的"世界新秩序"中体现了美国传统的帝国思维逻辑,但是,由于它提出得较为仓促,而且美国对于新的国际形势尚在适应过程中,因此它身上也具有明显的过渡时期印记。如果要给它做个客观的评价,那么可以说它是美国在国际格局巨变之际,担心传统格局解体引发更多未知并发症的情况下,寻求实现稳定过渡的国际秩序。正如布热津斯基指出的那样:

[①] Tony Smith, *America's Mission: The United States and the Worldwide Struggle for Democracy in the Twentieth Century*, p. 318.

"对布什来说,'世界新秩序'成为一种对传统稳定的追求。"①

如果说"世界新秩序"是一种过渡性的政策,一个对于"帝国"闭口不谈但实际上又心潮澎湃的构想,那么,其他一些关于国际秩序的讨论或建议,则具有更加强烈的扩张美国权势的意识。在关于建立新的国际秩序的讨论中,不同的思想流派也提出了各具特色的主张。例如,赤裸裸宣扬美国霸权优势的"单极论"一度吸引了人们的眼球。冷战结束伊始,就有人指出,"如果美国是唯一那个(超级大国),单极世界是不错的"②。新保守派的专栏作家查尔斯·克劳瑟默尔撰文指出,美国在经济、文化、军事、外交方面都是冷战的胜利者,其地位构成了国际上的"单极时刻"。1991年7月,他在《新共和》杂志上发表名为《孤独的超级大国》的文章,写道:"我们生活在一个单极世界中。冷战的老两极世界并没有孕育许多人曾预测的、今天仍有一些人坚持的多极世界。而是孕育出一个高度不寻常的世界结构,美国作为唯一的强国屹立于国际体系的顶峰……在可见的未来,将没有任何国家能比得上美国。在现代民族国家历史上,这种状况几乎是闻所未闻、见所未见的。"③"单极论"的重要推论就是,美国超强的国际地位和国家实力,足以保证美国毫无顾忌地改造国际社会,建立美国独大的国际新秩序。卡根更是露骨地表示,美国帝国所建立的秩序,"对于世界上的绝大多数人来说是好的。它肯定是比所有的现实主义安排更好的国际安排"④。

在对冷战后国际秩序的认知方面,除了前面提到的人物和观点,还有一位也值得一提,他就是理查德·哈斯(Richard N. Hass),他的观点同之后的美国外交具有惊人的相似之处。哈斯时为布鲁金斯学会对外政策研究中心主任,曾担任老布什的特别助手。此君著作颇丰,主要都

---

① [美]兹比格纽·布热津斯基著,陈东晓等译:《第二次机遇:三位总统与超级大国美国的危机》,上海:上海人民出版社2008年版,第45页。
② Ben Wattenberg, "Peddling 'Son of Manifest Destiny'", *Washington Times*, Mar. 21,1990.
③ 吕磊:《美国的新保守主义》,第339页。
④ Robert Kagan, "The Benevolent Empire", *Foreign Policy*, Summer, 1998, pp. 24-34.

是关于美国外交政策方面的看法。在其名为《规制主义——冷战后的美国全球新战略》的书中,哈斯提出了所谓"规制主义"政策。哈斯指出:"冷战后的世界正变得越来越无序,军事失控、核战争令人恐惧。这是一个'失规制'的时代。"① 在他看来,两极结构的解体,导致了曾经存在的"游戏规则"难以奏效。对于这种局面,哈斯认为,"'国际失规制'最准确地、综合地概述了冷战后世界的特征。我们从一个由两国或几国控制的非常有结构的世界,过渡到无结构的世界"②。

那么哈斯眼中的"失规制世界"又是什么样的呢?他认为:"失规则时代将是一个巨变的时代,它包括大国的兴衰、无数小规模的冲突、财富的大转移、利弊并存的新技术的出现等。"③ 这个时代包括三个特征:第一,国际关系失去规制——新的决策中心出现、权力相对的分散、缺乏普遍接受的准则;第二,民族国家正在削弱;第三,当前世界的大部分地区处于民主和市场化的社会中,这反映了人们普遍对民主、自由市场模式的渴望。④ 这三个特征合在一起,就构成了哈斯眼中的后冷战时代。在哈斯看来,这样的时代是美国建立世界领导地位的绝佳机会,美国应该及时调整政策,以适应其世界领导者的梦想。他说:"冷战后的世界对我们构成了挑战,同时也为我们带来了机遇。在这种情况下,美国应该推行和支持规制主义的对外政策,因为这样做才符合美国人民的利益。"⑤ 他呼吁在继续坚持美国一贯的威尔逊主义和人道主义精神的同时,继续推进民主和人权,从而在根本上确保美国的国家利益。

哈斯此观点在其著作和言行中屡有出现。早在他1994年出版的《干涉》一书中,哈斯就明白无误地指出,美国现在可以更加自由地行事,

---

① [美]理查德·N.哈斯著,陈遥遥、荣凌译:《"规制主义"——冷战后的美国全球新战略》,北京:新华出版社1999年版,第1页。
② [美]理查德·哈斯:《"规制主义"》,第17页。
③ [美]理查德·哈斯:《"规制主义"》,第19页。
④ [美]理查德·哈斯:《"规制主义"》,第19—20页。
⑤ [美]理查德·哈斯:《"规制主义"》,第150页。

必要时可以对其他国家进行武装干涉。哈斯1997年出版的另一本书《不得已的治安官》则提出了治安官和保安队的构想。治安官就是美国，而保安队则是"自愿者组成的联盟"。在哈斯眼里，治安官和保安队不需要太担心法律，也就是说，美国及其盟友不应当因为一些现存国际法规而缩手缩脚。哈斯的治安官理念，虽然名义上要以警察形象主持公义，但它同帝国之间，却有着难以避免的变质可能性。哈斯本人也对帝国的构想颇有兴致。2000年11月，在哈斯到由科林·鲍威尔（Colin Luther Powell）领导的国务院担任政策计划负责人之前，哈斯发表了一篇题为《帝国的美国》的文章，论述了美国应该如何制定一种"帝国的外交政策"，以扩展对全球的控制。哈斯宣称，美国应该利用现在其正拥有的特殊机会来重新塑造世界，以增强其全球战略资产，这意味着世界范围的军事干涉。哈斯坚定地相信，对帝国而言，扩张不足要比过度扩张更危险。

上述观点从不同的视角对世界格局进行了分析，是美国精英们对世界新格局的研究和探索。在这些各具特色的观点背后，存在一些共性的东西。首先，它们都反映了对新时代所蕴含的不确定性的担忧甚至是恐惧。福山认为，民主的最大敌人是极权和专制。这种制度仍然存在，并威胁着所有爱好自由和和平的人；亨廷顿的敌人则来自于对西方文明世界仇视的其他文明，这种威胁既包括了大规模战争（甚至有核袭击的危险），也包括了极端的恐怖主义活动；哈斯则认为，世界的失规制导致秩序的混乱，可能的威胁来自于崛起的敌对大国、大规模杀伤性武器的扩散、毒品、非法移民和疾病、种族大屠杀或大规模灾难等。这种忧患意识，或者说是"找寻敌人"心态，促使美国不断地按照自己认定的威胁对敌对力量进行打击。

其次，它们都体现出了对新的世界秩序的追求。这种秩序的共同特点包括：美国为代表的西方文明主宰世界、普及民主与自由的价值观念、开放的自由市场、联合其他国家消除异己势力。正如哈斯所说："美国公民及其政治领导人在考虑对外政策时不但应该权衡利弊,而且应该保持价值取向——要冷静地对待各种危险,现实地确立美国对外政策的目标,并且与其他有关国家共同地承担各种负担。"①。

最后,在他们对世界的规划中,不约而同地体现了对善意霸权的认同。在他们看来,一个完美的世界秩序离不开霸权善意的治理,而承担这一职责的无疑只能是美国。例如,在福山的理论体系中,一个"善"的世界秩序就应该是由自由民主国家组成,并由自由民主国家主宰的世界。这同美国所寻求的霸权治理、"仁慈帝国"有着异曲同工之妙。在这些人眼里,美国有责任和权利改造不合理的旧秩序,利用美国仁慈的霸权力量来构建新的世界秩序,这样的秩序不仅能够实现美国的价值和利益,同时也能保障所有认同和接受美国式西方制度的国家和人民的安全及繁荣,并还能为那些处于非民主统治下的国家带来曙光。

4. 自由主义式帝国主义

1989 年,本·魏登堡在《国家利益》上发表《新天赋使命》一文,呼吁"美国应当推行民主……尤其是美国式民主",并将美国向世界的扩张比作当年向南部、西部的移民和领土扩张,是另一次天命之作。② 作为美国血液中最具激情的成分之一,"天赋使命"是一股鼓舞美国走向世界、领导世界的强大动力。美国冷战结束后的大战略,强调维护美国的全球领导地位,防止出现挑战国家,促进全球资本市场的流动和开放,推进民主制度的扩大。

老布什政府的对外政策理念,充满了典型的威尔逊色彩。他提倡在国际上促进民主,推动自由市场。东西方两种意识形态较量中,苏联的垮台使得美国为首的西方世界想当然地认为西方民主制度大获全胜。

---

① [美]理查德·哈斯:《规制主义》,第 154 页。
② Ben J. Wattenberg, "Neo-Manifest Destinarianism," *The National Interest*, Fall, 1990, pp. 51-53.

美国将民主既看作是普世主义的价值观念和制度安排,同时也将它看作割除异己社会身上"毒瘤"的最好手术刀,因此,美国将扩大民主制度作为对外政策中十分重要的一个内容。而在这种普世价值观影响之下,其他文明、国家或民族所具有的非西方秉性,被渲染为敌对因子,必须予以改造或消灭之,甚至不惜公然违背国际法原则,对其他国家指手画脚,乃至兵戈相见。老布什的国务卿詹姆斯·贝克(James Addison Baker)在1990年初访问苏联时发表演讲,强调民主在东欧和苏联的重生代表了普世的民主价值观的生根,而这是国家间关系和人类良知发生革命的基础。① 美国认为,民主必须在整个世界予以扩展。用老布什的话来说就是:"没有什么能阻挠自由前进的道路。终将会有这么一天,自由会被看作是每个男人和女人与生俱来的普遍权利……现在是自由的时刻。"② 民主制度的意义,远远不止步于国内政治。美国在总结冷战经验的基础上,逐渐形成一套以民主制度来解释国家间战争与冲突的理论,这就是"民主和平论"。

"民主和平论"认为,民主制度国家之间不会开战,因此,世界的民主化程度越高,和平的希望就越大。国家间的冲突可能性也随之降低,美国的全球利益因而不会受到威胁。这是因为"不民主的国家生性好战并且邪恶;而民主国家是和平的、有道德的,这种国家受人民的监督并定期更换他们的领袖"③。这成为对外民主输出的重要依据。卡内基和平基金会的高级助理,后来被克林顿总统任命为助理国务卿的莫顿·霍尔珀林(Morton Halperin)则认为,"美国应该在世界迈向民主的进程中担当起领导角色,民主政府更爱好和平,很少发动战争或者引发暴力。那些

---

① Tony Smith, *America's Mission: The United States and the Worldwide Struggle for Democracy in the Twentieth Century*, p. 314.
② Tony Smith, *America's Mission: The United States and the Worldwide Struggle for Democracy in the Twentieth Century*, p. 314.
③ [美]J. 斯帕尼尔著,段若石译:《第二次世界大战后美国的外交政策》,北京:商务印书馆1992年版,第11页。

实行宪政民主的国家不可能与美国或其他民主国家进行战争,也更愿意支持对武器贸易的限制,鼓励和平解决纠纷,促进自由贸易。这样,当一个民族试图举行自由选举和建立宪政民主体制时,美国和国际社会不仅应该帮助,而且应该保证这一结果"①。对外输出民主,是美国具有全球规模的战略之一。"在国外促进民主与人权不仅是一种道义上需迫切履行的义务,而且是一种支持美国国家安全的可靠战略方式。"②在1998年12月1日公布的《新世纪国家安全战略》中,美国明确指出,支撑美国担当国际领导的支柱是美国的民主理想和价值观所产生的力量。民主的扩大对美国价值观是一个支持,对美国的安全和繁荣是一个促进。民主国家发动战争和侵占人民权利的可能性较小。因此,全世界走向民主和自由市场的趋势有助于促进美国的利益。

冷战的胜利,给予了美国实现民主扩张理想的机会。在20世纪90年代,美国将对外民主援助的对象集中在东欧和前苏联地区。美国认为,通过民主输出,可以促进这些国家摆脱旧的政治和经济体制,成为与美国和西方同质的现代国家。在苏联解体之后,美国成立了所谓的"自由支持基金",用于支持这些国家的民主转型。从1990年到1998年,美国向东欧国家提供的"民主援助"基金达到了3.3亿美元;从1992年到1998年,美国向苏联地区提供的"民主援助"基金达到了3.2亿美元。同一时期,全国民主基金会向东欧地区提供的资金平均每年在300万到500万美元之间,向苏联地区提供的资金平均每年在400万到500万美元之间。1993年设立的欧亚基金,同样也是用于苏联地区一些国家的民主转型,每年提供的资金也在500万到1000万美元之间。整个20世纪90年代,美国为东欧和苏联地区的国家提供的"民主援助"基金达到了

---

① 刘国柱:《当代美国"民主援助"解析》,载《美国研究》,2010年第3期,第36页。
② Paule J. Dobriansky, "Human Rights and U. S. Foreign Policy", *The Washington Quarterly*, Vol. 12, No. 2, Spring, 1989, p. 166.

10亿美元左右。① 民主输出本身带有强烈的意识形态色彩,它主要集中在前社会主义国家、现存社会主义国家以及部分美国眼中的集权国家。

在美国入侵巴拿马的军事行动中,民主成为美国行为的辩护词。美国以"保护美国侨民的生命财产安全"为借口,发动以"正义之战"为代号的军事行动入侵巴拿马,并逮捕了巴拿马总统诺列加(Manuel Antonio Noriega),将其押往迈阿密受审。这一行为引发了极大的争议,问题的关键不在于美国是否为了民主、安全抑或阻止毒品流入美国,而是诺列加和美国在古巴问题、巴拿马运河等问题上产生了严重的利益分歧,尤其是他力主收回巴拿马运河主权,对美国在西半球的利益和威信构成了挑战。从更深层次上来看,美国和巴拿马拥有相同的合法主权,仅仅因为一个是超级大国,就能以某种自我合法性理由来入侵另一个主权国家,并审判其领袖。换句话说,美国的利益至上,能超越国际法的规定,美国俨然就是国际法的解释者和执行者。

这种根深蒂固的帝国式思维,成为20世纪90年代中期西方盛行的"新干涉主义"的助燃剂,并且在巴尔干找到了试验场。南斯拉夫社会主义联邦共和国解体后,民族矛盾十分突出,从而引发了惨烈的内战,并出现大规模的人道主义灾难。美国等西方国家以阻止人道主义危机为由,对南联邦内战实施干预。1999年3月24日开始,美国为首的北约开始对南联盟实施了历时78天的空袭。科索沃战争引发了极大的争议。因为它并不是联合国授权的军事行动,同时也不是受到当事国的邀请,而是美国领导北约进行的战争行为。保守派势力对此却是大加赞赏。1998年,"新美国世纪计划"联合"国际危机集团巴尔干行动委员会"和"国际正义联盟"在《纽约时报》刊登给克林顿总统的公开信,表示"与恶魔协商"的方法不再有效,应当放弃与米洛舍维奇(Slobodan Milosevic)政府合作的幻想。"我们相信机会已经来临,美国应同米洛舍维奇拉开

---

① 刘国柱:《当代美国"民主援助"解析》,第29页。

距离，积极支持任何可能用一个民主政府取而代之的方法，以结束种族暴力……我们督促您在这一危机中采取强有力的行动，而如果您这样做，我们将提供我们毫无保留的支持。"①

科索沃战争虽然是在预防人道主义灾难的旗号下进行的，然而，背后隐藏的是美国称霸全球的战略。首先，美国要利用南联邦瓦解的时机，填充战略真空，在巴尔干半岛打击亲俄的南联盟同时，排斥俄罗斯力量的重新进入；其次，美国以此将北约职能向防区外扩大，推动北约东扩，以图建立北约主导的冷战后欧洲安全格局；最后，控制了巴尔干，美国就能进一步逼近俄罗斯传统势力范围，扩大冷战胜果。空袭加剧了难民潮，80多万难民涌向阿尔巴尼亚、马其顿等国。同时，北约空袭中多次使用了杀伤力极大的集束炸弹和含有反射性物质的贫铀炸弹，造成了无辜平民的伤亡。在空袭中，美国还轰炸了中国驻南使馆，事后以使用过期地图为由解释为误炸，这些赤裸裸的帝国行径成为国际社会安全和稳定的重要威胁。

这种打着人道主义旗帜而进行的新干涉主义，反映了美国在一家独大的后冷战格局中，试图使用武力支配世界、塑造新国际秩序的意图。由于美国的一超独霸地位，在对外政策上更加习惯于使用强制力量来达成目的，加上国际上绝大部分国家难以抵御美国的政治、经济和军事压力，这种强硬政策的成本和收益对比，也诱使美国更易倾向于选择帝国色彩浓厚的政策。纵观冷战结束后十余年的美国对外政策，虽然自由国际主义基调不变，但经历了从谨慎到更具进攻性的转变。老布什的"世界新秩序"虽然也强调美国领导权，不过更重要的功能表现为在局势剧变之际，维持世界稳定，防止美国利益受损，兼之其推出不久后老布什就黯然下台，因而只是初具雏形。克林顿上台，励精图治，美国国力优势更

---

① "Mr. President, Milosevic Is the Problem", *The New York Times*, 20, September, 1998, p. 15.

为明显,增强了其扩大胜果、重塑国际秩序的信心和能力。

权力既是确保利益的基础,同时也是膨胀权力持有者梦想的催化剂。美国的权力为其带来了巨大的诱惑,促使其越来越希望,也越来越有信心在国际上推行此权力主导下的新秩序。在这样的局面下,美国的外交政策不可避免地会发生相应的变化,其目的就在于要制定出一套能够符合新的国际格局,体现出美国的超霸地位,并能最大限度地维护和扩展美国国家利益的政策指导。这也是为什么美国非但没有利用冷战结束之机收缩他们的力量,反而继续扩大他的势力范围。将美国的权威扩展到尽可能广阔的地区,成为了美国霸权力量追求的最高目标。这也让帝国思想的支持者们感到美国的国力和地位已经超然于历史上曾经出现过的霸权或大国,美国在国际上也能更加肆无忌惮。不过,虽然帝国思想在这一时期同自由主义理念发生某种化学反应,但是美国传统反帝思想对帝国思想的天然抑制,以及国际社会呈现的多极化格局趋势,仍然迫使帝国思想只能游走于社会主流理念之间,不遗余力地寻找一切机会渗透入决策圈子。帝国虽然很诱人,但尚缺乏一个适合其大行其道的环境,因而仍然是政治家们的某种禁忌。

二 "9·11"事件与"新帝国论"的兴起

自20世纪90年代开始,"帝国"逐渐在西方变得流行起来。全球化时代的帝国思想,是西方世界尤其是美国为了重新塑造国际秩序,并更自由地在国际社会中谋求自身利益而进行的思考。"9·11"恐怖袭击事件为美国新保守主义和帝国思想的崛起提供了机会,"新帝国论"应运而生,并在国际上引发了一系列动荡。

1. 西方帝国思想的重新定位

2011年发生的"9·11"恐怖袭击是一件改变历史并影响至今的重大

事件。"9·11"事件不仅对美国国家安全造成重创,而且使得美国对外战略发生显著变化,其所引发的美国对国际政治的思考一直持续到今天。在这一过程之中,在新保守主义势力的摇旗呐喊下,帝国思想继19世纪末之后,又一次大张旗鼓地成为美国社会各界热议的话题,而小布什政府的全球战略也因而打上了鲜明的帝国印记。

美国帝国思想在"9·11"之后的迸发,并非偶然性事件,而是一个量变积累发展的结果。它既是帝国思想的延续,同时也受到冷战结束后整个国际社会演变的推动。冷战结束以来,传统国际政治在全球治理危机面前遭遇了严峻挑战,多元国际行为体的不断出现和跨国行为的更趋难以控制,使得传统国际政治模型难以应对新变化,现代国际政治的基础——威斯特伐利亚体系遭遇空前危机。全球化进程削弱了传统的主权效能,主权国家在应对多元威胁的时候,也暴露了灵活性的缺乏。罗伯特·考克斯(Robert W. Cox)甚至宣称,在全球化冲击下,从某种意义上来讲,民族国家即将消亡。[①] 而与此同时,有效的国际机制或替代物仍是空缺。人们不得不开始以新的视角来审视世界,并寻求更为有效的解决方案。蕴含了新内容的新帝国构想成为西方国家的热议话题。

作为现代帝国主义的始作俑者,西方强国的帝国思维根深蒂固。全球化时代之下,虽然世界各国之间的交流日趋频繁,但是,由于西方在制度安排、经济实力、科学技术、军事力量等方面的优势,南北差距继续扩大。新形式的帝国主义政策比老帝国主义显得更为温和,具有更强的欺骗性,但本质上并没有差别。西方国家对于殖民主义和帝国主义在发展中和落后国家遗留的各种问题,不仅不予以积极公平的援助,反而打着民主、援助等旗号,大肆渗透,控制这些国家的政治、经济和能源。同时,美国等西方国家自诩肩负帮助落后国家和地区的使命,要帮助它们走向

---

① Robert W. Cox, "Globalization, Multilateralism and Democracy", Robert W. Cox, Timothy J. Sinclair, eds., *Approaches to World Order*, Cambridge: Cambridge University Press, 1999, p. 10.

民主和繁荣。此外,西方世界认为一些落后国家和地区的混乱在极端思想引导下,对西方怀有深厚敌意,成为恐怖主义势力的温床。这一切,都促使西方的精英们开始思索如何在新世纪处理发达国家与不发达国家、西方文明与非西方文明之间的关系。"9·11"事件如同火上浇油,刺激着一种新的帝国模式跃然纸上。

在麦克尔·哈特和安东尼奥·奈格里的《帝国——全球化的政治秩序》一书中,一种后现代帝国理论跃然纸上,发人深省。按照他们的观点,当代帝国主义依然存在,而资本主义结构的改变和主权的式微,促成了新的"帝国"的形成。其中,旧有的"现代主权"和"殖民主权"已经过时,新的全球环境瓦解了主权体系,同时造就了新的政治规范。因此,"民族国家正在衰落的主权和它们对经济、文化交流不断减弱的控制力,事实上是帝国主义正在降临的主要征兆之一","我们的基本假设是主权已经拥有新的形式,它由一系列国家的和超国家的机体构成,这些机体在统治的单一逻辑下整合。新的全球主权形式就是我们所称的帝国"①。这两位学者认为,新型的帝国超越了民族国家的范式,是一个超国家。这个"帝国"拥有的是一种网络式主权,包括占主导地位的国家、主要的资本主义军事力量、资本主义大型公司,以及超国家组织如联合国、国际货币基金组织,连同其他国家的或超国家的力量。两位学者还认为,"帝国主权"(Imperial Sovereignty)是一种具有后现代性的秩序,它无处不在,通过自身的普世价值观念体系,构建新的世界秩序。两位作者总结指出,新型帝国具有四大特征:(1)它是一种体制,统治整个"文明的"世界;(2)它是位于历史之外,或位于历史终点的体制;(3)它代表生命力量的典范形式,统治的对象是完全的社会生活;(4)它意味着和平——一种在历史之外的永久而普遍的和平。② 正如哈特和奈格里指出的那样,

---

① [美]麦克尔·哈特、[意]安东尼奥·奈格里:《帝国》,第2—3页。
② [美]麦克尔·哈特、[意]安东尼奥·奈格里:《帝国》,第4页。

一个简单的事实决定了帝国的题域:"存在着世界秩序,而这种秩序表现为一种司法构造。故而,我们的首要任务是把握今日正在成型的世界秩序之构造。"①这样的帝国最终带来的是一种强有力的国际秩序。

英国首相托尼·布莱尔(Tony Blair)的外交政策顾问罗伯特·库珀(Robert Cooper)也是帝国讨论热潮中醒目的一个。2002年4月7日,他在英国《观察家报》上发表了题为《我们为什么仍然需要帝国》的文章。库珀在文中将世界分成三类国家群体:第一类是由索马里和阿富汗等前殖民地国家组成的"前现代国家"。第二类是后帝国、后现代国家,也就是前宗主国。这些国家不再将征服作为安全的主要考虑。第三类则是由中国、印度和巴基斯坦等国组成的"传统的现代国家",它们的行为遵循利益和权力标准。库珀认为,"前现代世界是一个由失败国家构成的世界,它们已经丧失了使用武力的合法性或是对武力的垄断","前现代国家过于虚弱,甚至无法保障自己的领土,从而造成国际性的威胁,它为非国家行为者提供了基础,而这些非国家行为者对后现代世界构成了威胁"②。

针对此问题,库珀提出了他心目中的解决方案:"(我们)所需要的是一种新的帝国主义,它要同人类的权利和世界性价值观相一致:这种帝国主义是以创造秩序和组织为目标的,同时也是以自愿原则为基础的。"库珀指出,世界银行和国际货币基金组织就是一种"自愿的全球经济帝国主义"(voluntary imperialism of the globe economy);欧洲国家对巴尔干地区发生的恶政、种族暴力和犯罪所进行的干预,目的在于消除邻国对后现代欧洲国家的威胁,是一种"毗邻帝国主义"(imperialism of neighbors);而欧洲的扩大则代表了另一种类型的"自愿帝国主义"。正如库珀在文章开篇所言:"在古代的世界,秩序就意味着帝国。在帝国的内部,有的是秩序、文化和文明。而在帝国之外,则是野蛮、混乱和无

---

① [美]麦克尔·哈特、[意]安东尼奥·奈格里:《帝国》,第1页。
② Robert Cooper, "Why We Still Need Empire?", *The Observer*, April, 7th, 2002. http://observer.guardian.co.uk/worldview/story/0,11581,680117,00.html

序。"库珀崇尚建立新的帝国秩序来治理世界,他坚信:"通过单一的霸权大国中心而产生的和平与秩序的形象显示着从未有过的强大。"①他主张由西方发达国家组成的后现代国家集团应该习惯双重标准,即在自身内部通过法律和合作来保证安全,而对于欧洲以外的前殖民地国家,则应采取类似19世纪帝国主义的政策,通过使用新殖民化的手段,由"后帝国"对外输出稳定和自由。

在美国,帝国思想受到"9·11"袭击的刺激迅速升温,形成"新帝国论"思潮。一些学者将美国的帝国身份看作是历史演变的结果,还有些学者则认为,美国帝国是一个全球化背景下的新的历史现象。这些对美国帝国身份的研究,大都具有如下共识:美国在全球范围内享有无可匹敌的影响力和控制力;美国的意识形态是至高无上的,能为国际社会带来更大的善;美国的权力是保持世界稳定与和平的基础;美国应当保持在世界上的领导地位。布热津斯基通过将美国同历史上的罗马帝国、中华帝国以及大英帝国进行比较后得出结论:美国在全球力量四个具有决定性作用的方面位于首屈一指的地位。"在军事方面,它有无可匹敌的在全球发挥作用的能力;在经济方面,它仍然是全球经济增长的主要火车头……在技术方面,美国在开创性的尖端领域保持着全面领先地位;在文化方面,美国文化虽然有些粗俗,却有无比的吸引力,特别是在世界的青年中……这四个方面加在一起,使美国成为一个唯一的全面的全球性超级大国。"②如此强盛的超级大国和世界领袖,自然容易产生出对国际社会进行改造和统治的野心。

"9·11"之后,新保守主义分子为主心骨的帝国造势者得以在决策圈内重新产生重要影响。冷战结束后,从老布什政府到克林顿政府,虽然在对外政策中都没有忘记强调意识形态和价值观的重要性,但是其程

---

① Robert Cooper,"Why We Still Need Empire?"。
② [美]兹比格纽·布热津斯基著,东方编译所译:《大棋局——美国的首要地位及其地缘战略》,上海:上海人民出版社,2003年,第32—33页。

度和着眼点距离新保守主义的要求还有很大一段距离。为此,新保守主义者没有停止过对这三届政府的批评,同时他们也逐渐失去了在重大外交决策过程中的影响。而且由于新保守主义者在外交上难以形成一致的看法,其势力日渐衰落。新保守主义创始人之一诺曼·波霍雷茨甚至宣称新保守主义已经死亡。不过,帝国的思想如星星之火,具有燎原的潜力。早在"9·11"事件发生之前,美国国内的知识分子圈内就已经出现保守右派势力增强的势头。此时,一场戏剧性的选举给美国带了一位特别的总统,随之发生的是未曾预料到的"9·11"悲剧,二者共同导致天平决定性地倒向了要求采取更为果决对外政策的人。

小布什就任美国总统后,新保守派得以重整旗鼓,特别是"9·11"恐怖袭击的发生,国际环境和国内舆论发生了根本转变,这为新保守派的重新崛起提供了一个渴望已久的舞台。一些新保守派精英披挂上阵,为美国外交和防务政策出谋划策。借助于同副总统切尼的良好关系,许多新保守主义分子进入国防部、国务院和白宫,而这些部门对于布什的外交、防务政策都能起到重要的影响。副总统切尼、国防部长拉姆斯菲尔德及副部长沃尔福威茨是布什政府中地位最高、影响力最大的新保守主义者;也有学者认为,沃尔福威茨、理查德·珀尔(Richard Perle,原国防部国防政策咨询会主席)等人才是真正的新保守主义者,而切尼和拉姆斯菲尔德是"强硬的民族主义者",并非新保守主义者。如同历史上各种"主义"所造成的混乱一样,判定和划分新保守主义者的标准很难达成一致。① 但是,有一点是肯定的,新保守主义分子在美国的政界和军界享有了更大的发言权,他们的政治哲学和对外政策理念对小布什产生了显著影响,美国新帝国思想最重要的、最公开的鼓吹者就是这群新保守主义者。"新帝国"是新保守主义者所极力鼓吹的思想理论和政策取向的集

---

① 麦克斯·布特指出,人们通常认为副国防部长沃尔福威茨(Paul Wolfowitz)、道格拉斯·费斯(Douglas Feith)、理查德·珀尔(Richard Perle)等人是布什政府中的新保守主义者。Max Boot, "Think Again: Neocons", *Foreign Policy*, January/February, 2004.

中体现,展示了新保守派在价值观念、政策策划、世界秩序以及世界观等方面的理念。这些新保守派不仅为小布什政府的外交决策提供了理论支持和价值导向,同时还借助各种媒体,利用普通大众强烈的民族情绪,向其灌输建立帝国式统治的霸权治理模式这样的思想,引导民意,推进"帝国化"政策的开展。

新保守派认为,"美国不能在一个动荡的国际环境中独善其身,因而美国要积极介入国际事务,以道义的力量来领导世界,即实现'仁慈的霸权'或'王道'"①。"新帝国论"所坚持的帝国善治思想,一方面不放弃建立在权力统治基础上的"美国治下的和平",将美国作为唯一有资格、有能力来治理世界的霸权力量,认为美国作为仁慈的帝国,能够给世界带来更多的文明和更持久的繁荣;另一方面,它将美国的利益同世界的整体利益等同起来,强调美国的道德准则能够保证其权力的行使是以维护世界秩序、保障文明世界整体利益为目标的。如罗伯特·卡根所指出的那般:"这些先驱者(美国的先驱者)以及他们的后继者都相信,美国必须成为一个伟大的国家,一个可能最强大的国家,因为美国立国的原则和理念是优越的——不仅优于18和19世纪欧洲腐朽的君主制,而且优于人类历史上任何国家和政府的观念。"②

新保守主义的世界观带有强烈的道德至上色彩。在他们眼中,世界一分为二,一边是美国为代表的自由世界,而另一边则是同自由世界对立的专制统治,二者间的矛盾不可调和。作为"山巅之城"和"上帝的选民",美国的国家力量以及道德范式都应成为建立民主、开放、繁荣的新世界的工具,而世界上一切热爱自由民主的国家和民众也都希望美国能够肩负这样的使命。因而新保守主义的外交政策体现了强烈的使命观

---

① 张立平:《后冷战时期美国的保守主义思潮》,任晓、沈丁立主编《保守主义理念与美国外交政策》,上海:上海三联书店2003年版,第143页。
② [美]罗伯特·卡根著,肖蓉、魏红霞译:《天堂与实力:世界新秩序下的美国与欧洲》,北京:新华出版社2004年版,第134页。

和"救世"色彩。"新保守派看到他们自己眼下的世界是一个霍布斯自然状态原始主义的、阴谋的世界,在这个世界上,为了支配地位的、永久的军事化竞争是标准,而国家共同体之间产生的缓和(即使是霍布斯想象的那种)是不可能的,寻找洛克或卢梭所谓的社会契约也是虚幻的……而且在这个世界上你应该先发制人地制服敌人,以免你被他们制服。"①

不仅新保守主义分子对帝国情有独钟,其他一些精英也将"帝国"作为结束混乱世界的灵丹妙药。美国学者罗伯特·罗特伯格(Robert I. Rotberg)率先提出了"失败国家"理论。他认为,对失败国家放任自流,将为恐怖主义和国际犯罪提供温床,是对国际安全与稳定的威胁。为了消除这种威胁,必须打破传统主权观念,对其进行强制管理。"失败国家"理论也成为小布什政府对外政策的重要内容。围绕如何应对"失败国家",帝国思想的鼓吹者认为,只有美国改变使用自己力量的方式,才能重新带回秩序到这些国家。"9·11"事件将美国的国家安全脆弱性暴露在世界面前,这一被称为"第二次珍珠港"的恐怖袭击,让美国思考如何在一个新国际环境中,战胜非传统敌人,为达到这个目标,一些美国人对"帝国"的偏爱不再遮遮掩掩。塞巴斯蒂安·马拉比(Sebastian Mallaby)就此公开提倡美国实行一种帝国主义,即所谓的"不情愿的帝国主义"。在马拉比看来,由于在很多国家和地区出现权力真空,犯罪分子和极端主义势力得以找到庇护所。现有的各种方式(联合国维和、经济援助等)被证明无法消除这种威胁,因而美国只能实行新的帝国主义政策,承担起在"失败国家"恢复和维持秩序的责任。②

2. "新帝国论"与对外政策的"帝国转向"

"门户开放学派"学者威廉·艾普尔曼·威廉斯曾经指出,"美国史

---

① [美]斯蒂芬·哈尔珀、[英]乔纳森·克拉克:《美国为什么单干?》,第3—4页。
② Sebastian Mallaby, "The Reluctant Imperialist: Terrorism, Failed States, and the Case for American Empire", *Foreign Affairs*, March/April, 2002, p. 2-5.

学中心主题之一"一直是"不存在美国帝国"①。尽管在美国历史上,帝国思想不断以明显或隐藏的方式来影响美国的对外政策,但堂而皇之地大行其道却始终是昙花一现。甚至在 20 世纪 60 年代,"帝国"一词几乎为左派人士所专用。即便在 10 年或 20 年前,"帝国的念头只会在许多美国观察家之中引起理直气壮的愤慨,但是这一情景再也不会出现了"②。"新帝国论"不仅在思想上造成强烈冲击,同时也改造了美国的对外政策。"新帝国论"是帝国思想在美国的新崛起。尽管它的思想体系略显纷杂,但也有迹可循。它融合了传统帝国理念,并加入了后现代元素,既迎合了保守派,也吸引了强硬的民族主义分子,乃至中立人士。由此不难理解罗纳德·赖特(Ronald Wright)为何有感而发:"我们才看到相信帝国的时代已经终结,但是帝国的思想现在却在美国某些圈子里面变得如此流行。"③

"新帝国论"认为美国具有成为一个帝国的合法性基础。新帝国思想的信奉者竭力将美国的帝国同传统帝国区分开来。他们认为,美国帝国与历史上的其他帝国迥然不同,它具有的全球支配力史无前例,同时美国也更为仁慈,为人类的福祉做出了巨大的贡献。罗伯特·卡普兰(Robert D. Kaplan)建议美国应该从古希腊、罗马和英国的历史中寻找美国外交政策的线索。他说道:"特别是罗马,它是霸权的一个范例,它使用各种方法来鼓励在无序的世界建立哪怕只有些许的秩序。"他认为美国就相当于古代的罗马帝国。在使用武力这一问题上,卡普兰认为,"明智地动用武力能够确保取得进步"。卡普兰支持统治者运用美国的力量将繁荣与和平带到世界遥远的角落,他赞扬罗马皇帝提比略,认为

---

① William Appleman Williams, "The Frontier Thesis and American Foreign Policy", Vol. XXIV, *Pacific Historic Review*, 1955, p. 379.
② Charles S. Maier, "An American Empire", *Harvard Magazine*, Volume 105, No. 2, November-December, 2002, p. 28 – 31.
③ Ronald Wright, "For a Wild Surmise", *Times Literary Supplement*, December, 20, 2002, p. 3.

他"把武力威胁同外交相结合,以此来维持一种对罗马有利的和平",尽管他也承认,从某种程度上讲,提比略是一个专制统治者。①

新保守派学者麦克斯·布特(Max Boot)试图从历史角度来论证"帝国"的合法性。一方面,布特以19世纪的大英帝国作为例证,以此说明采取帝国政策有助于在动荡的地区恢复秩序。他说:"阿富汗和其他混乱的地区今天在呼唤一种开明的外来治理,而那些穿着马靴、戴着太阳帽、自信的英国人曾经给过他们这个。"他以此推论出"美国的目标应该更有扩张性,在实施的时候更加武断一些"②。另一方面,布特认为,美国的历史已经证明了美国就是一个"帝国"。他在《和平的野蛮战争:小型战争和美国强权的崛起》一书中回顾了美国历史上的对外干涉,指出"美国海外军事干涉的历史很悠久,目的在于惩罚无赖国家或是执行国际法"③。布特宣称美国是一个推行"自由帝国主义"(liberal imperialism)的伟大国家。他极力主张美国实行干涉主义政策,在全球范围内维护美国的利益。因为在国际社会中存在着种种恶行,由于国际法没有强制机制,对此无能为力,所以必须有国家出面担当世界警察的角色。在当今世界,欧盟、联合国、北约等都不具备这样的能力,更不用说其他一些实力较弱的国家了。而成为这样一个正义与和平的化身,还必须具有充满活力的经济、对自由的极其热爱,以及强大的军事实力。唯一有能力扮演这一角色的只有美国。④ 这一想法非常具有说服力和诱惑力,因为在很多美国人眼里,"9·11"事件的发生,正是美国未能充分利用冷战后的实力优势应对挑战的结果。不管美国现在是不是被看作一个帝国,越来

---

① Ivan Eland, "The Empire Strikes Out: The 'New Imperialism' and Its Fatal Flaws", *Policy Analysis*, November 26, 2002, pp. 2 - 4.
② Max Boot, "The Case for American Empire", *Weekly Standard*, October 15, 2001, p. 27.
③ William Anthony Hay, "Reading the Past into American Foreign Policy", *Orbis*, Spring, 2004, p. 370.
④ Max Boot, "Does America Need an Empire?", http://www.berkely.edu/news/berkeleyan/2003/03/19_boot-transcript.shtml

越多的人(包括很多外国人)已经得出一个符合逻辑的结论,那就是如果它的外表和言行与帝国相似,那就真正决定它是什么。①

"新帝国论"还认为,美国作为一个超级帝国,其权力构成和精神境界不同于以往的帝国,这也是美国为什么成其为"新"帝国的重要原因所在。支持者们坚信,美国同历史上那些帝国的根本差异,决定了这样的"帝国"应该得到世界的欢迎。第一,美国实行的是一种完善的共和制度,而非君主制;第二,同罗马帝国和大英帝国等相比,美国的地位是无法挑战的,美国的优势也是绝对的;第三,从支配世界的目标来讲,美国同传统的帝国极为相似,其目的都在于将自己的控制和影响最大限度扩大。但是,美国的手段不同于传统帝国赤裸裸的军事征服、殖民统治和奴役,更多依靠的是自愿的联盟(主要是民主国家联盟)和间接控制。美国并没有像以前的那些帝国那样寻求领土扩张和领土占领。美国忠诚地保卫自己的伙伴,兢兢业业地传播民主与自由。詹姆斯·库尔思(James Kurth)在《国家利益》杂志 2003 年春季号上撰文指出,美国是当今唯一的一个帝国。文章还认为,帝国未必涉及军队和装备,"如果现在存在美利坚帝国,那么最好以信息网络和流行文化的软权力而不是以经济剥削和军事力量的硬权力来界定它。它是信息时代而不是工业时代的帝国。如果欧洲人和世界上几乎所有其他人都坚持认为这个新帝国同他们自己历史经验中的早期帝国没有多少差别,那我们可以告诉他们,他们错了"。②

根据这样的判断,"新帝国论"认为"单边地使用美国无可匹敌的硬力量不仅是赢得反恐战争的主要手段,而且也是保持美国的主导地位,尤其是不对国际体系中的其他成员和它们的外交要求妥协的主要手

---

① Dimitri K. Simes, "America's Imperial Dilemma", *Foreign Affairs*, November-December, Volume 82, No. 3, 2002, p. 91 – 102.
② 李少军:《新帝国论的由来与帝国战略的命运》,李慎明、王逸舟主编《2004:全球政治与安全报告》,北京:社会科学文献出版社 2004 年版,第 28 页。

段"①。正因为如此,小布什政府的"外交革命"颠覆了美国外交的许多传统和原则,它鄙视渐进式的谈判与合作,视之为削弱和无效的代名词,代之以极具侵略性的攻势战略和赤裸裸的强权政治。这种政策所针对的目标不仅仅是拉登、萨达姆等敌人,从长远看,它致力于推翻自威斯特伐利亚体系建立以来就确立的诸多国际规范,重新用实力来界定美国行动的自由程度,确立全球性的单极秩序。这同美国当前的霸权地位并不矛盾,甚至可以说是美国为了巩固这种地位而进行的革命性外交。

"新帝国论"还体现在它反映了一种具有帝国行为特征的大战略。自二战以来,美国大战略的核心是要确保美国在世界上的霸权领导地位。这已经成为美国上下的一种普遍共识。"新帝国论"出现的时机,是美国最容易受到权力诱惑的时候,它比以往任何时候都更容易促成帝国思想的得势。相比较而言,1898年帝国主义浪潮来临之时,美国的实力更多地体现在经济领域,而且同国际政治之间的关联相对较弱,而"新帝国论"出现的时代背景更为复杂。美国具有一种明显的全球优势,同身后的大国之间存在明显的差距。这也成为帝国色彩浓厚的大战略涌现的重要基础。小布什政府在"9·11"之后发布的《国家安全战略报告》正是这种思想的体现。约翰·伊肯伯里在其题为《美国的帝国野心》的文章中,详细地阐述了美国新的帝国大战略,并将其总结为七个要素:第一,维持一个单极世界,在这个单极世界中美国没有势均力敌的竞争对手;第二,对如何对付全球威胁做出一种新的分析,并研究对策;第三,冷战时期的遏制战略已经过时;第四,重新铸造主权原则;第五,轻视国际规则、条约以及安全合作关系;第六,美国在应对恐怖威胁时,需要发挥直接和不受约束的作用;第七,不重视国际稳定的价值。这一切对于当前的国际体系而言,无疑是具有革命性(或颠覆性)作用的。②

---

① Michael Hirsh, "Bush and the World", *Foreign Affairs*, September/October, 2002, p. 25.
② G. John Ikenberry, "America's Imperial Ambition", *Foreign Affairs*, September/October, 2002, pp. 49–55.

并且,"新帝国论"试图凭借美国无可匹敌的力量和地位,强行改变国际体系规则,重新塑造美国统治之下的新世界秩序。"新帝国论"所推崇的国际秩序观,可谓是美国传统帝国思想在全球化时代的膨胀。以实力为长矛、使命观为动力、例外论为自我防护的铠甲,美国的帝国思想中,历来均有塑造甚至改造国际秩序的理想。这种念头,同美国的其他外交传统——尤其是自由国际主义的威尔逊精神——相得益彰。如沃尔特·拉塞尔·米德(Walter Russell Mead)指出的那样:"威尔逊主义政策将当代美国外交政策带入极其困难的矛盾状态。一方面,作为全球霸权,从定义上讲,美国是一个维护现状国家。但是谈到美国正在输出威尔逊主义价值观,其实它也是一个修正主义国家。许多威尔逊主义者企图重划世界版图。"①

"新帝国论"的支持者们,也秉承了这一传统。以新保守主义分子为旗手的帝国鼓吹者,对"9·11"后的小布什政府产生了重要影响,他们成功地促成了被称为"布什主义"的对外政策原则的出台。"布什主义"主要具有以下特征:第一,逼迫世界接受美国的绝对优势,谋求建立单极世界;第二,改革国际社会长期公认的一些行为规范,借助美国的"霸道"重新确立新的行为规范;第三,将多边合作看作是对美国力量的束缚,推崇单边主义政策;第四,开展更为强烈、暴力的民主攻势;第五,垄断武力使用的合法性,特别是强调要对敌人实行先发制人。概括而言,"新帝国论"的支持者在充分认识到美国在国际体系中的优势后,意图促使美国摆脱现有国际体制的约束,走向单极世界。现实主义者所追求的单边主义不是脱离现有的国际格局,而是仍然将美国置于世界的范围内来进行政策选择;如今的"新帝国论"虽然也遵循单边主义,但是它的目的是要打破已有的均衡,建立以美国为中心的单极体制。

"新帝国论"的外交主张同传统的美国外交有着较为显著的差别,它

---

① [美]沃尔特·拉塞尔·米德:《美国外交政策及其如何影响了世界》,第182页。

特别热衷于大幅改造美国外交和国际秩序,具有很强的革命色彩和道德信念。就此,有人甚至将其同法国大革命中的雅各宾派相提并论,认为"美利坚帝国意识形态的鼓吹者同激励并领导了1789年法国革命的思想家们有着相似之处。雅各宾派也声称代表了普世原则,这种原则体现在'自由、平等、博爱'的口号之中……他们认为自己站在善的一边,对抗邪恶,并将自己称为'高尚的人'。他们所要求的是一个同他们继承的世界大相径庭的世界"①。伊肯伯里甚至将新保守主义称之为"新原教旨主义"(New Fundamentalism),并将其在外交上的信条归纳为四点:(1)单边主义,即"美国应该不断脱离世界上的其他国家,使用自己的单极权力——最为重要的是其军事力量——来裁断正义和邪恶,促进和平"。(2)强调军事手段的重要性。他们认为"军事力量——以及为了实现国家利益而坚定使用这种力量的意愿——必须重新回归到美国外交政策的中心地位上来"。(3)新保守主义者们对于自由国际主义的机制心存不满。他们支持美国脱离那些"危害了美国主权和限制了美国使用权力"的条约和协议。(4)大力敦促传播民主。②

三 "新帝国论"的衰退及其历史局限

"新帝国论"在新保守主义的推动之下,将美国对外政策从反恐导向伊拉克战争。这也引发了对"新帝国论"的争议,而"新帝国论"的历史局限性也暴露得愈发明显,其在美国国内的影响也显著衰退。

1. "新帝国论"引发的激烈争议

"新帝国论"基于这样一个信念:美国作为仁慈的帝国,能够给世界

---

① Claes G. Ryn, "The Ideology of American Empire", *Orbis*, Summer, 2003, p. 384.
② G. John. Ikenberry, "The End of the Neo-conservative Moment", *Survival*, vol. 46, no. 1, Spring, 2004, pp. 8–10.

带来更多的文明和更持久的繁荣。新保守派认为,"美国不能在一个动荡的国际环境中独善其身,因而美国要积极介入国际事务,以道义的力量来领导世界,即实现'仁慈的霸权'或'王道'"①。"新帝国论"所坚持的帝国善治思想,一方面不放弃建立在权力统治基础上的"美国治下的和平",将美国作为唯一有资格、有能力来治理世界的霸权力量;另一方面,它将美国的利益同世界的整体利益等同起来,强调美国的道德准则能够保证其权力的行使是以维护世界秩序、保障文明世界整体利益为目标的。特别是美国一直坚持将民主制度输出作为权力输出的必配附属品,在道德程度上美化了美国的霸权统治。

但是,这样的构想只能说是新保守主义一厢情愿的追求。在后冷战时代,国际形势的发展已经具有了一些新的特征,而"新帝国论"所奉行的强权手段和意识形态,从某种程度上讲,明显残留着冷战时代的特征。"新帝国论"主张要建立新的帝国体系,在必要时应该采取单边主义。在他们眼里,目前的国际社会接近于霍布斯社会,而非康德社会,不仅现实主义理论所强调的传统挑战没有退去,非传统的新挑战还对美国构成直接威胁。在"9·11"发生之后,"新帝国论"来势汹汹,其拥护者趾高气扬地宣扬帝国的思想。小布什政府也迅速展开行动,先后发动阿富汗战争,推翻塔利班政权;接着在全球反战浪潮之下,发动伊拉克战争,推翻了萨达姆,并将其送上了绞架。正所谓,物极必反,围绕着伊拉克战争问题,在国际和国内,引发了对帝国思想的激烈争论。"新帝国论"最具争议性的内容主要包括单边主义、单极世界构想以及先发制人战略。

"新帝国论"的单边主义政策成为国内外争论的焦点之一。麦克斯·布特断定"权力孕育单边主义。仅此而已"②。美国现在的实力确立了最强大"帝国"的地位,而其他主要国家同美国的差距还在拉大。即便

---

① 张立平:《后冷战时期美国的保守主义思潮》,第143页。
② Max Boot, "The Doctrine of the 'Big Enchilada'", *Washington Post*, 14, October, 2002.

如此,现有的许多国际规则和国际机制却限制了美国充分行使自己的权力,直接导致了美国的敌人敢于挑战美国的权威。随着"9·11"恐怖袭击的出现以及反恐战争的进一步展开,单边主义找到了适于生长的土壤:(1)强烈的复仇情绪和旺盛的民族激情使得美国开始忽视国际社会的约束,单边主义在同多边主义的争论中占据了优势地位,国内政治中对于单边政策的制约出现一定程度的失效。(2)在以美国为核心的反恐战争中,其他国家不同程度上对其进行了支持。如同美国自己所宣称的,在对伊动武问题上,共有50个国家支持美国。这样一种局面,增长了美国单边政策的投机成功率。(3)在旧有规则无法约束的威胁面前,一些国家虽然不赞成大幅度调整现有的国际准则,但是同时也无法拿出更有效的方式来维护自己的安全,这为美国推行单边主义提供了行动的空间。(4)小布什政府中的强硬派(主要是新保守主义者)占据了上风。他们相信"单边地使用美国至高无上的硬权力不仅能够赢取反恐战争,而且能够确保美国的主宰地位"[1]。罗伯特·卡根说过一句名言:"多边主义是弱者的武器。"[2]这是"新帝国论"的支持者们对于单边主义政策热衷心态的绝好写照,在他们眼里,"美国应该更加直接地运用自己的权力——更少地受到国际规则、机制或是联盟的调节或限制。因为美国是强大的,它应该朝着以权力为基础的,而不是以规则为基础的国际秩序前进"[3]。美国在决定自己要实施的战略目标时,遵循的是"美国至上"的原则,在一些时候,单独行动比多边行动更能符合美国的国家利益。正是在这样的思路引导之下,美国的单边主义一时间成为政府青睐的手段。有人指出,"通过其行动来判断,布什看来信仰的是一种单边文明。北约在短期内被冷落,联合国也是在事后才被想起,那些条约再也不是束缚,布什政府大力支持在国内采取保护主义措施,比如新的钢铁关税

---

[1] Michael Hirsh, "Bush and the World", p. 25.
[2] Robert Kagan, "Power and Weakness", *Policy Review*, June/July, 2002, p. 4.
[3] G. John. Ikenberry, "The End of the Neoconservative Moment", p. 15.

和农业补助。而任何对华盛顿行动自由的危害都被视为敌意的行为"①。这一做法遭到了国际社会的普遍批评。甚至美国的传统盟国也认为小布什的政策忽略了共同利益的协商,抛弃了重要的双边和多变合作,我行我素,不利于维护国际社会的稳定与安全,批评"布什更愿意用美国的实力独自建造自己的帝国,而不愿意运用与盟友合作产生的更强大的实力"②。

帝国思想推崇的单极构想也是引发争议的焦点之一。"9·11"之后,曾在冷战结束后发表过单极言论的查尔斯·克劳瑟默尔再作冯妇,这次他宣称世界已经从"单极时刻"(Unipolar Moment)进入了真正的"单极时代"(Unipolar Era),"自然厌恶真空,历史厌恶霸权。但是,在美国单极时代的头十年中,没有什么平衡力量"③。克劳瑟默尔认为,美国外交到了一个应该,同时也是必须发生转变的时刻。为此,"新单边主义"是最佳的选择。他说:"在过去的八年时间里,外交政策成功的衡量标准是总统签署的条约数量的多少以及他参加的峰会的次数,在这八年之后,我们现在的政府愿意维护美国行动的自由和美国国家利益的优先原则。权力不再被束缚在由具有约束性的协议所构成的巨大网络之中,新单边主义在寻求加强美国的权力,并肆无忌惮地按照自己定义的全球目标使用这样的权力。"④

另一位美国学者威廉·沃尔福思(Willan C. Wohlforth)也指出,多极容易导致战争,而只有单极才能带来稳定。他指出,单极不稳定且危险的这一假设,点燃了对于后冷战时代本质的广泛讨论。沃尔福思提出三个观点:第一,"当前的体系毫无疑问是单极的","将这种权力在数量和质量上的集中描述为一种短暂的'时刻'是十分错误的";第二,"当前

---

① Michael Hirsh, "Bush and the World", p. 20.
② [美]伊沃·H. 达尔德尔等著,刘满贵译:《后外交时代:不受约束的美国》,北京:新华出版社2004年版,第263页。
③ Charles Krauthammer, "The Unipolar Moment Revisited", *The National Interest*, Winter, 2002, pp. 7 - 8.
④ Charles Krauthammer, "The New Unilateralism", *The Washington Post*, June, 8th, 2001.

的单极是趋于和平的",因为"美国的权力优势意味着,在以前体系中存在的一个重要冲突根源不复存在,即为国际体系领导权而进行的霸权竞争";第三,"当前的单极不仅是和平的,而且是可持续的",其他强国在实现对美国的全球平衡之前,其增长实力的努力就将可能导致地区反制力量。① 沃尔福思还和斯蒂芬·布鲁克斯(Stephen G. Brooks)共同在《外交事务》杂志上撰文说,当前国际体系的真正特征是美国全面的优势,这种优势覆盖了国际社会的方方面面,美国的绝对霸权优势是史无前例的,"当代时代中已经出现过的领先大国,要么就是经济和海上强国,要么就是大陆军事强国,却从来没有出现过两者兼有的"②。19世纪的国际体系以大约30个国家中的6—8极为特征,冷战则是两极体系,而今天约有200个国家的体系中却只有一极,"美国在权力的任何一个重要领域都没有竞争对手。一个国家的主导地位达到了如此地步,历史上还从来没有出现过这样的一个主权国家体系"。"如果今天美国的首要地位尚不能构成单极的话,那么谁也不能够做到这一点了。"③

这种思想的影响,不仅限于学术圈内,它在政府内部也得到很大支持。小布什时期的国务卿,同时也是国际政治界学者的康多莉扎·赖斯(Condoleezza Rice)就认为单极世界应该是个值得尝试的选择。2003年,赖斯在伦敦国际战略研究所发表题为"多极世界不能促进和平"的演讲,她说:"有些人以赞赏甚至怀旧的语气谈论'多极世界',好像这是什么好事情。我认为,这比说美国和欧洲被不同的世界观分裂更糟。我们以前尝试过创建'多极世界',但它却导致了第一次世界大战,把这个世界折磨得痛苦不堪。多极世界只是一种竞争理论,它只能带来竞争利益,但它并不能促进和平,所以我奉劝人们,特别是欧洲国家放弃对众多

---

① William C. Wohlforth, "The Stability of A Unipolar World", *International Security*, Summer, 1999, pp. 7 - 8.
② Stephen G. Brooks, William C. Wohlforth, "American Primacy in Perspective", *Foreign Affairs*, July/August, 2002, p. 23.
③ Stephen G. Brooks, William C. Wohlforth, "American Primacy in Perspective", pp. 21 - 23.

新'极'的追求,团结在自由、和平与正义一极的周围。"①小布什政府高层对此持认同态度,而单极世界必然要求重新树立新的行为规则,以确保美国权力的有效行使,这也直接促成小布什政府一系列单边的、帝国式的政策(如《京都议定书》、反导计划等)。

"新帝国论"另一个引起争议的内容是先发制人的军事战略方针。"9·11"袭击使美国清醒地认识到,在全球化的时代,敌人存在很大的不确定性,所谓的本土绝对安全只是痴人说梦。除了已经出现了的恐怖主义袭击手段,恐怖分子或者潜在的敌人完全可能使用大规模杀伤武器(核、化、生武器)和新型手段(如电磁、网络等),以不对称的作战方式来袭击美国的本土城市,像以往一样通过大规模报复的威胁来遏制恐怖主义并不能奏效。美国政府对恐怖主义威胁程度的重新评估,促使美国采取新的手段来应付新的威胁。当代国际恐怖主义活动主要特征是其组织结构的亚国家性和行动的跨国性,这就加大了美国对敌人的辨识和追踪的难度,"遏制"无从谈起;而隐藏在恐怖主义背后的极端主义和狂热的宗教动机使得恐怖分子轻视个人生命和社会安全,心理上并不畏惧遭受报复,因此"威慑"战略也难以奏效。在这样的情况下,由冷战时期延续下来的"遏制威慑"思想已经不能适应新的时代。因此,为了应付新的复杂环境,在敌对势力对美国的袭击奏效之前消除威胁,确保美国的安全,美国就必须进行先发制人的军事打击,采取一种积极的进攻战略,以有效打击或消除敌方的能力为目标,而不是仅仅实行心理威慑。

2002年上半年开始,小布什政府中的重要人物就调整美国军事战略纷纷发表评论,为下半年的付诸实施宣传造势。5月份,小布什在对德国议会发表讲话时提出了先发制人的观点。6月1日,在西点军校的讲话中,小布什重新阐述了这一主张。他说:"上个世纪的大部分时间里,美

---

① 《赖斯的"一极世界观"会让美国更霸道?》,新浪网,http://news.sina.com.cn/w/2004-11-17/06344259542s.shtml

国的防务以冷战中的威慑和遏制理论为基础。在某些情况下,这些战略仍然适用。但是对付新的威胁还需要有新的思维。威慑,即用大规模报复性打击来要挟他国的政策,对于没有国家或公民可以保护的、处于暗处的恐怖主义网络来说毫无意义。而一旦拥有了大规模杀伤性武器,那些失去理性的独裁者就能够用导弹来装载这些武器,或者悄悄把这些武器提供给恐怖主义盟友,遏制也就失去了作用……只靠防御不能取得反恐战争的胜利。我们必须与敌人作战,摧毁他们的计划,在最严重的威胁出现之前就予以打击。"①他进一步解释说:"如果等到威胁完全变为现实,我们的等待就太长了。"冷战时的"威慑"和"遏制"战略已经不适用于"9·11"之后的形势,美国必须准备对"恐怖分子和暴君"进行"先发制人"的打击,反恐战争不能依靠防守而获胜,美国必须向敌人发起进攻,在最危险的威胁未形成之前就将其消除。接着在6月14日,在共和党的一次筹款集会上,小布什又将"先发制人"理论在地位上提升为"一个新主义"。布什政府的其他要员也在不同的场合宣扬这一战略。6月6日,国防部长拉姆斯菲尔德出席在布鲁塞尔举行的北约国防部长会议后指出,北约也必须实行"先发制人",并且要扩大"共同防御"的传统定义。他解释说:"如果恐怖分子能够在任何时间、任何地点利用任何技术发动袭击,那么我们在任何时间、在任何地区动用任何手段进行防御就是可行的,这样我们就应该修改对防御的定义。"6月8日,美参谋长联席会议主席迈尔斯在美国陆军学院对毕业生说,美军需要全新的思维方式,在反恐战争中,行动迅速者才能取胜,先发者才能制人。6月10日,副总统切尼也明确表示,在打击恐怖分子时,美国必须采取"先发制人"的战略,以有效打击恐怖分子。在布什政府的外交和安全事务上有重要影响力的国家安全顾问赖斯随后也表示,"先发制人"意味着提前采取某种行

---

① 《布什2002年在美国西点军校的讲话》,中国现代国际关系研究院美欧研究中心:《反恐背景下美国全球战略》,北京:时事出版社2004年版,第525页。

动,预先制止敌人可能采取的某种毁灭性行动。

尽管布什政府的这一思想一经提出就引起了争论,但在2002年9月提交的《国家安全战略》报告中,布什还是再次强调了美国实行"先发制人"的决心。报告指出:"美国长期以来一直坚持可以采取先发制人的行动,对我国国家安全面临的重大威胁给予反击。威胁越大,不采取行动的威胁就越大——也就越有理由预先采取行动保护我们自己,即使仍不知道敌人将在何时何地发动攻击。为抢先阻止我们的敌人采取这种敌对行动,美国将在必要时先发制人。"①"先发制人"是美国构想出的超强军事力量和武力自由使用权的"完美结合"。"先发制人"针对的是恐怖主义组织和所谓的"失败国家""无赖国家"。加上美国及西方国家一直宣称民主、人权无国界,传统主权国家的最后一道,也是最为重要的防线——主权安全——在美国的眼中也成为必要时可以忽视的因素了。所谓的"先发制人"也就成了"新罗马帝国"维护安全和对外用兵的指南针,是治愈国际社会"疾病",重塑"健康"肌体的一把有效的手术刀。有学者一针见血地指出,小布什政府2002年公布的《国家安全战略》几乎是沃尔福威茨1992年"防御计划指南"的一个翻版。② 这份指南"呼吁维持美国的首要地位、推广民主、采取激烈的行动、必要时先发制人,以阻止恐怖主义和武器扩散,是一份反映了新保守主义精髓的文件"③。而小布什著名的"邪恶轴心"(Axis of Evil)称谓就是其新保守派身份的发言撰稿人大卫·弗拉姆(David Frum)打造的。在2003年的伊拉克战争中,这一战略得到了试验。媒体惊呼,新保守主义绑架了美国外交。

麦克斯·布特认为,美国最大的危险不是原教旨主义,不是逊尼派的不妥协,也不是什么土耳其、叙利亚、伊朗或是沙特等,"最大的危险是

---

① 《美利坚合众国国家安全战略》,中国现代国际关系研究院美欧研究中心:《反恐背景下美国全球战略》,第424页。
② 吕磊:《美国的新保守主义》,第374页。
③ Max Boot, "Think Again: Neocons", 2004.

美国因为害怕我所称的帝国主义,而不会利用自己所有的力量"①。布特相信,至少从杰斐逊在 1803 年购买路易斯安那时开始,美国就一直是一个帝国了。在整个 19 世纪,杰斐逊所称的"自由的帝国"在整个大陆进行扩张,这个帝国从波多黎各、菲律宾一直扩张到了海地和阿拉斯加。尽管美国一直不承认自己是一个帝国,但是从战后占领德国、日本,到今天在索马里、海地、波斯尼亚、科索沃和阿富汗进行的"国家建设",这些都不过是在其他名义下实行的帝国主义罢了。布特强调,美国之所以在索马里和海地失败,原因在于美国过早地撤走了其军队,相反,波斯尼亚、科索沃和阿富汗的成功就在于美军一直驻扎在这些地区。因此,他得出结论:"如果我们希望伊拉克能够避免成为另一个索马里,我们最好就要习惯美军在此部署好几年,可能的话甚至几十年。如果这会引发对美国帝国主义的讨伐的话,随它去吧。无论做什么事,美国都会被称为帝国。美国最好能成为一个成功的帝国。"②

布特的观点具有很大的代表性。"新帝国论"相信美国作为一个帝国,能够为整个世界带来更多的好处,即使实现这一理想的道路并不平坦,但是为了将美国的力量运用于造福世界,建立更加美好的世界新秩序,美国应该抛开"世俗偏见",在"帝国"的道路上坚持走下去。美国今天所作的一切,历史将会证明是伟大而崇高的事业,这也是"新帝国论"者最为坚定的精神信条。

"新帝国论"在大行其道的同时,也遭到越来越多的批评和质疑。保罗·肯尼迪对于美国帝国式的心态和行为方式深感忧虑:"对这些美国人而言,今天的现实就是一个:美利坚合众国是当今谁也无法挑战的世界第一,其他所有美国以外的世界力量,欧洲、俄罗斯、中国、阿拉伯国家等,诸如此类,只有接受这种现实的份儿,他们的任何抱怨都徒劳无益,

---

① Max Boot, "U. S Imperialism: A Force for Good", http://freelebanon.org/articles/a425.html.
② Max Boot, "U. S Imperialism: A Force for Good".

犹如风中呼啸而过的一声口哨。"①在不少人的眼中,美国的霸权地位的优势不可能永久维持,因为这是同历史规律相背的。美国无论有多强,都摆脱不了霸权兴衰的命运,更重要的是,"新帝国"式的战略目标只会从根本上削弱美国作为世界领导者的根基,使得美国苦心建立的、曾得到不少国家认可的世界秩序土崩瓦解,加速美国的衰落。沃勒斯坦(Immanuel Wallerstein)在《老鹰坠地》的文章中批评了"新帝国论"者的盲目乐观。他认为,从表象上看,美国在后"9·11"时代所表现出来的霸权主义、单边主义政策带有极强的进攻性,然而从霸权的长周期来看,美国的力量仍然未能摆脱衰退的威胁。他还指出,二战以后,美国霸权在取得成功的同时孕育了它死亡的条件,而这种条件的逐渐成熟有四个标志:越南战争、1968年革命(指美国的反战运动)、柏林墙的倒塌以及"9·11"恐怖袭击。这四个标志使得美国发现自己现在是"一个缺少真正力量的孤独的超级大国,一个没人追随也得不到尊重的世界领导者,一个在其无法控制的全球动荡中飘荡不定的国家"②。强硬政策不过反映了美国试图阻止这种衰落的意图。沃勒斯坦总结说,问题不在于美国是否在衰退,而在于美国能否体面地衰退,同时最大限度地减少这一过程对自己和世界带来的负面作用。M.沃尔兹则警告,"在当代世界,帝国统治是无效而危险的实践",这是由三个方面原因造成的:第一,"美国没有能力或者欲望推行帝国主义"。美国没有做好承担帝国的经济成本的准备,美国人也不愿意承受伤亡代价。此外,美国没有一支由"土著人"和雇佣军组成的帝国军队,也从未建立一套帝国的行政机构。第二,"我们对民主的公开承诺使帝国统治难以获得合理性,并使之难以管理";第三,"在当代世界,任何帝国主义规划都会遭到各国的强烈反对,人们存在一种强烈的认识:这种反对是合法的,帝国主义规划注定

---

① Paul Kennedy, "Has the US Lost Its Way", *Observer*, March 3rd, 2002.
② Immanuel Wallerstein, "The Eagle Has Crash Landed", *Foreign Policy*, July/August, 2002, p. 63.

要失败"①。

美国知名学者小约瑟夫·奈在《美国霸权的困惑：美国为什么不能独断专行》一书中，详细分析了美国在国际体系里的实际地位，并对一些政策进行了批评。他承认美国在国际上所享有的超强的地位，但是，他强调，美国如果想要保持强大，必须注重软权力，也就是通过让别的国家"崇尚它的价值观，学习它的榜样，渴望达到它所达到的繁荣和开放程度"，从而"能让他人做你想让他们做的事"②。他批评了试图将单边主义上升为全面战略的做法，因为在全球化时代，许多重大问题都属于多边性质，而且单边主义将严重损害美国的软实力。美国应当致力于与其他国家合作，尽可能按照多边方式共同处理全球问题。在分析全球格局的时候，他将国际政治中最为重要的概念"实力"划分为三个层次，"在全球信息时代，实力的分布有如一盘三维国际象棋。最上层的军事棋局属于单极，美国把所有别的国家远远抛在后头；中间的经济棋局为多极……最下一层是不受各国政府控制的超出国境的跨国关系"③。他不否认美国实力尤其是军事实力的领先地位，但是反对将对外使用武力作为最为有效的政策手段。他说："在一些用场上，特别是对世界上一些前工业化及工业化国家和地区的关系方面，军事力量继续保持重要地位，不容忽视，这点十分重要；但是霸权主义者注重军事实力，会使我们对我们实力的极限视而不见。"④

应该讲，约瑟夫·奈的观点具有很强的现实性和客观性。尽管"帝国"的荣耀对于骨子里充满了开拓冒险精神的美国人来讲充满了极大的诱惑力，但是，今天的美国，首先是世界中的美国，而世界不是美国的世

---

① [美]M.沃尔兹著，于海青摘译：《存在一个美利坚帝国吗？》，载《国外社会科学》2004年第3期，第44页。
② [美]约瑟夫·奈著，郑志国等译：《美国霸权的困惑：美国为什么不能独断专行》，北京：世界知识出版社2002年版，第9页。
③ [美]约瑟夫·奈：《美国霸权的困惑：美国为什么不能独断专行》，第150页。
④ [美]约瑟夫·奈：《美国霸权的困惑：美国为什么不能独断专行》，第150页。

界。美国这个国家的生存与发展离不开整个世界的大局。"新帝国论"者相信只有为美国提供了绝对的安全,美国才能更好地为世界提供一个新的秩序。这种想法实际上是颠倒了因果逻辑关系,将美国的安全作为世界安全的前提,违背了实现世界和平应遵循的原则。因而,美国越是追求绝对的安全,就越容易陷入到绝对的不安全之中去,同时也越来越容易给世界增加动荡和危险,而所谓的建立一个更加有序的新世界秩序更是成了空中楼阁。

在欧洲——美国的盟国内部——反对帝国的声音让盟友间的关系蒙上阴影。德国、法国等因不赞成美国对伊动武,被美国冠之以"老欧洲"称号,彼此间关系遭到严重损害。同时,围绕伊拉克战争,欧洲掀起反战浪潮,示威游行此起彼伏。2003年5月31日,欧洲的几大重要报刊《法兰克福汇报》和《南德意志报》《解放报》《新苏黎世报》《共和国》等,同时发表了七位作为公共知识分子的著名思想家、艺术家、文学家的文章,他们是:德国哲学家哈贝马斯(J. Habermas)、法国哲学家德里达(J. Derrida)、瑞士作家穆希格(Adolf Muschg)、意大利符号学家兼作家艾柯(Umberto Eco)、西班牙作家萨瓦特(Fernando Savater)、意大利理论家兼欧洲议会议员瓦蒂莫(Gianni Vattimo)以及美国哲学家罗蒂(Richard Rorty)。这些重量级知识分子的文章号召反对美国霸权,主张多极世界,加强联合国的地位,呼吁欧洲必须在政治上实现一体化。

围绕新帝国构想的讨论,向世人充分展示了美国新帝国论的争议性。就像约翰·伊肯伯里所指出的那样,将世界秩序置于美国自身安全之下的做法不会带给美国它所期望的安全环境,相反,"布什政府的新帝国大战略,如果发展到极端,将会使世界变得更加危险,更趋分化,并使美国面临更多的威胁"。他还得出结论,"美国的两个旧的大战略——强调均势的现实主义大战略和强调多边主义的自由主义——能够确保一个成熟的全球性霸权,依靠不从根本上威胁其他国家的方式,来寻求稳定和追求自己的利益"①。还有学者指出,美国如果要想保持世界的稳定,维持自己在国际上的地位,最为重要的前提条件就是"美国在一定程度上接受以下事实:其他强权不会听从美国的指挥……美国要想维护它的地位,不应通过把自己的意识强加给别人,而是要保持国家间的和谐"②。

2. "新帝国论"的历史局限

"新帝国论"是美国帝国思想在"9·11"恐怖袭击之后的一种新实践。值得注意的是,"新帝国论"虽然从各个方面体现了美国帝国思想的要素,但它走上了一条偏离美国传统外交理念和政策的道路,可以说是帝国思想一次极端的实验。"新帝国论"在经历了伊拉克战争胜利所带来的短暂高潮之后,其弊端及危害已经明白无误地显露在了人们面前。新保守主义的政策理念作为一项以全球领导为目标的大战略,一个战略性的转向已经在很大程度上破坏了美国的国际地位——它的声望、信用、安全伙伴关系以及其他国家对它的亲切感。在反思经验和教训的时候,美国发现,"新帝国论"不仅不会完全释放美国的力量,相反却会在很多方面损害美国力量的来源。因此,自小布什第二任期开始,在国内和国际因素的共同作用之下,"新帝国论"开始呈现衰退趋势。

从美国的传统来看,对于"帝国"的抗拒是一个根深蒂固的信仰。大部分美国人相信,"帝国"意味着牺牲宝贵的民主和自由,牺牲更多的公民权利和利益,因为"帝国会趋向于要求社会进行军事化,这就意味着要增加战争开支,减少教育和其他国内需求的开支。它还会导致政府对美国公民私人生活进行更多的干涉……建设和维持帝国不值得付出这样

---

① G. John Ikenberry, "America's Imperial Ambition", pp. 58–59.
② [美]彼得·罗德曼:《超级大国的战略》,胡鞍钢、门洪华主编《解读美国大战略》,杭州:浙江人民出版社 2003 年版,第 175 页。

的代价"①。查默斯·约翰逊(Chalmers Ashby Johnson)在《帝国的悲哀:军国主义、秘密和共和制的终结》一书中指出,帝国政治是美国政治精英在"9·11"之后所选择的国家政策的必然结果,而这种军国主义和帝国主义总是给帝国带来悲哀。如果按照这种趋势发展,四种悲哀无疑将降临美国:"首先,将出现一个永久的战争状态,导致更多针对美国的、无论在何处的恐怖主义,以及较小的国家更多地依赖大规模杀伤性武器,因为它们试图避免帝国世界主宰。其次,将会丧失民主和宪法权利,因为总统使国会完全黯然失色,其本身也从政府的'行政机关'转变为某种更五角大楼化的总统的东西。再次,一个原本已经支离破碎的讲真话原则,日益为一个宣传假消息和颂扬战争、权力和军团的体系所取代。最后,会出现破产,因为我们把我们的经济资源倾注到愈来愈浮夸的军事项目中,并克扣教育、卫生和我们人民的安全。"②

这番分析从深层次解释为什么"新帝国论"会很快就遭到不少精英和更多民众的抵制。当弥漫在美国的狂热复仇情绪冷却下来之后,人们对于帝国的构想认识得更为理智。大多数美国人虽然仍然支持政府打击恐怖主义、消除大规模杀伤性武器的威胁,但是"新帝国"并不是他们心目中理想的政策模式。特别是新保守主义者坚持要求加大防务投入,增加对外干涉,同经济发展、本土安全、国内民主等问题之间的矛盾冲突难以消除。尤为突出的是,在美国对外推行"新帝国"色彩的政策时,国内公民也感受到了日益加强的压力。小布什政府利用公众对恐怖袭击的恐惧、报复心理,限制了美国公民的自由民主权利,压制国内不同意见,鼓励相互监视和揭发,歧视和排斥外来移民……可以说,"新帝国论"已经侵蚀到美国的国内生活之中,从现实生活和心理上都威胁到了美国公民的自由权利。这样的事件引起了许多人对"帝国建设"所造成的社

---

① Michael T. Klare, "For Oil and Empire? Rethinking War with Iraq", *Current History*, March, 2003, p.135.
② [美]查默斯·约翰逊:《帝国的悲哀》,第335页。

会危害的严重担忧。

此外,战后伊拉克局势的发展也使得人们更加质疑"新帝国论"的前景和功效:从频频曝光的虐囚事件到伊拉克、阿富汗发生的接连不断的武装袭击,从"情报门"到不断上升的伤亡,从人质绑架到"斩首"录像……美国公民发现伊拉克人并没有张开双臂拥抱自己的"解放者",美国在国际上的形象也越来越差,而自己的亲人在异国他乡为政府的不当政策流血偿债。这一切导致越来越多的美国公民反对政府的强硬外交政策,社会各界纷纷谴责小布什政府是走在一条错误的道路之上。一些知名学者和政治人物也都利用各种场合、渠道,发表自己的言论观点,批评帝国式的外交政策,并且逐渐汇聚成不可忽视的社会压力,甚至造成了一些人惊呼的"美国的分裂"。

"新帝国论"的步履维艰,还有一个重要因素,那就是对"新帝国"最为热衷的新保守主义自伊拉克战争之后,声势大不如前。虽然对伊战争被视为新保守主义的巅峰之作,但是,其所带来的一连串负面影响却是许多新保守主义者所未能预见的。如果仔细观察伊拉克战争之后小布什政府的外交,就会发现它推行的已经不完全是新保守主义派希望的那种帝国主义路线。麦克思·布特沮丧地发现,尽管新保守主义者有不少人在布什政府中任职,但在最高层却没有太多代表。虽然小布什政府发动了对伊战争、大力推行民主计划(这都是新保守主义者们长期努力的目标),但"政府采取这些政策不是因为新保守主义的影响,而是受到2001年9月11日被劫持的四架飞机的影响"①。布特认为,小布什政府并没有完全采纳新保守派的建议。比如,在"新帝国"的建造中,新保守主义者计划在伊拉克战争结束后将矛头对准叙利亚,但是,小布什驳回了国防部关于制定叙利亚开发化学武器报告的提议,并且不允许拟制攻打叙利亚的军事计划,而是依靠英国的斡旋,走上了缓和同叙利亚关系

---

① Max Boot, "Think Again: Neocons", p. 43.

的道路。因为"一场对叙利亚的战争不会得到安理会的许可,不会争取到北约盟友,不会得到国会的授权。这样一场先发制人的战争将是不符合宪法的,将被海外世界看作是一个流氓超级大国的帝国主义战争"①。对照2003年那个一意孤行的顽固牛仔,小布什像是换了一个人。不仅如此,对于当初恶语相向的"老欧洲",小布什在连任后立即安抚拉拢,旨在弥合伊拉克战争造成的裂痕。新保守派的失势,使得在2008年大选之前,一批新保守分子逐步离开了小布什政府。此外,新保守主义阵营内部围绕政策的分析,导致部分人脱离了新保守主义阵营,其中包括重量级的人物福山。2006年2月19日,福山在《纽约时报》上发表了题为《新保守主义之后》的文章,对"布什主义"和新保守主义进行了激烈的抨击和深刻的反思。他认为美国推进民主的方式是错误的,同时先发制人的反恐战略在国际制度中不可能得到普遍运用。他号召美国学会如何和世界相处,摈弃它以为可以用美国实力和霸权来实现民主和人权的幻觉,而这是一种更加符合美国目的的"现实主义的理想主义"。② 福山的反叛,从另一个方面说明了新保守主义思想的困境。

新保守主义者不仅在美国外交决策中的影响有所下降,在社会各界也遭到不绝于耳的批评。新保守主义者被指欺骗了美国人民:他们声称伊拉克拥有大量的大规模杀伤性武器、伊拉克涉嫌参与"9·11"袭击、萨达姆同"基地"组织有染、美国将被伊拉克人民当成解放者而欢迎……但这一切都与事实格格不入。帕特里克·布坎南指出,新保守主义者犯下了许多错误:他们羞辱了太多的美国盟友,对自己的影响吹嘘过多,激怒了太多的敌人。③ 斯蒂芬·哈尔珀(Stefan Halper)和乔纳森·克拉克(Jonathan Clarke)在《孤独的美国:新保守派与全球秩序》一书中也指

---

① Pat Buchanan, "Is the Neoconservative Moment Over?", *The American Conservative*, June 16, 2003.
② Francis Fukuyama, "After Neoconservatism", http://www.nytimes.com/2006/02/19/magazine/neo.html?pagewanted=all.
③ Pat Buchanan, "Is the Neoconservative Moment Over?".

出:"现在美国发现自己在国际社会中被令人不快地孤立了,反美情绪迅速高涨,整个国家正面临日益危险和复杂的安全环境。由于错误地迷恋于对美国主权的最强硬解释,他们的政策已经缩小了美国的选择范围,而且加重了美国的人力和财政负担。最重要的是,他们对粗鲁的单边主义的信奉已经损害了美国的道德权威。在他们的影响下,美国已经令人遗憾地丧失了合法性。"①新保守主义分子的政策所导致的结果就是"财力和兵力捉襟见肘,道德权威挥霍殆尽,盟国敬而远之,对手士气大振且变得激进"②。

"新帝国论"是美国帝国思想对冷战结束10余年来的国际形势的一种反映,它混杂了单边主义、军事主义、"美国例外论"、帝国主义、国际主义等思想,试图通过建立新型帝国来实现全球治理。这一思潮的历史局限是显而易见的。

"新帝国论"虽然让美国借助强硬手段在短期内达到目的,但对于实质性问题,却治标不治本。2002年,《时代周刊》在"9·11"一周年时发表评论说:"现在的情况已不可与发生恐怖袭击的那一刻同日而语了,但是,布什还总是祭起他简单选择的法宝:要么上要么下,要么好要么坏,要么死要么活,要么你站在我们一边,要么你就是站在恐怖主义的一边。这种非黑即白的特殊时刻已告一段落,世界重又回到难以一眼辨出黑白的灰色状态中去了,从此布什又该如何应对呢?"③这段话正好说明"新帝国论"非善即恶的哲学主旨同世界的多样性之间的根本的矛盾冲突所在,这也是美国外交传统中根深蒂固的恶性思维方式:世界上如果存在着非美国式的文明或国家,美国必定要承担对其改造的责任,哪怕是全部推倒了重建。

在这其中最为突出的就是美国和伊斯兰世界之间的矛盾。"9·11"

---

① [美]斯蒂芬·哈尔珀、[英]乔纳森·克拉克:《美国为什么单干?》,第250页。
② 道格·班多:《新保守主义走上邪路》,载《参考消息》,2004年8月25日。
③ Michael Duffy, March Along, *Time*, September 11, 2002.

之后，美国相继对两个伊斯兰国家（阿富汗、伊拉克）用兵，并在不断通过外交和武力方式威胁另一个伊斯兰国家（伊朗），其根本目的都在于根除伊斯兰世界中的反美势力，并借机获取有利的战略地位，重新改造中东政治格局。但是，美国的战争手段及其在中东问题（尤其是巴以问题）的政策激起了许多阿拉伯国家的反感，甚至包括一些长期盟国和"亲美"政权。入侵和占领伊拉克使得伊斯兰世界对美国的感情进一步恶化，无助、屈辱和愤怒的感觉在穆斯林中间蔓延。大多数阿拉伯人相信，美国进攻伊拉克的目的在于获取对伊拉克石油的控制权和帮助以色列——阿拉伯世界的死敌，并且将其视为西方世界对穆斯林的又一次帝国式侵略。2004年，总部设在华盛顿的阿拉伯-美国协会公布了一份最新调查报告，报告显示，伊拉克战争爆发后，美国政府在阿拉伯世界的形象每况愈下。这份调查被认为具有较广泛的代表性。被调查的阿拉伯人共有3300名，分别来自埃及、约旦、黎巴嫩、摩洛哥、沙特阿拉伯和阿拉伯联合酋长国等国。同2002年类似调查结果相比，被调查者对美国抱有好感的比例大幅下降。对美国持有好印象的埃及人从2002年的15%，锐减到2004年的2%。在沙特，对美国有好感的民众比例2002年是12%，2004年则只有4%；在摩洛哥、约旦和黎巴嫩，这一比例分别从2002年的38%、34%和26%，骤然下降到2004年的11%、15%和20%。①

"新帝国"被看作是西方异教徒的"新十字军东征"，无法被阿拉伯世界接受。以小布什政府的"大中东民主计划"为例，在该计划于2004年初被提出之后，包括叙利亚、科威特、埃及、沙特阿拉伯、约旦在内的绝大部分阿拉伯国家政府都明确表示拒绝接受外国强加的各种版本的改革模式。除此之外，"新帝国论"的逻辑也无法妥善解决好美国同所谓的"无赖国家""邪恶轴心""暴政国家"之间的矛盾。"新帝国论"支持者认

---

① 《阿拉伯人为何越来越不喜欢美国》，2004年8月9日，人民网，http://www.people.com.cn/GB/guandian/2694000.html

为,美国的强权足以保证在这些国家内部实行"政权更替",因此,关于对伊朗、叙利亚、朝鲜进行军事打击的传言一直不曾停止过。但是,阿富汗战争和伊拉克战争的成功并不表示单边强硬政策放之四海而皆准,在伊朗、朝鲜这样的国家以及与其相关的大规模杀伤性武器问题上,美国清楚地知道使用武力所会导致的严重后果,而这种后果是国际社会包括美国在内都不愿意看到的。因此,美国不得不借助于与中国、俄罗斯以及欧盟国家的合作。毕竟,多边协作始终要比单边蛮干来得实际,美国所承担的道义风险和成本风险也要低得多。

"新帝国论"损害了美国与世界其他国家之间的关系,破坏了国际合作的基础。小布什政府所奉行的对外扩张和单边主义可以说是外交指导思想的一次革命,它虽然在一定程度上有立竿见影的功效,但是,它也带来了巨大的风险。"这种行为的效果日积月累,甚至连美国最亲密的盟友都会被激怒。许多美国的盟友开始认识到,自己的角色并不是美国的伙伴,而是美国大肆挥霍实力行为中的一个刹车片,因此动摇了他们对美国行为的支持,逐渐地,他们越来越不愿意与美国一起应对那些共同面对的挑战。"[1]"新帝国论"及其实践破坏了美国同其他国家之间的关系,尤其是美国与盟国之间的合作。伊拉克战争所引发的美国和一些盟国之间的争议,不但使得美国领导地位的合法性在当时发生了动摇,而且也促使这些国家寻求更加独立的外交和防务政策,这在欧盟身上表现得尤为突出。此外,世界上的主要大国也几乎都不赞成美国的政策手段,它们在美国的强势外交面前,都感到不安和危险,从而形成了公开的或是私下的"联盟",以共同抵制美国进一步扩张帝国版图。

美国也越来越清楚地认识到,维持美国首要地位的可持续性,必须要求美国在友邦和盟国合作的情况下运用美国的威力,以使现有的国际规则和制度更加有效,并构筑新的合作结构来应付新的挑战和机遇,确

---

[1] [美]伊沃·达尔德尔等:《后外交时代:不受约束的美国》,第260页。

保商定的规则和规范得到有效的实施。只有在这样一种合法的力量运用前提下,美国才能创造一个有利于自己的世界秩序。这也是为什么伊拉克战争之后,美国在联合国、伊拉克重建、朝核等问题上采取了多边主义政策的原因所在。小布什在第二任期内也有意同新保守主义势力保持距离,调整对外政策以进行补救,这也表明美国意识到"新帝国"绝不是能够包治百病的灵丹妙药。

国际格局的发展从根本上制约"新帝国论"的实践。"新帝国论"一心想以单边帝国政策来追求一个单极的世界,但是,单极世界或是帝国构想并没有得到其他国家的欢迎,而且也并不符合当前国际格局的现实。历史的发展已经反复证明,当一个国家立志要超越其他国家,成为不受约束的霸权时,国际上其他的力量会自然而然地形成一股与之相抗衡的力量。现在,国际政治力量多元化的趋势尤为突出。欧盟以及"金砖国家"等都是国际政治格局中十分重要的行为者。作为兴起的国际力量,这些国家或国家联合体虽然不会在短期内完全超越美国,却能缩小同美国实力的差距;此外,这些国家的发展不可避免地会遭到体系中的霸权国家的限制或是打压。为了实现自身利益的最大化,这些行为体会以不同的方式抵抗美国的束缚和压力,尤其是通过外交上的纵横捭阖来平衡国际政治力量,以实现自己的发展自由和行动自由。这种发展趋势将丰富和完善国际力量的多元性和平衡性,阻止单极霸权或是"新帝国"的出现。查尔斯·库普乾(Charles Kupchan)承认美国霸权的绝对优势是当前国际格局的重要特征,强调"全球体系的唯一界定因素是实力的分配,不是民主、文化、全球化或者任何其他东西。我们现在生活在一个单极世界——一个只有一个权力之极的世界。而且,它是美国的单极世界。此时此刻,根本的、无法回避的地缘政治特征是美国的主导优势地位"[1],但"问题是,

---

[1] [美]查尔斯·库普乾著,潘忠岐译:《美国时代的终结:美国外交与21世纪的地缘政治》,上海:上海人民出版社2004年版,第30页。

美国的单极时刻以及由此而来的全球不稳定不会持久"[1],"其他力量的崛起、美国的式微,以及美国单边主义式的国际主义,将共同使美国的单极时刻成为昙花一现"[2]。这也延续了国际政治一个重要的发展规律,那就是国际政治权力必会兴衰交替,新的权力中心必会形成。美国的权力资源无法使其一直保持对国际社会中其他政治力量的优势,这是霸权或帝国历程的必然归宿。

---

[1] [美]查尔斯·库普乾:《美国时代的终结》,第31页。
[2] [美]查尔斯·库普乾:《美国时代的终结》,第32页。

第八章　奥巴马时期的对外政策与帝国的困境

> 美国帝国是否比其他任何一个帝国都更为强悍,正如屹立于罗德港的巨人那样驾驭世界呢？或者它只是圣经中的歌利亚巨人,虽然体形庞大却被矮小灵活的敌人用一个弹弓就轻易击倒了?①
>
> ——[英]奈尔·弗格森(Niall Ferguson)

"新帝国论"在美国的公然招摇过市,虽然看似有些异军突起,但它是特殊安全环境下美国的一种激烈反应,甚至可以说是帝国思想历史上的一次"返祖",只有19世纪末的帝国主义浪潮可与之相比,毕竟自视颇高的美国人并不是很习惯赤裸裸地用帝国来标榜自己。但是,新帝国的崇拜者们过于高估美国的实力和影响,帝国思想肆无忌惮的癫狂与极端,不仅在国内外招致了尖锐的指责,也拖累了共和党在新一轮总统大选中的步伐,最终使得民主党的奥巴马成功问鼎。如同很多人指出的那样,党派轮替,纵然对外政策有变,然而万变不离其宗,无所不用其极地去追求美国国家利益的这一根本目标不会变。只要有这样的战略冲动,帝国思想依然能够寻觅到滋长的空间。它的核心要素并不

---

① [英]奈尔·弗格森:《巨人》,第3页。

会随着某个党派、某个团体甚至某位总统的下台而消失,如同美国过去 200 多年的历史所一直证明的那样,它依然存在于很多人的头脑之中,不管是思维惯性也好,强权属性也罢,这些帝国思想的要素不断出现在奥巴马政府的对外政策中,即便它们巧妙地披上了试图遮盖其本相的面纱。

一 "奥巴马主义"中的国家身份和意识形态

对于美国历史上第一位黑人总统奥巴马来说,他面临的是一个充满风险的世界。初期摧枯拉朽的战争进程带来的狂热,逐渐为看不到头的反恐斗争、反暴乱作战以及捉襟见肘的财政危机所冷却。雄心勃勃的政权颠覆、国家重建计划,不过是将某个敌对统治者推翻而已,阿富汗、伊拉克等地的长期动乱不仅让美国力不从心,国内更是担心美国将在反恐战争、中东动荡等问题上无法全身而退,再陷越南战争式的泥潭。于是,奥巴马上任后的首要任务就是要对美国的帝国扩张政策进行调整。关于有没有一个正式的"奥巴马主义",学界一直在进行争论。但通过观察他的施政方针特别是对外政策,不难看出,奥巴马有着自己的一套政策和蓝图。奥巴马政府的中心任务是要恢复战略与资源之间的平衡,避免承担过多的负担,将战略资源重新聚焦重大的国家利益,鼓励盟友扮演更重要角色,以此来巩固美国的霸主地位,应对从新兴强国到恐怖主义的各类威胁。对此,美国《外交》杂志前总编辑、《新闻周刊》国际版主编法里德·扎卡里亚在《后帝国时代的总统》一文中评价说,"奥巴马是个现实主义者。他比自尼克松以来的任何一位总统都更致力于仔细定义美国的利益,为实现这些利益提供资源,并且不迷失目标"[①]。

[①]《美国外交进入"后帝国时代"》,载美《新闻周刊》,http://news.xinhuanet.com/world/2009-12/10/content_12621658.htm

1. 国家身份的焦虑:从"新帝国"回归全球霸权领导

小布什在四处挥舞帝国旗帜的同时,也敲响了这一轮帝国思想热浪的退潮钟声。虽然小布什被很多人认为对外鲁莽粗暴,但是他能连任总统,也从一个侧面说明帝国思想影响下的对外政策并不是没有支持者。同样的,小布什任期结束后,民主党登顶成功,但这也并不能简单地就给这一轮帝国思想的兴起发布讣告,新的奥巴马政府的对外政策尽管进行了十分明显的调整,帝国思想的核心要素依然存在,并对新政府的对外政策继续产生重要的影响。

在面临全球几乎一致的对新帝国的批判声中,美国也开始重新深刻审视自己在现今国际格局中的实力地位及国家身份。显然,公然宣称自己是一个独一无二的帝国,已经让美国在国内外遭受广泛质疑,也损害了美国的国家形象特别是软实力。很多人提出,美国应该坚持扮演自由国际秩序中居于领导地位的霸权角色。G. 约翰·伊肯伯瑞(G. John Ikenberry)就持有这样的观点,他认为,帝国和自由霸权都强调力量和地位的等级差异,也重视对其他国家的影响和控制,但二者存在根本的区别,帝国特别重视单边行动,并超越其他规则和制度的制约,自由霸权国家则建立起一系列得到较多认同的规则和制度,更多是通过谈判而非强迫的方式来进行治理。二者的区别主要表现在三个制度性特征上:首先,领导国家支持并在一个规则和机制由协商谈判而成的体系中运行;其次,霸权领导国家提供各类公共产品,换取其他国家的合作;最后,霸权国家塑造的体系为互惠的交流和影响提供了渠道和网络,这些也使得自由主义霸权与帝国明显区分开来。① 因此,他劝告美国的决策高层:

凝视这个勇敢的新世界,美国将会发现,自己需要分享权力,并

---

① G. John Ikenberry, *Liberal Leviathan: the Origins, Crisis, and Transformation of the American World Order*, Princeton: Princeton University Press, 2011, pp. 67 - 73.

部分依赖其他国家来确保自己的安全。这种安全无法依靠单极权力或密不透风的边界。要在这个即将来临的世界里运转,美国首先需要的将是作为全球领袖的权威和尊重。在近些年里,美国已经丧失了部分这种权威和尊重。通过致力于建立自由主义秩序构建的大战略,美国能够开启赢回它们的进程。①

这样的观念给当时的美国带来了一个更务实的选项,它既能够对小布什的战争政策进行反省和战略收缩,也能提高战略资源的配置和使用质效,将主要精力集中在巩固领导地位这一目标上。在奥巴马上任之际,美国面临海外军事行动的拖累,还深受一场影响深远的经济危机影响,从中东、中亚到亚太,地区危机和力量变化接踵而至。在国际上,批评美国的声音越来越多,甚至盟国内部也对美国颇多指责。在战乱频发的中东,反美情绪迅速蔓延,针对美国和西方的恐怖暴力事件频发,宗教极端势力滋生扩张超出了美国决策者的预料。同时,美国在海外的软实力特别是国家形象也正遭受严重损害。2008年12月18日,美国的皮尤中心发布了《布什执政期间的世界舆情变化报告》,警告国民美国在国际上的形象正迅速下滑,甚至经济发达地区(包括很多美国盟友)都将世界经济危机的大部分原因归咎于美国,欧洲国家还对美国的外交政策大为不满,而穆斯林世界也因为反恐战争的扩大化对美国怀有特别严重的负面印象。② 这也极大地削弱了美国致力想让更多国家认同的国际领导国家的身份。民调专家詹姆斯·佐格比(James Zogby)对此解释说:"确实是政策造成的……阿拉伯世界喜欢我们的价值观,他们喜欢我们的人民,我们的文化。事实上,是我们的政策导致他们不喜欢美国及我们在

---

① G. John Ikenberry, *Liberal Leviathan: the Origins, Crisis, and Transformation of the American World Order*, Princeton: Princeton University Press, 2011, p. 360.
② "Global Public Opinion in the Bush Years (2001-2008)", Dec. 18, 2008, http://pewglobal.org/reports/pdf/263.pdf, p. 1.

世界上的好感度严重下降。"①在国内经济状况不乐观的情况下还要支撑庞大的海外用兵费用开支,也让美国国内对美军的海外干涉产生"战争疲态"。人们质疑政府对外政策的合法性,怀疑美国能否继续承担全球领导者的角色。可以说,"新帝国论"非但没有让美国的帝国梦想堂而皇之地登堂入室,反而让美国人对自己在全球体系中的国家身份产生强烈的怀疑和焦虑,这种怀疑和焦虑并非如越战后那种对实力的置疑,而更多地是对政策选择和国家地位的批评及困惑。

奥巴马对此心知肚明,他的竞选口号"变革"就是对这种尴尬局面的回应。早在奥巴马竞选总统之时,他就将小布什的战争政策作为"阿喀琉斯之踵"来予以攻击。当时,已经厌倦了在媒体上看到美国人在阿富汗和伊拉克流血场景的民众,对反恐战争被莫须有的借口蜕变为帝国式扩张大为不满。奥巴马十分聪明地利用民众对共和党人对外政策的反感,为自己赢得了不小的政治优势。奥巴马对外政策整体上有别于小布什,威廉·费利斯(William F. Felice)认为,相较于小布什善恶对决的道德绝对主义,奥巴马更类似于尼布尔的基督教现实主义。他承认美国犯下了错误,负有罪责,并表示要寻找解救之道。为此,他突出强调与盟国之间的协调与合作,弥补小布什期间造成的双边关系裂痕;2009 年,奥巴马发表开罗讲话,试图缓和同穆斯林世界的紧张关系;强调联合国的作用,避免单边主义色彩过浓的政策;提出"零核世界"理念,推动全球范围内的核裁军;美俄还签署了《俄美关于进一步削减和限制进攻性战略武器措施的条约》,部分缓解了双方军控僵局,这也被称为"近 20 年来最为全面的军控协议";奥巴马还多次允诺关闭关塔那摩监狱……这些政策在一定程度上对美国自伊拉克战争以来下降的国际声望有所挽回,并使得美国对外政策在大部分方面逐步恢复到一种常态。奥巴马对小布什政策的修补,一时间赢得了普遍赞誉,国际社会寄希望于这位创造了历史的黑人总统能够为世

---

① 胡文涛:《奥巴马与美国国际形象修复战略》,载《现代国际关系》2010 年第 4 期,第 33 页。

界带来更稳定的秩序,甚至在他仅仅空口提出"零核世界"概念之后不久,就将诺贝尔和平奖授予了奥巴马。

随着奥巴马的民主党政府登台亮相,新保守主义分子最后一点残余势力似乎只能感叹"无可奈何花落去",再次被挤出了华盛顿的核心决策圈,新保守派的这一轮癫狂也只持续了不到十年,便从峰顶跌落谷底,这也让帝国的论调失去了最狂热的支持力量。但是,帝国思想可谓"百足之虫,死而不僵",新保守主义分子也并不是一个人在孤独地战斗。当代美国帝国思想的很多核心观念已超越了党派和族群之争。之所以如此,一个重要原因就是,帝国思想的核心要素与美国寻求全球领袖、维持霸权统治的目标是一致的,而且帝国式政策,在一定时期能为不同政党和利益集团提供丰富的政治和经济"红利",奥巴马政府也不例外。"奥巴马主义"的首要基础,就是对国家身份的强调,即美国必须保持世界领导者的身份。奥巴马纵然在对外用兵问题上有所节制,但从来没有产生过从全球领袖这一角色退让的念头。于是,"一个思想上的奇怪联盟在自由国际主义者和新保守、极端保守者间出现了,自由国际主义者寻求以人道主义原因干涉叙利亚,新保守、极端保守分子支持干涉的原因则是要捍卫美国的威信、展示美国的领导地位和实力"[1]。

名声显赫的布热津斯基曾经担任了奥巴马的竞选顾问,他在自己的著作《第二次机遇:三位总统与美国的超级大国危机》一书中提出,冷战结束后,美国被赋予了无可取代的全球领袖角色,但是前三位总统老布什、克林顿、小布什都错过了这样的机会,不仅如此,美国的"合法性和信誉摇摇欲坠,这一切都要归咎于前三任总统缺乏对时代精神的正确领悟[2]。奥巴马对于国内精英的顾虑以及民众的期望有着非凡的洞察力,

---

[1] David Fitzgerald, David Ryan, *Obama, US Foreign Policy and the Dilemmas of Intervention*, New York: Palgrave Macmillan, 2014, p.113.
[2] [美]布热津斯基著,陈东晓等译:《第二次机遇:三位总统与美国的超级大国危机》,上海:上海人民出版社2008年版,第2页。

领导力、领袖国家……这些都是奥巴马特别偏爱使用的词语。他还明确地表示,政府将集中注意力于美国的全球领导权。2007年,当奥巴马还只是一名参议员时,他就在《外交》杂志发表《恢复美国领导力》一文,指出:"为了复兴美国在世界上的领导,我们将重新建立联盟、伙伴关系和应对共同威胁与增强共同安全所需要的机制……我们必须通过行为和榜样来领导这个世界。"①在由奥巴马亲自签发的《美国国家安全战略报告》(2010年版)中,"领导"一词出现了50多次,《美国国家军事战略报告》(2011年版)的副标题堂而皇之地写着"重新界定美国的军事领导地位",2012年的国防战略指南的主题则是"维持美国的全球领导"。② 奥巴马深刻地感受到,不仅美国的国际地位出现了下滑,美国国民对这种自二战后就背负的国家身份的认同也面临威胁,而传统盟国要么与美国不协调,要么被自身问题缠得一筹莫展,而以"金砖国家"为代表的国际新兴力量正在迅速崛起,美国独霸的局面正面临挑战。因此,美国必须毫不退让地捍卫自己作为国际领导者的国家身份,将其作为美国制定对外政策的重要前提和目标。对此最有代表性的当属2014年5月28日奥巴马在西点军校发表的演讲。他豪气万丈地表示,美国是不可或缺的国家,在过去的一个世纪如此,未来一个世纪依然如此。面对一个加速变化的世界,问题不是美国能否领导世界,而是美国如何领导世界,美国必须在世界舞台上发挥领导作用。他说:

> 事实上,与世界上其他国家相比,美国在很多方面都处于强势地位。有些人持不同观点,他们认为美国正在衰弱或正失去世界的领导地位,这些人不是对历史存在误读,就是陷入了党派政治的泥潭。你们想一想,我们的军队天下无敌,任何国家对我们构成直接威胁的几率极小,而且与我们在冷战时期所面临的危险相差甚远。

---

① Barack Obama, "Renewing American Leadership", http://www.foreignaffairs.org/20070701faessay86401/barack-obama/renewing-american-leadership.html.
② 樊吉社:《奥巴马主义:美国外交的战略调适》,载《外交评论》2015年第1期,第77页。

同时,我们的经济活力仍居世界第一,企业的创新性也名列前茅。我们的能源独立性都在逐年增强。从欧洲到亚洲,我们是各国有史以来无人能敌的联盟轴心……我的底线是:美国必须在世界范围保持领导力。如果我们不能,没人能。你们所加入的美军,永远都是美国领导世界的中坚力量。①

领导世界,既是美国习以为常的身份定位,也是美国不愿放弃的理想追求,"如果说后冷战时代美国外交政策中存在一个共同特征的话,那它就存在于对世界领袖角色的强调之上"。如老布什在1991年所说,"今天,在一个快速变化的世界,美国的领导是不可或缺的";克林顿在1995年强调"我们的安全有赖于我们持续作为和平、自由和民主的世界领袖地位";小布什2006年也声称,"唯一能掌控我们命运的方式就是我们的领导地位,因此美利坚合众国将继续执世界之牛耳";2009年,奥巴马也自豪地宣称,"当我们身处历史的十字路口之际,所有国家的所有人民再次注视着我们,看我们此时此刻将如何行事,等待我们来领导他们"。② 从奥巴马执政开始,美国正严肃地思考如何让自己的领导者身份能够为盟友和其他多数国家所接受。不过,从历史上其他帝国的兴衰过程来看,这种执着甚至偏执,往往会成为帝国走向极端和衰败的起点。奥巴马尽管在国家身份上拿出了和小布什看上去不同的政策,但本质上美国寻求维护独一无二霸权地位的战略企图并没有发生多少变化。

---

① "Remarks by the President at the United States Military Academy Commencement Ceremony", West Point, New York, May 28, 2014, http://www.whitehouse.gov/the-press-office/2014/05/28/remarks-president-united-states-military-academy-commencement-ceremony.《奥巴马西点军校致辞》,http://edu.sina.com.cn/en/2015-01-22/134687244.shtml.

② Tudor A. Onea, *US Foreign Policy in the Post-Cold War Era: Restraint Versus Assertiveness From George H. Bush to Barack Obama*, New York: Palgrave Macmillan, 2013, p.163.

2. 作为意识形态的帝国思想：自我辩护和对外输出

前文提到过，新帝国论的兴起，虽然在美国身上成了最为明显的外交现象，但是不能忽视的是，这种思想本身也具有一定的全球性特点，特别在欧美国家内部得到了一定共鸣。从整个西方世界来看，这种新帝国思维并不一定就是要建立单一权力的强制统治秩序，更多地体现为一些知识分子和政治精英对后现代时代全球治理的一种共同探索。从这个意义上来看，这个新帝国，并不单单是权力至上，更是通过全球化贸易、普世文明传播以及流动的现代性等构建出一张让人无处可逃的后现代时代的网络。但是，当对帝国的思考被嫁接到美国的实用主义哲学和强权外交身上时，则完全成了另一番模样。一些美国人认为，单极秩序就是帝国的基础，美国的权力以及以此为基础建立的全球体系构成了帝国的事实。美国主宰世界，就是美国治下的和平，这是对任何一种其他已有过的国际秩序的最大修正。

帝国思想的意识形态存在为什么能让当今一些美国人为之执迷？因为美国帝国思想的推崇者们始终相信，美国超越了历史上反复出现的那种以征服为特点的帝国，美国是一个信仰自由民主的国度，美国这样的帝国，是一个仁慈的帝国，必然能够给世界带来更先进的文明和更持久的稳定。它所造就的国际秩序，是和平与繁荣的摇篮。美国前副国务卿斯特罗布·塔尔博特（Strobe Talbott）这样解释美国的"帝国主义"："从某种形式和某种程度上来说，和历史上的那些强大势力不同的是：美国的力量和她的强大之处并不在于她是否能形成或保持对其他国家的统治力量，而是在于她为了国际社会的总体利益而与其他国家合作的能力……美国的外交政策是有意促进全世界利益的。"[①]伊万·伊兰德（Ivan Eland）分析后总结为，美国帝国的模式同雅典、英国不一样，而更

---

① 雷斯海：《第五帝国的终结》，北京：时事出版社2003年版，第30页。

类似于斯巴达式的非正式帝国。在伯罗奔尼撒战争之前及战争过程中,虽然斯巴达人能够对伯罗奔尼撒联盟的对外政策予以控制,但斯巴达是一个松散控制着的非正式的帝国,从这点上看,美国建国者们本身模仿的就是斯巴达式模式(由寡头政治和贵族控制的参议院),而非更紧密控制之下的雅典模式。雅典模式要求其成员必须贡献资金,且不得退出同盟。而斯巴达模式中,盟国多数票决定开战问题,但斯巴达对联盟的政策有着否决权。对比北约运作模式,虽然奉行成员一致原则,但美国作为安全公共产品的提供人,对盟友的决议拥有否决权。① 不过,在其进攻性趋向、商业本质以及追求对其他国家进行民主革命方面,美国的帝国模式又具有了雅典帝国的特征,因为"雅典本身更具进攻性,试图在斯巴达的寡头政治盟友内部促成并保护民主革命"。美国在世界上支持的"颜色革命"、颠覆渗透不正是这样特征的真实写照吗?将美国比作当代新罗马帝国的人也试图说服人们服从这一选择。因为罗马帝国的一个骄傲之处,就是其所到之处,都能开出文明的果实,造福帝国之外的蛮荒之地,而"唯有那些生活于你们帝国之外的人——假若真有那么一些——是可怜的,因为他们无法享有帝国之诸般恩惠"②。这也正是当前美国帝国思想的价值观、权力观和秩序观。它所包含的国家身份自我认知、意识形态以及国际秩序构想,不断对美国对外政策进行渗透甚至冲击,以求融合或支配。

  这种作为意识形态的帝国观念,本身就特别注重对外进行美国的价值观输出,并对其他国家或地区进行干预和控制。即便奥巴马从小布什粗暴的战争政策明显回撤,但他也没有放弃对重要战略地区的意识形态渗透,特别是以此来操控局势。我们首先来看发生在大中东地区的"阿拉伯之春"。不可否认,像埃及、突尼斯这些国家,政治、经济方面的矛盾

---

① Ivan Eland, *The Empire Has no Clothes: U. S Foreign Policy Exposed*, p.29.
② [英]R. H. 巴洛著,黄韬译:《罗马人》,上海:上海人民出版社2000年版,第127页。

早就积压已久,但是美国等试图借助"阿拉伯之春"来加速推进中东民主化进程的努力,让这种矛盾不仅迅速爆发,而且演变成了一发不可收拾的乱局。美国一直坚持对外采取意识形态攻势,冷战结束后,这种渗透从社会主义阵营为主变为发展中国家为主,并且通过民主、人权等所谓"普世价值"来援助、支持对象国内的反对派力量,通过培养代理人的方式实现对其他国家社会乃至政治的改造。"9·11"恐怖袭击后,美国的意识形态输出主要对象之一就是大中东地区。这种输出主要服务于两个目标,一是为了实现反恐。美国认为,反恐战争归根到底是一场人心和观念的战争,美国只有在意识形态领域打败极端伊斯兰势力,才有可能缓解国际恐怖主义带来的压力。但是,由于美国的傲慢和狂妄,它在攻击少数伊斯兰极端主义意识形态时,很容易夸大伊斯兰的整体危害甚至抹黑了穆斯林世界,这也使得美国的意识形态战略收获有限。二是为了实现政治影响。美国的政府机构以及非政府组织,极力向中东地区进行意识形态输出,比如美国国务院、美国国家民主基金会(The National Endowment for Democracy,缩写 NED,也译为美国民主捐赠基金会)、国际开发署等都用资助的方式向对象国国内的组织或个人提供援助,长期资助人权分子、青年领袖、政治新星等到西方世界进行参观访问,对其灌输西方文化价值与政治理念。此外,美国还特别重视利用新媒体技术来迅速传播和控制舆论,特别是将"脸书""推特"等社交平台打造成煽动民众情绪、攻击执政当局、传播"自由"信息的重要平台。比如,在 2011 年时,美国助理国务卿迈克尔·波斯纳(Michael Posner)曾披露,美国政府近两年来投入约 5000 万美元研发新网络技术,就是要帮助那些所谓被禁锢在专制国家内的民主人士突破网络封锁,以加强联络指挥。从"阿拉伯之春"的过程来看,美国对中东这些国家的意识形态攻势一般按照如下的套路展开:首先,通过意识形态渗透和控制,鼓励持不同政见者团体向政府示威;其次,在双方爆发冲突后,迅速传播不利于执政当局的新闻或消息,其中一些是刻意制作甚至伪造的宣传信息,以达到操控舆论和民意的目的；最后，在民众抗议活动进入高潮的时期，美国会向该国政府施压迫使其采取民主化改革，如果后者以强硬姿态应对国内抗议，美国等西方国家就能找到进行强制干预的借口，同时对反对派提供实质性支持甚至不惜挑动内战。这在叙利亚问题上有着明显体现，叙利亚内战持续至今，空前惨烈，可以说，美国的政策负有不可推卸的罪责。

除了在中东，美国的意识形态攻势的另一个重要对象就是崛起的中国。随着美国感到中国兴起在力量格局、国际秩序等方面带来的挑战，过去十余年两国在意识形态领域相对平静的状态正在被改变，美国继续按照"和平演变"的套路向中国渗透。在中国发展迅速、国家凝聚力日益增强的现实面前，美国阴险地将突破口选在了香港。最典型的例子就是近年来发生在香港的反对"一国两制"的动乱事件，特别是在"占中"事件中，美国势力公然迫不及待地进行了介入。美国驻香港总领事馆官员、美国情报人员极为活跃，给予反中势力行动方面的具体指导。美国媒体还把"占中"事件描述为港人争取民主独立和自由权利的正义斗争，刻意抹黑特区政府和中央政府。所谓的"占中三子"鼓动的多项行动，得到了有国务院背景的美国国家民主基金会的支持。还有一些其他类似的美国机构或组织，也在暗中出钱出力培养"港独"势力，并将"占中"伪装成争取普选的民主行动，在香港青年一代中拼命宣扬美国意识形态，煽动港人与中央的敌对情绪。2014年4月，美国副总统拜登在美国接见了与英美关系密切的香港反对派代表李柱铭、陈方安生，表示将全面支持香港的民主运动。同年5月，黎智英还在香港游艇上秘密会见了美国前国防部副部长、新保守派人物沃尔福威茨，商讨局势和策略。美国试图利用民主旗号扰乱香港秩序，甚至挑动"港独"势力滋事的做法，已经成为威胁香港稳定的重要因素。这种以民主、自由之名煽动反对派势力推翻合法政府的伎俩，历来正是帝国主义者们玩得最驾轻就熟的。

二 全球"利维坦":美国帝国战略的秩序诉求

不管民主党还是共和党,不管是小布什还是奥巴马,维持美国主导的国际秩序,都是美国政府始终不变的战略目标。当今世界,风云变幻,力量格局正处于调整变革的重要阶段。作为现有秩序的核心大国,美国也担心随着多元力量崛起,美国在现有国际秩序中的霸主地位将持续下滑。历史证明,越是面临体系危机,霸权国家越是要竭力维系现有格局,甚至不惜采取强制或战争的手段,美国的帝国战略正是如此。不管奥巴马如何努力想纠正小布什时期的粗暴政策,但他本人在面对国际危机的时候,仍然很难放弃帝国思维和手法,这在中东问题、中国崛起等方面表现得尤其突出。

1. 美国的有限干涉与中东秩序

美国战略界现在较为普遍的一个共识就是,小布什政府时期推行的以反恐战争为核心的对外战略,让美国宝贵的战略资源极大地消耗在中东、阿富汗等"黑洞"之中,疲于应对,力不从心。与此同时,中东的极端伊斯兰势力、反美主义快速蔓延,对美国国家安全和利益构成了巨大的威胁。更重要的是,在亚太地区,中国利用美国失去正确的战略焦点这一宝贵机遇期,国力和影响迅速提升,成为地区乃至国际秩序最重要的"挑战者"。如何强化以美国为核心的国际秩序,防止美国失去世界霸权和领导地位,成为奥巴马政府对外政策的重要目标。

近些年来,中东局势危机重重,乱象重生,而在每场重大危机的后面,几乎都有美国的干涉印记,美国对中东政策的帝国基调并没有发生变化,那就是要确保这个重要战略地区处于美国牢牢掌控之下,逐一推翻与美国对立的政权,打击反美反西方的极端恐怖势力。应该说,奥巴马政府在对外干涉问题上比起小布什而言,显得更为谨慎,尤其在对外用兵上，由于前车之鉴在眼前，奥巴马更是战战兢兢。奥巴马曾评论对外战争说，"伊拉克经历使我们认识到，无论动机多么良善，以武力去强制实施政权更替将会带来多大的代价和困难"①。但是，如果就此认为美国会放弃将干涉作为对国际问题施加影响的工具，那将大错特错。对"奥巴马主义"而言，干涉始终是一个政策选项，只是方式手段上更为间接和温和，尤其是避免让美国独自承担干涉的巨大成本和潜在风险。

在几次对外干涉行动中，尽管在法律程序和国际道义上美国不断给自己的行为添加光环，但其中赤裸裸的帝国思维无处不在。首先来看利比亚内战。《国家》杂志社论文章《帝国还是共和国？》指出，奥巴马当时最令人惊讶的对外政策，就是对利比亚采取军事行动。最大的争议在于它既没有按照宪法规定通过国会宣战，也没有根据 1973 年的《战争权力法》(War Powers Resolution) 得到合法性授权。批评者认为此举威胁到宪法。因为美国宪法规定，国会有宣战权，其后总统发动战争。这是建国先辈分权的经典之作。詹姆斯·麦迪逊曾对这一原则总结说："那些要进行战争的人，理所当然地不可能做出合适的或稳妥的裁决，即是否要发动、继续或结束一场战争。"②奥巴马之所以绕开了国会授权这一法律环节，关键原因在于美国下定决心要推翻卡扎菲政权。但是，在伊拉克、阿富汗问题尚未得到妥善解决的情况下，再起战端，可能会在国会遭到反对，一旦未能通过战争授权，美国就失去了拔掉卡扎菲这一眼中钉的最佳机会。此外，奥巴马始终不愿将美国在利比亚的干涉称为一场战争，这也是为了某种"政治正确"而做出的选择。

2011 年 6 月，奥巴马政府向国会递交了报告，为美国参与对利比亚军事行动的合法性进行辩解，理由主要有：美国并没有在利比亚介入持

---

① "Remarks by the President on the Middle East and North Africa," Washington, D. C., May 19, 2011, http://www.whitehouse.gov/the-press-office/2011/05/19/remarks-president-middle-east-and-north-africa.
② "Empire or Republic?", Editorial, *The Nation*, Volume 293, No.3 & 4, July 18/25, 2011, p. 3.

续战斗,只参与了有限的军事行动;美国没有派出地面部队;美军已在当年4月把指挥权转交给了北约,美国只是进行辅助和支援。他强调,政府这一行为并不违反《战争权力法》。首先,联合国安理会在英法两国积极推动下通过了1973号决议,在利比亚设立禁飞区,并得到阿拉伯联盟的支持,然后才有多国政府决定以军事干预来执行安理会决议。其中,美国并不是先锋军,法国是最积极的干预者,也是最早采取军事行动的国家。美国主要依靠巡航导弹打击政府军,并提供情报支援。尽管美国最初掌握了军事行动的指挥权,但后来也的确移交给了北约。但是,任谁都知道,这是一份充满了狡辩的报告。如果没有美军的率先军事行动和默许,北约国家对利比亚的军事打击恐怕难以顺利展开。推翻卡扎菲是美国数十年苦苦追求的政策目标,"尽管美国的武器、情报、加油和空中支援对于推翻卡扎菲至关重要,但奥巴马政府拒绝将美国的军事行动描述为一场战争,更愿意将其贴上'动力行动'(kinetic action)的标签,而美国就是在幕后领导一切"①。众议院议长约翰·博纳(John Boehner)虽支持军事行动,但也提醒奥巴马,政府并没有经过国会的批准,但利比亚的军事行动显然已经是战争行动。而俄亥俄州民主党众议员丹尼斯·库西尼奇(Dennis Kucinich)也指责奥巴马违反了宪法,是"可以被弹劾的行为"。不过,尽管对利比亚的干预充满了争议,但是在推翻卡扎菲、控制利比亚战略资源问题上,决策高层还是存有默契。国会首先拒绝了库西尼奇提出的撤军决议。2011年6月24日,众议院又就两份与利比亚有关的议案进行了投票。在授权政府对利比亚开展军事行动议案的投票中,众议院以123票赞成、295票反对的投票结果否决了这项议案。众议院在禁止将军费用于对利比亚开展军事行动的议案投票中,以180票支持,238票反对的结果将其否决。由此可见,华盛顿上层虽然担

---

① Colin Dueck, *"The Obama Doctrine: American Grand Strategy Today"*, New York: Oxford University Press, 2015, p. 82.

心大公开介入战争,引发伤亡和民众反对,同时也非常乐意看到卡扎菲被赶下台,确保美国在利比亚战后重建中占据有利地位。

美国和部分西方盟国对利比亚战争的军事干预,是新一轮对外干涉的典型表现。从20世纪末期以来,美国等西方强国热衷于插手其他国家的内部冲突,特别是在具有重要战略价值的地区。对美国来讲,它本来就有"山巅之城""美国例外论"这样的文化基础,干涉主义很容易成为自带神圣光环的高尚的救赎行为。冷战后地区局势失控,出现了巴尔干战乱、卢旺达大屠杀、苏丹战乱等局部冲突,这也让美国等深感有拯救这些国家、恢复秩序的神圣职责。尽管不能简单地认为西方这种思想尽是虚伪的人道主义动机,但在对外政策上,它很轻易地成为干涉主义的保护色。例如,《来自地狱的一个问题》一书的作者萨曼塔·鲍尔(Samantha Power),批评美国漠视发生在落后地区的种族灭绝事件,鼓吹美国积极干预危机,她在奥巴马上台后成为国家安全顾问,在干预利比亚的决策过程中发挥了重要作用,被称为自由派阵营中"武装的先知"。① 众所周知的是,利比亚的动乱和战争起源于"阿拉伯之春"引发的局势动荡,反对派同卡扎菲政权间爆发了大规模武装冲突,并最终演变为一场内战。军事强人卡扎菲原本自信能很快镇压反对派力量,但是就在反对派处于危急时刻,美国和盟友施以了援手。一方面,西方国家向反对派提供了武器装备和后勤支援;另一方面,大肆制造国际舆论,抨击卡扎菲政府违反人权,并发动外交攻势,使原本就举步维艰的卡扎菲陷入空前孤立之中。2011年3月28日,奥巴马在美国国防大学发表演讲,强调美国之所以要参与干预行动,原因在于卡扎菲"玷污世界良知"的残暴镇压及其导致的"迫在眉睫的人道主义危机"。② 于是,美国、法国等在

---

① 汪舒明:《"保护的责任"与美国对外干预的新变化—以利比亚危机为个案》,载《国际展望》2012年第6期,第68页。
② See "Remarks by the President in Address to the Nation on Libya," Washington D. C., March, 28, 2011, http://www. whitehouse. gov/the-press-office/2011/03/28/remarks-president-address-nation-libya.

获得联合国授权之后,进行了直接军事干预。值得注意的是,在这一军事行动中,西方并没有直接派出地面部队介入利比亚内战,而是依靠常规军力优势,对政府军进行精确武力打击。美国更是主要以幕后领导的角色来操控对利比亚的军事行动。西方的干涉既沉重打击了卡扎菲的部队,同时也为反对派推翻卡扎菲政权创造了有利条件。战争的结果可以说顺利实现了美国的构想,一代枭雄卡扎菲命陨黄沙,美国支持的反对派掌握了政权,地缘战略利益、丰富的石油资源等,似乎也都将成为西方囊中之物。

对利比亚的军事行动还让人嗅到阴魂不散的新保守主义气息。人们通常认为,随着小布什共和党政府的下台,新保守主义掀起的新帝国浪潮也宣告退潮。这一看法忽视了新保守主义本身作为一个思想阵营的影响力。新帝国是新保守主义分子对于当前世界政治的一种顶层设计。新保守主义理念对美国外交产生的影响,比具有争议的"新帝国论",持续时间更长,甚至与其他思想和政策交融贯通。因而,即便是在奥巴马政府时期,由于新保守主义与美国大战略之间的重合,很难将其从美国对外政策中抽离出去。麦克斯·布特就曾对奥巴马的外交团队赞赏有加。尽管如同很多新保守分子(如罗伯特·卡根)一样,他在大选中支持共和党的约翰·麦凯恩(John McCain),但是,他也承认,奥巴马"对这些(外交团队)人员的任命让他十分震惊,因为他们大部分本应该为'麦凯恩总统'服务……希拉里·克林顿(Hilary Clinton)和参议院的詹姆斯·斯坦伯格(James Steinberg)将会是同新保守主义在很大方面差别不那么大的'新自由主义'的强有力支持者"[1]。新保守主义阵地《旗帜周刊》的迈克尔·戈德法尔博(Michael Goldfarb,麦凯恩竞选团队高层幕僚)在奥巴马宣誓就职前夕也暗示,"在外交政策方面,小布什的第

---

[1] Max Boot, "Obama's Picks", *Commentary-Contentions*, www. Commentarymagazine. Com/blogs/index. php/boot/44551

二任期和即将上任的政府有着惊人的延续性……不会出现根本性的转变……可期待的是,奥巴马将沿着小布什的轨迹启程"①。这也得到了《评论》杂志的阿伯·格林瓦尔德(Abe Greenwald)的附和,后者指出:"巴拉克·奥巴马给美国政治带来的最大的变化是语言上的。如今,领导者们在继续侵略性政策的同时,还得要创造出招人喜爱但毫无意义的甜言蜜语。布什主义仍然健在,而且活得很好。"②

美国国内也有人发现,尽管新保守主义分子在奥巴马政府中失去了在舞台上得意张狂的地位,但他们的帝国思想已然渗透进当前美国战略界和外交界之中,一些其他思想流派甚至不同党派之间,不知不觉与他们在很多方面趋同,相互差异更多是表现在手段的选择之上。民主党人自"9·11"袭击之后建立了一些智库,为重夺外交主导权积蓄力量,其中的很多理念和新保守主义存有兼容性。例如,2005年,一批年轻的民主党人建立了"杜鲁门国家安全计划"(The Truman National Security Project),旨在训练新一代的进步主义者,以领导国家安全,同时重建民主党"国家安全问题杰出政党"的地位。之后,在2007年2月,另一个民主党智库"新美国安全中心"(CNAS)建立。二者间联系紧密,一些学者和专家同时为这两家智库出谋划策,如前国务卿马德琳·奥尔布赖特(Madeleine Albright)、前国防部长威廉·佩里(William Perry)等。此外,另一个由热衷于对外政策的民主党人和学者组成的小团体"凤凰倡议"(Phoenix Initiative)也与它们来往密切。在这个小团体里面,有奥巴马挑选的美国常驻联合国代表苏珊·赖斯(Susan Rice),奥巴马本人大选期间的外交政策顾问、后被其任命为美国驻北约大使的伊沃·达尔德(Ivo H. Daalder)等。2008年,"新美国安全中心"出版了由"凤凰倡议"

---

① M. Goldfarb, "Obama, the Realist", *The Weekly Standard*, www. Weeklystandard. com/weblogs/TWSFP/2008/11/Obama_the_realist_1. asp
② Alexandra Homolar-Riechmann, "The Moral Purpose of US Power: Neoconservatism in the age of Obama", *Contemporary Politics*, Vol. 15, No. 2, June 2009, p. 192.

成员完成的《战略领导:21世纪国家安全战略框架》报告指出,美国的战略领导,目标在于:通过明智使用强大的美国军力、强硬的外交、在国际机制内同盟友合作以分享责任并增强美国合法性,在国内外"坚决追求安全、自由和繁荣","以作为正义和稳定的国际秩序的基础"。① 报告将一个国家政府形式同它的国际行为联系起来,强调在世界范围内促成自由、繁荣、民主和人权的重要性。这种关于美国权力的道德目的论述,同新保守主义的一些要义基本相同。显然,这样的对外政策并不新鲜,它早已被托尼·史密斯(Tony Smith)概括为"自由帝国主义"。

在利比亚问题上,这种关联性表现得尤为突出。批评者认为,在战争授权问题上,"如果你也像克劳塞默尔和整个新保守主义阵营那样想,你必然沉迷于这样的观点,你自然而然会希望剥夺国会的宣战权。共和国的法规是帝国的毒药,同样的,帝国的法规也是共和国的毒药"②。对照克里斯托尔和卡根曾经指出的新保守主义在对外政策上的三个假设,可以发现,美国对利比亚军事行动与其如出一辙:首先,美国是一个"意识形态"国家,因此必须在世界上推广其对人类和世界的构想,而不单纯是追求地缘政治国家利益。在利比亚,丰富的油气资源吸引了美国的注意,而同时,美国也是在推动中东民主进程。其次,两次世界大战经验告诉美国,不作为或者不愿付诸军事力量,可能纵容巨大邪恶的逞凶。新保守主义一直呼吁美国保持军事优势,干预国际问题,避免对敌人绥靖。因此,在反对派面对卡扎菲军队镇压的时候,奥巴马政府相信,如果美国不能果断地进行军事干预,卡扎菲政权很可能将消灭反对派势力,继续苟延残喘。最后,美国的军事力量不仅对保护美国国家利益至关重要,而且对全球公共产品的保护也是至关重要的,这有助于维持一个"道德

---

① A. M. Slaughter, et al, *Strategic Leadership: Framework for a 21st Century National Security Strategy*, Washington, DC: CNAS, 2008, pp. 3–5, 15–16.
② "Empire or Republic?", p. 4.

的国际秩序"①。美国宣称,军事干涉利比亚是出于人道主义立场,保护平民和捍卫人权,这在本质上与当年的科索沃战争如出一辙。

利比亚模式的危险之处在于,美国等西方国家以保护人权等为借口,否定现有政权的合法性,通过公开支持代理人(国内反对派)来武力推翻现有政权,在这一过程中,西方还以维护平民安全为由,从联合国获得行动授权,美化干涉行动。为避免在地面直接卷入武装冲突之中,西方利用自身高科技军事优势,帮助代理人扫清障碍,同时对其提供必要的军事援助,从而以较小的代价赢得胜利果实。美国《时代》周刊认为奥巴马对利比亚的干预,显示了新的对外干预特点,开启了"有限干预模式"的新时代。这一新模式有四个条件:(1)需有愿为改变体制誓死战斗的当地组织;(2)需有获地区承认的合法性;(3)需有获国际社会承认的合法性;(4)需有来自盟国的责任分担承诺。这四点如今依然在美国的对外干预中发挥着作用。对于美国以保护平民为借口的对外干涉,有评论家不无忧虑地指出,"保护的责任"是一种比"人道主义干预"更糟的"危险的责任"。② 无法忽视的是,美国虽然实现了推翻卡扎菲的目标,但是帝国干涉本身就带有典型的自私特点,甚至不惜天下大乱,这也导致战略上的短视和混乱,正如有人发问那样,"如果总统并没决心要让利比亚局势在美国干涉后有所好转,那不清楚的是,美国为什么要在第一时间进行干预呢?"而"卡扎菲倒台最大的受益者是各色各类的武装分子,特别是极端伊斯兰武装力量横扫该国,使得利比亚成为恐怖主义和有组织犯罪新的避风港"③。2012 年 9 月 11 日,美国驻利比亚大使斯蒂文森在班加西爆发的反美示威中身亡,几乎与此同时,在埃及、突尼斯等中东

---

① William Kristol, Robert Kagan, "National Interest and Global Responsibility", in I. Stelzer, ed., *The Neocon Reader*, New York: Grove Press, 2004, pp. 55.-74.
② Philip Cunliffe, "Dangerous Duties: Power, Paternalism and the 'Responsibility to Protect'", *Review of International Studies*, Vol. 36, Issue S. 1, 2010, pp. 79-96.
③ Colin Dueck, "*The Obama Doctrine: American Grand Strategy Today*", New York: Oxford University Press, 2015, p. 84.

国家也出现了反美浪潮,大批示威民众聚集在美国使馆外面,焚烧美国国旗,要求驱逐美国大使,甚至有示威者集体高呼"我们都是本·拉登"的极端口号。可以说,美国的干涉使得原本就隔阂很深的美国与阿拉伯世界的关系更加岌岌可危,极端势力在反美情绪中更轻易地找到了滋生的土壤。讽刺的是,这样的结果在美国也引发了另一种主张,那就是认为美国的失败在于未能实施足够的干涉,因而未能打击极端势力,掌控当地局势。

就在利比亚的硝烟尚未散尽之际,叙利亚也陷入类似的困局。美国试图乘胜追击,将目标对准了叙利亚的中东强人巴沙尔。美国的战略意图在于推翻巴沙尔的统治,削弱什叶派新月地带对中东格局的影响,切断伊朗的重要外援,重新塑造中东格局。为了实现这个目的,美国故技重施。奥巴马公开喊话,"巴沙尔走下权力宝座的时刻已经到来"。同时,他也不断给对叙利亚动武划出"红线",比如当叙利亚境内化学武器被转移或使用时。美国的所谓"红线"其实是要限制巴沙尔政府对反对派武装的军事打击,并阐明美国进行大规模军事干涉的前提条件。美国和盟友在外交、军事、经济和舆论上一直都毫不掩饰对反对派的支持,公开要求巴沙尔下台。例如,在胡拉镇事件之后,在尚缺乏确凿证据的情况下,美国等国就指责巴沙尔政府是幕后黑手,将责任全部归于政府暴行(让人想起1999年1月,发生在拉查克村的屠杀事件被揭露后,美英等国在没有调查的基础上立即指责塞族方面为凶手,这也成为科索沃战争的一个重要导火索),旨在挑动叙利亚内部矛盾进一步激化。正如有人指出的那样,如果没有以美国为首的西方国家推行新干涉主义,试图在叙利亚复制利比亚模式,那么叙利亚局势原本有可能比较快地走向稳定。西方的如意算盘就是,利用反对派力量挑起更大规模武装冲突,在政府军队优势面前,反对派不得不仰人鼻息,恳求西方军事干涉。这样,打着人权和民主的旗号,美国等国家就可以光明正大地实施军事干涉,瓦解现有政权。这样的干涉方式,有利于美国在国内和国际上获得行动的合法性,同时也避免了全面战争的政治风险,是一项低成本、高收益的战略。不难发现,在利比亚和叙利亚战争问题上,美国没有大规模参战,尤其是基本没有派遣地面部队,至多是进行空中打击、军事培训或支援,这样的做法一方面能巧妙地利用美国的军事优势来支持反对势力,同时也避免了美军人员伤亡。而且奥巴马从利比亚问题上汲取了教训,担心美国支援的武器装备最终落到极端伊斯兰分子手里,因此这也被认为是较为明智的干涉方式。

但是,这种政策虽然减轻了美国行帝国之实的风险和成本,却依然改变不了它给当事国和民众带来的巨大危害。从秩序重建角度来看,美国打着保护旗号进行的干预,产生了巨大的负面效应。干预者往往借联合国决议为名,实则滥用联合国权威,用双重标准对待国家内部动乱,将道义攻击矛头指向美国意图颠覆的现有政权,从而导致了一种恶性循环,即国家行为体叛乱—政府报复—国际干预—叛乱成功—刺激新叛乱。① 从当事国民众角度来看,冲突或战争的最直接受害者是普通民众,并由此引发连锁反应。就以叙利亚来讲,持续内战几乎毁坏了国家的建设基础,繁华城镇沦为废墟,民众流离失所,已经成为一场名副其实的国际人道主义灾难。跨过地中海蜂拥至欧洲的难民队伍,引发了欧洲空前的道义危机和政治争议,甚至让欧洲陷入一场持续至今的关乎内部团结和国家安全的大争论和新危机。从2011年到2015年底,叙利亚就产生了400多万难民,数十万人千方百计跨越地中海进入欧洲,欧洲本着人道主义立场,一开始还接纳了难民。但是,难民问题也给很多国家带来了社会经济负担、国内安全秩序甚至恐怖袭击等问题,使得欧洲内部也陷入分化。法德等国也批评美国的中东政策是罪魁祸首。但是反观美国,由于不愿难民问题扩散到美国,特别是担心恐怖分子乘机混入本土,

---

① Alan J. Kuperman, "The Moral Hazard of Humanitarian Intervention: Lessons from the Balkans," *International Studies Quarterly*, Vol. 52, No. 1, pp. 49-80.

即便面对盟国的叫苦不迭,奥巴马政府也仅仅轻描淡写地表示在2015年底前再接收1500名难民,欧洲彻底成了给美国失败的中东政策背黑锅的对象。对于这一局面,叙利亚一位媒体人批评说,西方国家别有用心地对叙利亚内部危机"煽风点火",为叙反对派武装提供经济、政治支持,严重恶化了内部局势,但当他们现在受到叙利亚危机的外溢影响时,却相互推诿,这显示出他们对待叙利亚问题的虚伪和双重标准。①

更让世界震惊的是,在美国大肆扰乱中东格局的过程中,新的宗教极端力量迅速崛起,这就是四处肆虐的"伊斯兰国"。与"基地"组织相比,"伊斯兰国"的危害更为可怕。它吸纳了"基地"残余势力和部分反政府力量,奉行极端主义思想,手段残暴,不仅在法国、美国等组织或鼓动制造了多起恐怖袭击事件,还能在叙利亚战场上与对手打堂堂阵地之仗,气焰极为嚣张。美国虽然将反恐注意力放在了"伊斯兰国"身上,但反省其身,这个怪物的出现也与美国长期实行的对外政策有关,甚至可以说一定程度上是美国混乱自私的中东政策一手催生出来的。"伊斯兰国"的前身是约旦人扎卡维于1999年在阿富汗创立的"统一和圣战组织"(Group of Monotheism and Jihad),美国前国务卿鲍威尔2003年在联合国发言时承认,扎卡维曾经被中央情报局招募参加阿富汗战争的训练营。2001年开始的反恐战争,虽然推翻了塔利班、萨达姆政权,打击了"基地"组织实力,但它也摧毁了原本摇摇欲坠的力量格局,在动荡和反西方情绪中,新的伊斯兰极端势力破茧而出,赢得了更多活动空间。扎卡维以伊拉克"基地"组织为基础,2004年改名"伊拉克伊斯兰国",不过当时人们对这个所谓的"国"并没有予以特别的关注,而且伊拉克"基地"组织在美军和伊安全部队进攻下,42位高级领导人中有34人被杀或被捕,扎卡维也在2006年6月被击毙,"基地"组织濒临分崩离析的边缘。但是,根基已打下,极端势力就很难彻底消除。"伊斯兰国"之所以猛然

---

① 陈静、赵悦:《难民潮:欧洲盲目追随美国的恶果》,载《环球视线》2015年第10期,第53页。

兴起,主要有三个方面原因:首先,美国2011年全面撤出伊拉克,迅速产生权力真空,伊拉克"伊斯兰国"得以死灰复燃,占领了伊拉克中部地区。其次,美国在中东的干涉政策带来大范围动荡,反美情绪、反西方思想和武装派系势力迅速增长。最后,在叙利亚陷入内乱后,全球"圣战"分子涌入该地区,极大充实了极端势力力量。"伊斯兰国"在2011年初尚不足千人,但到了2013年更名为"伊拉克与黎凡特伊斯兰国"时已扩军至上万人。由于其反巴沙尔立场,美国、土耳其等实质上纵容甚至支持了它的发展,试图由其来削弱巴沙尔和伊朗的"什叶派"势力,美国的海湾盟友沙特、卡塔尔等也为其提供财政和军事训练支持。正是因为美国等国家将推翻巴沙尔政权作为既定目标,不惜乱中取胜,饮鸩止渴,才使得"伊斯兰国"能在战火中迅速壮大,成为称霸地区的武装组织和危害国际安全的恐怖主义"毒瘤"。2014年6月29日"伊斯兰国"正式宣布建国,宣称要摧毁作为中东地缘政治版图基础的《赛克斯-皮科特协定》,并要在伊拉克和叙利亚建立政权,扬言五年内占领整个中东、非洲大部、欧洲伊比利亚半岛、黑海大部、亚洲中西部(包括印度甚至中国西部地区),建立地跨欧亚非、囊括所有伊斯兰教地区的哈里发帝国。同时,"伊斯兰国"势力在美国、欧洲、亚洲、非洲甚至大洋洲都进行了恐怖主义袭击,造成了极其严重伤亡,取代"基地"组织成为国际恐怖主义的新一代"魔首"。

2014年8月以后,美国为了应对"伊斯兰国"威胁,通过一系列外交努力迅速组织起了有近50个国家参与的反"伊斯兰国"全球联盟,其中十多个国家直接参与了军事打击行动。但是,美国国内对此也有担心,害怕"伊斯兰国"重新将美国拉入中东军事冲突。2014年8月,皮尤研究中心的民调显示,54%民众支持军事打击,31%不支持;32%担心卷入不够深入,但也有51%的人担心美国过度卷入。① 《华盛顿邮报》与美国广

---

① 王鸣鸣:《伊斯兰国对美国全球战略的影响》,载《当代世界》2014年第11期,第41页。

播公司2014年9月的一项联合民调显示,90%的美国人认为"伊斯兰国"威胁美国的生死攸关利益。① 最能体现美国帝国心态的就是,在打击"伊斯兰国"问题上美国总是不忘夹带私货,试图借助其实现自身战略目的。在俄罗斯派军到叙利亚直接发动对"伊斯兰国"军事打击行动后,美国担心俄影响扩大和巴沙尔政府重新坐稳江山,又宣布向伊拉克增派武装直升机和200多人的部队,使驻伊美军人数升至近5000人,且大多是在前线指挥参与作战,以维持在中东地区的军事影响力。但是美国民众对此并不买账,认为此举根本无法消灭极端势力,国内又担心大规模出兵造成外交泥足深陷,国内恐怖袭击更趋频繁。毫不夸张地说,美国的中东政策是把自己放在熊熊大火上翻烤,可谓进退两难。

2. 美国亚太"再平衡"战略与南海争端

从冷战结束开始,似乎出现这样一种周期现象:每过一段时间,人们就开始讨论美国是否或何时将战略重心从欧洲转移到亚太。传统的国际关系理论认为,一个新兴崛起的大国,必然会遭到霸权国家的压制。因此,霸权国以新兴大国为假想敌的战略部署也是符合历史逻辑的,可谓顺理成章。回顾冷战以来美国战略的逐步调整,这种趋势正在逐步成为现实。在这之中,进攻性现实主义成为影响美国战略调整的重要指导思想。

一个国家的崛起并不仅仅反映在一些硬性指标和可观数字之上,从体系的相互关联、行为者的互动角度出发,它的意义远远超出了国土疆域的狭隘局限。一方面,崛起的国家尤其是大国总是力求建立一个能够确保自己国家利益的国家环境,因此,它有意识地将自己力量的增加转化为明显的相对竞争优势,维护或是扩展自己的国家利益。这一过程通常都会要求对旧有的环境或是统治秩序做出调整。调整的幅度大小将

---

① Marc Frey, "ISIS, Foreign Terrorist Fighters, and the Value of the Visa Waiver Program", Center for Strategic and International Studies, October, 8th, 2014.

直接决定着阵痛的剧烈程度。新崛起的国家对国家利益的追求,被一些国家或是体系中的霸权国家视为威胁和挑战,如果处理不当,极易诱发相互之间的对立,甚至导致更大规模的冲突和战争。早在两千多年前,古希腊著名历史学家修昔底德在那部流传至今的《伯罗奔尼撒战争史》中就明确指出,雅典和斯巴达之间爆发战争的重要原因在于,希波战争之后雅典的势力不断向外扩张,希腊世界中的不少城邦纷纷加入以雅典为首的提洛同盟。雅典权力和财富的急剧增长引起了斯巴达的恐惧,并最终导致了双方的战争。他一针见血地说道:"我首先要说明双方争执的背景和分歧所在,使每个人都知道引起这场希腊世界大战的直接原因。但是我认为这场战争发生的真正原因,几乎为表面现象所掩盖了。雅典势力的日益增长,引起拉栖代梦人的恐惧,从而使战争成为不可避免的了。"①

这种论调成为国际政治现实主义学派的核心观点之一,即大国崛起总是伴随着争霸战争。当代进攻性现实主义代表人物米尔斯海默在其代表作《大国政治的悲剧》中更是将这种现实主义论调渲染到极致:他认为国际体系的无政府状态决定了安全困境的无解,每一个国家为了安全和生存的需要总是追求权力最大化,而实现霸权可以消除对安全的忧虑。进攻性现实主义认为,国际政治就是大国政治,而大国之间总是存在安全竞争,大国的最终目标是追求霸权。美国的进攻性现实主义理论认为,"安全困境"的实质就是,一个国家用来增加自己安全的测度标准常常会减少他国的安全。一个国家在不威胁其他国家的安全情况下增加自己的生存机会是困难的。现实主义者几乎都承认,在无政府状态为特征的国际体系中,国家间的相互安全实际上是不存在的。一国总是想获得对对手的优势,从而引发恶性循环,使得"安全困境"和"安全竞争"

---

① [古希腊]修昔底德著,徐松岩、黄贤全译:《伯罗奔尼撒战争史》,桂林:广西师范大学出版社2004年版,第15页。

成为无政府国际体系的常态。米尔斯海默等人相信,解决这一困境唯一有效的方法是单方面的进攻。因为最好的防御就是一种有效的进攻。由于这一信息被普遍认同,因此,无休止的安全竞争连绵不断。

依据进攻性现实主义的逻辑,美国追求世界霸权不仅是合情合理的,而且确保美国的世界霸权有利于国际体系的稳定,因为美国凭借自己超强实力所拥有的世界霸权可以极大地降低其他大国对世界霸权的欲望,从而减少大国之间的斗争,进而实现国际社会的长期稳定。在这一过程中,要求美国对可能的挑战者采取强硬政策,以遏制后者的国际野心。这也正是当前美国在亚太针对中国的战略布局的逻辑动因。在对待中国崛起问题上,美国的心态和政策,也体现出典型的帝国特点。尽管中美建交以来,两国间的合作在不断深化和拓展,但是美国始终以意识形态划线,将崛起的中国看作是对美国主导的国际秩序的挑战。近年来,美国加大了在亚太地区围绕中国的军事部署,试图遏制中国影响的扩大。在每年的中国军力报告中,美国都对中国的军事现代化横加指责,渲染中国威胁,干涉中国内政。美国认为,"如果美国能通过重新激活全球范围内的关系,与全球军事基地联系在一起的帝国主义能量以及持续的大规模军事开支来增强其竞争能力,并让中国保持对美国的服从,那么另一个美国世纪将得以维持"①。为了实现继续独霸亚太的目标,奥巴马政府推出了"再平衡"战略,主要包括以下几个方面内容。

一是加强地区联盟合作,共同应对中国崛起的影响。重点是鼓动日、澳、韩等加入对华遏制阵线。美国不惜纵容日本安倍政府不断突破战后和平宪法框架,逐步扩大日本自卫队军事行动权限,让日本在中美冲突中充当先锋部队。在澳大利亚,美国渲染中国军事威胁,鼓动澳大利亚参与南海"航行自由"。二是拉拢中国周边国家,遏制中国影响力发

---

① Allan Watson, "US Hegemony and the Obama Administration: Towards a New World Order?", *Antipode*, Vol. 42, No. 2, 2010, p. 244.

展。亚太"再平衡"的一项重要内容,就是要在中国周边建造一条封锁带,防止中国地区和国际影响力的不断提升。与小布什相比,奥巴马政府对亚太国家尤其是东南亚国家十分关注。截至2015年底,奥巴马任期内共有九次亚洲之行,访问一次的东盟国家有三个,访问两次的东盟国家有四个。美国为此煞费苦心,并在个别双边关系上取得破冰式进展。例如,2016年5月23日,作为1995年美越两国关系正常化以来第三位访问越南的美国总统,奥巴马宣布全面解除对越南实行了长达30多年的武器禁运,这也成为美越关系进一步升温的标志性事件。解除对越武器禁售,一方面可以帮助越南获得更先进的武器特别是对海对空侦察装备,提高其在南海争端中反制中国的实力,同时也能让越南在军事安全上对美国更加倚重。美国的如意算盘是,要把越南变成美日在南海的战略支撑点,争取美军能够部分使用金兰湾港口,同时保证越军在中越海上军事冲突中能有效给对手造成损伤,并为美国及其盟友介入创造机会和赢得时间。三是实行以TPP为核心的经济战略。面对中国经济实力壮大和亚投行影响的扩大,美国加速构建以TPP为核心的亚太经济新秩序,这是美国试图掌握区域经济秩序,带动本国经济复苏的战略措施,也是巩固其世界经济霸权的重要手段。美国对此毫不掩饰,明确表态:"TPP将使美国在与中国竞争中更具优势,让美国而非中国书写21世纪规则。"从另一种角度来看,这也是守成大国对新兴大国采取的传统制衡政策,同时也是一种新形式的"帝国特惠制"。

美国的亚太"再平衡"战略,归根到底是美国为应对中国的崛起而进行的布局,甚至可以说就是为了铸造围堵中国的包围网。但是,美国也面临现实的难题,比如美国天文数字般的国防开支是政府不得不严肃对待的巨大负担,控制军费开支一直是政府试图实现的目标,但这又会引发美军对经费不足问题的日益不满。有学者认为,奥巴马尽管想维持美国作为全球帝国的地位,但却只能选择更务实的政策,也就是所谓的"离岸平衡战略",在减少军费的同时,也适当减少对欧亚大陆等地区的战略承诺,将主要精力和资源放在中国身上来。著名军事战略学者克里斯托弗·莱恩(Christopher Layne)更是认为2012年版美国国防战略指南是美国走向"离岸平衡"战略的转折点,因为"尽管用确保美国军事优势和全球领导地位来进行遮掩,事实上,奥巴马政府的新国防指导政策是美国适应'美国治下的和平'终结的第一步"①。

帝国是不甘心退出历史舞台的,更不愿与他人分享权力。为此,美国近年来加大在亚太军事投入,不仅将中国作为未来大规模军事作战的主要对手来对待,还公开干涉中国与其他地区国家之间的摩擦和矛盾。特别是在原本不是中美关系焦点且美国也不是当事国的南海问题上,美国采取了蛮横的强势介入方式,别有用心地煽动有争议国家同中国进行对抗,更带头派遣军用舰机进入南海进行挑衅,让该地区的局势更为复杂和危险。

2016年初,美国在国际上大肆渲染中国在西沙永兴岛部署"红旗9"防空导弹一事,指责中国此举威胁到该空域飞行的各国航班,并就此批评中国正在将南海岛礁实行军事化。其实,明眼人都能看出,真正在南海搅混水、偷换概念的正是美国,美国所抨击的"军事化"不过是一个主权国家在自己领土上的正常防御性部署,就像中国外交部发言人所言,中国在自己的领土上部署必要的国土防卫设施与美在夏威夷布防没有本质不同。美国对此不过是揣着明白装糊涂,因为长期以来,美国的如意算盘是要利用中国与周边国家的海洋争端,打造一条联合制约中国崛起的"捆龙索",特别是要将中国的海上力量尽可能束缚在第一岛链范围之内。因此,在近几年出现的东海、南海争端中,美国毫不掩饰地从幕后走到前台,公然支持有关国家与中国进行对抗,并充当军事、外交、法律等领域的"带头大哥"。概括起来,主要表现在以下四个方面。

---

① Colin Dueck, "*The Obama Doctrine: American Grand Strategy Today*", New York: Oxford University Press, 2015, p. 99 - 100.

一是以维护航行自由为名,不断挑衅中国海洋主权。以前虽然美国对中国的南海主权主张一直持保留意见,但基本上能从中美两国关系大局出发,不刻意去触碰中国的底线。特别是 2001 年发生南海撞机事件之后,美国在较长时间内都避免在南海地区再次爆发中美军事危机,更多地是派遣非作战用途的侦察测量船只或飞机在南海区域开展行动,中方则以渔船、巡逻艇等非军用船只进行适度反制。其中比较典型的是 2009 年 3 月,美国"无暇号"海洋监测船在距海南岛约 120 公里的地方进行所谓"正常作业",中国海洋渔业局的巡逻艇和数艘渔船对其活动进行了限制。五角大楼当时也只是发表声明指责"五名中国船只跟踪并危险地接近无暇号,明显蓄意骚扰正在公海进行日常作业的美国海洋监测船"。这样的"猫鼠游戏"也成为中美南海博弈的默认常态。不过,近段时间以来,美国在南海问题上的立场和政策发生了显著变化,尤其倾向于采取刺激性行为。2015 年上半年,美国媒体就频频放出风声进行"预热",叫嚣美军将对中国的填海造地行为进行回击,美国国防部长卡特更是明确提出,要动用飞机飞越中国岛礁、派遣舰船驶入有关海域。果然,在 2015 年 10 月 27 日,美国"拉森"号驱逐舰,非法进入中国南沙群岛有关岛礁邻近海域。美国国防部表示,美舰进入了南海中国人工岛周边 12 海里内,中方则派出两艘军舰对美方舰艇实施了跟踪、监视和警告。"拉森"号开了一个很坏的头,相当于美国给其他国家发出了"看我的""跟我上"的危险信号。接着在 11 月,美国两架 B-52 轰炸机飞入南海并接近中国岛礁附近 15 海里范围之内。对于这一炫耀武力的行为,五角大楼发言人在新闻发布会上轻描淡写地说,"我们 B-52 轰炸机经常在那一片国际空域飞行"。随后在 2015 年 12 月 10 日,美国表示一架执行例行飞行任务的 B-52 轰炸机"误入"中国南海华阳礁上空 2 海里范围内。与此同时,美国还怂恿澳大利亚、日本等盟友,在南海地区共同采取行动向中国重申飞越与航行自由的权利。2016 年 2 月,美国海军第七舰队司令约瑟夫·奥库安在澳大利亚参加防务领导人的高层会谈时就公开表示,如果澳大利亚等国向距离争议领土12海里的范围内派出军舰展开类似的行动,那将是"很有价值"的。美国还试图拉拢印度加入南海联合巡航行动,后者也有意介入南海问题来制衡中国海军在印度洋的活动。

二是以抗衡中国扩张为由,唆使地区国家联合反华。在外交领域,美国渲染中国军事威胁,挑拨中国与周边国家之间的关系,唆使更多国家倒向美国阵营,为"再平衡"的天平增添筹码。特别是在TPP和地区安全问题上,美国试图营造出重返亚洲的强势姿态,幻想成为一呼百应的领导者,建立全方位围堵中国的新冷战阵营。为此,美国不断肆意渲染和歪曲中国在主权争议问题上的一举一动,并用自己的美元和军火给该地区国家壮胆。比如,2010年开始,美国公然鼓动南海争端当事国通过由美国参与的多边框架来处理争端。随后美国外交上对华持续强硬,很大程度上鼓舞了越南、菲律宾等国家与中国叫板的勇气,甚至个别国家将与中国对抗作为国内赢取政治资本、国际上争取美国外援的一张"好牌"。2016年2月15—16日,美国首次在本土举行了与东盟领导人的非正式会议,美国如此看重东盟,一个重要原因就是想利用东盟内部成员与中国的领土或领海争端,拉东盟下水,共同制衡中国崛起。之前2012年的东盟柬埔寨峰会、2015年的吉隆坡东盟防长扩大会议上,东盟国家都因内部分歧而没能以共同宣言形式提出针对中国南海政策的意见。美国对此看在眼里,急在心里,不得不亲自出马。这次会议除了讨论TPP,南海问题也是中心议题之一。奥巴马在会上向东盟承诺要继续考验"中国保证不军事化南中国海的诚意"。好事的媒体还就此形容会议有望形成美国和东盟共同对付中国南海的"阳光之乡原则"(加州被誉为阳光之乡)。

三是以维护国际法为旗号,攻击中国海洋维权行为合法性。从大多数主权争端来看,国际法的裁定起到的作用恐怕并没有想象得那么大。但是,当国际法的话语权和国际舆论主导权被强势一方掌握时,这种裁定将容易被赋予强烈的国际道德色彩,成为针对另一方的有力武器,甚至成为"师出有名"的合法性借口。自 2013 年开始，菲律宾就将其与中国的南海争议提交国际法庭，这也是美国等给菲律宾支的阴招。2016 年 7 月 12 日，常设仲裁法院的一个临时仲裁庭做出了非法无效的所谓最终裁决。这一闹剧的实质是美日等在背后策划，菲律宾在前台表演，草台班子打着国际法庭旗号混淆视听。美国总统奥巴马在接受采访时更是强硬表态，"我们认为中国在诉诸旧式的强权即公理手段，而不是通过国际法和国际准则来确立所有权和解决争端"。美国反复强调，南海航行自由是一个国际法问题，而美国驻东盟大使贺琪珍也表示，美国海军的"航行自由"是历经几十年的惯例，"过去几十年，美国过去在太多地方进行过自由航行，其中也包括南海地区"。面对美国的傲慢和险恶用心，2016 年 7 月 20 日，中国驻马来西亚大使黄惠康在外媒发表《公道自在人心》一文，对美国的"双重标准"和帝国霸行予以一针见血的批评：

> 美国之失道，在于贪图霸权和危险的"帝国思维"……美国总是以"世界法官"自居，但历史和现实一再表明，美国对待国际法，总是对人不对己，合则用，不合则弃。美国口口声声维护"海洋法治"，却为一己私利迄未批准加入《联合国海洋法公约》；口口声声要求中国接受仲裁裁决，却忘了自己在与尼加拉瓜的国际法院诉讼中，不仅中途撤出庭审，拒绝执行判决，而且撤回了接受国际法院强制管辖的声明；口口声声反对南海军事化，自己却频繁地派遣军机、军舰到本地区挑衅滋事，甚至大费周章地将航母战斗群开进南海，炫耀武力。越多越多国家已经看清，谁是当今世界最大的"麻烦制造者"。美国的插手往往会让事情变得更糟。今天的阿富汗、伊拉克、利比亚，无一例外地落入美国的干预陷阱，留下了一个又一个贻害地区的烂摊子。①

---

① 驻马来西亚大使黄惠康在马来西亚《东方日报》和《星报》发表署名文章《公道自在人心》，中国外交部网站，http://www.fmprc.gov.cn/web/dszlsjt_673036/ds_673038/t1383086.shtml。

事实上,中国从来都尊重航行自由权利,中国自身岛礁建设或防御性军事部署并不以威胁航行自由为目的。具有讽刺意味的是,美国在国际上大张旗鼓地斥责中国信奉"强权即公理",这样的场景会给人以美国拿错剧本的荒谬感,因为众所周知,这恰恰是美国一向的行为准则。从科索沃、伊拉克、叙利亚再到乌克兰,美国主导或策划的多场局部冲突根本就没有把国际法放在眼里。现在美国口头上鼓吹要挫败所谓中国违反国际法的行为,实际上是煽风点火,要利用所谓的国际仲裁给中国扣上违反国际公约和国际法的帽子,丑化中国形象,歪曲是非黑白。归根到底,美国这样做的目的并不是为了口口声声所称的国际正义,而是要给中国的崛起制造更多的麻烦和矛盾,为此不惜让南海地区成为"火药桶",对整个地区的安全稳定造成极其恶劣的影响。美国选择的全球秩序观反映出帝国思维的惯性和实质,"美国自以为担负着神的使命,这种美国的'天定命运'感以及美德政治,构成了美国政治的保守主义的精髓,为此,它不惜付诸武力、战争和强权政治。当然,美国政治也讲世界和平,但它的和平观与康德意义上的'永久和平'以及中国的仁爱天下观是有着本质不同的,它诉求的是美国治下的和平,是以美国为霸主的新帝国。而且,它的隐秘政治的最大功能,以及它的美德政治与信仰政治,在今天主要不是塑造美国的宪政体制,而是它的帝国战略"①。

三 维持帝国的支柱:捍卫全球军事优势

总体来讲,奥巴马政府在对外使用武力上比较节制,这也是对小布什政策的某种修补。奥巴马在西点军校的演讲是其对外政策包括武力使用原则的集中阐述。如其所言,美国军队是美国领导力的"支柱",但是,军事行动"不是唯一甚或主要的"美国领导力的组成部分,"仅仅因为

---

① 高全喜:《雄霸世界的"利维坦"——美国的隐秘政治与帝国战略》,载《人民论坛·学术前沿》2012年第11期,第64页。

我们拥有最好的锤头,这并不意味着每个问题都是钉子"①。即便如此,维持并扩大美国的军事优势依然是二战后每届美国政府的共同目标。从全球范围来看,美国军事扩张的步伐并没有减慢。即便在金融危机冲击下,美国的防务开支也一直保持在相当高的水平,远远领先其他国家,同时美国还针对中国等对手制定新的军事战略方针和作战计划,帝国对外政策军事化特征十分明显。

1. 美国的帝国思维与核裁军政策

在小布什把国际秩序搞得一团糟,美国被反恐战争拖得疲于应付之后,美国开始反思如何迅速重新恢复美国的实力和地位。所谓的"巧实力"营运而生。它是约瑟夫·奈在软实力理论基础上进一步发展而来的,可谓给此时的美国量身定做,迅速得到包括时任国务卿希拉里在内的美国决策圈内人士的青睐。奥巴马以"无核世界"为标志的核安全政策就是这样一个例子,它打着维护世界核安全的道义大旗,实则是要削弱美国面临的核威胁,维护对其他国家的核优势。

2009年4月5日,奥巴马在捷克首都布拉格哈德卡尼广场发表演讲时呼吁建立一个没有核武器的世界。奥巴马说,"几千件核武器的存在是冷战遗留下来的最危险遗产",尽管冷战业已结束,"全球性核战争的危险大大降低了,但是核打击的风险却上升了"。作为世界上核武器最多国家且是唯一在实战中使用过核武器的国家,美国在销毁核武器问题上负有"道义上的责任","为了结束冷战思维,我们将降低核武器在国家安全战略中的地位,而且敦促其他国家也这么做","我们将寻求让全部核武国家加入这一行动"。奥巴马宣布,"美国希望并致力于在一个无核

---

① "Remarks by the President at the United States Military Academy Commencement Ceremony", West Point, New York, May 28, 2014, http://www.whitehouse.gov/the-press-office/2014/05/28/remarks-president-united-states-military-academy-commencement-ceremony.

化世界里实现和平与安全"①。奥巴马的"无核世界"倡议与他竞选时提出的政策构想保持了延续性,在世界范围内引起了广泛讨论。法国外交部发表声明支持奥巴马这一主张,并希望与其共同建立一个更加安全的世界。印度总理辛格在访美时对此表示支持。尽管更多的人对美国的动机表示怀疑,但奥巴马的承诺还是鼓舞了国际社会,并也让他在这张口头支票的支撑下,"莫名其妙"赢得了2009年的诺贝尔和平奖。

"无核世界"并不是奥巴马的原创,这一理念自核武器诞生以来就存在了。在过去几十年的时间里,一些国家、非政府组织乃至个人,都在坚持不懈地呼吁进行核裁军,建立一个"无核世界"。"无核世界"构想及其付诸实施,有助于从根本上逐步缓解有核国家与无核国家之间关于核裁军与不扩散义务的长期争论。美国对核武器的负面作用有着深刻的认识,尤其是"核武器最为根本的悖论——所有其他悖论由此产生——在于它们使通过武力维持国家安全的逻辑得到完善,然而同时,也使得美国比以前更加脆弱"②。奥巴马的"无核世界"构想虽然在国际上博得了一些掌声,但是,必须看到,美国在核力量上的政策,并没有因此而发生根本性改变,保持核优势,防止其他国家增强核力量,仍然是美国核政策的根本立场。

在2008年底,奥巴马的智囊团"美国进步中心"研究院发表了《2009年核态势研究报告》,由于该智囊团与奥巴马的密切关系,人们普遍认为,这份报告对于美国政府即将制定的核态势报告将起到奠定基调的作用。这份报告的主要观点来自于美国重量级的外交和战略专家,包括前国务卿舒尔茨、基辛格,前国防部长佩里等。报告对美国最新核实力进

---

① The White House, Office of the Press Secretary, *Remarks by President Barack Obama*[EB/OL]. Hradcany Square, Prague, Czech Republic, April 5, 2009. http://www.whitehouse.gov/the_press_office/Remarks-By-President-Obama-In-Prague-As-Delivered/(2009-04-10).
② Anne Harrington de Santana, "Nuclear Weapons as the Currency of Power: Deconstructing the Fetishism of Force", *Nonproliferation Review*, Vol. 16, No. 3, November 2009, p. 325.

行了盘点:美国当时总计有 10000 枚核弹头,其中 5400 枚处于"库存"状态,4075 枚处于"作战值班"状态,1260 枚处于"备用"状态。处于作战值班状态的核弹头分布如下:3575 枚属于战略核力量,500 枚属战术核力量。该报告还指出,美军约有 500 枚"民兵"3 型洲际导弹(计划减至 450 枚),携带 764 枚核弹头,大部分的威力比投向广岛的原子弹大 20 倍以上。美国还有 14 艘弹道导弹核潜艇,随艇共携带了 1728 枚核弹头,其瞄准目标包括中国、俄罗斯和朝鲜。美国空军的 B-2 和 B-52 轰炸机还携带着 1000 枚以上的战略核弹头。此外,美国还拥有 1290 枚非战略武器即战术核武器,其中 500 枚为战术型,随时可以予以部署。[1]

如此庞大的核武库,显然与奥巴马承诺的"无核世界"自相矛盾,但是,核武器是为美国全球战略所服务的,只要美国维护其世界霸权的目标不变,恐怕难以真正在核军控问题上有所突破。即便奥巴马本人,在抛出了冠冕堂皇的"无核世界"言论之后,也承认核武器对美国安全必不可少,甚至坦言此生可能无法实现无核化目标。奥巴马表示,在世界其他地方的所有核武器销毁之前,美国不会率先清理掉自己的核武库。

从军事上讲,核武力量不仅在进攻上能起到毁灭性作用,而且也能对其国家构成战略性威慑。美国在国际安全问题上始终没有放弃霸权主义和强权政治思想,这不仅使其核武库不断升级扩大,而且引发了核军备的竞赛,并对其他无核国家起到了负面的引导作用。美国在核军控问题上的"双重标准"不仅造成了国际不公正,而且损害了国际社会的合作。奥巴马的"无核世界"建议,虽然有着减轻人类面临的核威胁这一积极作用,但是,结合美国的国际战略目标和一贯政策来看,这一建议更多的目标在于减少其他国家的核武力量,并阻止已达到核门槛的国家最终获取核武器。正如奥巴马政府核不扩散事务主管加里·萨莫雷承认的

---

[1] Andrew Grotto, Joe Ciricione, *Orienting the 2009 Nuclear Posture Review: A Roadmap*, Center for American Progress, November, 2008, p. 21.

那样,奥巴马提出无核化的目的之一就是给伊朗和朝鲜施压,因为"我们想在道义上占据上风",美国的真实意图由此可见一斑。

2010年4月6日,美国国防部公布了《核态势报告》。这是冷战结束以来的第三份核态势报告。鉴于奥巴马政府在核裁军和防扩散领域做出的种种积极表态,这份报告出台之前被寄予了厚望,人们希望这份报告能带来更多积极的变化。正如有人评论的那样,"《核态势报告》对奥巴马是否真的愿意超越他布拉格演说的抱负和激励,将美国政策转向为使消除核武器更为可行的方向,是一个真正的考验"①。

从内容上来看,这份报告被评为"既不激进也不保守",在体现平衡的同时,强调了美国对于核问题的基本战略与首要关注。报告认为冷战后国际安全环境发生了根本性变化,全球核战争的可能性越来越低,但核攻击的可能性却在增加。为此,报告列出了美国核政策的五个关键性目标:(1)阻止核扩散和核恐怖主义;(2)降低美国核武器在美国国家安全战略中的作用;(3)以较低的核武器水平维持战略威慑和稳定;(4)加强地区威慑,确保美国盟友和伙伴安全;(5)维持一个安全、可靠、有效的核武库。②

在《核态势报告》中,美国继续对核扩散以及其可能引发的核恐怖主义表示了极大的关注和担忧。报告指出,美国要想阻止核扩散和核恐怖主义,必须把握三个要素:第一,"我们应通过推翻朝鲜和伊朗的核野心,加强国际原子能机构的预防监督措施,增强对这些措施的遵守,阻止非法核交易,促进和平利用核能而不增加扩散风险,以此来寻求对核不扩散机制及其核心内容《不扩散核武器条约》(NPT)进行支持"。第二,"我们正在加速实施奥巴马总统关于在四年内,确保世界范围内所有易受攻击的核材料安全的倡议"。第三,继续军控方面的努力——包括新的《削

---

① Huge White,"Nuclear Weapons and American Strategy in the Age of Obama", Lowy Institute for International Policy, p. 5.
② "Nuclear Posture Review Report", Department of Defense, April, 2010, p. 2.

减战略武器条约》《全面禁止核试验条约》的批准与生效,以及可核查的《禁止易裂材料生产条约》①。美国在《核态势报告》中还指出,美国将继续加强常规能力建设,并降低核武器在遏制非核武器进攻中的作用。美国指出,保留核武器的唯一目在于遏制对美国或美国盟友或伙伴的核打击。美国将只会在"极端情况下"才考虑使用核武器,以用于维护美国或盟友及伙伴的关键利益。同时,美国在报告中还明确宣示不再研发新型核武。而整个报告中最引人注目的,应该是美国首次提出,美国不会对遵守核不扩散义务的《不扩散核武器条约》无核成员使用或威胁使用核武器。②

评论家认为这是对美国一贯核战略的一定修正,甚至有人称其为"奥巴马颠覆美国核战略"。美国之所以做出以上承诺,其原因在于:首先,响应奥巴马的"无核世界"倡议,推动世界范围内的核军控和防扩散;其次,这一立场与同俄罗斯签署新的削减战略武器条约、世界核安全峰会等一系列行动一起,构成了奥巴马旨在提升美国国家安全的综合战略;再次,通过适当削减现有核武器,降低核风险,减少维护核武器装备和设施的开支;最后,这一立场的修正,并不妨碍美国的核优势和战略威慑能力。因为即便削减现有核武器,美国仍然拥有庞大的核武库,而且美国从来没有宣布"不首先使用核武器"这一原则,因此核威慑的主动权仍然把握在美国手里面。此外,美国在常规武器方面拥有的显著优势,已经使其能够对无核国家构成实质性的威慑。因此,适当调整使用核武器的原则,并不会有损于美国的整体利益。正如一名白宫官员所说:"这份报告着眼于防范核恐怖主义和核扩散、弱化核武器在(美国)国家安全战略中所扮演角色的同时,保持安全、可靠和有效的核威慑。"③

---

① "Nuclear Posture Review Report", Department of Defense, April, VI.
② "Nuclear Posture Review Report", Department of Defense, April, IX.
③《奥巴马重塑核战略,美国着眼限核武》,新华网,ttp://news.xinhuanet.com/2010-04/07/c_1220076.htm.

2. 加强帝国的全球军事网络

2009年,布朗大学沃森国际研究所的凯萨琳·卢兹(Catherine Lutz)在《奥巴马的帝国》一文中指出,美国有超过19万部队和11.5万民事雇员驻扎在46个国家和领土上的约900个军事设施里面。美国军方拥有或租用了79.5万英亩土地,价值1460亿美元。而这些基地里面的武器价值以万亿美元计,其杀伤力能够将地球上所有的生命毁灭数次。① 这些数字里面还没有包括在伊拉克和阿富汗的驻军以及不为人知的秘密行动。按照美国的解释,这些军事基地有助于美国对敌人进行遏制威慑,保证美国和盟友的安全,同时这些基地还给一些国家带去了解放和民主。但是批评人士指出,美国的海外军事存在虽然确保了美国控制具有重要战略价值的地区和资源,但这种利益的直接受益者是那些特殊利益集团。海外驻军在当地犯下的强奸、杀人等罪行,因为其拥有豁免权而难以得到法律公正的严惩,军事设施和装备所造成的环境、政治和经济负面影响也往往被决策者们刻意忽略。全球军事优势同时也对美国的经济霸权予以了有力支撑。正如有人所说的那样:"市场那只看不见的手绝对离不开一个隐藏的拳头。没有美国空军F-15的设计者麦道公司,麦当劳不可能繁荣起来。那个能让硅谷技术得以在安全世界中繁荣的隐藏拳头,叫做美国陆军、空军、海军和陆战队。"② 有人习惯性地以领土占领来衡量美国是否为一个帝国,美国凭借全球军事基地网络,能够对世界大部分地区进行军事威慑,强制主权国家政府在政治和经济等领域对美国做出让步。这种帝国模式比起领土占领,更能发挥效能,同时也相对降低了帝国扩张的成本。

小布什执政时期,对外政策重点放在反恐战争和伊拉克之上,对拉

---

① Catherine Lutz, "Obama's Empire", *New Statesman*, August, 3rd, 2009, p. 24.
② Allan Watson, "US Hegemony and the Obama Administration: Towards a New World Order?", *Antipode*, Vol. 42, No. 2, 2010, p. 245.

美有所忽视。随着拉美"左翼风暴"的盛行,独立意识更趋强烈。奥巴马上台后,为恢复美国在拉美的影响,频频向拉美国家示好,以重塑美国形象。奥巴马宣布美国将帮助美洲开发银行提高借贷和调整资本结构。他同时还建议制定美洲能源与气候伙伴计划,加强本地区在此领域的合作。奥巴马还宣布建立一个总额1亿美元的小企业贷款成长基金,为美洲的小企业提供贷款,帮助它们应对经济衰退。奥巴马这一系列政策对改变美国的形象起到了一定的积极效果。但是,美国传统的帝国思维和霸权心态使得美国在发展双边关系时,忽视了拉美国家追求和平与发展的权利,将自身私利置于首位,并始终不放弃从军事上对拉美进行干涉的政策。这种帝国思维在拉美地区引发了动荡,也遭到绝大多数国家的批评。2009年8月14日,哥伦比亚与美国达成了旨在加强安全与防卫合作的双边军事协议谈判。哥美两国间的新一轮军事合作被认为是美国监视后院、保持帝国前哨的努力。美国此次与哥伦比亚就新的军事基地谈判从一开始便明确强调,这些军事基地的任务不仅是要在太平洋地区开展反毒品行动,还将把"反恐支援"等使命扩展至加勒比海地区。美国强调在基地的使用上"确保高度自治",新的军事基地还将被用于"意外行动",这意味着美军利用在哥伦比亚基地采取超越哥边境的行动时,哥伦比亚无权干预。这份新协议是美国长期持有的帝国思维造成的结果。美国在拉美的军事存在,根本目的在于继续维护"门罗主义",确保能够长期控制拉美国家。美国的这一立场和政策,是帝国网络的又一次扩张,在拉美引发了广泛的反对之声。

在亚太地区,美国围绕"再平衡"战略,紧锣密鼓开展军事部署,试图用军事优势束缚中国的手脚,并不惜在敏感的南海问题上使用军事手段进行挑衅。美国海军强调,要将最具战斗力的舰只部署在西太平洋前沿地带,才能对可能发生的事态变化做出最为迅速的反应,为此在2020年前要将60%以上的兵力部署到西太平洋地区。目前美国负责太平洋、印度洋地区的是第七舰队和第三舰队,在亚太驻扎的舰艇达115艘。近来,第三舰队逐步扩大活动范围,与第七舰队形成共同支援西太平洋地区的态势。两大舰队如果联手,将出现五个以上航母战斗群,对西太平洋地区海域形成绝对优势。美国空军负责侦察情报的部队中,60%的海外部署力量也都聚集在亚太地区,海军陆战队、陆军等也都在亚太各基地枕戈待旦。此外,美国还将先进的 F-22 隐形战机、B52 轰炸机等部署到中国周边,形成对中国沿海地区的军事威慑。2016 年 1 月 13 日,菲律宾宣布计划向美国提供八个军事基地,包括五个军用机场、两个海军基地和一个丛林训练营。其中最有名的应算克拉克空军基地。它距离黄岩岛 259 公里,曾是美国海外最大的空军基地,该基地的跑道不仅能起降超音速战机,甚至可以降落航天飞机。此外,菲律宾正在考虑重建苏比克湾海军基地,加强其在南海地区的力量投送和侦察监控能力,作为苏比克湾曾经的主人,美国也对此深感兴趣,因为这一港口战略位置十分重要,能对中国在南海的存在构成重要威胁。有意思的是,美国这一系列军事举动,在美国人自己嘴里就成为维护地区稳定的积极行为,这种只许州官放火不许百姓点灯的霸权思维,也在美国国内引起了质疑。2016 年 1 月 17 日,在美国国务院新闻发布会上,美联社一位记者"不识时务"地反问发言人:"虽然你们没在南海岛礁上建导弹发射阵地,但你们派大型军舰执行军事任务,难道这不算军事化?"美方发言人只能以"那只算是自由航行"搪塞过去。此外,2016 年 7 月 8 日,美国不顾中国的反对,与韩国达成协议,在韩国星州郡部署"萨德"反导系统。该装备虽然不是进攻性武器,但是它具有特殊功能,其核心装备 AN/TPY-2 雷达探测距离最远可达 2000 公里,能迅速完成探测、搜索、跟踪、目标识别等任务。在已完成的 13 次拦截试验中,"萨德"取得 11 胜的优异战果,为世界瞩目,被认为是当今世界最先进的导弹防御系统之一。美国虽然声称此举是为了对付朝鲜的导弹威胁,但是"项庄舞剑,意在沛公",真实目的则是试图大幅削弱中国和俄罗斯在该地区的战略威慑力,对地区和全球战略稳定的损害显而易见。如同冷战后一直强推的导弹防御系统一样,美国此举旨在巩固和扩大自身在战略领域的军事优势,防止其他国家在军事上缩小与美国的距离。

3. "第三次抵消战略"与军事优势

强大帝国不能没有强大的军事力量。美国是现代战争形态的最重要塑造者,从海湾战争开始到反恐战争,除去战争的政治后果,美国在作战领域一直享有无可争议的绝对优势,并在对外军事战略上始终保持进攻性姿态。正如有人描述的那样:

> 美国已经准备好打任何形式的战争,因为我们知道我们的敌人在爆发出来的冲突中不能打败我们,仅仅能够通过攻其不备的方式来削弱我们的意志……我们对任何威胁或实际上攻击我们国土的国家或非国家发动战争,这将是一场摧毁之战,以威慑有类似想法的人……我们对那些试图寻求并使用大规模杀伤性武器来攻击我们或我们的盟友的组织发动先发制人的战争,我们也会向那些窝藏或积极支持跨过恐怖组织的国家发动先发制人的战争,我们向任何威胁,或向我们的紧密盟友发动战争的组织发动战争。①

但是,美国的军事优势并非一成不变,中、俄特别是前者在军事领域的迅猛进步,正在缩小与美国的军事差距。美国认为,中国的"反介入"战略让美国的军力无法像在对阵普通对手时那样随心所欲。美国先是提出了为中国量身打造的"空海一体战",之后认为仅凭战法尚不足以赢得对中国的军事优势,于是美国开始考虑通过推进军事创新来继续维持美国军事优势的神话。

2014年8月5日,国防部副部长罗伯特·沃克(Robert O. Work)在美国国防大学发表演讲时谈及他主张的"长期研究与发展投资战略",并

---

① [美]托马斯·巴尼特著,王长斌等译:《五角大楼的新地图:21世纪的战争与和平》,北京:东方出版社2007年版,第235页。

首次将其描述为美国的第三个"抵消战略"。这一思想得到了时任国防部长查克·哈格尔(Chuck Hagel)的大力支持。2014年9月3日,哈格尔在参加"东南新英格兰国防工业联盟会议"时发表演讲,表示美国国防部正在制定美军历史上"第三个改变游戏规则的抵消战略",旨在继续保持美军的决定性技术优势。他指出:"新的倡议是一涵盖整个国防部范围的雄心勃勃的努力,旨在发掘和投资创新性领域,维持和推进美国在21世纪的军事主导优势。它将在创新上投入新的资源,但同时也将考虑到当前的财政现实——在我们要用更少资源去奋斗时,仍聚焦能够扩大我们军事优势的投资。"

所谓"抵消战略",是美国国防部使用的一个专用术语,通常而言就是要借助美国在军事领域的优势克服对手数量的优势,这也是美国战后一直努力维持的传统优势领域。哈格尔等人之所以将当前的战略称之为第三次"抵消"战略,这是因为在之前曾经有过两次成功的经验。第一次出现20世纪50年代。在艾森豪威尔执政期间,苏联作为新兴超级大国在国际上迅速崛起,社会主义阵营如雨后春笋般兴起,让西方世界心生恐惧。苏联在常规军力方面的急速增长以及不断膨胀的核武库,对美国及其盟友构成现实和心理的双重威胁。艾森豪威尔政府针对这一情况,提出"新面貌"战略,为此,美国大力发展核武器,在种类、质量、投射平台等方面获得了优势,从战略上保持了对苏联的崛起进行威慑,并通过核安全承诺,给盟友吃下定心丸。第二次"抵消战略"出现在20世纪70年代。当时苏联军事实力达到新高峰,与美国形成恐怖的核平衡,以苏联为首的华约集团在常规军力领域对西方构成明显的数量优势和恐怖威胁。而美国由于越战拖累,不得不进行战略收缩,国防预算也处于削减时期。为了夺回对苏军事优势,时任国防部长哈罗德·布朗(Harold Brown)再次提出"抵消战略",在信息技术、隐形技术等领域实现了领先,其最终结果是促成美国在新军事技术领域突飞猛进,形成了以精确制导武器为核心的军事优势,这一优势在海湾战争期间得到初步展示。当时,对自己按照传统机械化作战模式建立的常规军力的规模和质量都自信爆棚的萨达姆,万万没有想到以美国为首的多国部队能够用精确制导武器,以如此低的伤亡人数,轻易击垮伊拉克军队。在之后的科索沃战争、阿富汗战争、伊拉克战争、利比亚内战等武装冲突中,美国的精确制导武器成为对手最头疼的武器,也加速将传统作战模式转变为体系化、信息化、联合化的作战样式,构建了持续至今的军事优势。

不过,正如历史反复证明的那样,军事技术从少数强国向更多国家扩散只是时间的问题。美军的军事技术优势早已成为其他大国、中等强国效仿的对象,即便在整体战力方面还难以企及美国的高度,但也足以对美国构成局部重大威胁。美国前些年讨论的对手实行的"反介入"作战,一个重要内容就是对手将在有限作战空间内,利用数量上的相对优势,借助较为先进的武器装备,对美军构成阻力甚至严重损伤,从而动摇美军军事介入的决心。正因为如此,以哈格尔为代表的美国国防部高层,开始着手重新塑造美国的技术优势,这一战略的代表人物正是哈格尔和罗伯特·沃克。他们不断在各种场所推销"抵消战略",提醒人们美军正在丧失其军事上的优势,并积极倡导发起"一项旨在确保美军未来数十年技术优势的倡议"。美国国防部委托美国知名智库,被认为带有新保守派色彩的"新美国安全中心"开展重点专题研究——"超越对消:美国是否将能维持其军事优势",旨在全面细致地研究美军如何确保军事领先地位,沃克本人之前恰好也正是"新美国安全中心"的首席执行官。2014年10月27日,美国"战略与预算评估中心"发布了《迈向新抵消战略:利用美国长期优势恢复美国全球力量投送能力》的研究报告,鼓励美国效仿20世纪战胜苏联的成功经验,实施第三次"抵消战略"。全文共94页,主要分为四个部分,即"抵消战略"的来由、美国力量投送方法的不足、新"抵消战略"的关键元素、执行的"抵消战略"等内容。这份报告按照美国国防部的"抵消战略"构想,提出了相关政策建议,中心思想就是要"利用美国现有的,且长期持有的能力优势来恢复美国的全球力量投送能力"。这样做的目的就是要增强常规性威慑的可信度,增强盟友对美国安全承诺的信任,降低作战风险和成本,提高长期竞争的效率和能力。同年11月15日,哈格尔在"里根国防论坛"演讲中,正式宣布了该战略。哈格尔同时还签发了一份"国防创新倡议"备忘录,指出"我正在建立一个涉及整个国防部的广泛倡议,即寻求创新的方式来维持和推进我们在21世纪的军事优势,并改善整个国防部的业务运转。我们正在进入一个美国在关键作战域中的主宰优势遭到削弱的时期。即便我们要面对更有限的资源,我们仍必须寻找新型的和有创造性的方法来维持,并且在某些领域扩展我们的优势。这将要求我们聚焦于各种新的能力,并在发展和部署这些新能力方面变得更高效"[1]。他警告说,"我们用以解决我们军事优势所面临的威胁的惯用方法,将受到财政上的削减压力的限制。这要求建立某种更具创新性和敏捷性的国防事业。我们必须发挥主观能动性,以确保我们不会失去军事优势"[2]。应对这一挑战的方式,就是实行第三次"抵消战略",哈格尔将这一任务交给了国防部副部长沃克。

美国在此时提出"抵消战略",一方面是其对军事技术优势膜拜的延续,另一方面也是现实窘境逼迫下的选择。

首先,美国国防开支面临削减的压力。自金融危机以来,美国经济的走势一直难以让人乐观。奥巴马总统以"变革"口号上台,但在振兴美国经济方面却建功寥寥。作为世界超级大国,美国正常的国防开支极其庞大,几乎是天文数字。而为保持军事优势,美国还必须不断加大对新技术研发的投资。更加雪上加霜的是,持续十余年的海外用兵,消耗着美国的国力,也让其国防开支居高不下,这也成为被美国国内民众和反对党派长期诟病的软肋。因此,如何在财政紧缩的背景下谋划军事战略

---

[1]《美防长倡议维持军事优势,称对手正推进军力现代化》,中国新闻网,2014年11月18日,http://www.chinanews.com/mil/2014/11-18/6787369.shtml。
[2] 同上。

和军事行动,成为国防部关注的焦点。从近几场战争来看,虽然美国拥有压倒性的军事优势,但是并不能让对手彻底屈服,持续不断的武装冲突消耗着美国的耐心和战略资源。如果和更强的对手爆发大规模战争,局面将会更加难以收场,美国需要投入的战争成本将会成倍增长。在"战略与预算评估中心"的报告中就举例说明,虽然美军在反导领域拥有无可置疑的优势,但是美国海军"标准3"导弹 IB 批次拦截弹的单价高达1000万—1200万美元,IIA 批次拦截弹的单价则是其两倍。相比较而言,潜在对手的弹道导弹、巡航导弹等武器威力巨大,单价却低于拦截弹。例如,如果中国发射1枚 DF-21D 弹道导弹,美国必须发射多枚"标准3"进行拦截,成本远高于对手。该报告就此总结说,"目前的形势是,紧缩的国防开支和日益复杂的安全环境将令美国政府无力负担传统的全球力量投送方式,这就使基于新技术的'抵消战略'成为必须,新型全球力量投送手段将成为该战略顺利实施的保证"①。因此,美国应当用最节约成本的方式来形成对潜在对手的威慑,在降低经济开支的同时,也尽可能避免大规模正面作战。

此外,竞争对手军事力量的增强让美国有了危机感。美国决策层认为,未来美国在亚洲乃至世界最大的对手将会是中国。与此同时,俄罗斯对西方持续强硬的姿态、伊朗扑朔迷离的政策前景,都会在区域或者全球对美国的霸权形成威胁或挑战。尤其是这些国家本身在军事上具有巨大潜力,并一直积极对准美军现有弱点研发新式武器,推行有针对性的战略战术。美国《国防》月刊2014年12月号发表题为《五角大楼考虑应对下一轮军备竞赛的战略》的文章称,美国国防部武器采购负责人弗兰克·肯德尔在内部会议上曾说:"当我对国会那些人讲,我很担心美国的技术优势,尤其担心中国、俄罗斯等国的军事现代化计划时,我得到

---

① Toward a New Offset strategy: Exploiting U. S. Long-Term Advantages to Restore U. S. Global Power Projection Capability, Center for Strategic and Budgetary Assessments, 2014, P. 36.

的第一反应多多少少都是惊讶,可能同时还有一些怀疑。"抵消战略的支持者认为,美国这种对军事优势的自满心态将可能导致盲目自大,失去军事优势。"战略与预算评估中心"的报告总结了美国面临的四大主要挑战:第一,区域性的基地,包括机场和港口等,需要维持舰船运输燃料,易被导弹攻击;第二,在远距离上跟踪海上力量的方法手段变得越来越具有经济可承受性,并越来越难以挫败;第三,非隐身飞机面对更好的防空系统是易损的;第四,空间也不再是一个庇护所,使得监视与通信装备可以在没有保护的情况下运用。美国国防部官员私下里坦承,以俄罗斯、中国等为代表的强国,利用其在导弹数量上的优势,对美国的安全构成重大威胁。即便是伊朗这样的地区强国,也在拼命模仿美国的军事技术,成为美国不得不重视的地区挑战者。一旦美国失去在军事上对对手的优势地位,现实的威慑将变得不再可靠,美国的威信和对地区盟友的承诺也将变得更加脆弱。因此,美国必须找出一条能反制这些竞争对手的措施,"抵消战略"就为其提供了一种可能性。"抵消战略"的核心是用创新塑造威慑,它采取了两种模式,一是"拒止式",也就是要让对手无法确定自己的战略规划能否生效;二是"惩罚式",即通过摧毁高价值目标来削弱对手作战能力和战斗意志。

2014年11月21日,美国国防部副部长沃克在接受防务新闻网采访时称,在十余年的战争经历之后,国防部如今正在努力推进新的采购和技术研发战略,这一战略的关注对象分为三个层次。首先是中俄这样的军事强国;其次是具有区域拒止能力的地区性国家,如朝鲜、伊朗等;最后是恐怖主义势力,尤其是类似伊斯兰国这样的实体恐怖组织。凌驾于这三者之上的是以更快速度发展的先进技术,这使美国在隐身、精确打击、通信和监视能力方面面临更大的全球挑战。11月24日,沃克在接受采访时强调,"自从第二次世界大战结束以来,美国从来没有试图要和我们潜在对手比拼坦克、飞机、人员、导弹,我们总是寻求实现抵消"。如同前两次"抵消战略"一样,美国现在提出的"抵消战略"也是要利用新技术增强军事实力,并将突破口放在能够为美军带来持续优势地位的新型战争技术和作战模式上。有专家指出,哈格尔等人对新战略的酝酿早已开始,并强调要用创新来引领新变革,不过这在初期并没有引起太多人的关注。例如,2014年9月3日,哈格尔曾经做过一次有关创新的演讲,虽然媒体以习以为常的态度对此一笔带过,但是这可能是启动美国国防部重大变革的钥匙,并由此产生重要的战略性影响。他说,"以前只有先进国家才拥有的颠覆性技术和毁灭性武器"如今在不断扩散,即便是实力弱小的国家或军队甚至恐怖主义组织都可能获取类似的武器或技术,中俄等强国则在推行针对美国的长期、全方位的军事现代化,"旨在对抗美军传统优势,尤其是美军通过快速集结并部署飞机、军舰、部队和给养而向全球任何地区投送力量的能力"。与之相配套的,还有美国国防部正在推行的"长期研究与发展规划计划",目的就是要帮助美国在紧张的财政预算下,推动军事创新,从而应对传统优势遭遇的巨大挑战。

如果说"抵消战略"是一场用创新来重塑甚至挽救美国军事优势的努力,那么它的主要任务包括了以下几项内容。

首先,研发符合新型作战理念的武器装备。按照五角大楼的构想,美国未来将会把注意力放在机器人、小型化、自动系统、大数据以及先进制造技术如3D打印上面。美国一些战略分析人士主张国防部对新型远程轰炸机、海军型无人作战航空系统和下一代MQ-X无人机等平台给予更多投资。研究报告指出,"抵消战略"成功与否取决于五项关键性技术支柱,它们就是无人作战系统技术、增(远)程空中作战技术、低可探测飞行器技术、水下作战技术以及复杂系统工程与集成技术。以这五项技术为基础,美军计划建立"全球监视与打击系统",它具有搭配灵活、作战适应能力强、反应灵活敏捷等特点。在这其中,正蓬勃发展的无人作战平台占有极为重要的地位。众所周知,无人作战系统是实施战场侦察、远程力量投送和精确火力打击的重要平台,在进行空中加油情况下,可以更长时间执行侦察和打击行动。如此一来,能够有效降低美军的人员伤亡,在军事价值、经济成本和政治价值上都能发挥重要作用。上述报告指出,"未来由无人机实施的远程火力打击将是美军全球力量投送的主要手段之一,就目前来看,世界上没有任何一个国家能像美国这样(使用武装无人机)在全球实施持续的、快节奏的侦察、监视以及火力打击行动"①。当前,美军正在加速推进无人作战平台的全球部署,同时也逐步实现在航空母舰上部署新型无人作战系统的构想,以期充分利用无人系统优势。甚至有媒体报道,美国国防部高级研究计划局正在开发专供无人机使用的"空中航母",以让无人机飞得更远、飞得更久。

其次,"抵消战略"不仅瞄准军事技术创新,同时也要求用创新方式实现对国防采购模式的优化。由于受到经济危机和海外作战的影响,美国国防开支呈现紧缩趋势。美国再财大气粗,也经不起这般四处折腾。因此,"抵消战略"明确提出国防部在采购上述技术装备时要精打细算,合理规划,建立所谓的"更佳购买力3.0"的采购流程,尤其是要更多地采用模块化和式系统架构,更早地向承包商说明军队需求,更广泛地在全球市场搜索和利用各类技术。投资新项目和新领域时,必须充分考虑资金和项目的优化组合,尤其是要努力克服官僚主义、财阀集团对新战略实施的阻力。

最后,与此相对应的是,创新往往伴随着淘汰。美国现有装备和作战思想在新技术和新战争样式面前,难免存在不适应。为了给美国部队"瘦身",专家们建议美国应该放弃部分即将贬值的装备或能力,例如有人建议彻底取消海军陆战队的"两栖作战车辆"项目,裁撤部分旅级作战单位,至少减少一艘航空母舰,削减海、空、陆战队中有人驾驶航空部队数量,同时还要减少先进的F35战斗机的采购数量。从目前来看,"第三次抵消战略"虽然已经被抛了出来,但是它也面临不少现实困境。从很

---

① Toward a New Offset strategy: Exploiting U. S. Long-Term Advantages to Restore U. S. Global Power Projection Capability, Center for Strategic and Budgetary Assessments, 2014, P. 72.

大程度上来讲,它的成功与否最终还是要落到帝国扩张是否过度、内部创新能否保持持久动力等问题上。

四 帝国的迷思:困境与展望

客观来讲,奥巴马的对外政策取得了不少成就,比如他降低了美国扩张和干预的调子,展示出柔和的"巧实力",个人形象气质也颇具魅力。但是,从帝国思想的角度来看,奥巴马并没有放弃帝国的根本支柱理念,即维持强权政治本色,力求保持领袖地位,在意识形态领域帝国思想也继续借助民主输出等手段推动加强美国对国际政治的操控,拼命维护美国国家利益视野下的国际秩序。回顾历史,不难发现帝国思想绝不是一个简单的用民主党、共和党就可以区别的简单思想,它代表了美国对自身权力和国际秩序的认知。同时,美国国内对奥巴马对外政策的批评一直不绝于耳,认为他在修正小布什外交错误方面走得太远,低估了美国,鼓励了竞争对手,并让盟友大失所望,让其他国家怀疑美国实力。① 很多人认为在复杂的国际形势下,美国唯有更加强硬,才能有效遏制对手的野心。

回顾冷战结束以来的美国对外政策,其中的帝国思想在美国全球霸权地位得到巩固和强化的过程中,觅得了新的发展空间。全球化所引发的对国际规则、国家间关系、国际伦理道德等的冲击和思考,为帝国思想提供了进一步登堂入室的机会。但是,历史潮流,浩浩荡荡,美国的帝国梦想究竟是正处于历史的巅峰,还是开始向衰败滑落? 从帝国思想的三个核心要素,国家身份、意识形态和国际秩序观来看,它们无不都处于历史的关键门槛之前。安德鲁·巴塞维奇(Andrew Bacevich)在《力量的限度:美国例外论的终结》这一著作中提出,美国当前面临的危机,根源

---

① Roger Cohen, "Ambivalence about America", *The New York Times*, August 19, 2014.

在于美国自身,可谓"不在颛臾,而在萧墙之内也"。他认为,三大危机严重损害了美国的实力和地位,即经济和文化危机、政治危机以及军事危机。从经济和文化来看,美国在日益融入全球化的同时,也不得不依赖海外能源、市场和进口,这种依赖性直接导致了美国必须不断扩张,扩张使得美国成为充满机会的国家,给美国带来了繁荣。① 但是,这种经济和文化上的繁荣,也依赖于美国长期保持对全球战略资源的掌控。从政治体系来看,巴塞维奇认为,随着美国全球扩张的持续,国家安全面临的威胁挑战也更为严峻,由于民主体系的衰败,美国已经成为实际上的一党制国家,精英圈子里对安全问题也持有错误的观点。特别自小布什开始,由于安全问题的刺激,帝王式的总统权力构成了对分权和制衡传统的威胁,民主制度在国家战略决策中具有的多元争鸣的优势也逐渐丧失。由此衍生出的第三个危机就是军事危机,美国陷入了无休止的地区冲突之中。美国军方沉迷于对战争的三个幻想之中:他们重新发明了战争,他们与美国民众在军事力量使用上有共同的原则,美国军队已经获得了因越南战争而失去的社会支持。② 但是,事实上,美国夸大了军事力量在国际政治中促成美国战略利益的作用,也低估了持续战争对美国社会的现实影响。当前美国面临的问题是,近 20 年的扩张型对外战略,特别是伊拉克、阿富汗战争,让美国付出了数千军人生命和数万亿美元的代价,换来的却是道德制高点的丧失、国内反战情绪的高涨和巨额财政赤字的困局。2014 年,芝加哥全球事务委员会曾经做过一项调查,尽管 60%的受访人支持美国在国际上发挥积极作用,但有 40%的人认为美国应该从国际事务中抽身,这也是过去 40 年中该委员会类似调查中比例

---

① Andrew Bacevich, *The Limits of Power: the End of American Exceptionalism*, New York: Metropolitan Books, 2008, p. 22.
② Andrew Bacevich, *The Limits of Power: the End of American Exceptionalism*, New York: Metropolitan Books, 2008, pp. 127 – 131;池志培:《帝国危途:浅论美国学者对反恐战争的反思》,载《美国研究》2013 年第 1 期,第 150 页。

最高的一次。①

在国际秩序问题上，自冷战结束以来，对于单极秩序的青睐与热衷始终没有消退，特别是美国作为人类历史上从未曾出现过的全球霸权，将这种权势与帝国思想、单极秩序相结合，无疑是具有很强诱惑力的。布鲁克斯(Stephen G. Brooks)和沃尔弗斯(William C. Wohlforth)认为，正是因为美国拥有了史无前例的强大能力，才使小布什政府能够在伊拉克等问题上推行单边主义政策，甚至为所欲为。而美国的霸权在现今的体系中没有受到其他强国的联合抵制，是因为其他国家在很多方面依赖于美国的市场、资本和军事保护。不过，事实已经证明，单极体系的幻想已经破灭。尽管世界上大部分国家和地区都基本承认美国现在仍然具有难以超越的实力优势，但是即便是美国自身，也清醒地认识到，单单依靠美国这样一个国家、依靠美国的国力来维持国际体系的运转，根本是痴人说梦。如果没有其他国家的合作，它也无法应对各种复杂的威胁。的确，时至今日，美国的单极地位虽然还没有受到来自其他国家的挑战，但这并不意味着世界对美国试图建立单极秩序的合法性予以认同。从保持战略平衡到打赢反恐战争，从推进经济合作到开展环境保护，稍有头脑的人都能认识到，全球化的世界，需要人类共同体来一起应对多元化挑战。如今的世界，需要的不是全球统治，而是全球治理，前者以实力优势为基础，后者以共识合作为根基。不管是同一阵营的英法德日等盟国，还是"非我族类"的中俄，都是美国维持现有国际秩序时必须寻求支持的对象。

美国国内也有人认为，新保守主义式的帝国战略危害了美国苦心经营的自由主义国际秩序，后者才是美国理想在国际秩序上诞出的纯正结晶，也是真正能实现美国帝国梦想的选择。因此，在寻求何种国际秩序上，保持自由主义秩序依然是美国的主流思想。伊肯伯瑞强调指出，"伟

---

① 樊吉社：《奥巴马主义：美国外交的战略调适》，载《外交评论》，2015年第1期，第82—83页。

大的自由主义国际时代并没有终结……自由主义秩序并没有深陷危机,深陷危机的是它的治理"[1]。他在所著的《自由主义利维坦:美国世界秩序的起源、危机和变革》一书中总结说,自由主义国际秩序将持续存在,自由主义的优势也没有终结,这主要由四个原因所决定:(1)以大国战争来推翻国际秩序的旧式的、传统的机理不太可能再次发生。核威慑使得大国不再担心被其他强国所主宰或入侵,成本-收益计算也使得大国间合作的好处远远高于爆发战争冲突。(2)不管有没有美国,自由主义国际秩序滋生的特点也强化了它的延续性。概括而言,就是一种复合型相互依赖,"加入容易,退出很难"。体系内国家为保持稳定和开放,必须建立合作关系,同时这种秩序也为国家提供了财富和经济收益方面的广泛互利。(3)当今崛起中的国家不会对现有秩序形成一个潜在的联合反对集团。以"金砖五国"为例,虽然它们的意识形态和历史各不相同,但是它们有一种共识,那就是要加入到管理全球体系的主要机制中去,而不是联合起来另起炉灶。(4)大国间存在利益趋同,得以促使其在体系运作管理问题上进行谈判与合作,"所有大国,不管是老牌大国还是新兴大国,都是维持现状者"。因此,整体而言,"这些深层次的力量让现有体制得以岿然不动"[2]。与此同时,也有人对自由霸权秩序的未来发展提出了质疑,认为它正面临分崩离析。巴里·波森(Barry R. Posen)认为,"我们可能很快就要遭遇美国和中国构成的新两极体制,或者我们将面对新的多极世界,在这样的秩序中,一些主权国家或国家联盟将具有强大实力,一起矗立在全球鸟啄顺序(pecking order)的顶峰,每个国家都紧盯着对方,不约而同地计算其他国家作为盟友的潜在功效。我们会发现,自由主义霸权秩序将是一个可悲的选择,因为它太多地依赖于美国的正在

---

[1] G. John Ikenberry, *Liberal Leviathan: the Origins, Crisis, and Transformation of the American World Order*, Princeton: Princeton University Press, 2011, p. 337.

[2] G. John Ikenberry, *Liberal Leviathan: the Origins, Crisis, and Transformation of the American World Order*, Princeton: Princeton University Press, 2011, pp. 338-342.

消失的权力优势"①。波森认为,自由主义霸权的成本极为昂贵,而且维持这样的国际秩序,很容易让美国卷入持续不断的对外干涉。为此,波森提出了"克制"战略,"这一战略设立相对有限的海外政治目标,并使用有限方法来实现这些目标。这些目标得到聚焦更精准的军事战略和武装力量结构的有力支持"②。建立什么样的国际秩序,用什么样的政策和手段来予以维持,这已经成为美国当前对外政策的一个大难题。

美国的帝国思想不仅得到国家实力的支撑,同时,它在保留了传统的价值观念和政策偏向基础之上,吐故纳新,丰富和发展了自己的理论体系,希望借助美国这一史无前例的全球霸权,建立一种既能保证美国国家利益,也能实现安全稳定的国际秩序。这一观念已经与诸多美国外交政策观念和国家大战略构想产生了共鸣甚至形成共生。在可以预见的未来,帝国思想仍将在美国对外政策上起到不可忽视的影响。特别是作为人类历史上前所未有的全球帝国,为了能继续保持这样的地位,美国是否要如历史上其他一些帝国那样通过不断的对外干涉来恢复帝国偏远边界的秩序?是否要通过持续对抗甚至用战争手段来抑制新兴势力的崛起?是否要通过强化不平等的政治经济秩序来为帝国提供源源不断的"供血"?这些都是未来的美国政府要谨慎对待的重大问题。帝国不会永远如日中天经久不衰,血与火的代价也是帝国不得不承受的负担。在全球力量格局变动,世界风云变化之际,美国这个帝国又要如何继续行走在历史的大道上呢?

---

① Barry R. Posen, *Restraint: A New Foundation for U. S. Grand Strategy*, New York: Cornell University Press, 2014, p. 165.
② Barry R. Posen, *Restraint: A New Foundation for U. S. Grand Strategy*, New York: Cornell University Press, 2014, p. 166.

结　语

本书的目的在于,通过梳理美国对外政策从建国至今的历程,发掘帝国思想如何在美国诞生和发展,及其在对外政策中的含义。在美国历史上,虽然反帝国传统根深蒂固,但同样的,帝国思想也是一种与生俱来的独特品质。帝国思想在美国并不能算作一种偏激的流派,尽管它鲜有单独主宰对外政策的时候,但是,它的基因总能在其他主流的思想流派中觅得结合的空间。在数百年时间内,美国的帝国思想逐步成长为有着自身特点的理论和政策体系。笔者希望通过这一研究,准确把握住美国帝国思想传统的起源和发展,并以此展示其在对外政策方面的表现形式和影响模式。在这之中,最重要的三个要素就是帝国思想中对美国国家身份的认知和构建、帝国思想的意识形态特征以及国际秩序构想的不断升级。这也是本书用以剖析帝国思想在美国对外政策中的意义的切入点。

第一,美国的国家身份源于美国的政治、经济和文化等传统。国家身份的演变为帝国思想创造了身份空间。这种国家身份叙述的并不是一种简单照抄欧洲帝国的对外政策倾向。"帝国"一词在美国历史中具有双重含义:一方面,它是建立在殖民、战争和压迫基础上的政治实体,这种"帝国"是美国传统所反对的,这种立场代表了与旧大陆政治和外交的决裂;另一方面,"帝国"描述的是将美国建成一个强盛、扩张的强国,代表文明与进步的"山巅之城"。这是美国国家发展中永恒的主题之一。这两种定义虽然在表面上水火不容,但是,二者之间的联系也是显而易见的。将第二种"帝国"定义作为美国的使命所在,成为美国对外政策合法性的最高标准,这一道德标准在很多时候粉饰了按照第一种"帝国"观念执行的对外政策(如殖民菲律宾)。而这两者的融合,正是本书所致力于研究的美国的帝国思想。

第二,美国帝国思想表现为一种顽强的意识形态。帝国思想作为一种意识形态,并非脱离于美国所具有的其他那些关键意识形态,相反,它是美国整体意识形态体系的一部分,并同其他意识形态相互融合,相互借助。它的主要特征表现为道德主义、扩张主义和黩武主义。美国的帝国思想自视为具有宗教和现实政治的正义性,对由此引发的对外政策,易视之为推动文明进步的正确选择和必要代价。在此基础上出现的扩张主义,成为扩展国家利益、输出价值观的最佳方式。而在这其中,对武力崇拜逐步升级以致帝国式军事文化不断干预对外政策。

第三,美国的帝国思想同国际政治的互动,突出表现为其对国际秩序的设想及实践。美国从来不是孤立于世界其他部分之外的。帝国思想具有的扩张性特点,推动了美国与外部世界不断发生互动。在这一进程中,美国理想同现实政治之间的较量与妥协,帮助塑造了美国帝国思想的国际秩序观。从地区大国发展到西半球霸权,之后又成长为世界霸权并统领全球资本主义体系。如今,新的帝国思想开始重新审视国际环境,试图建立起一种新型的帝国秩序,一种体现美国优势、最大程度确保美国利益的国际秩序。

美国的帝国思想,是一种对自身国家身份的认知和塑造,是一种意识形态的蔓延和滋长,同时也是一种对国际秩序的理想与构想。美国将自身看作自由的灯塔,视为上帝涤荡世俗罪恶的选民,它的传教士般的使命感、"例外论"等思想，构成了其独特的价值观体系，指导着美国的对外政策。而美国所追求的国际秩序，无不是希望以这个帝国的利益为核心、按照它的游戏规则运行，它所造就的和平和繁荣首先是服务于帝国本身的，而它相应产生的国际公共产品则在不同程度上减弱了其他国际行为体对帝国秩序的抵触，同时自我证明了这一帝国存在的合理性与合法性。这就是美国帝国思想的生命力之源。

作者认为，以帝国思想来认识美国对外政策，超越了单纯以"帝国"政治形态来进行定义的局限，从而摆脱了以往常见的对美国是不是帝国的争论，从思想观念的层面来看清，为什么"帝国"观念一直伴随着美国，为什么美国的国际地位和对外政策会导致人们将"帝国"标签贴在它身上？帝国思想之所以在美国传统中有着如此顽强的生命力，甚至以一种几乎悖论的形式持续生存着，一个重要原因就是它是美国式政治传统、精神文化、意识形态等凝聚在一起之后形成的镜像，它或许表现得让人生厌、不尽真实，但是它并非无本之木、无源之水，而是本相的折射或放大。如有人所指出的那样："美利坚帝国的意识形态展示了一个完整的世界观。它包括了对人类本性、社会和政治的看法，它阐明了其中心思想，特别是其所谓的'民主'的独特设想。"①美国帝国统治合法性于一些美国人而言，是理想的权力结构和国际秩序，即便一些对此谨小慎微的人，也在思考，帝国，或许就是美国信条和现实政治妥协后的最佳选择。事实上，对于那些对"帝国"怀有无比崇敬和怀恋的国家、地区和人而言，"帝国"所代表的不仅仅是权力，还有秩序、繁荣和荣耀。在后冷战时代，人们面临的威胁和困难越来越突出，文明间的矛盾也变得更加尖锐，如何在全球化时代下寻求到合适的治理模式成为人类所关注的重大问题。对"帝国"的企盼在一定程度上正是这些人追求新世界秩序愿望的反映。而美国独特的国际地位，以及其在文化、价值观、政治制度等方面所具有

---

① Claes G. Ryn, "The Ideology of American Empire", *Obris*, Summer 2003, p. 384.

的世界性影响,使其成为许多人理想的天堂,也成为他们心目中"仁慈帝国"的不二之选。这种对善意的帝国统治的期待并不仅仅是美国自己的梦想。埃曼纽·托德在宣告美帝国陨落的同时也承认:"全世界都在做一个梦:所有国家,或者说差不多所有国家,都承认美国权力的正统性这一事实能够催生一个真正的善良帝国;世界各地的被统治者接受权力中央的领导,而身处中央的美国人则效力于正义。"①正是人们对和平、稳定秩序的追求,在动荡的时代大背景下,被部分人寄托在新的帝国身上,为帝国思想在当代美国对外政策领域的存在,提供了生长土壤。

  帝国思想是美国历史传统的伴生物,帝国思想对美国而言,好比希腊神话中底比斯的国王拉伊奥斯的人生悲剧,尽管用尽一切方法来逃避被自己儿子俄狄浦斯杀死的预言,但是冥冥之中,他所做的一切最终完成了这一悲惨结局。美国于帝国思想,不也正是如此吗?建国伊始,美国就竭力避免走向欧洲旧帝国的道路,但是,它的扩张,它的天赋使命,它的"例外论",以及它在全球政治中的逐步成长,一步步地刺激着其体内帝国思想的发展。时至今日,帝国模式又成为不少美国人渴望且认为合理的梦想。帝国思想还是美国对外政策这棵大树深埋在地下那些根茎的一部分,以自己的方式为美国对外政策输送着养料。即便在寒冬之际,它在地下的生命力仍然旺盛,期待着下一轮合适的时机。如欧文·克里斯托尔所言:"总有一天,美国人民会认识到我们已经成了帝国主义国家这个事实,即便舆论和我们所有的政治传统观念都不赞成这一想法。"②回顾美国外交历史,帝国思想始终阴魂不散。美国这个新大陆虽然执着于摆脱旧大陆的腐败和堕落,但它仍然未能避免继承旧大陆的帝国传统。虽然美国人反复强调自身的反帝国特性,但"美国是21世纪的超级大国、帝国和所谓的世界警察,它按照形成于18和19世纪的设想

---

① [法]埃曼纽·托德著,李旦、徐慧、李艳译:《美帝国的衰落》,世界知识出版社2003年版,第9页。
② [美]克莱德·普雷斯托维兹:《流氓国家》,第25页。

理解它本身和它与世界的关系"①。只要美国还在追求全球利益,只要美国还坚持"上帝选民""山巅之城""天定命运"的信念,只要美国还试图以救世主姿态在世界建立新秩序,帝国思想就总会试图成为美国对外政策的指北针,那种以帝国模式为核心的世界观、权力观和价值观也将试图用美国的方式来主导世界。

必须看到的是,当前美国和西方的帝国思想,代表着以美国为代表的西方文明建立新的世界秩序的梦想。"帝国"为21世纪的世界提供了一种新的治理模式和世界秩序。这个世界秩序是以它们的利益为核心,按照它们的游戏规则运行的,而它所造就的和平和繁荣也更多地属于帝国的主导者。这种政策是为实现美国的持久霸权和绝对安全服务的。而帝国思想所倡导的世界观和权力观必然会导致对一些落后地区和发展中国家的压迫和征服,破坏国际社会好不容易才建立起来的国际规则和行为规范。这样的思想不会给世界带来稳定繁荣的新秩序。正如有学者指出:"帝国主义的新时代也是反抗的新时代。越战综合症曾在几十年中困扰着帝国秩序战略的制定者,给美国造成了深刻的影响,而这次似乎还伴随着全球更大范围内的帝国综合症——没有人真正愿意看到这种情景。这也特别表明,美国统治阶级扩张美国帝国的战略从长远看不可能成功,而且他们将自己证明这一点——我们不希望世界毁灭。"②

---

① [美]克莱德·普雷斯托维兹:《流氓国家》,第30页。
② [美]J.B.福斯特:《帝国主义新时代》,载《国外社会科学》2004年第3期。

参考文献

一、中文著作

1. 蔡中兴:《当代帝国主义理论》,上海:上海三联书店1992年版。
2. 蔡祖铭:《美国军事战略研究》,北京:军事科学出版社1993年版。
3. 丁则民:《美国通史:美国内战和镀金时代1861—19世纪末》,北京:人民出版社2002年版。
4. 方连庆、刘金质、王炳元主编:《战后国际关系史(1945—1995)》,北京:北京大学出版1999年版。
5. 关在汉编译:《罗斯福选集》,北京:商务印书馆1982年版。
6. 韩莉:《新外交·旧世界:伍德罗·威尔逊与国际联盟》,北京:同心出版社2001年版。
7. 胡鞍钢、门洪华主编:《解读美国大战略》,杭州:浙江人民出版社2003年版。
8. 胡礼忠、金光耀、顾关林:《从望厦条约到克林顿访华—中美关系1844—1996》,福州:福建人民出版社1996年版。
9. 黄枝连:《美国203年》,香港:中流出版社1980年版。
10. 李滨:《国际体系研究:历史与现状》,南京:南京大学出版社2000年版。
11. 李慎明、王逸舟主编:《2004:全球政治与安全报告》,北京:社会科学文献出版社2004年版。
12. 李永采:《海洋开拓争霸简史》,北京:海洋出版社1990年版。
13. 刘建飞:《美国与反共主义》,北京:中国社会科学出版社2001年版。
14. 刘丽云、张惟英、李庆四:《美国政治经济与外交概论》,北京:中国人民大学出版社 2004 年版。

15. 吕磊:《美国的新保守主义》,南京:江苏人民出版社 2004 年版。
16. 南开大学历史研究所:《美国历史问题新探》,北京:中国社会科学出版社 1996 年版。
17. 任晓、沈丁立主编:《保守主义理念与美国外交政策》,上海:上海三联书店 2003 年版。
18. 任晓、沈丁立主编:《自由主义与美国外交政策》,上海:上海三联书店、华东师范大学出版社 2005 年版。
19. 唐贤兴主编:《近现代国际关系史》,上海:复旦大学出版社 2002 年版。
20. 王立新:《意识形态与美国外交政策:以 20 世纪美国对华政策为个案的研究》,北京:北京大学出版社 2007 年版。
21. 王绳祖主编:《国际关系史料选编》(下册),武汉:武汉大学出版社 1983 年版。
22. 王绳祖主编:《国际关系史 17 世纪—1945 年》,北京:法律出版社 1986 年版。
23. 王绳祖主编:《国际关系史》,北京:世界知识出版社 1995 年版。
24. 王玮、戴超武:《美国外交思想史:1775—2005 年》,北京:人民出版社 2007 年版。
25. 王晓德:《美国文化与外交》,北京:世界知识出版社 2000 年版。
26. 王晓德:《梦想与现实—威尔逊"理想主义"外交研究》,北京:中国社会科学出版社 1995 年版。
27. 王正毅、张岩贵:《国际政治经济学—理论范式与现实经验研究》,北京:商务印书馆 2003 年版。
28. 阎光耀等选译:《美国对华政策文件选编》,北京:人民出版社 1990 年版。
29. 杨生茂:《美国历史学家特纳及其学派》,北京:商务印书馆 1983 年版。
30. 杨生茂等:《美西战争资料选辑》,上海:上海人民出版社 1981 年版。
31. 杨生茂、冯承柏、李元良编:《美西战争资料选辑》,上海:上海人民出版社 1981 年版。
32. 杨生茂主编,王玮、张宏毅副主编:《美国外交政策史 1775—1989》,北京:人民出版社 1991 年版。
33. 张友伦主编:《美国通史第 2 卷:美国的独立和初步繁荣 1775—1860》,北京:人民出版社 2002 年版。
34. 中国现代国际关系研究院美欧研究中心:《反恐背景下美国全球战略》,北京:时事出版社 2004 年版。
35. 周琪主编:《意识形态与美国外交》,上海:上海人民出版社 2006 年版。

二、中文译著

1. [法]阿历克西·德·托克维尔著,董果良译:《论美国的民主》,北京:商务印书馆2004年版。

2. [美]爱德华·萨义德著,王宇根译:《东方学》,北京:三联书店1999年版。

3. [美]埃德蒙·莫里斯著,匡吉译:《美国崛起的舵手:西奥多·罗斯福》(下),广州:新世纪出版社2012年版。

4. [美]埃里克·方纳著,王希译:《美国自由的故事》,北京:商务印书馆2002年版。

5. [法]埃曼纽·托德著,李旦、徐慧、李艳译:《美帝国的衰落》,世界知识出版社2003年版。

6. [英]艾瑞克·霍布斯鲍姆著,贾士蘅译:《帝国的年代:1875—1914》,南京:江苏人民出版社1999年版。

7. [美]A. T. 马汉著,安常容、成忠勤译:《海权对历史的影响(1660—1783)》,北京:解放军出版社1998年版。

8. [英]安东尼·派格登著,徐鹏博译:《西方帝国简史:迁徙、探索与征服的三部曲》,天津:天津人民出版社2007年版。

9. [英]巴里·布赞,理查德·利特尔著,刘德斌等译:《世界历史中的国际体系:国际关系研究的再构建》,北京:高等教育出版社2004年版。

10. [美]保罗·艾特伍德著,张敏等译:《美国战争史:战争如何塑造美国》,新华出版社2013年版。

11. [美]彼得·S.奥鲁夫著,余华川译:《杰斐逊的帝国:美国国家的语言》,上海:华东师范大学出版社2010年版。

12. [美]布热津斯基著,陈东晓等译:《第二次机遇:三位总统与美国的超级大国危机》,上海:上海人民出版社2008年版。

13. [美]查默斯·约翰逊著,任晓等译:《帝国的悲哀:黩武主义、保密与共和国的终结》,上海:上海人民出版社2005年版。

14. [美]戴维·哈尔伯斯坦著,齐沛合译:《出类拔萃之辈》,北京:生活·读书·新知三联书店1973年版。

15. [美]戴维·霍罗维茨著,上海市"五·七"干校六连翻译组译:《美国冷战时期的外交政策:从雅尔塔到越南》,上海:上海人民出版社1974年版。

16. [英]戴维·米勒,韦农·波格丹诺主编,邓正来等译:《布莱克维尔政治学百科全书》,北京:中国政法大学出版社1992年版。

17. [美]丹尼尔·J.布尔斯廷,时殷弘等译:《美国人:殖民地的经历.》,上海:上海译文出版社1989年版。

18. [美]丹尼尔·J.布尔斯廷著,中国对外翻译出版公司译:《美国人:开拓历程》,北京:三联书店1993年版。

19. [美]德博拉·沙普利著,李建波等译:《承诺与权力:麦克纳马拉的生活和时代》,南京:江苏人民出版社1999年版。

20. [美]德瑞克·李波厄特著,郭学堂、潘忠崎、孙小林译:《五十年伤痕:美国的冷战历史观与世界》,上海:上海三联书店2008年版。

21. [美]富兰克林·D.罗斯福著,关在汉编译:《罗斯福选集》,北京:商务印书馆1982年版。

22. [美]弗朗西斯·福山著,黄胜强、许铭原译:《历史的终结及最后一人》,北京:中国社会科学出版社2003年版。

23. [德]汉娜·阿伦特著,蔡英文译:《帝国主义》,台北:联经出版事业公司1982年版。

24. [美]汉斯·摩根索著,徐昕等译:《国家间政治:权力斗争与和平》,北京:北京大学出版社2006年版。

25. [德]赫尔费里德·明克勒著,闫振江等译:《统治世界的逻辑:从古罗马到美国》,中央编译出版社2008年版。

26. [美]亨利·基辛格著,顾淑馨译:《大外交》,海口:海南出版社1998年版。

27. [美]霍华德·津恩著,许先春、蒲国良、张爱平译:《美国人民的历史》,上海:上海人民出版社2000年版。

28. [美]J.艾捷尔编,赵一凡、郭国良主译:《美国赖以立国的文本》,海口:海南出版社2000年版。

29. [美]J.斯帕尼尔著,段若石译:《第二次世界大战后美国的外交政策》,北京:商务印书馆1992年版。

30. [意]杰奥瓦尼·阿锐基著,姚乃强等译:《漫长的20世纪:金钱、权力与我们社会的根源》,南京:江苏人民出版社2001年版。

31. [英]杰弗里·巴勒克拉夫著,张广勇、张宏宇译:《当代史导论》,上海:上海社会科学院出版社1996年版。

32. [美]杰克·斯奈德著,于铁军等译:《帝国的迷思:国内政治与对外扩张》,北京:北京大学出版社2007年版。

33. [美]克莱德·普雷斯托维兹著,王振西主译:《流氓国家——谁在与世界作对?》,北京:新华出版社2004年版。

34. [美]克里斯托弗·莱恩著,孙建中译:《和平的幻想:1940年以来的美国大战略》,上海:上海人民出版社2009年版。

35. [美]孔华润主编,布拉福德·珀金斯著,周桂银等译:《剑桥美国对外关系史》(上),北京:新华出版社2004年版。

36. [美]孔华润主编,王琛等译:《剑桥美国对外关系史》(下),北京:新华出版社2004年版。

37. [美]劳伦斯·H.肖普、威廉·明特著,怡立等译:《帝国智囊团:对外关系委员会和美国对外政策》,上海:上海译文出版社1981年版。

38. [美]雷迅马著,牛可译:《作为意识形态的现代化:社会科学与美国对第三世界的政策》,北京:中央编译出版社 2003 年版。

39. [英]理查德·克罗卡特著,王振西主译:《50 年战争》,北京:新华出版社 2003 年版。

40. [美]理查德·霍夫施塔特著,崔永禄、王忠和译:《美国政治传统极其缔造者》,北京:商务印书馆,1994 年版。

41. [美]理查德·N. 哈斯著,陈遥遥,荣凌译:《"规制主义"——冷战后的美国全球新战略》,北京:新华出版社 1999 年版。

42. [美]理查德·尼克松著,王绍仁、吴明、王为译:《尼克松文集:不再有越战》,北京:世界知识出版社 1999 年版。

43. [美]理查德·尼克松著,王观声等译:《1999 年:不战而胜》,北京:世界知识出版社 1989 年版。

44. [苏]列宁著:《列宁选集》(第 2 卷),北京:人民出版社 1972 年版。

45. [巴西]路易斯·阿尔贝托·莫尼斯·班代拉著,舒建平译:《美帝国的形成:从美西战争到伊拉克战争》,北京:中国人民大学出版社 2013 年版。

46. [美]路易斯·哈茨著,张敏谦译:《美国的自由主义传统》,北京:中国社会科学出版社,2003 年版。

47. [美]雷蒙德·加特霍夫著,伍牛、王薇译:《冷战史:遏制与共存备忘录》,北京:新华出版社 2003 年版。

48. [美]罗伯特·阿特著,郭树勇译:《美国大战略》,北京:北京大学出版社 2005 年版。

49. [美]罗伯特·达莱克著,陈启迪等译:《罗斯福与美国对外政策 1932—1945》,北京:商务印书馆 1984 年版。

50. [美]罗伯特·吉尔平著,宋新宁、杜建平译:《世界政治中的战争与变革》,上海:上海人民出版社 2007 年版。

51. [美]罗伯特·基欧汉著,苏长和、信强、何曜译:《霸权之后—世界政治经济中的合作与纷争》,上海:上海人民出版社 2001 年版。

52. [美]罗伯特·卡根著,肖蓉、魏红霞译:《天堂与实力:世界新秩序下的美国与欧洲》,北京:新华出版社 2004 年版。

53. [美]罗纳德·里根著,何力译:《里根回忆录:一个美国人的生平》,北京:新华出版社 1991 年版。

54. [英]马克·马佐尔著,胡晓姣等译:《谁将主宰世界:支配世界的思想和权力》,北京:中信出版社 2015 年版。

55. [美]麦克尔·哈特、[意]安东尼奥·奈格里著,杨建国、范一亭译:《帝国—全球化的政治秩序》,南京:江苏人民出版社 2003 年版。

56. [美]迈克尔·亨特著,诸律元译:《意识形态与美国外交政策》,北京:世界知识出版社 1999 年版。

57. [美]迈克尔·曼著,刘北成、李少军译:《社会权力的来源》,上海:上海世纪出版集团 2007 年版。

58. [法]莫里斯·迪韦尔热著,杨祖功译:《政治社会学》,北京:华夏出版社 1987 年版。

59. [英]奈尔·弗格森著,李承恩译:《巨人:美国大帝国的代价》,上海:华东师范大学出版社 2007 年版。

60. [美]乔治·华盛顿著,聂崇信、吕德本、熊希龄译:《华盛顿选集》,北京:商务印书馆 1983 年版。

61. [美]乔治·凯南著,葵阳、南木、李活译:《美国外交》,北京:世界知识出版社 1989 年版。

62. [英]R. H. 巴洛著,黄韬译:《罗马人》,上海:上海人民出版社 2000 年版。

63. [美]萨义德著,李琨译:《文化与帝国主义》,北京:生活读书新知三联书店 2004 年版。

64. [美]塞缪尔·F·比米斯著,叶笃义译:《美国外交史(第二分册)》,北京:商务印书馆 1987 年版。

65. [美]塞缪尔·亨廷顿著,周琪等译:《文明的冲突与世界秩序的重建》,北京:新华出版社 1999 年版。

66. [美]塞缪尔·亨廷顿著,程克雄译:《我们是谁:美国国家特性面临的挑战》,北京:新华出版社 2005 年版。

67. [美]托马斯·巴尼特著,王长斌等译:《五角大楼的新地图:21 世纪的战争与和平》,北京:东方出版社 2007 年版。

68. [美]斯蒂芬·哈尔珀、[英]乔纳森·克拉克著,邵崇忠、朱玉华、黄浩译:《美国为什么单干?美国新保守主义与全球秩序》,沈阳:辽宁教育出版社 2007 年版。

69. [美]托马斯·杰斐逊著,朱曾汶译:《杰斐逊选集》,北京:商务印书馆 1999 年版。

70. [美]托马斯·帕特森等著,李庆余译:《美国外交政策》,北京:中国社会科学出版社 1989 年版。

71. [美]托马斯·潘恩著,马清槐译:《潘恩选集》,北京:商务印书馆 1982 版。

72. [美]V. 佩洛著,易争等译:《美国帝国主义》,北京:世界知识出版社 1955 年版。

73. [美]威廉·富布赖特著,简新芽等译:《帝国的代价》,北京:世界知识出版社 1991 年版。

74. [美]威廉森·默里、阿尔文·伯恩斯坦、[英]麦格雷戈·诺克斯编,时殷弘等译:《缔造战略:统治者、国家与战争》,北京:世界知识出版社 2004 年版。

75. [美]沃尔特·拉菲伯、理查德·波伦堡、南希·沃洛奇著,黄磷译:《美国世纪——一个超级大国的崛起与兴盛》,海口:海南出版社 2008 年版。

76. 〔美〕沃尔特·拉塞尔·米德著,曹化银译:《美国外交政策及其如何影响了世界》,北京:中信出版社 2003 年版。

77. 〔美〕西奥多·索伦森著,《肯尼迪》,上海:上海译文出版社 1981 年版。

78. 〔美〕西德尼·M.米尔奇斯、迈克尔·尼尔森著,朱全红译:《美国总统制:起源与发展》,上海:华东师范大学出版社,2008 年版。

79. 〔美〕小阿瑟·M.施莱辛格著,仲宜译:《一千天:约翰·F.肯尼迪在白宫》,北京:三联书店 1981 年版。

80. 〔古希腊〕修昔底德著,徐松岩、黄贤全译:《伯罗奔尼撒战争史》,桂林:广西师范大学出版社 2004 年版。

81. 〔美〕亚历山大·温特著,秦亚青译:《国际政治的社会理论》,上海:上海人民出版社 2001 年版。

82. 〔美〕伊多·奥伦著,唐小松、王义桅译:《美国和美国的敌人:美国的对手与美国政治学的形成》,上海:上海世纪出版集团 2004 年版。

83. 〔美〕伊利奥·罗斯福著,李嘉译:《罗斯福见闻秘录》,上海新群出版社 1949 年版。

84. 〔美〕伊沃·H.达尔德尔等著,刘满贵译:《后外交时代:不受约束的美国》,北京:新华出版社 2004 年版。

85. 〔苏〕尤·斯辽兹金著,未冬译:《1898 年的美西战争》,北京:三联书店 1959 年版。

86. 〔美〕詹姆斯·多尔蒂、小罗伯特·普法尔兹格拉夫著,阎学通、陈寒溪等译:《争论中的国际关系理论》(第五版),北京:世界知识出版社 2003 年版。

87. 〔美〕詹姆斯·O.罗伯逊著,贾秀东等译:《美国神话,美国现实》,北京:中国社会科学出版社 1990 年版。

88. 〔美〕兹比格纽·布热津斯基著,陈东晓译:《第二次机遇:三位总统与超级大国美国的危机》,上海:上海人民出版社 2008 年版。

89. 〔美〕兹比格纽·布热津斯基著,邱应觉等译:《实力与原则——1977—1981 年国家安全顾问回忆录》,北京:世界知识出版社 1985 年版。

三、英文著作

1. Abernethy, D. B., *Dynamic of Global Dominance: European Overseas Empires, 1415-1980*, New Haven: Yale University Press, 2002.

2. Abrams, E., ed., *The Influence of Faith: Religious Groups and U.S Foreign Policy*, Lanham, MD: Roman & Littlefield, 2001.

3. Alstyne, R. W. Van., ed., *American Diplomacy in Action: A Series of Case Studies*, Palo Alto: Stanford University Press, 1947.

4. Alstyne, R. W. Van., *The Rising American Empire*, New York: Blackwell & Mott Ltd, Oxford University Press, 1960.

5. Anderson, B., *Imagined Communities: Reflections on the Origin and Spread of Nationalism*, New York: Verso, 1983.

6. Andrew Bacevich, *The Limits of Power: the End of American Exceptionalism*, New York: Metropolitan Books, 2008.

7. Bannister, R. C., *Social Darwinism: Science and Myth in Anglo-American Social Thought*, Philadelphia: Temple University Press, 1979.

8. Barry R. Posen, *Restraint: A New Foundation for U.S. Grand Strategy*, New York: Cornell University Press, 2014.

9. Bennett, J. C., *Foreign Policy in a Christian Perspective*, c, 1996.

10. Bennett, J. C., & Seifert, H., *U.S. Foreign Policy and Christian Ethics*, Philadelphia: Westminster Press, 1977.

11. Berg, E., Ehin, P., eds., *Identity and Foreign Policy: Baltic-Russian Relations and European Integration*, Estonia: University of Tartu, 2009.

12. Boller, P. F., Jr., *American Thought in Transition: the Impact of Evolutionary Nationalism, 1865-1900*, Washington: University Press of America, 1981.

13. Bouvier, V. M., ed., *Whose America? The War of 1898 and the Battles to Define the Nation*, Westport: Praeger Publishers, 2001.

14. Boyd, J. P., Cullen, C. T., Catanzariti, J., Oberg, B. B., eds., *The Papers of Thomas Jefferson*, Princeton: Princeton University Press, 1950.

15. Bradford, J. C., ed., *Admirals of the New Steel Navy*, Annapolis: Naval Institute Press, 1990.

16. Brent Ashabranner, *A Moment in History: The First Ten Years of the Peace Corps*, New York: Doubleday & Company, 1971.

17. Burnham, J., *The Struggle for the World*, London: Cape, 1947.

18. Burns, R. D., ed., *Guide to American Foreign Relations Since 1700*, California: The ABC-CLIO, 1983.

19. *Cambridge International Dictionary of English*, London: Cambridge University Press, 1995.

20. Callinicos, A., *New Mandarins of American Power: the Bush Administration's Plan for the World*, New York: Polity Press, 2004.

21. Campbell, A., ed., *Expansion and Imperialism*, New York: Harper & Row, 1970.

22. Campbell, D., *Writing Security: United States Foreign Policy and the

Politics of Identity, Minneapolis: University of Minnesota Press, 1998.

23. Chester. E. W., *The Scope and Variety of U. S. Diplomatic History (Readings to 1913)*, vol. 1, New Jersey: Prentice-Hall, 1990.

24. Cochran, C. L. and Malone, E. F., *Public Policy: Perspectives and Choices*, The McGraw-Hill Company, Inc., 1999.

25. Coffin, T., *The Passion of the Hawks*, New York: Macmillan, 1964.

26. Colin Dueck, "*The Obama Doctrine: American Grand Strategy Today*", New York: Oxford University Press, 2015.

27. David, C. P. & Grondin, D., eds., *Hegemony or Empire? The Redefinition of US power under George W. Bush*, Burlington: Ashgate Publishing Company, 2006.

28. David Fitzgerald, David Ryan, *Obama, US Foreign Policy and the Dilemmas of Intervention*, New York: Palgrave Macmillan, 2014.

29. David Healy, *U. S Expansionism the Imperialist Urge in the 1890's*, Wisconsin University Press, 1970

30. David Ryan, *U. S Foreign Policy in World History*, New York and London: Routledge, 2000.

31. Doolen, A., *Fugitive Empire: Locating Early American Imperialism*, Minneapolis: The University of Minnesota, 2005.

32. Doyle, M. W., *Empire*, New York: Cornell University Press, 1986.

33. Eland, I., *The Empire Has no Clothes: U. S Foreign Policy Exposed*, Oakland: The Independent Institute, 2004.

34. Emerson, R. W., *Essays and Lectures*, New York: Library of America, 1983.

35. Faragher, J. M., etc. eds., *Out of Many: A History of American People*, New Jersey: Prentice Hall Inc, 1994.

36. Foner, P. S., *A History of Cuba, and Its Relations with the United States*, Vol. 1, New York: International Publishers, 1962.

37. Foner, P. S., *The Spanish-Cuban-American War and the Birth of American Imperialism 1895 – 1902*, Vol II, New York and London: Monthly Review Press, 1972.

38. Freeden, M., *Ideologies and Political Theory*, Oxford: Clarendon Press, 1996.

39. Fulbright, W., *Arrogance of Power*, New York: Random House, 1967.

40. G. John Ikenberry, *Liberal Leviathan: the Origins, Crisis, and Transformation of the American World Order*, Princeton: Princeton University

Press, 2011.

41. Gaddis, J. L., *We Now Know Rethinking Cold War History*, New York: Oxford University Press, 1997.

42. Graebner, N. A., *Empire on the Pacific: A Study in American Continental Expansion*, New York: Ronald Press Company, 1955.

43. Graebner, N. A., *Foundations of American Foreign Policy: A Realist Appraisal from Franklin to McKinley*, Wilmington: Scholarly Resources, 1985.

44. Greene, J. P., *The Intellectual Construction of America—Exceptionalism and Identity from 1492 to 1800*, Chapel Hill: The University of North Carolina Press, 1993.

45. Harbaugh, W. H., ed., *The Writings of Theodore Roosevelt*, Indianapolis and New York: The Bobbs-Merrill Company, 1967.

46. Harvey, D., *The New Imperialism*, Oxford: Oxford University Press, 2003.

47. Hawke, D., ed., *U. S Colonial History: Reading and Documents*, Indianapolis: The Bobbs-Merrill Company, 1996.

48. Hawkins, M., *Social Darwinism in European and American Thought, 1860－1945: Nature as Model and Nature as Threat*, Cambridge: Cambridge University Press, 1997.

49. Healy, D., *U. S. Expansionism: The Imperialist Urge in the 1890s*, Wisconsin: University of Wisconsin Press, 1976.

50. Hendrickson, D. C., *Union, nation, or empire: the American debate over international relations, 1789－1941*, Kansas: the University Press of Kansas, 2009.

51. Henry J. Hendrix, *Theodore Roosevelt's Naval Policy: The U. S Navy and the Birth of the American Century*, Annapolis, Maryland: Naval Institute Press, 2009.

52. Hietala, T. R., *Manifest Design*, New York: Cornell University Press, 1985.

53. Hixson, W. L., *The Myth of American Diplomacy: National Identity and U. S Foreign Policy*, New Haven & London: Yale University Press, 2008.

54. Hoganson, K. L., *Fighting for American Manhood: How Gender Politics Provoked the Spanish-American and Philippine-American Wars*, New Haven: Yale University Press, 1998.

55. Howard K. Beale, *Theodore Roosevelt and the Rise of American to World Power*, New York: Collier Books, 1962

56. Ignatieff, M., *Empire Lite: Nation building in Bosnia, Kosovo, and*

Afghanistan, London: Vintage, 2003.

57. Ingersoll, D. E. and Matthews, R. K., *The Philosophical Roots of Modern Ideology: Liberalism, Communism, Fascism*, New Jersey: Prentice Hall, 1991.

58. J. Lloyd Mecham, *A Survey of United States-Latin American Relations*, New York: Houghton Mifflin, 1965.

59. Kieman, V. G., *America: The New Imperialism: From White Settlement to World Hegemony*, London: Zed Press, 1978.

60. Langer, W. L., The Diplomacy of Imperialism, 2nd ed., New York: Knopf, 1972.

61. Lagon, M. P., *The Reagan Doctrine: Sources of American Conduct in the Cold War's Last Chapter*, Westport: Praeger Publishers, 1994.

62. Layne, C., Thayer, B. A., *American Empire: A Debate*, New York: Taylor & Francis Group, LLC, 2007.

63. Lens, S., *The Forging of the American Empire*, London: Haymarket Books and Pluto Press, 2003.

64. Link, A., ed., *The Papers of W. Wilson*, Vol. 35., Princeton: Princeton University Press, 1981.

65. Looney, J., ed., *The Papers of Thomas Jefferson: Retirement Series*, Princeton: Princeton University Press, 2004.

66. Lowen, R., *Creating the Cold War University: The Transformation of Stanford*, Berkeley: University of California Press, 1997.

67. Lutz, C., "Obama's Empire", *New Statesman*, August, 3rd, 2009.

68. M. Janowitz, *The Professional Soldier, a Social and Political Portrait*, New York: The Free Press, 1960.

69. Madsen, D. L., *American Exceptionalism*, Jackson: University Press of Mississippi, 1998.

70. McCoy, D., *The Elusive Republic: Political Economy in Jeffersonian America*, Chapel Hill: University of North Carolina Press, 1980.

71. McDougall, W. A., *Promised Land, Crusade State: the American Encounter with the World*, New York: Houghton Mifflin Company, 1997.

72. McCartney, P. T., *Power and Progress: American National Identity, the War of 1898, and the Rise of American imperialism*, Baton Rouge: Louisiana State University Press, 2006.

73. Miller, P., ed., *The American Puritans: Their Prose and Poetry*, New York: Columbia University Press, 1956.

74. Modelski, G., *Long Cycles in World Politics*, Seattle: University of

Washington Press, 1987.

75. Moynihan, D. P., *Pandaemonium: Ethnicity in International Politics*, New York: Oxford University Press, 1993.

76. Muravchik, J., *The Imperative of American Leadership: A Challenge to Neo-Isolationism*, Washington: The American Enterprise Institute Press, 1996.

77. Ninkovich, F., *The United States and Imperialism*, Massachusetts: Blackwell Publishers, 2001.

78. Onuf, P. S., *Jefferson's Empire: Language of American Nationhood*, Charlottesville and London: University Press of Virginia, 2000.

79. Paolino, E. N., *The Foundations of the American Empire: William H. Seward and United States Foreign Policy*, Cornell: Cornell University Press, 1973.

80. Paterson, T. G., ed., *American Imperialism and Anti-Imperialism*, New York: Thomas Y. Crowell Company, 1973.

81. Paterson, T. G., Merrill, D., ed., *Major Problems in American Foreign Policy: Documents and Essays*, Massachusetts: D. C. Heath and Company, 1995.

82. Paterson, T., *Meeting the Communist Threat: Truman to Reagan*, New York: Oxford University Press, 1988.

83. Paul L. Atwood, *War and Empire: the American Way of Life*, London: Pluto Press, 2010.

84. Pearsall, J., ed., *The New Oxford Dictionary of English*, New York: Oxford University Press, 1998.

85. Pinheiro, J. C., *Manifest Ambition: James K. Polk and Civil-Military Relations*, London: Praeger Security International Westport, 2005.

86. Plamenatz, J., *Ideology*, London: Macmillan, 1970.

87. Porter, B., *A Short History of British Imperialism, 1850 - 1983*, London: Longman, 1984.

88. Porter, B., *Empire and Superempire: Britain, America and the World*, New Haven and London: Yale University Press, 2006.

89. Pratt, J. W., *Expansionists of 1898: The Acquisition of Hawaii and the Spanish Islands*, Baltimore: John Hopkins University Press, 1936.

90. Raymond, J., *Power at Pentagon*, New York: Haper & Row, 1964.

91. Reynolds, D., *America: Empire of Liberty: a New History of the United States*, New York: Basic Books, 2009.

92. Riencourt, A. D., *The American Empire*, New York: The Delta Book, 1968.

93. Robbins, J. W., "The Messianic Character of American Foreign Policy",

The Trinity Review, September/October, 1990.

94. Robert W. Cox, Timothy J. Sinclair, eds., *Approaches to World Order*, Cambridge: Cambridge University Press, 1999.

95. Russett, B., *Grasping the Democratic Peace: Principles for a Post-Cold War World*, Princeton: Princeton University Press, 1993.

96. Sawisha, K. and Parrott, B., eds., *The Transformation of the USSR in Comparative Perspective*, New York: Sharpe, 1997.

97. Schirmer, D. B., *Republic or Empire: American Resistance to the Philippine War*, Cambridge Massachusetts: Schenkman Publishing, 1972.

98. Schlesinger, A. M., *Paths to the Present*, New York: Macmillan, 1949.

99. Schlesinger, A. M. Jr., *Imperial Presidency*, Boston: Houghton Mifflin Company, 1973.

100. Schlesinger, A. M. Jr., *The Cycles of American History*, Boston: Houghton Mifflin Company, 1986.

101. Schulzinger, R. D., *American Diplomacy in the Twentieth Century*, New York: Oxford University Press, 1994.

102. Seager, R. II., *Alfred Thayer Mahan, the Man and His Letters*, Annapolis: Naval Institute Press, 1977.

103. Sherry, M. S., *In the Shadow of War: the United States Since the 1930s*, New Haven: Yale University Press, 1995.

104. Sir Nicholas Sherwen, *NATO's Anxious Birth, the Prophetic Vision of the 1940s*, London: Hurst & Balchett, Ltd, 1985.

105. Smelser, N. J., Baltes, P. B., *International Encyclopedia of the Social & Behavioral Sciences*, Oxford: Elsevier Science, 2001.

106. Smith L., *The American Dream*, New York: Scott Foresman and Company, 1987.

107. Smith, T., *America's Mission: The United States and the Worldwide Struggle for Democracy in the Twentieth Century*, Princeton: Princeton University Press, 1994.

108. Smith, T., *The Pattern of Imperialism: The United States, Great Britain, and the Late-Industrializing World since 1815*, New York: Cambridge University Press, 1981.

109. Spanos, W. V., *America's Shadow: An Anatomy of Empire*, Minneapolis: University of Minnesota Press, 2000.

110. Stelzer, I., ed., *The Neocon Reader*, New York: Grove Press, 2004.

111. Stephanson, A., *Manifest Destiny: American Expansionism and the*

Empire of Right, New York: Hill and Wang, 1995.

112. Thomas Patterson, ed. *Major Problems In American Foreign Policy*, Massachusetts, 1978.

113. Thornton, A. P., *Doctrines of Imperialism*, New York: John Wiley. & Sons, 1965.

114. Thornton, A. P., *The Imperial Idea and its Enemies: A Study in British Power*, London: Methuen, 1959.

115. Tony Smith, *America's Mission: the United States and the Worldwide Struggle for Democracy in the Twentieth Century*, New Jersey: Princeton University Press, 1994.

116. Tudor A. Onea, *US Foreign Policy in the Post-Cold War Era: Restraint Versus Assertiveness From George H. Bush to Barack Obama*, New York: Palgrave Macmillan, 2013.

117. Turner, F. J., *The Frontier in American History*, New York: Henry Holt and Company, 1947.

118. Unger, I., with the assistance of Debi Unger, *The Movement: A History of the American New Left, 1959-1972*, New York: Harper & Row, 1974.

119. Wallerstein, I., *The Politics of the World Economy: the States, the Movement and the Civilizations*, Cambridge: Cambridge University Press, 1984.

120. Watson, A., "US Hegemony and the Obama Administration: Towards a New World Order?", *Antipode*, Vol. 42, No. 2, 2010.

121. Weigley, R. F., *The American Way of War: A History of United States Military Strategy and Policy*, New York: Macmillan, 1973.

122. Weyl, W., *American World Politics*, New York: Macmillan, 1917.

123. White, D., *The American Century: The Rise and Decline of the United States as a World Power*, New Haven: Yale University Press, 1996.

124. Williams, William A., *Empire as a Way of Life: An Essay on the Causes and Character of American Present Predicament Along with a Few Thought about an Alternative*. New York: Oxford University Press, 1980.

125. Williams, W. A., *The Tragedy of American Diplomacy*, New York: Norton Company, 1972.

126. Winslow, E. M., *The Pattern of Imperialism—A Study in the Theories of Power*, New York: Columbia University Press, 1948.

127. Wood, E. M., *The Empire of Capital*, London: Verso, 2003.

128. Zimmermann, W., *First Great Triumph: How Five Americans Made Their Country a World Power*, New York: Farrar, Straus and Giroux, 2002.

四、中文期刊文章

1. 樊吉社:《奥巴马主义:美国外交的战略调适》,《外交评论》2015 年第 1 期。
2. 胡文涛:《奥巴马与美国国际形象修复战略》,《现代国际关系》2010 年第 4 期。
3. [美] J. B. 福斯特,高静宇摘译:《帝国主义新时代》,《国外社会科学》2004 年第 3 期。
4. 刘国柱:《当代美国"民主援助"解析》,《美国研究》2010 年第 3 期。
5. 刘金质:《试评小布什的帝国外交》,《国际政治研究》2004 年第 4 期。
6. 罗辉编译:《美国是帝国吗?》,《社会观察》2004 年第 4 期。
7. [美] M. 沃尔兹,于海青摘译:《存在一个美利坚帝国吗?》,《国外社会科学》2004 年第 3 期。
8. 门洪华:《冷战后美国大战略的争鸣及其启示意义》,《太平洋学报》2003 年第 2 期。
9. 牛新春:《美国反恐之纲——简析美国〈反击恐怖主义国家战略〉》,《现代国际关系》2003 年第 3 期。
10. 潘同文:《美国新保守主义对里根政府外交政策的影响》,《国际问题研究》1986 年第 4 期。
11. 饶淑莹:《现代西方学界的帝国理论研究》,《未来与发展》2007 年第 1 期。
12. 任晓:《"美利坚帝国"论与美国的大战略》,《现代国际关系》2003 年第 12 期。
13. 任晓、赵可金、成帅华:《意识形态与外交政策》,《世界经济与政治》2003 年第 2 期。
14. 王晓德:《19 世纪末至 20 世纪初 20 年代美国外交思想探析》,《史学月刊》2004 年第 9 期。
15. 王立新:《美国的国家认同及其对美国外交的影响》,《历史研究》2003 年第 4 期。
16. 吴伟赋:《当代美国的反帝国主义思潮》,《国外社会科学》2005 年第 4 期。
17. 余乃忠、董立清:《新帝国主义思维方式的嬗变》,《理论月刊》2008 年第 2 期。
18. 周琪:《"美国例外论"与美国外交政策传统》,《中国社会科学》2000 年第 6 期。
19. 任晓:《"美利坚帝国"论与美国的大战略》,《现代国际关系》2003 年第 12 期。
20. 阮宗泽:《"新帝国论"与美国"整合外交"》,《美国研究》2002 年第 3 期。

21. 熊志勇:《美国人权外交与其全球战略》,《美国研究》1991年第4期。

22. 朱秀芳:《意识形态与美国全球战略——以朝鲜战争、越南战争为例》,《浙江学刊》2008年第1期。

五、英文期刊文章

1. Agnew, J., "American Hegemony Into American Empire? Lessons from the Invasion of Iraq", *Antipode*, Vol. 35, 2003.

2. Boot, M., "Obama's Picks", *Commentary-Contentions*, www. Commentarymagazine. Com/blogs/index. php/boot/44551

3. Boot, M., "The Case for American Empire", *Weekly Standard*, 15 Oct, 2001.

4. Boot, M., "The Doctrine of the 'Big Enchilada'", *Washington Post*, 14 October, 2002.

5. Boot, M., "Think Again: Neocons", *Foreign Policy*, January/February, 2004.

6. Brinkley, D., "Thomas Jefferson's Empire of Liberty", *American History*, August, 2003.

7. Brooks, S. G., Wohlforth, W. C., "American Primacy in Perspective", *Foreign Affairs*, July/August, 2002.

8. Buchanan, P., "Is the Neoconservative Moment Over?", *The American Conservative*, June 16, 2003.

9. Callinicos, A., "The Grand Strategy of the American Empire", *International Socialism Journal*, Winter, 2002.

10. Carey, H., "Religion and the 'Evil Empire'", *Journal of Religious History*, Vol. 32, No. 2, June, 2008.

11. Christov, T., "Liberal Internationalism Revisited: Grotius, Vattel, and the International Order of States", *The European Legacy*, Vol. 10, No. 6, 2005.

12. Cooper, R., "Why We Still Need Empires", *Guardian*, April 7, 2002.

13. Crook, P., "Social Darwinism and British 'New Imperialism': Second Thoughts", *The European Legacy*, Vol. 3, No. 1, 1998.

14. Destradi, S., "Empire, Hegemony, and leadership: Developing a Research Framework for the Study of Regional Powers", *German Institute of Global and Area Studies Working Paper*, June, 2008.

15. Dobriansky, P. J., "Human Rights and U. S. Foreign Policy", *The Washington Quarterly*, Vol. 12, No. 2, Spring, 1989.

16. Dueck, C., "Hegemony on the Cheap Liberal Internationalism from Wilson to Bush", *World Policy Journal*, Winter 2003/2004.

17. "Empire or Republic?", Editorial, *The Nation*, Volume 293, No. 3 & 4, July 18/25, 2011.

18. Eland, I., "The Empire Strikes Out: the 'New Imperialism' and Its Fatal Flaws", *Policy Analysis*, No. 459, 2002.

19. Ferguson, N., "Hegemony or Empire?", *Foreign Affairs*, September/October, Vol. 82, No. 5, 2003.

20. Fukuyama, F. "After Neoconservatism", *New York Times Magazine*, Feb 19, 2006.

21. Goldfarb, M., "Obama, the Realist", *The Weekly Standard*, www.Weeklystandard.com/weblogs/TWSFP/2008/11/Obama_the_realist_1.asp

22. Hay, W. A., "Reading the Past into American Foreign Policy", *Orbis*, Spring, 2004.

23. Heiss, M. A., "The Evolution of the Imperial Idea and U.S National Identity", *Diplomatic History*, Vol. 26, No. 4, Fall, 2002.

24. Hirsh, M., "Bush and the World", *Foreign Affairs*, September/October, 2002.

25. Ikenberry, G. J., "America's Imperial Ambition", *Foreign Affairs*, September/October, 2002.

26. Ikenberry, G. J., "American Power and the Empire of Capitalist Democracy", *Review of International Studies*, Vol. 27, 2001.

27. Ikenberry, G. J., "Illusions of Empire: Defining the New American Order", *Foreign Affairs*, March/April, 2004.

28. Ikenberry, G. J., "Liberalism and Empire: Logic of order in the American Unipolar Age", *Review of International Studies*, October, 2004.

29. Ikenberry, G. J., "The End of the Neo-conservative Moment", *Survival*, Spring, 2004.

30. Jeffords, S., "Commentary: Culture and National Identity in U.S Foreign Policy", *Diplomatic History*, January, 1994.

31. Judis, J. B., "The Chosen Nation: The Influence of Religion on U.S Foreign Policy", *Policy Brief*, No. 37, March, 2005.

32. Kagan, R., "Power and Weakness", *Policy Review*, June/July, 2002.

33. Kagan, R., "The Benevolent Empire", *Foreign Policy*, Summer, 1998.

34. Kennedy, P., "Has the US Lost Its Way", *Observer*, March 3rd, 2002.

35. Klare, M. T., "For Oil and Empire? Rethinking War with Iraq", *Current*

History, March, 2003.

36. Krauthammer, C., "The New Unilateralism", *The Washington Post*, June, 8th, 2001.

37. Krauthammer, C., "The Unipolar Moment Revisited", *The National Interest*, Winter, 2002.

38. Kurth, J., "The Adolescent Empire: America and Imperial Idea", *The National Interest*, Summer, 1997.

39. Lecture, B., "The Evolution of the Imperial Idea and U. S. National Identity", *Diplomatic History*, Vol. 26, No. 4, Fall, 2002.

40. Longley, C., "The Religious Roots of American Imperialism", *Global Dialogue*, Winter, 2003.

41. MacDonald, P. K., "Those who forget historiography are doomed to republish it: empire, imperialism and contemporary debate about American power", *Review of International Studies*, Vol. 35, 2009.

42. Maier, C. S., "An American Empire", *Harvard Magazine*, Volume 105, No. 2, November-December, 2002.

43. Mallaby, S., "The Reluctant Imperialist: Terrorism, Failed States, and the Case for. American Empire", *Foreign Affairs*, March/April, 2002.

44. Maier, C. S., "An American Empire? The Problems of Frontiers and Peace in Twenty-First Century World Politics", *Harvard Magazine*, Vol. 105, No. 2, November-December, 2002.

45. Meilinger, P. S., "American Military Culture and Strategy", *Joint Force Quarterly*, Issue 46, Third quarter, 2007.

46. Nye, J. S., "The dependet colossus", March/April, *Foreign Policy*, 2002.

47. Obama, B., "Renewing American Leadership", http://www. foreignaffairs. org/20070701faessay86401/barack-obama/renewing-american-leadership. html.

48. Purdy, J., "Liberal Empire: Assessing the Arguments", *Ethics & International Affairs*, Fall, 2003.

49. Riechmann, A. Homolar., "The Moral Purpose of US Power: Neoconservatism in the age of Obama", *Contemporary Politics*, Vol. 15, No. 2, June 2009.

50. Rosario, M. D., Díaz, R. "Mexico's Vision of Manifest Destiny during the 1847 War", *Journal of Popular Culture*, Vol. 35, Issue. 2, Fall, 2001.

51. Ryn, C. G., "The Ideology of American Empire", *Orbis*, Summer, 2003.

52. Saull, R., "Empire, Imperialism, and Contemporary American Global

Power", *International Studies Perspectives*, No. 9, 2008.

53. Sheehan, B. W., "Jefferson's 'Empire for Liberty'", *Indiana Magazine of History*, 100, December, 2004.

54. Simes, D. K., "America's Imperial Dilemma", *Foreign Affairs*, November-December, Volume 82, No. 6, 2002.

55. Slaughter, A. M., et al, *Strategic Leadership: Framework for a 21st Century National Security Strategy*, Washington, DC: CNAS, 2008.

56. Snyder, J., "Imperial Temptations", The National Interest, Spring, 2003.

57. Wallerstein, I., "The Eagle Has Crash Landed", *Foreign Policy*, July/August, 2002.

58. Wohlforth, W. C., "The Stability of A Unipolar World", *International Security*, Summer, 1999.

59. Zakaria, F., "The American Empire", *Newsweek*, March 23, 2003.

60. Zarif, J., "Indispensable Power, Hegemonic Tendencies in a Globalized World", *Harvard International Review*, Winter 2003.

61. Zietsma, D., "Sin Has No History: Religion, National Identity, and U. S Intervention, 1937-1941", *Diplomatic History*, Vol. 31, No. 3, June, 2007.

后　记

这本书是以我的博士学位论文为基础修改而成的。此时此刻,面对这份有些冗长的书稿,弥漫在我心头的,虽有些许喜悦,但更多的是感激之情和遗憾之心。

记得还在中学时,班里有同学时常给我带来时政军事类杂志书籍,课余之际大家还用稚嫩的言语进行热烈讨论,这也逐渐使我对该领域产生了强烈的兴趣。高考时选择了解放军国际关系学院,在六朝古都的古雄镇开始了自己的军旅梦。本科毕业后,有幸留在学院的国际关系研究所任职,随后在院攻读了国际关系专业的硕士、博士学位,得到许多国际关系专业老师的谆谆教导,获益匪浅。弹指一挥间,从穿上军装至今已20年,当年的青涩学子现已人到中年,几近不惑,自感资质愚钝,唯有以勤补之,所学尤不足,所成甚有限。最幸运的是,这一路走来得到了亲人、师长、挚友们的关心和支持。

从完成博士论文到今天书稿付梓,期间经历了岗位的调整、女儿的出生、赴国外执行维和任务等,不仅专心治学时间有限,也不能更多地为家庭分忧。在此,我要感谢我的父母、岳父母和妻子长期以来的理解支持。他们总是宁可让自己多辛苦一点儿、多付出一点儿、多牺牲一点儿,也要尽力减轻我身上应担负的家庭责任。六岁的女儿曾在作文中骄傲地写道,"我的爸爸经常坐在电脑前打字,他很爱学习",殊不知这却是牺牲了很多原本可以陪伴她的时间。细细想来,感激之余,也对家人深感愧疚。

我要感谢真诚关心和帮助我的老师、领导和同事们。"国际关系研究所"的老所长钮汉章研究员是我的老领导、硕士生导师,他老骥伏枥,不失本心,为人正派,德高望重,正是他将我带进了国际关系这个领域,既是领导,也是恩师,更似慈父。虽然他已退休,但每每见面,总是对我的学业予以关心和鞭策。我的博士生导师周桂银教授,学识渊博,视野广阔,在国际关系思想、历史和战略问题等领域深厚的积累和学术功底,让我深为折服。他待学生严厉而不乏亲切,做学问开放而不失严谨,溥博渊泉,博古通今,传道、授业、解惑,其学者之风和坦荡胸怀,是我心中的学者榜样。"战略与安全研究所"的刘强所长于我亦师亦友,始终关心和鞭策我成长,特别是在我进行事业规划和抉择时,总是给予无私的鼓励和支持,并为我提供磨砺锻炼的机会。学院国际关系专业的翟晓敏教授、宋德星教授、杨光海教授、葛腾飞教授、崔建树教授等多年来也都给了我很大支持,南京大学的石斌教授、李滨教授,在担任我的博士论文答辩专家时,对文章提出了很多宝贵的修改意见。如果说此书还略有值得肯定之处,都离不开老师们的无私帮助,衷心表示感谢!

此时此刻,我还想向两位已不幸离世的老师表示敬意,他们是丁诗传教授和朱听昌教授。二老是学院国际关系学科的开创者,可谓桃李满天下。在我求学路上,他们一直对我关爱有加、鼓励有加,如今不能亲自向二老表示谢意并聆听指导,甚为感伤,此情此意,终身难忘。

从求学至今,工学矛盾一直比较突出,各级领导、同事包括在国外时共事的战友,都对我的"不务正业"给予了充分的理解和支持,最大限度地为我创造有利条件,并自始至终都鼓励我要坚持学习,在自己的求学道路上勇往直前,在此我也要对他们表示最真诚的谢意。

感谢江苏人民出版社的王保顶老师,本书的责任编辑史雪莲,书稿一拖再拖,幸得他们的宽容理解,同时也正是有了他们的专业素养和敬业精神才能让此书顺利出版成为可能。

南宋理学家、哲学家朱熹《观书有感》曰:"半亩方塘一鉴开,天光云影共徘徊。问渠那得清如许,为有源头活水来。"求学过程中,幸能始终体会到这种喜悦和清醒。惭愧的是,从2011年底论文定稿直至今日,一直忙于事务性工作,总是不能静下心来好好打磨,今时今日之书稿,也确有仓促完结之嫌,愧对大家的关心。这一切主要是受限于我自身的智识水平,存在的许许多多不足,文责自负。希望今后通过自己点点滴滴的努力和进步,回报所有关心我的人。

凤凰文库书目

一、马克思主义研究系列

《走进马克思》 孙伯鍨 张一兵 主编
《回到马克思:经济学语境中的哲学话语》(第三版) 张一兵 著
《当代视野中的马克思》 任平 著
《回到列宁:关于"哲学笔记"的一种后文本学解读》 张一兵 著
《回到恩格斯:文本、理论和解读政治学》 胡大平 著
《国外毛泽东学研究》 尚庆飞 著
《重释历史唯物主义》 段忠桥 著
《资本主义理解史》(6卷) 张一兵 主编
《阶级、文化与民族传统:爱德华·P. 汤普森的历史唯物主义思想研究》 张亮 著
《形而上学的批判与拯救》 谢永康 著
《21世纪的马克思主义哲学创新:马克思主义哲学中国化与中国化马克思主义哲学》 李景源 主编
《科学发展观与和谐社会建设》 李景源 吴元梁 主编
《科学发展观:现代性与哲学视域》 姜建成 著
《西方左翼论当代西方社会结构的演变》 周穗明 王玫 等著
《历史唯物主义的政治哲学向度》 张文喜 著
《信息时代的社会历史观》 孙伟平 著
《从斯密到马克思:经济哲学方法的历史性诠释》 唐正东 著
《构建和谐社会的政治哲学阐释》 欧阳英 著
《正义之后:马克思恩格斯正义观研究》 王广 著
《后马克思主义思想史》 [英]斯图亚特·西姆 著 吕增奎 陈红 译
《后马克思主义与文化研究:理论、政治与介入》 [英]保罗·鲍曼 著 黄晓武 译
《市民社会的乌托邦:马克思主义的社会历史哲学阐释》 王浩斌 著
《唯物史观与人的发展理论》 陈新夏 著
《西方马克思主义与苏联:1917年以来的批评理论和争论概览》 [荷]马歇尔·范·林登 著
　　周穗明 译 翁寒松 校
《物与无:物化逻辑与虚无主义》 刘森林 著
《拜物教的幽灵:当代西方马克思主义社会批判的隐性逻辑》 夏莹 著
《新中国社会形态研究》 吴波 著
《"崩溃的逻辑"的历史建构:阿多诺早中期哲学思想的文本学解读》 张亮 著
《"超越政治"还是"回归政治":马克思与阿伦特政治哲学比较》 白刚 张荣艳 著
《无调式的辩证想象:阿多诺〈否定的辩证法〉的文本学解读》(第二版) 张一兵 著
《马克思再生产理论及其哲学效应研究》 孙乐强 著
《希望的源泉:文化、民主、社会主义》 [英]雷蒙·威廉斯 著 祁阿红 吴晓妹 译
《后工业乌托邦》 [澳]鲍里斯·弗兰克尔 著 李元来 译
《未来考古学:乌托邦欲望和其他科幻小说》 [美]弗里德里克·詹姆逊 著 吴静 译

二、政治学前沿系列

《公共性的再生产:多中心治理的合作机制建构》 孔繁斌 著
《合法性的争夺:政治记忆的多重刻写》 王海洲 著

《民主的不满:美国在寻求一种公共哲学》 [美]迈克尔·桑德尔 著 曾纪茂 译
《权力:一种激进的观点》 [英]斯蒂芬·卢克斯 著 彭斌 译
《正义与非正义战争:通过历史实例的道德论证》 [美]迈克尔·沃尔泽 著 任辉献 译
《自由主义与现代社会》 [英]理查德·贝拉米 著 毛兴贵 等译
《左与右:政治区分的意义》 [意]诺贝托·博比奥 著 陈高华 译
《自由主义中立性及其批评者》 [美]布鲁斯·阿克曼 等著 应奇 编
《公民身份与社会阶级》 [英]T. H. 马歇尔 等著 郭忠华 刘训练 编
《当代社会契约论》 [美]约翰·罗尔斯 等著 包利民 编
《马克思与诺齐克之间》 [英]G. A. 柯亨 等著 吕增奎 编
《美德伦理与道德要求》 [英]欧若拉·奥尼尔 等著 徐向东 编
《宪政与民主》 [英]约瑟夫·拉兹 等著 佟德志 编
《自由多元主义的实践》 [美]威廉·盖尔斯敦 著 佟德志 苏宝俊 译
《国家与市场:全球经济的兴起》 [美]赫尔曼·M. 施瓦茨 著 徐佳 译
《税收政治学:一种比较的视角》 [美]盖伊·彼得斯 著 郭为桂 黄宁莺 译
《控制国家:从古雅典至今的宪政史》 [美]斯科特·戈登 著 应奇 陈丽微 孟军 李勇 译
《社会正义原则》 [英]戴维·米勒 著 应奇 译
《现代政治意识形态》 [澳]安德鲁·文森特 著 袁久红 译
《新社会主义》 [加拿大]艾伦·伍德 著 尚庆飞 译
《政治的回归》 [英]尚塔尔·墨菲 著 王恒 臧佩洪 译
《自由多元主义》 [美]威廉·盖尔斯敦 著 佟德志 庞金友 译
《政治哲学导论》 [英]亚当·斯威夫特 著 佘江涛 译
《重新思考自由主义》 [英]理查德·贝拉米 著 王萍 傅广生 周春鹏 译
《自由主义的两张面孔》 [英]约翰·格雷 著 顾爱彬 李瑞华 译
《自由主义与价值多元论》 [英]乔治·克劳德 著 应奇 译
《帝国:全球化的政治秩序》 [美]麦克尔·哈特 [意]安东尼奥·奈格里 著 杨建国 范一亭 译
《反对自由主义》 [美]约翰·凯克斯 著 应奇 译
《政治思想导读》 [英]彼得·斯特克 大卫·韦戈尔 著 舒小昀 李霞 赵勇 译
《现代欧洲的战争与社会变迁:大转型再探》 [英]桑德拉·哈尔珀琳 著 唐皇凤 武小凯 译
《道德原则与政治义务》 [英]约翰·西蒙斯 著 郭为桂 李艳丽 译
《政治经济学理论》 [美]詹姆斯·卡波拉索 戴维·莱文著 刘骥 等译
《民主国家的自主性》 [英]埃里克·A. 诺德林格 著 孙荣飞 等译
《强社会与弱国家:第三世界的国家社会关系及国家能力》 [英]乔·米格德尔 著 张长东 译
《驾驭经济:英国与法国国家干预的政治学》 [美]彼得·霍尔 著 刘骥 刘娟凤 叶静 译
《社会契约论》 [英]迈克尔·莱斯诺夫 著 刘训练 等译
《共和主义:一种关于自由与政府的理论》 [澳]菲利普·佩蒂特 著 刘训练 译
《至上的美德:平等的理论与实践》 [美]罗纳德·德沃金 著 冯克利 译
《原则问题》 [美]罗纳德·德沃金 著 张国清 译
《社会正义论》 [英]布莱恩·巴利 著 曹海军 译
《马克思与西方政治思想传统》 [美]汉娜·阿伦特 著 孙传钊 译
《作为公道的正义》 [英]布莱恩·巴利 著 曹海军 允春喜 译
《古今自由主义》 [美]列奥·施特劳斯 著 马志娟 译
《公平原则与政治义务》 [美]乔治·格劳斯科 著 毛兴贵 译
《谁统治:一个美国城市的民主和权力》 [美]罗伯特·A. 达尔 著 范春辉 等译

《论伦理精神》 张康之 著
《人权与帝国:世界主义的政治哲学》 [英]科斯塔斯·杜兹纳 著 辛亨复 译
《阐释和社会批判》 [美]迈克尔·沃尔泽 著 任辉献 段鸣玉 译
《全球时代的民族国家:吉登斯讲演录》 [英]安东尼·吉登斯 著 郭忠华 编
《当代政治哲学名著导读》 应奇 主编
《拉克劳与墨菲:激进民主想象》 [美]安娜·M. 史密斯 著 付琼 译
《英国新左派思想家》 张亮 编
《第一代英国新左派》 [英]迈克尔·肯尼 李永新 陈剑 译
《转向帝国:英法帝国自由主义的兴起》 [美]珍妮弗·皮茨 著 金毅 许鸿艳 译
《论战争》 [美]迈克尔·沃尔泽 著 任辉献 段鸣玉 译
《现代性的谱系》 张凤阳 著
《近代中国民主观念之生成与流变:一项观念史的考察》 闾小波 著
《阿伦特与现代性的挑战》 [美]塞瑞娜·潘琳 著 张云龙 译
《政治人:政治的社会基础》 [美]西摩·马丁·李普塞特 著 郭为桂 林娜 译
《社会中的国家:国家与社会如何相互改变与相互构成》 [美]乔尔·S. 米格代尔 著 李杨 郭一聪 译 张长东 校
《伦理、文化与社会主义:英国新左派早期思想读本》 张亮 熊婴 编
《仪式、政治与权力》 [美]大卫·科泽 著 王海洲 译
《政治仪式:权力生产和再生产的政治文化分析》 王海洲 著
《论政治的本性》 [英]尚塔尔·墨菲 著 周凡 译

三、纯粹哲学系列
《哲学作为创造性的智慧:叶秀山西方哲学论集(1998—2002)》 叶秀山 著
《真理与自由:康德哲学的存在论阐释》 黄裕生 著
《走向精神科学之路:狄尔泰哲学思想研究》 谢地坤 著
《从胡塞尔到德里达》 尚杰 著
《海德格尔与存在论历史的解构:〈现象学的基本问题〉引论》 宋继杰 著
《康德的信仰:康德的自由、自然和上帝理念批判》 赵广明 著
《宗教与哲学的相遇:奥古斯丁与托马斯·阿奎那的基督教哲学研究》 黄裕生 著
《理念与神:柏拉图的理念思想及其神学意义》 赵广明 著
《时间性:自身与他者——从胡塞尔、海德格尔到列维纳斯》 王恒 著
《意志及其解脱之路:叔本华哲学思想研究》 黄文前 著
《真理之光:费希特与海德格尔论 SEIN》 李文堂 著
《归隐之路:20 世纪法国哲学的踪迹》 尚杰 著
《胡塞尔直观概念的起源:以意向性为线索的早期文本研究》 陈志远 著
《幽灵之舞:德里达与现象学》 方向红 著
《形而上学与社会希望:罗蒂哲学研究》 陈亚军 著
《福柯的主体解构之旅:从知识考古学到"人之死"》 刘永谋 著
《中西智慧的贯通:叶秀山中国哲学文化论集》 叶秀山 著
《学与思的轮回:叶秀山 2003—2007 年最新论文集》 叶秀山 著
《返回爱与自由的生活世界:纯粹民间文学关键词的哲学阐释》 户晓辉 著
《心的秩序:一种现象学心学研究的可能性》 倪梁康 著
《生命与信仰:克尔凯郭尔假名写作时期基督教哲学思想研究》 王齐 著

《时间与永恒:论海德格尔哲学中的时间问题》　黄裕生 著
《道路之思:海德格尔的"存在论差异"思想》　张柯 著
《启蒙与自由:叶秀山论康德》　叶秀山 著
《自由、心灵与时间:奥古斯丁心灵转向问题的文本学研究》　张荣 著
《回归原创之思:"象思维"视野下的中国智慧》　王树人 著
《从语言到心灵:一种生活整体主义的研究》　黄益民 著
《身体、空间与科学:梅洛-庞蒂的空间现象学研究》　刘胜利 著
《超越经验主义与理性主义:实用主义叙事的当代转换及效应》　陈亚军 著

四、宗教研究系列
《汉译佛教经典哲学研究》(上下卷)　杜继文 著
《中国佛教通史》(15卷)　赖永海 主编
《中国禅宗通史》　杜继文 魏道儒 著
《佛教史》　杜继文 主编
《道教史》　卿希泰 唐大潮 著
《基督教史》　王美秀 段琦 等著
《伊斯兰教史》　金宜久 主编
《中国律宗通史》　王建光 著
《中国唯识宗通史》　杨维中 著
《中国净土宗通史》　陈扬炯 著
《中国天台宗通史》　潘桂明 吴忠伟 著
《中国三论宗通史》　董群 著
《中国华严宗通史》　魏道儒 著
《中国佛教思想史稿》(3卷)　潘桂明 著
《禅与老庄》　徐小跃 著
《中国佛性论》　赖永海 著
《禅宗早期思想的形成与发展》　洪修平 著
《基督教思想史》　[美]胡斯都·L.冈察雷斯 著　陈泽民 孙汉书 司徒桐 莫如喜 陆俊杰 译
《圣经历史哲学》(上下卷)　赵敦华 著
《如来藏经典与中国佛教》　杨维中 著
《儒佛道思想家与中国思想文化》　洪修平 主编
《基督教神学发展史》(一)、(二)、(三)　林荣洪 著

五、人文与社会系列
《环境与历史:美国和南非驯化自然的比较》　[美]威廉·贝纳特 彼得·科茨 著　包茂红 译
《阿伦特为什么重要》　[美]伊丽莎白·扬—布鲁尔 著　刘北成 刘小鸥 译
《现代性的哲学话语》　[德]于尔根·哈贝马斯 著　曹卫东 等译
《追寻美德:伦理理论研究》　[美]A.麦金太尔 著　宋继杰 译
《现代社会中的法律》　[美]R.M.昂格尔 著　吴玉章 周汉华 译
《知识分子与大众:文学知识界的傲慢与偏见,1880—1939》　[英]约翰·凯里 著　吴庆宏 译
《自我的根源:现代认同的形成》　[加拿大]查尔斯·泰勒 著　韩震 等译
《社会行动的结构》　[美]塔尔科特·帕森斯 著　张明德 夏遇南 彭刚 译
《文化的解释》　[美]克利福德·格尔茨 著　韩莉 译

《以色列与启示:秩序与历史(卷1)》 [美]埃里克·沃格林 著 霍伟岸 叶颖 译
《城邦的世界:秩序与历史(卷2)》 [美]埃里克·沃格林 著 陈周旺 译
《战争与和平的权利:从格劳秀斯到康德的政治思想与国际秩序》 [美]理查德·塔克 著 罗
    炯 等译
《人类与自然世界:1500—1800年间英国观念的变化》 [英]基思·托马斯 著 宋丽丽 译
《男性气概》 [美]哈维·C.曼斯菲尔德 著 刘玮 译
《黑格尔》 [加拿大]查尔斯·泰勒 著 张国清 朱进东 译
《社会理论和社会结构》 [美]罗伯特·K.默顿 著 唐少杰 齐心 等译
《个体的社会》 [德]诺贝特·埃利亚斯 著 翟三江 陆兴华 译
《象征交换与死亡》 [法]让·波德里亚 著 车槿山 译
《实践感》 [法]皮埃尔·布迪厄 著 蒋梓骅 译
《关于马基雅维里的思考》 [美]利奥·施特劳斯 著 申彤 译
《正义诸领域:为多元主义与平等一辩》 [美]迈克尔·沃尔泽 著 褚松燕 译
《传统的发明》 [英]E.霍布斯鲍姆 T.兰格 著 顾杭 庞冠群 译
《元史学:十九世纪欧洲的历史想象》 [美]海登·怀特 著 陈新 译
《卢梭问题》 [德]恩斯特·卡西勒 著 王春华 译
《自足语义学:为语义最简论和言语行为多元论辩护》 [挪威]赫尔曼·开普兰
 [美]厄尼·利珀尔 著 周允程 译
《历史主义的兴起》 [德]弗里德里希·梅尼克 著 陆月宏 译
《权威的概念》 [法]亚历山大·科耶夫 著 姜志辉 译
《无国界移民》 [瑞士]安托万·佩库 [荷兰]保罗·德·古赫特奈尔 编 武云 译
《语言的未来》 [法]皮埃尔·朱代·德·拉孔布 海因茨·维斯曼 著 梁爽 译
《全球化的关键概念》 [挪]托马斯·许兰德·埃里克森 著 周云水 等译
《房地产阶级社会》 [韩]孙洛龟 著 芦恒 译
《政治创新与概念变革》 [美]特伦斯·鲍尔詹姆斯·法尔拉塞尔·L.汉森 编 朱进东 译
《依赖性的理性动物:人类为什么需要德性》 [美]阿拉斯戴尔·麦金太尔 著 刘玮 译
《理解俄国:俄国文化中的圣愚》 [美]埃娃·汤普逊 著 杨德友 译
《留恋人世:长生不老的奇妙科学》 [美]乔纳森·韦纳 著 杨朗 卢文超 译

六、海外中国研究系列
《帝国的隐喻:中国民间宗教》 [英]王斯福 著 赵旭东 译
《王弼〈老子注〉研究》 [德]瓦格纳 著 杨立华 译
《章学诚思想与生平研究》 [美]倪德卫 著 杨立华 译
《中国与达尔文》 [美]詹姆斯·里夫 著 钟永强 译
《千年末世之乱:1813年八卦教起义》 [美]韩书瑞 著 陈仲丹 译
《中华帝国后期的欲望与小说叙述》 黄卫总 著 张蕴爽 译
《私人领域的变形:唐宋诗词中的园林与玩好》 [美]王晓山 著 文韬 译
《六朝精神史研究》 [日]吉川忠夫 著 王启发 译
《中国社会史》 [法]谢和耐 著 黄建华 黄迅余 译
《大分流:欧洲、中国及现代世界经济的发展》 [美]彭慕兰 著 史建云 译
《近代中国的知识分子与文明》 [日]佐藤慎一 著 刘岳兵 译
《转变的中国:历史变迁与欧洲经验的局限》 [美]王国斌 著 李伯重 连玲玲 译
《中国近代思维的挫折》 [日]岛田虔次 著 甘万萍 译

《为权力祈祷》　［加拿大］卜正民 著　张华 译
《洪业:清朝开国史》　［美］魏斐德 著　陈苏镇 薄小莹 译
《儒教与道教》　［德］马克斯·韦伯 著　洪天富 译
《革命与历史:中国马克思主义历史学的起源,1919—1937》　［美］德里克 著　翁贺凯 译
《中华帝国的法律》　［美］D.布朗 等著　朱勇 译
《文化、权力与国家》　［美］杜赞奇 著　王福明 译
《中国的亚洲内陆边疆》　［美］拉铁摩尔 著　唐晓峰 译
《古代中国的思想世界》　［美］史华兹 著　程钢 译 刘东 校
《中国近代经济史研究:明末海关财政与通商口岸市场圈》　［日］滨下武志 著　高淑娟 孙彬 译
《中国美学问题》　［美］苏源熙 著　卞东波 译　张强强 朱霞欢 校
《翻译的传说:构建中国新女性形象》　胡缨 著　龙瑜宬 彭珊珊 译
《〈诗经〉原意研究》　［日］家井真 著　陆越 译
《缠足:"金莲崇拜"盛极而衰的演变》　［美］高彦颐 著　苗延威 译
《从民族国家中拯救历史:民族主义话语与中国现代史研究》　［美］杜赞奇 著　王宪明 高继美 李海燕 李点 译
《传统中国日常生活中的协商:中古契约研究》　［美］韩森 著　鲁西奇 译
《欧几里得在中国:汉译〈几何原本〉的源流与影响》　［荷］安国风 著　纪志刚 郑诚 郑方磊 译
《毁灭的种子:战争与革命中的国民党中国(1937－1949)》　［美］易劳逸 著　王建朗 王贤知 贾维 译
《理解农民中国:社会科学哲学的案例研究》　［美］李丹 著　张天虹 张胜波 译
《18世纪的中国社会》　［美］韩书瑞 罗有枝 著　陈仲丹 译
《开放的帝国:1600年的中国历史》　［美］韩森 著　梁侃 邹劲风 译
《中国人的幸福观》　［德］鲍吾刚 著　严蓓雯 韩雪临 伍德祖 译
《明代乡村纠纷与秩序》　［日］中岛乐章 著　郭万平 高飞 译
《朱熹的思维世界》　［美］田浩 著
《礼物、关系学与国家:中国人际关系与主体建构》　杨美慧 著　赵旭东 孙珉 译 张跃宏 校
《美国的中国形象:1931—1949》　［美］克里斯托弗·杰斯普森 著　姜智芹 译
《清代内河水运史研究》　［日］松浦章 著　董科 译
《中国的经济革命:20世纪的乡村工业》　［日］顾琳 著　王玉茹 张玮 李进霞 译
《明清时代东亚海域的文化交流》　［日］松浦章 著　郑洁西 译
《皇帝和祖宗:华南的国家与宗族》　科大卫 著　卜永坚 译
《中国善书研究》　［日］酒井忠夫 著　刘岳兵 何英莺 孙雪梅 译
《大萧条时期的中国:市场、国家与世界经济》　［日］城山智子 著　孟凡礼 尚国敏 译
《虎、米、丝、泥:帝制晚期华南的环境与经济》　［美］马立博 著　王玉茹 译
《矢志不渝:明清时期的贞女现象》　［美］卢苇菁 著　秦立彦 译
《山东叛乱:1774年的王伦起义》　［美］韩书瑞 著　刘平 唐雁超 译
《一江黑水:中国未来的环境挑战》　［美］易明 著　姜智芹 译
《施剑翘复仇案:民国时期公众同情的兴起与影响》　［美］林郁沁 著　陈湘静 译
《工程国家:民国时期(1927－1937)的淮河治理及国家建设》　［美］戴维·艾伦·佩兹 著　姜智芹 译
《西学东渐与中国事情》　［日］增田涉 著　周启乾 译
《铁泪图:19世纪中国对于饥馑的文化反应》　［美］艾志端 著　曹曦 译
《危险的边疆:游牧帝国与中国》　［美］巴菲尔德 著　袁剑 译

《华北的暴力与恐慌:义和团运动前夕基督教传播和社会冲突》 [德]狄德满 著 崔华杰 译
《历史宝筏:过去、西方与中国的妇女问题》 [美]季家珍 著 杨可 译
《姐妹们与陌生人:上海棉纱厂女工,1919—1949》 [美]艾米莉·洪尼格 著 韩慈 译
《银线:19世纪的世界与中国》 林满红 著 詹庆华 林满红 译
《寻求中国民主》 [澳]冯兆基 著 刘悦斌 徐硙 译
《中国乡村的基督教:1860—1900江西省的冲突与适应》 [美]史维东 著 吴薇 译
《认知变异:反思人类心智的统一性与多样性》 [英]G.E.R.劳埃德 著 池志培 译
《假想的"满大人":同情、现代性与中国疼痛》 [美]韩瑞 著 袁剑 译
《男性特质论:中国的社会与性别》 [澳]雷金庆 著 [澳]刘婷 译
《中国的捐纳制度与社会》 伍跃 著
《文书行政的汉帝国》 [日]富谷至 著 刘恒武 孔李波 译
《城市里的陌生人:中国流动人口的空间、权力与社会网络的重构》 [美]张骊 著 袁长庚 译
《重读中国女性生命故事》 游鉴明 胡缨 季家珍 主编
《跨太平洋位移:20世纪美国文学中的民族志、翻译和文本间旅行》 黄运特 著 陈倩 译
《近代日本的中国认识》 [日]野村浩一 著 张学锋 译
《性别、政治与民主:近代中国的妇女参政》 [澳]李木兰 著 方小平 译
《狮龙共舞:一个英国人眼中的威海卫与中国文化》 [英]庄士敦 著 刘本森 译
《中国社会中的宗教与仪式》 [美]武雅士 著 彭泽安 邵铁峰 译 郭潇威 校
《大象的退却:一部中国环境史》 [英]伊懋可 著 梅雪芹 毛利霞 王玉山 译
《自贡商人:早期近代中国的企业家》 [美]曾小萍 著 董建中 译
《人物、角色与心灵:〈牡丹亭〉与〈桃花扇〉中的身份认同》 [美]吕立亭 著 白华山 译
《明代江南土地制度研究》 [日]森正夫 著 伍跃 张学锋 等译 范金民 夏维中 审校
《儒学与女性》 [美]罗莎莉 著 丁佳伟 曹秀娟 译
《权力关系:宋代中国的家族、地位与国家》 [美]柏文莉 著 刘云军 译
《行善的艺术:晚明中国的慈善事业》 [美]韩德林 著 吴士勇 王桐 史桢豪 译
《近代中国的渔业战争和环境变化》 [美]穆盛博 著 胡文亮 译
《工开万物:17世纪中国的知识与技术》 [德]薛凤 著 吴秀杰 白岚玲 译
《权力源自地位:北京大学、知识分子与中国政治文化,1898—1929》 [美]魏定熙 著 张蒙 译
《忠贞不贰?——辽代的越境之举》 [英]史怀梅 著 曹流 译
《两访中国茶乡》 [英]罗伯特·福琼 著 敖雪岗 译
《古代中国的动物与灵异》 [英]胡司德 著 蓝旭 译
《内藤湖南:政治与汉学(1866—1934)》 [美]傅佛果 著 陶德民 何英莺 译

七、历史研究系列

《中国近代通史》(10卷) 张海鹏 主编
《极端的年代》 [英]艾瑞克·霍布斯鲍姆 著 马凡 等译
《漫长的20世纪》 [意]杰奥瓦尼·阿瑞基 著 姚乃强 译
《在传统与变革之间:英国文化模式溯源》 钱乘旦 陈晓律 著
《世界现代化历程》(10卷) 钱乘旦 主编
《近代以来日本的中国观》(6卷) 杨栋梁 主编
《中华民族凝聚力的形成与发展》 卢勋 杨保隆 等著
《明治维新》 [英]威廉·G.比斯利 著 张光 汤金旭 译
《在垂死皇帝的王国:世纪末的日本》 [美]诺玛·菲尔德 著 曾霞 译

《美国的艺伎盟友》 [美]涩泽尚子 著 油小丽 牟学苑 译
《戊戌政变的台前幕后》 马勇 著
《战后东北亚主要国家间领土纠纷与国际关系研究》 李凡 著
《战后西亚国家领土纠纷与国际关系》 黄民兴 谢立忱 著
《民国首都南京的营造政治与现代想象(1927-1937)》 董佳 著
《战后日本史》 王新生 著
《衣被天下:明清江南丝绸史研究》 范金民 著

八、当代思想前沿系列

《世纪末的维也纳》 [美]卡尔·休斯克 著 李锋 译
《莎士比亚的政治》 [美]阿兰·布鲁姆 哈瑞·雅法 著 潘望 译
《邪恶》 [英]玛丽·米奇利 著 陆月宏 译
《知识分子都到哪里去了:对抗21世纪的庸人主义》 [英]弗兰克·富里迪 著 戴从容 译
《资本主义文化矛盾》 [美]丹尼尔·贝尔 著 严蓓雯 译
《流动的恐惧》 [英]齐格蒙特·鲍曼 著 谷蕾 杨超 等译
《流动的生活》 [英]齐格蒙特·鲍曼 著 徐朝友 译
《流动的时代:生活于充满不确定性的年代》 [英]齐格蒙特·鲍曼 著 谷蕾 武媛媛 译
《未来的形而上学》 [美]爱莲心 著 余日昌 译
《感受与形式》 [美]苏珊·朗格 著 高艳萍 译
《资本主义及其经济学:一种批判的历史》 [美]道格拉斯·多德 著 熊婴 译 刘思云 校
《异端人物》 [英]特里·伊格尔顿 著 刘超 陈叶 译
《哲学俱乐部:美国观念的故事》 [美]路易斯·梅南德 著 肖凡 鲁帆 译
《文化理论关键词》 [英]丹尼·卡瓦拉罗 著 张卫东 张生 赵顺宏 译
《齐格蒙特·鲍曼:后现代性的预言家》 [英]丹尼斯·史密斯 著 佘江涛 译
《公共领域中的伦理学》 [英]约瑟夫·拉兹 著 葛四友 主译
《文化模式批判》 崔平 著
《谁是罗兰·巴特》 汪民安 著
《身体、空间与后现代性》 汪民安 著
《时间、空间与伦理学基础》 [美]爱莲心 著 高永旺 李孟国 译

九、教育理论研究系列

《教育研究方法导论》 [美]梅雷迪斯·D.高尔 等著 许庆豫 等译
《教育基础》 [美]阿伦·奥恩斯坦 著 杨树兵 等译
《教育伦理学》 贾馥茗 著
《认知心理学》 [美]罗伯特·L.索尔索 著 何华 等译
《现代心理学史》 [美]杜安·P.舒尔茨 著 叶浩生 等译
《学校法学》 [美]米歇尔·W.拉莫特 著 许庆豫 等译

十、艺术理论研究系列

《弗莱艺术批评文选》 [英]罗杰·弗莱 著 沈语冰 译
《另类准则:直面20世纪艺术》 [美]列奥·施坦伯格 著 沈语冰 刘凡 谷光曙 译
《当代艺术的主题:1980年以后的视觉艺术》 [美]简·罗伯森 克雷格·迈克丹尼尔 著 匡骁 译
《艺术与物性:论文与评论集》 [美]迈克尔·弗雷德 著 张晓剑 沈语冰 译

《现代生活的画像:马奈及其追随者艺术中的巴黎》　　[英]T. J. 克拉克 著　　沈语冰 诸葛沂 译
《自我与图像》　[英]艾美利亚·琼斯 著　　刘凡 谷光曙 译
《博物馆怀疑论:公共美术馆中的艺术展览史》　　[美]大卫·卡里尔 著　　丁宁 译
《艺术社会学》　[英]维多利亚·D. 亚历山大 著　　章浩 沈杨 译
《云的理论:为了建立一种新的绘画史》　　[法]于贝尔·达米施 著　　董强 译
《杜尚之后的康德》　[比]蒂埃利·德·迪弗 著　　沈语冰 张晓剑 陶铮 译
《蒂耶波洛的图画智力》　[美]斯维特拉娜·阿尔珀斯 [美]迈克尔·巴克森德尔 著　　王玉冬 译
《伦勃朗的企业:工作室与艺术市场》　　[美]斯维特拉娜·阿尔珀斯 著　　冯白帆 译
《新前卫与文化工业》　[美]本雅明·布赫洛 著　　何卫华 史岩林 桂宏军 钱纪芳 译
《现代艺术:19 与 20 世纪》　　[美]迈耶·夏皮罗 著　　沈语冰 何海 译
《重构抽象表现主义:20 世纪 40 年代的主体性与绘画》　　[美]迈克尔·莱雅 著　　毛秋月 译
《神经元艺术史》　[英]约翰·奥尼恩斯 著　　梅娜芳 译
《实在的回归:世纪末的前卫艺术》　　[美]哈尔·福斯特 著　　杨娟娟 译
《德国文艺复兴时期的椴木雕刻家》　　[德]巴克森德尔 著　　殷树喜 译
《艺术的理论与哲学:风格、艺术家和社会》　　[美]迈耶·夏皮罗 著　　沈语冰 王玉冬 译

十一、中国经济问题研究系列

《中国经济的现代化:制度变革与结构转型》　　肖耿 著
《世界经济复苏与中国的作用》　　[英]傅晓岚 编　　蔡悦 等译
《中国未来十年的改革之路》　《比较》研究室 编
《大失衡:贸易、冲突和世界经济的危险前路》　　[美]迈克尔·佩蒂斯 著　　王璟 译
《中国经济新转型》　[日]青木昌彦 吴敬琏 编　　姚志敏 等译
《经济全球化与中国产业发展》　　刘志彪 著

十二、艺术与社会系列

《艺术界》　[美]霍华德·S. 贝克尔 著　　卢文超 译
《寻找如画美:英国的风景美学与旅游,1760—1800》　　[英]马尔科姆·安德鲁斯 著　　张箭飞 韦照周 译

十三、公共管理系列

《更快 更好 更省?》　[美]达尔·W. 福赛斯 著　　范春辉 译
《公共行政的行动主义》　张康之 著
《美国能源政策:变革中的政治、挑战与前景》　　[美]劳任斯·R. 格里戴维·E. 麦克纳布 著　　付满 译

十四、智库系列

《经营智库:成熟组织的实务指南》　　[美]雷蒙德·J. 斯特鲁伊克 著　　李刚 等译 陆扬 校